박문각 임용 동영상강의 www.pmg.co.kr

박문각

KORea Special Education Teacher

2026 특수교사임용시험 대비

김남진 편저

김남진 KORSET 특수교육 2

Part 04
지적장애아교육

Part 05
학습장애아교육

Part 06
정서·행동장애아교육

Part 07
자폐성장애아교육

이 책의
머리말

본 교재는 대한민국 특수교사를 꿈꾸는 예비특수교사들의 임용시험 준비를 위한 수험서이다. 이에 저명한 영역별 전공서적을 참고하여 핵심 개념들을 중심으로 재구조화하였으며 편저자의 개인적인 의견은 추가하지 않음을 원칙으로 함으로써 사실 그대로를 전달하는 데 초점을 두고자 하였음을 우선적으로 언급하고자 한다. 개정판에서 중점을 둔 부분은 다음과 같다.

첫째, 기본 개념에 대한 이해를 바탕으로 지식을 적용하고 활용하는 능력을 키우도록 하였다. 요약 · 정리된 교재는 학습에 있어 시간을 절약해 주는 이점이 있음은 인정하는 바이나 해당 개념을 충분히 이해하는 데는 한계가 있을 수밖에 없으며 연속선상에서 해당 개념을 활용하는 데도 동일한 문제가 수반될 수밖에 없다. 따라서 주요 개념의 전후 맥락을 충분히 설명하는 데 집중하였다.

둘째, 특수교육학에서 사용되고 있는 다양한 용어, 개념들을 비교할 수 있도록 함으로써 자기주도적 학습을 가능하게 하였다. 특수교육학은 최상위의 응용학문으로 다양한 용어들이 혼재되어 사용되고 있다. 뿐만 아니라 개별화를 특성으로 하는 만큼 학자들의 입장 차이도 다양하다. 아이러니하게도 이와 같은 특수교육학의 학문적 특성은 수험생들의 자기주도적 학습을 가로막는 장애물로 작용하고 있다. 이에 본문을 중심으로 지나치지 않은 선에서 용어의 개념, 여타 문헌의 내용, 내용 간 비교, 동의어 등을 제시하여 수험생들의 자기주도적 학습에 도움을 주고자 하였다.

셋째, 기출연도를 추가하였다. 기출연도의 추가 여부는 장단점이 분명한 만큼 다년간 편저자가 고민해 온 요소이다. 그러나 많은 수험생들의 요구가 있었고, 기본이론을 학습하는 데 있어 주요 내용을 중심으로 큰 틀을 잡을 수 있다는 장점을 우선적으로 감안하여 이번 개정판에는 기출연도를 2009년도부터 제시하였다.

이전의 교재에 더해 이상의 세 가지 사항을 수정 · 보완하였으나 아쉬움은 여전할 것이란 것을 과거의 경험에 비추어 너무나 잘 알고 있다. 이는 순전히 원고를 작성한 편저자의 능력이 부족한 것인 만큼 지속적으로 보완해 나갈 것임을 약속한다.

마지막으로 다시 시작하는 마음으로 집필한 개정판이 대한민국의 특수교사가 되고자 하는 이 땅의 모든 예비교사들에게 조금이나마 도움이 되었으면 하는 소박한 바람을 가져본다.

2024년 12월

김남진

이 책의 구성과 특징

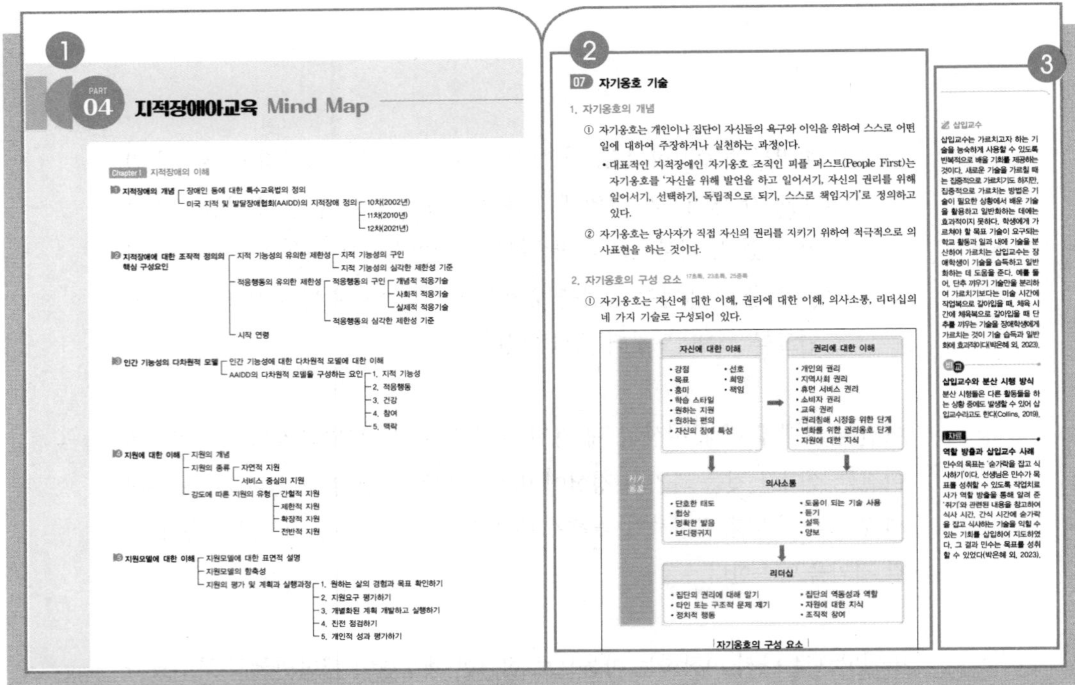

❶ 마인드 맵 — 학습 시 해당 영역의 내용을 언제나 확인할 수 있도록 함과 동시에 영역의 체계를 명확히 수립할 수 있도록 구성하였다.

❷ 본문 — 영역별 관련 내용을 빠짐없이, 쉽게 그리고 풍부한 예시를 제시함으로써 어렵고 복잡했던 특수교육학의 개념들을 정리할 수 있도록 하였다.

❸ 날개 — 본문과 관련하여 알아 두어야 할 개념을 다양한 방법을 통해 보강 · 설명하였다.

Tip	학습 시 유의사항
✎	용어의 보충 설명
비교	문헌 간 내용 비교
자료	관련 본문의 위치, 내용 이해를 위한 추가 내용
동	동의어

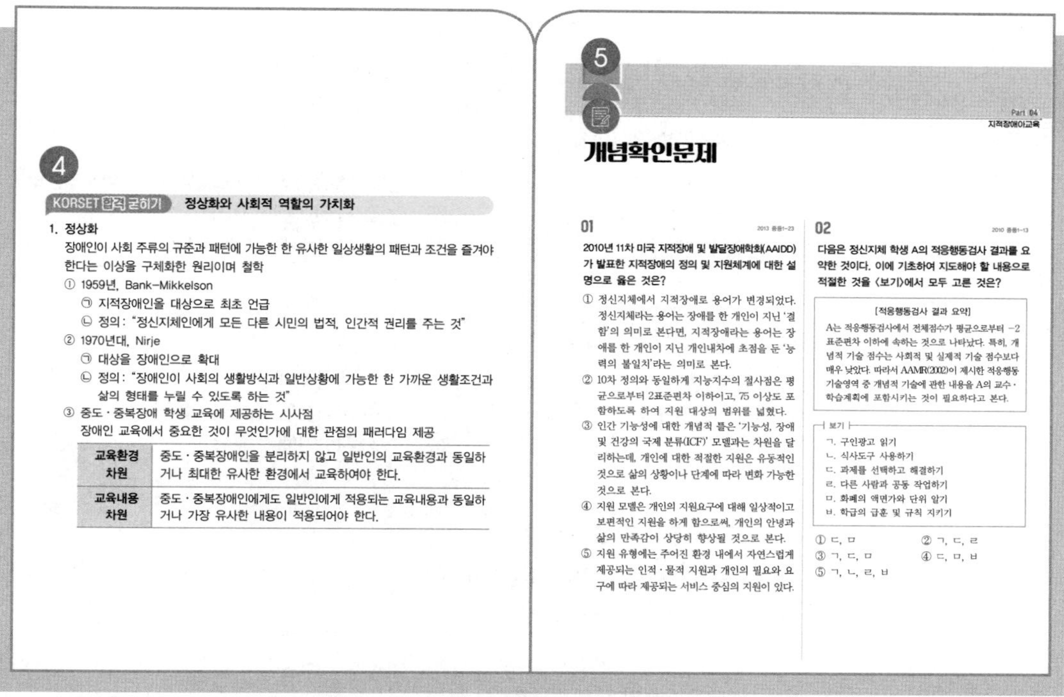

4

KORSET 합격 굳히기 정상화와 사회적 역할의 가치화

1. 정상화
장애인이 사회 주류의 규준과 패턴에 가능한 한 유사한 일상생활의 패턴과 조건을 즐겨야 한다는 이상을 구체화한 원리이며 철학
① 1959년, Bank-Mikkelson
㉠ 지적장애인을 대상으로 최초 언급
㉡ 정의: "정신지체인에게 모든 다른 시민의 법적, 인간적 권리를 주는 것"
② 1970년대, Nirje
㉠ 대상을 장애인으로 확대
㉡ 정의: "장애인이 사회의 생활방식과 일반상황에 가능한 한 가까운 생활조건과 삶의 형태를 누릴 수 있도록 하는 것"
③ 중도·중복장애 학생 교육에 제공하는 시사점
장애인 교육에서 중요한 것이 무엇인가에 대한 관점의 패러다임 제공

교육환경 차원	중도·중복장애인을 분리하지 않고 일반인의 교육환경과 동일하거나 최대한 유사한 환경에서 교육하여야 한다.
교육내용 차원	중도·중복장애인에게도 일반인에게 적용되는 교육내용과 동일하거나 가장 유사한 내용이 적용되어야 한다.

5

Part 04 지적장애아교육

개념확인문제

01 2013 중등1-23

2010년 11차 미국 지적장애 및 발달장애학회(AAIDD)가 발표한 지적장애의 정의 및 지원체계에 대한 설명으로 옳은 것은?

① 정신지체에서 지적장애로 용어가 변경되었다. 정신지체라는 용어는 장애를 한 개인이 지닌 '결함'의 의미로 본다면, 지적장애라는 용어는 장애를 한 개인이 지닌 개인내차에 초점을 둔 '능력의 불일치'라는 의미로 본다.
② 10차 정의와 동일하게 지능지수의 절사점은 평균으로부터 2표준편차 이하이고, 75 이상도 포함하도록 하여 지원 대상의 범위를 넓혔다.
③ 인간 기능성에 대한 개념적 틀은 '기능성, 장애 및 건강의 국제 분류(ICF)' 모델과는 차원을 달리하는데, 개인에 대한 적절한 지원은 유동적인 것으로 삶의 상황이나 단계에 따라 변화 가능한 것으로 본다.
④ 지원 모델은 개인의 지원요구에 대해 일상적이고 보편적인 지원을 하게 함으로써, 개인의 안녕과 삶의 만족감이 상당히 향상될 것으로 본다.
⑤ 지원 유형에는 주어진 환경 내에서 자연스럽게 제공되는 인적·물적 지원과 개인의 필요와 요구에 따라 제공되는 서비스 중심의 지원이 있다.

02 2010 중등1-13

다음은 정신지체 학생 A의 적응행동검사 결과를 요약한 것이다. 이에 기초하여 지도해야 할 내용으로 적절한 것을 〈보기〉에서 모두 고른 것은?

[적응행동검사 결과 요약]
A는 적응행동검사에서 전체점수가 평균으로부터 −2 표준편차 이하에 속하는 것으로 나타났다. 특히, 개념적 기술 점수는 사회적 및 실제적 기술 점수보다 매우 낮았다. 따라서 AAMR(2002)이 제시한 적응행동 기술영역 중 개념적 기술에 관한 내용을 A의 교수·학습계획에 포함시키는 것이 필요하다고 본다.

보기
ㄱ. 구인광고 읽기
ㄴ. 식사도구 사용하기
ㄷ. 과제를 선택하고 해결하기
ㄹ. 다른 사람과 공동 작업하기
ㅁ. 화폐의 액면가와 단위 알기
ㅂ. 학급의 급훈 및 규칙 지키기

① ㄷ, ㅁ ② ㄱ, ㄷ, ㄹ
③ ㄱ, ㄷ, ㅁ ④ ㄷ, ㅁ, ㅂ
⑤ ㄱ, ㄴ, ㄹ, ㅂ

❹ KORSET 합격 굳히기 — 본문의 기본 개념을 좀 더 깊이 이해할 수 있도록 보충·심화 부분을 설정하여 충분한 예를 중심으로 설명하였다.

❺ 개념확인문제 — 본문에서 학습한 핵심 개념과 내용을 기출문제를 통해 확인하며 기본을 튼튼히 할 수 있도록 하였다.

이 책의 **차례**

KORea Special Education Teacher

Part × 04
지적장애아 교육

Part × 05
학습장애아 교육

이 책의
차례

KORea Special Education Teacher

Part × 06 정서·행동장애아교육

Part × 07
자폐성 장애아교육

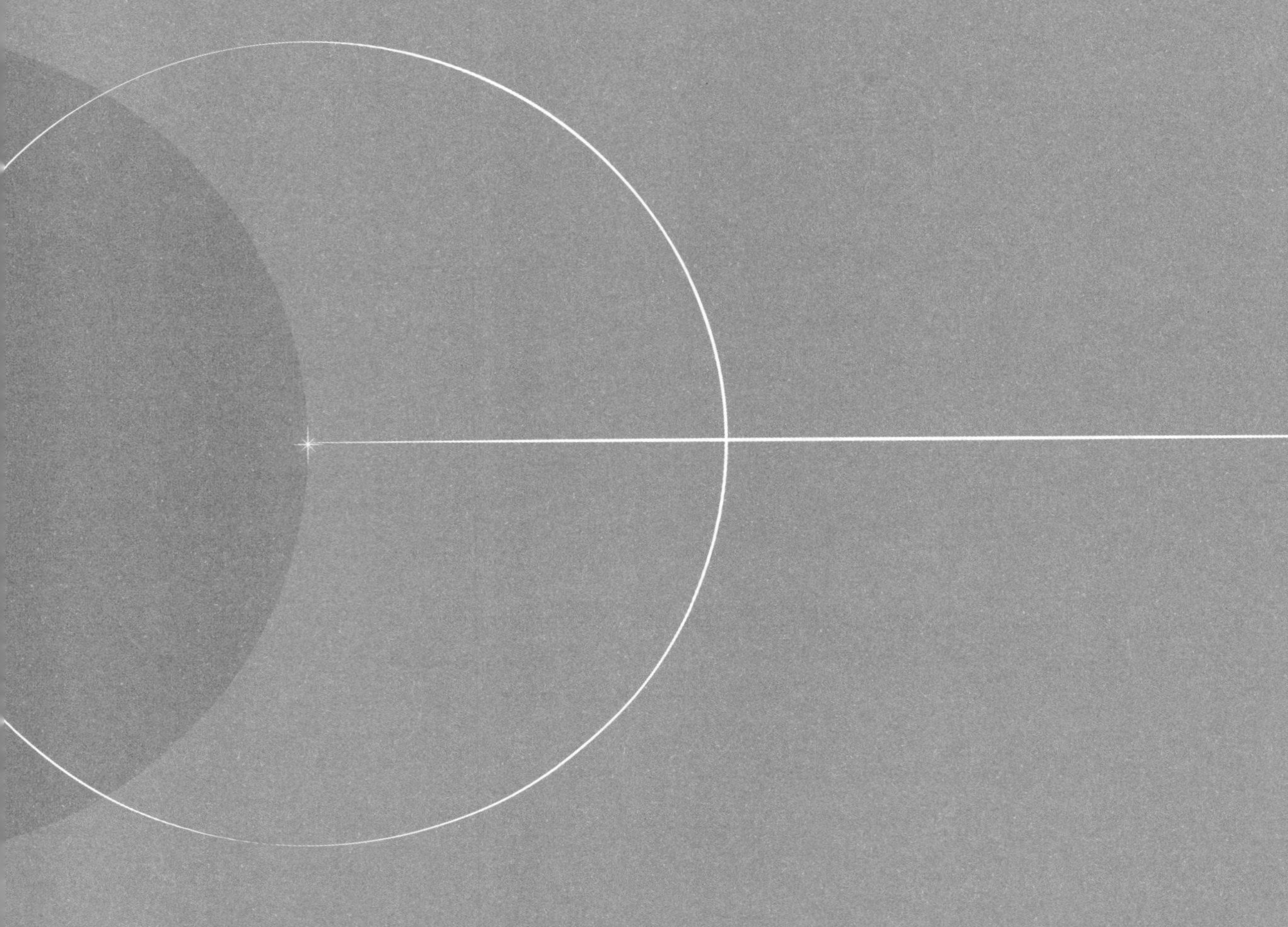

김남진

KORSET

특수교육 ❷

PART 04

지적장애아교육

PART 04

지적장애아교육 Mind Map

Chapter 1 지적장애의 이해

1 지적장애의 개념
- 장애인 등에 대한 특수교육법의 정의
- 미국 지적 및 발달장애협회(AAIDD)의 지적장애 정의
  - 10차(2002년)
  - 11차(2010년)
  - 12차(2021년)

2 지적장애에 대한 조작적 정의의 핵심 구성요인
- 지적 기능성의 유의한 제한성
  - 지적 기능성의 구인
  - 지적 기능성의 심각한 제한성 기준
- 적응행동의 유의한 제한성
  - 적응행동의 구인
    - 개념적 적응기술
    - 사회적 적응기술
    - 실제적 적응기술
  - 적응행동의 심각한 제한성 기준
- 시작 연령

3 인간 기능성의 다차원적 모델
- 인간 기능성에 대한 다차원적 모델에 대한 이해
- AAIDD의 다차원적 모델을 구성하는 요인
  - 1. 지적 기능성
  - 2. 적응행동
  - 3. 건강
  - 4. 참여
  - 5. 맥락

4 지원에 대한 이해
- 지원의 개념
- 지원의 종류
  - 자연적 지원
  - 서비스 중심의 지원
- 강도에 따른 지원의 유형
  - 간헐적 지원
  - 제한적 지원
  - 확장적 지원
  - 전반적 지원

5 지원모델에 대한 이해
- 지원모델에 대한 표면적 설명
- 지원모델의 함축성
- 지원의 평가 및 계획과 실행과정
  - 1. 원하는 삶의 경험과 목표 확인하기
  - 2. 지원요구 평가하기
  - 3. 개별화된 계획 개발하고 실행하기
  - 4. 진전 점검하기
  - 5. 개인적 성과 평가하기

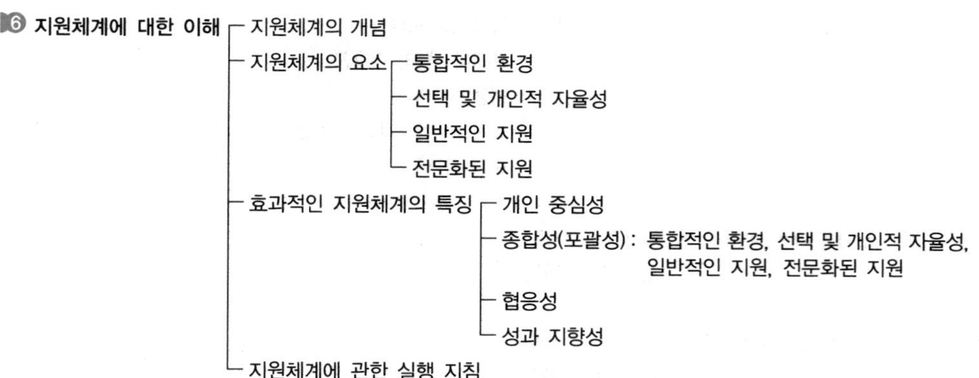

Chapter 2 지적장애의 원인과 예방

1 다중 관점 접근
- 생의학적 관점
- 사회문화적 관점
- 심리교육적 관점
- 사법적 관점

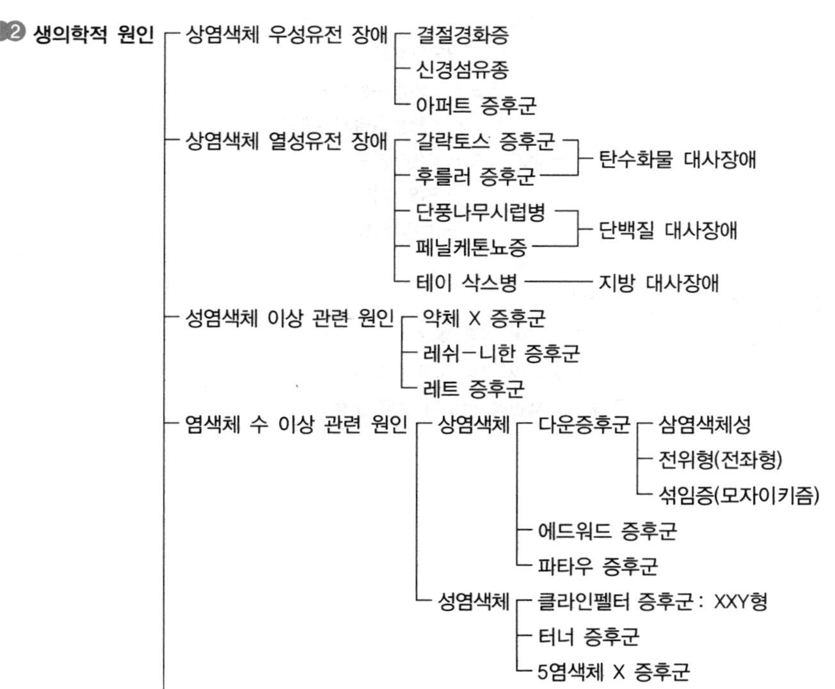

- └ 염색체 구조 이상 관련 원인
  - 윌리엄스 증후군
  - 프래더-윌리 증후군
  - 엔젤만 증후군
  - 스미스-마제니스 증후군
  - 묘성 증후군

3 행동표현형에 대한 이해
- 행동표현형의 개념
- 증후군별 행동표현형

4 지적장애 예방을 위한 지원
- 발생률과 출현율
- 예방
  - 1차 예방
  - 2차 예방
  - 3차 예방

5 지적장애의 진단 및 평가
- 장애인 등에 대한 특수교육법: 지능검사, 사회성숙도검사, 적응행동검사, 기초학습검사, 운동능력검사
- 지적 기능성
- 적응행동
- 지적장애의 진단
- 지원정도척도
  - 특징
  - 강점
  - 구성
    - 지원요구척도
    - 보호·권리주장척도
    - 의료·행동특별지원요구
  - 평가 척도
    - 지원 빈도
    - 일일 지원시간
    - 지원 유형

6 지적장애의 분류
- 지적장애 분류의 전제
- 분류 체계
  - 지원요구 강도에 따른 분류
  - 지적 기능성의 제한성 정도에 따른 분류
  - 적응행동의 제한성 정도에 따른 분류

Chapter 3 지적장애 학생의 특성

1 지적장애 학생의 인지 및 학습 특성
- 인지 발달 특성
  - 발달론
  - 차이론
- 학습 특성
  - 주의집중
  - 기억
  - 일반화
    - 1. 습득
    - 2. 숙달
    - 3. 유지
      - 간헐 강화계획
      - 과잉학습
      - 분산연습
      - 연습기회 삽입
      - 유지 스케줄
    - 4. 일반화
      - 자극 일반화
      - 반응 일반화

2 지적장애 학생의 언어 및 의사소통 특성
- 언어 발달 특성
- 의사소통 특성
- 지적장애 학생의 언어 및 의사소통 특성을 고려한 교수방법

3 지적장애 학생의 사회 심리적 특성
- 외적 통제소재
- 외부 지향성
- 학습된 무기력
- 지적장애 학생의 심리적 특성을 고려한 교수방법

Chapter 4 교육과정의 구성과 선택

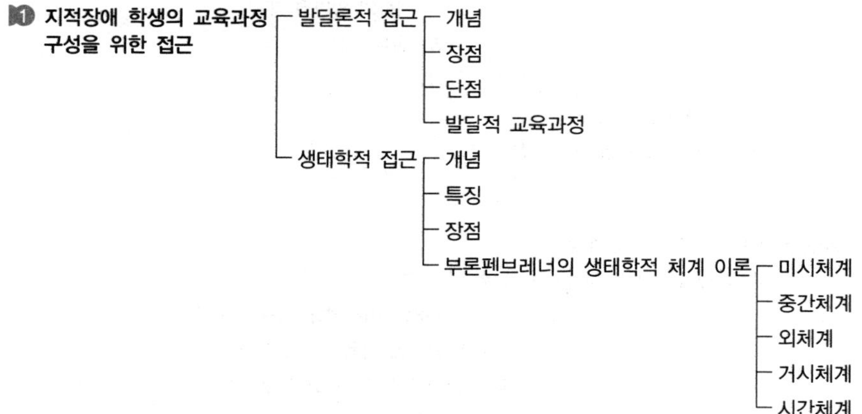

1 지적장애 학생의 교육과정 구성을 위한 접근
- 발달론적 접근
  - 개념
  - 장점
  - 단점
  - 발달적 교육과정
- 생태학적 접근
  - 개념
  - 특징
  - 장점
  - 부론펜브레너의 생태학적 체계 이론
    - 미시체계
    - 중간체계
    - 외체계
    - 거시체계
    - 시간체계

2 지적장애 학생의 교육과정 구성 및 운영을 위한 기본 전제
- 연령에 적합한 교육과정
- 궁극적 기능성의 기준
- 최소위험 가정 기준
- 영수준의 추측
- 자기결정 증진

3 기능적 생활 중심 교육과정
- 기능적 생활 중심 교육과정의 이해
  - 개념
  - 특징
  - 교육 프로그램의 주요 내용
- 기능적 기술
  - 특징
  - 형식과 기능
  - 기능적 기술의 우선순위 선정 기준
  - 선정 시 고려사항
    - 사회적 타당도
    - 경험적 타당도
- 생태학적 목록
  - 1. 교육과정 영역 정하기
  - 2. 각 영역에서 현재 환경과 미래 환경 확인하기
  - 3. 하위 환경으로 나누기
  - 4. 하위 환경의 활동 결정 및 활동 목록 만들기
  - 5. 각 활동을 위해 필요한 기술 정하기

Chapter 5 교육적 접근

1 지역사회 중심 교수
- 지역사회 중심 교수
  - 개념
  - 원칙
  - 교수 절차
    - 1. 교수 장소와 목표 기술 설정
    - 2. 교수할 기술 결정
    - 3. 교수계획 작성
    - 4. 기술의 일반화 계획
    - 5. 교수 실시
  - 특징 및 문제점
- 지역사회 참조 교수
- 지역사회 모의 수업
  - 장점
  - 단점

2 일반사례 교수법
- 일반사례 교수법의 개념
- 일반사례 교수법의 절차
  - 1. 교수 영역 결정하기
  - 2. 지도할 기술을 과제분석하고 관련된 모든 자극과 반응을 조사하기
  - 3. 교수와 평가에 사용될 교수의 예 결정하기
  - 4. 교수 순서를 계열화하고 교수하기
  - 5. 비교수 상황에서 평가하기

3 부분 참여의 원리

- 부분 참여의 원리에 대한 이해
  - 개념
  - 부분 참여 원리의 핵심
  - 사회적 역할의 가치화
- 잘못된 부분 참여의 원리 적용 유형
  - 수동적 참여
  - 근시안적 참여
  - 단편적 참여
  - 참여기회 상실

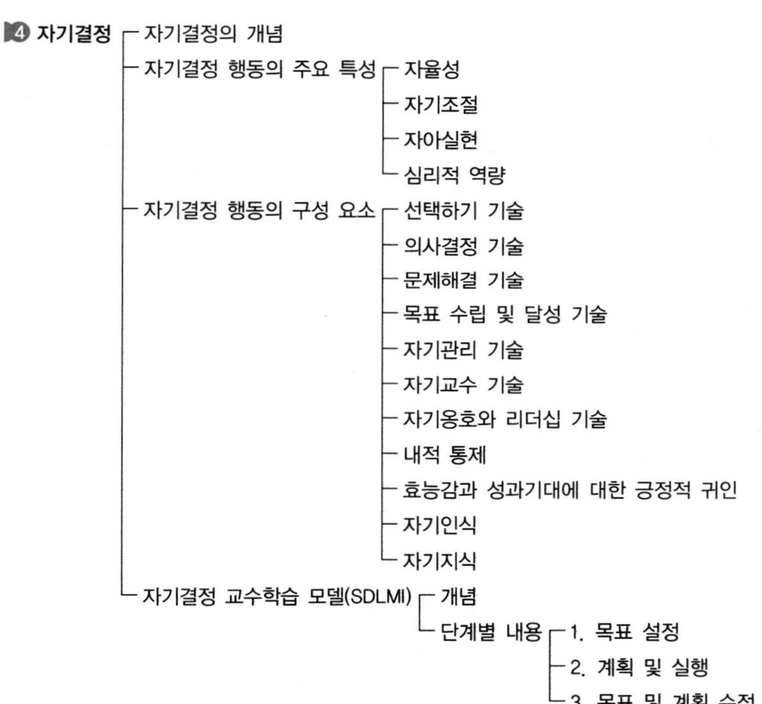

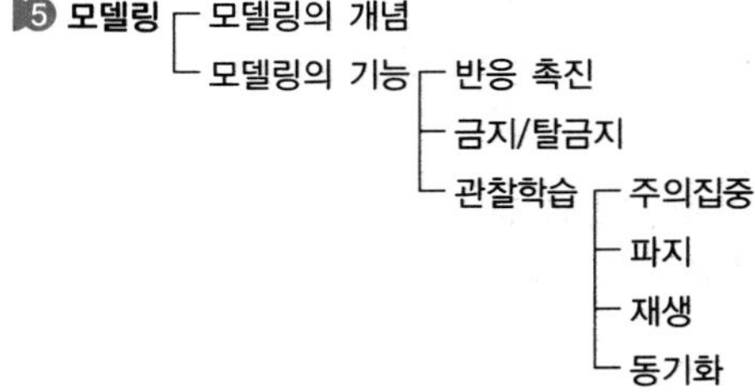

6 삽입교수
- 삽입교수의 개념
- 삽입교수의 장점
- 삽입교수의 실행 절차

7 자기옹호 기술
- 자기옹호의 개념
- 자기옹호의 구성 요소
  - 자신에 대한 이해
  - 권리에 대한 이해
  - 의사소통
  - 리더십

8 일상생활 기술
- 일상생활 기술의 개념
- 일상생활 활동의 유형
  - 기본적 일상생활 활동
  - 수단적 일상생활 활동

9 우정활동
- 우정활동의 개념
- 우정활동의 장점

10 학습이론에 근거한 교수
- 행동주의
- 인지주의
- 구성주의
- 플립러닝

Chapter 6 사회적 능력의 지도

1 사회적 능력에 대한 이해
- 사회적 능력과 사회적 기술의 관계
  - 사회적 능력
  - 사회적 기술
  - 사회적 인지
- 지적장애 학생의 사회적 능력 위계 모형

2 지적장애 학생의 사회적 기술의 결함 유형
- 기술 결함
- 수행력 결함
- 자기통제 기술 결함 : 불안, 분노
- 자기통제 수행력 결함 : 충동성

Chapter

01 지적장애의 이해

01 지적장애의 개념

1. 장애인 등에 대한 특수교육법의 정의

지적 기능과 적응행동의 어려움이 함께 존재하여 교육적 성취에 어려움이 있는 사람

비교

「장애인복지법」의 지적장애

정신발육이 항구적으로 지체되어 지적 능력의 발달이 불충분하거나 불완전하고 자신의 일을 처리하는 것과 사회생활에 적응하는 것이 상당히 곤란한 사람

2. 미국 지적 및 발달장애협회(AAIDD)의 지적장애 정의

(1) 10차(2002년)

① 정신지체는 지적 기능과 개념적·사회적·실제적 적응기술로 표현되는 적응행동의 양 영역에서 심각한 제한성을 보이는 것이다. 이 장애는 18세 이전에 시작된다.

② 이러한 정의를 적용하기 위해서는 다음과 같은 가정들이 반드시 전제되어야 한다.

㉠ 현재 기능성에서의 제한성은 그 개인의 동년배와 문화에 전형적인 지역사회 환경의 맥락 안에서 고려되어야 한다.

㉡ 타당한 평가는 의사소통, 감각과 운동 및 행동 요인에서의 차이뿐만 아니라 문화와 언어에서의 다양성도 함께 고려되어 실시되어야 한다.

㉢ 한 개인은 제한성만 갖고 있는 것이 아니라 동시에 장점도 갖고 있다.

㉣ 제한성을 기술하는 중요한 목적은 그 개인에게 필요한 지원이 무엇인지 파악하기 위해서이다.

㉤ 개별화된 적절한 지원이 장기간 제공된다면 정신지체인의 생활기능은 일반적으로 향상될 것이다.

9차(1992년) 정의

정신지체는 현재 기능에 실질적인 제한성이 있는 것을 지칭한다. 이는 유의하게 평균 이하인 지적 지능과 동시에 그와 연관된 적응적 제한성이 두 가지 혹은 그 이상의 실제 적응기술 영역들, 즉 의사소통, 자기관리, 가정생활, 사회성 기술, 지역사회 활용, 자기지시, 건강과 안전, 기능적 학업교과, 여가, 직업 기술의 영역에서 존재하는 것으로 특징지어진다. 정신지체는 18세 이전에 나타난다.

(2) 11차(2010년) 13중특

① 정신지체 용어가 지적장애라는 용어로 변경된 것을 제외하고는 10차 정의와 동일하다.

② 정신지체라는 용어 대신에 지적장애라는 용어를 채택하여 사용하는 것은 다음과 같은 이유 때문이다.

㉠ 역사적으로 한 개인이 장애가 있다고 할 때 그것은 무엇을 의미하는가에 대한 관점이 변화되어 왔고, 이러한 관점이 보다 명확하게 정의에 반영될 필요가 있었다.

- 정신지체라는 용어에는 개인의 내적 조건에 의해 기능이 제한된 상태가 장애라는 관점이 내포되어 있지만, 지적장애라는 용어에는 그 개인이 갖고 있는 잠재력과 맥락(context)이 잘 맞지 않아 생기는 제한된 기능 상태가 장애라는 관점이 내포되어 있다.

㉡ 지적장애를 명명할 수 있는 좀 더 새로운 용어의 출현에 대한 요구에 부응하였다.

- 정신지체라는 용어는 장애 특성에 대한 정확한 정보나 긍정적 이미지를 제공하지 못하고, 개인의 존엄성을 훼손하고 그 개인을 낙인찍는 효과가 있었기 때문에 새로운 용어가 필요했다.

㉢ 이외에도 지적장애라는 용어를 공식적으로 채택하게 된 이유는 다음과 같다.

- '지적장애'라는 용어가 기능적 행동과 맥락적 요소에 중점을 둔 최근 이 영역의 실제(practice)에 더 적합한 표현이기 때문이다.
- 사회적 · 생태학적 틀에 기반하고 있기 때문에 개별화된 지원을 위한 논리적 기반을 제공하기 때문이다.
- 현재 국제적으로 사용되고 있는 용어들과 비교해 더 일관성 있는 표현이기 때문이다.

(3) 12차(2021년)

① 지적장애는 지적 기능성과 개념적, 사회적 및 실제적 적응기술들로 표현되는 적응행동 양쪽에서 심각한 제한성으로 특징화된다. 이 장애는 개인이 22세에 도달하기 전으로 조작적으로 정의되는 발달기 동안에 시작된다.

㉠ 지적장애의 정의는 시작 연령 기준만 제외하면 11차 정의와 같다.

㉡ 시작 연령 기준이 "개인이 22세에 도달하기 전으로 조작적으로 정의되는 발달기 동안에 시작되는 것"으로 진술되어 있다.

② 다음의 다섯 가지 가정은 이 정의의 적용에 필수적이다. 13중특(추시)

1. 현재 기능성에서 제한성은 한 개인의 동년배 또래들과 문화에 전형적인 지역사회 환경들의 맥락 안에서 고려되어야만 한다.
2. 타당한 평가는 문화적 및 언어적 요소들뿐 아니라 의사소통, 감각적, 운동성 및 행동적 요소들에서의 차이들을 고려한다.
3. 한 개인 안에서, 제한성은 강점들과 자주 공존한다.
4. 제한성을 묘사하는 중요한 목적은 필요한 지원 프로파일을 개발하는 것이다.
5. 장기간에 걸쳐 적합한 개인화된 지원이 주어지면, 지적장애인의 생활 기능성은 일반적으로 향상될 것이다.

02 지적장애에 대한 조작적 정의의 핵심 구성요인

1. 지적 기능성의 유의한 제한성

(1) 지적 기능성의 구인

① 지적 기능성은 지능이나 지적 능력보다 더 광범위한 용어이지만 인간 기능성보다는 더 협의의 용어로, 다음을 포함한다.

㉠ 추론하기, 계획하기, 문제해결하기, 추상적으로 사고하기, 복잡한 아이디어 이해하기, 빠르게 학습하기와 경험으로부터 학습하기 등과 같은 지능의 일반적인 정의적 특성

㉡ 표준화된 지능검사로 평가된 현재의 능력

㉢ 지적 기능성이 다른 인간 기능성의 차원들과 지원체계에 의해 영향을 받는다는 합의된 관점

② 지적 기능성의 제한성은 일반적으로 사고하기와 학습하기, 추론하기와 계획하기, 경험으로부터 학습하기에서의 어려움을 전형적으로 초래한다.

지적 기능성에서 심각한 제한성의 예

기능적 영역	심각한 제한성의 예
사고하기와 학습하기	• 문제해결하기, 추상적으로 사고하기, 복잡한 아이디어 이해하기, 빠르게 학습하기 및 경험으로부터 학습하기에서의 어려움
추론하기와 계획하기	• 계획하기와 실행하기에서의 어려움 • 대인관계 능력 및 의사결정 능력의 저하 • 사회적 문제해결하기와 유연하게 사고하기에서의 어려움
경험으로부터 학습하기	• 이전 경험과 상황에서 학습한 것을 일반화하는 데 어려움 • 취약성 및/또는 희생화 위험 증가 • 장애를 부정하거나 최소화하려는 경향 • 권위 있는 인물을 기쁘게 하려는 바람 • 잠재적인 순진성, 피괴성(잘 속음) 및/또는 피암시성(타인의 암시에 빠지는 성질)

출처 ▶ AAIDD(2021)

(2) 지적 기능성의 심각한 제한성 기준 13중특

① 지적장애를 진단하기 위한 지적 기능성의 심각한 제한성 기준은 개인적으로 실시된 특정 검사도구의 측정의 표준오차(SEM)를 고려하면서, 평균 미만의 대략 2 혹은 그 이상 표준편차 낮은 지능지수의 전체점수이다.

② 지적 기능성을 측정하기 위하여 선택된 평가 도구의 가장 최신의 규준을 사용하고, 개인별로 실시된 종합적이고 표준화된 특정 검사에 대한 측정의 표준오차에 근거하여 95%의 신뢰구간을 고려하면서 개인의 지능지수를 해석한다.

비교

지적장애 정의를 위한 두 가지 접근방식

1. '지적장애에 대한 조작적 정의의 핵심 구성요인'과 같이 관찰되고 측정될 수 있는 핵심적인 요인을 조작적으로 정의하여 접근하는 방식이다.
   - 지적장애의 핵심적 구성요인인 지적 기능성의 유의한 제한성, 적응행동의 유의한 제한성, 22세 이전의 발생이라는 개념과 그 기준을 제시하여 지적장애를 정의하는 것이다.
2. 지적장애를 구성하는 요인과 요인 간의 관계를 밝혀 정의하는 것이다.
   - 지적장애를 타고난 기질로서가 아닌 현재의 기능 상태로서 이해하며 개인이 기능하는 현재 상태에 영향을 주는 여러 요인의 관계에 대해 이론적 모델을 개발하여 지적장애를 설명하는 것이 바로 이러한 접근방식이다.

Tip

편저자 주) 지적장애의 12차 정의 매뉴얼 번역본은 2022년 발행되었으나, 내용 인용 시 편의를 위해 2021로 표기하였다.

자료

측정의 표준오차

Part 03. 특수교육평가 중 'Chapter 03. 검사도구의 이해' 참조

2. 적응행동의 유의한 제한성

(1) 적응행동의 구인

① 적응행동은 사람들이 일상생활에서 배우고 수행하는 개념적, 사회적 및 실제적 적응기술들의 집합체이다.

② 적응행동은 다음을 의미한다. 23중특

㉠ 발달적이고 연령에 따라 복잡성이 증가한다.

㉡ 개념적, 사회적 및 실제적 적응기술들로 구성된다.

개념적 적응기술	인지적 문제 해결이나 의사소통과 학업에 사용될 수 있는 기술
사회적 적응기술	사회적 기대와 다른 사람의 행동을 이해하고 사회적 상황에서 적절하게 행동하는 데 필요한 기술
실제적 적응기술	평범한 일상생활에서 독립된 인간으로서 자신을 유지하고 보호하며 도구를 활용할 수 있는 기술

출처 ▶ 송준만 외(2022). 내용 요약정리

㉢ 연령에 따른 기대 및 특정 맥락들에서의 요구와 관련이 된다.

㉣ 개인의 가정, 학교, 직장 및 여가에서의 최대 수행이 아닌, 전형적인 수행에 근거하여 평가된다.

㉤ 동년배 또래에게 전형적인 지역사회 환경들을 참조하여 평가된다.

③ 적응행동의 제한성은 맥락적인 요구에 성공적으로 적응하는 개인의 능력을 감소시킨다.

④ 적응행동의 제한성은 필요한 지원 영역을 판별한다.

⑤ 적응행동에서 심각한 제한성의 예는 다음과 같다.
09초특, 10중특, 12초특 · 중특, 13중특(추시), 14중특, 18초특, 21중특, 22초특, 24초특, 25중특

적응행동 영역	심각한 제한성의 예
개념적 적응기술	• 독립적으로 계획하기, 문제해결하기 또는 추상적으로 사고하기에서 손상 • 문제나 상황에 직면했을 때 좋은 해결책을 선택하는 데 어려움 • 시간과 수학 함수와 같은 아이디어나 기호를 효과적으로 사용하는 데 어려움 • 사고나 아이디어를 효과적으로 의사소통하는 데 어려움 • 자기 지시 및/또는 미래 생활 활동들을 조정하거나 계획하는 데 어려움 • 자신의 행동 결과를 예상하는 데 어려움 • 학업에서 어려움(읽기, 쓰기, 산수) • 돈/재정적 개념에서 어려움

구인
관찰된 현상에 기초한 하나의 추상적 혹은 일반적 아이디어이고, 그 부분들이나 요소들은 배열함으로써 구성된다(AAIDD, 2021).

Tip
AAIDD(2021)의 지적장애 정의에서는 적응행동의 유형(영역)이 개념적, 사회적, 실제적 적응기술로 제시되어 있다. 그러나 내용 전반에 걸쳐서는 개념적, 사회적, 실제적 기술과 혼용되고 있다.

기능적 언어
일상생활에서 주로 사용하는 용어로 문학적 수사나 고등정신능력을 표현하는 추상적 용어와는 거리가 먼 것

비교
10~11차 정의에서의 적응행동 영역 예

개념적 적응기술	언어, 읽기와 쓰기, 돈·시간·수 개념 등
사회적 적응기술	대인관계 기술, 사회적 책임감, 자존감, 피과성, 순진성(즉, 경계심), 규칙 따르기/법 준수, 희생당하는 것을 피함, 사회적 문제 해결 등
실제적 적응기술	일상생활 활동(개인적 관리), 작업 기술, 돈 사용, 안전, 건강 관리, 여행/이동, 일정/일과 계획, 전화 사용 등

출처 ▶ AAIDD(2010)

자료
• 돈 개념: 예 화폐 종류 구분하기
• 돈 사용: 예 계산하기

사회적 적응기술	• 사회적/대인관계 기술과 경험으로부터 학습하기에서 손상 • 집단 문제해결을 위해 다른 사람들과 효과적으로 일하는 데 어려움 • 복잡한 사회적 상황 동안에 융통성 없고 구체적인 사고와 행동 • 특별히 누구를 신뢰할 수 있는지, 누구를 따라야 할지, 어떤 상황이 안전한지에 대해 취약성과 희생화의 증가 • 부적절한 사회적 반응과 사회적 판단 • 자신의 손상에 대한 장애를 부정하거나 최소화하려는 경향 • 상황에 대한 제한된 이해를 기초로 권위 있는 인물을 기쁘게 하고 싶은 강한 바람 • 다른 사람들과의 상호작용에서의 피괴성, 순진성 및 피암시성
실제적 적응기술	• 자기 돌봄과 가정생활 기술에서 제한성 • 지출을 감당하는 안정된 직업을 획득하기, 업무 능력 충족하기, 동료근로자 및 매니저와 잘 지내기, 직무 갈등을 적절하게 처리하기, 부담 속에서 양질의 업무 유지하기와 같은 직무 기술에서 제한성 • 돈의 사용에서 제한성(예 거스름돈 처리, 화폐가치, 청구서 지불)과 재산의 사용에서 제한성(예 돈을 갚지 않는 사람에게 '돈'을 빌려주는 것, 재산 또는 권리에 대해 서명하여 양도하는 것, 자신의 예산/수단과 맞지 않는 구매) • 자신과 자신의 자녀와 관련된 안전한 환경을 유지하는 데에서의 제한성(가정 청소 용품, 음식 보관, 의약품 혹은 전기·자동차 및 기계로부터 다른 사람을 보호하거나 주의를 기울이는 데 제한성)

출처 ▶ AAIDD(2021)

(2) 적응행동의 심각한 제한성 기준

① 지적장애를 진단하기 위한 적응행동에서 심각한 제한성 기준은 개인적으로 실시된 특정 평가 도구의 측정의 표준오차를 고려하면서, 개념적, 사회적 또는 실제적 적응행동의 세 가지 영역 중 최소한 1개에서 평균 미만의 대략 2 혹은 그 이상 표준편차 낮은 적응행동 점수이다.

② 개인별로 실시된 특정 검사에 대한 측정의 표준오차에 근거한 95% 신뢰구간을 고려하여 개인의 적응행동 점수를 해석한다.

피괴성(gullibility)
- 남에게 쉽게 놀림을 당하거나 속임을 당하거나, 혹은 이용을 당하는 경우를 포함하는 지적장애를 가진 많은 사람들의 한 특성(AAIDD, 2021)
- 잘 속음

순진성
타인을 지나치게 믿고, 미성숙하고, 천진난만하고 혹은 미숙함

피암시성
- 사람들이 의식적으로 이야기하는 것을 무비판적으로 받아들이고, 말한 것을 믿거나 개인적으로 수용하는 것
- 타인의 암시에 빠지는 성질

비교

11차 정의에서의 적응행동 진단 기준
'심각한 적응행동상의 제한성'을 지적장애를 포함하여 일반인을 규준으로 한 표준화된 적응행동검사에서 세 가지 적응행동 유형인 개념적, 사회적, 실제적 적응기술 중 하나의 영역 점수 혹은 개념적, 사회적, 실제적 적응기술들에 대한 전반적 점수에서 평균보다 대략 2표준편차 이하의 점수를 보이는 상태라고 제시하고 있다.

KORSET 합격 굳히기 화폐 관련 개념적, 실제적 적응기술 검사문항

1. 국립특수교육원 적응행동검사(KNISE-SAB)의 검사문항

검사 영역		내용
개념적 적응기술	읽기	4. 가격표를 보고 상품의 금액을 안다.
	돈 개념	1. 10원, 50원, 100원짜리 동전을 구분한다. 2. 1,000원, 10,000원 지폐를 구분한다. 3. 물건 값을 정확히 지불한다. 4. 지폐를 같은 값의 다른 지폐나 동전으로 바꾼다. 5. 가격표를 보고 금액을 비교한다. 6. 거스름돈을 확인한다.
실제적 적응기술	금전관리	1. 돈을 잘 보관한다. 2. 상품 가격을 정확히 계산한다. 3. 용돈을 제대로 관리한다. 4. 돈을 계획적으로 지출한다. 5. 목돈을 마련하기 위해 저축을 한다. 6. 통장을 개설하여 돈을 관리한다. 7. 통장의 입출 금액을 제대로 관리한다. 8. 이율 등을 계산하여 적절한 저축 방법을 선택한다.

출처 ▶ 국립특수교육원(2003)

2. 국립특수교육원 적응행동검사(NISE-K · ABS, 초 · 중등용)의 검사문항

검사 영역		내용
개념적 기술	인지	3. 1,000원, 5,000원, 10,000원권 지폐 중 가장 큰 것과 작은 것, 중간 것을 구별한다. 7. 가격표를 보고 상대적으로 더 비싼 것과 싼 것을 구별한다. 20. 외국 화폐 단위를 3가지 이상 안다.
실제적 기술	지역적응	1. 자동판매기에서 원하는 물건을 선택하여 구입한다. 2. 혼자 물건을 구입하고 현금이나 카드로 지급한다. 5. 가격과 상품의 질을 비교하여 물건을 구입한다. 8. 혼자 식당에 가서 원하는 음식을 주문하여 먹고 음식 값을 지급한다. 9. 화폐 이외의 수단(포인트, 상품권, 기프트 카드 등)으로 값을 지급한다. 10. 혼자 미용실(혹은 이발소)에 가서 머리 손질을 받고 비용을 지급한다.

출처 ▶ 국립특수교육원(2019)

3. 시작 연령

① 발달장애로서 지적장애가 언제 시작하는지 또는 처음으로 나타나는가를 결정하기 위해 연령 관련 매개변인을 설정하기 때문에 필수적이다.

② 시작 연령 기준은 개인이 22세에 도달하기 전으로 조작적으로 정의되는, 발달기 동안에 시작된다.

③ 일부 사회에서 그들의 문화적 또는 사회적 규범에 근거하여 발달기를 다르게 정의할 수 있다는 것이 인정된다.

03 인간 기능성의 다차원적 모델 13중특

1. 인간 기능성에 대한 다차원적 모델에 대한 이해 16중특, 23중특

① 인간 기능성에 대한 다차원적 모델은 지적장애를 '인간 기능성에서의 제한성'이라는 관점에서 정의하고 다음과 같은 점을 강조한다.

㉠ 생태학적이며 다면적인 관점에서 장애를 개념화한다.

- 장애를 개인으로부터 발생하는 결함이 아니라, 개인과 그 개인이 기능하는 맥락 사이의 상호작용으로 이해한다.

㉡ 개인의 기능을 향상시키기 위한 개별화된 지원이 하는 역할의 중요성을 제시한다.

- 지적장애인의 인간 기능성을 높이기 위한 지원을 강조한다.
- 개인에 대한 적절한 지원은 유동적인 것으로 삶의 상황이나 단계에 따라 변화 가능한 것으로 본다.

② 인간 기능성에 대한 다차원적 모델은 AAIDD의 1992년 9차 정의에서부터 제안되어 2021년 12차 정의에 이르기까지 조금씩 수정·보완되었다.

③ 인간 기능성에 대한 다차원적 모델은 인간의 기능성과 장애에 대한 ICF의 모델과 일관성을 갖는다.

- ICF 모델에서는 인간의 기능성을 인간이 갖고 있는 다면적인 요소들과 환경 사이의 상호작용 과정으로 이해하고 있다.

비교

인간 기능성 차원

AAIDD (2021)	본문 참조
송준만 외 (2022)	지적능력, 적응행동, 건강, 참여, 맥락

자료

지적 기능성과 적응행동에 대한 내용은 '2 지적장애에 대한 조작적 정의의 핵심 구성요인'의 내용과 동일하다.

2. AAIDD의 다차원적 모델을 구성하는 요인 22중특

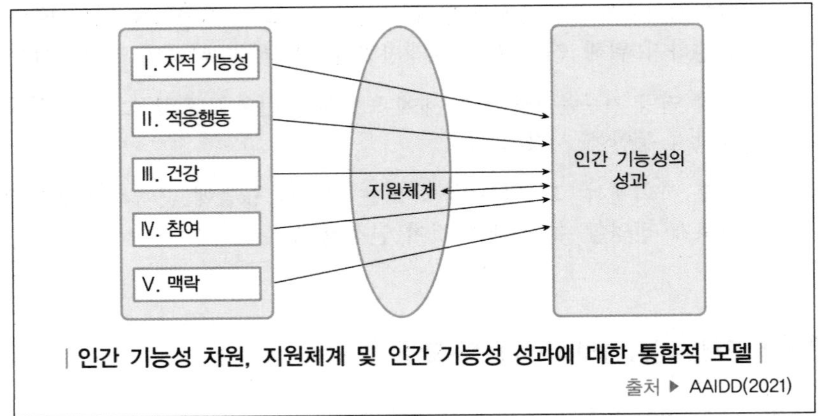

| 인간 기능성 차원, 지원체계 및 인간 기능성 성과에 대한 통합적 모델 |

출처 ▶ AAIDD(2021)

(1) 차원 1 : 지적 기능성

지적 기능성은 지능이나 지적 능력보다 더 광범위한 용어이지만 인간 기능성보다 더 협의의 용어이다.

(2) 차원 2 : 적응행동

① 적응행동은 사람들이 일상생활에서 배우고 수행하는 개념적, 사회적, 실제적 적응기술들의 집합체이다.

② 적응행동의 평가는 매일의 일과에 따라 변화하는 상황에서 한 개인의 전형적인 수행에 기초한다.

(3) 차원 3 : 건강

① 건강이란 신체적, 정신적 및 사회적 안녕(well-being)의 완전한 상태를 의미한다.

② 한 개인의 건강 조건은 인간 기능성의 다른 네 가지 차원들의 각각 혹은 모두에서 직접적으로 혹은 간접적으로 그의 기능성에 영향을 미칠 수 있기 때문에 개인적 기능성의 통합적 이해의 한 구성 요소이다.

③ 지적장애인의 경우, 기능성에 대한 건강과 정신적 건강의 영향은 대단히 촉진하는 것에서부터 대단히 방해하는 것까지의 범위이다.

- 어떤 개인들은 심각한 활동 제한성 없이 왕성한 건강을 즐기는데 이러한 건강은 이들이 일하고, 오락 혹은 여가 활동들과 같은 사회적 역할에 완전히 참여하도록 허용한다. 반면에, 일부 사람들은 이동성, 영양과 같은 영역들에서 신체 기능성을 대단히 손상하고 개인적 활동들과 사회적 참여를 심하게 제한하는 뇌전증 혹은 뇌성마비와 같은 다양하고 심각한 건강 제한성을 가진다.

(4) 차원 4 : 참여

① 참여는 사회적 생활 영역들에서의 실제 활동들에서 사람들의 수행을 의미하는 것으로 사회에서 개인의 기능성에 관련된다.

- 참여는 가정생활, 직업, 교육, 여가, 영성적 및 문화적 활동 영역들에서 역할들과 상호작용들을 의미한다. 참여는 또한 사회적 역할들을 포함하는데, 그것은 한 특정 연령 집단에게 규준적이라고 고려되는 타당한 활동들이다.

② 일상적 활동들에서의 참여는 한 개인의 학습에 중요하며 인간의 성장과 발달에 대한 맥락에서의 발달 관점의 중심적인 특징이다.

③ 개인의 참여 수준에 대한 평가에서, 다음 영역들의 각각에서 개인의 강점들과 제한성들이 일상생활의 활동들에 대한 직접 관찰을 통하여 평가될 수 있다.

㉠ 활동들, 사건들 및 단체들에의 참여

㉡ 친구들, 가족, 또래들(동년배) 및 이웃들과의 상호작용들

㉢ 가정, 학교, 지역사회, 직업, 여가 및 오락에 대한 사회적 역할들

(5) 차원 5 : 맥락

① 맥락은 사람들의 일상적 삶과 상호 관련된 조건을 의미한다.

② 맥락은 적어도 세 가지 다른 수준들을 포함하는 생태학적 관점을 나타낸다.

㉠ 개인, 가족, 그리고/혹은 옹호자들을 포함한 가까운 사회적 환경(미시 체계)

㉡ 교육 혹은 훈련 서비스 혹은 지원을 제공하는 이웃, 지역사회, 혹은 단체들(중간 체계)

㉢ 문화, 사회, 더 많은 인구, 국가, 혹은 사회정치적 영향의 포괄적 패턴들(거시 체계)

맥락(context)

사람들이 살아가는 일상적인 삶 속에서 상호 관련된 조건들. 맥락은 다음과 같이 볼 수 있다: (a) 연령, 언어, 문화 및 민족성, 그리고 가족과 같이 보통 조정되지 않은 개인적 및 환경적 특성을 포함하는 독립변인; (b) 인간 기능성과 개인적 성과를 향상시키기 위해 조정할 수 있는 조직, 체계 및 사회차원적 정책 및 실제를 포함하는 매개변인; 또는 (c) 인간 기능성의 측면, 지원체계의 계획, 장애 정책의 개발을 묘사하고 분석하고 그리고 인간 기능성과 개인적 성과에 긍정적 및 부정적으로 영향을 미치는 요소들을 기술하기 위한 틀을 제공하는 한 통합적 개념 (AAIDD, 2021)

③ 맥락적 요소들은 한 개인의 삶의 완전한 배경을 나타내는 환경적 요소들과 개인적 요소들을 포함하는데, 그것들은 개인에게 영향을 미치고 그래서 인간 기능성의 평가에서 고려될 필요가 있다.

㉠ 환경적 요소들은 사람들이 살고 그들의 삶을 영위해 가는 물리적, 사회적 및 태도적 환경으로 구성된다. 환경적 요소들은 개인적 요소들과 상호작용을 하며 그래서 인간 기능성에 영향을 미친다.

㉡ 개인적 요소들은 성(gender), 인종, 연령, 동기, 생활양식, 습관, 양육, 대처 양식, 사회적 배경, 교육적 수준, 과거와 현재의 삶의 사건들, 성격 양식 및 개인적인 심리적 자산과 같은 한 개인의 특성들이다. 이러한 특성들의 모두 혹은 일부는 한 장애의 표출에서 한 역할을 한다고 본다. 그것들은 건강 조건 혹은 건강 상태의 부분이 아닌 개인의 특성들로 구성된다.

자료

9차 정의에서는 지적장애의 다차원적 특성을 지적 및 적응기술, 심리적 및 정서적 측면, 건강 및 신체적 측면, 환경적 측면의 네 가지 차원으로 설명한다.

자료

인간 기능성의 다차원적 모델

1. 9차 정의(1992년)

지적장애 정의의 일반적 구조에서는 지적장애를 이해하기 위해서는 개인적 측면(능력)뿐만 아니라 기능에 영향을 미치는 환경도 이해해야 함을 보여 주고 있다. 또한 지원이 개인의 기능에 상호 영향을 미칠 수 있음을 나타낸다.

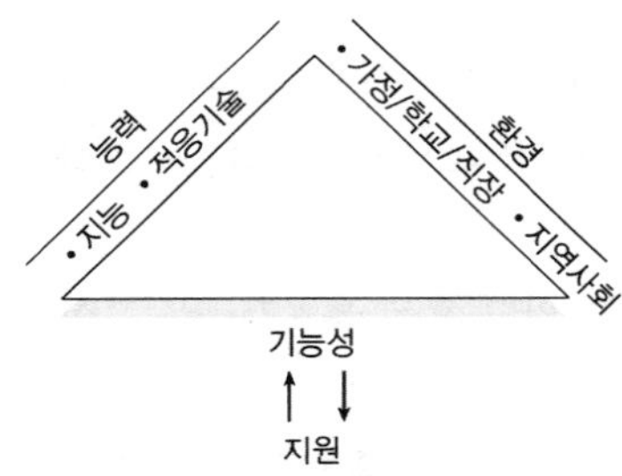

| 9차 정의의 일반적 구조 |

2. 10차 정의(2002년)

10차 정의에서는 다섯 가지 차원으로 설명되고 있다. 이와 같이 다섯 가지 차원으로 증가한 이유는 2001년 ICF가 장애의 개념을 개인적 측면에서 사회적 측면으로 전환하면서 생긴 변화를 지적장애의 특성으로 반영하기 위한 것이다.

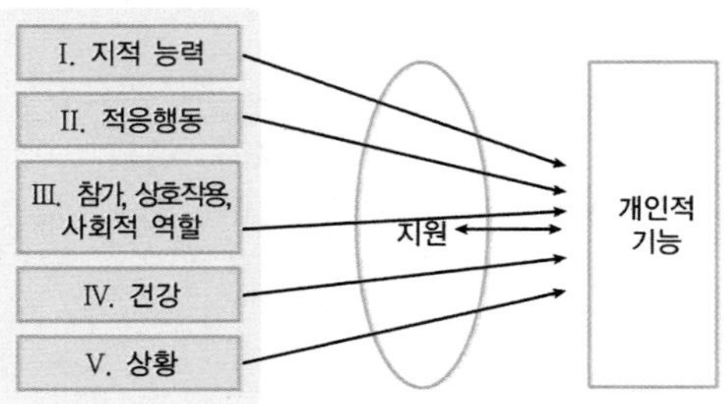

| 10차 정의의 이론 모델 |

3. 11차 정의(2010년)

지적 능력, 적응행동, 건강, 참여, 맥락의 다섯 가지 차원이 인간 기능성에 영향을 미치는 것으로 변경되었다.

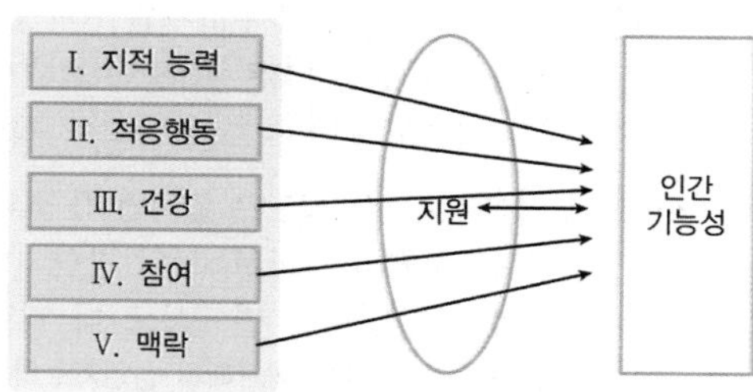

| 11차 정의의 인간 기능성의 개념적 틀 |

04 지원에 대한 이해

1. 지원의 개념

① 지원이란 한 개인의 발달, 교육, 이익, 개인적 안녕을 촉진하고, 그 개인의 기능성을 향상시키기 위한 자원과 전략이다.

② 지원에 대한 요구(지원요구)는 한 개인이 정상적인 인간 기능성과 관련된 활동에 참여하는 데 필요한 지원 유형과 강도에 관한 심리적 구인을 말한다.

2. 지원의 종류 13중특

지원은 자연적 지원과 서비스를 중심으로 제공되는 지원으로 구분된다.

① 자연적 지원 17초특, 19중특, 23초특

㉠ 자연적 지원이란 주어진 환경 내에서 자연스럽게 제공될 수 있는 인적 및 물적 자원을 통해 지원되는 것이다.

㉡ 교내에서는 비장애 또래를 통해 도움을 제공하고 외부에서는 직장 동료의 도움을 활용하는 방법이다.

예 가족이나 직장 동료, 친구, 이웃들로부터 자연스러운 일과 내에서 지원이 제공되는 경우

② 서비스 중심의 지원

㉠ 서비스 중심의 지원이란 한 개인의 자연스러운 환경의 일부가 아닌 사람이나 장비 등에 의해 제공되는 지원을 의미한다.

예 교사의 치료와 상담, 법률 등의 서비스 전문가들로부터 지원이 제공되는 경우

㉡ 서비스 중심의 지원은 개인의 필요와 요구에 따라 제공된다.

자연적 지원

장애인이 통합 고용 환경에서 근무할 경우, 직업 코치에게 인위적(비자연적인) 지원을 받는 것이 아니라 작업 중에 동료 근로자에게서 자연스럽게 받는 개인적 지원, 직업적 지원, 사회적 지원 등을 의미한다. 고용 환경뿐만 아니라 지역사회를 통합하기 위해 자연적 지원이 중요하나 장애인의 개별적 요구에 따라 외부의 구조화된 지원 또한 함께 고려할 필요가 있다(특수교육학 용어사전, 2018).

자료

지원의 유형 예시

- 아동 : 현재 유치원에 다니고 있음

간헐적 지원	갑자기 생긴 주의산만한 행동에 대한 단기적인 행동중재를 받을 필요가 있다.
제한적 지원	초등학교로의 전환을 위해 필요한 기술들(예 학습준비 기술, 사회성 기술 등)을 올 한 해 동안 배울 필요가 있다.
확장적 지원	만성적인 소아당뇨로 인하여 인슐린 주사를 장기적으로 매일 맞아야 한다.

출처 ▶ 2010 유아1-7 기출

3. 강도에 따른 지원의 유형 10유특, 13중특(추시)

유형	설명
간헐적 지원	• 필요에 따른 지원으로, 일시적(지원을 항상 필요로 하지 않는다) 또는 단기적 속성(예 실직 혹은 심각한 의료적 위기)을 갖는 특징이 있다. • 간헐적 지원은 고강도 혹은 저강도로 제공되어진다.
제한적 지원	• 한동안 지속되고 시간제한은 있지만 간헐적인 속성은 없는 등의 특징을 갖는 지원의 강도로, 보다 강한 수준의 지원보다는 인력이 덜 필요하고, 비용 면에서도 더 저렴할 수 있다. 예 기간제 고용 훈련 혹은 학교에서 성인기로의 전환기적 지원 제공
확장적 지원	• 적어도 몇몇 환경에서(예 직업 혹은 가정) 정기적으로(예 매일) 지원이 필요하며 시간 제한적이지는 않다(예 장기간의 지원과 장기간의 가정생활 지원).
전반적 지원	• 영구성을 띠며 고강도의 지원으로 개인의 모든 환경에 제공되며 일상적 생활 영위에 필요하다. • 전반적 지원은 확장적 혹은 시간 제한적 지원보다는 더 많은 수의 전문인력과 개입이 필요하다.

05 지원모델에 대한 이해

지원모델은 개인의 능력과 환경의 요구 사이의 부조화 및 개인적 성과를 향상으로 이끄는 개별화된 지원 제공 사이의 관계를 묘사한 것으로, 지적장애를 기능의 상태로 개념화하고 개인-환경의 잠재적 부조화를 다룬다.

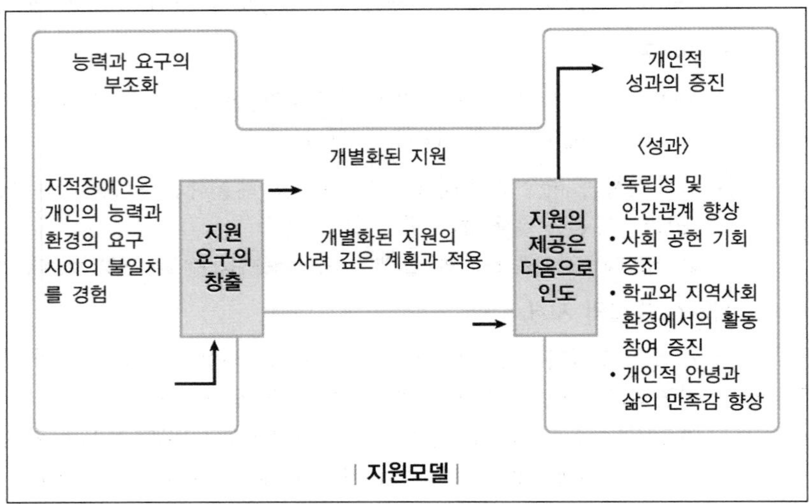

| 지원모델 |

1. 지원모델에 대한 표면적 설명 13중특, 20초특

① 지적장애인들이 경험하는 자신의 능력과 환경적 요구 간의 불일치로 인해 지원에 대한 요구가 생기게 된다.

② 지원요구를 바탕으로 개별화된 지원계획을 개발하고 적용한다. 개별화된 지원의 기능은 다음과 같다.

㉠ 개인이 여러 환경들과 활동들에서 행할 수 없는 것과 어떠한 변화와 추가가 그 개인의 참여를 가능하게 하는 것 사이의 차이를 다룬다.

㉡ 인간 기능성을 개선함으로써 개인적 성과를 향상하는 것에 초점을 둔다.

③ 개별화된 지원계획의 개발과 적용을 통해 개인은 다음과 같은 성과를 얻게 된다.

㉠ 독립성 및 인간관계 향상

㉡ 학교와 지역사회 환경에서의 활동 참여 증진

㉢ 사회 공헌 기회 증진

㉣ 개인적 안녕과 삶의 만족감 향상

2. 지원모델의 함축성

① 환경요구와 개인능력의 부조화는 개별화된 지원의 특정 유형과 강도를 필요로 하는 지원요구를 초래한다.

② 개별화된 지원의 사려 깊은 계획과 적용에 기초하는 정도에 따라서 인간 기능성과 개인적 성과를 향상으로 이끌 확률이 높다.

③ 교육과 훈련 서비스 체계의 초점은 사람들의 결손에 의해서가 아니라 지원요구의 유형과 강도에 의해 사람들을 이해하도록 하는 변화를 가져왔다.

④ 개인의 결손에 초점을 두기보다는 개인의 능력과 개인이 기능하는 환경의 요구 사이 부조화의 감소에 초점을 두는 것이 개인적 성과를 향상시키는 지원을 판별하고 개발하고 정렬하기가 더 쉽다.

3. 지원의 평가 및 계획과 실행과정

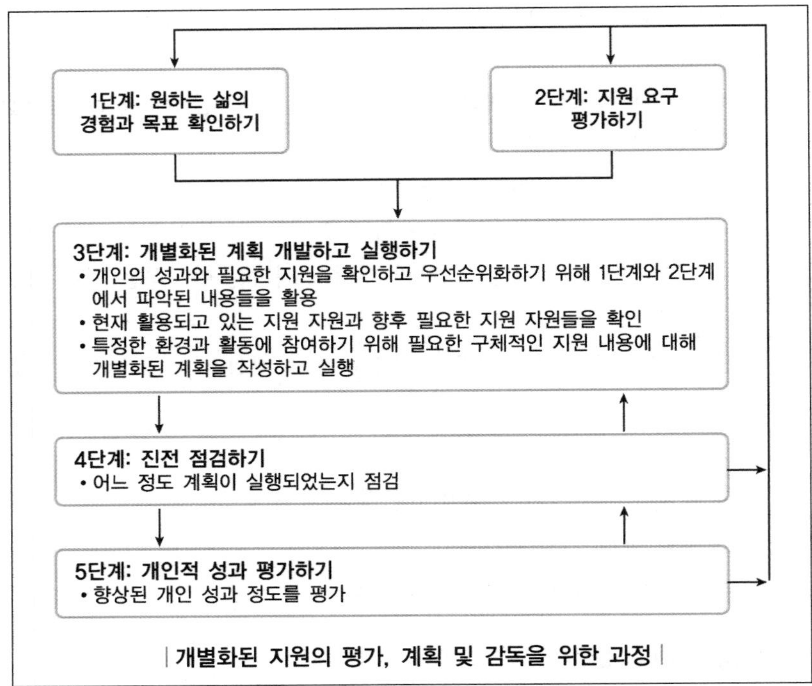

| 개별화된 지원의 평가, 계획 및 감독을 위한 과정 |

(1) 1단계 : 원하는 삶의 경험과 목표 확인하기 [21중특]

① 개인이 원하는 삶의 경험과 목표를 확인하는 방법으로 '개인중심계획'의 활용을 요구한다.

② 개인중심계획이란 장애학생에게 개별화된 교육과 지원을 제공할 때 그 판단의 근거를 당사자의 꿈과 선호도, 관심에 초점을 두어 계획하는 것을 의미한다.

③ 개인중심계획의 주요 목적은 한 개인에게 무엇이 중요한 것인가를 찾아내는 것이다.

㉠ 개인중심계획의 핵심은 당사자가 자신에게 중요하다고 생각하는 것이 무엇인지를 파악하는 것이고, 그 과정에서 현재 제공되는 서비스나 재정 상태 혹은 그 개인의 능력 등에 국한하지 않고 논의한다.

㉡ 계획 과정에 장애 당사자뿐만 아니라 주요 주변인들도 함께 참여해야 하며, 현재의 삶뿐만 아니라 미래의 삶에 대해서도 다루어야 한다.

개인중심계획

- 장애학생에게 개별화된 교육과 지원을 제공할 때 그 판단의 근거를 당사자의 꿈과 선호도, 관심에 초점을 두어 계획하는 것으로, 장애학생 본인이 자신에게 중요하다고 생각하는 것을 파악하기 위해 계획 과정에 당사자와 그 가족을 포함한 주요 주변인들이 함께 참여하여 현재의 삶뿐만 아니라 미래의 삶에 대한 계획을 논의한다. 특히 전환교육의 관점에서 진로와 직업생활, 거주생활, 지역사회와 여가생활 등을 계획할 때에 많이 적용한다(특수교육학 용어사전, 2018).
- 개인중심계획은 소비자 중심 서비스 모델로 개인에게 제공되는 지원이 장애영역 진단 기준에 의하여 서비스를 제공하는 것이 아니다. 장애인 당사자 스스로 그들에게 필요한 유형의 지원을 선택하고, 그들 자신이 지원내용을 관리한다(박희찬 외, 2022).

④ 개인중심계획의 특징은 다음과 같다. 16중특

㉠ 개인의 활동, 서비스, 지원은 자신의 꿈, 관심, 선호, 강점, 능력에 기초한다.

㉡ 개인과 개인에게 중요한 사람들은 생활양식 계획에 포함되며, 통제를 연습하고 현명한 결정을 하는 기회를 갖는다.

㉢ 개인은 자신의 경험에 기초한 결정으로 의미 있는 선택을 한다.

㉣ 개인은 가능하면 자연적 지원과 지역사회 지원을 사용한다.

㉤ 활동, 지원, 서비스는 개인적인 관계, 지역사회 통합, 존엄, 존중을 성취하는 기술을 촉진한다.

㉥ 개인의 기회와 경험은 최대화되고, 융통성은 기존의 규제와 자금 제약 내에서 향상된다.

㉦ 계획은 협력적이고 반복적으로 발생하며, 개인에 대한 지속적인 헌신을 포함한다.

㉧ 개인은 자신의 개인적 관계, 가정, 일상에 만족한다.

비교

개인중심계획의 특징

제시된 내용은 Schwartz 등이 제시한 것을 인용한 것으로 문헌에 따라 '개인중심계획의 특징' 또는 '개인중심계획의 원칙'으로 표현되고 있다.

McDonnell et al. (2015)	개인중심계획의 원칙
Wehmeyer et al. (2019)	사람 중심 접근법 (개인중심계획)의 여덟 가지 특징

KORSET 합격 굳히기 **개인중심계획**

1. 개인중심계획(Person-Centered Plan, PCP)은 전환 계획 과정을 촉진하는 한 방법으로, 한 개인이 희망하는 삶에 대해 팀 중심으로 탐색하고 그 삶을 살기 위해 필요한 지원을 찾아가는 일련의 과정이다.

2. 일반적으로 개인중심계획은 학생이 희망하는 삶에 대해서 알아보는 과정과 학생을 위한 계획을 수립하기 위해 자원하는 주변인들의 팀으로 이루어진다. 팀은 학생 본인, 가족, 친구, 지역사회 구성원, 관련 기관 사람들로 구성된다.

3. 개인중심계획은 장애학생이 희망하는 삶을 살기 위해 필요한 지원들을 탐색하고 판별하기 위해 학생에 대해 같이 생각해 보고, 학생과 함께 의사소통하고, 학생의 가치를 검토하고, 학생을 위한 계획을 수립하여 지원하는 가치중심적 접근이다.

4. 개인중심계획은 ① 학생과 가족을 중심으로, ② 미래를 위한 공유된 비전을 창출하고, ③ 대상 학생의 강점과 지원 욕구를 판별하고, ④ 관계와 지역사회 인맥을 수립하며, ⑤ 행동 계획을 개발하고, ⑥ 책임자와 후속조치를 수립하는 핵심 요소들로 구성되어 있다. 개인중심계획의 핵심 요소와 단계는 다음과 같다.

개인중심계획의 단계와 핵심 요소

단계	핵심 요소
1단계 : 문제 판별	요소1 : 학생과 가족 중심 요소2 : 미래를 위한 공유된 비전 창출
2단계 : 문제 분석	요소3 : 대상 학생의 강점과 지원 욕구 판별 요소4 : 관계와 지역사회 인맥 수립
3단계 : 협력적 문제해결	요소5 : 행동 계획 개발
4단계 : 행동 계획 설계와 후속조치 개발	요소6 : 책임자와 후속조치 수립

5. 개인중심계획은 4단계 과정을 통해 계획을 수립한다.
   ① 문제 판별의 단계에서는 학생의 미래에 대한 계획에 초점을 두어 시작한다. 학생의 선호, 흥미, 욕구에 기초를 두어 판별된 학생의 사회, 여가, 교육, 직업 및 독립생활 목표들을 포괄하여 하나의 큰 그림으로 산출한다. 학생과 가족의 요구를 중심으로 미래에 대한 비전을 공유하는 것을 목표로 한다.
   ② 문제 분석 단계에서는 팀 구성원들의 브레인스토밍을 통해 학생과 관련한 정보들을 명료화하고, 예측되거나 잠재적인 문제점을 다루고 필요한 전략과 자원을 개발한다.
   ③ 협력적 문제해결 단계는 중재 계획을 실행하는 단계이다. 개인중심계획의 핵심 요소로서 중재 충실도와 직결된다.
   ④ 행동계획 설계와 후속조치의 개발 단계에서는 중재과정의 충실도를 유지하기 위한 것으로 중재 전략을 평가하고 그 결과에 근거하여 이를 지속할 것인지, 재설계 혹은 중단할 것인지를 결정한다.

6. 개인중심계획의 철학과 개념을 공유하는 대표적인 개인중심계획 모델로는 개인미래계획(Personal Future Planning), PATH(Planning Alternative Tomorrows with Hope), MAPS(Making Action Plans/McGill Action Planning System), COACH(Choosing Options and Accommodations for Children) 등이 있다. 다양한 개인중심계획 모델이 갖는 공통적인 특징은 다음과 같다.
   ① 모든 계획 과정은 학생을 중심으로 논의된다. 학생의 강점, 흥미와 꿈에 대한 고려가 계획 과정에서 중심이 된다. 학생에 대한 이해가 그의 교육적 요구를 결정하는 토대가 된다.
   ② 계획 과정에서 학생과 가족의 적극적인 참여를 전제로 한다.
   ③ 모든 구성원은 학생이 가진 장애보다는 강점과 능력에 초점을 두고 학생에 대해 긍정적이고 적극적인 견해를 갖는다.

출처 ▶ 박은혜 외(2018)

7. **기관중심계획과의 차이**
   개인중심계획은 전문가와 기관이 중심이 되어 장애학생을 위한 계획을 수립했던 전통적인 기관중심서비스 전달체계와 다른 모습을 보인다. 전통적인 기관중심계획과 개인중심계획은 다음과 같은 차이가 있다.
   ① 회의를 주도하는 사람의 차이이다. 전통적인 기관중심계획은 영역의 전문가가 주도하여 학생의 교육적 계획을 수립하였으나, 개인중심계획에서는 1~2명의 촉진자가 주도하여 회의를 진행한다.
   ② 전통적인 기관중심계획에서는 일반적으로 성인이 참여하며 전문가들이 구성원이 되어 회의에 참여하지만, 개인중심계획에서는 장애인 당사자와 가족이 반드시 포함되며 학생의 교육에 영향을 미치는 다양한 주변인이 지원팀으로 구성되어 참여한다.
   ③ 전통적인 기관중심계획에서는 주어진 정보, 보고서, 공식적으로 평가된 자료를 기반으로 두고 학생의 교육계획을 수립하지만, 개인중심계획에서는 회의 현장에서 구성원들이 학생에 대한 정보를 공유하고, 보고서에만 의존하기보다 관찰, 면담 등을 통해 수집된 비공식적 평가에 가치를 두어 학생에 대한 교육계획을 수립한다.
   ④ 전통적인 기관중심계획은 학생의 장애, 약점에 기반을 둔 관점으로 장애와 약점을 보완할 수 있는 교육계획에 중점을 두며, 그 학생이 무엇을 필요로 하는지보다는 학생 주변에 어떠한 서비스가 이용 가능한지를 우선시하여 교육계획을 수립한다. 그러나 개인중심계획은 학생의 강점에 기반한 접근으로 개인의 성과 요구를 중요시하며 요구에 기반하여 교육계획을 수립한다.
   ⑤ 전통적인 기관중심계획은 회의 과정에서 참여하는 장애학생의 자기옹호, 가족과 동료들의 옹호기술 사용에 중점을 두지 않고 운영되지만, 개인중심계획에서는 회의에 참여하는 장애학생, 가족, 관계자들이 회의를 통해 개인을 옹호하는 기술들을 사용하고 배우게 된다.

출처 ▶ 박희찬 외(2022)

(2) 2단계: 지원요구 평가하기 21중특

① 2단계에서는 표준화된 도구나 관찰 혹은 심층 면담 등을 통해 다양한 삶의 영역에서 필요한 개인의 지원요구를 평가하는 것을 포함한다. 예를 들면, 지원정도척도를 사용하여 개인의 지원요구를 평가하고 의료적 및 행동적 지원요구를 판별하는 것이다.

② 현재 지원요구를 측정할 수 있는 유일한 표준화 검사방법은 '지원정도척도(Support Intensity Scale, SIS)'를 이용하는 것이다.

③ 개인중심계획에서 밝혀진 개인이 원하는 활동에 성공적으로 참여하기 위해 필요한 지원에 대한 주요 정보가 수집된다.

지원정도척도
동 지원강도척도

자료
지원정도척도에 관한 자세한 사항은 '5 지적장애의 진단 및 평가' 참조

(3) 3단계: 개별화된 계획 개발하고 실행하기

① 개인의 성과와 필요한 지원을 확인하고 우선순위화하기 위해 1단계와 2단계에서 파악된 내용들을 활용한다.

② 현재 활용되고 있는 지원 자원과 향후 필요한 지원 자원들을 확인한다.

③ 특정한 환경과 활동에 참여하기 위해 필요한 구체적인 지원내용을 작성하고 실행에 옮긴다.

㉠ 개인이 전형적으로 일주일 동안 참여할 것 같은 환경과 활동을 구체화한다.

㉡ 제공될 지원의 유형과 강도, 누가 지원할 것인가를 구체화한다.

(4) 4단계: 진전 점검하기

지원계획 팀이 정기적으로 만나서 실제로 어느 정도 계획이 실행되었는지에 대해 체계적으로 점검해 나가는 과정이 필요하다.

(5) 5단계: 개인적 성과 평가하기

계획했던 지원을 실행함으로써 개인이 원하던 삶의 경험과 목표들이 어느 정도 성취되었는지에 대해 평가한다.

06 지원체계에 대한 이해

1. 지원체계의 개념 23중특

① 지원체계는 개인의 발달과 유익을 촉진하고 개인의 기능성과 개인적 안녕을 증진시키는 자원과 전략의 상호 연결된 네트워크이다.

② 지원체계의 목적은 개인의 기능적인 제한성과 맥락적 요구 사이의 차이를 줄이고 그에 따라 그의 기능성과 개인적 안녕을 향상시키는 것이다.

③ 지원체계는 가치, 촉진 조건들 및 지원 관계를 중심으로 구축된다.

㉠ 가치는 한 사람의 개인적 발달, 자기결정, 대인관계, 사회적 통합, 권리, 정서적 안녕, 신체적 안녕 및 물질적 안녕(개인 중심성)을 향상시키는 기회를 조성하는 것을 포함한다.

㉡ 촉진 조건들에는 공평성, 융통성, 유능한 지원 제공자들, 전문가와 지원 제공자 간의 협력, 지원의 이용 가능성과 접근 가능성, 안전한 환경, 지원체계 요소에 대한 정보, 지원 제공의 연속성과 일관성(즉, 지속 가능성) 그리고 지원의 협응 및 관리(종합적, 협응적 및 성과 지향적)가 포함된다.

㉢ 지원 관계에는 존중, 반응성, 신뢰도, 의사소통, 헌신, 이해 및 공감(상호 연결성)이 포함된다.

지원체계의 등장

1992년 모델에 소개되었던 '지원'의 개념이 지속적으로 이어져 오다가 2021년에는 '지원체계'로 변경되었다(2023 중등B-1 기출).

비교

지원체계의 개념

AAIDD (2021)	본문 참조
송준만 외 (2022)	지원체계는 한 개인의 발달과 권익을 증진시키고, 그 개인의 기능성과 삶의 질을 향상시키는 상호 연결된 자원 및 전략 네트워크이다.

2. 지원체계의 요소

(1) 통합적인 환경

통합적인 환경이란 다음과 같은 환경을 의미한다.

① 자연적 환경에 있는 모든 사람을 포함한 곳

② 지역사회 중심의 자원들, 정보 및 관계들에 대한 접근성을 제공하는 곳

③ 성장과 발달을 장려하고 사람들을 지원하는 곳

④ 자율성, 능력 및 관계성과 연관된 심리적 요구를 충족하는 곳

(2) 선택 및 개인적 자율성

① 선택 및 개인적 자율성은 지적장애의 영향을 줄일 수 있는 능력을 가지고 있고, 개인의 발달과 교육 및 유익을 촉진하고, 개인의 기능성 및 개인적 안녕을 향상시킨다.

② 개인의 선택과 자율성 발휘는 자율성, 관계성 및 능력에 대한 개인의 동기와 심리적 요구에 대한 만족뿐 아니라 부적응행동을 감소시킨다.

(3) 일반적인 지원

① 일반적인 지원은 장애가 있거나 없는 사람, 그 어떤 사람에게도 유용한 일반적인 지원 전략을 포함하며, 지방자치단체 혹은 정부 그리고 제공기관을 포함한 다양한 공공 및 민간단체에 의해 제공될 수 있다.

② 일반적인 지원의 구성 요소는 자연적 지원, 테크놀러지, 보철, 전 생애에 걸친 교육, 정당한 편의, 존엄성과 존중, 개인적 강점/자산의 7가지이다.

(4) 전문화된 지원

① 전문화된 지원은 전문성에 기반을 둔 중재들과 치료들이다.

② 다른 전문 분야의 구성원들이 지적장애인에게 전문화된 지원을 제공하는 것이 포함된다.

지원에 대한 협응되고 상호 관련된 체계의 요소

요소	설명
통합적인 환경	• 장애인과 비장애인이 통합되고 가치 있게 여겨지는 자연적 환경 등 • 접근성이 자원, 정보 및 관계에 제공됨 • 지원은 성장과 발달을 장려하기 위해 제공됨 • 기회는 자율성, 능력 및 관계성과 관련한 심리적인 요구를 충족하기 위해 제공됨
선택 및 개인적 자율성	• 선택하기와 자기결정을 발휘할 기회 • 법 앞에 한 개인으로 인정받고, 비장애인과 함께 동등한 기초에서 법적 능력을 누림 • 의사결정 지원을 통해 촉진됨
일반적인 지원	• 모든 사람이 이용 가능할 수 있는 지원 • 구성 요소 – 자연적 지원 – 테크놀러지 – 보철 – 생애를 통한 교육 – 정당한 편의(혹은 합리적 조정) – 존엄성과 존중 – 개인적 강점/자산
전문화된 지원	• 교육자, 의학적으로 훈련된 요원, 심리학자, 정신과 의사, 간호사, 작업·물리 및 언어 치료를 제공하는 종사자들에 의해 제공되는 전문성에 기반한 중재, 치료 및 전략

출처 ▶ AAIDD(2021)

자료

일반적인 지원의 구성 요소

구성 요소	정의 및 예시
자연적 지원	지원 네트워크(예 가족, 친구들, 또래들, 동료들)를 구축하고 유지하기 그리고 자기옹호, 우정, 지역사회 관여 및 사회적 참여를 육성하기
테크놀러지	개인의 의사소통 능력을 향상시키고, 건강과 안녕을 유지하고 그리고 자신의 환경 내에서 성공적으로 기능하기 위한 보조 및 정보 장치를 사용하기. 예로는 의사소통 보조기, 스마트폰, 전자 태블릿/장치들, 약물 투여 장치들, 의료 경보 모니터, 그리고 음성 인식 장치를 포함
보철	신체가 할 수 없는 기능을 수행하도록 지원하는 감각 보조와 운동 관련 보조 장치를 제공하기. 예로는 휠체어, 로봇 팔과 다리, 특수 안경/시각 보조, 보청기 및 교정 장치들을 포함
전 생애에 걸친 교육	행동 기법들, 개인화된 교육과 훈련 전략, 그리고 평생 학습 기회를 통한 새로운 기술과 행동들을 개발하기
정당한 편의	건물들, 교통 및 작업 공간들의 물리적인 접근성을 보장하기; 안전하고 예측 가능한 환경을 창출하기; 그리고 개인이 자신의 환경과 협상하게 하고 보편적 설계 환경 특성을 통하여 일상의 과제들을 수행하게 하는 물리적 및 다른 조정들을 제공하기
존엄성과 존중	지역사회 관여, 동등한 기회, 인정, 감사, 재정적인 안정, 명예, 개인적 목표 설정, 권한 부여, 자신의 개인적 지원 계획 통제, 그리고 의사결정 지원을 통한 사회적 역할 지위를 향상하기
개인적 강점/자산	개인의 선호, 개인적 목표 및 흥미, 선택과 의사결정, 동기, 기술 및 지식, 긍정적인 태도 및 기대, 자기관리 전략, 자기옹호 기술들을 촉진하기

출처 ▶ AAIDD(2021)

3. 효과적인 지원체계의 특징

(1) 개인 중심성

① 효과적인 지원체계는 개인적 지원요구를 평가해야 함을 의미한다.

② 지원요구는 “한 개인이 전형적인 인간 기능성과 연관된 활동에 참여하기 위해 요구되는 지원의 패턴과 강도”로서 정의되는 심리적 구인의 하나이다.

③ 개인의 지원요구의 평가는 현재의 신뢰롭고, 타당하고, 개인적으로 실시되는, 종합적이며 그리고 지적장애인에게 규준화되고 지원요구 백분위 점수를 산출하는 표준화된 지원요구 척도를 기반으로 한다.

(2) 종합성(포괄성) 23중특

Tip
통합적인 환경, 선택 및 개인 자율성, 일반적인 지원 및 전문화된 지원은 지원체계의 요소에 해당한다.

효과적인 지원체계는 통합적인 환경, 선택 및 개인 자율성, 일반적인 지원, 전문화된 지원들을 포함한다.

(3) 협응성

① 효과적인 지원체계는 개인적 지원 계획이 이루어져야 한다.

- 개인적 지원 계획(Personal Supports Plan, PSP)이란 개인의 발달과 유익을 촉진하고 개인의 기능성과 안녕을 증진하는 지원체계 제공에 대한 체계적이고 통합적인 접근을 의미한다.

② 개인적 지원 계획의 네 가지 원칙은 다음과 같다.

㉠ 개인은 자신의 계획을 소유하는데, 이는 한 개인의 지원 계획이며 제공자 기관 혹은 개인을 지원하기 위해 유료로 지원하는 사람들을 위한 이행 계획은 아니다.

㉡ 개인적 지원 계획은 개인적 목표와 지원요구에 기반을 두고, 개인에게 중요한 것과 개인을 위해 중요한 것을 통합하고, 무엇이 그대로 동일하게 남아 있어야만 하는지(즉, 유지되는)와 무엇이 변화될 필요가 있는 것인지(즉, 획득되는 혹은 수정되는)를 다룬다.

㉢ 개인적 지원 계획은 지원체계를 실행하는 것을 통해 포괄적 지원을 제공한다.

㉣ 사용자에게 친절한 개인적 계획은 장애인을 의미 있게 포함하는 수평적으로 구조화된 교육 혹은 지원팀에 의해 개발되고 실행되며, 검토되고 평가된다.

(4) 성과 지향성

개인적 지원 계획(PSP) 개발과 성과 평가는 인간 기능성의 구체적이고 측정 가능한 지표들을 판별하는 성과 틀(an outcomes framework)을 요구한다.

인간 기능성 성과 틀

인간 기능성 차원	주요 성과 평가의 초점	성과 지표의 예
지적 기능성	실행 기능들	• 행동을 시작하고 유지한다. • 문제행동이나 자극을 억제한다. • 적절한 과제 목표를 선택한다. • 문제해결 전략을 제기한다. • 필요할 때 주의력과 문제해결 전략을 바꾼다. • 자신의 행동을 점검하고 평가한다.
적응행동	적응행동 기술들	• 개념적: 언어 사용, 읽기, 쓰기, 돈 사용, 시간 알기 • 사회적: 대인관계 기술 보이기, 사회적 책임감 보이기, 자존감 표현하기, 최소한의 피괴성과 순진성 나타내기, 사회적 문제 해결하기 • 실제적: 일상생활 활동 수행하기, 직업 기술 보이기, 잠재적으로 안전하지 않거나 위험한 상황에서 주의 기울이기, 여행하기와 교통 이용하기, 일정 및 일과 따르기
건강	신체적 및 정서적 상태	• 신체적 상태: 의료적 또는 병리적 증상의 정도 및 심각도, 영양 상태 • 정서적 상태: 정신적/행동적 증상의 정도 및 심각도, 학대 및 유기로부터 자유, 안전감 및 안정감 느끼기
참여	포함 및 관여	• 포함(involvement): 가정생활, 지역사회 생활, 평생 학습, 고용 및 사회적 활동들과 같은 생활 활동 영역들에 포함 • 관여(engagement): 가족 구성원, 친구, 동료 및 지역사회 구성원들과 함께 관여
맥락	기회들	• 선택하기와 자기결정을 실행하기 • 법 앞에서 인권과 시민권을 가진 사람으로 인정받기 • 인권과 법적 권리를 경험하기 • 일반적인 지원과 연결하기 • 평생학습에 대한 접근성 가지기 • 통합학교(inclusive schools)에서 교육받기 • 통합 환경들에 고용되기 • 준비된 상황에서 나이 들기

출처 ▶ AAIDD(2021)

4. 지원체계에 관한 실행 지침

① 개인의 지원요구의 패턴 및 강도에 대한 평가는 개인적으로 실시되는, 표준화된 지원요구 척도의 사용을 포함하여 전문적인 평가에 기초해야 한다.

② 지원체계는 가치, 촉진 조건들, 지원 관계들에 기초해야 한다.

③ 지원체계는 통합적인 환경, 선택 및 개인적 자율성, 일반적인 지원, 전문화된 지원들을 포함한다.

④ 지원체계는 개인적 목표들, 지원요구 그리고 가치 있는 성과를 통합하고 제휴해야 한다.

⑤ 지원체계는 개인 중심적, 종합적, 협응적, 성과 지향적이어야 한다.

⑥ 지원 제공은 지적장애인이 속한 지원팀에 의해 개발되고, 실행되고, 검토되고, 평가되는 개인적 지원 계획을 통하여 협응되어야 한다.

⑦ 개인적 지원 계획은 개인적 목표와 지원요구를 특정한 지원 전략들과 원하는 가치 있는 성과와 제휴해야 한다.

⑧ 임상적 판단의 사용은 지원체계가 개인 중심적, 종합적, 협응적, 성과 지향적이라는 것을 확실히 한다.

Chapter

02 지적장애의 원인과 예방

01 다중 관점 접근

AAIDD 매뉴얼의 9번째~11번째 판에서 제시된 원인론에 대한 다중위험요인 접근법이, 12판에서는 지적장애에 대한 생의학적, 사회문화적, 심리교육적, 사법적 관점과 연관된 다중 관점 접근으로 변화하였다.

지적장애에 대한 관점과 그 관점이 통합적 접근에 주는 주요한 기여

관점	사용된 주요 개념	추정된 장애의 위치	판별된 위험 요인	관련된 중재 및 지원
생의학적	• 원인론 • 유전학 • 병리생리학	• 유전자-환경 상호작용 • 건강 • 두뇌 발달	• 유전적 이상 • 염색체 이상 • 대사 이상 • 생물학적 이상 • 뇌 손상 • 기형 유발 물질	• 특별한 식이 요법 • 유전자 변형 • 수술 절차 • 약리학 중재 • 정신건강 중재
사회 문화적	• 인간-환경 상호작용 • 사회적 맥락 • 사회차원적 태도 • 사회적 상호작용	• 기능적 제한성 • 개인적 능력과 환경적 요구 사이의 차이	• 사회차원적 태도 • 빈곤한 환경 • 분리된 환경	• 자연적 지원 • 일반 대중의 태도/인식의 변화 • 환경적 강화 • 환경적 조정
심리 교육적	• 학습 • 적응행동 • 지적 기능성	• 지적 기능성, 적응행동 및 역동적이고 상호적인 관여	• 양육 • 조기 개입 결여 • 개인적 성장과 발달을 위한 기회 부족 • 외상 및 불안정한 아동기	• 양육 기술 • 개인적 발달 전략 • 상담 • 특수교육 • 의사결정 지원 • 정보 및 보조공학
사법적	• 차별 • 법적 권리 • 인권	• 사회차원적 조치 • 정부 체제들	• 사회적 불평등 • 불의 • 차별 • 권리의 거부	• 권리 확인 • 개인중심계획 • 법령, 규정 및 사법적 결정

출처 ▶ AAIDD(2021)

1. 생의학적 관점

지적장애를 초래하는 유전적 및 생리적 요인들을 강조한다.

2. 사회문화적 관점

지적장애인을 둘러싼 사회의 공통적인 믿음, 행동, 언어, 사건으로부터 지적장애의 사회적 의미가 개발된 것을 통하여 사람들과 그들의 맥락 사이의 상호작용, 그리고 그 상호작용에 대한 개인들의 반응들을 강조한다.

3. 심리교육적 관점

지적장애와 관련된 지적, 심리적/행동적 그리고 학습 제한성들을 강조한다.

4. 사법적 관점

지적장애 진단을 받은 사람들을 포함한 모든 개인들이 동일한 인권과 법적 권리를 가지고 있다는 것을 강조한다.

자료

다중위험요인 접근법 10중특, 11중특, 16초특

1. 9~11차 정의까지 원인론에 대한 접근법이었던 다중위험요인 접근법은 지적장애를 초래하는 원인에 대해 전통적으로 제시되었던 이분법적인 접근법(생물학적 원인, 환경적 원인)을 지양하고 지적장애의 원인이 될 수 있는 위험요인을 네 가지 범주로 나누고 시기와 교차하여 다음과 같이 제시하였다.

시기	생의학적	사회적	행동적	교육적
출생 전	• 염색체 이상 • 단일유전자 장애 • 증후군 • 대사장애 • 뇌 발생 장애 • 산모 질환 • 부모 연령	• 빈곤 • 산모 영양실조 • 가정폭력 • 출생 전 관리 결여	• 부모의 약물 남용 • 부모의 음주 • 부모의 흡연 • 부모의 미성숙	• 인지적 장애를 보이는 부모에 대한 지원 결여 • 부모가 될 준비의 결여
출생 전후	• 조산 • 출생 시 손상 • 신생아 질환	• 출산관리의 결여	• 부모의 양육거부 • 부모의 자식 포기	• 퇴원 시 중재서비스를 위한 의료적 의뢰의 결여
출생 후	• 외상성 뇌손상 • 영양실조 • 뇌막염 • 발작장애 • 퇴행성 장애	• 아동–양육자 간 상호작용 문제 • 적절한 자극의 결여 • 가정의 빈곤 • 가정 내 만성적 질환 • 시설수용	• 아동 학대 및 유기 • 가정폭력 • 부적절한 안전 조치 • 사회적 박탈 • 다루기 힘든 아동의 행동	• 잘못된 양육 • 지체된 진단 • 부적절한 조기 중재 서비스 • 부적절한 특수교육 서비스 • 부적절한 가족 지원

출생 전후
임신 후 20주부터 분만 후 28일 사이
동 주산기

2. 각 요인은 다음과 같은 내용을 포함한다.

생의학적 요인	유전적 이상이나 영양과 같은 생물학적인 과정과 관련된 요인들을 포함한다.
사회적 요인	아동 발달에 영향을 줄 수 있는 자극과 상호작용의 질을 좌우하는 여건에서 초래하는 요인을 포함한다.
행동적 요인	위험한(부상 위험이 있는) 활동들 또는 어머니의 물질 남용과 같은 잠재적 원인 행동들과 관련된 요인들을 포함한다.
교육적 요인	정신적 발달과 적응기술 발달을 촉진하는 교육적 지원의 유용성과 관련된 요인들을 포함한다.

02 생의학적 원인

1. 상염색체 우성유전 장애

결절경화증	• 9번 혹은 16번 염색체에 있는 비활동성 유전자에 의해 야기됨 • 종양의 성장을 막는 역할을 하는 유전자(비활동성 유전자)가 제대로 기능하지 않아 뇌를 포함한 여러 기관에 종양을 발생시킴 • 지적장애 발생 가능성이 있으며, 증상의 정도는 사람마다 다름
신경섬유종	• 말초신경계와 중추신경계에 종양 출현 • NF1, NF2 두 가지 유형이 존재 – NF1: 말초 신경섬유종증 – NF2: 중추 신경섬유종증
아퍼트 증후군	• 10번 염색체에 위치한 유전자 돌연변이나 우성유전을 통해 발생 • 신생아기에 두개골의 특정 부위에 섬유성 관절이 일찍 봉합되어 머리가 비정상적으로 위로 뾰족하게 솟은 모양을 가짐 • 얼굴의 기형과 두정부의 첨형과 사지의 합지증을 특징으로 함 • 많은 경우 경도에서 중도의 지적장애를 보이나 정상적인 지능을 가지는 경우도 있음

자료

우성유전과 열성유전

우성유전은 한 개의 유전자가 다른 한 개의 유전자를 '통제'하거나 덮어씌우는 것이라고 가정할 수 있는데, 이는 한 쌍의 두 유전자를 서로 비슷하게 하거나 다르게 만드는 일을 할 것이다. 열성유전은 한 쌍 안의 상대 유전자를 통제할 수 없는 유전자를 말한다. 그래서 상이한 유전자와 쌍이 되었을 때는 '약해지고' 단지 똑같은 열성 유전자와 만났을 때만 영향력이 있게 된다. 동일한 형질을 전달하는 유전자 쌍들을 동형접합체라고 부르고, 다른 형질을 전달하는 쌍을 이형접합체라고 부른다. 동형접합체는 열성유전의 경우에 필수적이고, 우성유전의 경우에는 동형 또는 이형접합체 어떤 것이든 나타날 수 있다(Beirne-Smith et al., 2012).

중추 신경섬유종증

동 양측 청신경 섬유종증

갈락토스 증후군
동 갈락토스 혈증

대사장애
대사장애는 세포가 특정한 물질을 특정한 다른 물질로 바꾸어 주는 단백질이나 효소를 만들어내지 못하거나, 한곳에서 다른 곳으로 이동시키지 못하기 때문에 생기는 질병이다(백은희, 2020).

2. 상염색체 열성유전 장애

(1) 갈락토스 증후군

① 모유와 일반 우유에 포함되어 있는 당분인 갈락토스를 포도당으로 전환시키는 능력이 손상되어 나타나는 탄수화물 대사장애이다.

② 원인이 되는 유전자는 9번 염색체 단완에 위치하며 열성으로 유전된다.

③ 출생 후 즉시 발육부진, 구토, 황달, 설사 등이 나타난다. 조기에 치료받지 못하면 신체발달과 지적 발달이 지체될 수 있으며, 특히 유아기 또는 아동기 때 백내장에 걸릴 확률이 높다.

④ 신생아기에 혈액과 소변에 갈락토스가 증가되어 있어 진단할 수 있고, 갈락토스 증후군으로 진단되면 즉시 유당이 함유되지 않은 분유를 먹어야 한다. 이후 우유, 치즈, 버터, 유청 분말과 카제인 함유 식품은 엄격하게 제한해야 한다. 유제품 제한으로 인해 비타민 D와 칼슘의 보충이 필요하기도 하다.

⑤ 엄격한 갈락토스 제한에도 치료 결과는 다양하며 완전히 호전되지 않는 경우도 많다.

(2) 후를러 증후군

① 후를러 증후군은 점액다당류(복합 탄수화물)를 신진대사시키는 리소솜이라 불리는 효소가 부족해서 발생하는 탄수화물 대사장애이다.

② 특성들로는 심한 지적장애, 혼탁한 각막, 농 그리고 커다랗고 검은 눈썹, 두터운 입술, 커다란 혀, 낮은 콧등 등을 포함하는 뚜렷한 안면 특성 등이 있다.

③ 현재 치료법은 없고 보통 10대 초반에 사망에 이르게 된다.

단풍나무시럽병
동 단풍당뇨증

아미노산
단백질을 구성하는 기본 단위

필수 아미노산
아미노산 가운데 동물의 체내에서 합성할 수 없거나 합성하기 힘들어서 반드시 음식물로 섭취해야 하는 아미노산의 총칭

(3) 단풍나무시럽병

① 단풍나무시럽병은 필수아미노산인 류신, 이소류신 그리고 발린의 대사장애로 나타나는 질환으로 땀과 소변, 귀지 등에서 특유의 단내가 나는 것이 특징이다.

② 이 장애를 갖고 있는 아동은 지적장애와 주의력결핍 과잉행동장애(ADHD), 충동성, 불안 또는 우울 등 다양한 행동 문제가 발생할 수 있다.

③ 단백질을 제한하는 엄격한 식이요법이 요구되는데, 류신, 이소류신, 발린을 제거하고 성장과 발달에 필요한 비타민과 무기질 등이 들어 있는 반합성 식이 보충 등이 필요하다.

(4) 페닐케톤뇨증 10중특, 22초특

① 페닐케톤뇨증(PKU)은 페닐알라닌을 티로신이라는 아미노산으로 전환시키는 효소의 활성이 선천적으로 저하되어서 페닐알라닌이 축적되서 생기는 단백질 대사장애이다.

- 단순한 혈액검사를 이용하면 태어난지 일주일 안에 발견할 수 있으며 식이요법을 통해 치료 가능한 상태이다.

② 원인이 되는 유전자는 12번 염색체 장완에 위치하고 있으며 열성유전된다.

③ 영아기부터 구토, 습진, 담갈색 모발과 흰 피부색이 나타나며 경련이 일어나고 지능 저하를 일으키지만, 생후 1개월 이내에 치료를 시작하면 이와 같은 증상은 나타나지 않는다.

④ 혈중의 페닐알라닌 측정 검사를 통해 선별할 수 있으며, 치료는 페닐알라닌이 적은 특수 분유를 먹는 식이요법으로 시작한다.

⑤ 페닐케톤뇨증 아동의 부모는 자세한 영양교육을 받아 특수 조제품을 올바르게 사용해야 하며, 정확하게 식단을 계획해서 아동이 먹어서는 안 되는 식품은 다른 식품으로 대체해야 한다.

> **페닐케톤뇨증**
> 유전적 신진대사 질환으로 필수 아미노산인 페닐알라닌이 분해될 때 발생되는 부산물을 신진대사하지 못함으로써 발생되는 장애이다. 이는 후에 치료 불가능한 지적장애를 발생시킬 수 있다(Drew et al., 2010).

(5) 테이 삭스병

① 강글리오사이드-GM2라 불리는 지질을 신진대사시키기 위한 효소가 부족하여 이 지질이 결국 뇌에 축적됨으로써 발생한다.

② 테이 삭스병은 진행성 신경 문제들(운동기능의 상실, 발작, 맹 그리고 일반적인 마비 등을 포함)과 심한 지적장애를 야기한다.

③ 테이 삭스병에는 치료법이 없고 보통 5세경에 사망에 이른다.

3. 성염색체 이상 관련 원인

(1) 약체 X 증후군

① 약체 X 증후군은 X염색체 장완의 끝부분이 끊어져 유전된다. 그러나 전형적인 유전방식을 따르지 않으며 무증상의 남자를 통해 보인자인 딸을 거쳐 대를 거듭할수록 증상이 심해지고 뚜렷해지는 양상을 보인다.

② 여아보다 남아에게서 발생 빈도가 높다.

③ 약체 X 증후군의 특징으로 남아의 경우 행동장애와 지능 저하를 보이며, 긴 얼굴, 튀어나온 턱, 크고 뚜렷한 귀 등의 특징적인 얼굴 형태를 보인다. 그러나 여아의 경우는 대개 다양한 정도의 지능 저하만을 보인다.

④ 아동기에 유뇨증과 대소변 가리기 지연이 흔하게 나타나며, 남아의 경우 거대고환을 보인다.

⑤ 행동 특성으로는 돌발적이고 잠시도 앉아 있을 수 없는 행동 과잉, 충동성, 부주의, 불안 그리고 자폐증과 유사하게 손 흔들기나 손 물어뜯기, 눈맞춤의 어려움, 반향어 등이 있다.

(2) 레쉬-니한 증후군

① 레쉬-니한 증후군은 X염색체의 퓨린 대사에 관여하는 HPRT 효소의 완전한 결핍으로 인해 몸에 요산이 축적되어 나타나는 열성유전 질환이지만, 가족력 없이 새로운 돌연변이로 인해 발생하기도 한다.

② X염색체 열성으로 유전되므로 남아에게 더 많이 발생하지만 발생 빈도는 매우 낮다.

③ 레쉬-니한 증후군을 갖고 있는 아동은 지적장애, 충동적 자해행동, 경련, 발달장애, 뇌성마비로 인한 불수의적 운동 등을 보인다.

④ 태어날 때에는 뚜렷한 신경학적인 이상이 없으나 4개월 이전에 근긴장도 이상과 반복되는 구토가 나타나며, 8~12개월 사이에 경련성 운동장애가 나타난다. 10대에 이르면 통증에 대한 감각은 정상임에도 불구하고 강박적 자해행동이 나타나서, 자신을 깨무는 자해행동으로 인해 손가락이 절단되거나 입술 주위 조직이 일부 상실되기도 한다.

(3) 레트 증후군

① 레트 증후군은 X염색체의 특정한 단백질 생산을 조절하는 유전자의 자연적 돌연변이로 인해 발생하고, 드물게 어머니로부터 우성유전(우성유전이지만 모체에서는 돌연변이가 된 유전자가 있는 염색체가 불활성화된 상태)된다.

② 거의 여아에게만 발생하는데, 발생 빈도는 여아 1만~1만 5,000명당 한 명 수준이다.

③ 생후 6~18개월까지는 비교적 정상 발달을 하지만 이후 머리 둘레의 성장·발달이 둔화되고, 습득했던 인지 및 운동 능력과 언어기능이 급격하게 상실되며, 특징적인 손의 상동행동이 나타난다.

- 이러한 증상이 나타나는 이유는 유전자의 돌연변이가 감각과 감정, 운동신경과 자율신경의 기능을 담당하는 특정 뇌 영역의 정상적 발달에 필요한 특정 요소의 부족이나 부재를 초래하기 때문이다. 이러한 이유에서 그 요소가 뇌의 발달에 필요하게 되기 전인 영아기에는 발육이 비교적 정상인 것으로 보이는 것이다.

레트장애

유전자의 자연적 돌연변이로 발생하는 유전자 결함의 유전장애(희귀유전장애)이다. 자폐 범주에 속하는 다른 장애들과는 확실하게 구별되며, 정신장애의 진단과 통계 편람-제5판(DSM-5)은 레트장애를 자폐성장애에서 분리하고 하위 유형의 진단명을 삭제하였다. 레트장애의 특징은 생후 6~18개월에는 정상 발달을 보이다가 퇴행하거나 습득된 기술을 상실하며 지적장애를 보인다. 생후 5~48개월에 머리 성장이 감소하고, 생후 5~30개월에 손 사용 기술의 상실이 나타난다. 즉, 의도를 가지고 자기 손을 사용하지 못하고 두 손을 모아서 비비거나 꼬는 등의 상동증적 행동을 한다. 걸음걸이나 협응에서 어려움을 보이고 보행 이동 능력을 상실하기도 한다(특수교육학 용어사전, 2018).

④ 레트 증후군의 주된 증상 중 하나인 손의 상동행동은 손의 기능적인 사용이 퇴행하면서 나타나게 된다. 손의 상동행동은 두 손 모두를 사용하여 몸의 상체 부분에서 손을 모아 비틀고 씻는 듯한 동작을 하거나, 입 속에 손을 넣어 침을 묻히거나, 자신의 몸을 지속적으로 치는 등 다양하고 복합적으로 나타난다. 이러한 상동행동은 잠자는 시간을 제외한 모든 시간에 지속적으로 나타난다.

⑤ 구강 내 증상으로는 비정상적인 저작과 연하곤란이 있으며, 많은 경우 자발적인 음식물 섭취가 곤란하다. 심한 이갈이로 치아 마모가 일어나며, 타액이 과다하게 분비된다.

⑥ 이 외에도 소두증, 호흡불량, 척추만곡증, 보행 실조, 발의 기형, 발달지연, 말초혈관 운동장애 등의 증상이 나타나며, 90%에서 다양한 경련장애가 발생한다.

> **상동행동**
> 특정 목적이 없이 같은 동작을 일정 기간 반복하는 것을 말한다. 예를 들면, 몸을 앞뒤로 또는 옆으로 흔들기, 빙빙 돌기, 손 펄럭거리며 움직이기, 소리 내기, 빛이나 특정 부분 오랫동안 응시하기, 일반적이지 않은 신체의 움직임 등을 반복하거나 물건 돌리기·두드리기·문지르기 등 사물의 용도에 적절하지 않은 비전형적인 사물 조작 행동을 반복하기도 한다. 이런 행동은 자폐성장애, 시각장애 또는 심한 지적장애 등이 있는 사람들에게서 주로 관찰된다(특수교육학 용어사전, 2018).

4. 염색체 수 이상 관련 원인

(1) 상염색체

① 다운증후군 10중특, 22중특

㉠ 다운증후군은 정상적으로 두 개 존재해야 하는 21번째 상염색체가 세 개가 되는 삼염색체 현상으로 인해 나타난다. 그 형태에 따라서 전형적인 삼염색체성 다운증후군, 전위형 다운증후군, 섞임증 다운증후군 등 세 가지로 분류할 수 있다.

원인(유형)	내용
삼염색체성 (비분리 염색체)	• 다운증후군의 세 가지 염색체 원인 중 가장 일반적인 삼염색체성(또는 비분리 염색체)은 개념적으로 부모의 염색체 한 쌍이 분리하는 데 실패했기 때문이고, 이로 인해 아동이 47번째 염색체를 가지게 됨 • 다운증후군으로 태어난 아동의 92% 이상을 설명
전위형 (전좌형)	• 하나의 염색체 일부가 다른 염색체의 유사한 부분과 결합될 때 발생 • 다운증후군 사례의 3~5%에서 발견
섞임증 (모자이키즘)	• 정상적인 수정란이 유사분열을 계속해 가는 과정 중 어느 단계에서 염색체 절단이나 비분리현상으로 인해 세포분열에 이상이 생겨서 정상 세포계열과 이상 세포계열이 함께 나타나는 경우 • 다운증후군의 세 번째 유형이며 가장 드문 형태

> **자료**
> **다운증후군**
> 1 2 3 4 5 / 6 7 8 9 10 11 12 / 13 14 15 16 17 18 / 19 20 21 22 X Y
> 출처 ▶ 서울아산병원 홈페이지

> **자료**
> **전위형**
> 전위는 일반적으로 13번 또는 15번 염색체 쌍에서 일어남에도 불구하고 여분의 물질이 21번 쌍으로 와서, 어떤 의미에서는 부분적인 삼염색체를 형성한다(Beirne-Smith et al., 2012).

㉡ 일반적으로 낮은 지능을 보이며, 전형적인 얼굴 모양을 가지고 있다. 안과적인 문제(사시, 눈떨림, 굴절 이상)와 청력 문제도 종종 발견된다. 이외에 소화기계 기형이나 심장의 기형이 동반되는 경우가 많다.

㉢ 세균이나 바이러스로 인하여 일어나는 감염증에 대한 면역성이 일반인에 비해 떨어져 있어 감염이 12배 이상 많다고 알려져 있다.

② 에드워드 증후군

㉠ 18번 염색체가 세 개가 된 결과로 발생한다.

㉡ 태아가 이 질환을 가질 경우 대부분 사산되거나 출생 후 수개월 내에 사망한다.

㉢ 심한 지적장애를 동반한다.

③ 파타우 증후군

㉠ 13번 염색체가 세 개가 된 결과로 발생한다.

㉡ 많은 신체적 기형, 매우 심한 지적장애를 보이며 대부분 조기에 사망한다.

(2) 성염색체

① 클라인펠터 증후군 19중특

㉠ 클라인펠터 증후군은 가장 흔한 성염색체 이상 증후군으로 정상적인 남성 염색체 내에 X염색체가 추가되어(XXY형) 발생한다.

㉡ 부모의 생식세포 감수분열 시 성염색체의 비분리현상으로 인해 발생하거나 수정 후 유사분열 단계에서의 성염색체 비분리현상으로 인해 발생하기도 한다.

㉢ 주요 증상으로는 운동발달 지연, 사회성 부족, 언어지연, 읽기장애 등이 있고, 청소년기 중·후반기에는 대부분 생식샘 자극 호르몬 과다와 함께 남성 호르몬 수치가 정상이거나 감소되며, 치료받지 않는 경우 80%는 안드로겐 결핍증을 보인다.

㉣ 2차 성징의 발현은 남성 호르몬이 결여되어 빈약한 체모와 고음, 여성형 지방분포를 보일 수 있다.

㉤ 남아 500~1,000명 중 한 명의 빈도로 발생하며, 지적장애인 중에는 1%에서 볼 수 있다.

사시
양안의 시선이 주시 물체를 향하지 못해 양안시가 불가능한 경우이다. 시력과 두 눈을 융합하는 기능은 대략 8세 무렵에 완성되는데 그 이전에 사시가 있는 경우에는 심한 시력 저하와 시기능 손상이 나타난다. 안구의 편위 방향에 따라 내측(코측)으로 편위가 된 경우를 내사시, 외측(귀쪽)으로의 편위를 외사시, 상측 편위는 상사시, 하측 편위는 하사시라고 한다. 융합 기능이 완성되기 전에 일찍 사시를 발견해서 치료하면 시력 증진과 시기능 손상을 예방할 수 있다(특수교육학 용어사전, 2018).

자료

다운증후군과 선천성 심장기형
다운증후군의 경우 선천성 심장기형이 약 40~50% 정도 발생하는데, 다운증후군 영아가 호흡기 감염에 잘 걸리고 오래 걷지 못하거나, 평상시에도 숨을 거칠고 가쁘게 쉰다거나 우유를 잘 빨지 못하고 힘들어하며 얼굴이 검푸른색으로 변하는 등의 특별한 증상을 보일 경우 일단 심장기형을 의심해야 한다(송준만 외, 2022).

② 터너 증후군

㉠ 터너 증후군은 여성의 성염색체 이상으로 인해 발생한다.

㉡ 이 증후군은 2차 성징 발달이 안 되거나 미약한 것이 특징이다. 이러한 특징이 나타나는 이유는 난소가 제대로 발달하지 않아서 여성 호르몬인 에스트로겐을 분비하지 못하기 때문이다.

㉢ 목이 두껍고 짧으며, 머리카락 선이 뒷목의 아랫부분까지 내려와 있다.

㉣ 이외에 심장 결함, 신장 이상, 여러 가지 신체의 기형이 나타난다. 특히 골다공증, 2형 당뇨병 그리고 갑상선기능저하증이 잘 생긴다.

㉤ 주로 학습장애를 보이며, 지적장애가 나타난다 할지라도 언어적인 지능지수는 평균이거나 높을 수 있지만 시공간 지각력, 수학능력, 기억능력 등에서 문제가 있는 것으로 알려져 있다.

③ 5염색체 X 증후군

㉠ 여성이 3개의 X염색체를 추가로 물려받은 결과 그 결합이 XXXXX가 되는 경우에 발생한다.

㉡ 지적장애나 운동능력에서의 지체가 나타난다.

5. 염색체 구조 이상 관련 원인

(1) 윌리엄스 증후군

① 윌리엄스 증후군은 7번 염색체 장완의 미세 결실이 원인이다.

② 윌리엄스 증후군을 가진 아동들은 위로 솟은 작은 코끝, 긴 인중, 큰 입, 두툼한 입술, 작은 볼, 부운 듯한 눈두덩이, 손톱의 형성부전, 엄지발가락의 외반증 등의 외양적 특징을 가지고 있다.

- 이와 같은 얼굴 특징은 '꼬마 요정' 같다고 표현된다.

③ 소리에 대단히 민감하게 반응하고, 종종 근력이 저하되거나 관절의 이완성을 보인다.

④ 매우 사교적이고 친숙한 성격을 나타내며, 지나칠 정도의 정중함과 친밀감을 표시하기도 한다.

⑤ 낯선 사람을 두려워하지 않고 자신의 또래보다는 어른들과 더 가까이 하려고 하는 성향이 있다.

⑥ 발달지연이 있고 집중력 결함을 보이기도 하지만, 성장함에 따라 상태가 좋아지는 경향이 있다.

⑦ 학습능력에 있어서는 미세한 운동능력과 시공간적인 사고를 필요로 하는 과제에서는 어려움을 보이지만 상대적으로 기억력과 언어능력은 강한 편이다.

(2) 프래더-윌리 증후군 12유특

① 프래더-윌리 증후군의 약 70%에서는 아버지로부터 전달받은 15번째 염색체의 장완 부분이 미세하게 결손되어 있다.

② 신생아와 영아기에 근긴장 저하와 수유 곤란, 발달지연이 나타나다가 유아기부터 중증 비만이 온다.

③ 특이한 얼굴 모양과 저색소증을 보일 수 있으며, 작은 손발, 저신장 등도 특징이다.

④ 프래더-윌리 증후군이 보이는 가장 심각한 증상은 비만이라고 볼 수 있는데, 이는 비만이 심장병, 당뇨병, 고혈압, 뇌혈관 질환, 수면장애 등의 합병증을 초래할 수 있기 때문이다.

㉠ 과도한 식욕을 보이므로 음식을 조절해 주지 않으면 생명을 위협하는 비만이 생길 수 있다.

㉡ 일반적으로 계속 음식을 요구하고, 충동적이고 고집이 센 편이다.

㉢ 과도한 섭식으로 인한 행동장애가 문제이므로 의사와 영양사의 자문을 받는 것이 필요하다.

⑤ 다양한 지능 수준을 나타내며 다방면으로 학습에 어려움을 보인다.

자료

프래더-윌리 증후군의 비만 원인

비만은 시상하부의 병변으로 인한 과식증, 적은 신체활동과 낮은 신진대사율 때문으로 추정된다(송준만 외, 2022).

(3) 엔젤만 증후군 19중특

① 엔젤만 증후군의 약 70%는 어머니로부터 전달받은 15번째 염색체의 장완 부분에 결손이 있다.

② 엔젤만 증후군이 있는 아동은 생후 6~12개월에 발달지연이 나타나기 시작한다.

③ 발달지연과 언어장애로 인해 말을 잘 하지 못하지만, 수용언어 기술과 비언어적인 의사소통 기술은 표현언어 기술보다는 상대적으로 좋은 편이다.

- 표현언어는 두 단어 연결의 초기 단계 수준이다.

④ 움직임과 균형감각에 이상이 생겨 걸음에 장애가 생기며, 자주 웃고, 쉽게 흥분하는 경향을 보이며, 주의집중 시간이 짧다.

㉠ 경미한 운동장애를 보인다.

㉡ 손을 흔드는 것과 같은 독특한 행동을 종종 보인다.

⑤ 머리 크기의 성장이 비정상적으로 지연되어 2세경에 소두증을 보인다.

(4) 스미스-마제니스 증후군

① 스미스-마제니스 증후군은 17번 염색체 단완의 일부가 결실되어 나타난다.

② 스미스-마제니스 증후군을 보이는 아동들은 튀어나온 턱, 넓은 사각형 얼굴, 납작한 후두골 등의 특징적인 얼굴 형태를 갖고 있으며, 약 62%의 아동들이 자주 깨거나 수면 주기가 감소하는 등의 수면장애를 보이기도 한다.

③ 낮은 지능과 전반적인 발달지연을 보이는데, 특히 언어지연이 심각하고 연속적인 인지처리 과정이 필요한 과제나 수학적 학습에 어려움을 보인다.

④ 머리를 흔들거나 특정 행동을 반복하는 상동행동, 상대적으로 통증에 민감하지 않아 팔목이나 손톱, 발톱 등을 물어뜯는 자해행동 등 문제행동도 관찰된다.

⑤ 종종 자신의 맘대로 되지 않을 때 언어적인 폭발, 분노발작, 친구들에 대한 공격적인 행동, 파괴적인 행동 등 부적절한 행동을 보이기도 한다.

(5) 묘성 증후군

① 묘성 증후군은 고양이 울음소리와 같은 특징적인 울음소리 때문에 명명되었으며, 5번 염색체 단완의 부분 결실이 원인이다.

② 특징적인 고양이 울음소리는 후두의 결함이 원인이며, 영아기 후반부터 사라진다.

③ 소두증, 둥근 얼굴, 넓은 콧등, 사시 등의 외양적 특징을 보이며, 근긴장저하, 심장기형, 발달지연을 나타낸다.

03 행동표현형에 대한 이해

1. 행동표현형의 개념

① 행동표현형이란 유전자에 따라 겉으로 나타나는 행동 유형들을 말한다.

② 행동표현형의 핵심은 '지적장애를 유발하는 유전적인 요인을 갖고 있는 학생들에게서 관찰되는 행동 중 일부는 유기적으로 결정된 것'이라는 데 있다.

③ 동일한 증후군을 갖고 있는 학생이 모두 동일한 행동표현형을 갖고 있다는 것을 의미하지는 않는다. 행동표현형은 유전자의 직접적인 결과라기보다는 다음과 같은 다양한 요인의 영향을 받아 변화할 수 있기 때문이다.

행동표현형
특정한 장애가 있는 개인에게서 나타나는 공통적인 행동적 특성을 의미한다. 한 개인의 행동표현형은 일반적으로 유전인자와 후생적 과정(유전자형 안의 유전적 정보가 실제로 나타나는 과정으로 여러 요인에 따라 영향을 받음) 그리고 환경적 요인과 상호작용으로 만들어진다. 예를 들면, 15번 염색체의 미세 결실로 발생하는 프래더-윌리 증후군의 대표적 행동표현형은 과도한 식욕을 보이는 것이며, 음식을 조절하지 못하면 심각한 비만을 겪을 수 있다. 행동표현형은 대상 아동의 교육이나 지원을 계획하는 데 유용한 자료로 활용될 수 있다(특수교육학 용어사전, 2018).

㉠ 동일한 증후군을 갖고 있는 학생들이라도 그들이 갖고 있는 유전자나 염색체 변이과정의 다양성으로 인해 부적응행동이나 언어 및 지적 능력 등에서 다양한 수준을 보일 수 있다.

㉡ 행동표현형은 학생의 성별, 가족 배경, 일상생활 양식, 제공되는 자극 정도, 가족의 의사소통 유형이나 부모의 문제 해결 양식 등에 따라서도 다르게 발달할 수 있다.

㉢ 행동표현형은 생활연령이 증가함에 따라 변화할 수 있다.

예 윌리엄스 증후군 학생들에 대한 종단 연구 결과에 의하면 그들의 수용어휘 능력이 시공간 지각능력보다 연령이 증가할수록 더 많이 발달하는 것으로 나타났다.

2. 증후군별 행동표현형 11중특, 12중특, 14중특, 17중특, 19중특, 20중특

Tip
증후군별 행동표현형은 AAIDD에서 제시한 내용을 중심으로 학습해야 한다.

신변관리기술
동 자조기술

① 미국 지적 및 발달장애협회(AAIDD)의 지적장애 11차 정의 매뉴얼에 제시되어 있는 각 증후군별 행동표현형은 다음과 같다.

원인적 진단	종종 실재하는 행동적 징후
약체 X 증후군	• 시공간적 기술에 비해 더 나은 음성언어 기술 • 일상생활과 신변관리기술에서 비교우위 • 무관심, 과잉행동, 자폐성 행동과 빈번한 연관 • 모든 연령대에 걸쳐 흔한 불안장애
다운증후군	• 언어적 또는 청각적 과제보다는 시공간적 과제 수행에 강점 • 지능에 비해 강한 적응기술 • 명랑하고 사회적인 성격 • 성인기에 흔한 우울증
윌리엄스 증후군	• 언어, 청각 기억력과 얼굴인식에 강점 • 시공간적 기능성, 지각-운동 계획과 소근육 기술에서의 제한 • 마음이론에 강함(인간 상호 간 지능) • 손상된 사회적 지능으로 친구가 없음 • 모든 연령대에 걸쳐 흔한 불안장애
프래더-윌리 증후군	• 손상된 포만감, 탐식행동과 비만 • 시각적 처리와 퍼즐을 해결하는 데 강점 • 모든 연령대에 걸쳐 흔한 강박장애와 충동조절 장애 • 성인기에 간혹 정신이상
엔젤만 증후군	• 여러 차례 부적절한 웃음이 어린 사람들 사이에 특징적 • 모든 연령대에 걸쳐 일반적으로 행복한 성향을 보임 • 과잉행동과 수면장애가 어린 사람들 사이에 보임

자료
마음이론
마음이론이란 자기 자신과 다른 사람들의 마음 상태에 대해 추론하는 능력이다. 보다 자세한 내용은 'Part 07. 자폐성장애아교육' 참조

스미스-마제니스 증후군	• 말하기 기술 획득의 지체 • 계열적 처리에 상대적으로 약함 • 수면장애가 흔함 • 빈번한 상동행동과 자해행동 • 충동조절장애가 어린이들 사이에 흔함

② 이 밖에 레트 증후군, 묘성 증후군과 관련하여 보고되고 있는 행동표현형은 다음과 같다.

증후군	종종 발견되는 인지 · 언어 · 행동 특성
레트 증후군	• 손을 씻거나 비트는 듯한 비정상적인 손의 상동행동을 보임 • 수면장애를 보임 • 자폐성장애와 유사한 행동들이 나타남
묘성 증후군	• 과잉행동을 보임 • 자기자극 행동 및 자해행동을 나타냄 • 고양이 울음소리와 같은 소리를 냄

04 지적장애 예방을 위한 지원

1. 발생률과 출현율 09중특

① 발생률이란 특정 기간 동안에 전체 인구 중 새롭게 판별된 장애인의 수를 의미한다.

- 발생률은 장애의 원인을 연구하고 예방 프로그램을 개발하는 데 의의가 있다.

② 출현율은 전체 인구 중 장애라는 특정 조건을 가진 장애인의 수를 말한다.

- 출현율은 교육이나 재활 서비스 등에 대한 요구를 파악하는 데 활용하기 용이하다.

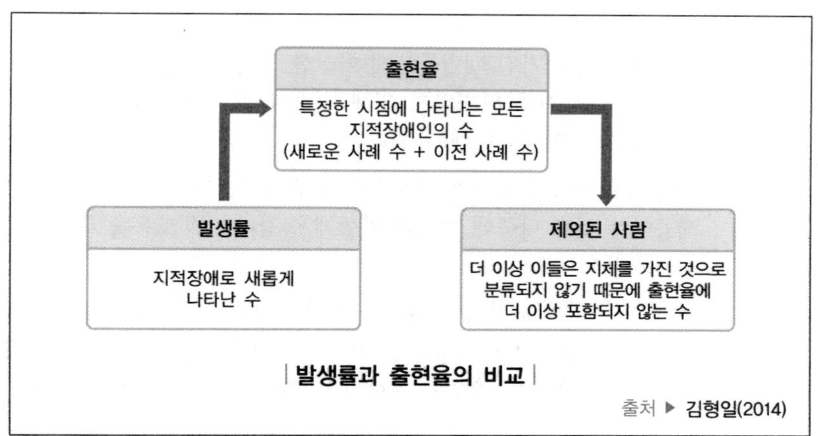

| 발생률과 출현율의 비교 |

출처 ▶ 김형일(2014)

Tip
예방의 종류별로 제시된 예시에도 집중해야 한다.

2. 예방 16초특

지적장애 예방을 위한 지원은 장애예방에 대한 전통적인 의학적 모델이 더 이상 적절하지 않다는 인식을 기반으로 AAIDD의 새로운 진단, 분류, 진단 체계와 맥락을 같이하며 제시되었다.

(1) 1차 예방

① 1차 예방은 질병이나 조건 및 장애로의 발전을 예방하는 전략을 의미한다. 이런 전략들 덕분에 사람은 좋은 건강 상태를 유지할 수 있는데 다음과 같은 예들을 포함한다.

㉠ 알코올 중독 산모에게 임신 기간 중 금주를 하도록 하는 것은 아이의 태아 알코올 증후군을 예방할 수 있다.

㉡ 아이에게 홍역이나 인플루엔자 예방주사를 놓아 지적장애의 원인이 될 수 있는 뇌수막염에 걸리지 않도록 예방하는 것이다.

㉢ 아이가 자전거를 탈 때 헬멧을 써서 외상성 뇌손상을 막는 것도 1차 예방의 예가 될 수 있다.

② 1차 예방은 개인의 건강 상태 증진을 목표로 한다.

(2) 2차 예방 16초특

① 2차 예방은 현재 질병이나 조건을 가진 개인들이 장애 혹은 그 징후가 나타나는 것을 예방하는 전략이다. 2차 예방에 해당하는 예는 다음과 같다.

㉠ 페닐케톤뇨증(PKU)을 가지고 태어난 사람은 신체의 모든 세포 안에 있는 돌연변이 PKU 유전인자가 내포되어 있다. 이러한 DNA의 이상은 그 개인의 일생동안 나타날 것이다. 이 경우 2차 예방은 출생 때부터 시작된 계속적인 식이요법을 통해 신체 내에 독성물질이 쌓이지 않도록 하여 지적장애가 생기지 않도록 하는 것이다. 식이요법을 한다고 해도 PKU를 가지게 되지만 장애나 증상을 사전에 예방할 수 있는 것이다.

㉡ 다양한 조건을 가진 개인들에게 이러한 조건들이 증상이나 장애로 나타나기 전에 이를 판별하기 위해 개발된 광범위한 선별 프로그램도 2차 예방의 또 다른 예가 된다.

㉢ 발달지체 아동을 조기에 선별하여 신속하고 효과적인 중재 서비스를 제공하는 것도 나중에 정상에 가깝게 성장하도록 도움을 주기 때문에 2차 예방이 될 수 있다.

- PKU를 위한 보편적인 신생아 선별은 2차 예방의 전형적인 모델로 양성반응을 보인 아이들의 식이요법 치료를 촉진하고, 수년 동안 발달 및 행동적 선별을 포함하여 폭넓은 발전을 이루어왔다.

㉣ 형제 중 먼저 태어난 아이가 자폐인 경우에 동생을 유아기 때 자세히 모니터링하는 것도 2차 예방의 한 예가 될 수 있다(왜냐하면 동생이 자폐일 확률이 약 10% 정도이기 때문이다). 동생이 생후 6개월부터 12개월 사이에 비정상적인 발달의 징후가 보이면, 조기 판별과 조기 중재로 아이의 자폐 증상을 예방할 수 있다는 희망을 가지고 집중적인 중재를 제공해야만 한다.

② 2차 예방은 위험 요소를 지닌 개인의 판별과 장애 발생을 예방하는 중재의 연계를 목표로 한다.

(3) 3차 예방 22중특

① 3차 예방은 전반적인 기능성에서 장애의 결과를 (완전히 제거할 수는 없지만) 감소시키는 전략이다. 이 전략이 질병과 장애 자체를 예방할 수 없으나 그 조건의 영향을 최소화시키거나 질병과 장애로 인해 나타날 수 있는 다른 조건이나 합병증을 예방할 수 있다.

② 3차 예방은 전반적인 기능성의 향상을 목표로 하며, 이는 ICF 모델을 통해 이해될 수 있다. 이 체계에 의하면 손상된 기능성(장애)은 신체적 손상, 활동 제한성, 참여 제약이 서로 상호작용한 결과로 본다. 3차 예방은 이 세 가지 모두에 초점을 맞추고 있다. 3차 예방의 예는 다음과 같다.

㉠ 다운증후군을 가진 사람은 갑상선 질병에 걸리기 쉽고 성장기 내내 여러 가지 증상의 원인이 될 수 있다. 다운증후군을 가진 사람들을 위한 정기적인 갑상선 기능검사는 갑상선 질병으로 인해 야기될 수 있는 신체적 손상을 예방할 수 있다.

㉡ 지적장애인이 문제행동을 극복하고 적절한 직업기술과 태도를 갖게 도와주는 행동 지원은 지적장애인이 겪게 될 활동 제한성을 예방할 수 있다.

㉢ 사회통합을 증진하는 전략(지역사회 지원과 레크리에이션 지원과 같은)은 참여제한 때문에 생기는 기능성 손상을 예방할 수 있다.

위험집단		발달적으로 지체된 집단		장애를 가진 집단
• 1차 예방이 필요하다. • 가능한 한 어릴 때, 그리고 증상이 나타나기 이전에 위험요인(들)을 없애거나 최소화시킬 수 있는 중재를 한다. • 주요 전문가 집단 : 공중보건 분야	➡	• 2차 예방이 필요하다. • 발달지체를 조기에 파악하여 정상범주의 발달이 이루어지도록 중재한다. • 주요 전문가 집단 : 공중보건 및 의학 분야	➡	• 3차 예방이 필요하다. • 최소제한적 환경에서 적절하게 활동할 수 있도록 중재한다. • 주요 전문가 집단 : 공중보건, 의학 및 특수교육 분야

| 위험요인의 발달적인 연속체 |

출처 ▶ 신진숙(2010)

KORSET 합격 굳히기 장애위험 요인 25유특

1. 장애위험이란 현재 형성된 장애를 지니고 있지는 않지만 아무런 교육적 서비스를 제공하지 않고 방치할 경우 학교생활의 실패를 초래하거나 장애를 일으킬 수 있는 상황을 의미한다.

2. 장애위험 요인은 일반적으로 환경적 위험, 생물학적 위험, 형성된 위험의 세 가지 위험으로 분류된다.
   • 세 가지 장애위험 요인은 사실상 서로 배타적이지 않으며 중복되기도 한다. 예를 들어, 빈곤이라는 환경적 위험 요인이 조산이라는 생물학적 위험 요인과 함께 나타나는 경우 이는 '이중 위험'에 해당하며, 발달상의 지체나 학습상의 실패에 미치는 영향은 더욱 크고 지속화될 가능성이 높아진다.

장애위험 요인	내용
환경적 위험	• 환경적 위험이란 경제적 또는 사회적 위험 요인을 의미한다. • 환경이 극도로 제한되거나 위협적인 경우에 발달상의 지체를 일으킬 수 있다.
생물학적 위험	• 생물학적 위험은 이후의 비전형적인 발달이나 지체를 초래하는 출산 전후나 출산 중에 나타나는 특정 위험 요인을 의미한다. • 당뇨병이나 풍진 등 임산모의 특정 질병이나 감염, 조산이나 저체중, 출생 시 무산소증, 출생 후 감염이 이러한 생물학적 요인에 속한다. • 생물학적 위험 요인이 이후에 반드시 발달상의 지체로 연결되는 것은 아니지만 그 가능성이 큰 것은 사실이다.

형성된 위험	• 형성된 위험 요인은 유전학적으로나 의학적으로 이미 형성된 조건에 의해서 발달상의 지체를 초래할 가능성을 지닌 경우를 의미한다. • 다운증후군과 같은 염색체 이상이나 신진대사 장애, 선천적 기형, 뇌성마비 등을 포함한다. • 형성된 위험 요인을 지니는 경우에는 대체로 특정 장애명으로 특수교육 적격성을 인정받게 된다. – 형성된 장애 요인을 가지고 있으면서도 우선 당장 발달상의 지체가 드러나지 않는 경우도 있다. 예를 들어, 다운증후군이나 뇌손상 등 특정 조건에 해당하면서도 아직까지 발달상의 지체가 나타나지 않았거나 지체장애 등의 장애명으로 표찰되기 위한 기준에 적합하지 않은 경우를 들 수 있다.

출처 ▶ 이소현(2020)

05 지적장애의 진단 및 평가

1. 장애인 등에 대한 특수교육법

「장애인 등에 대한 특수교육법 시행규칙」의 제2조 제1항(장애의 조기발견)과 관련하여 별표에 명시되어 있는 지적장애의 진단・평가 영역은 다음과 같다.

① 지능검사

② 사회성숙도검사

③ 적응행동검사

④ 기초학습검사

⑤ 운동능력검사

2. 지적 기능성

AAIDD(2021)의 매뉴얼에 제시되어 있는 지적 기능성 평가에 대한 실제 지침은 다음과 같다.

① 일반 인구에 대해 규준화되고, 개인에 대한 지능지수 전체점수를 산출하는 현재의 신뢰롭고, 타당하고, 개인별 실시되고, 종합적이며 표준화된 검사를 실시한다.

② 개인의 의사소통, 감각 및 운동의 제한성뿐만 아니라 문화적, 언어적으로도 적합한 특정 표준화된 검사를 선택한다.

③ 지적 기능성을 측정하기 위하여 선택된 평가 도구(들)의 가장 최신의 규준을 사용한다.

④ 개인별로 실시된, 종합적이고, 표준화된 특정 검사에 대한 측정의 표준오차에 근거하여 95% 신뢰구간을 고려하면서 개인의 지능지수 점수를 해석한다.

⑤ 개인적 요소들, 환경적 요소들 및 연습효과를 포함하여 검사 결과에 영향을 미치는 데 잠재적인 요소들을 고려한다.

3. 적응행동 23중특

AAIDD(2021)의 매뉴얼에 제시되어 있는 적응행동 평가에 대한 실제 지침은 다음과 같다.

① 장애가 있는 개인과 없는 개인을 포함한 일반 인구에 대해 규준화된 개인별로 실시되는 적응행동 척도를 사용하고, 세 가지 영역인 개념적, 사회적 및 실제적 적응행동의 각 영역에서 표준화된 측정을 산출한다.

② 적응행동에 초점을 두고 적응행동 평가 척도와 인터뷰를 완수하는 응답자는 다음을 수행한다.

㉠ 적응행동이 최대 행동이 아닌 전형적인 행동임을 이해한다.

㉡ 평가받는 개인을 잘 알고 있다.

㉢ 지역사회의 여러 맥락에 걸쳐서 매일 또는 매주 그 개인을 관찰할 기회를 가진다. 인터뷰를 실시할 때는 훈련된 면접원이 활용되어야 한다.

③ 각 응답자는 자신이 직접 관찰한 평가 대상자의 행동에 대해 개인적인 평정을 한다.

④ 개인별 실시된 특정 검사에 대한 측정의 표준오차에 근거한 95% 신뢰구간을 고려하여 개인의 적응행동 점수를 해석한다.

⑤ 개인적 및 환경적 요소를 포함하여 검사 결과에 어떠한 잠재적인 영향을 고려한다.

4. 지적장애의 진단 23중특

AAIDD(2021)의 매뉴얼에 제시되어 있는 지적장애 진단에 대한 실제 지침은 다음과 같다.

① 지적장애 진단은 지적 기능성과 적응행동에서의 심각한 제한성과 개인이 22세에 도달하기 전으로 조작적으로 정의되는 발달기 동안에 시작할 것을 요구한다.

② 지적장애 진단을 공식화하기 위해 사용되는 평가 도구는 (a) 지능지수의 전체점수(지적 기능성 기준을 위해); 그리고 (b) 개념적, 사회적 또는 실제적 적응행동의 세 가지 영역을 평가하는 표준화된 적응행동 측정을 산출하는, 신뢰롭고, 타당하고, 개인별 실시되고, 종합적이며, 표준화된 검사를 사용해야 한다.

③ 지적장애 진단을 내리기 위해서 지적 기능성과 적응행동에 대해 동등한 중요성과 공동의 고려가 주어져야 한다.

④ 적응행동과 지적 기능성에서의 심각한 제한성의 경계를 결정하는 점수는 각 도구의 평균 아래로 대략 2 표준편차 낮은 점수이다.

⑤ 95% 신뢰구간[즉, 획득한 점수에 측정의 표준오차(SEM)의 두 배를 더하거나 뺀 값]은 개인의 진점수가 속하는 확실성을 확립하는 데 사용되어야 한다.

⑥ 지적장애 진단에서 임상적 판단의 사용은 (a) 지적장애의 진단은 지적 기능성과 적응행동에 대해 각각의 신뢰롭고, 타당하고, 개인별 실시되는, 종합적이고, 표준화된 검사의 가장 최신판으로부터 얻어진 지적 기능성과 적응행동 점수에 기초한다는 것을 확실히 한다. (b) 개인의 진점수가 있는 점수 구간을 설정하기 위해 95% 신뢰구간을 사용한다. (c) 장애의 시작 연령이 발달기 동안에 발생했음을 확인한다. 그리고 (d) 지적장애 진단에서 지적 기능성과 적응행동에 동등한 중요성을 둔다.

5. 지원정도척도(SIS)

AAIDD(2010)는 지적장애 학생의 사회적응과 관련된 기능성의 다차원적 관점에서 지원 도구의 유형과 정도를 결정하기 위한 표준화된 도구로 지원정도척도를 소개하였다.

지원정도척도
동 지원강도척도

(1) 특징 21중특, 23중특

① 지원정도척도(Supports Intensity Scale, SIS)는 개인의 지원요구 및 의료적, 행동적 지원요구를 판별하기 위한 표준화 검사도구이다.

- 지원이 각 활동에 얼마나 자주 요구되는지(지원 빈도), 지원할 때마다 얼마나 많은 시간이 소요될 것인지(일일 지원시간), 어떤 유형의 지원이 필요한지(지원 유형)를 구체적으로 평가한다.

② SIS는 인쇄용지와 지필형식, CD-ROM으로 된 전자검사, SIS 온라인 웹 기반 검사, 태블릿이나 노트북 또는 데스크용으로 된 표준화된 검사로 지원 요구에 대한 객관적인 평가를 통해 어느 지원 영역에 어떤 유형의 지원이 얼마나 빈번하게 제공되어야 하는지 등을 분석한 후 개별화된 지원계획을 수립할 수 있도록 한다.

㉠ 개인의 지원요구 평가는 현재의 신뢰롭고, 타당하고, 개인적으로 실시되는, 종합적이며, 그리고 지적장애인에게 규준화되고 지원요구 백분위 점수를 산출하는 표준화된 지원요구척도를 기반으로 한다.

㉡ 지원요구는 한 개인이 전형적인 인간 기능성과 관련된 활동에 참여하는 데 요구되는 지원의 패턴과 강도인 반면에 적응행동은 일상생활에서 사람들이 수행하는 개념적, 사회적 및 실제적 기술의 집합이다.

적응행동척도와 지원정도척도의 차이점

특징	적응행동척도	지원정도척도
측정하는 구성 개념	어떤 사람이 학습한 적응기술 – 이는 성취 또는 수행의 측정치임	어떤 사람이 일상생활의 활동에 참여하는 데 필요한 특별지원
초점	개인의 적응행동 패턴	가정생활과 지역사회생활 참여를 증진시키는 데 필요한 지원의 패턴과 강도
사용목적	지적장애의 진단과 개별화 교육/훈련계획에 나열할 수 있는 적합한 교육목적과 훈련목적의 확인	생활의 다른 영역에서 개인이 지닌 지원요구(즉, 지원요구 프로파일), 발달장애인과의 비교에서 나타나는 상대적인 지원요구의 결정 및 개별화 지원계획의 개발
문항계통	성공적인 사회적 기능에 필요한 일련의 적응행동 또는 적응기술	사회에 참여할 때 관계되는 일련의 생활 활동
문항 반응	개인의 적응기술 관련 숙달도 또는 능숙함의 수준	특정 생활 활동에 참여하는 데 필요한 특별지원의 정도와 패턴
추가 문항	일부 척도에 문제행동 지표가 포함되어 있음	• 특별지원요구에 영향을 미치는 문제행동과 특별한 의료 조건 • 지원이 필요한 보호·권리주장 활동

출처 ▶ 한국지적장애인복지협회(2011)

(2) 강점 23중특

① SIS는 전통적인 평가와 다르게 사람들이 부족한 것을 보지 않고 사회에서 성공적으로 살아가기 위해 개인이 필요로 하는 일상의 지원이 무엇인지를 본다.

② SIS는 직접적이고 타당한 결과를 제공해 준다.

③ SIS는 직접 의사소통을 하면서 각 장면마다 개인의 참여를 요구하여 지원 빈도, 일일 지원시간, 지원 유형을 측정한다.

④ 가족, 장애인 친구, 사례관리자와의 면담을 통해 어떻게 개인이 성장하고 있는지를 고려한다.

⑤ SIS 점수는 장애인의 개별화지원계획을 수립하는 데 도움을 줄 뿐만 아니라, 개인의 요구 순위 및 필요한 지원 영역을 시각적으로 제공해 줌으로써 서비스 결정을 하는 데 실질적인 정보를 제공해 준다.

(3) 구성

이 검사의 대상 연령은 16~72세까지이며, 검사도구는 면접지와 3개장의 기록지로 구성되어 있다.

<table>
<tr><td>제1장
지원요구척도</td><td>• 49개의 생활 활동으로 구성되어 있다.
• 가정생활, 지역사회생활, 평생교육, 고용, 건강과 안전, 사회활동 등 6개 영역에 대한 지원요구검사이다.</td></tr>
<tr><td>제2장
보호 · 권리주장척도</td><td>• 자기옹호, 돈과 재정생활, 자기 신체 보호, 법적인 책임을 경험하기, 조직에 참여하기, 법적 서비스 받기, 결정하기, 다른 사람을 옹호하기의 8개 활동으로 구성되어 있다.
• SIS의 지원요구지수를 결정할 때 제2장 보호 · 권리주장 척도는 사용하지 않는다.</td></tr>
<tr><td>제3장
의료 · 행동
특별지원요구</td><td>• 15개의 의학적인 상태와 13개의 문제행동이 나열되어 있다.
• 어떤 의학적인 상태와 문제행동은 다른 생활 영역에서 나타나는 지원요구의 상대적 정도와 상관없이, 어떤 사람에게 필요한 지원의 수준을 증가시키리라 예측된다는 것이 기본 가정이다.
• 의학적인 상태와 문제행동이 지원요구와 관련하여 갖는 상대적 중요성을 평정할 때에는 0~2점 척도를 사용한다.
<table><tr><td>0점</td><td>지원 불필요</td></tr><tr><td>1점</td><td>부분지원 필요</td></tr><tr><td>2점</td><td>집중지원 필요</td></tr></table></td></tr>
</table>

Tip

검사도구 명칭으로서의 지원정도척도와 제1장 지원요구척도를 명확히 구분해야 한다.

자료

제2장 결과 예시

제2부 : 보호 · 권리주장 점수에 기초한 지원의 고려사항

5쪽에서 최고등위로 평정된 4개의 보호 · 권리주장 활동을 나열한다.

활동	원점수
1. 자신의 권리 주장하기	6
2. 금전과 개인 재정 관리하기	6
3. 위험으로부터 자신을 보호하기	6
4. 자기 권리주장/지원 단체에 가입하고 참여하기	5

출처 ▶ 한현민 외(2011)

자료

제3장 결과 예시

제3부 : 의료 · 행동 특별지원요구에 기초한 지원의 고려사항

A. 의료		
1. 6쪽의 합계 점수를 기입한다.	0	
2. 합계 점수가 5보다 큰가?	그렇다	아니다
3. 6쪽의 의료 지원요구에서 "2"에 ○표 된 문항이 하나 이상인가?	그렇다	아니다
B. 행동		
1. 7쪽의 합계 점수를 기입한다	0	
2. 합계 점수가 5보다 큰가?	그렇다	아니다
3. 7쪽의 행동 지원요구에서 "2"에 ○표 된 문항이 하나 이상인가?	그렇다	아니다

위의 질문 중 어떤 것이든 "그렇다"에 ○표 된 사람은 SIS 지원요구지수가 유사한 다른 사람보다 지원요구가 더 클 것이다.

설명 합계 점수가 5보다 큰가?, "2"에 ○표 된 문항이 하나 이상인가?의 질문들 중에서 어느 하나에 "그렇다"라면 그 사람은 비슷한 SIS지원요구지수를 지닌 다른 사람들보다 더 많은 지원이 필요하다는 것이다.

출처 ▶ 한현민 외(2011)

(4) 평가 척도 18중특

① 지원 빈도

㉠ 특별 지원, 즉 대다수의 비장애인에게 일반적으로 필요한 빈도 이상의 지원이 표적 활동 각각에 대해 얼마나 자주 필요한지와 연계된다.

㉡ 질문은 '이 활동을 위한 지원이 얼마나 자주 필요한가?'로 제시된다.

㉢ 지원 빈도는 필요 없거나 1개월 1회 미만에서부터 1시간에 1회 이상까지 0~4점 척도로 평정되고, 점수가 높을수록 지원요구가 더 큰 것이다.

② 일일 지원시간

㉠ 지원을 제공하는 날에 지원을 준비하는 데 일반적으로 소용되는 시간을 의미한다. 어떤 사람은 어떤 활동에 대한 지원을 자주 필요로 하지는 않지만(낮은 빈도), 지원이 필요할 때에는 그 지원을 준비하는 데 상당히 많은 시간이 필요할 수 있다(높은 일일 지원시간).

㉡ '이 영역의 지원이 필요한 보통 날에 얼마나 많은 시간 동안 지원해야 하는가?'라는 질문에 답하도록 되어 있다.

㉢ 일일 지원시간은 없음에서부터 4시간 이상까지, 0~4점 척도로 평정한다.

③ 지원 유형

㉠ 어떤 사람이 참여해야 하는 활동을 할 때 필요할 수 있는 지원의 성격이다.

㉡ '어떤 유형의 지원을 제공해야 하는가?'라는 질문에 답하도록 되어 있다.

㉢ 지원 유형의 범위는 없음부터 전체 신체 지원까지, 0~4점 척도로 평정한다.

자료

지원 빈도의 평정

	지원 빈도
0	필요 없거나 1개월에 1회 미만
1	1개월에 1회 이상
2	1주에 1회 이상
3	1일 1회 이상
4	1시간에 1회 이상

자료

일일 지원시간의 평정

	일일 지원시간
0	없음
1	30분 미만
2	30분~2시간 미만
3	2~4시간 미만
4	4시간 이상

자료

지원 유형의 평정

	지원 유형
0	없음
1	점검
2	언어/몸짓 촉구
3	부분 신체 지원
4	전체 신체 지원

KORSET 합격 굳히기 제1장 지원요구척도 채점하기 예시

1. 원점수

제A부: 가정생활 활동	지원빈도					일일 지원시간					지원유형					원점수
1. 화장실 사용하기	(0)	1	2	3	4	(0)	1	2	3	4	(0)	1	2	3	4	0
2. 의복 관리하기(세탁하기 포함)	0	1	(2)	3	4	0	1	(2)	3	4	0	1	2	(3)	4	7
3. 음식 준비하기	0	1	(2)	3	X	0	1	(2)	3	4	0	1	2	(3)	4	7
4. 식사하기	(0)	1	2	3	4	(0)	1	2	3	4	(0)	1	2	3	4	0
5. 집 안 관리하고 청소하기	0	1	(2)	3	4	0	1	(2)	X	X	0	1	2	(3)	4	7
6. 옷 입고 벗기	(0)	1	2	3	4	(0)	1	2	3	4	(0)	1	2	3	4	0
7. 목욕하기와 개인 위생 · 몸단장 관리하기	(0)	1	2	3	X	(0)	1	2	3	4	(0)	1	2	3	4	0
8. 가전제품 조작하기	0	1	(2)	3	4	0	(1)	2	3	4	0	1	(2)	3	4	5
원점수 총점(가정생활 활동) 원점수(최고점=92)를 8쪽(SIS 프로파일)의 제1A부(A, 가정생활)에 기입한다.																26

2. SIS 지원요구지수

제1A부: 지원요구 평정치

1. 2~5쪽에 있는 제A~F부의 원점수를 기입한다.
2. 부록 6.2.를 사용하여 표준점수와 백분위를 기입한다.
3. 부록 6.3.을 사용하여 SIS 지원요구지수를 기입한다.

활동 하위 척도	원점수 총점 (2~5쪽에서 기입)	표준점수 (부록 6.2 참조)	하위 척도별 백분위점수 (부록 6.2 참조)
A. 가정생활	26	7	16
B. 지역사회생활	23	5	5
C. 평생학습	28	7	16
D. 고용	15	6	9
E. 보건 · 안전	6	3	1
F. 사회	27	7	16
표준점수 총점(합계)		35	
SIS 지원요구지수(복합 표준점수) (부록 6.3 참조)		71	
지원요구지수의 백분위(부록 6.3 참조)			3

3. 지원요구 프로파일

제1B부: 지원요구 프로파일

각 활동 하위 척도별 표준점수와 SIS 지원요구지수에 O표 한다. 그다음에 하위 척도의 O표를 연결하여 그래프를 그린다.

백분위	A. 가정생활	B. 지역사회생활	C. 평생학습	D. 고용	E. 보건 · 안전	F. 사회	SIS 지원요구지수	백분위
99	17~20	17~20	17~20	17~20	17~20	17~20	> 131	99
	15~16	15~16	15~16	15~16	15~16	15~16	124~131	
90	14	14	14	14	14	14	120~123	90
	13	13	13	13	13	13	116~119	
80							113~115	80
	12	12	12	12	12	12	110~112	
70							108~109	70
							106~107	
60	11	11	11	11	11	11	105	60
							102~104	
50	10	10	10	10	10	10	100~101	50
							98~99	
40	9	9	9	9	9	9	97	40
							94~96	
30							92~93	30
	8	8	8	8	8	8	90~91	
20							88~89	20
	(7)	7	(7)	7	7	(7)	85~87	
10	6	6	6	(6)	6	6	82~84	10
	5	(5)	5	5	5	5	75~81	
1	1~4	1~4	1~4	1~4	(1~4)	1~4	(< 74)	1

출처 ▶ 한국지적장애인복지협회(2011)

자료

표준점수 합을 복합 표준점수로 환산하기 위한 지원정도척도 규준표(부록 6.3)

활동 하위 척도 표준점수의 전체(합)	지원요구 지수 찾아보기 (복합 표준점수)	백분율 순위
37	74	4
36	72	3
35	71	3
34	70	2

출처 ▶ 한현민 외(2011)

06 지적장애의 분류

지적장애 분야에서 분류는 일종의 진단 후 선택적 조직화 방식이다. 분류의 근본적인 목적은 개인의 요구를 더 잘 이해하기 위해 정보를 조직하는 방법으로 다양한 종류의 관찰과 측정을 범주화하기 위한 구조를 제공하는 것이다. 하위집단 분류는 중요한 목적에 도움이 되어야만 하고, 개인에게 혜택이 되며, 적절한 정보에 기초하고, 그리고 개인의 요구에 대한 더 나은 이해를 제공하는 것을 강조한다.

1. 지적장애 분류의 전제 23중특

① 분류 체계는 개인의 지원요구의 강도, 지적 기능성의 제한성, 적응행동의 제한성에 근거되어야 한다.

② 지적장애에 대한 가장 종합적인 이해는 개인의 지원요구의 패턴과 강도이다.

③ 하위집단 분류는 지원요구의 강도에 따라 분류하는 것이 가장 선호된다.

㉠ 지적장애 하위집단은 목적에 따라 선택적으로 분류되고, 분류가 되어야 한다면 지원요구 강도에 따른 분류가 가장 적절하다.

㉡ 지원요구에 근거하여 개인을 분류하는 것은 지적장애를 가진 사람의 성장 잠재력을 반영하고, 개인의 기능성과 개인적 안녕에 긍정적인 영향을 미칠 수 있는 지원체계를 실현하기 위한 틀을 제공한다.

④ 지적 기능성 및/혹은 적응행동의 제한성의 정도에 근거한 하위집단 분류가 계속 이루어지고 있는 경우에, 하위집단화를 위해 판별된 중요한 목적에 기반하여 집단을 더 작은 집단으로 나누도록 안내하는 명시적 틀과 체계적인 과정이 필요하다.

2. 분류 체계

(1) 지원요구 강도에 따른 분류

① 지원요구의 강도를 묘사하는 데 목적이 있다.

② 지원요구의 강도에 따른 하위집단 분류는 지원요구 백분위 점수를 사용하여 간헐적, 제한적, 확장적, 전반적 지원의 유형으로 구분한다.

간헐적	지원요구 백분위 점수 대략 0~25
제한적	지원요구 백분위 점수 대략 26~50
확장적	지원요구 백분위 점수 대략 51~75
전반적	지원요구 백분위 점수 대략 76 이상

(2) 지적 기능성의 제한성 정도에 따른 분류

① 지적 기능성의 제한성 정도를 묘사하기 위한 목적으로 사용된다.

② 전체 지능지수 점수를 산출하는 신뢰롭고, 타당하며, 개인적으로 실시된 종합적인 표준화 검사에 기초한 지능지수 표준점수에 기반하여 분류한다.

경도	전체 IQ 표준점수가 대략 50~55에서 70~75
중등도	전체 IQ 표준점수가 대략 40~45에서 50~55
중도	전체 IQ 표준점수가 대략 25~30에서 40~45
최중도	전체 IQ 표준점수가 대략 < 20~25

(3) 적응행동의 제한성 정도에 따른 분류

① 개념적, 사회적, 실제적 적응기술에서 적응행동의 제한성 정도를 묘사하기 위한 목적으로 사용되는 분류 방법이다.

② 세 가지 적응행동 영역의 각각에서 표준화된 적응행동 점수를 산출하는 신뢰롭고, 타당하고, 개인적으로 실시되고, 종합적인 표준화 검사에 기반을 둔 적응행동 점수를 기준으로 분류한다.

경도	적응행동 점수가 대략 50~55에서 70~75
중등도	적응행동 점수가 대략 40~45에서 50~55
중도	적응행동 점수가 대략 25~30에서 40~45
최중도	적응행동 점수가 대략 < 20~25

KORSET 합격 굳히기 지적장애 분야에서 분류에 대한 실제 지침

1. 지적장애 분야에서 분류는 지적장애인들의 집단을 더 작은 집단들로 나누기 위한 명시적 틀과 체계적인 과정을 사용하는 진단 후 선택적인 조직화 방식이다.

2. 선호되는 하위집단 분류는 지원요구 강도에 기초한다. 하위집단 분류의 다른 잠재적인 목적은 개념적, 사회적 및 실제적 적응행동 제한성의 정도를 묘사하거나 혹은 지적 기능성 제한성의 정도를 묘사하는 것이다.

3. 어떤 하위집단 분류는 중요한 목적이 있어야 하고, 개인에게 혜택이 되어야 하고, 적절한 정보에 기초하여야 하며, 개인의 요구의 더 나은 이해를 제공해야 한다.

4. 하위집단 분류에 대한 체계적인 과정은 ① 하위집단화의 중요한 목적을 수립하고, ② 적절한 데이터 세트를 하위집단화의 목적에 제휴하고, ③ 하위집단 분류 범주를 수립하는 데 사용되는 데이터 중심의 절차를 묘사하고, 그리고 ④ 하위집단 분류 범주를 수립하는 데 실증적으로 기초한 하위집단 분류 밴드를 사용한다.

5. 지원요구 강도에 기초한 하위집단 분류는 지원요구 백분위 점수를 사용한다. 개념적, 사회적 및/또는 실제적 적응기술에서 제한성 정도에 근거한 하위집단 분류는 적응행동 표준점수를 사용한다. 지적 기능성 제한성에 근거한 하위집단 분류는 전체 지능지수 표준점수를 사용한다.

6. 하위집단 분류 범주는 실증적 기반 하위집단 분류 밴드를 기반으로 해야 한다. 지원 강도에 따른 실증적 기반 분류 밴드는 백분위 점수에 근거한다. 지적 기능성 및 적응행동에 대한 그 점수들은 표준점수들을 기초로 한다.

7. 하위집단 분류에서 임상적 판단은 다음을 포함한다.
   ① 하위집단의 목적을 다루는 적절한 데이터 세트
   ② 하위집단 분류 범주를 수립하기 위한 데이터 중심 절차
   ③ 하위집단 분류 범주를 수립하기 위한 실증적 기반 하위집단 분류 밴드

8. 하위집단 분류에서 최선의 실제는 낙인을 찍는 하위집단 분류 용어를 거부한다. 선택된 용어는 개인에 대한 존중을 보여 주고, 정확성을 촉진하고 그리고 이해를 향상시켜야 한다.

출처 ▶ AAIDD(2021)

Chapter

03 지적장애 학생의 특성

01 지적장애 학생의 인지 및 학습 특성

1. 인지 발달 특성

지적장애 학생은 일반학생과 동일한 인지발달 단계를 거치지만, 발달 속도가 느려 최상의 발단 단계에 이르는 데 어려움이 있을 수 있다는 것이 일반적이다. 그러나 구체적 내용에 있어 발달론과 차이론의 논쟁은 지속되고 있다.

(1) 발달론 10중특

① 지적장애의 인지 발달 속도는 느리지만 정상과 같은 순서로 같은 단계를 거쳐서 발달한다는 관점이다.

② 주로 경도 지적장애를 설명할 때 유용하다.

③ 경도 지적장애 학생은 비록 속도가 늦고 궁극적인 기능 수준이 낮다고 하더라도 그보다 어린 아동과 같은 발달 순서로 같은 발달단계를 거친다.

④ 지적장애 학생의 교수전략은 주로 정신연령에 초점을 맞추어 조정된다.

(2) 차이론

① 지적장애의 인지 발달은 일반학생의 그것과는 다르며 인지과정과 정보처리 방식 등에서 질적으로 차이가 있다는 관점이다.

② 교육적 함의: 지적장애의 결함을 없애거나 감소시키는 특별한 교수방법과 교재가 필요하다.

자료

차이론

지적장애인과 비장애인은 인지 발달에서 서로 차이가 있다는 입장이다. 차이론은 지적장애와 비장애인 간의 인지적 발달 단계에서의 발달적 차이를 강조한다. 즉, 비슷한 인지적 발달 수준에 있는 지적장애와 비장애인에 의해 사용되는 인지적 처리에서 차이가 있다는 것이다. 발달적 차이를 주장하는 사람들의 입장은 지적장애인이 정보를 처리하는 데 있어 비장애인과는 질적으로 다르다고 본다. 따라서 교육적으로 지적장애인이 가지고 있는 결함을 없애거나 감소하는 데 중점을 둔다(김형일, 2014).

2. 학습 특성

(1) 주의집중 13중특(추시), 15초특, 19유특

① 지적장애 학생은 선택적 주의집중과 주의 유지에 어려움을 보일 수 있으며, 이는 장애가 심각할수록 더 심한 경향이 있다.

주의집중	선택적 주의집중	수행 중인 과제에 필요한 자극에는 주의를 기울이고 관련 없는 자극은 무시하는 것
	주의 유지	시간의 흐름에 따라 일정시간 동안 환경에서 방해하는 자극을 억제하면서 주의를 유지하는 것

Tip

선택적 주의집중 능력이 부족하면 관련 없는 정보나 자극을 무시하고 중요한 정보에 주의를 기울이는 데 어려움이 있다.

② 지적장애 학생의 주의집중 특성을 고려한 교수방법은 다음과 같다.

㉠ 자극을 단순화하여 제시한다.

㉡ 소리, 억양, 크기로 관련 정보를 강조한다.

㉢ 과제에 대한 주의를 흩뜨리게 할 수 있는 방해 자극은 제거한다.

㉣ 과제에 집중할 때 보상한다.

㉤ 학생에게 교과서 속에 제공된 전략(예 볼드체, 이탤릭체)을 사용하도록 가르친다.

㉥ 이해 정도 및 유무를 자주 확인한다.

㉦ 관련 정보를 식별해 준다. 예 형광펜으로 표시하기, 밑줄 긋기, 화살표 그리기 등

(2) 기억

① 정보처리 모형

일반적으로 정보처리는 다음과 같은 일련의 과정을 통해 이루어진다.

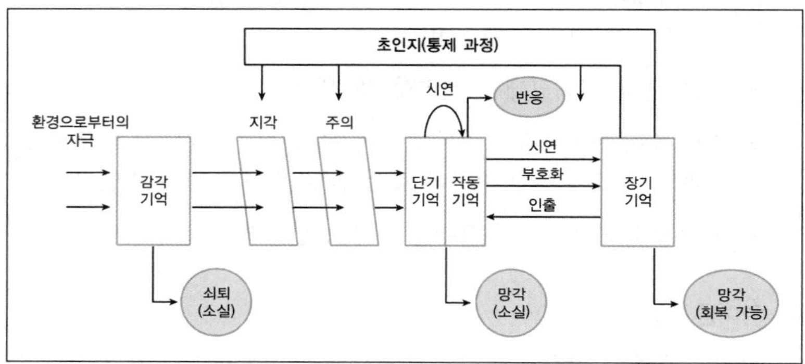

② 감각기억

㉠ 감각기억은 환경으로부터 제공되는 자극들을 최초로 처리하여 그 의미를 파악하게 한다.

㉡ 정보들은 감각등록기에서 부호화되는데, 그중 어떤 정보를 단기기억으로 보낼 것인지는 지각(perception)과 주의(attention)가 결정하게 된다.

지각	자극을 탐지하고 그에 의미를 부여하는 과정으로 감각정보를 해석하는 것이다.
주의	특정 자극에 우리의 의식을 맞추는 과정으로 정의될 수 있으며, 선택적 주의집중이라고도 불려진다.

시연 전략

주어진 정보에 대한 기억과 회상을 촉진하기 위해 주어진 정보나 행동을 반복적으로 읽거나 연습하는 기억 전략의 하나이다. 시연 전략을 통해 학습자는 단기기억에 있는 정보를 장기기억에 저장한다. 일반적으로 정보가 단기기억에서 더 많이 시연될수록 장기기억에 저장하기 쉬워진다(특수교육학 용어사전, 2018).

부호화

- 부호화(coding)란 철자를 점과 선으로 변환시킨 것과 같이 정보를 한 가지 형태에서 다른 형태로 변환하는 것을 말하는데, 단기기억과 장기기억에 따라 형태가 달라진다. 즉, 단기기억 과정에서는 축소형 부호화와 정교형 부호화가 효과적이고, 장기기억에서는 심상 부호화와 의미 부호화가 효과적이다(특수교육학 용어사전, 2018).
- 인지 과정 또는 정보처리 과정의 한 형태로, 청각 · 시각 · 촉각 등 감각을 통해 들어오는 정보를 처리하고 저장하기 위해 그 정보를 유의미하게 만들고, 장기기억에 저장되어 있는 기존의 정보와 연결하고 결합하는 과정이다. 이때 새로운 정보는 하나의 부화화된 체계로 변형되어 투입하는데, 새로운 정보는 단순화되기도 하고, 확대되기도 하고, 각색 · 왜곡되기도 하고, 규칙화되기도 한다. 부호화 전략으로는 시연, 매개, 심상, 기억법 등이 있다(특수교육학 용어사전, 2018).
- 부호화는 감각적 투입물들을 몇 가지 표상 상태로 어떻게 변형하는지에 관한 것이다(Sternberg et al., 2012).

동 약호화, 기호 체계화

③ 단기기억과 작동기억

㉠ 단기기억은 단기간의 사용을 위해 정보를 보유하는 것으로, 몇 초나 몇 분에 걸쳐 내용을 회상할 수 있는 능력으로 투입된 정보를 조작하는 것을 강조한다.

㉡ 작동기억은 다른 과제를 하면서 동시에 정보를 잊지 않고 기억해 두는 능력이다. 예를 들면, 학교에서 몇 분 전에 교사로부터 들은 일련의 작업과제를 순서대로 기억하면서 첫 번째 해야 할 일을 하는 것이다

㉢ 지적장애 학생은 단기기억이나 작동기억 속에 정보를 유지하는 시연 활동이나 정보를 범주화하는 데 문제가 있고 정보조작 속도도 느리다. 그리고 기억의 용량에도 제한이 있다.

④ 장기기억

㉠ 장기기억은 기억된 정보가 시간이 경과한 후에도 회상되는 것이다.

㉡ 지적장애 학생의 장기기억은 단기기억에 비해 덜 손상되어 일반학생과 차이가 거의 없으나 자료의 조직화에는 어려움을 보인다.

- 단기기억에서 여러 가지 전략을 사용하고 훈련을 통해서 장기기억이 되고 필요할 때 인출하여 사용할 수 있다면 정보를 처리하는 데는 큰 어려움이 없게 된다.

⑤ 초인지 09유특, 10유특, 15초특

㉠ 초인지란 주어진 일이나 문제를 해결하고 수행하기 위해서 어떠한 전략을 사용해야 할지 계획하고, 어떤 전략이 가장 효율적인지를 평가하며 노력의 결과를 점검하는 능력이다.

- 초인지 능력이 부족하면 과제 해결을 위해 어떤 전략이 필요한지 모르고, 하는 일에 대해 지속적으로 검토하지 못한다.

㉡ 지적장애 학생은 일반학생에 비해 낮은 초인지를 지닌다.

- 새로운 상황에서 어떤 전략이 필요한지 잘 모르고 좋은 기억전략을 자발적으로 사용하지 못한다. 또한 자신이 하는 일에 대해 지속적으로 검토하며 결과와 효과성에 대해 점검하는 데 어려움이 있다.

㉢ 지적장애 학생의 초인지 결함은 자기조절 능력의 어려움으로 나타난다.

- 자기조절이란 건설적으로 정서를 관리하고 초점을 잃지 않는 주의 유지를 통해 자신의 행동을 조절하는 것이다.

초인지

메타인지 또는 상위인지라고도 한다. 인지에 대한 인지 또는 사고에 대한 사고이며, 인지 활동을 계획·수행·감독하는 능력이다. 구체적으로 문제 해결 과정에서 문제 해결에 필요한 정보를 파악하기 위해 전략을 수립하고, 문제 해결 단계와 전략을 의식적으로 사용하며, 문제 해결의 결과를 반성하고 평가하는 능력을 의미한다. 초인지적 지식과 초인지적 기능으로 구분하는데, 초인지적 지식은 인지적 과제를 수행할 때 자신이나 타인의 인지적 능력과 과정·정보를 인식하는 능력이고, 초인지적 기능은 인지(학습)를 조절하고 감독하는 능력으로 인지 과정에 계획, 점검, 평가 등이 포함된다(특수교육학 용어사전, 2018).

> **과잉학습**
> 과잉학습이란 아동이 표적행동을 습득한 후에도 계속해서 연습시키는 것을 의미한다. Alberto 등은 과잉학습이 유지의 효과를 보이기 위해서는 학생이 적절한 기준에 도달한 후 그 기준에 도달하기까지 필요했던 훈련의 50% 정도의 수준에 해당하는 만큼 더 연습시킬 것을 권하고 있다(양명희, 2018).

> **정교화 전략**
> 정교화 전략은 기억해야 할 정보에 무엇인가를 덧붙이거나 다른 정보와 서로 관련시켜 기억하는 것을 말한다(특수교육학 용어사전, 2018).

> **조직화 전략**
> 조직화 전략은 제시된 기억 자료를 그것이 가지고 있는 속성에 따라 의미 있는 단위로 묶어서 기억하는 방법을 말하는데, 군집화(chunking)와 범주화(categorization)가 대표적인 전략이다(특수교육학 용어사전, 2018).

> **자료**
> **쌍-연합 학습 (paired-associated learning)**
> 쌍-연합 학습은 하나의 정보가 주어지면 다른 정보가 생각나도록 하는 학습이다. 보통 기억해야 할 쌍들의 목록이 있다. 전형적인 실험에서 그 쌍들은 임의적이다. 쌍-연합 학습의 예로는 각 도의 도청 소재지, 과거 일어났던 전쟁의 명칭과 발생연도, 덧셈과 구구단 표, 화학 원소와 원자 무게, 단어철자 외우기 등이 있다(Slavin, 2013).

⑥ 지적장애 학생의 기억 특성을 고려한 교수방법 16초특

일반적인 방법	시연전략, 과잉학습에 대한 기회 확대, 촉진 사용, 시각적 지원 제공 등
묶기 전략	작은 정보를 몇 개의 큰 묶음으로 처리하는 전략
심상 전략	새로운 정보를 우리의 마음속에 그림으로 만드는 과정
정교화 전략	자신의 사전 경험에 근거하여 새로운 정보를 장기기억에 저장되어 있는 정보와 연결하는 부호화 전략
조직화 전략	공통 범주나 유형을 기준으로 새로운 정보를 장기기억에 저장되어 있는 정보와 연결하는 부호화 전략
매개전략 (쌍-연합 학습)	• 매개전략은 자극과 반응을 연결시키는 과정으로 자극 제시에 사용되는 언어적 매개 혹은 관계에 역점을 둔다. • 단어 학습에 사용되며, 쌍-연합 학습이라고도 한다. • 두 개의 자극을 함께 제시하고, 그다음에는 자극을 하나만 제시하고 마지막으로 두 자극 사이의 관계를 말하여 회상(수행)을 돕는다. 이때 과제가 얼마나 학습자에게 의미 있는가 또는 사물이나 단어가 얼마나 친숙한 것인가가 학습에 영향을 미친다. 즉, 친숙하고 익숙한 과제나 단어 혹은 사물일 때 학습이 더 잘된다. • 매개전략은 정보처리 과정에 결함이 있는 지적장애 학생의 기억학습에 효과적이다. – 연구결과에 따르면, 질문전략과 매개전략을 연합하여 기억학습을 한 지적장애 학생의 집단이, 단순히 반복학습을 한 집단보다 더 많은 학습의 효과가 있었다. **매개전략 예시** □ 목표 '꽃'이라는 낱말 읽기 □ 준비물 • '나비' 그림과 낱말이 같이 제시된 카드 1장 • '꽃' 낱말만 적힌 카드 1장 □ 실행 절차 교사: (두 개의 카드를 동시에 보여 주며, 두 개의 어휘를 하나의 문장으로 만든다.) 나비가 꽃에 앉아 있어요. (두 개의 카드를 뒤집어 놓았다가 다시 그중 '꽃' 낱말카드만을 보여 주며) 나비는 어디에 앉아 있나요? 학생: (아직 낱말을 읽을 수는 없지만 "나비가 꽃에 앉아 있어요."라는 문장을 상기하면서) 꽃이요.

(3) 일반화

① 학습단계 09중특, 12초특, 15유특, 16중특, 18중특, 20초특, 22초특

일반화는 습득 → 숙달 → 유지 → 일반화의 (학습)단계를 거쳐 완성된다.

> **Tip**
> 습득, 숙달, 유지, 일반화의 단계를 '학습 단계' 또는 '수행 수준의 위계'라고 한다.

습득	• 교수 목표: 학생이 목표기술을 정확하게 수행하도록 돕는 것을 강조한다. • 습득을 위한 전략 – 빈번한 교수 제공하기 – 학생의 참여 기회 늘리기 – 정확한 수행을 위해 피드백을 집중적으로 제공하기 – 오류를 줄이기 위해 다양한 촉진 제공하기
숙달	• 교수 목표: 학생이 과제를 정확하고 빠르게 완수하도록 하는 것이다. • 숙달을 위한 전략 – 정해진 시간 내에 과제를 완성하도록 연습기회 늘리기 – 학생의 학습 활동 시 교사의 참여 줄이기 – 완성된 과제에 한하여 피드백 제공하기
유지	• 교수 목표: 높은 수준의 수행을 유지하는 것이다. • 유지는 시간이 지나도 한번 습득한 행동을 지속적으로 할 수 있는 것을 뜻하기 때문에 '시간에 대한 일반화'라고 한다. • 유지를 위한 전략 – 간헐 강화계획 – 과잉학습 – 분산연습 – 연습기회 삽입(즉, 학습한 기술을 기초로 새로운 기술 교수하기 또는 새로운 기술의 학습 시 습득된 기술을 삽입하여 연습하도록 하기) – 유지 스케줄
일반화	• 일반화는 자극 일반화와 반응 일반화로 구분할 수 있다. **자극 일반화** • 자극 일반화란 어떤 자극이나 상황에서 어떤 행동이 강화된 결과, 그와는 다른 어떤 자극이나 상황에서도 그 행동이 일어날 가능성이 증가하는 것을 의미한다. • 자극 일반화를 위한 전략 – 자연스러운 상황에서 가르치기 – 하루 일과 속에서 가르치기 – 훈련 상황을 일반화가 일어나야 할 상황과 비슷하게 조성하기 – 여러 다양한 상황을 이용하기 – 훈련 시 광범위한 관련 자극 통합하기 – 실제적인 자료 사용하기

> 숙달
> 동 유창성

> **Tip**
> 분산연습은 문헌(또는 학자)에 따라 유지를 위한 전략으로 분류되기도 하고 일반화를 위한 전략으로 분류되기도 하는 만큼 무엇을 위한 전략으로 사용되었는지는 맥락을 고려할 필요가 있다.

	반응 일반화	• 반응 일반화란 어떤 자극이나 상황에서 어떤 행동이 강화된 결과, 동일한 자극이나 상황에서 이와는 다른(학습되지 않은) 행동이 일어날 가능성이 증가하는 것을 말한다. • 반응 일반화를 위한 전략 – 충분한 반응사례로 훈련하기 – 훈련 상황에서 의도적으로 학생이 다양한 반응을 하도록 만들어 주기 등

② 과잉 일반화 09유특, 24초특

㉠ 지적장애 학생은 일반화와 전이에 어려움을 보이는데 상대적으로 과잉 일반화의 문제를 나타낸다.

㉡ 과잉 일반화란 하나의 사건에 근거해서 정당화될 수 없는 일반화에 도달하는 것을 말한다.

예 학교 버스가 노란색이어서 노란색 차만 보면 학교 버스인 줄 알고 무조건 타려고 한다. / 특수학교 박 교사가 초등부 1학년 지적장애 학생 길동이에게 친구들과의 인사말 '안녕'을 가르쳤더니 학교의 다른 선생님들에게도 '안녕'이라고 인사한다.

③ 지적장애 학생의 현재와 미래를 고려한 일반화를 위해서는 기능적인 기술을 실생활에서 적용할 수 있도록 직접적이고 세부적이며 다양한 환경에서의 지도와 배운 내용을 적용해 볼 수 있는 충분한 참여와 집중적인 기회의 제공이 필요하다.

02 지적장애 학생의 언어 및 의사소통 특성

1. 언어 발달 특성 09중특

① 대부분의 지적장애 학생은 언어 발달이 지체되거나 비정상적인 패턴을 보인다. 또한 대부분의 지적장애 학생들은 정상적인 언어 발달을 보이지만 발달 속도가 느리다.

- 중도 지적장애 학생은 표현언어 발달이 지체되거나 무발화 단계에 머물기도 한다.

② 구문론 및 형태론에서는 일반학생과 동일한 순서를 보이지만 발달의 속도가 지체된다.

③ 지적장애 학생은 대체로 조음장애, 음성장애, 말더듬을 보인다.

- 지적장애 학생이 흔히 보이는 조음오류는 종성 자음 생략이다.

자료

유지, 일반화를 위한 전략의 구체적인 내용은 'Part 01. 행동지원'에서 다루었던 내용과 동일하다.

과잉 일반화

- 어떤 결과를 그와 유사한 상황에 적용함에 있어서 먼저 습득한 일반화의 원리나 법칙을 지나치게 고집스럽게 적용하려는 현상이다. 예를 들어, 언어 발달의 경우 아동이 문법규칙을 지나치게 적용하여 생겨나는 실수를 말한다. 주격조사를 과잉 일반화하여 '선생님이가', '말이가'로 사용하는 것이 그 예이다(특수교육학 용어사전, 2018).
- 특정 행동이 지나치게 포괄적인 자극 범주에 의해 통제된 결과를 일컫는다. 지시 사례나 상황과 어느 정도 유사한 자극이지만 목표행동을 보여서는 안 되는 상황이 있다. 이러한 상황에서 학습자가 그 유사 자극에 반응하여 목표행동을 보인다면 이를 과잉 일반화라 한다(Cooper et al., 2018).

자료

지적장애 학생의 언어 발달

지적장애 아동의 언어 발달 순서는 일반아동과 비교하였을 때 유사하다. 그러나 그 발달의 속도는 느리고 정상적인 발달단계에 도달하지 못하는 경우가 많다. 낮은 음운인식능력으로 인하여 조음기관의 이상이 없음에도 불구하고 발음에 이상을 보이는 경향이 많으며, 어휘습득에서는 지체현상이 뚜렷하게 나타난다. 특히 동사와 추상어 습득에 어려움이 많으며, 문법형태소 사용이 제한적이어서 문장구성이 짧고 단순하다는 특성을 갖는다(고은, 2021).

④ 지적장애 학생의 일반적인 언어 특성은 다음과 같다.

언어기능 (화용론)	• 몸짓과 의도의 발달 패턴은 일반학생과 유사함 • 덜 우세한 대화적 역할을 함 • 또래 일반학생보다 명료기술이 떨어짐
언어내용 (의미론)	• 단어의 의미가 보다 구체적임 • 어휘발달이 느림 • 의미론적 단위의 다양성이 제한됨 • 또래의 일반학생보다 수용언어 기술이 떨어지나 또래의 일반학생처럼 상황에 노출됨으로써 단어의 의미를 학습할 수 있음
언어구성 (형태론, 구문론, 음운론)	• 길이-복잡성의 관계는 학령 전 일반학생과 유사함 • 일반적인 문장 발달은 일반학생과 유사함 • 일반학생보다 주제의 정교함이 조금 떨어지거나 혹은 원인과 결과의 관련성이 적으면서 보다 덜 복잡한 문장을 사용함 • 학령 전 일반학생과 같은 순서의 형태 발달을 보임 • 학령 전 일반학생과 유사한 음운론적 형태를 나타내나 더 높은 수준으로 할 수 있으면서도 덜 성숙된 형태에 의존함

출처 ▶ 송준만 외(2022)

KORSET 합격 굳히기 **다운증후군의 언어 발달 특성**

1. 음운론적 특징

① 조음오류가 많다.
② 오류가 일관적이지 않다.
③ 자음생략과 종성생략이 잦다.
④ 어두음이 먼저 발달한다.
⑤ 음운 발달의 순서와 패턴은 일반아동과 같다.

2. 의미론적 특성

① 낱말의 의미를 고정적으로만 사용한다.
② 동음이의어와 비유어 등의 이해와 산출이 모두 어렵다.
③ 추상적 개념을 가진 어휘 습득이 어렵다.
④ 행위자 중심의 언어 사용이 많다.

3. 구문론적 특징

① 발화의 길이가 짧다.
② 단순한 문장을 사용한다.
③ 구문 발달의 순서와 패턴은 일반아동과 유사하다.

출처 ▶ 고은(2021)

화용론
화용론이란 실제 상황적 맥락에서 화자와 청자에 의해서 쓰이는 말의 기능을 다루는 분야이다.

의미론
의미론이란 언어의 의미를 연구하는 언어학의 한 분야로서 말의 이해 및 해석에 관한 영역이다.

형태론
형태론이란 한 언어에서 형태소들이 결합하여 낱말을 형성하는 체계 또는 규칙을 말한다.

음운론
음운론이란 한 언어 내에서 사용되는 말소리의 기능과 체계를 과학적으로 연구하는 학문이다.

구문론
구문론이란 낱말의 배열에 의하여 구, 절, 문장을 형성하는 체계 또는 규칙을 말한다.

2. 의사소통 특성

① 많은 지적장애 학생들은 사회적 기능에서 결함을 보이기 때문에 정상적인 언어기술을 가지고 있어도 다양한 맥락의 대화에서 단어 멈춤 길이를 조절하거나 말을 주고받는 시간을 조절하는 언어의 사회적 사용 면에서도 어려움을 보인다.

② 일반학생에 비해 낱말의 의미를 더 구체적이고 글자 그대로 사용하는 경향이 있다.

예 '따뜻한'이라는 낱말을 온도와 관련하여 정의할 수 있지만, 심리학적인 측면과 연결하여 이해하거나 사용하지 못하는 경우가 있다.

③ 형용사나 부사 등의 수식하는 말을 잘 사용하지 않으며, 유머나 풍자는 이해하기 어렵다.

④ 화용적 기술 사용은 일반적으로 또래와 유사하지만 참조적 의사소통, 명료화, 새로운 정보 획득, 문장을 매끄럽게 만드는 도구적 기술의 사용에 어려움을 보인다.

> **참조적 의사소통**
> 참조적 의사소통은 특정한 정보를 제공하고 이해하는 능력이라고 할 수 있다. 화자 능력에서는 청자가 파악할 수 있도록 사물의 특징을 변별하여 일관성 있는 메시지로 제시하며, 도움이 되지 않는 중복적인 정보는 제외시키는 능력이 포함된다. 또한 유능한 화자는 청자가 자신에게 주목하도록 조절할 수 있어야 하며, 청자가 자신의 말을 이해하지 못할 경우 자신의 말을 수정할 수 있어야 한다(김영태, 2019).

⑤ 대화를 할 때 명료화가 떨어져서 다시 말해 보라는 요구를 일반학생보다 더 많이 받는다.

⑥ 대화를 할 때 부적절하거나 이미 언급된 주제를 반복적으로 사용하는 구어적 고착현상을 보이고, 자신의 명확한 의사를 밝히는 것을 어려워하기도 한다.

⑦ 의사소통 능력이 있어도 대화 참여에 소극적이고 대인관계의 폭도 좁은 경향이 있다.

⑧ 중도 지적장애 학생의 경우는 요구하기나 주의를 끌기 위한 몸짓 사용의 산출에도 제한적이다.

3. 지적장애 학생의 언어 및 의사소통 특성을 고려한 교수방법 11중특

① 지적장애 학생과 의사소통할 때는 구체적이고 명확해야 한다.

② 일상생활에서 자주 사용되는 어휘로 하되, 가급적 행동과 함께 보여 주어야 한다.

③ 언어자극이나 그 밖의 청각적인 자극들은 최소화한다.

- 최소화란 불필요한 자극을 주지 않는다는 것이다.

④ 지적장애 학생은 개념 형성이 어렵다. 따라서 계속해서 반복해 주어야 한다.

⑤ 언어중재는 자연스러운 환경 안에서 이루어져야 한다. 지적장애 학생은 일반화가 잘 이루어지지 않으며 상황적 맥락에 의존한 의사소통을 하기 때문에 반드시 매일 매일의 일상생활을 이용하여야 한다.

⑥ 지적장애 학생은 주의집중시간이 매우 짧고 동기유발이 어렵기 때문에 언어중재에서도 효과적인 강화가 필요하다.

⑦ 기능 중심의 언어교육에 초점을 둘 경우, 고려해야 할 내용은 다음과 같다.

㉠ 의사소통 기술 훈련은 독립성과 잠재력을 키우는 방향으로 이루어져야 한다.

㉡ 통합교육 환경과 지역사회 환경 내의 요구를 고려한 언어 교수를 필수적으로 제공하여야 한다.

㉢ 생태학적 요인을 고려하여 의사소통 내용을 선정하고, 그 내용 교수를 위한 과제 분석이 선행되어야 한다.

㉣ 기능 중심의 언어교육을 하는 경우, 목표어휘는 현재의 생활환경뿐만 아니라 현재 생활환경을 포함한 미래의 생활환경까지지도 포함하는 어휘 내에서 선정하여야 한다.

03 지적장애 학생의 사회 심리적 특성 10중특

지적장애 학생은 외적 통제소재, 반복된 실패에서 비롯된 실패에 대한 기대, 외부 지향성 등의 심리적 특성을 보인다.

1. 외적 통제소재 23초특

① 통제소재는 성과의 원인관계를 어디에 두느냐의 문제로 어떤 사람이 자신의 긍정적 혹은 부정적 행동 결과를 어떻게 지각하는가를 의미한다.

② 통재소재는 내적 통제소재와 외적 통제소재로 구분된다.

㉠ 내적 통제소재: 긍정적이든 부정적이든 행동 결과를 자신의 것으로 간주하는 것이다.

㉡ 외적 통제소재: 행동 결과를 운명이나 행운 혹은 다른 사람과 같은 외부의 힘에 의해 이루어진 것으로 보는 것이다.

③ 지적장애인은 자신의 행동 결과에 대하여 성공이나 실패에 대한 원인이나 책임을 외적 통재소재에 두는 경향이 강하다.

> **통제소재**
> 사람들이 자신의 성공 또는 실패의 책임을 외적 또는 내적 요인 중 어디에 있는가를 결정하는 성격 특성(Slavin, 2013)
>
> 외적 통제소재
> 동 외적 통제소

2. 외부 지향성 25유특

① 외부 지향성은 문제해결에서 자신의 내적 인지능력을 활용하기 전에 외부 세계에서 단서를 찾으려고 하는 것이다.

② 독립적으로 문제를 해결하는 대신, 외부 지향적 학생은 외적 촉진이나 상황적 단서를 안내자에게 의존하는 것이다.

③ 지적장애 학생은 보통 자신의 능력을 신뢰하지 않거나 과거에 실패를 자주 하였기 때문에 외부 지향성이 흔히 나타난다.

④ 외적 단서에 지나치게 의존하는 학생은 결정하기, 자기결정에 상당한 어려움을 갖게 된다.

3. 학습된 무기력 09유특, 11중특, 13유특, 18중특, 20유특, 23유특 · 중특

① 학습된 무기력이란 피할 수 없거나 극복할 수 없는 환경에 반복적으로 노출된 경험으로 인하여 실제로 자신의 능력으로 피할 수 있거나 극복할 수 있음에도 불구하고 스스로 그러한 상황에서 자포자기하는 것을 말한다.

㉠ 학습동기 이론에 근거할 때 학습된 무기력은 실패 경험을 반복적으로 한 학생이 나타낼 수 있는 특성이다.

㉡ 역량이 충분히 있음에도 불구하고 반복된 실패의 경험이 누적되어 학습동기가 낮다.

② 지적장애 학생은 잦은 실패로 인해 환경이나 사건 내에서 스스로 행동을 조절할 수 없다고 느낄 때 자신에 대해서 매우 낮은 기대를 하고, 과제를 열심히 하지도 않고, 과제를 빨리 포기하는 등의 학습된 무기력을 보여 결과적으로 자신의 능력보다 낮은 과제 수행을 보이므로 기대된 실패가 현실로 나타나게 된다.

③ 학습된 무기력을 경험하는 학습자에게는 신념체계를 바꾸어 주기 위해, 과제 수행을 성공적으로 이끄는 전략들을 활용하도록 하고 이러한 성공경험이 학습자에게 상황에 적절한 문제 해결의 도구를 자신이 가지고 있다는 통제감을 주도록 하여야 한다.

- 학습된 무기력으로 과제를 쉽게 포기하는 지적장애 학생을 위해 가능한 한 성공경험을 많이 할 수 있도록 과제 난이도를 조절하고 학생을 격려해 주어야 한다.

학습된 무력감
피할 수 없거나 극복할 수 없는 환경에 반복적으로 노출된 경험으로 인하여 실제로 자신의 능력으로 피할 수 있거나 극복할 수 있음에도 불구하고 스스로 그러한 상황에서 자포자기하는 것이다. 학습된 무기력이라고도 한다. 학습된 무력감은 셀리히만(M. Seligman)과 동료 연구자들이 동물을 대상으로 회피 학습을 통하여 공포의 조건형성을 연구하던 중 발견한 현상이다. 특수교육에서 학습된 무력감이 중요시되는 이유는 장애학생들이 학교나 가정에서 학습이나 적응행동에서 실패의 경험이 지나치게 누적되는 경우, 학습된 무력감으로 연습에 의해서 향상할 수 있음에도 어떠한 시도조차 하지 않을 수 있기 때문이다. 따라서 교사는 이들이 적절한 성취감을 맛볼 수 있도록 과제를 분석하여 제시하여야 한다(특수교육학 용어사전, 2018).
동 학습된 무기력

자료
학습된 무기력
학습된 무기력에 대한 내용은 Part 06. 정서행동장애아교육의 'Chapter 03. 정서행동장애의 이론적 관점'에서도 다시 다루어지는 내용이다.

4. 지적장애 학생의 심리적 특성을 고려한 교수방법

① 지적장애 학생이 자신의 능력을 스스로 발휘하여 성공할 수 있는 과제를 제공한다.

② 실패를 처리하는 방법을 학습시킨다.

③ 학생의 능력 안에 있는 책임을 떠맡도록 요구해야 하며, 그들에게 무엇을 기대하는지 정확하게 전달해야 하고, 시도할 기회는 분명해야 한다.

④ 성공을 경험할 기회를 증가시키는 다른 방법들로는 세부적이고 현실적인 목표들을 설정하고, 특정 행동에 대해 즉시 피드백을 제공해야 하며, 성취에 대해 보상을 해주는 것 등이 있다.

⑤ 특정 과제에 대해 자꾸 실패하게 된다면, 그 상황은 성공이 가능하게끔 새로운 접근 방법을 통해 재구조화되어야 한다.

⑥ 부모와 교사는 아이들을 위해 적절한 행동 모델을 반드시 제공하여야 한다.

Chapter

04 교육과정의 구성과 선택

01 지적장애 학생의 교육과정 구성을 위한 접근

1. 발달론적 접근 13중특

(1) 개념

① 인간의 발달은 위계적 구조를 이루며 점차 상위과정으로 분화되어 가는 과정에 있다는 인지주의 심리학의 발달이론을 바탕으로 하는 접근 방식으로, 이에 따른 교육과정 구성을 강조한다.

② 발달론적 접근에서는 학생들이 위계적 기술단계에서 전 단계를 습득하여 준비되어야 다음 단계의 내용을 학습할 수 있다고 본다.

㉠ 학생이 일정한 능력 수준을 갖추기 전에는 상위의 독립적 기술을 가르치지 않는다.

㉡ 학습의 단계와 위계에 따라 영역별로 발달 단계에 맞추어 학습해야 한다.

③ 학생이 독립적으로 기술을 사용할 능력이 있기 전에는 기술들을 가르치지 않는다는 '준비도 가설'에 따라 학생들에게 가르칠 기술들을 생활연령보다는 정신연령에 근거하여 선택한다.

- 생활연령에 적절한 기술들보다 발달에 필수적인 기술들을 통해 발달을 촉진하는 상향식 접근법으로 교육과정을 개발한다.

④ 발달적 교육과정은 발달론적 접근에 의해 개발된 대표적 교육과정이다.

자료

발달적 접근과 상향식 접근

발달적 접근이란 비장애학생이 흔히 밟게 되는 발달의 순서를 기준으로 하여 하위 기술에서 상위 기술을 차근차근 가르치는 방법으로 학습에 있어서 위계나 준비도의 개념을 강조하는 접근이다. 이를 상향식 접근이라고 한다(강혜경 외, 2023).

(2) 장점

① 체계적인 교수가 가능하다.

② 수업을 아주 작은 단계로 나누어서 할 수 있다.

③ 기능 영역과 순서에 따른 분명한 계획을 수립할 수 있다.

④ 기초적인 기능을 학습하게 한다.

(3) 단점

① 정상발달 순서 및 필수 선수기술 습득의 강조로 기능적 기술의 교수가 이루어지지 않는 '준비성 함정'에 빠질 가능성이 있다.

② 교수를 위해 선정되는 기술이 실제 사용되는 자연적 환경과 맥락을 참조하지 않을 가능성이 있다.

③ 활동을 수행하는 데 일반학생이 수행하는 방법을 강조함으로써 그 활동의 결정적인 결과를 성취하는 데 다른 대안적인 효과적 방법들의 모색에 소홀하다.

발달적 교육과정
동 발달중심 교육과정

(4) 발달적 교육과정

① 개념 15중특

㉠ 발달론적 접근에 토대를 둔 교육과정이다.

㉡ 인간의 발달은 위계적 구조를 이루며 점차 상위과정으로 분화되어 가는 과정에 있다는 인지주의 심리학의 발달이론을 바탕으로 한 교육과정이다.

- 일반교육 교육과정의 구성 원리와 방법을 채택하여 구성된 교육과정으로서, 학생의 발달계열에 따라 일반교육 교육과정을 장애학생에게 맞게 개정하는 것이다.
- 발달적 교육과정을 구성하려는 의도는 같은 발달단계에 있는 일반학생이 배우고 있는 교육과정을 배워야 한다는 데서 출발한다.

㉢ 학생의 발달단계에 적합한 과제를 교육내용으로 선정하고 정신연령을 기준으로 교육내용을 조직하여 지도한다.

- 교과학습의 내용이나 수준을 지적장애 학생의 정신연령에 따라 낮추어 구성하는 희석식 교육과정을 추구한다.

예 생활연령이 12세이고 정신연령이 7세라면, 일반학생 7세 수준의 발달과제를 적용해야 한다는 것이다.

희석식 교육과정
단순히 일반교육 교육과정의 내용범위를 축소하고 수준을 하향 조정한 저학년 교육과정

② 기본 가정

㉠ 정상발달의 계열이 교육과정에서 교수될 기술들을 조직하는 데 가장 논리적인 순서를 제공한다.

㉡ 정상발달 안에 있는 많은 행동은 필수적 '선수기술'이다.

㉢ 일반학생들이 특정 연령에서 습득하여야 할 행동들은 같은 발달수준에 있는 장애학생에게도 적절한 목표들이다.

③ 한계점

㉠ 필수 선수기술 습득 또는 기술습득의 준비성에 대한 강조로 인해 학생의 연령이 높아질수록 또한 장애가 더 심할수록 생활연령에 적합한 기술들을 가르치는 데 문제(즉, 준비성 함정)가 있다.

㉡ 선수기술 교수에 많은 시간이 소비되어 원래의 목표기술인 중도장애 학생에게 지역사회에서 현재와 성인이 된 미래에 생활하는 데 필요한 기능적 기술을 가르치는 데 문제가 있다.

2. 생태학적 접근 13중특

(1) 개념

① 생태학적 접근은 인간을 환경과 상호작용하는 존재로 보고 장애학생을 둘러싼 물리적·사회적 환경과 상황을 중요한 진단의 요소로 생각하여 교육계획에 필요한 정보를 얻고자 하는 접근이다.

② 학생과 환경 사이의 상호작용 및 장애 발생 가능 요인들 사이의 유기적 관계에 대해 분석하고 평가하여 팀 접근 방식으로 지원체계를 제공하기도 한다.

③ 생태학적 접근에 토대를 둔 교육과정은 장애학생이 현재나 미래 환경에 가장 필요한 기능적 기술을 익히도록 하는 것으로, 이와 관련된 기술을 실제 생활 장면에서 가르치고자 한다.

④ 평가와 중재에서뿐만 아니라 지역사회 참여에 관해서도 생태학적 접근은 중요한 관점을 제시한다.

㉠ 장애를 가진 사람도 지역사회의 교육적·경제적·사회적 측면에 참여할 권리가 있고, 교육 프로그램은 특히 지적장애가 심한 사람으로 하여금 그들이 좀 더 범위가 넓은 학교와 지역사회 활동에 완전하게 참여할 수 있도록 지원을 해주어야 한다는 것이다.

㉡ 중도 지적장애 학생을 위한 교육 프로그램에서 가장 유용한 학습활동은 기능적이면서도 연령에 적합한 것으로, 일반적으로 지역사회에 기반을 두거나 실제 환경에서 자연적으로 발생하는 상황과 관련이 있다.

⑤ 생태학적 접근을 적용한 교육과정의 개발은 학생의 필수 전제기술 습득과는 상관없이 학생의 현재와 미래 환경에서 필요한 기술들을 교사가 조사하고 그 기술들을 가르치는 하향식 접근법이다.

⑥ 기능적 생활 중심 교육과정(또는 기능적 교육과정)은 생태학적 접근을 적용한 대표적인 교육과정이다.

(2) 특징

① 학생이 기술을 수행해야 할 실제 환경에서 기능적이고 연령에 맞는 기술 지도를 강조하므로 한 상황에서 배운 기술을 다른 상황에 일반화하는 데 효과적이다.

② 지역사회 중심을 강조한다. 즉, 학생이 지역사회와 이웃들과 자주 직면하는 상황에서 기능할 때 요구되는 기술에 초점을 맞춘다.

③ 장애학생들에게 같은 활동에 더 많이 참여할 기회를 제공한다.

생태학적 접근
동 기능론적 접근, 기능적 접근

자료

생태학적 접근의 목표

생태학적 접근의 궁극적인 목표는 다양한 지역사회 환경에서 가능한 한 독립적이며, 생산적으로 기능할 수 있도록 하는 것이다(강혜경 외, 2023).

자료

생태학적 접근과 하향식 접근

생태학적 접근이란 흔히 큰 목표를 세우고 그를 위해 어떤 하위목표를 세울 것인가를 생각한다고 하여 큰 목표로부터 아래로 점차 내려오는 하향식 접근이라고 한다(강혜경 외, 2023).

(3) 장점

① 생태학적 접근은 중도장애 학생의 학습상의 어려움에 부합한다.

② 기능적이고 생활연령에 적합한 기술을 실제 환경에서 교수하기 때문에 학생의 일반화 능력을 가정하지 않아도 된다.

③ 교수할 것으로 판별될 기술들은 사회적 타당도에 의해서 기능적이고 적절한 것으로 결정된다.

④ 일반인이 수행하는 활동과 유사하거나 동일한 활동에 참여하는 기술을 교수하기 때문에 다른 사람들의 중도장애 학생에 대한 기대감을 증진시키는 데 기여하고, 일반인과 상호작용할 기회와 일반 지역사회 환경에의 접근을 강조한다.

생태학적 체계 이론
동 생태학적 모델

(4) 부론펜브레너의 생태학적 체계 이론 09유특

① 인간발달을 사회문화적 관점에서 이해하는 이론이다.

② 다섯 가지의 환경체계로 구성된다.

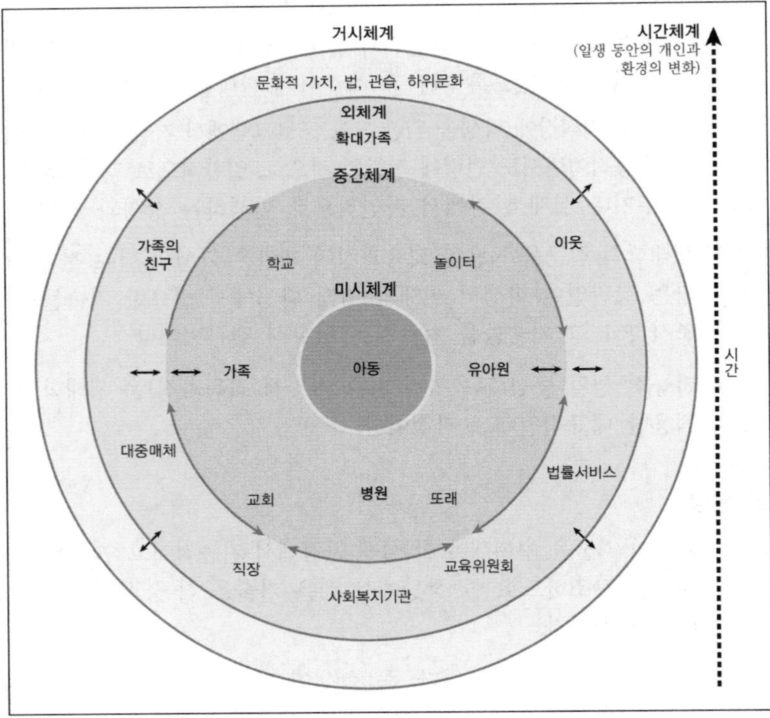

환경체계	특징
미시체계 (소구조)	• 물리 및 사회적 환경 내에서 개인이 직접 경험하는 활동, 역할 및 관계 • 학생의 근접 환경 • 미시체계는 학생이 성장하면서 변화함
중간체계 (중간구조)	• 미시체계들 간의 상호관계, 즉 환경들과의 관계 • 부모와 교사 간의 관계, 형제관계, 이웃친구와의 관계 등
외체계 (외부구조)	• 학생이 직접 참여하지는 않지만 학생에게 영향을 미치는 사회적 환경 • 정부기관, 사회복지기관, 교육위원회, 대중매체, 직업세계 등
거시체계 (대구조)	• 미시체계, 중간체계, 외체계에 포함된 모든 요소에 개인이 살고 있는 문화적 환경까지 포함 • 신념, 태도, 법, 전통을 통해 학생에게 영향을 미침 • 거시체계는 일반적으로 다른 체계보다 더 안정적이지만, 때로는 사회변화에 따라 변할 수 있음
시간체계	• 전 생애에 걸쳐 일어나는 변화와 사회역사적인 환경을 포함

02 지적장애 학생의 교육과정 구성 및 운영을 위한 기본 전제

Tip

'지적장애 학생의 교육과정 구성 및 운영을 위한 기본 전제'는 '지적장애 학생을 위한 교육과정 구성 시 고려해야 할 기본원리' 또는 '발달장애 학생을 위한 교육과정을 결정하고 운영할 때 고려해야 할 교수원리'로 표현되기도 한다.

1. 연령에 적합한 교육과정 17초특, 23초특

① 지적장애 학생의 교육과정은 생활연령에 적합한 내용으로 구성되고 적용되어야 한다.

- 왜냐하면 일반학생과 활동하고 상호작용하기 위해서는 연령에 적합한 기술이 필요하기 때문이다.

② 기능적이고 연령에 적합한 행동들은 자연적인 환경에서 더 쉽게 강화될 것이며, 결과적으로 학습된 행동들은 유지가 용이하다.

2. 궁극적 기능성의 기준 17초특, 24초특, 25중특

① 궁극적 기능성의 기준이란 중도장애 학생을 위한 교육목표로서, 그들이 성인이 되어 최소제한적 환경에서 일반인들과 함께 자신의 잠재력을 최대한 발휘하여 기능하기 위해 개개인이 꼭 소유하고 있어야 할 요소들을 의미한다.

- 성인기의 통합된 환경에서 최대한 독립적이고 생산적으로 활동하기 위해 반드시 필요한 요소들을 갖추도록 지도해야 한다는 개념이다.

② 학생과 가족의 선호도, 생활연령의 적합성, 문화적 요소를 고려해야 한다.

최소위험 가정 기준
동 최소위험 가설의 기준

자료
최소위험 가정 기준
최소위험 가정 기준이란 확정적 또는 결정적인 교육적 자료가 없을 때 교육자는 학생에게 위험한 영향을 최소화할 수 있는 가정에 기초하여 결정을 해야 한다는 신념을 말하는 것으로서, 장애학생의 정확한 수행 수준을 파악하기 어려울 때에는 학생이 할 수 있다고 생각하는 것이 할 수 없다고 가정하는 것보다 훨씬 덜 위험하다는 것이다(강혜경 외, 2023).

3. 최소위험 가정 기준 13중특(추시), 18초특, 21초특, 25초특

① 최소위험 가정 기준이란 결정적 자료가 없는 한 학생을 수업 활동에서 배제하지 않고 교육적 지원을 계속해야 함을 의미한다.

- 확실한 자료나 근거가 없다면 혹시 잘못된 결정을 하더라도 학생의 미래에 가장 덜 위험한 결과를 가져오는 결정을 해야 한다는 개념이다.

② 한 학생을 교육하기 위해 드는 비용이 향후 보호 혹은 관리를 위해 드는 비용보다 더 크지 않으며, 오히려 교육을 통해 독립성이 향상되고 관리가 쉬워지거나 관리할 부분이 줄어들 수 있도록 하는 기술을 배울 수 있다면 실제로 비용 효과적인 면에서 더 이득이 되는 것이다. 따라서 지적장애 학생이 배우지 못할 것이라는 점이 증명된 것이 없기 때문에, 결정적인 증거가 없는 한 아무리 지적장애의 정도가 심하더라도 최선의 시도를 통해 교육 가능성 신념을 실현해야 한다.

영수준의 추측
동 영추론전략

자료
영수준의 추측
영수준의 추측이란 일반화시킬 가능성이 0일 것으로 추론하라는 것이다. 즉, 일반화될 것이라고 전혀 가정하지 말고, 다양한 장소·대상·방법으로 가르쳐서 일반화되도록 하라는 의미의 용어이다(강혜경 외, 2023).

4. 영수준의 추측 20중특, 23초특, 24유특·중특

① 영수준의 추측은 학급에서 배운 기술들이 실제 사회생활에서 일반화하지 못할 수도 있다는 전제에 기반을 두고, 배운 기술들을 여러 환경에서 일반화할 수 있는지를 시험해 봐야 한다는 개념이다.

② 일반화가 되지 않을 경우에는 기술이 사용될 실제 환경에서 가르쳐야 한다.

- 지역사회 중심 교수, 기능적 생활 중심 교육과정의 적용이 그 예이다.

③ 학생들이 기능적 기술들을 자연스럽게 습득할 것이라고 추측하는 대신 지적장애 학생들에게 성인이 된 이후에 필요한 기술들을 가르치는 교육과정을 적용해야 한다.

자료
자기결정에 대한 보다 자세한 내용은 Chapter 05. 교육적 접근의 '[4] 자기결정' 참조

5. 자기결정 증진

① 자기결정이란 선택할 수 있는 범위를 고려해서 적절한 결정을 하고, 자율적 의지와 독립성, 그리고 행동에 대한 책임을 가지는 개인의 능력을 말한다.

- 자기결정을 잘하는 사람은 질적인 삶을 위해 바람직한 목표를 설정하고 성취할 수 있다.

② 지적장애 학생은 자기결정의 권리를 가지고 자신의 삶을 통제하고 스스로 옹호할 수 있는 기회와 경험을 가져야 한다.

③ 자기결정 증진에 유익한 기술로는 선택하기 기술, 의사결정 기술, 목표 수립 및 달성 기술, 자기관리 기술, 자기교수 기술, 자기옹호와 리더십 기술, 효능성과 성과 기대에 대한 긍정적 귀인, 자기인식, 자기지식 등이 있다.

④ 자기결정 과정은 자기결정 요소가 지적장애 학생의 교육과정에 포함됨으로써 촉진될 수 있으며, 학생들은 조기에 선택 결정을 할 수 있는 기회를 가질 것이다.

03 기능적 생활 중심 교육과정

1. 기능적 생활 중심 교육과정의 이해

(1) 개념 15중특, 21초특

① 장애학생이 현재 및 미래 환경에서 독립적으로 생활하고 기능하기 위해 필요한 기능적 기술을 교육내용으로 선정하고 생활연령을 중심으로 조직하여 지도하는 교육과정이다.

- 학생의 생활, 경험, 흥미 등을 중심으로 현재 필요한 것이면서 미래의 가정과 직업, 지역사회, 여가활동 등에 활용될 수 있는 생활 기술들을 지도하는 교육과정을 의미한다.

② 생태학적 접근에 토대를 둔 교육과정이다.

- 환경과의 상호작용을 강조하는 맥락에서 생태학적 교육과정이라고 볼 수 있다.

③ 기능적 생활 중심 교육과정을 결정하기 위해 생태학적 목록을 활용한다.

(2) 특징

경도장애 학생을 대상으로 할 수 있는 전통적인 학업 중심 교육과정보다는 실생활에서 활용할 수 있는 기능을 중심으로 가르치자는 취지에서 시작된 중등도 및 중도장애 학생을 대상으로 한 교육과정이다.

(3) 교육 프로그램의 주요 내용

지적장애 학생들에게 가르쳐야 할 우선적인 내용은 학교에서 교과활동에 의한 지식, 이론적 접근보다는 실생활에 필요한 기능적 기술과 자신을 관리하기 위한 자기관리기술들이 교육 프로그램의 주요 내용으로 구성되어야 한다.

기능적 생활 중심 교육과정

학습자의 생활, 경험, 흥미, 관심, 필요, 활동 등을 중심으로 구성된 교육과정이다. 기능적 교육과정이라고도 한다. 전통적인 교과 또는 지식 중심의 교육과정과 상반되는 것으로, 교육과정에 대한 기본 견해는 인식론상으로는 관념론보다 실용, 조직 형태상으로는 분과형보다는 통합형, 내용상으로는 문화유산이나 지식보다는 생활 경험과 조직, 방법상으로는 논리성보다는 심리성에 강조점을 두고 있다. 학습 내용보다 학습 과정, 정적 학습보다 동적 학습을 중시하며, 행함으로써 배운다는 원리하에 실생활에서 학습자의 활동과 작업을 통해 생활인으로서 필요한 모든 기능을 개발하려는 데 목적이 있다(특수교육학 용어사전, 2018).

동 기능적 교육과정, 생태학적 교육과정, 지역사회 참조 교육과정, 지역사회 중심 교육과정, 기능적 기술 중심 교육과정, 기능적 생활 교육과정

자료

'기능적'의 준거

기능적이라고 할 수 있는 준거는 무엇일까? 이에 대해 Brown은 '궁극적 기능의 기준'에서 사회적, 직업적, 가정적으로 통합된 성인 사회 환경 내에서 최대한 생산적이고 독립적으로 활동하기 위해 개인이 꼭 가지고 있어야 할 요소들로 정의하였다(강혜경 외, 2023).

2. 기능적 기술

기능적 기술이란 다양한 환경에서 학생의 삶에 의미 있고 즉시 사용 가능한 기술들, 즉 학생 자신의 생존을 유지하기 위하여 스스로 해결하지 않으면 다른 누군가가 대신 해결해야 하는 기술들을 의미한다. 지적장애 학생을 위한 기능적 기술이란 스스로 옷 입기, 식사하기, 개인위생, 대중교통 이용하기, 간단한 물건 사기, 지역사회 적응하기 등이다.

(1) 특징

① 하향식 접근법이다.

- 기능적 접근법을 이용한 교육과정의 개발은 학생의 필수 전제기술 습득과는 상관없이 학생의 현재와 미래 환경에서 필요한 기술들을 교사가 조사하고 그 기술들을 가르치는 접근법이다.

② 다양한 환경에서 요구되는 기능들을 포함하고 생활연령에 적합해야 한다.

③ 기능적 기술은 한 학생에게는 유용하고 의미 있지만 다른 학생에게는 기능적이 아닐 수 있다.

(2) 형식과 기능

① 생활연령에 적절하게 기능적 기술을 선정하여 접근할 때는 기술의 형식과 기능을 고려해야 한다.

- 기술의 형식은 기술이 사용되는 모습, 즉 기술이 어떻게 보이는가에 대한 것이고, 기술의 기능은 기술을 통해 얻는 성과물을 말한다.

예 지하철 타기, 버스 타기 등을 통해 이동하기 기술을 가르쳤다면 지하철 타기, 버스 타기는 기술의 형식에 해당하며 이동하기 기술은 기술의 기능에 해당한다.

기술의 형식	• 다양한 기술의 형식을 통해 하나 혹은 유사한 기능을 가르칠 수 있다. • 어린 학생에게 적절한 기술 형식이 나이 든 학생에게는 적절하지 않을 수도 있다.
기술의 기능	• 교사는 학생에게 필요한 기술의 기능을 결정한 다음, 기술의 기능이 연령에 적합한 형식으로 사용될 수 있도록 해야 한다. • 학생이 대부분의 또래가 실행하는 것과 같은 기능을 수행할 수 없다면, 교사는 그 학생에게 필요한 무난한 형식을 찾아야 한다.

② 기술의 기능을 결정할 때는 기능적 기술의 필요와 선호도를 조사해야 한다.

- 이 과정에서 생태학적 목록을 활용할 수 있다.

(3) 기능적 기술의 우선순위 선정 기준 14초특

다양한 출처로부터 자료를 수집한 후, 학생을 위한 교수목표로 여러 개의 기능적 기술이 나타날 수 있다. 따라서 기능적 기술의 우선순위를 정할 필요가 있는데, 다음과 같은 질문을 사용하여 이를 실행할 수 있다.

① 하나 이상의 환경에서 필요한 기술인가?

② 학생의 현재와 미래의 모든 환경에 필요한 기술인가?

③ 학생의 생활연령에 적합한 기술인가?

④ 학생의 독립성을 증가시킬 수 있는 기술인가?

KORSET 합격 굳히기 기능적 기술의 선정

1. 백은희(2020)
   지역사회 중심 교육과정의 주된 영역인 가정, 여가, 지역사회, 직업, 기능적 학업 가운데 다음의 질문에 따라 적합한 기술을 선정한다.
   ① 미래의 프로그램, 건강, 안정에 중요한 기술인가?
   ② 하나 이상의 환경에서 필요한 기술인가?
   ③ 학생의 생활연령에 적합한 기술인가?
   ④ 보호자에 대한 의존을 줄여 주는 기술인가?
   ⑤ 기술 수행이 학생의 신체, 감각, 의사소통 기능을 더 발달시키는가?
   ⑥ 교사는 기술 교수와 유지를 위해 적합한 시간, 교재, 환경을 가지고 있는가?

2. Brown et al.(2017)
   ① 목표는 학생의 생활연령, 문화 그리고 선호를 반영하는가?
   ② 그 기술은 학생의 현재와 미래의 모든 환경에 필요한 것인가?
   ③ 이 기술은 학생의 독립성을 증가시킬 것인가?
   ④ 팀 구성원은 이 기술의 가치에 합의하는가?

3. Collins et al.(2009)
   ① 여러 자료 출처들과 영역들에 걸쳐 중요시되면서 나타나는 특정한 기술이 있는가?
   ② 이 기술이 가족들에게 가치 있게 받아들여지는가?
   ③ 이 기술은 덜 제한적이고 연령에 적절한 환경에 접근할 수 있는 기회를 바로 제공할 수 있는가?
   ④ 이 기술은 다음 환경으로 전환하기 위해 결정적으로 필요한가?
   ⑤ 이 기술은 학생의 안전을 위해 결정적으로 필요한가?

(4) 선정 시 고려사항

① 사회적 타당도

㉠ 어떤 연구 목적이나 교수방법이 연구자나 개발자 개인뿐만 아니라 다른 사람들에게서 공감을 얻을 수 있는지 평가하여 객관화하는 것이다.

㉡ 사회적 타당도를 알아보기 위해서는 학생의 이웃, 친구, 부모, 형제, 학교의 선생님들과 교장선생님에게 이 학생에게 가장 먼저 교육해야 하는 기술로 어떤 것이 있는지를 물어보는 방법이 있다.

예 지역사회 중심 교수를 실시한 후, 중재의 효과와 만족도에 대하여 학생의 또래와 부모에게 간단한 평정척도 형식의 질문지에 답하게 함으로써 사회적 타당도를 평가할 수도 있다.

Tip

기능적 기술의 우선순위 결정에 대해서는 합의된 이론이 없기 때문에 문헌마다 각기 다르게 소개되고 있다. 본문은 공통적으로 제시되는 내용을 제시하였다.

Tip

문헌에 따라 '선정 기준' 또는 '고려 사항'이라는 표현이 혼용되어 사용되기도 한다. 다음에 제시된 2014 초등B-5 기출에 기반하여 두 가지를 구분하는 것이 필요하다.

… (상략) …
예비교사: 네, 그래서 저는 생태학적 목록을 사용해 보려고 해요. ㉢ <u>각 학생의 주요 생활 영역에서 현재와 미래의 환경을 파악하고, 그 환경의 하위 환경에서 요구되는 활동을 하는 데 필요한 기술을 확인해 보고 싶어서요.</u> 그런데 그렇게 확인한 다양한 기술 중 어떤 기술을 먼저 가르쳐야 할지는 잘 모르겠어요.
교사: 다양한 기술 중에서 '우선 가르쳐야 하는 기능적 기술'을 선정하는 기준이나 고려 사항이 있어요. 먼저 여러 생활 영역에 걸쳐서 중요하거나 유용한 기술인지 살펴봐야 되죠. 그리고 그 밖에 몇 가지 다른 기준도 있으니 꼭 살펴보세요.
… (하략) …

문) (나)의 학습 목표가 '우선 가르쳐야 할 기능적 기술'로서 적절한 이유를 ㉢의 내용을 바탕으로 1가지 쓰시오. (단, (가)에서 교사가 언급한 기준을 제외하고 작성할 것)

사회적 타당도와 경험적 타당도

수많은 활동의 리스트 가운데 학교에서 아동에게 우선적으로 가르쳐야 할 활동을 선정하기 위한 기준은 사회적 타당도 및 경험적 타당도로, 가르쳐야 할 우선순위의 결정에 작용한다. 즉, 아동 주위의 사람들(부모, 친구, 이웃, 학교 선생님들)이 생각하기에 아동의 독립적인 생활 영위에 중요하며, 지역사회 생활에 있어서 필요한 기술인가의 의견에 따라(사회적 타당도), 가르쳐야 할 활동의 우선순위 선택을 할 수 있다. 또한 활동이 아동의 생명과 안전에 있어서 중요한 기술(경험적 타당도)이라면, 자주 사용되는 기능적 기술이 아니라도 무조건 가르쳐야 한다(백은희, 2020).

비교

생태학적 목록 (ecological inventory)

백은희(2020)의 문헌에는 '환경조사법'으로 번역되어 소개된다.

② 경험적 타당도

㉠ 경험적 타당도는 학생 자신의 건강이나 생존, 독립에 얼마나 필요한 기술인가를 고려하는 것이다.

㉡ 이미 타당성이 입증되거나 지금까지 널리 사용되고 있는 기준을 타당성의 평가 잣대로 이용한다.

3. 생태학적 목록 14초특, 18유특, 24초특

① 생태학적 목록은 학생들의 현재와 미래의 생활에서 기능을 발휘하기 위해 필요한 개별 기술들을 찾기 위한 조사표, 관찰지, 평가도구, 진단 방법이다. 즉, 생태학적 관점에서 학생에게 지도할 구체적인 기술을 선정하는 교육과정의 개발 과정이라고 할 수 있다.

② 생태학적 목록을 작성하는 과정은 다음과 같다. 16중특

단계	내용	설명
1	교육과정 영역 정하기	• 구체적인 기술들을 가르치고 삽입해야 할 상황, 맥락으로 사용될 교육과정 영역을 정함 예 주거, 지역사회, 여가생활, 교육적 혹은 직업적 환경 등으로 구분하기
2	각 영역에서 현재 환경과 미래 환경 확인하기	• 현재 주거환경은 일반 아파트나 주택일 수 있지만 미래 환경은 장애지원을 받는 아파트, 그룹홈 혹은 시설일 수 있음
3	하위 환경으로 나누기	• 각 학생들에게 필요한 활동을 파악하기 위해 그 활동이 일어날 수 있는 환경을 자세히 구분함 예 학생의 집은 거실, 부엌, 테라스 등으로 구분됨
4	하위 환경의 활동 결정 및 활동 목록 만들기	• 무엇이 가장 적절한 활동인지 결정하기 전에 다양한 변인을 고려해야 함 • 학생의 생활방식에 대한 정보를 제공함 예 식탁 혹은 조리대 앞 의자에서 식사, 거실 혹은 TV 앞에서 식사 등
5	각 활동을 위해 필요한 기술 정하기	• 활동을 가르칠 수 있는 단위 수준이나 과제분석으로 나누는 과정이 필요함 • 의사소통, 근육운동, 문제 해결력, 선택하기, 자기관리와 같은 요소의 기술을 익힘

생태학적 목록 작성 예시

영역	가정/가사, 직업, 지역사회, 여가 중 1 영역(가사)
환경	영역 내에서 활동이 일어나는 환경(아파트)
부수환경	구체적인 활동이 일어나는 즉각적인 환경(부엌 싱크대)
활동	부수환경에서의 구체적인 활동(라면 끓이기)
과제분석	냄비에 적당량의 물을 붓는다. 가스불을 켠다. 냄비를 가스불에 올려놓고, 물이 끓어 김이 올라올 때까지 기다린다. 라면과 스프를 넣고, 3분 후에 불을 끈다. 라면을 그릇에 옮겨 담고 식탁으로 가져간다.

출처 ▶ 백은희(2020)

영역	오락/여가
환경	놀이터
하위환경	정글짐
활동	미끄럼틀 오르기
기술	기다리기, 순서 지키기, 도움 청하기, 오르기

출처 ▶ Gargiulo et al.(2021)

KORSET 합격 굳히기 기능적 기술

1. 기능적 기술은 다양한 환경에서 아동의 삶에 의미 있고 즉시 사용 가능한 기술들을 말한다. 자연스러운 환경인 가정, 직장, 지역사회 환경에서 요구되는 기술들로, 특히 중도장애 학생들이 활용하도록 기대되는 환경에서 찾아볼 수 있는 기술들을 의미한다.
2. 일반학생들의 정상적인 발달과정에서 볼 수 있는 미리 정해진 순서대로 기술을 습득하는 상향식 접근법이나 발달적 접근법과는 달리, 기능적 접근법을 이용한 교육과정의 개발은 아동의 필수 전제기술 습득과는 상관없이 아동의 현재와 미래 환경에서 필요한 기술들을 교사가 조사하고 그 기술을 가르치는 하향식 접근법이라 할 수 있다.
3. 중등도 및 중도 지적장애 학생들의 교육과정은 다양한 환경에서 가르치는 기능들을 포함하고 생활연령에 적합해야 한다.
4. 기능적 기술은 한 학생에게는 유용하고 의미 있지만 다른 학생에게는 기능적이 아닐 수 있다. 예를 들어, 빨래를 해야 할 때 세탁기를 사용하는 가정에서는 손빨래보다는 세탁기 사용법을 익히도록 해야 한다. 어떤 형식이 각 학생의 미래 환경에서 필요할 것인가를 아는 것은 중요하다. 그러나 이러한 기능들이 특수학교나 특수학급에서의 교과수업 안에서 연계되어야 하기 때문에, 기능적 기술들은 일반교육 교육과정의 핵심 과목들인 국어, 수학, 과학 등과의 연관성을 고려해야 한다.
5. 기능의 우선순위 결정은 다음 표의 하단에 제시되어 있는 목표기술 기준 평가 부분을 참고하기 바란다.

토비의 생태학적 목록 중 옷 입기와 화장실 부분

학생: 토비 환경: 학교 정보 제공자: 엄마, 교사, 교육보조원	작성방법: 첫째, 이 영역과 여러 환경에서 학생의 현재 기술에 대해 정보 제공자와 면담한다. 그다음 학생을 관찰하고 팀과 함께 우선순위 기술을 정하여 기준에 비추어 현행 수준을 사정한다.

영역: 자기관리 환경: 학교	수행 수준			구성 기술					논평
하위환경/활동	대부분의 단계를 지원함	약간의 단계를 지원함	스스로 행함	시작함	관련된 사회적 기술 있음	선택함	종료함	의사소통함	
교실 입실									
들어가기			×	×					종종 다른 사람들과
재킷 벗기		×					×		또래(케이틀린)로부터 도움을 받음
재킷 걸기	×						×		엄마: 이것은 유용한 기술이 될 거야.
또래/어른들에게 인사하기	×								누군가 인사하면 웃음. 먼저 인사하지 않음
화장실									
변기	×						×		부모: 정말로 이 기술을 목표로 하길 원해.
바지 올리기		×					×		부모: 그가 이걸 완벽하게 해낸다면 도와줄 텐데.
손 씻기	×					×	×		비누 대신 손세정제를 선택
이 닦기(점심식사 후)	×					×	×		손 위에 손 도움: 칫솔과 치약을 선택 부모: 충치를 염려함

목표기술 기준 평가

기준	활동 Y=Yes, N=No				
	재킷을 벗고 걸기	변기	손 씻기	이 닦기	인사하기
목표는 학생의 생활연령, 문화 그리고 선호를 반영하는가?	Y	Y	Y	Y	Y
그 기술은 학생의 현재와 미래의 모든 환경에 필요한 것인가?	Y	Y	Y	Y	Y
이 기술은 학생의 독립성을 증가시킬 것인가?	Y	Y	Y	Y	Y
팀 구성원은 이 기술의 가치에 대해 협의하는가?	Y	Y	Y	Y	Y

출처 ▶ 박은혜 외(2018), Brown et al.(2017)

Chapter

05 교육적 접근

01 지역사회 중심 교수

1. 지역사회 중심 교수 13중특

(1) 개념 09유특, 22중특, 23초특

① 지역사회 중심 교수(CBI)란 생태학적 접근을 통해 지역사회에서의 기능을 증진시키기 위하여 사용되는 교수적 접근을 의미한다.

② 기능적 생활 중심 교육과정을 실현하기 위한 방법(전략)이다.

③ 자연적이고 실제적인 환경에서 기능적이고 의미 있는 기술을 지도하는 것이다. 예 학습 주제: '마트에서 물건 구입하기' → 마트에서 직접 과제 실행하기

㉠ 자연적인 방법으로 지도하여 습득이 잘 되지 않으면 최소-최대 촉구법을 사용하여 지도한다.

㉡ 주된 한 가지 기술을 지도하면서 관련 기술도 함께 지도한다.

④ 장애학생의 지역사회 통합을 기본 전제로 하며, 장애학생이 지역사회의 다양한 환경에서 일어나는 활동에 참여하는 데 필요한 기술을 직접적으로 교수하는 것을 의미한다.

㉠ 학생의 생활연령에 적합한 지역사회 적응기술을 지도한다.

㉡ 학생이 습득한 수행을 일반화할 수 있도록 계획한다.

⑤ 지역사회 중심 교수의 교육과정 영역은 가정생활 영역, 지역사회 기능 영역, 기능적 학업교과 영역, 여가-오락 영역, 직업 영역 등으로 분류된다.

⑥ 지역사회 중심 교수는 체계적인 교수계획에 의해 이루어지는 것으로 단순한 현장학습이나 적응훈련과는 구분된다.

⑦ 지역사회 중심 교수는 중등도 및 중도장애 학생이 성인으로서 최소제한 환경으로의 전환에 필요한 기술을 습득할 수 있도록 하는 주요 구성 요소이다.

⑧ 지역사회 중심 교수는 영수준의 추측 전략과 최소위험 가정을 토대로 한다.

Tip

지역사회 중심 교수의 유형에는 지역사회 중심 교수(CBI), 지역사회 참조 교수(CRI), 지역사회 모의 수업(CS)이 있다.

지역사회 중심 교수(CBI)

동 지역사회 기반 교수

현장학습

현장학습은 교과 내용과 실제 상황을 연결하여 지식을 생성하게 이해하도록 돕는 것을 목표로 학교 밖으로 나가서 직접 경험을 하는 것뿐만 아니라, 실질적인 사회 현장을 교실 안으로 가져오는 것까지 두루 포괄하는 개념이다. 현장학습은 학교와 지역사회를 밀접하게 연계하고 교실에서 배운 지식을 실제 생활 환경에 적용함으로써 학습 결과와 생활과의 정합성을 높일 수 있으며, 협동심과 사회 참여 능력을 신장시킬 수 있다는 점에서 교육적 의의가 있다 [초등 사회(3-1) 교사용 지도서, 2020].

비교

현장학습과의 차이점

- 지역사회 중심 교수가 현장학습과 다른 점은 교사가 다양한 역할을 하고, 계획을 세우며, 학습 기회를 제공하는 교육과정적 접근이라는 점이다. 따라서 지역사회 중심 교수를 언제 제공할 것인가에 대한 고민이 필요하며, 자연스러운 환경과 기능적 기술을 지도하는 직업, 일상생활, 지역사회 여가와 관련된다 (송준만 외, 2022).
- 학교 현장학습과는 달리, 지역사회 중심 교수에서는 기술을 배우기 위해 지속적으로 지역사회에 나가는 것이 필요하다 (Gargiulo et al., 2021).

(2) 원칙

① 교육은 교실뿐만 아니라 지역사회 환경에서 일어나야 한다.

② 학생들은 일상생활 참여를 위한 생활의 모든 영역에서 직접교수를 받아야 한다.

③ 교육목표인 사회통합을 위해 학교는 지역사회 생활 실현의 한 단계이다.

④ 부모와의 긴밀한 유대가 이루어져야 한다.

⑤ 학습자의 특성, 생활연령, 학생과 부모의 의견을 수집하여 개별화된 교육을 제공한다.

⑥ 부분적 참여가 가능하다면 제외되어서는 안 된다.

⑦ 다양한 지역사회 환경에서 교수가 이루어져야 한다.

자료

지역사회 중심 교수의 교수 절차

교수 장소와 목표 기술 설정
(교수 장소와
목표 교수 기술의 결정)

교수할 기술 결정
(교수할 관련 기술 결정)

교수계획 작성

⬇

기술의 일반화 계획

⬇

교수 실시

출처 ▶ 2021 초등B-5 기출, 박은혜 외(2023)

(3) 교수 절차 [21초특]

지역사회 중심 교수의 일반적인 교수 절차는 다음과 같다.

① 교수 장소와 목표 기술 설정

㉠ 실제로 기술을 사용할 지역사회의 환경과 그에 필요한 개별적인 목표는 부모를 포함한 교육팀에서 결정해야 한다.

㉡ 지역사회 기술은 각 학생들이 현재 혹은 미래에 필요한 기술이기 때문에 각 학생에게 가장 기능적이고 그들의 생활연령에 맞는 기술들을 선정하는 것이 중요하다.

㉢ 교수 활동 선정 시에는 다음과 같은 사항을 고려한다(Cipani & Spooner).

- 궁극적 기능의 기준
- 현재 환경의 기준
- 다음 환경의 기준
- 기능성
- 생활연령 적합성

KORSET 합격 굳히기 **적절한 기술 선택을 위한 고려사항**

Spooner와 Test 등은 지역사회 중심 교수에서 사용될 적절한 기술을 선택 시 고려해야 할 여섯 가지 사항을 다음과 같이 기술했다.

1. 궁극적 기능의 준거

사회적으로, 직업적으로, 가정적으로 통합된 성인 공동체 환경에서 완전히 독립적으로 기능하기 위해 각 개인이 지녀야 하는 역동적이고, 성장하는 특정 집단의 요인을 나타낸다. 즉, 개인위생에 필요한 것들을 돌보고, 스스로 옷을 차려입고, 기초적인 식사를 준비하는 것과 같은 기술은 자율성을 촉진하고 더 높은 자기효능을 촉진한다.

2. 현재 환경의 준거

학생이 자신의 현재 환경에서 기능하는 데 필요한 기술이다.

3. 다음 환경의 준거

학생이 다음 환경에서 기능하는 데 필요한 기술을 조사하는 것이다.

4. 기능성

궁극적 기능의 준거와 유사한 기능성은 특정 기술에 주의를 집중하며, "학생이 스스로 기술을 수행할 수 없으면 어떤 다른 사람이 그 과제를 수행하는 것을 필요로 할 것인가?"라고 묻는다.

5. 생활연령의 적절성

생활연령에 적절한 기술은 동일한 연령의 비장애 또래가 수행하는 활동을 반영하는 기술이다. 다시 말하면 생활연령의 적절성은 사회적으로 타당한 기술을 의미한다.

6. 전환의 반영

학생이 중등교육에서 다음 환경(예 직장, 중등 이후 교육)으로의 전환을 준비하는 신중한 계획을 나타내야 한다. 고려하는 요인은 학생의 직장 또는 중등 이후 교육 환경의 교통, 세탁 · 요리 · 청소와 같은 가사 노동을 포함한 독립생활에 필요한 기술, 건강 보호 요구, 개인적 위생 요구, 고용 준비 기술이다.

출처 ▶ Wehmeyer et al.(2019)

---

② 교수할 기술 결정

지역사회에서 특정한 과제를 수행하는 데 필요한 기술 이외에 언어 기술, 사회성 기술, 신체적 기술, 학업 기술 등의 관련된 기술을 교육목표로 정하고 교수 활동 속에 접목시켜서 교수한다.

③ 교수계획 작성

선정된 활동과 기술을 습득하고 일반화시킬 수 있도록 교수계획을 수립한다.

㉠ 교수계획을 세우는 첫 단계는 목표 과제의 과제분석을 실시하는 것이다.

㉡ 세부적인 과제분석이 이루어진 후에는 환경 내에 존재하는 자연적인 단서를 파악한다. 즉, 과제의 각 단계를 수행하기 위해 학생이 주의를 기울여야 하는 자극이 무엇인지 판별하여 그 자극이 궁극적으로 행동의 통제자극이 되도록 한다.

- 그러나 대부분의 경우 처음에는 학생이 이러한 자연적인 단서만으로는 목표 행동을 하지 않으므로 교사가 촉진을 제공하게 된다. 따라서 어떤 촉진을 어떤 체계로 줄 것인가도 교수계획에 포함되어야 한다.
- 어떤 촉진을 사용하든 궁극적으로는 환경 내의 자연적인 단서에 의해 학생이 행동해야 하며, 교사의 촉진에 의존하지 않도록 하는 것이 중요하다.

㉢ 환경분석에 의해 작성된 과제분석 단계 중 중도장애 학생이 학습하기가 어려운 경우에는 적절한 대안적 반응 방법을 고안할 수 있다.

- 인지적 · 신체적 장애로 인해 일반인과 똑같이 과제를 수행할 수 없을 때 과제를 어떻게 수행하는가 하는 것보다는 과제를 수행하는 기능 자체에 중점을 두어 여러 가지 수정 방법을 활용하도록 한다.

④ 기술의 일반화 계획

㉠ 가능한 한 일반화될 수 있는 지역사회 기술을 배우는 것이 학생에게 바람직하다. 즉, 학습한 기술을 다른 지역사회 환경이나 다양한 상황에 적용할 수 있도록 하는 것이다.

㉡ 중도장애 학생들은 구체적으로 일반화를 위한 계획을 세워 교수하지 않으면 학생에 의한 자발적인 일반화는 잘 일어나지 않는다.

⑤ 교수 실시

지역사회에서의 교수는 교실 내에서의 전통적인 수업과는 다른 주의사항이 요구된다.

㉠ 교사와 학생 간의 상호작용이 가능한 한 지역사회 환경에서 자연스러운 것에 가까워야 하며, 교사의 교수를 위한 촉진을 가능한 한 빨리 제거하여 지역사회 내의 자연적인 단서에 의해 학생이 행동할 수 있어야 한다.

㉡ 한 지역사회 환경에서 한꺼번에 함께 지도받는 학생의 수이다.

- 교육목표와 관련하여, 보다 자연스러운 모습으로 보이고, 필요 이상의 주의를 끌지 않기 위해서 한 번에 교수받는 학생은 2~3명 정도의 소수 집단이 효과적이다.

㉢ 얼마나 자주 교수를 실시하는가 하는 문제이다.

- 기술을 초기에 배우는 단계에서는 적어도 주당 2~3회씩 실시하는 것이 바람직하며, 기술이 습득된 후에는 점차 빈도를 감소시켜서 일반적으로 그 지역사회 환경을 이용하는 빈도에 가깝도록 하되, 기술을 유지시킬 수 있도록 유의한다.

㉣ 보조기기의 활용이다.

- 중도의 장애학생이 수행하기에 너무 어렵거나 배우는 데 너무 시간이 오래 걸리는 기술이 있다면 적절한 보조기기를 이용하여 보다 독립적으로 수행을 할 수 있도록 해준다.

KORSET 합격 굳히기 **지역사회 중심 교수 절차**(McDonnell 외, 2009)

1. 목표 설정 단계

목표 선정 시 고려해야 할 순서는 다음과 같다.

① 학생의 각 영역에 대한 수행을 평가하고, 학생이 능력을 발휘할 바람직한 장래 환경을 밝힌다.

② 계획된 미래 환경에서 기능할 학생의 현재 환경과 관련한 활동 및 기술을 밝힌다.

③ 관련된 현재와 미래 활동을 검토하고, 몇 가지 영역을 선정하고 연령에 적절한 활동들을 제시한다.

④ 이 활동들을 가장 많이 일어날 활동에서 가장 적게 일어날 활동순으로 나열한다.

⑤ 이 활동 목록에서 학생의 안전에 중요한 것을 우선 정한다. 다음으로 미래 환경에 독립적으로 살아가는 데 필요한 영역을 정한다.

⑥ 즉시 지도해야 할 교수내용을 선정한다.

㉠ 현재 학생의 안전에 가장 중요한 활동

㉡ 미래 독립적으로 살아가는 데 중요하고 가장 많이 활용될 활동

⑦ 그 외 ④에서 제시한 활동들을 선정한다.

2. 과제 및 일반 사례 분석 단계

① 과제분석은 가르치고자 하는 기술을 성공적으로 수행하도록 하기 위해 선수행동을 구체화하는 것이다.

② 과제분석의 과정에는 복잡한 활동에 대해 상세하게 기술하고 평가하는 과정이 포함되어야 한다.

3. 교수적 전략 선정 및 적용 단계

① 과제분석이 끝나고 학생의 현재 수행 단계 혹은 수행 수준을 어디에서 시작할 것인가를 결정하기 위한 출발점이라고 할 수 있는 기초선을 측정한다.

② 촉진, 강화 등을 이용하여 교수를 수행한다.

4. 평가를 위한 자료수집 단계

① 평가는 적어도 한 달에 한 번은 이전에 학습한 행동을 유지하기 위해, 그리고 훈련 과정에서 새로 나타난 행동을 관찰하기 위해 2주에 한 번 수행해야 한다.

② 평가는 비훈련 상황에서 일반화가 되었는지를 평가하는 절차를 수행하여야 한다.

③ 평가에는 독립성 평가, 일반화 평가 및 유지 평가의 세 가지 유형이 있다.

출처 ▶ 김형일(2014)

(4) 특징 및 문제점

① 특징 12초특

㉠ 교실에서 습득한 기술을 다른 환경에 적용하는 일반화 기술에 효과적이다.

- 실제 환경에서 수업하는 것은 기술의 일반화에 도움이 된다.

비교

Test 등(2005)이 제시한 지역사회 중심 교수의 과정은 다음과 같다: 목표 설정 → 과제 분석 → 교수 전략의 선정 → 정보 수집

출처 ▶ 신진숙(2017)

일반 사례 분석

일반 사례 분석은 전통적인 과제 분석 절차를 확장하여 수행 상황에서의 단계와 자극 변인을 나타낸 개념이다. 예를 들면, 현금 인출기는 장소나 위치에 따라 각양각색이다. 은행에 따라 다를 수 있고, 기계 종류에 따라 다를 수 있다. 그러나 교사가 지역 내에 있는 모든 현금 인출기에 대한 과제분석과 훈련을 하기보다는 상황에서 가장 일반적인 변인이 될 은행을 골라 훈련하면 훨씬 쉽게 접근할 수 있을 것이다(김형일, 2014).

독립성 평가

교사가 교수와 평가를 제대로 해왔는가를 확인하는 것이라기보다는 주로 학생이 과제의 단계 수행에서 얼마나 독립성을 획득하였는가를 알아보기 위한 의도로 수행된다. 이러한 평가는 이전에 수행한 각 단계에서 시간을 자연스럽게 증진시켰는지 확인한다(김형일, 2014).

ⓒ 지역사회 안에서 사람과 자연스럽게 접촉하는 경험을 갖게 한다.

ⓒ 직업적인 측면에서 다양한 직업훈련을 실습할 기회를 갖게 함으로써 직업 경쟁력과 적절한 근무 자세를 배우게 할 수 있다.

② 문제점

㉠ 지역사회 중심 교수(CBI)는 통합 기회와 일반교육 교육과정에의 참여를 줄일 수 있다는 문제점이 지적된다.

㉡ 문제점을 보완하기 위한 방안으로 실제 지역사회에서의 교수는 장애 학생의 연령 증가에 따라 점차 늘리는 한편, 지역사회 참조 교수와 지역사회 모의 수업을 통하여 그 효과를 얻고자 하는 흐름이 진행되고 있다.

- 지역사회 참조 교수와 지역사회 모의 수업은 지역사회 중심 교수의 이점을 학교현장에서 구현하기 위한 방법이다.

지역사회 참조 교수
동 지역사회 참조 수업

비교
지역사회 참조 교수와 지역사회 모의 수업의 필요성
지역사회 중심 교수(CBI)의 실제는 학생들이 학교에서 배운 후 그 기술을 일반화할 것이라고 추측하지 말 것을 요구하는 '영수준의 추측' 전략과, 일반화가 저절로 된다는 증거가 없는 한 학생들로 하여금 자연스러운 환경에서 기능적 기술을 배울 수 있도록 하는 것이 학생들에게 덜 위험하다는 '최소위험 가정'을 토대로 하기 때문에 교통수단 활용을 위한 비용이나 위험 등을 감수한다. 다만 통합된 환경에서 실행하기에는 현실적인 어려움이 있을 수 있으므로 지역사회 참조 교수(CRI)나 지역사회 모의 수업(CS) 등의 방법을 활용하여 시간을 절약하고 위험성 등을 줄일 수 있다(송준만 외, 2022).

2. 지역사회 참조 교수 10초특, 13초특, 15중특, 18유특, 20중특, 24유특

① 지역사회 참조 교수(CRI)란 학교의 공간 내에서 지역사회에서 필요한 기술을 간접적으로라도 연습할 수 있는 기회를 갖는 것이다.

예 학습 주제: '마트에서 물건 구입하기' → 학교 매점에서 물건 구입하기

② 지역사회 참조 교수는 지역사회 모의 수업에 비하여 실제적인 맥락이 한층 강화된 것이다.

③ 지역사회 참조 교수와 지역사회 모의 수업의 장점은 다음과 같다.

㉠ 지역사회 참조 교수나 지역사회 모의 수업은 지역사회 중심 교수 실행에 대한 시간을 절약하고 위험성 등을 줄일 수 있다.

㉡ 지적장애 학생이 준비 없이 외부에서 직접 지역사회 중심 교수를 적용할 경우 위험한 상황에 처할 수 있을 내용 등을 지역사회 참조 교수나 지역사회 모의 수업 등을 통해 먼저 실행해 볼 수 있는 이점이 있다.

지역사회 모의 수업
동 지역사회 시뮬레이션

3. 지역사회 모의 수업 12초특, 13초특, 17초특, 18유특, 21초특, 22유특, 25중특

① 지역사회 모의 수업(CS)은 지역사회의 장면이나 과제를 교실 수업으로 끌어와 모의 활동을 하는 것을 말한다.

예 학습 주제: '마트에서 물건 구입하기' → 교실에서 모의 수업하기

② 처음부터 지역사회의 공간을 직접 활용하기 어려운 상황이거나 지역사회에 나가기 전에 구조화된 연습의 기회가 필요할 때 사용하면 유용한 교수법이다.

③ 지역사회 모의 수업의 장단점은 다음과 같다.

장점	• 모의 환경을 이용해 학생을 가르치는 것은 여러 번의 기회나 교수 시도를 제공할 수 있다. • 지역사회 중심 교수 일정에 대한 필요를 줄일 수 있다. – 잘 구성된 시뮬레이션의 이용은 재정 제약, 직원 범위, 부모의 허가 서류 작업, 교통의 부담을 제거한다.
단점	• 학생이 자연적 환경에서 예측할 수 없는 경험의 본질을 적절히 준비하지 못하게 한다. 예 상점 구매를 포함한 교실 모의 수업은 다른 상점 점원의 인성, 신용카드 지불 기계의 촉구, 친숙하지 않은 문제의 사회적 뉘앙스를 빠뜨릴 수 있다. • 일반화에 한계가 있다. 예 학생이 점심 식사를 하러 가는 법을 연습하는 교실에서 각각의 교수 지도 동안 100% 점수를 얻을 수 있지만, 학교 식당에 이러한 기술을 일반화할 수 없다.

출처 ▶ Wehmeyer et al.(2019). 내용 요약정리

02 일반사례 교수법

1. 일반사례 교수법의 개념 14유특

① 일반사례 교수법은 어떤 조건이나 상황에서도 목표행동을 할 수 있도록 여러 관련 자극과 반응 유형을 포함하는 충분한 예를 이용하여 교수하는 방법이다. 즉, 자극군을 충분히 제공해서 일련의 자극에 대해서 반응을 수행할 수 있도록 가르치는 방법을 의미한다.

㉠ 학습한 기술이 다양한 상황이나 조건에서도 사용될 수 있도록 하는 방법이다.

㉡ 많은 연구에서 지적장애 중・고등학생의 지역사회 중심 교수전략으로 제안되고 있다.

② 일반사례 교수법에 사용될 사례들은 자극군들의 공통점과 차이점을 명확히 가르칠 수 있도록 표집되어야 한다.

③ 학습한 기술은 어떤 상황이나 조건에서도 그 기술의 수행이 요구될 때 사용될 수 있어야 한다는 목표를 가지고 개발된 주요 전략으로 '교수 사례의 선택과 계열화를 강조'하는 교수방법이다.

2. 일반사례 교수법의 절차 14유특, 15중특, 18유특, 24유특

단계	설명
[1단계] 교수 영역 결정하기	• 어떤 것을 가르칠 것인지 교수 영역을 결정한다. • 교수 영역은 학습자가 배운 행동이 수행될 다양한 자극 상황을 포함하는 환경이어야 하며, 학습자의 특성, 학습자의 의사소통 능력, 학습자의 현행 수준, 수행환경의 특성 등을 고려해야 한다.
[2단계] 지도할 기술을 과제분석하고 관련된 모든 자극과 반응을 조사하기	• 교수 영역 범위와 관련된 모든 자극과 반응을 조사한다. 이를 위해서는 다음과 같은 활동이 요구된다. – 첫째, 목표행동에 대한 일반 사람들의 유능한 수행과 관련 있는 일반적인 반응 조사 – 둘째, 일반적 반응이 일어나도록 하는 자극 변수 조사 – 셋째, 학생이 자극 변수들에 대해 어떻게 반응하는지 서술 – 넷째, 예상되는 문제 상황이나 오류 또는 예외 상황 조사 • 이 과정에서 공통된 특징을 가지고 있는 자극끼리 분류하고 묶어서 일정하게 반응하는지 조사하는 것이 필요하다.
[3단계] 교수와 평가에 사용될 교수의 예를 결정하기	• 선정한 예는 교수 영역 내의 모든 관련 자극과 모든 반응 변수를 포함하는 대표적인 예 중에서 최소한의 것이어야 한다. • 선정한 예는 긍정적인 예와 부정적인 예를 모두 포함하여야 한다. 왜냐하면 기술을 일반화하기 위해서는 적절한 자극 상황에서 습득한 기술을 수행하는 것뿐만 아니라 부적절한 상황에서는 습득한 기술을 수행하지 않아야 하기 때문이다.
[4단계] 교수 순서를 계열화하고 교수하기	• 모든 교수 사례를 한 회기 내에 중재하도록 계열화하고, 한 회기에서 모두 중재할 수 없다면 한 번에 한두 가지 사례를 교수하고 중재 회기마다 새로운 사례를 기존에 학습한 사례에 더하여 교수한다. • 일반적인 사례를 먼저 교수하고 예외적인 사례를 교수하도록 구성한다. • 교수를 실시할 때에는 촉진, 소거, 용암법, 강화 등의 교수기술이 효과적으로 활용된다.
[5단계] 비교수 상황에서 평가하기	• 교수한 기술의 일반화를 알아보기 위해 비교수 상황에서 학습자의 수행을 검토한다. • 일반화 평가는 교수하는 동안 정기적으로 실시할 수도 있고, 교수를 종결한 다음에 실시할 수도 있다.

Tip

1단계 '교수 영역 결정하기'는 '교수목표 범위 정하기'(2014 유아A-8 기출), '교수목표 범위 정의하기'(2018 유아B-7 기출) 등으로 표현되기도 한다.

자료

교수와 평가에 사용될 예 선정 시 지침

- 긍정적인 예는 관련된 자극과 유사해야 한다.
- 긍정적인 예는 목표행동이 기대되는 모든 자극 범위에서 수집되어야 한다.
- 부정적인 예에는 긍정적인 예와 매우 비슷한 예를 포함해야 한다.
- 긍정적인 예에는 중요한 예외가 포함되어야 한다.
- 자극과 반응의 다양성 범위에서 조사한 최소한의 예를 선정한다.
- 예에는 동일한 양의 새로운 정보가 포함되도록 한다.
- 비용, 시간, 상황 특성을 고려하여 실행 가능한 예를 선택해야 한다.

출처 ▶ 양명희(2018)

자료

교수 사례 계열화를 위한 지침

- 각 훈련회기 내에 행동기술의 모든 요소를 교수한다.
- 각 훈련회기 내에 가능한 많은 수의 다양한 난이도의 예를 제시한다.
- 변별력 증진을 위해 최대한 유사한 긍정적인 예와 부정적인 예를 연이어 제시한다.
- 모든 예를 한 회기에 교수할 수 없다면 한 번에 한두 가지를 교수하면서 매 회기마다 이전 회기의 예에 새로운 예를 추가한다.
- 일반적인 예를 먼저 제시하고 예외적인 경우를 가르친다.

출처 ▶ 양명희(2018)

일반사례 교수법 적용 예시

단계	지도 내용
교수목표 범위 정하기	교사는 "홍길동이 지역사회에 있는 다양한 슈퍼마켓에서 물건을 살 수 있다."를 교수목표로 정한다.
일반적 과제분석 작성하기	교사는 슈퍼마켓에서 물건을 살 때 필요한 일반적인 단계를 과제분석한 후, 지역사회에 있는 다양한 슈퍼마켓의 대표적인 형태가 되는 몇 곳을 선정하고, 자극과 반응 유형을 분석한다.
교수와 평가에 사용할 예 선택하기	교사는 자극과 반응 유형을 분석한 대표적인 형태의 슈퍼마켓 몇 곳 중 지역사회에서 가장 일반적인 유형인 A 슈퍼마켓을 우선 지도할 장소로 정하고, 이와 동일한 유형의 B 슈퍼마켓을 평가할 장소로 정한다.
교수하기	과제분석된 자극과 반응 유형을 A 슈퍼마켓에서 지도한다.
평가하기	B 슈퍼마켓에서 자극과 반응 유형이 일반화되었는지 평가한다.

출처 ▶ 2014 유아A-8 기출

일반사례 교수법을 이용한 중도장애 학생의 건널목 건너기 지도 예시

1. 교수 영역 결정하기
   ① 학생이 사는 지역을 중심으로 어느 지역까지 포함할 것인지 한계를 정하여야 한다.
   ② 정의된 전 영역의 모든 건널목을 포함시키는 것이 아니라 학생의 능력을 고려하여 포함 여부를 결정하여야 한다. 예를 들어, 지상에 그려진 횡단보도를 건너는 것은 괜찮을 수 있지만, 육교를 건너는 것은 힘들 수 있다. 그런 경우 육교는 제외시켜야 한다.

2. 지도할 기술을 과제분석하고 관련된 모든 자극과 반응을 조사하기
   교수할 전 영역으로 정해진 구역 내에 있는 모든 건널목 중에서 건널목에 신호등이 있는지, 건널목이 교차로에 있는지 사거리에 있는지, 교차로에 있을 경우에 교차로가 오른쪽에 위치하는지 왼쪽에 위치하는지, 건널목의 넓이(차선의 수)가 어떤지 등을 조사하여 차이를 분석해야 한다.

3. 교수와 평가에 사용될 교수의 예를 결정하기
   ① 이전 단계에서 조사된 모든 건널목에서 교수할 수 없으므로, 그중에서 교수와 평가에서 사용될 대표적인 예를 선정해야 한다.
   ② 교수할 예는 모든 관련 자극의 범위를 포함할 수 있어야 한다. 이때 부정적인 예를 포함해야 하는데, 건널목의 경우에는 횡단보도 표시가 없는 길 또는 학생이 아직 사용하기 어려운 육교 등이 될 수 있다.

비교

일반사례 교수법의 절차

송준만 외 (2022)	본문 참조
박은혜 외 (2023)	1. 교수 영역 정의하기 2. 다양한 관련 자극과 반응의 범위를 조사하기 3. 교수 사례와 평가 사례 선정하기 4. 교수할 예들을 순서화하기 5. 계획한 순서대로 가르치기 6. 훈련받지 않은 예시로 평가하기

PART 04

4. 교수 순서를 계열화하고 교수하기
   ① 이전 단계에서 선택된 예를 어떤 순서로 가르칠 것인지 결정해야 한다. 어떤 순서로 가르쳐야 오류 없이 빨리 가르칠 수 있는지 결정하는 것이다. 이때 건널목의 형태상의 특성(예 신호등 유무, 차선의 수)뿐 아니라 교통량의 정도나 교차로가 건널목의 좌우 어느 쪽에 위치하는지 등도 고려되어야 한다.
   ② 정해진 순서대로 강화, 촉구 등의 여러 전략을 사용하여 가르친다.

5. 비교수 상황에서 평가하기
   첫 번째 단계에서 정한 구역이 아닌 다른 지역(비교수 지역)으로 가서 평가해 보아야 한다. 이때 비교수 지역에서도 세 번째 단계에서 선택된 종류의 예가 모두 포함되도록 해야 한다.

출처 ▶ 양명희(2018)

Tip

부분 참여의 원리는 지적장애아 교육뿐만 아니라 중도·중복장애 학생 교육에도 공통으로 적용되는 교수원리로 2024 초등B-5 기출에서는 중도·중복장애 학생 대상의 교수원리를 묻는 질문으로 제시되었다.

부분 참여

과제활동의 모든 단계에 혼자 힘으로 참여할 수 없는 장애학생에게 일부 수행 가능한 과제 또는 개별적인 요구에 적절하게 수정된 과제를 제시함으로써 부분적으로라도 과제에 참여할 기회를 제공하는 것이다. 즉, 장애 특성상 과제의 모든 활동을 수행하기 어려운 장애학생에게 개별적인 요구에 맞게 수정된 과제를 제공함으로써 과제에 적극적으로 참여하도록 하는 것이다. 여러 활동에서 부분 참여를 하게 함으로써 과제에서 완전히 소외되는 것을 방지하여 소극적인 태도를 보이던 과제를 좀 더 적극적으로 해결하도록 유도할 수 있다. 부분 참여는 장애학생을 과제 수행에서 소외시키거나 불완전하게 참여하도록 하는 것과는 구분된다(특수교육학 용어사전, 2018).

03 부분 참여의 원리

1. 부분 참여의 원리에 대한 이해 11초특

(1) 개념 09초특, 12중특, 16중특, 20유특, 24초특, 25유특

① 부분 참여의 원리란 중도·중복장애 학생이 어떤 활동이나 과제의 모든 면 또는 단계에 참여하지 못하더라도 그가 할 수 있는 활동의 일부분에라도 최대한 의미 있는 참여를 하게 하는 교수 원리를 의미한다.
   ㉠ 장애로 인해 독립적으로 학습활동에 참여하기 어려운 학생을 위해 보조기기를 이용하거나, 다른 사람의 개인적 보조 받기, 기술 계열의 수정을 통해 활동에 참여하도록 하는 방법이다.
   ㉡ '중도장애 학생들이 활동에 충분히 참여할 수 없다 하더라도 학생이 포함되도록 허용하면 부분적으로 참여할 수 있다고 제안하는 것'이다.

② '교수가 시작되기 전에 학생이 한 활동에서 모든 기술을 습득할 수 있음을 합리적으로 보장해야 함'을 나타내는 모두이거나 그렇지 않으면 아무도 아닌 가설에 반대한다.
   ㉠ 이러한 비합리적으로 높은 수준의 교실 수업에서 참여의 기준을 설정함으로써 대부분의 중도·중복장애 학생들은 학문적 경험을 거의 하지 못하게 되는 것이다.
   ㉡ 모두이거나 그렇지 않으면 아무도 아닌 가설을 갖고 있는 교육자들은 충분히 참여할 수 없는 학생들에게 기술을 가르치거나 과제를 완성할 시간을 주지 않을 뿐만 아니라 훨씬 나이 어린 학생을 위해 고안된 단순하게 변형된 또는 대안적인 활동을 하도록 처방할 뿐이다.

ⓒ 이와 같은 실제들은 교육적, 사회적 기회를 약화시키는 반면에 부분 참여는 일반교육 교실의 학습에 지속적으로 참여하는 것을 통해 중도·중복장애 학생과 전형적으로 발달하는 학생 간의 수행 차이를 최소화하는 것이다.

KORSET 합격 굳히기 부분 참여

1. 때때로 우선순위의 자기관리 기술들이 연령에는 적합하지만 학생들이 배우기에는 너무 어려울 수도 있는데 초등학교 저학년 학생들에게 신발 끈 묶기 기술과 같은 것이 그렇다. 이런 경우에 팀은 일반적인 방법으로 완전 참여를 하기보다는 부분 참여의 목표를 선택할 수 있다.
2. 부분 참여는 일부 단계를 적합화된 자료, 자동화된 장치, 변경된 순서 혹은 개인적인 도움을 받도록 하면서 학생이 독립적으로 수행할 수 있는 만큼의 과제를 수행하도록 가르치는 절차이다.
3. 부분 참여를 통해 달성하고자 하는 목표는 습득하는 데 시간이 적게 걸려야 하지만 능동적 참여는 여전히 필요하다. 예를 들어, 신발 끈 대신에 벨크로(찍찍이) 잠금장치가 있는 신발을 신는 것은 학생들이 신발 끈 묶기를 학습할 필요 없이 과제(신발 벗고 신기)의 일부분을 학습할 수 있게 한다. 작업 및 물리치료사들은 부분 참여를 위해 적합화하는 데 있어서 중요한 역할을 수행한다.
4. 부분 참여에서 흔히 변화시키는 것에는 다음과 같은 것이 있다.
   ① 수정되거나 조정된 도구
      예 칫솔, 빗, 포크 그리고 더 쥐기 쉽게 설계된 컵, 단추, 고리 또는 똑딱 단추 자리에 벨크로 잠금장치
   ② 수정된 스위치나 자동화된 기구
      예 압력 스위치로 작동하는 헤어드라이어, 자동 칫솔질을 하는 전동칫솔
   ③ 활동 범위 내에서 순서의 변화
      예 학생에게 대중 수영장에 가기 전에 옷 안에 수영복을 입게 하는 것, 몸의 균형을 위해 변기에 앉은 뒤에 속옷을 내리는 것
   ④ 개인적 지원
      예 욕실에서 학생을 위해 바지를 풀어 주는 것, 음식을 뜰 수 있도록 학생의 손을 안내하는 것

출처 ▶ Brown et al.(2017)

(2) 부분 참여 원리의 핵심 12중특, 16중특

① 일반 또래들이 참여하는 활동에 함께 참여하기 위하여 굳이 기술을 독립적으로 행할 수 있어야 할 필요는 없다는 것이다. 대신에 다른 형식을 통해서 기술의 기능을 행할 수 있는 조정이 적용될 수 있다.

② 부분 참여의 원리를 실행함으로써 얻을 수 있는 이점은 다음과 같다.

㉠ 부분 참여를 통해서 장애학생은 또래와의 활동에서 소외되지 않으면서 활동에 참여할 수 있다.

㉡ 부분 참여의 원리를 적용해서 장애학생이 친구들에게 의존하지 않고 활동에 일정수준 참여하게 된다면 활동을 통해 배우게 될 뿐만 아니라 자존감도 높아진다.

㉢ 부분 참여의 원리를 적용하는 것은 장애학생의 이미지와 역량에 긍정적인 영향을 줄 수 있다는 점에서 '사회적 역할 가치화'라는 개념을 실현하는 것이다.

자료

부분 참여의 이점

부분 참여를 통해서 지체장애 학생은 또래와의 활동에서 소외되지 않으면서 활동에 참여하는 긍정적인 측면이 있고, 자신의 역할을 수행하는 모습 자체가 지체장애 학생의 사회적 가치 향상에 기여할 수 있다(박은혜 외, 2023).

(3) 사회적 역할의 가치화 19중특

① 사회적 역할의 가치화는 사회적 평가 절하의 위험에 있는 사람을 위하여 가치 있는 사회적 역할을 개발하고 지원하며 방어하기 위하여 문화적으로 가치 있는 수단을 가능한 한 많이 이용하는 것을 의미한다.

- 사회적 역할의 가치화는 사회적 저가치화의 위험에 처해 있는 모든 사람에게 사회적으로 가치 있는 역할들을 만들거나 지원하는 실제로, 이를 통해 그들은 가치 있는 시민에게 제공되는 혜택들을 받을 수 있게 된다.

② 개인이 한 사회의 가치로운 구성원으로 인식되도록 하는 것의 중요성을 강조한다.

③ 사회적 역할의 가치화는 중도・중복장애 학생이 자유 의지와 권리를 지켜나갈 수 있도록 필요한 교수와 지원을 제공함으로써 이들의 사회적 이미지를 긍정적으로 개선시킬 수 있다.

사회적 역할 가치화(SRV)

1960년대에 나타난 정상화이론에 기반을 두어 1983년 울펜스버거가 체계화하였다. 이는 당시 가치 절하된 사회구성원들로 하여금 각종 지원으로 가치 있는 사회구성원으로서 평가받을 수 있도록 역할 창출을 목표로 하였다. 울펜스버거는 사회적 가치 절하 문제를 해결하기 위해 SRV(Social Role Valorization) 이론 전개를 핵심으로 하였다. 이 이론은 가치 절하를 극복하고 사회적으로 가치 있는 생활 조건과 가치 있는 역할을 하려면 개인의 능력을 향상하는 방법과 가치 절하를 일으키는 사회적 이미지와 환경을 개선하는 방법을 찾아야 한다고 주장한다. 이 두 가지 목표는 일곱 가지 핵심 주제를 적용한 프로그램으로 달성할 수 있다고 강조한다(특수교육학 용어사전, 2018).

동 사회적 역할 강화의 원칙, 사회적 역할 안정

KORSET 합격 굳히기 정상화와 사회적 역할의 가치화

1. **정상화**

장애인이 사회 주류의 규준과 패턴에 가능한 한 유사한 일상생활의 패턴과 조건을 즐겨야 한다는 이상을 구체화한 원리이며 철학

① 1959년, Bank-Mikkelson

㉠ 지적장애인을 대상으로 최초 언급

㉡ 정의: "정신지체인에게 모든 다른 시민의 법적, 인간적 권리를 주는 것"

② 1970년대, Nirje

㉠ 대상을 장애인으로 확대

㉡ 정의: "장애인이 사회의 생활방식과 일반상황에 가능한 한 가까운 생활조건과 삶의 형태를 누릴 수 있도록 하는 것"

③ 중도·중복장애 학생 교육에 제공하는 시사점

장애인 교육에서 중요한 것이 무엇인가에 대한 관점의 패러다임 제공

교육환경 차원	중도·중복장애인을 분리하지 않고 일반인의 교육환경과 동일하거나 최대한 유사한 환경에서 교육하여야 한다.
교육내용 차원	중도·중복장애인에게도 일반인에게 적용되는 교육내용과 동일하거나 가장 유사한 내용이 적용되어야 한다.

2. **사회적 역할의 가치화**

① 정상화는 1970년대와 1980년대, 미국에서 Wolfensberger에 의하여 사회학의 주요한 원리로서 정교화됨

② 정상화에 대한 Wolfensberger의 새로운 정의 제시

㉠ 지적장애와 정신건강에 곤란을 지닌 사람부터 사회에서 평가 절하되고 일탈한 모든 집단에까지 개념을 확장

㉡ 정의: "사람이 가치 있는 사회적 역할을 확립하고 유지할 수 있도록 하기 위하여 문화적으로 가치 있는 수단을 이용하는 것"

→ 차이를 나타내는 사람은 다른 사람에 의하여 가치 있게 평가되기 어렵다는 점을 함의

㉢ 정상화는 정상적인 주택에서 생활하며 정상적인 직업을 가지고 정상적인 교육을 받으며 사회적으로 가치 있는 활동과 함께 긍정적인 방식으로 참가하도록 하기 위하여 평가 절하된 개인에게 사회로의 통합을 요구하며, 그에 따라 평가 절하된 개인에게 긍정적인 사회적 역할을 제공하고, 개인적 능력을 촉진하며, 사회적 이미지를 보강할 것을 요구

③ 정상화라는 용어를 포기하고 '사회적 역할의 가치화(SRV)'라는 용어 채택 → 정상화는 사회적 역할의 가치화로 개념이 정교화됨

출처 ▶ 정동영(2017)

비교

정상화

정동영 (2017)	본문 참조
• 이소현 외 (2011) • Gargiulo et al. (2021)	1960년대 스웨덴의 Nirje에 의해서 처음 사용

2. 잘못된 부분 참여의 원리 적용 유형 12중특, 16중특

(1) 수동적 참여

장애를 가진 학생들이 자연스러운 환경에 배치되었으나 적극적으로 활동에 참여하도록 허락하는 대신에, 또래들이 활동에 참여하는 것을 관찰하는 기회만 제공되는 것이다.

예 연극활동에 참여하는 대신 관찰하는 기회만 제공하는 경우 / 다른 학생들이 탈 틀에 종이죽을 붙이는 동안 교사가 편마비인 학생의 것을 붙이고 학생에게 이를 지켜보게 함

자료
근시안적 참여
전반적인 기회를 제공하지 않고 기능적이지 않은 활동에만 참여 (박은혜 외, 2023)

(2) 근시안적 참여 25유특

교사가 교육과정의 관점들 중 한 가지 혹은 몇 가지만을 좁은 시야로 집중하고, 학생이 학습의 전반적인 기회들로부터 이득을 보지 못하도록 하는 것이다.

예 생필품 가게에 갔을 때 장애학생에게 물건을 고르고 사는 기회를 주는 대신에 카트만 밀게 하는 경우 / 조립 순서에 맞게 상자를 조립하는 활동을 할 때 학생이 양손과 팔을 자유롭게 움직이기 어려워 접이선대로 상자를 접지 못한다는 이유로 다른 학생들이 상자 조립을 완성할 때까지 학생은 다른 학생의 상자를 움직이지 않게 붙잡아 주도록 하는 경우

(3) 단편적 참여

학생이 몇몇 활동들에 비정기적으로 참여하는 것을 말한다.

예 장애학생이 일반교육 사회 과목 수업에 또래들과 함께 일주일에 2일 동안은 참여하고, 하루는 특수학급에서의 수업을 위해 해당 시간에 데리고 나와야 하는 경우 / 수업에 매일 참여하는 대신 3일만 수업을 받고 2일은 치료를 받는 경우

(4) 참여기회 상실 24초특

학생이 독립적으로 활동하기 위해 너무 많은 시간과 노력을 기울이게 함으로써 학생으로 하여금 더 많은 수의 활동들에 참여할 기회를 상실하게 하는 것을 말한다.

예 학급 간 이동을 위해 휠체어를 스스로 천천히 밀어서 이동하는 장애학생은 각 수업의 일부를 놓칠 수 있다. / 국어 수업 시간에 공부하는 대신 다음 수업이 진행되는 컴퓨터실로 워커로 이동하게 한 경우 / 다른 학생들이 물건값을 계산하는 과제를 푸는 동안 바로 앞 시간에 마치지 못한 쓰기 과제를 완성하게 하는 경우

04 자기결정 11중특

1. 자기결정의 개념 09유특

① 자기결정이란 한 사람이 자신의 인생의 주체로서 중요한 결정을 함에 있어서 다른 사람에게 의존하지 않고 본인 스스로 책임을 지는 것이다.

- Wehmeyer 등은 "자신의 삶에서 1차적 원인 행위자로 행동해야 하고 외부의 과도한 영향이나 간섭을 받지 않은 상태에서 자신의 삶의 질과 관련된 선택과 의사결정"으로 정의하였다.

② 자기결정은 선택할 수 있는 범위를 고려해서 적절한 결정을 하고, 자율적 의지와 독립성, 그리고 행동에 대한 책임감을 가지는 개인의 능력에 중점을 둔다.

③ 자기결정의 핵심 요소는 자신의 삶에서 이루어지는 결정에 자신이 참여할 능력이 있음에 대한 믿음과 자신의 강점과 제한점을 이해하는 것이다.

④ 지적장애인의 자기결정을 강조하는 이유는 자기결정 행동을 촉진시킬 수 있는 기술을 습득함으로써 자신을 잘 대변하게 되고, 기본적 인권을 보호받을 수 있으며, 지역사회로의 참여와 통합이 가능해지기 때문이다. 또한 자기결정 경험을 통해 지적장애인은 스스로에 대한 존중감을 높이고, 성인기의 핵심 과업인 자립을 실현할 수 있으며, 삶의 질 개선도 기대할 수 있다.

- 장애학생의 자기결정 증진은 장애학생의 성공적인 성인기로의 전환 및 삶의 질과 관련이 있다.

2. 자기결정 행동의 주요 특성 18초특, 23초특

Wehmeyer는 자기결정 행동의 주요 특성으로 자율성, 자기조절, 자아실현, 심리적 역량의 네 가지 영역을 제시하였다.

(1) 자율성

① 자율성이란 부당한 외부 영향이나 간섭 없이 개인이 선호하는 것을 흥미와 능력에 따라 독립적인 방식으로 하는 행동을 말한다.

㉠ 개인에게 필요한 계획을 수립할 때 필요한 경험을 활용하여 목표 달성에 필요한 과정을 스스로 시작하는 행동 등 의지적 행동을 의미한다.

㉡ 부모로부터의 정서적인 분리, 자신의 삶에 대한 개인적 통제의식의 발달, 개인 가치체계의 확립 및 성인 세계에서 요구되는 행동과제 수행을 포함하는 개념이다.

② 자율성에는 선택하기 기술, 의사결정 기술, 문제해결 기술 등이 포함된다.

자기결정 행동의 주요 특성
동 자기결정 행동의 필수적인 행동, 자기결정 행동의 영역

자료

Wehmeyer의 기능적 자기결정 모델

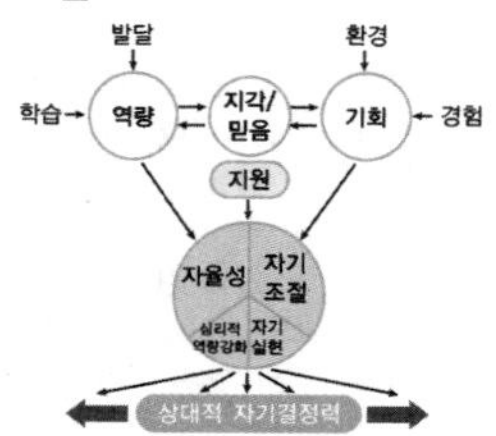

설명 Wehmeyer는 자기결정력의 출현에 영향을 미치는 세 가지 주요 요인으로 개인적 역량(학습과 발달에 의해 영향을 받음), 기회(환경과 경험에 의해 영향을 받음), 지원과 조정 등을 제기하고 있으며, 이러한 모든 요인들을 포함한 기능적 자기결정 모델을 제시하였다.

출처 ▶ 정희섭 외(2013)

(2) 자기조절

① 자기조절이란 목표 수립 및 달성에 필요한 자기 주도적 행동으로 자기가 원하는 것이나 필요한 것을 얻기 위해 요구되는 개인 목표를 설정하고 문제를 해결하는 능력을 말한다.

㉠ 행동 결과가 바람직한지 여부를 평가하고, 필요할 때는 자신의 계획을 수정하고, 어떻게 행동해야 하는가에 관한 결정을 하는 행동을 말한다.

예 자기조절을 하는 개인은 원하는 물건을 사기 위해 저축을 할 수 있고, 사회적으로 수용 가능한 보편적 및 개인적 행동을 보이고, 버스가 늦게 도착하는 상황이라도 직장까지 정시에 도착할 수 있는 해결책을 결정할 수 있다.

㉡ 행동결과의 바람직한 여부를 평가하고 필요한 경우엔 자신의 계획을 수정하고, 어떻게 행동해야 하는가에 관한 결정을 할 환경에 대처하기 위한 반응목록이나 자신의 환경을 자기가 확인할 수 있도록 해주는 복잡한 반응체계이다.

② 자기조절에는 목표 수립 및 달성 기술, 자기관리 기술, 자기교수 기술 등이 포함된다.

(3) 자아실현

① 자아실현이란 본인에게 가장 최선의 방식으로 행동하기 위해서 종합적이고 정확한 자기 이해를 바탕으로 본인의 강점과 약점을 파악하는 것이다.

- 자아실현을 이해하는 사람들은 그들의 장점을 다른 사람들에게 강조하여 이야기할 수 있고 도전을 겪고 있다면 조정을 요청할 수도 있다.

② 자아실현에는 자기인식과 자기지식이 포함된다.

(4) 심리적 역량

① 심리적 역량이란 목표를 이루기 위해 본인의 기술과 지원을 사용할 수 있다고 믿는 역량으로 목표를 이룰 수 있다고 자기 능력을 믿는 것을 말한다.

- 기질, 인지 및 동기를 포함한 자각된 통제의 다양한 차원들을 말하는 용어이다.

② 심리적 역량에는 자기옹호와 리더십 기술, 내적 통제, 효능감과 성과기대에 대한 긍정적 귀인 등이 포함된다.

자기조절

자기관리 전략을 말하며, 목표 설정과 성취 행동, 문제해결 행동, 관찰학습 전략 등을 포함한다(김언아 외, 2005).

동 자기규칙, 자기조정

자료

자기결정 행동의 주요 특성과 구성 요소 간 관계

주요 특성	구성 요소
자율성	• 정희섭 등: 선택하기 기술, 의사결정 기술, 문제해결 기술 • 박은혜 등: 선택 결정 기술, 의사결정 기술, 문제해결 기술, 독립, 위험 무릅쓰기 및 안전 기술
자기조절	• 정희섭 등: 목표 수립 및 달성 기술, 자기관리 기술, 자기교수 기술 • 박은혜 등: 목표 설정 및 성취 기술, 자기관찰, 자기평가, 자기강화 기술, 자기교수 기술
자아실현	• 정희섭 등, 박은혜 등: 자기인식, 자기지식
심리적 역량	• 정희섭 등, 박은혜 등: 자기옹호와 리더십 기술, 효능성과 성과기대에 대한 긍정적 귀인, 내적 통제

출처 ▶ 박은혜 외(2023), 정희섭 외(2013). 내용 요약정리

3. 자기결정 행동의 구성 요소 09중특, 12초특

(1) 선택하기 기술 14유특, 18유특, 25유특

① 선택하기 기술은 자기결정의 핵심 요소이다.

② 학생이 자신의 요구와 선호도를 확인하고 두 가지 이상의 선택 상황에서 자신이 선호하는 것을 분명하게 표현하는 것을 의미한다.

③ 자신이 하고 싶은 활동, 활동할 장소, 학습 과제, 과제를 수행할 순서 등에 대해 선택할 수 있게 함으로써 성취될 수 있다.

(2) 의사결정 기술

① 하나의 상황에서 여러 가지 해결책 중 어느 것이 가장 좋을지 결정하는 기술이며, 서로 다른 해결책의 결과에 대해 이해하는 것을 포함한다.

② 의사결정 기술을 가르치기 위해서는 선택하기 기술이 선행되어야 한다.

(3) 문제해결 기술 14유특

① 문제해결 기술은 스스로 문제를 확인하고 분석하여 잠정적인 해결책을 찾은 후에 가장 적절한 방안으로 문제를 해결하는 것을 말한다.

- 가능한 정보들을 이용하여 문제에 대한 다양한 해결책을 찾아보고 구상하는 것이다.

② 일상생활에서 문제를 해결할 능력을 향상시키기 위해 지원과 편의를 제공해야 한다.

(4) 목표 수립 및 달성 기술

① 자신의 목표가 무엇인지 확인하기, 목표와 관련한 자신의 현 위치 파악하기, 행동을 위한 계획 세우기, 목표를 향한 자신의 진전도 평가하기 기술을 포함한다.

② 자신의 학습에 좀 더 책임감을 갖도록 하는 데 매우 효과적인 기술이다.

(5) 자기관리 기술

① 자기기록, 자기평가 및 자기강화를 포함한다.

② 자신의 행동에 대해 측정하고 관찰하여 기록하는 자기기록, 자신의 행동에 대한 진전을 살피고 평가하는 자기평가, 자신의 행동에 따라 결과가 달라질 수 있음을 가르치기 위한 자기강화 등을 포함하여 지도한다.

Tip

자기결정 행동의 구성 요소를 '자기결정 기술'로 표현하는 경우(예 송준만 외, 2022; Gargiulo, 2021)도 있으며, '자기결정 증진을 위한 전략'으로 표현하는 경우(예 2018 유아A-2 기출)도 있다.

비교

자기결정 행동의 구성 요소

자기결정 행동의 구성 요소는 Wehmeyer의 저서 중 어떤 것을 참고하였는가에 따라 문헌마다 차이를 보인다.

- 송준만 외(2022) : Wehmeyer의 1991년의 자료를 인용하였으며, 본 저서의 본문에 소개되고 있는 구성 요소들과 같다.
- 백은희(2020) : Wehmeyer와 Field의 2007년 자료를 인용하였으며, 본문에 제시된 내용 중 '내적 통제'는 없으며 '독립성, 위험감수하기, 안정을 위한 기술'이 새롭게 추가되어 제시되고 있다.
- Gargiulo et al.(2021) : Wehmeyer와 Schalock의 2001년 자료를 토대로 선택, 의사결정, 문제해결, 목표설정, 독립, 자기관리, 자기교수, 자기옹호, 자기인식을 구성 요소로 제시한다.

⑹ 자기교수 기술 21초특

자기교수란 학생이 학습 문제를 해결하도록 학생 스스로 말해 가면서 실행하는 것이다.

⑺ 자기옹호와 리더십 기술 21유특

① 자기옹호 기술이란 자신의 믿음을 옹호하는 능력을 의미한다.
- 학생이 자신에게 억울한 상황을 자신의 입장에서 분명하게 이야기할 수 있는 기술이다.

② 자신의 권리와 책임에 대해 가르치고, 스스로 지켜 나가기 위한 방법과 다른 사람들과 의사소통하며 협상하는 것을 지도한다.

⑻ 내적 통제

① 통제소는 성과의 원인관계를 어디에 두느냐의 문제로 어떤 사람이 자신의 긍정적, 부정적 행동 결과를 어떻게 지각하는가를 뜻한다.

② 내적 통제소재는 긍정적이거나 부정적인 행동 결과를 자신의 것으로 간주한다. 반면, 외적 통제소재는 행동 결과를 운명이나 행운 혹은 다른 사람과 같은 외부의 힘에 의해 이루어진 것으로 보는 것이다. 지적장애인은 자신의 행동 결과에 대하여 성공이나 실패에 대한 원인이나 책임을 외적 통제소재에 두는 경향이 강하기 때문에 이들의 통제소가 내적 통제소재로 발달할 수 있도록 해야 한다.

효능감과 성과기대에 대한 긍정적 귀인
동 효능성에 대한 긍정적 인식

⑼ 효능감과 성과기대에 대한 긍정적 귀인

① 자기효능감이란 자신이 특정한 목표를 수행하거나 성취할 수 있다고 믿는 것을 의미한다.

㉠ 주어진 과제를 성취하기 위해 필요한 행동을 성공적으로 해낼 수 있다는 믿음이 있고, 그러한 행동을 잘 수행한다면 원하는 성과를 이룰 것이라고 기대하는 것이다.
- 자신이 기대하는 결과를 성취할 능력이 있다고 믿는 것이다.

㉡ 자기효능감이 낮은 학생은 학업에 집중하는 것보다 현재 수행이 실패할 것이라는 생각을 하는 데 더 많은 시간을 보내는 반면, 자기효능감이 높은 학생은 높은 동기화와 함께 과제에 집중하고 목표성취를 위하여 열심히 하려는 성향을 나타낸다.

② 자기효능감은 자기결정 기술을 성공적으로 실행하는 경험을 통해 향상될 수 있다.

(10) 자기인식

자기인식(self awareness)은 자신의 강점이나 능력, 자신의 약점이나 제한점 등을 이해하는 능력을 말한다.

(11) 자기지식

자기지식(self knowledge)은 자신의 특성을 사용하는 방법에 대해서 아는 것을 말한다.

KORSET 합격 굳히기 자기결정 행동의 구성 요소 '독립(독립성)'

1. **정의**: 최소한의 지원으로 환경을 관리하기
2. **교수 제공의 예**: 학생은 체육 과목에서 운동 기구(공, 후프, 원주형 표시물)를 회수하기 위해 사진 촉진 체계를 사용한다.

출처 ▶ Gargiulo et al.(2021)

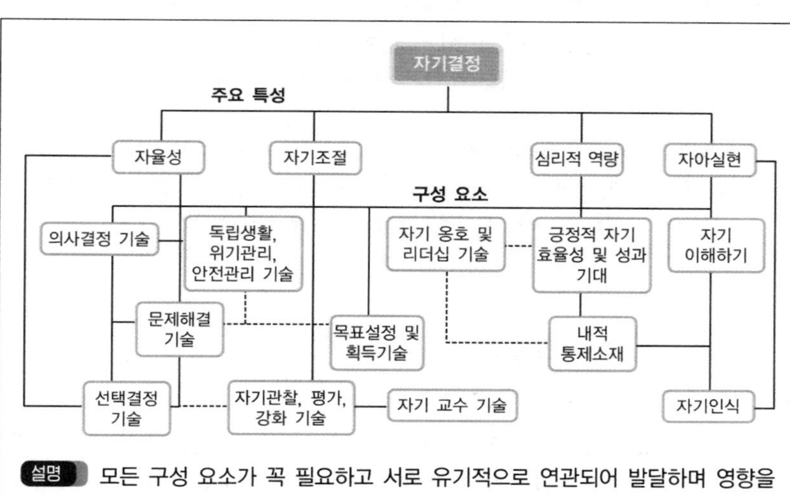

설명 모든 구성 요소가 꼭 필요하고 서로 유기적으로 연관되어 발달하며 영향을 미친다.

| 자기결정 행동의 주요 특성과 구성 요소 간의 관계 |

출처 ▶ 정희섭 외(2013)

Tip

편저자 주) 자기결정 행동의 본질적 특성을 나타낸 표의 구성 요소 중 '문제해결 기술'은 원문에서 이중으로 중복 제시되어 있어 이를 그대로 반영한 것이다.

KORSET 합격 굳히기 **자기결정 행동의 본질적 특성**

본질적 특성	구성구인	구성 요소
의지적 행동	• 자율성 • 자기주도	• 선택기술 • 의사결정 기술 • 목적 설정 기술 • 문제해결 기술 • 계획기술 • 자기관리 기술(자기점검, 자기평가 등) • 목적 달성 기술 • 문제해결 기술 • 자기주장 기술 • 자기인식 • 자기지식
작인적 행동	• 자기조절 • 자기지시 • 경로 사고	
행동-통제 신념	• 심리적 역량강화 • 자기실현 • 통제 기대 • 작인 신념 • 인간관계 신념	

1. 의지적 행동은 사람이 자신의 선호에 기초해 의식적 선택을 하는 것을 말한다.
2. 작인적 행동(agentic action)은 자기주도적 행동을 말한다. 자기결정적인 사람은 개인적으로 선택한 목적을 향한 진보를 자기지시하는 것이 가능하며, 장애물과 기회에 직면할 때 목적적으로 반응한다.
3. 행동-통제 신념은 자기결정적인 사람이 의지적 행동과 작인적 행동에 참여하는 것을 지원하는 신념을 나타낸다. 긍정적 행동-통제 신념은 사람이 역량 강화된 목적 지향적 방식으로 자기인식과 자기지식으로 행동하게 하는 기능을 한다.

출처 ▶ Wehmeyer et al.(2019)

4. 자기결정 교수학습 모델(SDLMI)

(1) 개념 13중특(추시), 20중특

① 자기결정력 증진을 위한 구체적인 교수 모델들이 개발되었다. 그중 하나가 자기결정 교수학습 모델(Self-Determined Learning Model of Instruction, SDLMI)이다.

- 자기결정 교수학습 모델은 학생들이 자신의 삶의 주체가 되어 자신을 관리·통제하는 힘을 가지며, 자기주도적 학습의 기회를 증가시킴으로써 학생들이 교육 프로그램에 활발히 참여할 수 있도록 교사가 도와주는 교수모형이다.

자기결정 교수학습 모델

- 자기결정 구성 요소, 자기조정적 문제해결 과정, 학생주도적 학습 연구를 바탕으로 장애학생의 자기결정적 학습을 지도하기 위해 개발된 교수 모델로, 교사들은 이 모델로 장애학생이 스스로 학습 목표를 설정하고 이를 달성하는 과정에서 타인조정이 아닌 자기조정적 문제해결 전략을 사용할 수 있도록 지도할 수 있다. SDLMI는 목표 설정, 계획과 실행, 목표와 계획 수정의 3단계로 구성되어 있으며, 단계마다 학생들이 해결해야 할 네 가지 학생 질문과 학생들에게 적용할 수 있는 교수적 지원, 교사가 학생을 도울 때 참고할 수 있는 교사 목표가 포함되어 있다. SDLMI는 장애학생의 자기결정 증진의 중요성이 부각되면서 학업, 전환 영역과 관련된 다양한 목표달성에 효과적으로 사용되고 있다(특수교육학 용어사전, 2018).
- 자기결정 교수학습 모델은 교사가 학생에게 목표를 설정하기 위해 자기주도적으로 문제를 해결하고, 그 목표를 향해 자기 모니터링과 자기평가를 하고, 목표를 달성하기 위해 필요하다면 실천계획이나 목표를 수정하도록 교수하는 복합적 중재이다(Gargiulo et al., 2021).

동 자기결정 교수학습 모형

② 자기결정 교수학습 모델은 교사가 학생에게 어떻게 자신을 옹호하는지 가르칠 수 있는 체계로서 '목표 설정 → 계획 및 실행 → 목표 및 계획 수정'의 3단계로 구성된다.

- 각 단계에는 해결해야 하는 학생의 문제(또는 성취해야 할 학생의 과제)가 제시되어 있다.

구분	해결해야 하는 학생의 문제
1단계	나의 목표는 무엇인가?
2단계	나의 계획은 무엇인가?
3단계	내가 배운 것은 무엇인가?

③ 이 모델의 각 단계에는 학생 질문, 교사 목표, 교수적 지원이 포함된다.

㉠ 학생 질문: 학업, 사회, 행동, 전환과 같은 어떤 내용영역에서 자기조정적 문제해결 과정을 지도하기 위한 것이다.

- 학생 질문들은 각 교수 단계에서 문제해결 순서를 통해 학생을 안내하도록 구성되었다. 네 개의 질문은 각 단계별로 다르지만, 문제해결 순서는 동일한 단계(문제 확인하기 → 문제를 해결하기 위한 잠재적 해결 방법 확인하기 → 문제해결에 관한 방해물 확인하기 → 각 해결 방법의 결과 확인하기)를 거친다.

㉡ 교사 목표: 학생이 각 단계의 문제를 해결하는 것을 돕기 위한 교수 과정의 길잡이 역할을 한다.

㉢ 교수적 지원: 각 단계에서 학생이 학습을 스스로 주도할 수 있게 돕는 역할을 한다.

자료

학생 질문

SDLMI에서 학생 질문은 학업, 사회, 행동, 전환과 같은 어떤 내용영역에서 문제해결 계열을 통해 학생을 지시하기 위한 것이다. 학생은 SDLMI의 단계를 통해 각각의 단계에서 제시된 문제에 대한 해결책을 생성하도록 자신을 이끄는 것을 배운다(Wehmeyer et al., 2019).

(2) 단계별 내용

① 1단계

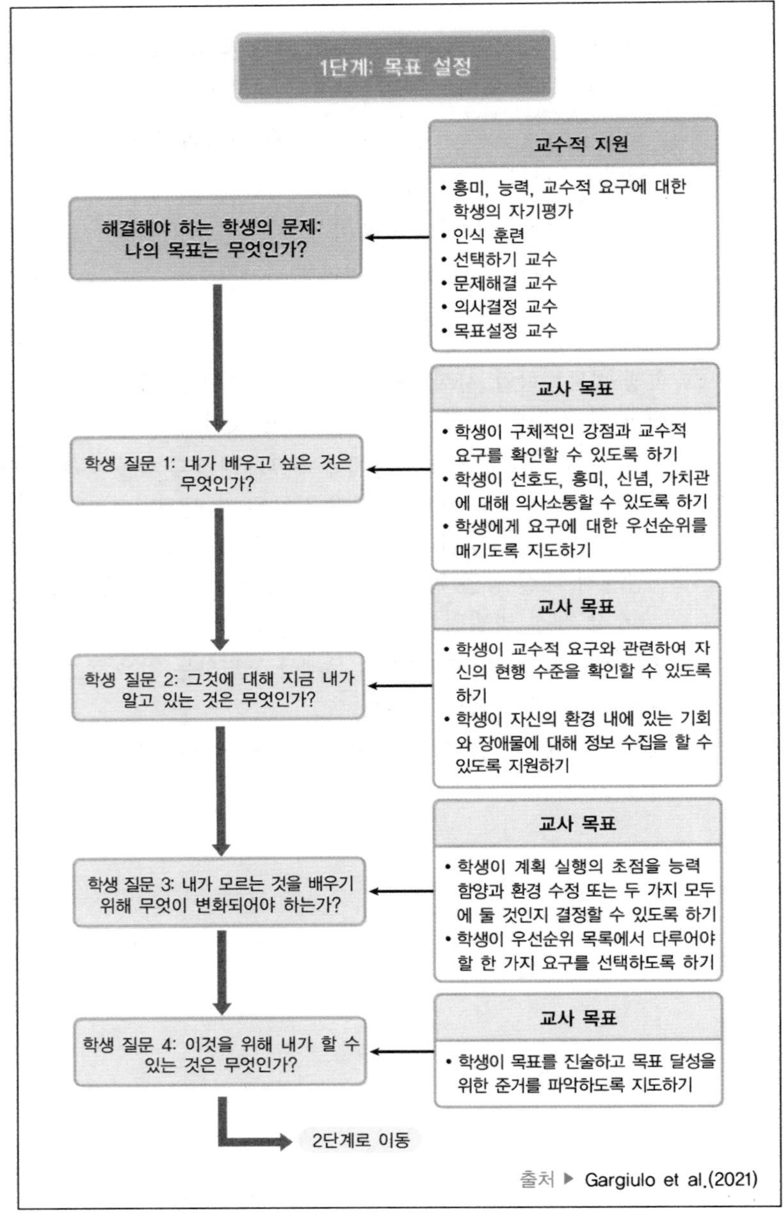

출처 ▶ Gargiulo et al.(2021)

> **Tip**
> '해결해야 하는 학생의 문제'는 '성취해야 할 학생의 과제'(2021 초등 A-5 기출)에 해당한다.

② 2단계

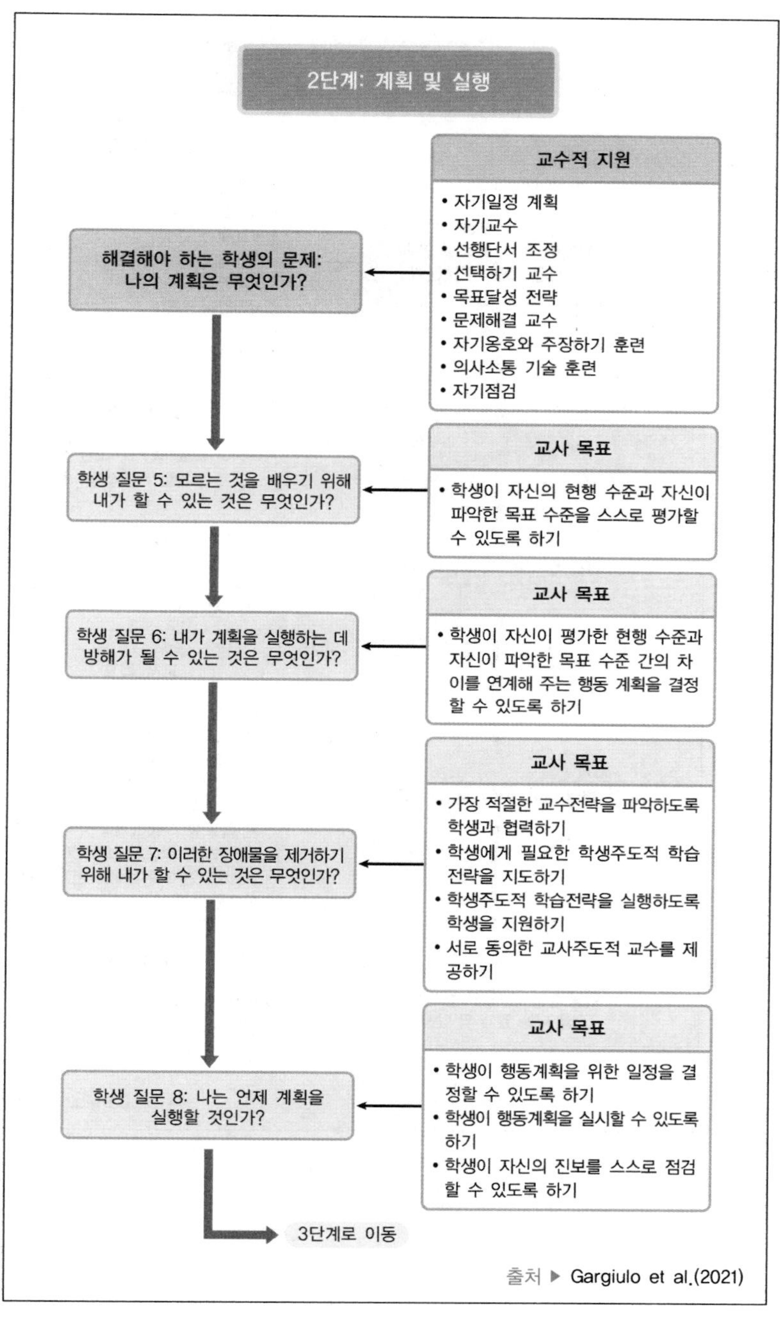

출처 ▶ Gargiulo et al.(2021)

자료

교사목표 실행 과정 예시

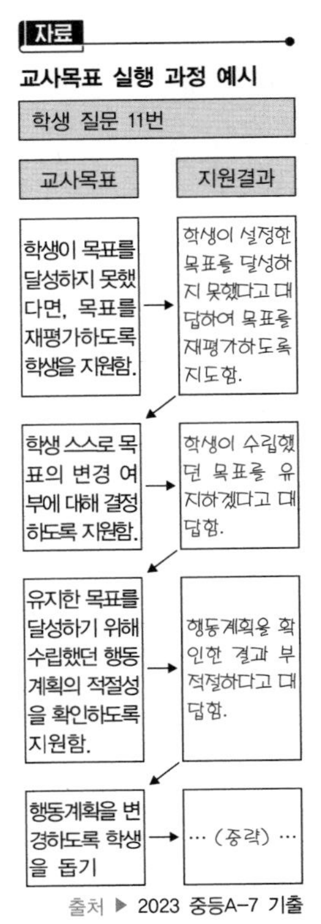
학생 질문 11번

교사목표	지원결과
학생이 목표를 달성하지 못했다면, 목표를 재평가하도록 학생을 지원함.	학생이 설정한 목표를 달성하지 못했다고 대답하여 목표를 재평가하도록 지도함.
학생 스스로 목표의 변경 여부에 대해 결정하도록 지원함.	학생이 수립했던 목표를 유지하겠다고 대답함.
유지한 목표를 달성하기 위해 수립했던 행동계획의 적절성을 확인하도록 지원함.	행동계획을 확인한 결과 부적절하다고 대답함.
행동계획을 변경하도록 학생을 돕기	… (중략) …

출처 ▶ 2023 중등A-7 기출

③ 3단계 23중특

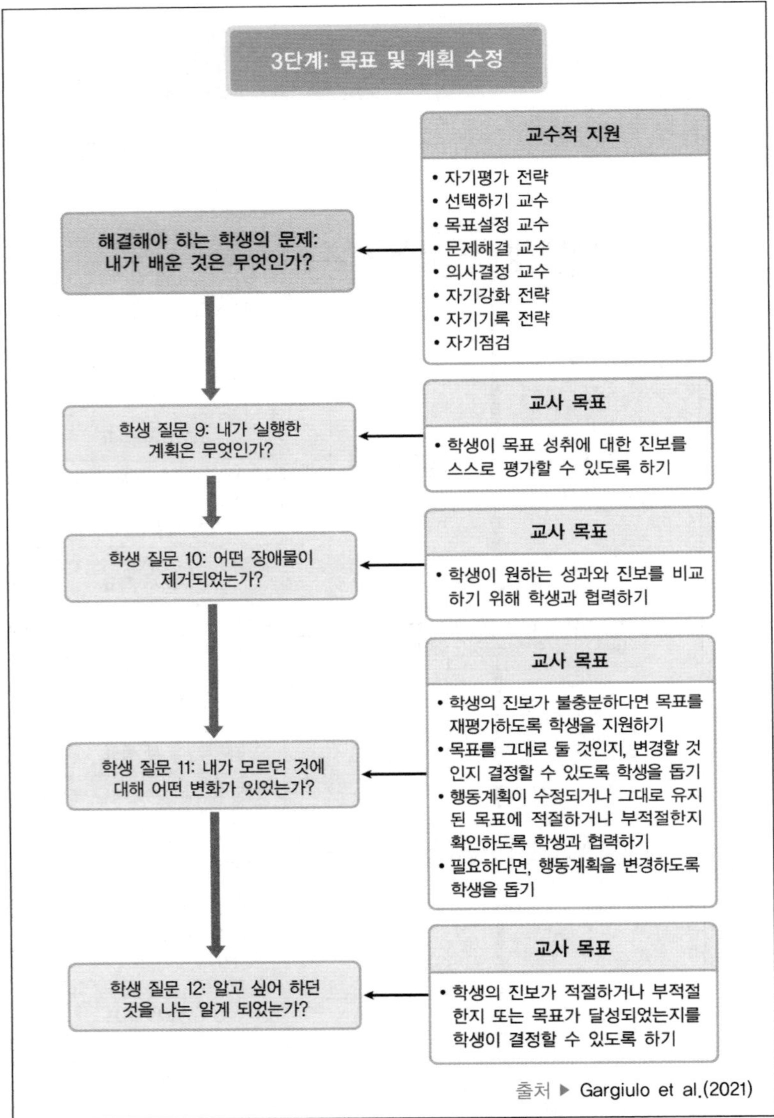

출처 ▶ Gargiulo et al.(2021)

자기결정 교수학습 모델의 예시

□ 단원: 나의 진로

□ 단원목표: 진로 과정을 이해하고 미래에 자신이 하고 싶은 일을 탐색한다.

□ 제재: 희망하는 직업 살펴보기

차시 (단계)	활동 내용	자료	교수적 지원
[1차시] 목표 설정	"내가 희망하는 직업은 무엇인가?"를 지도하기 – 학생 질문 1: 내가 배우고 싶은 것은 무엇인가? … (중략) … – 학생 질문 4: 이것을 위해 내가 할 수 있는 것은 무엇인가?	• 동영상 • 직업카드	• 선택하기 교수
[2차시] 계획 및 실행	"내가 희망하는 직업을 가지기 위한 계획은 무엇인가?"를 지도하기 – 학생 질문 5: 모르는 것을 배우기 위해 내가 할 수 있는 것은 무엇인가? … (중략) … – 학생 질문 8: 나는 언제 계획을 실행할 것인가?	• 동영상 • 유인물	• 자기일정 계획 • 자기점검 전략
[3차시] 목표 및 계획 수정	"내가 희망하는 직업을 가지기 위해 배운 것은 무엇인가?"를 지도하기 – 학생 질문 9: 내가 실행한 계획은 무엇인가? … (중략) … – 학생 질문 12: 내가 알고 싶었던 것을 알게 되었는가?	• 동영상	• 자기평가 전략

출처 ▶ 2013추시 중등1-7 기출

05 모델링

1. 모델링의 개념

① 모델링은 개인, 행동, 환경적 요소의 상호작용을 강조하는 Bandura의 사회인지이론(사회학습이론)을 바탕으로 한다.

② 모델링은 다른 사람의 행동을 관찰함으로써 새로운 행동을 학습하도록 하는 학습방법으로, 시연을 보이는 교사의 행동을 모방하거나 수용하여 행동으로 나타내도록 하는 것이다. 지적장애 학생들은 교사 또는 또래의 시연을 직접 관찰함으로써 모방하게 되고 이를 통해 학습하게 된다.

2. 모델링의 기능

모델링의 기능에는 반응 촉진, 금지/탈금지, 관찰학습이 있다.

(1) 반응 촉진

① 모델링을 통해 지적장애 학생은 사회적 촉진을 받고 그에 상응하는 행동을 할 수 있다.

② 모델링을 통한 반응 촉진의 효과는 모델들이 지적장애 학생의 행위를 위한 단서로 작용하는 경우로서, 지적장애 학생들은 반응 촉진을 통해 행동의 적절성에 관한 정보를 이끌어 내고, 모델들이 긍정적인 결과를 얻었던 행동을 수행하도록 동기화될 수 있다.

(2) 금지/탈금지

① 모델 행동들은 학생에게 유사한 결과가 발생하는 것이 그들의 행위 모방 때문이라는 기대를 만든다.

② 금지는 모델이 특정 행동을 한 다음, 처벌받는 장면을 관찰한 후 그 행동을 금지하거나 억제하는 것을 말한다.

③ 탈금지(또는 탈억제)란 모델이 부정적인 결과를 경험하지 않고 위협적이고 금지된 활동을 수행했을 때 발생한다.

- 모델이 금지된 행동을 한 후, 보상을 받거나 부정적 결과를 받지 않는 것을 관찰한 후에 평소 억제하고 있던 그 행동을 수행하는 것을 가리킨다.

④ 금지/탈금지는 행동이 다른 사람들에게 이미 학습한 행동들에 영향을 주는 것이라는 점에서 반응 촉진과 유사하다.

- 반응 촉진은 일반적으로 사회적으로 수용할 만한 행동들을 포함하는 반면, 금지/탈금지는 종종 도덕적 정서를 수반한다는 차이가 있다.

(3) 관찰학습 19유특, 22초특, 25중특

① 관찰학습이란 타인의 행동을 관찰함으로써 간접적으로 바람직한 행동을 학습하는 것이다.

② 관찰학습은 학습자가 모델에게 주의를 기울이는 주의집중 과정, 모델의 행동을 상징적인 형태로 기억하는 파지 과정, 모델의 행동을 따라 해보는 재생 과정, 따라 해보고 강화를 받게 되는 동기화 과정을 거쳐 이루어진다.

주의집중	• 학생이 의미 있게 지각하기 위해 관련 사건에 집중하는 것이다. • 모델의 특성, 과제 요소(특별한 크기, 형태, 색깔, 소리 등), 모델 활동의 기능적 가치의 지각이 영향을 준다. • 학생들의 모델에 대한 주의집중은 의존성, 자신의 능력에 대한 지각, 특성에 의해 영향을 받는다.
파지	• 기억 속에 저장된 정보를 인지적으로 조직, 시연화, 부호화, 전송하는 것이다. • 학습된 정보를 시각적, 상징적 형태로 코딩하며 시연함으로써 증진되고, 이전에 기억 속에 저장된 정보에 새로운 자료를 관련짓는다. • 관찰모델에서는 지식 저장의 두 가지 모델을 가정한다. – 지식은 이미지나 언어적 형태로 저장되는데, 이미지적 부호화는 활동을 위해 특별히 중요하지만 단어로 쉽게 기술되지 않는다. 많은 인지기술 학습은 규칙이나 절차의 언어적 부호화에 의존한다. – 시연이나 정보의 정신적 고찰(머릿속에 그려봄)은 지식의 파지에 핵심적 역할을 한다.
재생	• 모델 사건에 대해 외현적 행동으로 시각적, 상징적 개념화를 통해 번역하는 것을 포함하는 행위이다. • 모델 행동의 재생에서의 문제점은 학습자가 기억 속에 부호화된 정보를 외현적 행동으로 표현해 내는 데 있어 어려움이 있다는 것이다. 피드백을 통해 결함을 교정하게 된다.
동기화	• 사람들이 '중요하다고 느끼는' 모델 행동에 주의집중을 유지하고 재생할 가능성이 높아지도록 하는 것이다. • 동기는 학습의 흥미를 향상시키고, 교재를 학생의 흥미와 관계지으며, 학생들이 목표를 세우고, 학생의 진행과정을 점검하거나 수행을 향상시키는 것에 대한 피드백을 제공하고, 학습의 가치에 강조를 두는 것을 포함하여 다양한 방법으로 교사를 촉진하게 된다.

출처 ▶ 송준만 외(2022). 내용 요약정리

관찰학습
타인을 모델로 삼아 학습하는 것이다. 학습자는 강화를 받은 자신의 직접 경험에 의하여 학습하기도 하지만, 타인이 강화받는 행동을 의식적으로 관찰하고 모방하는 대리적 경험을 통해서도 학습한다. 관찰학습은 대리 학습이나 모델링이라고 하며, 반두라의 사회학습 이론에 근거를 두고 있다. 관찰학습은 학습자가 모델에게 주의를 기울이는 주의집중 과정, 모델의 행동을 상징적인 형태로 기억하는 파지 과정, 모델의 행동을 따라 해보는 운동재생 과정, 따라 해보고 강화를 받게 되는 동기화 과정을 거쳐 이루어진다. 모델이 학습자 자신과 비슷할수록 모델의 행동을 더욱 잘 모방할 수 있게 되므로, 또래 친구를 모델로 활용하는 경우가 많다. 또한 최적의 모형으로 학습자 자신을 활용하는 비디오 자기모방 기법이 적용되기도 한다(특수교육학 용어사전, 2018).

재생
동 운동재생, motor reproduction

06 삽입교수 25중특

1. 삽입교수의 개념

① 삽입교수는 목표 기술을 자연스러운 일과 활동 내에서 수행할 수 있도록 활동 속에 삽입하는 것을 말한다.

- 삽입이란 학생에게 의미 있고 흥미로운 활동을 확장하거나 수정하거나 조정함으로써 학생에게 교수목표를 연습하는 기회를 제공하는 것을 의미한다.

② 학생의 수행 정도에 따라 연습 시수를 정하여 일과 내에 분산하여 시도할 수 있도록 계획된다.

- 예를 들어, '손 씻기' 기술의 경우 삽입교수 방법을 적용하면 10회를 집중적으로 한자리에서 연습하지 않고, 일과 내에 손을 씻어야 할 자연스러운 상황(예 간식이나 식사 시간 전·후, 미술 활동 후, 화장실 이용 후 등)을 선정하여 학생에게 목표행동을 수행할 기회를 제공하게 된다.

KORSET 합격 굳히기 삽입교수의 특징

1. 각 학생의 학습 성과는 중재의 효과성을 판단하기 위한 목적과 준거를 포함해 분명히 정의된다.
2. 교수 기회는 통합 환경의 활동과 일상에서의 교수를 위해 자연적으로 발생하는 기회의 존재나 부재를 조정하기 위해 설계된다.
3. 교수의 시도는 일반교육 교실의 전형적인 일상이나 활동의 일부 또는 전체에 배부된다.
4. 삽입교수 시도는 전달을 위한 횟수와 대략적인 시기가 계획된다.
5. 교수는 경험적으로 타당한 교수 절차에 기초한다.
6. 교수의 결정은 학생의 수행자료와 직접적으로 연결된다.

출처 ▶ Wehmeyer et al.(2019)

2. 삽입교수의 장점 21유특

삽입교수는 기존의 교육과정을 크게 변화시키지 않으면서 중도·중복장애 학생을 분리시키지 않고 기능적인 기술을 습득하여 그 일반화를 촉진한다는 장점을 갖는데, 구체적으로 살펴보면 다음과 같다.

① 중도·중복장애 학생이 소속된 학급 운영과 활동 진행에 큰 변화를 요구하지 않는다.

② 중도·중복장애 학생을 별도로 분리해서 교육할 필요 없이 일반적인 학급 운영의 틀 내에서 교수할 수 있다.

③ 학급 내 자연적인 환경에서 교수가 일어나기 때문에 새로 습득한 기술의 즉각적이고도 기능적인 사용 능력을 증진시킬 수 있다.

삽입교수

삽입교수는 가르치고자 하는 기술을 능숙하게 사용할 수 있도록 반복적으로 배울 기회를 제공하는 것이다. 새로운 기술을 가르칠 때는 집중적으로 가르치기도 하지만, 집중적으로 가르치는 방법은 기술이 필요한 상황에서 배운 기술을 활용하고 일반화하는 데에는 효과적이지 못하다. 학생에게 가르쳐야 할 목표 기술이 요구되는 학교 활동과 일과 내에 기술을 분산하여 가르치는 삽입교수는 장애학생이 기술을 습득하고 일반화하는 데 도움을 준다. 예를 들어, 단추 끼우기 기술만을 분리하여 가르치기보다는 미술 시간에 작업복으로 갈아입을 때, 체육 시간에 체육복으로 갈아입을 때 단추를 끼우는 기술을 장애학생에게 가르치는 것이 기술 습득과 일반화에 효과적이다(박은혜 외, 2023).

비교

삽입교수와 분산 시행 방식

분산 시행들은 다른 활동들을 하는 상황 중에도 발생할 수 있어 삽입교수라고도 한다(Collins, 2019).

자료

역할 방출과 삽입교수 사례

민수의 목표는 '숟가락을 잡고 식사하기'이다. 선생님은 민수가 목표를 성취할 수 있도록 작업치료사가 역할 방출을 통해 알려 준 '쥐기'와 관련된 내용을 참고하여 식사 시간, 간식 시간에 숟가락을 잡고 식사하는 기술을 익힐 수 있는 기회를 삽입하여 지도하였다. 그 결과 민수는 목표를 성취할 수 있었다(박은혜 외, 2023).

④ 중도・중복장애 학생의 하루 일과 및 활동 전반에 걸쳐 삽입학습 기회가 체계적으로 제공됨으로써 새롭게 학습한 기술의 사용 능력이 다양한 상황으로 일반화될 수 있다.

3. 삽입교수의 실행 절차

삽입교수는 다음과 같은 절차를 통하여 계획되고 실행될 수 있다.

단계	절차	주요 실행 내용
1단계	교수목표 점검 및 수정	개별 장애학생의 개별화교육계획 교수목표와 학급에서 진행될 일과와 활동의 교수목표를 검토하여 장애학생의 개별 교수목표를 기존의 일과와 활동 중에 삽입하여 교수할 수 있는 형태로 재서술한다.
2단계	학습기회 구성	일과와 활동 계획을 분석하여 개별 장애학생의 교수목표를 삽입하여 교수할 수 있는 적절한 학습 기회를 판별한다.
3단계	삽입교수 계획	개별 장애학생의 교수목표를 판별된 학습 기회에 삽입하여 교수할 수 있도록 교수전략 및 평가 계획을 포함한 구체적인 교수계획을 작성한다.
	삽입교수 실시	전 단계에서 수립한 계획에 따라 삽입교수를 실시한다. 일과와 활동이 진행되는 중에 삽입교수가 성공적으로 실시되기 위해서는 교수계획에 대한 교사의 숙지가 반드시 필요하며, 교수 실시에 대한 중재 충실도를 점검하는 것이 좋다.
	삽입교수 평가	삽입교수 실시에 대한 평가를 실시한다. 즉, 장애학생이 자신의 교수목표를 성취하였는지에 대하여 교수계획에 포함된 평가 계획에 따라 진도 점검을 실시한다. 이때 진도 점검은 계획에 따라 정기적으로 실시하는 것이 좋으며, 그 결과는 이후에 교수계획을 수정하기 위한 기준 자료로 활용된다.

출처 ▶ 이소현(2020)

자료

'삽입'의 의미

활동 중심 삽입교수에서 말하는 '삽입'이란 유아에게 의미 있고 흥미로운 활동을 확장하거나 수정하거나 조정함으로써 유아에게 교수목표를 연습할 기회를 제공하는 것을 의미한다(이소현, 2017).

KORSET 합격 굳히기 활동 중심 삽입교수

1. 활동 중심 삽입교수의 이해 14유특, 18유특, 24유특

① 활동 중심 삽입교수는 '활동 중심 중재'와 '삽입 학습 기회'의 두 가지 유사한 교수전략의 개념을 혼합한 용어로, 유치원의 하루 일과에 따라서 진행되는 활동에 교수활동을 삽입하여 장애 유아의 교수목표가 성취되게 하는 교수전략이다.

② 실제로 활동 중심 삽입교수는 교사의 단일 교수 행동을 의미하는 교수전략이기보다는 그러한 교수 행동을 어떤 방식으로 어떻게 적용할 것인지에 대한 교수적 접근이라고 할 수 있다.

③ 활동 중심 삽입교수는 유아교육기관의 하루 일과나 활동 중에 장애 유아가 개별화교육계획의 교수목표를 연습할 수 있도록 특정 시간을 선정하고, 짧지만 체계적인 교수를 실행함으로써 유아로 하여금 필요한 기술을 자연적인 환경에서 성공적으로 사용할 수 있게 도와주는 방법이다.

- 개별화교육계획의 목표행동을 일과/놀이 중에 연습할 기회를 다양하게 제공한다.
  - 예 사물 명명하기 기술을 교수하는 경우 1 : 1의 분리된 교수 환경에서 가르치기보다는 활동 중에 인형놀이를 통한 신체 부위 명명하기, 상징놀이나 극놀이를 통한 다양한 옷과 부위 명명하기, 간식 시간을 통한 음식과 식사 도구 명명하기 등의 활동을 활용하여 교수할 수 있다.

④ 대부분의 학습은 일과와 활동이 운영되는 중에 유아가 자신의 흥미와 선호도를 기반으로 활동에 참여하게 될 때 이러한 참여가 학습 기회로 연계되면서 발생한다. 그러나 장애 유아는 일반 교육과정에 참여하는 것만으로는 자신에게 필요한 모든 학습 기회를 제공받을 수 없으며, 활동 중심 삽입교수는 이와 같은 사실을 전제함으로써 그 중요성이 강조된다. 즉, 대부분의 유아교육 프로그램이 하루 일과 전체를 통해서 학습의 기회를 제공하는 것은 사실이지만, 장애 유아에게는 이러한 기회를 인식하고 학습할 수 있도록 구체적인 보조와 지원을 필요로 한다는 것이다. 그러므로 장애 유아를 교육함에 있어서 교사의 가장 중요한 역할 중 하나는 개별화교육계획에 포함된 교수목표를 습득할 수 있도록 학습 기회를 제공하는 것이다. 학습 기회를 제공하기 위해서는 기존의 교육과정이 운영되는 중에 특별히 계획된 교수 장면을 포함시켜야 한다. 교육과정 운영 중에 사전에 계획된 교수 장면을 포함시키는 것은 넓은 의미에서 교수적 수정이라고 할 수 있으나, 활동 중심 삽입교수는 단순한 수정을 넘어서는 교수전략의 개념으로 유아 주도의 활동 중에 교사가 직접적으로 개입하는 구체적인 교수를 계획하고 진행한다는 측면에 더 큰 강조점을 둔다.

⑤ 이와 같은 교수가 효율적으로 이루어지기 위해서는 구체적인 방법론에 의한 체계적인 계획과 실행이 필요한데, 일반적으로 다음과 같은 세 단계로 이루어진다.

㉠ 1단계 : 유치원 교육과정에 따라 장애 유아의 교수목표를 수정한다.
㉡ 2단계 : 교수목표를 학습할 수 있는 학습 기회를 구성한다.
㉢ 3단계 : 삽입교수를 계획하고 실시하고 평가한다.

출처 ▶ 이소현(2020)

2. 활동 중심 삽입교수의 중요성

① 활동 중심 삽입교수는 유아교육기관의 학급 운영과 활동 진행에 큰 변화를 요구하지 않는다는 장점을 지닌다. 이와 같은 장점은 학급의 모든 유아를 대상으로 교수활동을 진행해야 하는 교사의 입장에서 볼 때, 학급 운영의 실질적인 측면에서 가장 중요한 요소 중 하나라고 할 수 있다.

② 장애 유아를 별도로 분리해서 교육할 필요가 없다. 이것은 앞에서 설명한 일반적인 학급 운영의 틀 내에서 교수할 수 있다는 것과 같은 맥락에서 그 의의를 살펴볼 수 있다.

③ 학급 내 자연적인 환경에서 교수가 일어나기 때문에 새로 습득한 기술의 즉각적이고도 기능적인 사용 능력을 증진시킬 수 있다. 활동 중에 삽입된 학습 기회를 통하여 특정 기술을 습득하게 되는 경우, 유아는 자신의 즉각적인 환경인 교수가 이루어지는 활동을 포함한 자연적인 일과 중에 그 기술을 다시 사용하게 된다.

④ 유아교육기관의 하루 일과 및 활동 전반에 걸쳐 삽입 학습 기회가 체계적으로 제공됨으로써 새롭게 학습한 기술의 사용 능력이 다양한 상황으로 일반화될 수 있다. 이것은 기술의 일반화를 증진시키기 위하여 자연적인 상황에서 기능적인 기술을 가르쳐야 한다는 교수 원리에 의해서 설명될 수 있다.

3. 학습 기회 구성 13유특(추시)

교사는 학습 기회를 구성할 때 다음과 같은 점을 주의해야 한다.

① 수정된 교수목표를 활동 중에 삽입하여 교수하기 위한 기회를 조성할 때 교사는 기능적으로 의미 있는 상황에서 교수할 수 있도록 학습 기회를 구성해야 한다.
- 가르쳐야 하는 기술이나 행동이 활동의 맥락상 자연스럽게 교수되도록 해야 한다.

② 교사는 삽입교수가 가능한 기회를 식별하고 조성하는 것 외에도 유아가 하루 일과 전체를 통해서 교수목표를 충분히 연습할 수 있도록 다양한 기회를 조성해야 한다.
- 삽입교수를 통하여 유아가 기존의 기술을 연습하는 것 외에도 새로운 기술이나 개념을 학습할 수 있어야 하기 때문이다.

출처 ▶ 이소현(2017)

KORSET 합격 굳히기 생활 속의 삽입교수

1. 생활 속의 삽입교수는 아동 초기 특수교육 및 학령기 중증장애 학습자 교육에 시행되어 온 증거 기반 수업이다. 생활 속의 삽입교수에는 학습자의 일과와 활동 속의 구체적 학습 기회를 목표로 삼는 게 포함된다.

2. 예를 들면, 점심시간에 학습자의 의사소통 기술(선택하기, 요청하기, 맛있고 맛없음에 대해 의견 말하기 등), 사회성 기술(점심식사 일정 따르기, 동료나 성인과 의사소통 등), 자립 기술(포크 사용하기, 치우기 등) 등을 연습할 수 있는 우연학습의 기회이다.

3. 생활 속의 삽입교수를 위해서는 우선 가정, 학교, 공동체 속의 생태학적 평가가 필요하다. 생태학적 평가에는 여러 상황과 활동 속에서 학습자의 교류, 참여, 행동 등을 관찰하는 것이 포함된다. 이런 관찰들은 교육 팀에 의해 다루어질 학습자의 능력과 학습 욕구에 관한 정보를 제공한다. 이 과정은 또한 가족과의 협력과 서비스 제공자들의 분야 간 융합을 촉진시킨다.

4. 생활 속의 삽입교수는 또한 활동의 예측 가능한 과정을 허용하고 학습을 위한 반복적 기회를 제공하며 학습자 참여 및 기술의 일상생활 속으로의 일반화를 지원한다. 일상적 활동의 과정은 다양한 표현 수단 등의 가시적이고 만질 수 있는 스케줄(그림, 물체, 인쇄물 등)을 통해 명료화하고 구체화할 수 있는데, 이것은 각 활동을 나타내는 물체(책, 공, 포크, 벨 등)의 개발과 활용 등을 통해 가능하다. 이런 상징물들은 아동이 활동에 참여하는 것을 돕기 위해서 또는 아동이 요청과 거절 등의 표현을 배울 수 있도록 하기 위해서 사용될 수 있다.

출처 ▶ Yell et al.(2019)

07 자기옹호 기술

1. 자기옹호의 개념

① 자기옹호는 개인이나 집단이 자신들의 욕구와 이익을 위하여 스스로 어떤 일에 대하여 주장하거나 실천하는 과정이다.

- 대표적인 지적장애인 자기옹호 조직인 피플 퍼스트(People First)는 자기옹호를 '자신을 위해 발언을 하고 일어서기, 자신의 권리를 위해 일어서기, 선택하기, 독립적으로 되기, 스스로 책임지기'로 정의하고 있다.

② 자기옹호는 당사자가 직접 자신의 권리를 지키기 위하여 적극적으로 의사표현을 하는 것이다.

> **자기옹호**
> 장애인이 경험하는 다양한 부당한 대우에 대처하고 해결하는 기술로, 자기결정 행동의 구성 요소 중 하나이다. 장애인은 이러한 문제 상황에 부딪혔을 때 자신을 어떻게 옹호할 수 있는지 교육받아야 하지만, 모든 장애인이 이 기술을 획득할 수는 없다. 그럴 경우에는 이들에게 자신을 보호할 수 있는 기관의 지원과 서비스에 어떻게 접근할 수 있는지를 가르쳐야 한다(특수교육학 용어사전, 2018).
> 동 자기 권리옹호

2. 자기옹호의 구성 요소 17초특, 23초특, 25중특

① 자기옹호는 자신에 대한 이해, 권리에 대한 이해, 의사소통, 리더십의 네 가지 기술로 구성되어 있다.

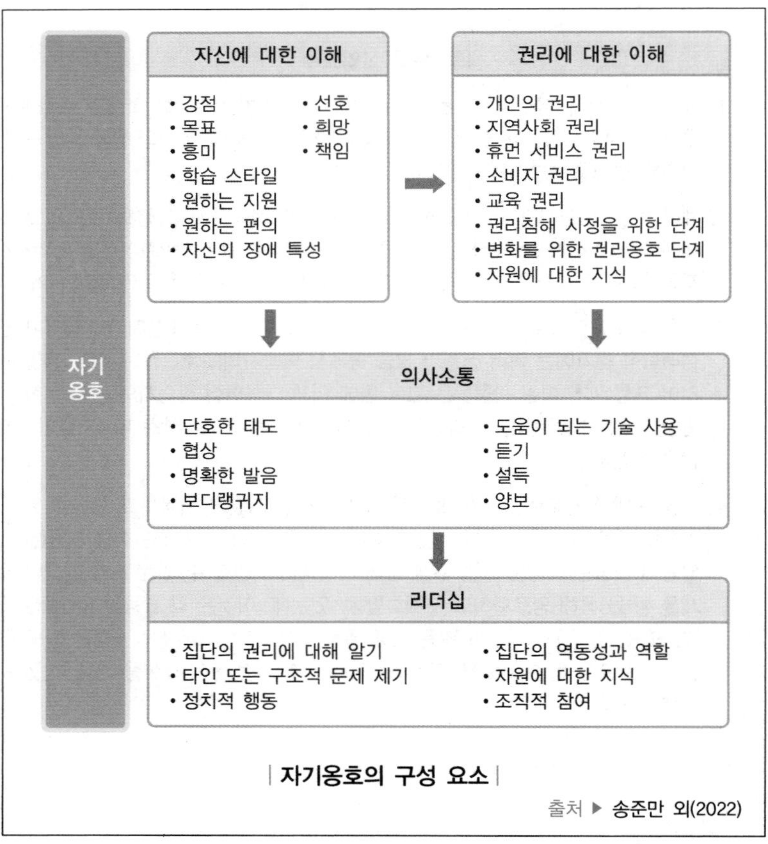

| 자기옹호의 구성 요소 |

출처 ▶ 송준만 외(2022)

② 학생이 자신을 옹호하기 위해서는 반드시 자신의 권리에 대해 인식하고, 자신의 강점과 요구에 대해 인식하며, 이러한 강점과 요구에 대해 타인과 의사소통할 수 있는 능력을 갖추어야 한다.

③ 교사는 학생에게 의사소통과 자기표현을 하게 함으로써 자기옹호 능력을 증진시킬 수 있다. 학생은 교실, 학교, 지역사회와 같은 다양한 환경에서 자신을 표현할 기회를 가짐으로써 자기옹호를 위한 의사소통 기술 향상에 도움을 받는다.

- 자신의 강점과 요구에 대해 잘 파악하는 것도 자기옹호의 중요한 요소이며 자기인식이 향상된 결과로 볼 수 있다.

08 일상생활 기술

1. 일상생활 기술의 개념

① 일반인은 대부분 일상생활을 하는 중에 자연스럽게 일상생활 기술을 배우게 된다. 그러나 지적장애인들은 일반인들처럼 비공식적인 방법으로 나이에 맞는 일상생활 기능을 배우지 못한다.

② 지적장애인의 일상생활에 대한 능력은 장애 정도에 따라 매우 다르게 나타나며, 독립적인 생활에 대한 의식을 가지고 계속적인 훈련과 교육을 받은 대상자가 그렇지 않은 대상자에 비해 신체적·지적 능력에서 차이가 난다.

2. 일상생활 활동의 유형 17초특, 23초특

① 일상생활 활동의 유형(또는 일상생활 기술)은 기본적 기술을 요구하는 기본적 일상생활 활동(ADL)과 더 진보된 문제해결 능력과 사회적 기술, 그리고 더 복잡한 환경적 상호작용을 요구하는 수단적 일상생활 활동(IADL)으로 나눌 수 있다.

㉠ 기본적 일상생활 활동에는 자기관리, 기능적 이동성, 수면과 휴식, 성적 표현 등이 포함된다.

㉡ 수단적 일상생활 활동에는 의사소통 도구 사용(예 휴대전화 사용하기), 물건 사기, 건강 관리 및 유지, 재정 관리, 음식 준비와 청소하기, 지역사회로의 이동성 등이 포함된다.

② 지적장애인의 기본적 일상생활 활동과 수단적 일상생활 활동은 이동성과 인지 수준의 영향을 받기 때문에 일상적인 신체활동과 운동기능을 강화함으로써 이동성을 증진하고 유지시켜야 한다.

자료

기본적 일상생활 활동과 수단적 일상생활 활동

기본적 일상생활 활동	수단적 일상생활 활동
• 목욕하기, 샤워하기 • 대소변 관리 • 옷 입고 벗기 • 먹기 • 식사하기 • 기능적 이동 • 개인용품 관리 • 개인위생과 몸단장 • 성 생활 • 화장실 위생	• 다른 사람 돌보기 • 애완동물 돌보기 • 아기 돌보기 • 의사소통 관리 • 지역사회 이동 • 재정 관리 • 건강 관리와 유지 • 가정 설계 및 관리 • 식사 준비와 설거지 • 종교적 관습 • 안전과 응급 상황 관리 • 쇼핑하기

- 식사하기: 음식을 입으로 가져가기 전의 준비 활동 예 음식을 차리고, 배치하고, 접시나 컵에서 입으로 가져가는 과정
- 기능적 이동: 한 자세에서 다른 자세로, 또는 한 공간에서 다른 공간으로 이동하기 위한 활동 예 침상과 휠체어 내에서의 이동, 휠체어 간 이동 및 침대, 자동차, 욕조/샤워, 의자와 바닥으로 이동하기
  - 이동: 자세는 변하지 않고, 긴 의자의 한 끝에서 다른 끝으로, 또는 침대에서 의자로 옮기는 것처럼 한 장소에서 다른 장소로의 자리 이동을 의미
- 의사소통 관리: 자신의 생각이나 느낌을 상대와 소통하기 위한 활동 예 글쓰기 도구, 전화, 타자기, 컴퓨터, 의사소통 보드 등의 사용
- 지역사회 이동: 원하는 서비스를 찾고 받기 위해 지역사회 내에서 이동하여 장소를 바꾸는 활동 예 대중교통 또는 개인적인 교통(자가용, 자전거) 이용하기, 지역사회 내에서 걷기
- 식사 준비와 설거지: 음식 만들기, 음식 먹고 난 뒤 그릇을 씻어 정리하는 활동 예 균형에 맞고 영양가 있는 식단 계획하기, 준비하기, 대접하기, 식사 후 음식물과 식기 치우기

출처 ▶ 육주혜 외(2021)

09 우정활동

1. 우정활동의 개념 13유특(추시), 16유특

① 우정활동은 기존 교육과정 내에서 사용하는 노래, 율동, 게임, 놀이 활동 등을 약간 수정하여 학생들이 사회적 행동을 학습하고 서로 간의 상호작용을 촉진하는 방법이다.

- 노래나 게임, 활동 등에 친사회적인 반응을 삽입함으로써 교사가 직접 활동을 수정하고 실행하는 것이다.

② 기존의 교육과정과는 별도로 특정 교육과정을 적용하지 않고도 기존의 교육과정을 진행하면서 학생 간 상호작용을 증진시키기 위한 활동을 자연스럽게 삽입한다.

예 '호키포키'라는 동요를 율동과 함께 부르는 활동을 할 때 '다 같이 오른발을 안에 넣고'라는 가사 대신 '다 같이 마주보고 인사하며'와 같이 인사하기, 악수하기, 안아 주기, 칭찬하기, 어깨 두드리기 등의 사회적 행동을 삽입하여 학생 간 상호작용이 발생할 수 있도록 도와줄 수 있다.

2. 우정활동의 장점

① 우정활동은 교사가 학생의 사회적 행동을 연습할 수 있는 반복적인 기회를 제공할 수 있다.

② 또래 상호작용을 촉진하는 좀 더 지원적인 맥락을 조성해 준다.

③ 우정활동을 통하여 장애학생에 대한 또래의 태도에 영향을 미침으로써 전반적인 학급 분위기를 또래 관계 형성을 위한 긍정적인 분위기로 전환해 준다.

KORSET 합격 굳히기 우발교수와 우정활동의 유사점과 차이점

1. 유사점

새로운 사회-의사소통 기술을 학습하고 이미 학습한 기술을 정교화하고 일반화할 수 있는 부가적인 기회를 제공한다.

2. 차이점

우정활동은 매일 10~15분 동안 집단을 대상으로 실시되기 때문에 교사의 더 많은 준비를 필요로 하며, 우발교수보다 더 많은 사회-의사소통 기술의 기회를 제공할 수 있다.

출처 ▶ 송준만 외(2022)

우정활동

우정활동이란 집단 애정활동이나 집단 사회화 등으로 사용되어온 상호작용 증진을 위한 개별화된 자연적 교수법들을 총칭하는 용어이다. 노래나 게임, 활동 등에 친사회적인 반응을 삽입함으로써 교사가 직접 활동을 수정하고 실행하는 것이다. 교사의 직접적 교수는 또래 상호작용을 격려하고, 긍정적인 또래 상호작용을 관찰할 수 있도록 사회적 행동에 대한 또래 모델을 제공하며, 또래 상호작용과 관련된 친사회적 행동을 연습시키고, 또래 상호작용을 인지하고 칭찬하는 것을 포함한다(송준만 외, 2022).

자료

우정활동 예시

교사는 또래와의 사회적 상호작용을 증진시키기 위해 매일 유치원에서의 일과와 활동 중에 신체적, 언어적인 애정 표현 활동을 삽입하여 실시하였다.

10 학습이론에 근거한 교수

1. 행동주의

과제분석적 교수	학생이 전체 과제를 시도하기 전에 그 과제의 요소와 선행요소를 학습한다면 학습이 촉진될 수 있다고 가정하여 과제를 분석하여 교수하는 것
직접교수	교사가 직접 목표 학습 상태를 가능한 한 상세히 그리고 구체적으로 보여 주고 잘 계획된 수업환경에서 반복적으로 익히도록 교수하는 것
우발교수	자연스러운 교수로서 학생이 반응을 불러일으킬 수 있는 환경을 만들어 학생들이 요청할 때 교사가 바른 행동을 보여 줌으로써 교수하는 것
촉진	교수적 자극을 제시한 후에 반응이 일어나기 전에 제공되는 보조수단으로 정확한 반응을 유도하기 위해 필요한 것
모델링	하나 혹은 그 이상의 모델을 관찰함으로써 행동적, 인지적, 정서적 변화를 하게 하는 것

2. 인지주의

발견학습법	교사의 지시를 최대한 줄이고 학생 스스로 학습을 통해 학습목표를 달성하도록 하는 교수·학습 과정 형태
정보처리 모델	인간의 기억을 마치 컴퓨터가 외부 자극을 정보처럼 받아들여 처리·저장해 두었다가 출력해 주는 것과 같이 보는 이론
인지적 교수	지식을 습득·저장하고 활용하며 관리할 줄 아는 능력을 교수하는 것

3. 구성주의

또래교수	한 학생이 다른 학생에게 교수자로서 행동하거나 번갈아가며 교수자의 역할을 하는 것
협력교수	일반교사와 특수교사가 공동으로 교수하는 형태
교수적 비계	학생이 혼자서 할 수 없는 과제를 완성하도록 도움을 줄 때 사용하는 일시적 지원
상보적 교수	교사와 학습자가 서로 대화를 통해 역할을 교체하면서 내용을 이해하고 학습하는 방법을 익힐 수 있도록 하는 수업
협동학습	학습능력이 다른 학생들이 동일한 학습목표를 향하여 소집단 내에서 함께 활동하는 수업방법

플립러닝

동 거꾸로 학습, 역전 학습, 역진행 학습, 반전 학습

자료

전통적인 교수 · 학습방법과 플립러닝의 특징 비교

측면	전통적인 교수·학습 방법	플립러닝
학습 진행 순서	본시(교실 안) → 사후(교실 밖)	사전(교실 밖) → 본시(교실 안)
운영 방법	교실 내 교수자 강의	온라인 동영상 강의
	과제 해결 활동	교실 내 다양한 학습 활동
교실 내 교수자의 역할	강의자	조언자 및 촉진자

출처 ▶ 박성익 외(2016)

4. 플립러닝 23중특

① 플립러닝이란 전통적 수업이나 혼합 수업과 달리 가정에서 사전 학습을 하고 학교에 와서 심도 있게 수업에 참여하는 학습자 중심의 교수 방법이다.

- 플립러닝은 먼저 학습자가 '사전학습'으로 강의 영상 시청과 활동지 작성 등을 실행하면, '교실 수업'에서는 사전학습의 확인 점검, 개별 및 협력 활동, 학습정리가 이루어진다.

② 플립러닝에서 수업을 뒤집은 목적은 기존의 수업방식에서 역으로 수업 전에 수업내용을 먼저 공부하고, 교실에서는 심화학습에 참여하는 것으로, 학생이 또래 및 교사와 함께 있는 동안 최대한 학습할 수 있도록 하는 것이다.

㉠ 사전 학습을 통해 개념을 충분히 습득함으로써 본 수업에서는 토론이나 활동 수행 시간 등을 충분히 확보할 수 있다.

㉡ 학생이 사전 학습을 수행하지 않으면 본 수업에 차질이 생길 수도 있어 많은 준비가 필요하다.

KORSET 합격 굳히기 융합인재교육(STEAM)과 플립러닝

교육부는 고교학점제를 2025년 전면 시행하고, 2022~2024년도는 학교의 재량에 따라 부분적으로 도입함을 발표하였다. 고교학점제는 학생이 기초 소양과 기본 학력을 바탕으로 진로 · 적성에 따라 과목을 선택하고, 이수기준에 도달한 과목에 대해 학점을 취득 · 누적하여 졸업하는 제도이다. 이것은 지적장애 고등학생들에게 커다란 도전이 되며, 이들을 지도하는 교사 역시 이에 대한 준비를 철저히 해야 한다고 본다. 교육부에 따르면 고교학점제 운영에 있어서 학생들의 성취 수준의 강화를 위해 교수학습 방법 또한 다양하게 적용되며, 융합교육과 디지털을 기반으로 하는 원격교육도 포함시키고 있다. 따라서 지적장애 학생이 이러한 환경에서 잘 적응하고, 수업 참여율을 높이기 위해서는 고등학교 이전부터 특수교육 교사의 지원이 매우 중요하다. 이러한 지적장애 학생의 도전에 대한 교육으로 융합인재교육(Science, Technology, Engineering, Arts & Mathematics, STEAM)과 플립러닝(flipped learning)이 있다.

융합인재교육

동 융합교육

1. 융합인재교육

① 융합인재교육은 학생들의 창의성과 감성을 깨우기 위한 교육이고, 학생들이 흥미를 가지고 보다 능동적으로 학습자 중심으로 수학과 과학 수업에 참여하여 스스로 문제를 해결하는 등 창의성을 지닌 과학기술 인재로 키우고자 하는 교육 프로그램이다.

② 융합인재교육은 미국에서 과학과 수학 교육을 강화하기 위해 실시한 STEM 교육에서 예술(Arts)적 요소를 추가한 개념이며, 프로젝트 학습, 문제중심학습과 유사한 측면이 있으나, 그 차이점은 융합인재교육이 교과 영역에서의 이론적인 것 이상의 공학적 · 창의적 · 감성적인 측면을 강조하고 있다는 것이다. 즉, 교과와 실생활의 연계와 더불어 과학과 수학에 대해 흥미와 즐거움을 느끼게 하고, 예술적 체험까지 아우르고 있다는 것이다.

2. 플립러닝

본문 참조

출처 ▶ 송준만 외(2022)

Chapter

06 사회적 능력의 지도

01 사회적 능력에 대한 이해

1. 사회적 능력과 사회적 기술의 관계 12중특, 19중특

① 사회적 능력은 사회적 기술을 사용하여 사회적 과제를 성공적으로 해결하고 유지할 수 있는 종합적 역량을 의미한다.

② 사회적 능력은 특정 개인의 행동에 대해 상대방이 판단하는 효과성 및 수용 정도와 관련이 있으므로, 사회적 능력의 신장을 위해 장애학생에게 또래와 함께하는 풍부한 사회적 경험을 제공하는 것이 필요하다.

③ 일반적으로 사회적 능력은 사회적 기술과 사회적 인지를 포함하는 개념이다.

㉠ 사회적 기술은 사회적으로 인정되는 방식으로 또래나 주변 사람들과 관계를 형성하는 데 요구되는 기술을 말하는 것으로, 흔히 대인관계 기술 혹은 인간관계 기술을 포함한다고 할 수 있다.

- 특정한 사회적 과제를 해결하기 위해 사용하는 구체적이고 관찰 가능한 행동이다.
- 인지, 언어, 정서, 운동능력 등이 통합적으로 작용하는 사회적 기술의 특성은 장애학생이 사회적 기술을 습득하는 데 어려움을 겪는 이유를 설명해 줄 수 있다.
- 사회적 기술을 바탕으로 사회적 능력을 기르고, 사회성을 형성할 수 있다.

㉡ 사회적 인지는 대인관계에 영향을 미치는 관련 정보를 수집하고 이해하며 적절한 판단을 내리는 능력이다.

예 상대방의 목소리 억양, 표정, 몸짓, 구사하는 용어나 단어, 시선 등을 통해서 상대방이 현재 어떤 생각을 하고 있고, 어떤 감정 상태에 있으며, 무엇을 원하는지 파악하는 것과 관련된 인지요소

- 사회적 단서를 통해 상대방의 생각과 감정 상태를 이해하고 적절한 판단을 내리는 것이다.
- 장애학생은 비언어적인 사회적 단서를 이해하는 데 어려움이 있기 때문에 사회인지 훈련이 필요하다.

④ 위계적 차원에서 사회적 능력은 사회적 기술과 사회적 인지의 상위 개념이므로, 장애학생을 위한 사회성 증진 프로그램의 최종 목표는 사회적 능력의 신장으로 설정하는 것이 바람직하다.

사회성
대인관계를 바르게 형성하고 유지하는 행동과 능력으로, 사회적 상황을 인식하고 상황에 따른 적절한 행동을 판단하고 때와 장소에 적절하게 사회적 기술을 사용하는 능력으로 정의할 수 있다. 즉, 사회성은 타인이 부여하는 개인에 대한 종합적 판단이며, 개인이 특정한 사회적 관계에 반응하려고 사용하는 행동을 의미한다. 이러한 사회성(sociality)은 크게 사회적 기술(social skill)과 사회적 능력(social competence)으로 나뉜다. 사회적 기술은 개인이 사회적 과제를 수행하는 바람직한 행동으로, 사회적 능력을 형성하는 사회성 발달과 관련된 일련의 기술을 의미한다. 사회적 능력은 사회적 기술이 영속적인 형태로 구성된 종합적 역량을 의미한다(특수교육학 용어사전, 2018).

사회인지
타인과의 상호작용 행동 및 견해를 이해하는 것과 관련된 인지이다. 즉, 타인의 감정, 생각, 의도 및 사회적 행동 등을 이해하는 능력이라고 할 수 있다. 사회인지는 모든 인간관계의 기본이므로 다른 사람과 원만한 관계를 유지하고 그들을 이해하는 데 필수적이다(특수교육학 용어사전, 2018).

사회적 기술, 사회적 인지, 사회적 능력 개념 구분

사회적 기술	사회적 인지	사회적 능력
• 대인관계 기술과 유사어 • 구체적인 대인관계 상황에서 발휘되는 적절한 사회적 반응	• 대인관계 관련 정보 수집 및 적절한 판단능력	• 사회적 인지 + 사회적 기술 • 사회적 기술보다 포괄적인 개념 • 대인관계 문제를 사회적으로 용인된 방향으로 해결하는 능력

출처 ▶ 김동일 외(2016)

KORSET 합격 굳히기 사회적 능력에 대한 다양한 접근 방법

사회적 능력에 대해서는 여러 가지 개념과 정의가 존재한다.

1. **행동적 정의**
   ① Foster 외: 주어진 상황 내에서 타인과 상호작용을 할 수 있고, 긍정적인 효율성을 극대화하고 유지할 수 있는 것이다.
   ② MacFall: 사회적 기술은 개인이 능숙하게 사회적 과제를 수행하는 특정 행동이며, 사회적 능력은 개인이 사회적 과제를 정확히 수행하였는지를 판단하는 평가적 용어이다.

2. **적응행동과 사회적 기술을 포함하는 개념**
   ① 사회적 능력에는 적응행동과 사회적 기술이 포함되며, 적응행동과 사회적 기술은 서로 관련이 있다고 보는 관점이다(Greshham 외).
      ㉠ 적응행동은 일상생활에서 기능하기 위하여 배워 온 개념적 · 사회적 · 실제적 기술들을 모은 것이다.
      ㉡ 사회적 기술은 타인과의 긍정적 행동을 시도하고 유지하기 위한 긍정적 관계성 가운데 하나이고, 성공적으로 학급에 적응하고 또래들에게 수용되는 데 영향력을 미치며, 사회적 환경에 효율적이고 효과적으로 대처하는 것이다.
         • 사회적 기술은 타인과의 효율적인 상호작용을 위해 사회적으로 받아들여질 수 있는 학습된 행동, 즉 물건의 공유, 다른 사람 돕기, 다른 사람과의 관계 시도, 도움 요청하기, 칭찬 · 부탁 · 감사의 말을 할 줄 아는 것으로 정의할 수 있다.

3. **다차원적 구조**
   ① 사회적 능력을 지능과 유사한 다차원적 구조로 개념화한 것이다(Vaughn 외).
   ② 다차원적 구조는 하위 영역 혹은 요소로 분리될 수 있고, 사회적 능력 행동들을 산출하는 하위 영역들 사이에는 서로 관련성이 있다.
      • 하위 영역은 사회성 기술, 방해하는 문제행동, 또래관계(또래 수용 및 거부), 사회적 자기관점으로 구분할 수 있다.

이상의 사회적 능력에 대한 여러 가지 개념과 정의를 종합해 볼 때, 사회적 능력은 적응행동과 사회적 기술요인을 포함한 다차원적 구조로 볼 수 있으며, 주어진 사회적 상황에서 문제를 해결하고 설정한 목표를 향해 나아가거나 타인과 자신을 조절하는 기술을 적절하게 사용할 수 있는 능력으로 설명할 수 있다.

출처 ▶ 송준만 외(2022)

2. 지적장애 학생의 사회적 능력 위계 모형

지적장애 학생의 사회적 능력을 이해하기 위해서는 사회적 능력이 복합적이고 다차원적으로 구성되어 있고, 사회적으로 유능한 행동을 산출하는 구성요소들 간에 서로 관련이 있으며 상호작용을 한다는 것을 알아야 한다.

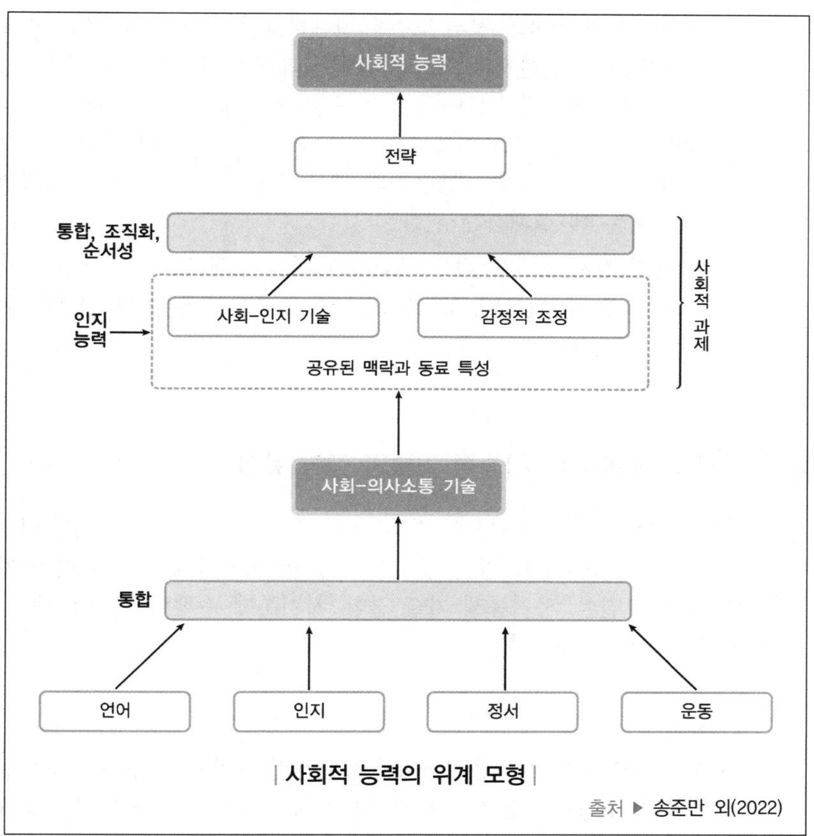

| 사회적 능력의 위계 모형 |

출처 ▶ 송준만 외(2022)

① Guralnick은 장애학생의 사회적 능력에 영향을 미치는 주요 요인과 과정을 이해하기 쉽게 위계 모형으로 제시하였다.

- 모형에 따르면, 사회적 능력의 위계에서 상위 능력은 하위 능력의 영향을 받게 된다.

② 모형에는 두 개의 큰 능력 수준이 담겨 있는데, 그 첫째가 사회－의사소통 기술로서 가장 중요한 핵심 요소이다. 여기에는 언어 · 인지 · 정서 · 운동 능력의 하위 영역들이 포함된다.

③ 각각의 하위 능력들이 통합되어 나타난 사회－의사소통 기술은 사회적 맥락 내에 존재하는 사회적 과제, 즉 대인 간 문제를 해결하는 데 사용된다.

④ 사회－의사소통 기술들이 통합, 조직, 계열화되어 후속적으로 나타나는 능력이 사회적 과제 내의 전략(strategies within a social task)이다.

⑤ 사회적 과제 내의 전략은 또래 관계에서의 사회적 능력에 지대한 영향을 미치게 한다.

㉠ 사회적 과제를 수행하는 데 인지능력(감정적 조정)은 중요하며, 인지능력은 사회-인지 기술과 정서 조절을 포함한다.

㉡ 사회-인지 기술과 정서 조절은 장애학생이 생활연령이 같은 또래와 공유하고 있는 환경과 그 또래의 특성과 관련이 있다. 즉, 장애학생이 현재 처한 환경에서 또래의 감정 표현, 목소리, 놀이 유형과 같이 부호화된 사회적 단서를 이해하는 것이 중요하다. 이러한 사회적 단서를 잘못 해석하는 경우 또래들과의 사회적 상호작용의 목적을 적절하게 감지하는 데 실패하게 된다.

㉢ 학생의 정서 조절 능력은 사회적 과제를 수행하는 과정에서 중요한 요인이 될 수 있으며, 특히 대립하거나 충돌 상황일 때 명백하게 드러날 수 있다.

02 지적장애 학생의 사회적 기술의 결함 유형

자료

지적장애 학생의 사회적 기술 문제에 대한 개념적 분류체계

	획득 결함	수행력 결함
정서적 각성 반응의 부재	기술 결함	수행력 결함
정서적 각성 반응의 존재	자기통제 기술 결함	자기통제 수행력 결함

출처 ▶ 송준만 외(2022)

지적장애 학생의 사회적 기술의 결함은 행동을 수행하는 방법에 대한 학생의 지식과 분노나 충동성과 같은 정서적 각성 반응의 존재 여부에 따라 기술 결함, 수행력 결함, 자기통제 기술 결함, 자기통제 수행력 결함의 네 가지 결함 유형으로 분류된다.

1. 기술 결함 16중특

① 사회적 기술 결함은 적응적이거나 사회적인 방법으로 행동하는 데 필수적인 사회적 능력이 없거나 위계적인 행동을 수행하는 데 있어서 중요한 단계를 알지 못하는 것이다.

예 장애학생이 또래와 협력하거나, 인사를 건네거나, 독립적으로 이동하는 방법을 알지 못하는 것이다.

- 이 기술 결함은 Bandura의 습득 결함 혹은 학습 결함과 비슷하다.

② 기술 결함을 결정하는 데 사용되는 지표는 과거에 수행한 기술과 기술에 대한 지식에 근거한다. 만일 학생이 행동 수행 방법을 전혀 알지 못하거나 행동 수행이 나타나지 않았다면 기술 결함이 있을 수 있다.

③ 기술 결함은 기본 학습과정에서의 심한 결함(예 중도 또는 최중도 지적장애), 기술을 배우는 기회의 부재(예 행동에 대한 적절한 모델의 부재 등)가 원인이 될 수 있다.

④ 사회적 기술의 획득 결함을 중재할 때는 직접지도, 모델링, 행동시연, 코칭 등의 기법을 이용하는 것이 효과적이다.

2. 수행력 결함 16중특

① 개인의 수행력 결함은 주어진 행동을 수행하는 방법은 알지만 인정할 만한 수준에서 행동을 수행하지 못하는 것이다.

② 수행력 결함은 동기 유발 부족과 관련이 있고 행동을 수행하는 기회 부족이 그 원인이 될 수 있다.

③ 학생이 학급 상황에서 행동을 수행하지 못하지만 학급 밖에서 행동을 수행할 수 있는 경우는 수행력 결함이다. 또한 과거에 행동을 수행하는 것이 관찰된 경우 기술 결함이라기보다는 수행력 결함이라고 볼 수 있다.

④ 수행력 결함은 선행사건과 후속결과를 조절함으로써 개선될 수 있으며, 또래주도, 유관강화, 집단강화를 중재방법으로 사용한다.

3. 자기통제 기술 결함

① 자기통제 기술 결함 유형의 사회적 능력 결함을 가진 사람은 특정 유형의 정서적 각성 반응이 기술의 습득을 방해하기 때문에 특정한 기술을 배우지 못한다.

② 학습을 방해하는 정서적 각성 반응으로는 불안을 들 수 있다. 불안은 학습과정을 방해하거나 그에 장벽이 되기 때문에 학생이 사회적 능력을 학습하지 못할 수 있다.

㉠ 사회적 불안으로 학생은 친구를 피하거나 위축된 행동을 보이는데, 이는 불안을 줄이기 위하여 사회적 상황을 회피하며, 부정적으로 강화된 사회적 위축행동이 나타나는 것으로 볼 수 있다.

㉡ 불안으로 인하여 사회적 기술을 획득하지 못할 때는 불안을 줄이기 위한 둔감법이나 홍수법과 더불어 자기대화(self-talk), 자기감독, 자기강화 등을 함께 사용한다.

③ 분노는 사회적 능력의 습득을 방해하는 또 다른 정서적 각성 반응이다.

㉠ 자주 화를 내거나 공격적인 학생은 또래로부터 거부당하기 때문에 그러한 사회적 행동을 소거하는 계획에 배치되어야 한다.

㉡ 신체적 및 언어적 공격, 부주의, 과도한 움직임 등과 같은 행동장애로 인하여 사회적 기술을 획득하지 못한 경우에는 강화기법, 집단강화, 가벼운 혐오기법(꾸중, 격리, 반응대가, 과잉교정)과 같은 행동 감소 절차를 적용한다.

4. 자기통제 수행력 결함

① 자기통제 수행력 결함이 있는 학생은 그들의 사회적 기술 목록에 특정 기술이 있지만 정서적 각성 반응과 선행사건 또는 후속결과 통제문제 때문에 기술을 수행하지 못한다. 학생은 기술을 수행하는 방법을 알고 있지만 부적절하고 일관성 없이 사용한다.

② 충동성은 자기통제 수행력 결함의 예다. 충동성이나 불충분하게 반응하는 경향은 정서적 각성 반응으로 고려할 수 있다. 충동적인 학생은 또래나 교사와 적절하게 상호작용하는 방법을 알고 있지만, 부적절한 행동을 초래하는 반응양식인 충동성 때문에 일관성이 없다.

- 이러한 학생들을 지도하기 위하여 부적절한 행동을 억제하는 자기통제 전략, 변별기술을 지도하는 자극통제 훈련, 적절한 사회적 행동을 증대시키는 유관강화 등을 이용한다. 문제행동이 지속되면 행동 감소법을 이용할 수도 있다.

개념확인문제

01

2013 중등1-23

2010년 11차 미국 지적장애 및 발달장애학회(AAIDD)가 발표한 지적장애의 정의 및 지원체계에 대한 설명으로 옳은 것은?

① 정신지체에서 지적장애로 용어가 변경되었다. 정신지체라는 용어는 장애를 한 개인이 지닌 '결함'의 의미로 본다면, 지적장애라는 용어는 장애를 한 개인이 지닌 개인내차에 초점을 둔 '능력의 불일치'라는 의미로 본다.

② 10차 정의와 동일하게 지능지수의 절사점은 평균으로부터 2표준편차 이하이고, 75 이상도 포함하도록 하여 지원 대상의 범위를 넓혔다.

③ 인간 기능성에 대한 개념적 틀은 '기능성, 장애 및 건강의 국제 분류(ICF)' 모델과는 차원을 달리하는데, 개인에 대한 적절한 지원은 유동적인 것으로 삶의 상황이나 단계에 따라 변화 가능한 것으로 본다.

④ 지원 모델은 개인의 지원요구에 대해 일상적이고 보편적인 지원을 하게 함으로써, 개인의 안녕과 삶의 만족감이 상당히 향상될 것으로 본다.

⑤ 지원 유형에는 주어진 환경 내에서 자연스럽게 제공되는 인적·물적 지원과 개인의 필요와 요구에 따라 제공되는 서비스 중심의 지원이 있다.

02

2010 중등1-13

다음은 정신지체 학생 A의 적응행동검사 결과를 요약한 것이다. 이에 기초하여 지도해야 할 내용으로 적절한 것을 〈보기〉에서 모두 고른 것은?

> [적응행동검사 결과 요약]
>
> A는 적응행동검사에서 전체점수가 평균으로부터 −2 표준편차 이하에 속하는 것으로 나타났다. 특히, 개념적 기술 점수는 사회적 및 실제적 기술 점수보다 매우 낮았다. 따라서 AAMR(2002)이 제시한 적응행동 기술영역 중 개념적 기술에 관한 내용을 A의 교수·학습계획에 포함시키는 것이 필요하다고 본다.

보기

ㄱ. 구인광고 읽기
ㄴ. 식사도구 사용하기
ㄷ. 과제를 선택하고 해결하기
ㄹ. 다른 사람과 공동 작업하기
ㅁ. 화폐의 액면가와 단위 알기
ㅂ. 학급의 급훈 및 규칙 지키기

① ㄷ, ㅁ
② ㄱ, ㄷ, ㄹ
③ ㄱ, ㄷ, ㅁ
④ ㄷ, ㅁ, ㅂ
⑤ ㄱ, ㄴ, ㄹ, ㅂ

03

2015 초등A-4

(가)는 학습장애 학생 은수의 인지적 특성이다. (가)의 ㉠과 ㉡에 들어갈 용어를 각각 쓰시오.

(가) 은수의 인지적 특성

- (㉠) 능력이 부족하여, 관련 없는 정보나 자극을 무시하고 중요한 정보에 주의를 기울이는 데 어려움이 있음
- (㉡) 능력이 부족하여, 과제 해결을 위해 어떤 전략이 필요한지 잘 모르고, 하는 일에 대해 지속적으로 검토하지 못함

04

2010 유아1-7

다음은 일반학교 병설유치원 통합학급에 있는 경도 정신지체 아동 영호의 상황과 그에 따른 지원 요구이다. 영호에게 필요한 지원은 미국정신지체협회가 1992년에 제시한 지원 유형 중 어디에 속하는가?

2009년 3월 16일 기록

〈영호의 상황〉
- 건강: 영호는 만성적 질환인 소아당뇨병이 있는 아동이다.
- 문제행동: 최근 영호는 집안 사정으로 할머니 댁에 맡겨진 이후로 갑자기 유치원에서 주의산만한 행동을 보이기 시작했다.
- 전환(transition): 2010년에 영호는 현재 다니고 있는 유치원이 소속된 초등학교의 특수학급으로 진학할 예정이다.

〈영호의 지원에 대한 요구〉
- 건강: 만성적인 소아당뇨로 인하여 인슐린 주사를 장기적으로 매일 맞아야 한다.
- 문제행동: 갑자기 생긴 주의산만한 행동에 대한 단기적인 행동중재를 받을 필요가 있다.
- 전환: 초등학교로의 전환을 위해 필요한 기술들(예 학습준비 기술, 사회성 기술 등)을 올 한 해 동안 배울 필요가 있다.

	건강	문제행동	전환
①	전반적 지원	간헐적 지원	제한적 지원
②	전반적 지원	제한적 지원	간헐적 지원
③	확장적 지원	간헐적 지원	제한적 지원
④	확장적 지원	제한적 지원	간헐적 지원
⑤	제한적 지원	간헐적 지원	확장적 지원

05

2020 중등A-4

(가)는 일반교사가 특수교육 연수를 받으며 기록한 내용의 일부이다. 괄호 안의 ㉠에 해당하는 용어를 쓰시오.

(가) 기록 내용

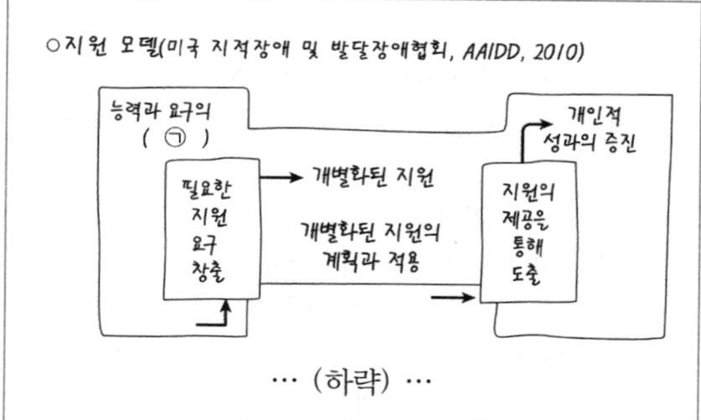

… (하략) …

06

2019 중등A-6

다음은 지적장애 학생을 지도하는 신규 교사와 멘토 교사의 대화이다. 괄호 안의 ㉠에 해당하는 용어를 쓰고, ㉡에 나타난 학생 E의 증후군 명칭을 쓰시오.

멘토 교사: 선생님, 지난 학기에 전학 온 학생 D와 E는 잘 적응하고 있나요?

신규 교사: 학생 D는 주어진 과제를 성취하기 위해 필요한 행동을 성공적으로 해낼 수 있다는 믿음이 있고, 그러한 행동을 잘 수행한다면 원하는 성과를 이룰 것이라고 기대하고 있어요.

멘토 교사: 구체적이고 실제적인 자신의 과제수행 능력을 믿고 있군요. (㉠)이/가 높은 학생인 것으로 보입니다. 학업 상황에서 친구들이 과제를 완수하는 것을 보면 자신도 그 과제를 완성할 수 있다고 생각하게 됩니다. 이러한 방법을 통해 (㉠)을/를 더욱 향상시키면 좋겠습니다.

신규 교사: 학생 E는 XXY형 염색체를 가진 성염색체 이상 증후군이라고 해요. 남성호르몬 감소로 인해 여성형 체형으로 변해가고 있어 부모님께서 고민하더군요. 이 학생은 의사소통에 어려움이 있고, 사회성도 부족한 것 같아요. 활동량이 부족해서 운동 발달에도 영향을 주는 듯합니다. ㉡

멘토 교사: 학생 E에게는 사회성 향상 프로그램뿐만 아니라, 운동발달을 위한 중재 프로그램도 개발해 적용하는 것이 좋겠네요.

07

2010 중등1-15

정신지체에 대한 설명으로 옳은 것을 〈보기〉에서 고른 것은?

보기

ㄱ. 페닐케톤뇨증(PKU)은 출생 후 조기 선별이 어려우나 진단을 받은 후에는 식이요법을 통해 치료가 가능하다.
ㄴ. 다운증후군을 유발하는 염색체 이상 중에서 가장 일반적인 삼염색체성(trisomy)은 21번 염색체가 3개인 유형이다.
ㄷ. 저체중 출산, 조산 등의 생의학적 요인이 지적기능과 적응행동상의 결함을 야기할 때 정신지체의 원인이 된다.
ㄹ. 정신지체 학생은 일반학생과 동일한 인지발달단계를 거치나, 발달 속도가 느려 최상위 발달단계에 이르는 데 어려움이 있을 수 있다.
ㅁ. 정신지체 학생은 자신에 대한 기대수준이 낮음으로 인하여 타인에게 의존하고, 과제수행 결과 여부를 자신의 행동에 따른 결과로 받아들이는 경향이 있다.

① ㄱ, ㄴ, ㄷ ② ㄱ, ㄷ, ㅁ
③ ㄴ, ㄷ, ㄹ ④ ㄴ, ㄹ, ㅁ
⑤ ㄷ, ㄹ, ㅁ

08

2011 중등1-15

다음은 정신지체 학생을 지도하고 있는 중학교 통합학급 교사를 위해 특수학급 교사가 실시한 교내 연수 내용의 일부이다. 연수 내용 중 옳은 것만을 〈보기〉에서 모두 고른 것은?

보기

ㄱ. 중도 정신지체 학생이 관심을 끌기 위해 수업을 방해하는 행동을 보이면 주의를 주시기 바랍니다.
ㄴ. 프레더-윌리 증후군(Prader-Willi syndrome)을 지닌 학생은 과도한 식욕으로 비만이 될 수 있으므로 운동과 식사 조절에 관심을 가져주시기 바랍니다.
ㄷ. 학습된 무기력으로 과제를 쉽게 포기하는 경도 정신지체 학생을 위해 가능한 한 성공 경험을 많이 할 수 있도록 과제 난이도를 조절하고 학생을 격려해 주시기 바랍니다.
ㄹ. 윌리엄스 증후군(Williams syndrome)을 지닌 학생은 시공간적 기술에 비해 언어에 심각한 문제가 있으므로 자연스러운 상황에서 바람직한 의사소통 모델을 모방할 수 있는 기회를 제공해 주시기 바랍니다.
ㅁ. 정신지체는 염색체 이상, 외상성 뇌손상, 조산과 같이 출생 전에 나타나는 생의학적 원인 외에도 출생 후에 사회적 · 행동적 요인의 영향을 받을 수 있으므로 아동 학대 및 가정 폭력, 가정 형편에 문제가 없는지 확인해 주시기 바랍니다.

① ㄴ, ㄷ ② ㄷ, ㄹ
③ ㄱ, ㄴ, ㄷ ④ ㄱ, ㄹ, ㅁ
⑤ ㄴ, ㄷ, ㅁ

09

2009 중등1-1

장애인 출현율에 대하여 적절히 설명한 것을 〈보기〉에서 고른 것은?

보기

ㄱ. 출현율과 동일한 의미로서 발생률이라는 용어가 있다.
ㄴ. 전체 인구 중 장애라는 특정 조건을 가진 장애인 수를 말한다.
ㄷ. 특정 기간 동안에 전체 인구 중 새롭게 판별된 장애인 수를 말한다.
ㄹ. 장애의 원인을 연구하고 예방 프로그램을 개발하는 데 의의가 있다.
ㅁ. 교육이나 재활 서비스 등에 대한 요구를 파악하는 데 활용하기 용이하다.

① ㄱ, ㄷ ② ㄱ, ㄹ
③ ㄴ, ㄹ ④ ㄴ, ㅁ
⑤ ㄷ, ㅁ

10

2018 중등A-3

다음은 지적장애 고등학생 A를 위한 전환교육계획을 수립하기 위해 특수교사와 어머니가 나눈 대화의 일부이다. ㉠과 ㉡에 들어갈 내용을 쓰시오.

특수교사: 어머니, 학생 A에게 적절한 전환교육계획을 수립하기 위해 몇 가지 평가를 하려고 합니다.
어 머 니: 어떤 평가를 하나요?
특수교사: 먼저, 지원정도척도(Support Intensity Scale, SIS)를 활용하여 학생 A에게 필요한 지원 요구를 파악하고자 합니다.
어 머 니: 그런데 지원정도척도는 처음 듣는 거라서 잘 모르겠어요. 그게 무엇인가요?
특수교사: 예, 지원정도척도는 개인이 사회에서 성공적으로 살아가기 위해 필요한 지원 요구를 (㉠), 일일 지원시간, (㉡)의 3가지 차원에서 파악하는 것입니다.

11

2009 유아1-8

〈보기〉는 특수학교 박 교사가 초등부 1학년 정신지체 아동 민성이에 대해 기록한 메모이다. 각 메모를 통하여 알 수 있는 민성이의 특성을 적절하게 제시한 것은?

보기

ㄱ. 가지고 놀던 장난감을 빼앗겨도 자기 주장을 하지 못한다(10월 21일).
ㄴ. 만들기 활동에서 무엇을, 어떻게 만들어야 할지에 관한 계획, 실행, 평가의 전략을 사용하지 못한다(10월 24일).
ㄷ. 친구들과의 인사말 "안녕!"을 가르쳤더니 학교의 다른 선생님들께도 "안녕!"이라고 인사한다(10월 27일).
ㄹ. 과제를 주어도 하려고 하는 의욕이 전혀 없다. 성취감을 맛본 경험이 거의 없었던 것으로 보인다(10월 29일).

	ㄱ	ㄴ	ㄷ	ㄹ
①	과잉 일반화	학습된 무기력	지속적 주의력 결함	초인지 결함
②	학습된 무기력	지속적 주의력 결함	자기 결정력 부족	과잉 일반화
③	자기 결정력 부족	지속적 주의력 결함	과잉 일반화	학습된 무기력
④	과잉 일반화	초인지 결함	지속적 주의력 결함	자기 결정력 부족
⑤	자기 결정력 부족	초인지 결함	과잉 일반화	학습된 무기력

12

2009 중등1-10

정신지체 학생에게 새로운 기술을 가르치기 위해 습득, 숙달 및 일반화 전략을 사용하려고 한다. 〈보기〉에서 습득과 일반화를 촉진하는 방법끼리 바르게 묶인 것은?

보기

ㄱ. 다양한 환경을 제공한다.
ㄴ. 학습활동 시 교사의 참여를 줄인다.
ㄷ. 과제에 대하여 학생의 반응 양식을 다양화한다.
ㄹ. 정확한 수행을 위해 피드백을 집중적으로 제공한다.
ㅁ. 오류를 줄이기 위해 다양한 촉진(prompting)을 제공한다.
ㅂ. 정해진 시간 내에 과제를 완성하도록 연습 기회를 늘린다.

	습득	일반화
①	ㄴ, ㄹ	ㄱ, ㅁ
②	ㄴ, ㅁ	ㄱ, ㅂ
③	ㄷ, ㄹ	ㄱ, ㄴ
④	ㄷ, ㅂ	ㄴ, ㅁ
⑤	ㄹ, ㅁ	ㄱ, ㄷ

13

2018 초등A-5

(나)는 교사가 작성한 2015 개정 특수교육 교육과정 중 기본 교육과정 미술과 3~4학년 수업을 위한 아이디어 노트이다. 물음에 답하시오.

(나)

○ 제재: 재미있는 찍기 놀이
○ 수업 활동: <활동 1> 체험 영역(지각)
- 자신이 좋아하는 나뭇잎을 선택하고 학교 주변에서 찾기
  - 나뭇잎 목록표 사용하기
  - 민지에게는 미리 준비한 나뭇잎을 제공하기

5) 다음은 〈활동 1〉에서 세호가 사용한 나뭇잎 목록표와 지도 내용이다. 위마이어(L. Wehmeyer)가 제시한 자기 결정 행동 주요 특성에 따라 ⓐ와 ⓑ에 들어갈 내용을 순서대로 쓰시오.

세호가 사용한 나뭇잎 목록표

종류	찾고 싶은 나뭇잎	찾은 나뭇잎
단풍잎	✓	✓
은행잎	✓	✓
솔잎		
감나무잎	✓	✓

자기 결정 행동 향상을 위한 지도 내용

- 심리적 역량 : 세호의 자기 효능감 향상을 위해 나뭇잎 수집 활동의 성공을 위한 환경을 제공함.
- ⓐ : 나뭇잎 목록표에서 세호가 찾고 싶은 나뭇잎을 스스로 표시하도록 지도함.
- ⓑ : 나뭇잎 목록표에 세호가 자신이 찾은 나뭇잎을 표시하여 파악할 수 있도록 지도함.
- 자아실현 : 자기 지식 향상을 위해 나뭇잎 수집 활동 후 세호가 수행한 활동에 대한 자기 평가 기회를 제공함.

14

2014 초등B-5

(가)는 정신지체 특수학교 교사가 교육 실습 중인 예비교사와 나눈 대화이다. 물음에 답하시오.

(가) 교사와 예비교사의 대화

교　　사: 선생님, 연구수업을 위한 교과와 주제를 정하셨나요?

예비교사: 아직 못 정했어요. 하지만 학생들이 생활하는 데 꼭 필요한 기능적 기술을 가르치는 수업을 해보고 싶어요.

교　　사: 그렇군요. 그렇다면 학생들에게 필요한 기술이 무엇인지부터 파악해 보세요.

예비교사: 네, 그래서 저는 (㉠)을(를) 사용해 보려고 해요. 각 학생의 주요 생활 영역에서 현재와 미래의 환경을 파악하고, 그 환경의 하위 환경에서 요구되는 활동을 하는 데 필요한 기술을 확인해 보고 싶어서요. 그런데 그렇게 확인한 다양한 기술 중 어떤 기술을 먼저 가르쳐야 할지는 잘 모르겠어요.

교　　사: 다양한 기술 중에서 '우선 가르쳐야 하는 기능적 기술'을 선정하는 기준이나 고려사항이 있어요. 먼저 여러 생활 영역에 걸쳐서 중요하거나 유용한 기술인지 살펴봐야 되죠. 그리고 그 밖에 몇 가지 다른 기준도 있으니 꼭 살펴보세요.

예비교사: 네, 그렇게 하겠습니다. 수업 계획안을 구상한 후 다시 의논을 드리겠습니다. 감사합니다.

1) (가)에서 예비교사가 학생들에게 필요한 기술을 확인하기 위해 언급한 ㉠의 명칭을 쓰시오.

15

2013 중등1-26

중도 정신지체 학생을 지도하기 위해 교사가 사용한 교육과정적 접근이다. 이 중에서 기능적 접근에 대한 설명으로 옳은 것을 〈보기〉에서 고른 것은?

보기

ㄱ. 기능적 교육과정을 결정하기 위해 생태학적인 목록을 활용한다.
ㄴ. 학생의 생활연령을 고려하여 다양한 환경에서 가르칠 기술들을 선택한다.
ㄷ. 학생의 현재와 미래 환경을 바탕으로 기술을 가르치는 상향식 접근 방법이다.
ㄹ. 학생이 일정한 능력 수준을 갖추기 전에는 상위의 독립적 기술을 가르치지 않는다.
ㅁ. 기술을 습득하기 위해서는 좀 더 많은 시간을 필요로 하는데, 학습의 단계와 위계에 따라 영역별로 발달 단계에 맞추어 학습해야 한다.

① ㄱ, ㄴ ② ㄱ, ㄹ
③ ㄴ, ㄷ ④ ㄷ, ㅁ
⑤ ㄹ, ㅁ

16

2015 중등A-3

다음은 정신지체 학생 A와 B에게 마트 이용하기 기술의 일반화를 촉진하기 위한 지역사회 중심 교수 전략들이다. (가)와 (나)에 해당하는 지도 전략의 명칭을 순서대로 쓰시오.

(가) 학생 A가 이용할 것으로 예상되는 집 근처 마트를 조사하여 10곳을 정한다. 선정한 마트 10곳의 이용 방법을 모두 분석한 후, 이용 방법에 따라 범주화한다. 범주화된 유형에 대해 각각 과제 분석을 하고, 유형별로 마트를 1곳씩 정하여 지도한다. 교사는 학생 A가 학습한 것을 나머지 마트에서도 수행할 수 있는지 평가한다.

(나) 학생 B에게 학교 안에 있는 매점을 활용하여 지역사회 마트 이용하기 기술을 가르친다. 학교 매점에서 물건 고르기, 물건 가격 확인하기, 계산대 앞에서 줄서기, 돈 지불하기, 거스름돈 확인하기를 지도한다.

17

2025 유아B-5

다음은 유아교사 최 교사의 관찰 기록이다. 물음에 답하시오.

> 최 교사: 선생님, 아이들이 지난번에 보고 온 한옥을 교실에서도 만들어 보고 싶다고 하네요.
> 김 교사: 그러면 커다란 종이집에 나무, 돌, 흙의 질감이 표현된 그림을 붙여서 꾸미는 활동을 해 볼까요?
> 최 교사: 네, 좋아요. 그런데 하나의 종이집에 모든 아이들이 모이면 놀이하기에 어려움이 있을 것 같아요. 아이들을 두 모둠으로 나누고 두 개의 한옥을 꾸며 보아요. 주아는 제 모둠, 수지는 김 선생님 모둠에 포함하면 어떨까요?
> 김 교사: 네, 다른 아이들 수준도 고려해서 모둠을 나누고 활동에 대해 더 계획해 보아요. 그리고 활동할 때 주아가 편마비로 인해 모든 단계에서 독립적으로 수행할 수는 없더라도 (㉠)의 원리를 적용해서 참여할 수 있도록 지원해 주세요.
> … (하략) …

2) 괄호 안의 ㉠에 들어갈 원리의 명칭을 쓰시오.

18

2017 초등A-2

(가)는 초등학교 5학년 지적장애 학생 희수에 대해 특수교사와 일반교사가 나눈 대화의 일부이다. 물음에 답하시오.

(가)

> 특수교사: 지난주에 우리가 계획했던 사회과 모둠학습에 희수가 잘 참여했는지 궁금해요.
> 일반교사: 친구들과 모둠학습을 하는 것은 좋아했는데 자신의 의견이나 권리를 주장하지 못해서 피해를 보는 경우가 있었어요.
> 특수교사: 희수가 아직은 자기옹호기술이 부족해서 그래요. 무엇보다 ㉠ <u>희수가 자신이 좋아하고 싫어하는 것을 아는 것</u>이 중요해요. 그러면 모둠학습을 할 때 다른 학생들이 부당한 것을 요구해도 거절하거나 협상할 수 있을 거예요.
> … (중략) …
> 특수교사: 희수는 스스로 화장실 이용하기, 옷 입기 등의 일상생활 활동은 잘하는데, ㉡ <u>휴대전화 사용하기, 물건 사기 등과 같이 조금 더 복잡한 환경적 상호작용을 요구하는 일상생활 활동</u>을 하는 데에는 어려움이 있어요.
> 일반교사: 선생님, 희수에게 물건 사기와 같은 일상생활 활동은 어떻게 지도하면 좋을까요?
> 특수교사: 직접 가게에 가서 물건을 사는 활동을 하는 것이 좋아요.
> 일반교사: 한 번도 해보지 않은 일이라 희수가 잘 할 수 있을까요?
> 특수교사: 그래서 저는 ㉢ <u>교실을 가게처럼 꾸며놓고 실제와 유사한 물건과 화폐를 이용하여 물건사기 활동을 지도하고 있어요.</u>

1) (가)의 ① ㉠에 해당하는 자기옹호기술을 쓰고, ② ㉡에 해당하는 일상생활 활동의 유형을 쓰시오.

2) (가)의 ㉢에 해당하는 교수 방법의 명칭을 쓰시오.

19

2019 중등A-12

다음은 손 교사가 경도장애 학생 N의 사회성 기술을 지도하기 위해 작성한 계획의 일부이다. 〈작성 방법〉에 따라 서술하시오.

〈학생 N의 사회성 기술 지도 계획〉

- 목적: 사회성 기술(social skills)을 바탕으로, (㉠)을/를 기르고, 사회성(sociality)을 형성하고자 함
  ※ (㉠)은/는 사회성 기술을 사용하여 사회적 과제를 성공적으로 해결하고 유지할 수 있는 종합적인 역량임
- 목표행동: 공공장소에서 질서 지키기
  - 이해: 수업 시간에 관련 상황 제시 및 지도
  - 적용: 실제 상황에 적용
  - 평가: 학생 N의 (㉠)이/가 타인(들)에 의해 적절하다고 판단되는지에 초점을 둠

… (하략) …

작성 방법

- 괄호 안의 ㉠에 해당하는 내용을 쓸 것

20

2021 중등A-1

다음은 미국 지적장애 및 발달장애 협회[American Association on Intellectual and Developmental Disabilities(AAIDD), 2010]에서 제시한 개별화된 지원 평가, 계획 및 감독을 위한 과정이다. ㉠을 위한 방법을 쓰고, ㉡에 해당하는 개인의 지원 요구 및 의료적, 행동적 지원 요구를 판별하기 위한 표준화 검사도구의 명칭을 쓰시오.

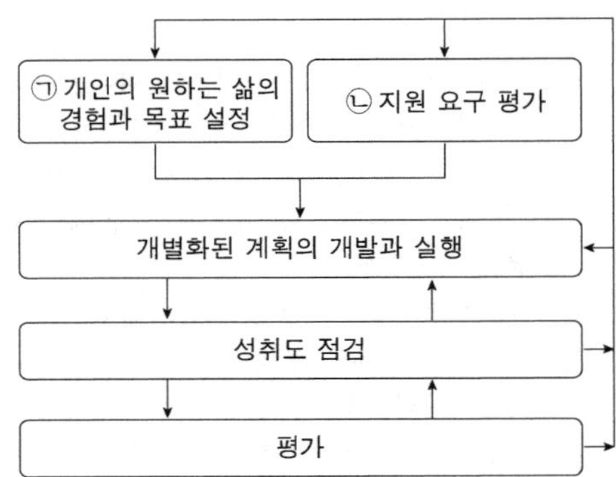

21

2023 중등B-1

다음은 전문적학습공동체 모임 후 두 교사가 나눈 대화의 일부이다. 괄호 안의 ㉠과 ㉡에 해당하는 내용을 순서대로 쓰시오.

> 교사 A: 선생님, 이번에 연수를 들어보니 지난 30년간 지적장애의 정의 및 모델에서 많은 변화가 있었다는 것을 알 수 있었습니다. 무엇보다 1992년 모델에 소개되었던 '지원'의 개념이 지속적으로 이어져 오다가 2021년에는 '지원체계'로 변경되었다는 점이 인상 깊었어요.
>
> 교사 B: 네. 지원체계는 개인의 발달과 유익을 촉진하고 개인의 기능성과 (㉠)을/를 향상시키는 상호 연결된 자원 및 전략 네트워크입니다. 보다 체계적으로 지원체계를 구축하고자 한 점을 저도 주의 깊게 살펴보았어요.
>
> 교사 A: 그렇다면 효과적인 지원체계의 요소는 무엇이 있을까요?
>
> 교사 B: 미국 지적장애 및 발달장애 협회(AAIDD)에서는 2021년에 효과적인 지원체계의 특징으로 개인 중심성, 포괄성(종합성), 협응성, 성과 지향성을 설명하였어요. 그 중 포괄성(종합성)은 효과적인 지원체계의 요소로 선택 및 개인 자율성, 통합적인 환경, (㉡), 전문화된 지원을 제시하였습니다.

모범답안

1	⑤
2	③
3	㉠ 선택적 주의집중, ㉡ 초인지
4	③
5	㉠ 부조화
6	㉠ 자기효능감, ㉡ 클라인펠터 증후군
7	③
8	①
9	④
10	㉠ 지원 빈도, ㉡ 지원 유형
11	⑤
12	⑤
13	5) ⓐ 자율성, ⓑ 자기조절
14	㉠ 생태학적 목록
15	①
16	(가) 일반사례 교수법, (나) 지역사회 참조 교수
17	부분 참여
18	1) ① 자신에 대한 이해, ② 수단적 일상생활 활동 2) 지역사회 모의 수업
19	㉠ 사회적 능력
20	㉠ 개인중심계획, ㉡ 지원정도척도(또는 지원강도척도)
21	㉠ 개인적 안녕, ㉡ 일반적인 지원

ME
MO

김남진

KORSET

특수교육 ②

PART 05

학습장애아교육

PART 05

학습장애아교육 Mind Map

Chapter 1 학습장애의 이해

1 학습장애의 개념

- 장애인 등에 대한 특수교육법의 정의
  - 학습기능
  - 학업성취 영역
- 미국 장애인교육법의 정의
- 학습장애 정의의 공통 요소
  - 평균 이하의 학업성취도
  - 개인 내 차이
  - 중추신경계의 이상
  - 기본인지처리의 이상
  - 다른 장애의 배제
- 학습장애 학생의 특성

2 학습장애의 분류

- 발현 시점에 따른 분류
  - 발달적 학습장애
  - 학업적 학습장애
- 문제 영역에 따른 분류
  - 언어성 학습장애
  - 비언어성 학습장애

Chapter 2 학습장애의 원인과 진단 · 평가

1 학습장애의 원인

- 신경학적 요인
- 유전적 요인
- 의학적 요인
- 환경적 요인

2 학습장애 진단 및 평가

- 장애인 등에 대한 특수교육법
  - 지능검사
  - 기초학습기능검사
  - 학습준비도검사
  - 시지각발달검사
  - 지각운동발달검사
  - 시각운동통합발달검사

3 학습장애 진단 모델

- 불일치 모델
  - 개념
  - 유형
    - 학년수준편차에 의한 판별
    - 기대학령에 의한 판별
    - 표준점수 비교에 의한 판별
    - 회귀공식에 의한 판별
  - 문제점

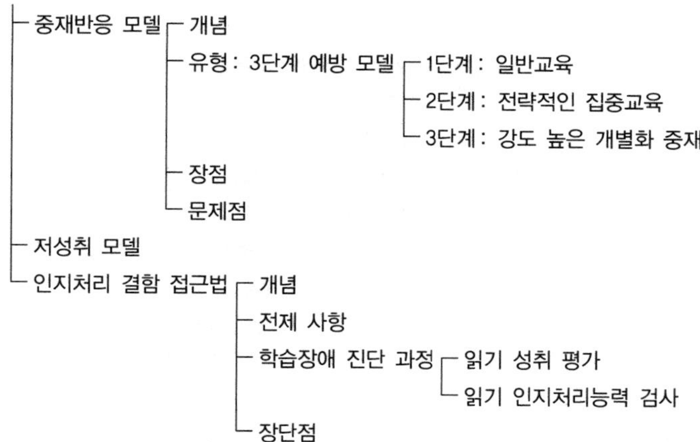

Chapter 3 읽기장애 및 읽기지도

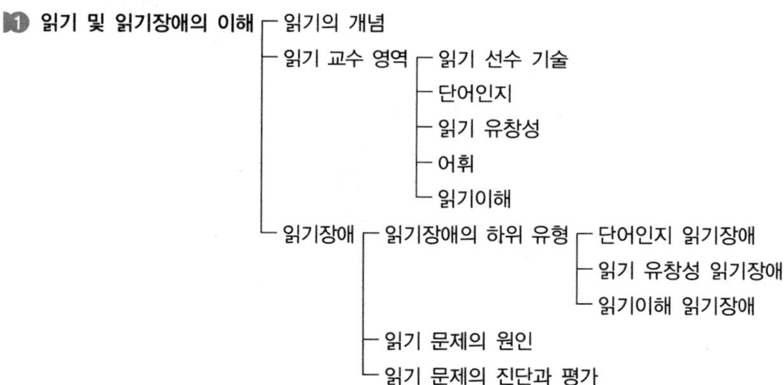

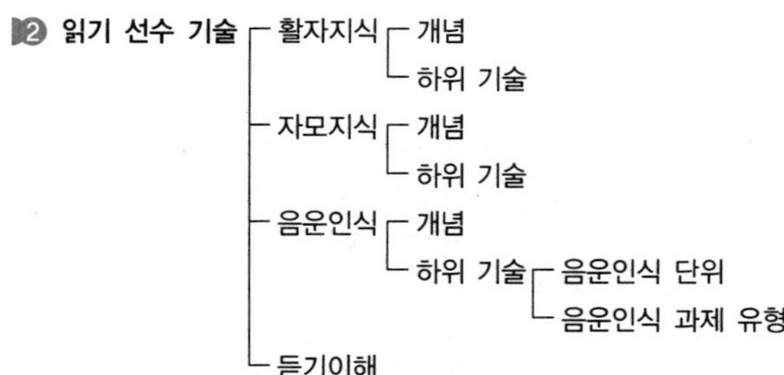

3 단어인지
- 단어인지의 이해
  - 개념
  - 학습장애 학생의 단어인지 특성
- 발음 중심 접근법
  - 음운분석적 접근법
  - 언어학적 접근법
- 의미 중심 접근법
  - 통언어적 접근법: 일견단어 교수법
  - 언어경험 접근법
    - 1. 토의하기
    - 2. 구술하고 받아쓰기
    - 3. 읽기
    - 4. 단어학습
    - 5. 다른 자료 읽기

4 읽기 유창성
- 읽기 유창성의 이해
  - 개념: 속도, 정확도, 표현력
  - 학습장애 학생의 읽기 유창성 특성
- 효과적인 읽기 유창성 교수의 특징
- 읽기 유창성 교수법
  - 반복 읽기
  - 소리 내어 반복 읽기를 할 수 있는 방법
    - 짝과 함께 반복 읽기
    - 테이프 활용하여 읽기
    - 역할 수행
  - 끊어서 반복 읽기
  - 신경학적 각인 읽기 교수법
- 읽기 유창성 오류 분석 기준(음독 오류의 유형)
  - 대치
  - 생략
  - 첨가(삽입)
  - 반복
  - 자기교정(자기수정)

5 어휘
- 어휘의 개념
- 어휘지식의 수준
  - 결합지식
  - 이해지식
  - 생성지식
- 어휘 교수법
  - 직접 교수법과 간접 교수법
  - 어휘지식 수준에 따른 교수법(전략)
    - 결합지식 교수법: 사전적 정의, 핵심어 전략, 컴퓨터 보조 수업
    - 이해지식 교수법: 의미 지도, 개념도, 개념 다이어그램, 의미 특성 분석 등
    - 생성지식 교수법
      - 빈번한, 풍부한, 확장하는 어휘 교수
      - 다양한 장르의 책을 다독
        - 문맥 분석 전략
        - 단어 형태 분석 전략
  - 어휘력 증진을 위한 교수 전략
    - 문맥을 이용한 교수 전략
    - 범주를 이용한 교수 전략

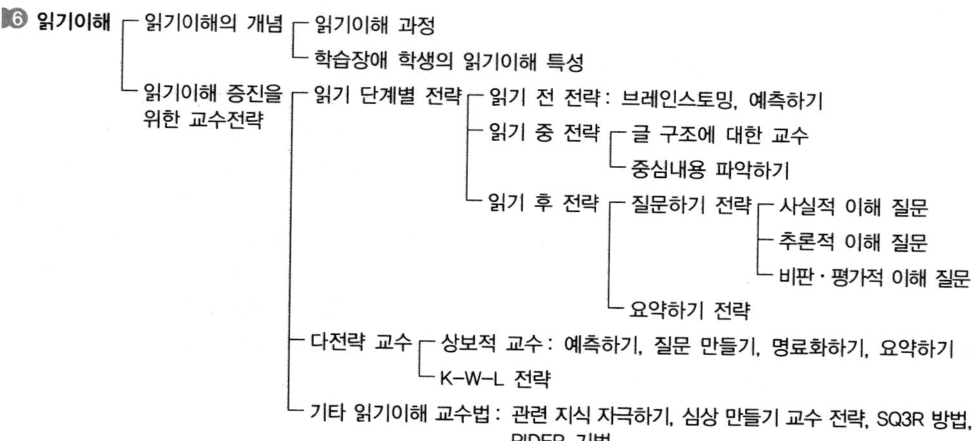

Chapter 4 쓰기장애 및 쓰기지도

1 쓰기에 대한 이해

- 쓰기의 영역
  - 글씨 쓰기
  - 철자 쓰기
  - 작문
- 쓰기에 필요한 요소
- 쓰기장애의 하위 유형
  - 철자 쓰기장애
  - 작문 쓰기장애

2 글씨 쓰기

- 글씨 쓰기의 개념
- 글씨 쓰기 평가
  - 글씨 쓰기 평가 요소
  - 학습장애 학생의 글씨 쓰기 관련 특성
- 글씨 쓰기 교수 시 유의사항
- 글씨 쓰기 교수법
  - 시각 단서 + 기억 인출 교수법
  - 베껴 쓰기

3 철자 쓰기
- 철자 쓰기의 개념
- 철자 오류의 유형 및 교수법
  - 음운처리 오류 및 교수법
  - 표기처리 오류 및 교수법
    - 받침을 다른 낱말로 대치하는 오류
    - 전체 단어를 소리 나는 대로 표기하는 오류
    - 단어의 일부를 소리 나는 대로 표기하는 오류
    - 실제 발음상 구분이 되지 않는 글자에서의 오류
  - 형태처리 오류 및 교수법
    - 어간과 어미의 경계를 구분하지 못하는 오류
    - 시제 선어말 어미를 제대로 인식하지 못하는 오류
    - 어미를 변환하는 오류
    - 동음이의어로 혼동하는 오류
- 기타 철자 교수법
  - 자기 교정법
  - 시간 지연법
  - 목표 단어 반복 쓰기

4 작문
- 작문의 개념
- 작문의 평가
- 작문 교수법
  - 쓰기 과정적 접근
    - 1. 계획하기
    - 2. 초고 작성하기
    - 3. 내용 수정하기
    - 4. 편집하기
    - 5. 제시하기
  - 자기조절 전략 교수
    - 1. 논의하라
    - 2. 시범을 보여라
    - 3. 외우도록 하라 : POW+WWW What 2 How 2
    - 4. 지원하라
    - 5. 독립적으로 사용하게 하라
  - 글의 구조에 대한 교수

Chapter 5 수학 학습장애 및 수학지도

1 수학 학습장애에 대한 이해
- 수학 학습장애의 개념
- 수학 학습장애의 하위 유형
  - 연산 수학장애
  - 문제 해결 수학장애

2 수학 학습장애 학생의 특성
- 수학 학습장애 학생의 인지적 특성
  - 기억 능력
  - 언어 능력
  - 시공간 능력
  - 주의집중 능력
  - 처리 속도
- 수학 학습장애 학생의 수학 영역별 특성

3 일반적인 수학 지도 방법

- 명시적 교수
- 직접교수법
  - 개념
  - 특징
  - 실행 절차
    - 1. 학습목표 제시
    - 2. 교사 시범
    - 3. 안내된 학습
    - 4. 독립적 연습
- 정밀교수
  - 개념
  - 장점
- 수학 학습장애 학생을 위한 효과적인 수학 지도 방법의 논의 시 고려사항

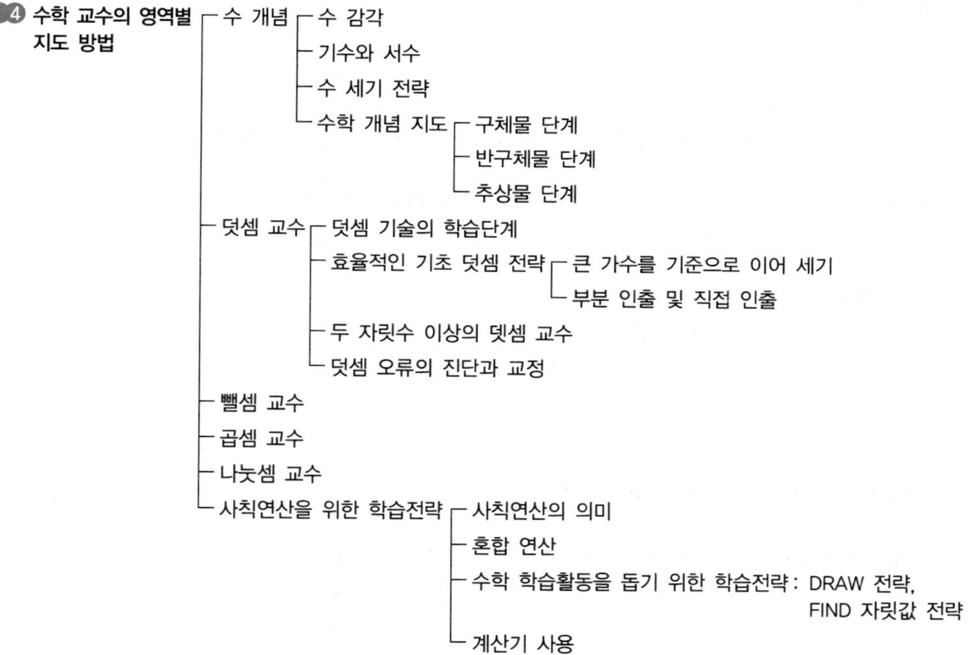

5 문장제 문제

- 문장제 문제 해결을 위해 필요한 기술
- 문장제 문제 해결 전략
  - 표상 교수
  - 핵심어 전략
  - 전략 교수 : 인지 전략 교수, 자기조절 초인지 전략 교수
  - 컴퓨터 보조 교수

PART 05 학습장애아교육 Mind Map

Chapter 6 내용 교과 지원 전략

1 학습 안내지
- 학습 안내지
- 워크시트
- 안내노트

2 그래픽 조직자
- 그래픽 조직자의 개념
- 그래픽 조직자의 특징(장점)
- 그래픽 조직자 활용 시 유의사항
- 그래픽 조직자의 유형: 개념 조직도, 개념 비교표, 선행 조직자, 수업 조직자, 마무리 조직자

3 기억 전략
- 문자 전략
  - 두문자법
  - 어구 만들기
- 핵심어 전략
- 페그워드법
- 기타: 시연 전략, 조직화 전략, 부호화, 정교화 전략, 심상법, PQ4R법

4 시험전략
- 일반적 시험전략: 학업적 준비, 물리적 준비, 태도 개선, 불안 감소, 동기 개선
- 특정 시험전략

5 전략중재모형
- 전략중재모형의 개념
- 전략중재모형 실행 절차

Chapter 7 학습장애 학생의 사회적 기술 및 지도

1 학습장애 학생의 사회적 기술의 결함 원인

2 사회적 기술 평가 방법
- 사회적 타당도에 따른 측정 방법 유형
  - 유형 1
  - 유형 2
  - 유형 3
- 사회적 기술 측정 방법
  - 자기보고법
  - 또래 지명법
  - 행동평정척도
  - 직접관찰법
  - 행동 간 기능적 연쇄성 분석법
  - 사회적 거리 추정법

3 사회적 기술의 지도
- 사회적 기술 지도 프로그램의 투입 전 고려사항
- 학습장애 학생의 사회적 기술지도
  - 사회적 기술 프로그램(스킬 스트리밍 프로그램)
  - 상황 맥락 중재
    - FAST 전략
    - SLAM 전략

Chapter

01 학습장애의 이해

01 학습장애의 개념

1. 장애인 등에 대한 특수교육법의 정의 10중특, 25초특

① 「장애인 등에 대한 특수교육법」에서는 “개인의 내적 요인으로 인하여 듣기, 말하기, 주의집중, 지각, 기억, 문제해결 등의 학습기능이나 읽기, 쓰기, 수학 등 학업성취 영역에서 현저하게 어려움이 있는 사람을 말한다.”와 같이 정의하고 있다.

② 「장애인 등에 대한 특수교육법」에서는 학습장애를 학습기능이나 학업성취 영역에서의 어려움이 있는 경우로 나누어 제시하고 있음을 알 수 있다.

㉠ 학습기능: 듣기, 말하기, 주의집중, 지각, 기억 및 문제해결을 포함한다.

㉡ 학업성취 영역: 읽기, 쓰기 및 수학이 포함된다.

자료

개인의 내적 요인

- 학습장애가 외부적인 요인(부적절한 교수, 열악한 환경 등)에 의해서 발생하는 것이 아니라, 개인에게 내재한 원인(기본 심리처리과정의 이상, 중추신경계 손상 등)으로 인하여 발생하는 장애라는 것이다(김애화 외, 2013).
- 개인 내적 원인이란 학습을 담당하는 뇌 신경계통의 기능상의 결함을 의미한다(한국학습장애학회, 2014).

2. 미국 장애인교육법(IDEA 2004)의 정의

① 미국의 「장애인교육법」은 학습장애를 ‘특정학습장애’로 표현하며 다음과 같이 정의하고 있다.
“특정학습장애란 언어, 즉 구어와 문어의 이해와 사용에 포함된 기본적인 심리과정 중 한 가지 또는 그 이상의 장애를 의미하는 것으로 듣기, 생각하기, 말하기, 읽기, 쓰기, 철자쓰기 혹은 수학계산에서의 불완전한 능력의 결함으로 나타난다.”

② 포함 장애: 특정학습장애는 지각장애, 뇌손상, 미세뇌기능장애, 난독증, 발달적 실어증 등의 조건을 포함한다.

③ 비포함 장애: 특정학습장애는 주로 시각장애, 청각장애 또는 운동장애, 지적장애, 정서장애 또는 환경적·문화적 및 경제적 실조에 의해 일차적으로 일어나는 학습문제는 포함시키지 않는다.

3. 학습장애 정의의 공통 요소 20초특

존재하는 다양한 학습장애의 정의는 유사하면서도 상이한 점이 존재한다. 그러나 다음과 같은 요소를 공통적으로 내포하고 있다.

Tip

학습장애로 선정되기 위해서는 지능이 정상이어야 한다.

(1) 평균 이하의 학업성취도

① 읽기와 쓰기 그리고 셈하기에서 평균 이하의 학업성취도를 보이는 학생이 모두 학습장애를 갖고 있다고는 할 수 없다.

② 반대로 평균 이상의 학업성취도를 보이는 학생이 학습장애로 판별될 가능성은 없다.

(2) 개인 내 차이

① 평균 이하의 학업성취도가 학업과 관련된 전 영역에 걸쳐 나타나는 것은 아니다.

② 이는 곧 많은 영역에서 평균 이상의 성취도를 보이지만 특정 영역에 대해서는 평균 이하의 성취를 보임을 의미한다.

(3) 중추신경계의 이상

① 지능이 정상임에도 불구하고 특정 영역에 있어서만 평균 이하의 성취도를 보이는 이유는 명확하지 않으나, 여러 가지 상황들을 고려했을 때 학습장애가 나타내는 특성들은 중추신경계의 이상에 의한 것으로 유추하고 있다.

② 미세뇌기능장애(Minimal Brain Dysfunction, MBD): 흔히 중추신경계의 이상은 그 장소와 범위를 명확히 파악할 수 없을 만큼 너무나 미약하다는 의미에서 미세뇌기능장애라고도 불린다.

(4) 기본인지처리의 이상

① 기본인지처리란 우리가 정보를 받아들이고 장기기억에 저장하기까지 그리고 장기기억에 저장된 정보를 인출하고 표현하기까지의 일련의 과정을 의미한다.

② 기본인지처리의 이상을 의심하는 이유: 정보의 습득 및 처리에 있어 중추적인 역할을 담당하고 있는 중추신경계의 이상은 인간이 정보를 습득하고 처리하는 과정에 이상을 유발하고 이로 인해 성취에 어려움을 보인다고 생각하기 때문이다.

(5) 다른 장애의 배제 20초특, 25초특

① 지능이 평균 이상임에도 낮은 학업성취도를 보인다고 해서 모두 학습장애로 판별해서는 안 된다.

② 감각장애, 운동장애, 지적장애, 정서장애로 인해 낮은 학업성취도를 보이는 경우 또는 환경적·문화적·경제적 실조에 의해 학습문제가 유발되었을 때는 해당 학생을 학습장애로 판별할 수 없다.

개인내차
개인 간 차이에 반대되는 것으로, 한 개인 안에서 그 개인이 가지고 있는 여러 가지 능력 간의 차이를 말한다. 언어능력은 떨어지나 수학이나 예능 방면에서는 우수한 성적을 나타내는 경우, 학업성취 능력은 부족하나 예체능 방면에 능력이 있는 경우 등을 가리킨다. 개인의 강점은 살리고 약점은 보완하는 학습 프로그램의 작성에 필요한 요소이다(특수교육학 용어사전, 2018).

기본인지처리
동 심리적 과정, 심리처리과정

학습부진아
학업성취 수준이 학습 가능성에 비하여 기대에 미치지 못하는 학생이다. 즉, 지능이 보통 수준이면서 내적·외적·기능적·환경적인 여러 이유로 학업성적이 저조한 학생이다. 교육 현장에서 학습부진은 학습장애와 혼동되는 경우가 있다. 그러나 학습장애는 지능이 보통 수준 이상이지만 개인 내적 요인으로 특정 영역의 학업성취도가 낮은 경우를 말하고, 학습부진은 정상적인 지적 능력과 학습 능력이 있지만 정서적 또는 사회·환경적 요인으로 학업 성취도가 낮은 경우를 말한다(특수교육학 용어사전, 2018).

학습지진아
지적 능력이 떨어져 학습에 어려움을 보이는 학생을 말한다. 느린 학습자(slow learner) 또는 경계선 지적 기능 학생이라고도 한다. 일반적으로 표준화된 지능검사 결과 지능지수(IQ)가 70~85에 속하고, 지적장애와 비장애의 경계선에 있다(특수교육학 용어사전, 2018).

4. 학습장애 학생의 특성

① 지각, 운동협응의 문제: 안구협응과 공간관계, 전경과 배경에 대한 지각 차이를 구별할 수 있는 능력 및 유사성을 인지하는 능력인 시지각에 주로 문제가 있기 때문에 과제를 성공적으로 수행하는 데 어려움을 겪는다.

② 기억력 문제: 일반학생들에 비해서 암기과제에 훨씬 큰 어려움을 보인다.

③ 사회·정서적 특성: 부정적 자아개념, 낮은 좌절 극복 의지, 불안, 사회적 위축, 사회적 거부, 과제의 회피, 자기관리 능력의 결함 및 수행력 지체 등의 문제를 보인다.

④ 학업적 특성: 초등학교 시절부터 능력과 성취도의 불일치를 보이기 시작한다.

⑤ 주의집중 특성: 학습장애 학생의 41~80%는 주의력 문제를 갖고 있는 것으로 추정된다.

02 학습장애의 분류

학습장애의 정의가 다양한 것처럼 지금까지 제안된 학습장애의 하위 유형에 대한 분류체계도 다양하다. 지금까지 제안된 대표적인 학습장애 하위 유형 분류 체계를 중심으로 살펴보면 다음과 같다.

KORSET 합격 굳히기 법률 및 학회에서 제시한 학습장애 하위 유형

구분	하위 유형	포함되는 장애 유형
장애인 등에 대한 특수교육법	1. 학습기능 영역	듣기, 말하기, 주의집중, 지각, 기억 및 문제해결
	2. 학업성취 영역	읽기, 쓰기 및 수학
한국특수교육학회	1. 발달적 학습장애	구어장애, 주의집중장애, 지각장애, 기억장애, 사고장애
	2. 학업적 학습장애	읽기장애, 쓰기장애, 수학장애
	3. 기타 비언어성 학습장애	–
미국 장애인교육법	1. 읽기장애	단어인지 읽기장애, 읽기 유창성 읽기장애, 읽기이해 읽기장애
	2. 쓰기장애	철자쓰기장애, 작문쓰기장애
	3. 수학장애	연산 수학장애, 문제해결 수학장애
	4. 구어장애	듣기장애, 말하기장애
	5. 사고장애	실행기능의 경험 및 인지전략 사용 능력의 부족, 자기조절 능력의 결함

실행기능

최선의 문제해결을 위해 어떤 전략을 언제, 어디서, 어떻게 적용할 것인지를 알고 적용하는 기능이다. 심리학자들이나 신경과학자들 사이에서는 인지 조절과 동일한 개념으로 사용되고도 있다. 문제해결 과정에서는 자신이 현재 어느 위치에 있는지를 알아 적절히 조절하는 자기점검과 자신의 행동을 계획하고 진행하고 평가하는 자기조절(self-regulation) 등이 있다(특수교육학 용어사전, 2018).

1. 발현 시점에 따른 분류

(1) 발달적 학습장애

학령기 이전 아동에게 나타나는 것으로 기본적 심리과정에서의 현저한 어려움으로 규정된다.

① 발달적 학습장애는 학업성취에 필요한 선행기술에 결함이 있는 경우를 의미한다.

② Kirk 등은 발달적 학습장애를 크게 1차 장애와 2차 장애로 구분한다.
   ㉠ 1차 장애는 주의집중장애, 기억장애 및 지각장애를 포함한다.
   ㉡ 1차 장애는 학생의 사고와 구어에 영향을 주게 되고, 궁극적으로는 2차 장애인 사고장애와 구어장애를 초래하게 된다.

(2) 학업적 학습장애

학령기 이후 학업과 관련된 영역, 즉 학업성취 영역에서 현저한 어려움을 보이는 경우에 해당된다.

① 학업적 학습장애는 읽기장애, 글씨 쓰기장애, 철자 및 작문장애, 수학장애 등을 포함하는 개념이다.

② 학업적 학습장애는 학습을 할 수 있는 잠재 능력을 지니고 있고 또한 적절한 교육적 기회가 제공되었음에도 불구하고 읽기, 쓰기(예 글씨 쓰기, 철자, 작문), 수학 영역에서 성취도가 현저하게 낮은 경우를 의미한다.
   - 즉, 특정 학습 영역에서 학업성취 수준이 심각하게 떨어지는지 여부가 학생의 학업적 학습장애 유무를 결정짓는 주요 기준이다.

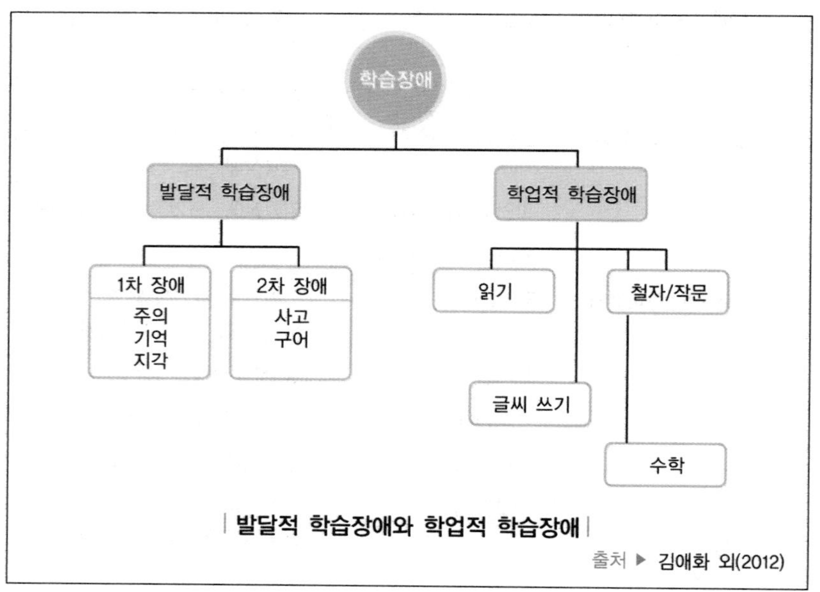

| 발달적 학습장애와 학업적 학습장애 |

출처 ▶ 김애화 외(2012)

2. 문제 영역에 따른 분류

(1) 언어성 학습장애

좌반구의 기능장애로 인해 언어능력에 심각한 문제를 갖는 상태의 학습장애를 의미한다.

① 말하기, 듣기, 읽기 및 쓰기와 관련된다.

② 대부분의 학습장애 정의에서는 언어성 학습장애, 즉 구어(말하기, 듣기)와 읽기, 쓰기를 학습장애의 주요 장애 영역으로 명시하고 있다.

(2) 비언어성 학습장애 11중특

언어능력에는 강점을 보이나, 뇌의 우반구 체계의 결함으로 인해 공간지각력, 운동능력, 사회성 기술과 같은 비언어적 능력에서 현저한 어려움을 보이는 경우를 말한다.

① Pierangelo 등이 제시한 비언어성 학습장애 학생이 결함을 보이는 네 가지 주요 영역은 다음과 같다.

㉠ 운동기능장애: 조정 및 균형 문제, 글 쓸 때의 운동 문제

㉡ 시각-공간-조직화 기능장애: 심상의 부족, 빈약한 시각 기억, 잘못된 공간 지각, 집행기능(정보 습득, 정보 해석, 정보를 토대로 결정하는 능력)의 어려움

㉢ 사회성 기능장애: 비언어적 의사소통을 이해하는 능력 부족, 전환이나 새로운 상황에의 적응 문제, 사회적 판단 및 사회적 상호작용 결함

㉣ 감각기능장애: 시각, 청각, 촉각, 미각, 후각 중 특정 감각에서의 민감성

② 비언어성 학습장애 학생들이 보이는 특성을 영역별로 살펴보면 다음과 같다.

㉠ 신경생리학적 특성

- 비언어적 학습장애가 보이는 일차적 문제는 촉각-지각, 시공간적 지각, 심리운동적 협응 그리고 주의력에서 나타나며, 이차적 문제로는 시각적 주의집중, 신체적 기능, 비언어적 정보의 기억, 문제해결 능력을 들 수 있다.
- 신경생리학적인 원인으로는 뇌 우반구의 발달에 있어서의 결손으로 추정되며, 우반구에 후천적 뇌손상을 입은 성인들에게서도 비언어적 학습장애를 가진 성인들과 같은 현상을 발견할 수 있다.

비언어성 학습장애

장애 정도와 발생 시기가 다양한 신경학적 발달장애로, 일정한 형태의 신경학적·심리학적·학업적 결함과 비언어성 정보를 효율적으로 처리하는 데 어려움을 겪는다. 뇌의 우반구 기능장애로 인한 학습장애를 지칭하는 용어이며 시공간 지각 문제, 소근육 운동 문제, 우울·불안 등의 심리·사회적 문제 등이 심각하게 나타난다. 언어성 학습장애에 비하여 상대적으로 언어적 강점이 있어 조기에 발견하기가 쉽지 않을 수 있다(특수교육학 용어사전, 2018).

ⓒ 의사소통 및 인지적 특성

- 비언어적 학습장애 학생의 대다수는 언어적 유창성과 기계적인 언어수용능력, 청각적 정보의 기억능력이 매우 발달되어 있다.
- 비언어적 학습장애의 인지적 결손은 특히 시지각적 부분과 공간 지각에서 눈에 띄게 나타나는데, 비언어적 학습장애집단은 비장애 집단보다 시각적 정보와 공간적 정보의 재생에서 크게 떨어지는 수행 수준을 보인다.
  - 전체와 부분의 공간적 개념을 이해하는 데 어려움이 있으므로 학습하기 전에 선행 조직자를 제공하는 것이 적절하다.

ⓒ 학습적 특성

- 학습적인 측면에서 비언어적 학습장애는 읽기독해, 수학적 논리력과 계산능력, 과학, 쓰기 분야에서 낮은 학업성취를 야기하는 원인으로 작용한다.
  - 논리적이고 복합적인 정보의 처리에 어려움이 있으므로 학습자료를 논리적인 순서로 세분화하여 제시하는 것이 필요하다.

ⓔ 사회·정서적 특성

- 비언어적 학습장애 학생은 학습장애의 다른 유형에 속하는 학생이나 비장애학생에 비해 상대적으로 심각한 사회·정서적 문제를 가질 수 있다.
  - 불안·우울 등의 감정 문제가 나타날 수 있으므로 정기적으로 관찰하고 상담해야 한다.
- 학령기의 사회적 기술의 발달 및 교우관계 형성 경험이 성인기의 사회적 적응과 밀접한 관계가 있음을 고려할 때, 이 학생들이 적절한 중재 없이 성인기에 돌입하는 경우 이들에게 반사회적 성향이나 정신질환적 문제, 중등 이상 교육에서의 자퇴 등이 일어날 높은 가능성을 제시하였다.
  - 적절한 대인관계를 형성하는 데 어려움이 있으므로 사회적 기술을 명시적으로 가르쳐야 한다.

③ 비언어성 학습장애 학생을 어떻게 지도해야 할 것인가에 대한 방안은 다음과 같다.

분야	개입 방안
학습 분야	• 직접교수법 형식에 따른 수업을 진행할 것 • 계산기와 구구단 표를 적절히 활용할 것 • 자릿값 훈련을 위해 칸과 줄이 있는 공책을 사용하게 할 것 • 수학적 개념의 내재화를 위해 수학노래 등 기억전략을 활용할 것 • 학습한 부분과 전체단원 간의 관계를 수시로 설명할 것 • 수학적 개념들 간의 관계와 차이점을 반복해서 가르칠 것 • 방향성 혼동을 교정하기 위해 연산기호나 등식을 다른 색으로 강조한 자료를 사용할 것
사회적, 대인관계 능력 향상	• 눈 맞추기, 인사하기, 도움 청하기 등의 상황에 적절한 화용기술을 직접교수 형식으로 가르칠 것 • 집단 속에서 학생에게 사회적 기술을 가르치고 훈련하기보다는 1 : 1의 교우관계를 맺는 법부터 가르칠 것 • 공통 화제의 범주 속에서 대화하는 훈련을 위해 자기감독전략 등의 기술과 화용기술을 구체적으로 가르칠 것

출처 ▶ 이대식(2020)

KORSET 합격 굳히기 **언어성 학습장애와 비언어성 학습장애의 강점 및 약점 비교**

구분	상대적 강점 영역	상대적 약점 영역
언어성 학습장애	• 비언어적 사고 추론 • 시각적 패턴 인식 • 시각적 정보 개념 • 공간적 정보의 분석과 종합 • 비언어적 전체-부분 개념 • 공간적 추론 • 장 · 단기 시기억 • 시각-운동 통합 • 소근육운동 기능 • 시지각 • 촉지각	• 언어적 정보와 자극 처리 • 수용적/표현적 어휘 • 청각적 주의집중 • 음의 변별 • 장 · 단기 청기억 • 중추 청기억 • 음의 계열성 • 단어 내의 아이디어 조직 • 구문론 • 의미론 • 듣기 이해 • 음운 인식

비언어성 학습장애	• 어휘력 발달 • 일반적 지식 • 구어적 제시 • 언어 유창성 • 청각적 주의집중 • 음 변별 • 단기 청기억 • 통사론 • 문법론 • 음의 순서(계열성) • 음운 인식	• 비언어적 사고와 추론 능력 • 패턴 인식과 재생 • 시각적 개념 정보 • 부분–전체 개념 • 시지각 및 촉지각 • 복잡한 과제 분석 • 공간적 추론 • 방향성 • 시간 · 공간 · 거리 · 속도 개념

출처 ▶ 김동일 외(2016)

KORSET 합격 굳히기 비언어성 학습장애 학생의 중재 지침

1. 비언어성 학습장애 학생의 장기 지원계획 수립과 협력 책임이 있는 임상가의 확인을 받을 것
2. 정확한 사정, 학생의 적응 위험, 맥락을 이용할 수 있는 자원에 근거한 계획을 수립할 것
3. 우선순위 설정, 한 번에 한두 가지 작업 지시를 하고 무리하지 말 것
4. 학생, 학교, 가족, 사회적 맥락에 다중 양식을 이용한 중재를 실시할 것
5. 비언어성 학습장애 학생의 강점과 취약점을 말해 주고 자기이해와 자기옹호 역량을 키워 줄 것
6. 특정 결함을 제거하는 것이 불가능할 수 있고, 학생의 전반적인 발달에 부정적인 영향을 미치는 것을 피할 수 있는 학습 양식을 찾기 어려울 수 있음을 수용할 것
7. 특히 정서적 적응과 관련된 2차적 증후의 발전으로 진행되는 것을 예방하기 위해 노력할 것
8. 발달적 관점에서 나이든 학생들의 인지기술의 최적화와 적응기술을 형성시켜 줄 것
9. 학생이 비구어적 의사소통 사인을 해석하도록 도와줄 것
10. 학습된 무력감에 대한 위험을 변화시키거나 줄이기 위해 적절한 자기효능감과 자기노력 귀인을 증가시킬 것
11. 대안적 전략을 제안하고 학생이 대처할 대안적 전략을 생각하도록 도와줄 것
12. 학생이 어려워하는 특정 상황과 관련된 상위인지 인식과 구어적 전략을 발달시킬 것
13. 어려움을 겪고 있는 영역의 기본적인 절차적 지식을 자동화하도록 할 것
14. 특히 시공간적 자료에 대한 학생의 작업기억 용량을 넘는 과부하를 피할 것
15. 복잡한 과제를 하위 주제로 나누고 학생이 구어적 자기교수를 이용하도록 도울 것

출처 ▶ 정대영(2020)

Chapter

02 학습장애의 원인과 진단 · 평가

01 학습장애의 원인

1. 신경학적 요인

① 출생 전후 및 출생 시에 얻게 된 뇌손상이나 뇌기능 장애로 추정하고 있다.

② 읽기과제 수행 시, 읽기장애를 가진 사람은 다음과 같은 특성이 나타난다.

㉠ 베르니케 영역과 각 회를 포함한 측두–두정엽 영역이 제대로 활성화되지 않는다.

㉡ 우반구의 측두–두정엽이 과도하게 활성화되는 것으로 나타났다.

㉢ 후두–측두엽이 제대로 활성화되지 않는 것으로 나타났다.

자료

브로카 영역과 베르니케 영역

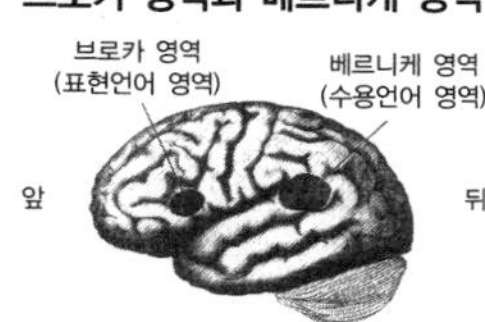

출처 ▶ Shaywitz(2011)

자료

읽기를 위한 뇌 시스템

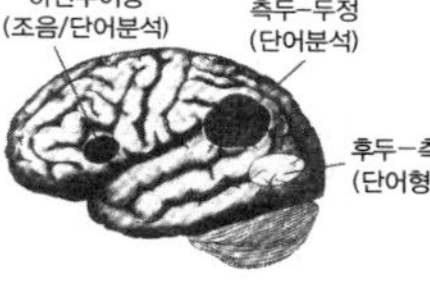

출처 ▶ Shaywitz(2011)

회(gyrus)

대뇌피질의 돌출한 표면을 '회'라고 부르며 들어간 부분 혹은 접힌 부분을 '구(sulcus)'라고 부른다(Ward, 2017).

2. 유전적 요인

학습장애가 유전과 관련이 있다는 것은 가계 연구와 쌍생아 연구를 통해서 어느 정도 확인할 수 있다.

① 가계 연구 결과 부모가 읽기장애를 가지고 있을 경우, 학생이 읽기장애를 가질 확률은 30~50% 수준이다.

② 쌍둥이 연구 결과 일란성 쌍둥이가 이란성 쌍둥이보다 학습장애를 가질 확률이 더 높다.

3. 의학적 요인

① 대표적인 의학적 요인으로는 임신 기간을 전후해 여러 가지 불미스러운 사건의 발생으로 뇌 신경세포의 성장과 기능에 부정적인 영향을 주는 경우가 있다.

② 조산, 미숙아, 임신 기간 중의 약물 복용 및 흡연 그리고 임산부의 각종 질병이나 감염 등을 예로 들 수 있다.

4. 환경적 요인

① 생애주기별로 뇌기능 장애의 가능성을 높여 학습장애 학생의 출산에 직·간접적인 영향을 줄 수 있는 요인으로 배제 조건에 해당하는 환경과는 구별되어야 한다.

예 임산부가 경제적인 이유로 태아 발육에 필요한 영양분을 충분히 섭취하지 못했을 경우, 각 신경감각세포 발육에 부정적인 영향을 끼칠 수 있다.

② 대표적인 환경적 요인으로 생후 초기의 심한 영양실조, 나쁜 양육태도와 출생 후의 건강관리, 10대의 임신, 약물 중독 등이 있다.

02 학습장애 진단 및 평가

1. 장애인 등에 대한 특수교육법 [21중특]

「장애인 등에 대한 특수교육법 시행규칙」의 제2조 제1항(장애의 조기발견)과 관련하여 별표에 명시되어 있는 학습장애의 진단·평가 영역은 다음과 같다.

① 지능검사

② 기초학습기능검사

③ 학습준비도검사

④ 시지각발달검사

⑤ 지각운동발달검사

⑥ 시각운동통합발달검사

03 학습장애 진단 모델

불일치 모델
동 능력-성취 불일치 모델

1. 불일치 모델

(1) 개념 [25초특]

① 불일치 모델은 1960년대부터 가장 많이 사용되어 온 전통적 모델이다.

② 학습장애를 '추정되는 지적 잠재력과 기본적 학습과정의 실제 학업성취 사이의 현저한 불일치'로 정의한다.

㉠ 능력-성취 불일치 개념은 학습장애가 '기대치 않은 저성취'를 보인다는 점을 강조하며, 기대치 않은 '저성취'를 보이는지 여부를 '능력-성취 불일치'를 통해 평가할 것을 제안하였다.

㉡ 이러한 형식의 진단은 소위 '능력-성취 불일치 모델'이라고 불리며, 최근까지 학습장애 진단과정에서 가장 많이 적용되었던 진단 모델이었다.

PART 05

(2) 유형

① 학년수준편차에 의한 판별

㉠ 또래들로부터의 지체 정도를 학년 수준으로 나타내는 것이다.

㉡ 이 방법은 기대되는 학년 수준과 실제 학년 수준 간의 차이를 산출하여 불일치 정도를 파악하는 것이다.

- 기대되는 학년 수준: 학생의 생활연령에 근거하여 산출된 학년
- 실제 학년 수준: 학생의 학업성취도 검사를 통해 산출된 학년규준 점수

홍길동	초등학교 3학년 (수학 학습장애 위험군으로 선별되어 진단・평가에 의뢰)
생년월일	2011년 1월 2일
검사 실시일	2020년 3월 2일
학업성취도 검사명	기초학습기능검사–셈하기
학업성취도 검사 결과	원점수(15) → 학년규준 점수(1.6)
진단공식 및 기준	학년수준편차 공식 (현저한 차이 기준: 1학년 이상)
학년수준편차 공식 적용	EGL(기대되는 학년 수준) − AGL(실제 학년 수준) = (CA-6) − 학년규준 점수 = 3.2 − 1.6 = 1.6 ※ EGL: CA(생활연령) − 6(숫자 6은 학교에 입학하기 전까지의 연수를 의미) ※ AGL: 학업성취도 검사의 학년규준 점수
진단 결정	불일치 점수로만 보았을 때, 학습장애로 진단할 수 있으나 학습장애로 진단하기 위해서는 배제준거 등도 함께 고려하여야 함

㉢ 현저한 차이의 기준으로는 두 점수 간의 차이가 1학년에서 2학년 차이가 날 때 현저한 불일치가 보인다고 평가한다.

㉣ 일반적으로 현저한 차이의 기준은 학년이 올라감에 따라 증가하는데, 학자마다 약간씩 다른 편차 기준을 제안한다.

예 초등학교 저학년의 경우 1.0학년, 초등학교 고학년은 1.5학년, 중학교는 2.0학년, 고등학교는 2.5학년 정도 실제 학년보다 뒤쳐질 경우

Tip

각각의 진단 모델에 적용되는 학습장애 진단공식은 여러 가지가 있으며, 이하 모든 진단공식은 암기사항이 아니다.

ⓜ 학년수준편차 공식은 다음과 같은 한계점이 있다.

- 이 방법은 학생의 지능과는 상관없이 단지 학생의 생활연령에 근거하여 기대되는 학년 수준을 산출하기 때문에 주로 지능이 낮은(IQ 70~90) 학생이 과잉 판별되는 반면, 평균 이상의 지능을 지니면서 학업에 어려움을 보이는 학생은 과소 판별되는 결과를 초래한다.
- 학년수준편차 공식은 학년 및 연령규준 점수를 등간척도 혹은 비율척도인 것처럼 사용하는 문제점이 있다.
  예 한 학년에서 2학년 차이는 다른 학년에서의 2학년 차이와는 다른 의미이다.
- 검사도구마다 학년규준 점수나 연령규준 점수가 다르다는 것을 간과하여 동일한 학년규준 점수 및 연령규준 점수를 사용함으로써 생기는 측정의 문제가 지적되고 있다.
- 평균으로의 회귀현상, 초등학교 저학년(특히 1, 2학년)과 중학교 이상의 학생에 적용될 경우 신뢰성이 떨어지는 점 등이 문제점으로 지적되었다.

회귀 효과
회귀 효과란 첫 번째 검사에서 낮은 점수를 받은 경우, 두 번째 검사에서는 평균과 근접한 점수를 받는 경향성을 말한다(Fletcher et al., 2014).

② 기대학령에 의한 판별

㉠ 학생의 생활연령뿐 아니라 지능 및 재학 연수 등을 고려하는 판별 방식이다.

㉡ 기대학령 공식을 사용하여 학습장애를 진단하려면 기대되는 학년 수준과 실제 학년 수준 간에 현저한 차이가 나야 하며, 학년수준편차 공식과 동일한 기준이 적용된다.

홍길동	초등학교 3학년 (수학 학습장애 위험군으로 선별되어 진단 · 평가에 의뢰)
생년월일	2011년 1월 2일
검사 실시일	2020년 3월 2일
학업성취도 검사명	기초학습기능검사-셈하기
학업성취도 검사 결과	원점수(15) → 학년규준 점수(1.6)
지능검사명	K-WISC-V
지능검사 검사 결과	전체 지능지수(100)
진단공식 및 기준	기대학령 공식 (현저한 차이 기준: 1학년 이상)

기대학력 공식 적용	$(YIS \times \frac{IQ}{100} + 1.0) - AGL$ $= (2 \times \frac{100}{100} + 1.0) -$ 학년규준 점수 $= 3 - 1.6 = 1.4$ ※ YIS : 검사 직전까지 학교에 재학한 연수 ※ AGL : 학업성취도 검사의 학년규준 점수
진단 결정	불일치 점수로만 보았을 때, 학습장애로 진단할 수 있으나 학습장애로 진단하기 위해서는 배제준거 등도 함께 고려하여야 함

ⓒ 기대학력 공식은 지능 및 재학 연수 등을 고려하여 기대되는 학년 수준을 계산함으로써 학년수준편차 공식의 문제점을 보완하려 하였지만, 근본적으로 학년수준편차 공식과 비슷한 통계적 문제를 지니고 있다.

- 기대학력 공식은 학년규준 및 연령규준 점수를 등간척도 혹은 비율척도인 것처럼 사용하는 문제점이 있다.
- 학년규준 및 연령규준 점수를 사용함으로써 생기는 측정적 문제가 있다. 예 검사도구별로 학년규준 점수나 연령규준 점수가 다름
- 기대학력 공식을 초등학교 저학년(특히 1, 2학년)과 중학교 이상의 학생에게 적용할 경우 신뢰성이 떨어진다.

③ 표준점수 비교에 의한 판별 [21초특]

㉠ 지능지수와 학업성취 점수를 표준점수로 변환하여 두 점수를 비교하는 방식으로 표준점수 공식 또는 차이점수 공식을 이용한다.

- 표준점수 공식은 지능지수와 학업성취 점수를 평균이 100이고 표준편차가 15인 표준점수로 변환한 후, 두 점수를 비교하는 것이다. 두 점수 간의 차이가 약 1~2표준편차일 때 현저한 불일치를 보이는 것으로 평가한다.
- 차이점수 공식은 지능검사와 학업성취도 점수를 Z점수로 변환한 후, 두 측정값의 차이를 표준오차로 나누어 산출하는 것이다. 이렇게 산출된 값과 이미 정한 불일치 기준값을 비교하여 현저한 차이 여부를 결정한다.

홍길동	초등학교 3학년 (읽기 학습장애 위험군으로 선별되어 진단 · 평가에 의뢰)
학업성취도 검사명	기초학습기능검사 – 읽기 II
학업성취도 검사 결과	원점수(29) → 학년별 백분위(16) → Z점수(−1) → 표준점수(85)
지능검사 검사 결과	전체 지능지수(표준점수 95) → Z점수(−0.33)

진단공식 및 기준	표준점수 비교 공식(표준점수 공식, 차이점수 공식) 현저한 차이 기준: 1SD → 표준점수 15점 차이
표준점수 공식 적용	지능검사의 표준점수(95) − 학업성취도검사의 표준점수(85) = 10
진단 결정	표준점수 15보다 작기 때문에 학습장애로 진단할 수 없음
차이점수 공식 적용	$\frac{(-1)-(-0.33)}{\sqrt{(1-0.98)+(1-0.84)}} = -1.57$
진단 결정	불일치 점수로만 보았을 때, 학습장애로 진단할 수 있으나 학습장애로 진단하기 위해서는 배제준거 등도 고려하여야 함

비교

검사도구의 상관계수와 진단 결과

두 검사 점수 간의 상관계수가 1이 아니기 때문에 지능점수가 평균 이상이더라도 학업점수는 낮게 추정될 수 있다. 이러한 문제 때문에 두 점수 간의 불일치된 표준점수를 이용하는 불일치 모델에서는 높은 지능을 가진 학생을 학습장애로 과잉 진단할 수 있다(2021 초등B-2).

㉡ 표준점수 비교 공식은 평균으로의 회귀현상의 문제를 내포하고 있다.

- 평균으로의 회귀현상은 두 측정값이 완전 상관이 아닐 때 나타나는 현상이다.
- 표준점수차이 공식은 지능지수와 학업성취점수의 완벽한 상관을 가정한다. 즉, 지능이 100인 학생은 학성성취점수도 100이고, 지능이 85인 학생은 학업성취점수도 85일 것이라는 점을 가정한다. 하지만 두 측정값이 완전 상관이 아닐 때, 지능이 100 이상인 학생의 학업성취점수가 지능보다 낮게 나타나는 경향을 보이는 반면, 지능이 100 이하인 학생의 학업성취점수는 지능보다 높게 나타나는 경향을 보인다. 이러한 평균으로의 회귀현상으로 인해 표준점수차이 공식은 지능이 높은 학생을 과잉 판별하고, 지능이 상대적으로 낮은 학생은 과소 판별하는 경향을 보인다.

④ 회귀공식에 의한 판별

㉠ 회귀분석에 근거한 잠재능력과 현 성취수준의 불일치를 비교하는 방식이다.

㉡ 특정한 지능검사 점수에 대해 회귀방정식을 사용하여 기대되는 성취수준을 계산한 다음, 실제 성취수준과의 차이를 비교하는 방식이다.

- 지능지수에 기초하여 설정된 기대 수준 범위에 실제 성취 수준이 포함되어 있지 않으면 학습장애로 진단한다.

㉢ 다른 방법과의 차이점은 기대수준을 결정할 때 학생의 현 지능지수를 근거로 통계적으로 좀 더 정확한 기대수준 범위를 결정하여, 현재의 성취수준이 그 범위에 포함되는가 여부를 알려 준다는 점에서 정확성과 통계적 적절성을 특징으로 하고 있다. 이를 통해 정규분포 곡선 상의 양 끝에 위치하는 사람들의 성취수준이 중앙으로 회귀하는 현상을 통제할 수 있다.

㉣ 회귀공식은 평균으로의 회귀현상과 측정의 오류를 고려하는 등 불일치 공식 중 문제가 상대적으로 적은 방법으로 평가된다.

㉤ 회귀공식을 이용한 판별 방법의 문제점은 다음과 같다.

- 회귀공식이 지닌 통계적 복잡성으로 인해 학교 현장에서 적용하는데 다소 어려운 결과를 초래하였다.
- 기대되는 학업성취 및 측정의 표준오차 그리고 신뢰구간 산출을 위해 요구되는 상관계수가 제시되지 않아 상관계수를 추정해야 하는 경우가 자주 발생한다. 상관계수를 추정할 경우, 불일치 결과의 타당성 및 일반화에 문제가 생긴다.

(3) 문제점

① 지능은 학생의 잠재 능력의 척도가 아니다.

- 현존하는 지능검사를 통해 얻어진 학생의 IQ를 진정한 학생의 잠재력이라고 할 수 있는가 하는 점이다.

② 불일치 점수의 신뢰성 문제와 불일치 공식 및 판단기준에 따라 학습장애 적격성 여부가 다르게 나타난다.

- 학습장애 관련 법이나 DSM-5와 같은 진단 시스템에서도 불일치 여부를 결정하기 위한 구체적인 공식이나 수치를 정해놓고 있지 않다. 따라서 어떤 공식을 이용하여 불일치를 산출하는가에 따라 학습장애로 판별된 학생의 수 역시 달라진다.

③ 진단 과정에서 학생의 교육적 요구 및 특성에 대한 파악이 중요한 비중을 차지하지 못하고, 진단 결과가 교수 계획에 주는 시사점이 부족하다.

- 심각한 불일치를 결정하기 위하여 표준화된 지능검사와 인지 측정을 이용하는 것은 일반적으로 학생의 교육과정과 교수 · 학습을 개선하는 것과는 상관이 없다.

④ 불일치가 얼마나 타당하게 학습장애와 학습부진을 차별화하는지에 대한 의문점이 남아 있다.

⑤ 표준화 검사도구의 심리측정적 특성상 만 9세 이전에 학습장애로 진단하기 어려워 조기 중재가 쉽지 않다.

- 불일치 모델은 학생의 학습문제가 심각하게 진행된 후에야 학습장애 적격성을 결정하기 때문에 '실패할 때까지 기다리는 모델'이라는 비판을 받는다.

⑥ 학생의 학교교육 이전의 교육경험에 대해 통제할 수 없으므로 내적인 원인으로 인한 학습의 어려움과 교육경험의 부족으로 인한 학습의 어려움을 차별화하는 것이 어렵다.

2. 중재반응 모델 09중특, 12초특

(1) 개념 10초특, 19초특, 21중특

① 중재반응(RTI) 모델은 교육 환경에서 제공되는 다양한 교육적 중재에 대한 학생의 반응을 교육과정중심측정(CBM)을 통해 연속적으로 평가하여 학습장애를 진단하는 모델이다.

㉠ 효과적인 교육적 중재를 제공했음에도 불구하고 학생이 중재에 반응하는 정도가 또래 학생들에 비해서 현저하게 낮을 때 학생을 학습장애로 진단한다.

㉡ 중재에 반응하는 것을 단순히 수행수준만 보는 것이 아니라 중재에 반응하는 정도를 볼 때 '이중불일치'를 사용한다.

- 이중불일치란 학생이 중재에 반응하는 정도에 있어 같은 반 학생들보다 낮은 성취수준을 보이면서 동시에 학습 진전도가 낮은 경우를 학습장애로 진단하는 것으로 학습의 수행수준과 발달 속도를 모두 고려하는 것이다.

㉢ 교육과정중심측정을 통해 진전도 모니터링을 할 수 있는 이유는 반복적인 측정 형식으로 인하여 난이도가 동등한 검사를 사용할 수 있기 때문이다.

- 동형검사는 문항의 내용, 유형, 문항 난이도가 유사해서 제공되는 중재에 대한 학생들의 진전도를 지속적으로 모니터링할 수 있다.

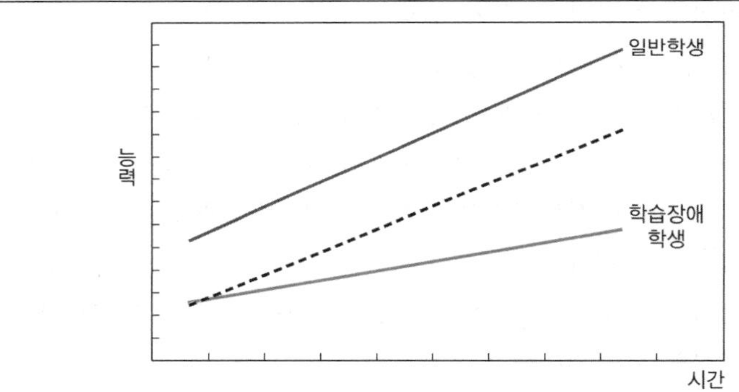

설명 맨 위의 실선은 일반학생의 발달을 나타내는 선이며 가장 아래의 실선은 학습장애 학생의 발달을 나타내는 선이다. 그리고 중간의 점선은 일반학생의 발달선과 평행한 선으로 일반학생보다 수행수준은 낮지만 발달률은 동일한 가상의 선을 의미한다. 시작점을 보면 일반학생과 학습장애 학생이 초기부터 차이를 나타내며 시간이 경과할수록 일반학생에 비해 학습장애 학생의 수행수준은 물론 발달률도 떨어짐을 알 수 있다. 따라서 학습장애 학생이 이중 불일치 문제를 가지고 있다는 것은 초기 수행수준의 차이와 발달률의 차이가 있음을 의미한다.

| 이중 불일치 현상 |

출처 ▶ 한국학습장애학회(2014)

② 그동안 학습장애를 판별할 때 검사를 실시하여 학생을 임상적으로 진단하는 것과는 달리 교육 현장에서의 교육에 초점을 둔 것으로 중재에 기초한 진단을 의미한다.

③ 조기 선별과 조기 중재를 강조한 모델로, 모든 학생들에게 교육 기회를 부여하고 장애를 예방하는 데 목적이 있다.

(2) 유형: 3단계 예방 모델

중재반응 모델은 일반적으로 연속적인 배치 단계에 의해 이루어진다. 학자마다 중재반응 모델의 단계는 2~4단계까지 다양하게 제시되고 있는데, 3단계 예방 모델이 가장 보편적으로 받아들여지고 있다.

비교

3단계 예방 모델의 내용

3단계 예방 모델의 단계별 내용은 학자마다 차이를 보인다.

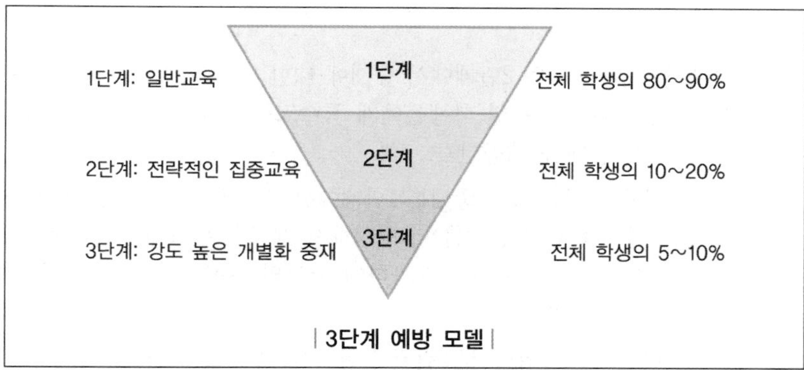

| 3단계 예방 모델 |

① 1단계 19초특, 21초특

㉠ 1단계는 일반학생의 학습능력보다 낮은 성취수준과 느린 성장속도를 보이는 학생을 선별하는 단계이다.

㉡ 일반교육환경에서는 모든 학생들이 일반교사로부터 과학적으로 검증된 교수법을 통해 중재를 받는다.

- 과학적으로 검증된 교수법이란 우수한 여러 연구에서 효과가 있는 것으로 입증된 교육 방법을 의미한다.

㉢ 이렇게 과학적으로 검증된 교수법으로 교육을 잘 받았음에도 불구하고, 반응을 보이지 않는 하위 약 20%에 해당되는 학생들은 1단계에서 2단계로 넘어가게 된다.

- 1단계에서 모든 학생들은 1년에 적어도 2~3번 정도 평가를 받으며 표준화검사, CBM, 관찰, 기타 검사들을 사용한다. 학생의 수행수준과 진전도율을 분석한 후, 교육의 효과가 없어 좀 더 전략적으로 중재가 제공되지 않는다면 기대되는 기준에 도달하지 못할 것이라고 결정되었을 때 2단계로 넘어가기 위해 선별된다.

자료

중재반응 모델 1단계 적용 결과

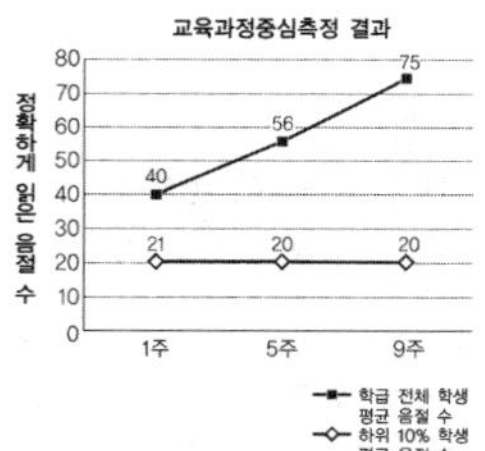

설명 위의 그래프는 중재반응 모델 1단계를 적용한 결과를 나타낸 것이다. 여기서 하위 10%에 해당하는 학생들을 대상으로 2단계 중재가 이루어진다.

출처 ▶ 2019 초등B-3 기출

② 2단계

㉠ 2단계는 교육과정에서 기대된 기준을 성취하지 못한 학생들에게 그들의 학습능력과 특성을 고려하여 전략적으로 집중교육을 제공한다.

㉡ 전략적 집중교육에서는 학생들의 요구에 맞추어 중재계획을 세워야 하고, 중재 결과는 CBM을 통해 적절한 간격으로 평가하고 진전도 모니터링을 해야 한다. 이 단계에서는 1단계보다 더 자주 진전도 모니터링을 하고 한 달에 적어도 두 번 이상은 평가해야 한다.

㉢ 중재 결과, 성공적인 학생은 다시 1단계로 가게 되지만 만일 학생이 2단계의 전략적인 집중교육을 잘 받았음에도 불구하고 기대 수준에 도달하지 못하면 3단계로 넘어가서 강도 높은 중재를 받게 된다.

③ 3단계

㉠ 3단계는 1단계와 2단계에서 중재에 대한 반응이 없었거나 기대된 기준을 성취하지 못한 학생들에게 특수교육 서비스와 같은 강도 높은 개별화 중재를 제공한다.

㉡ 이 단계의 강도 높은 중재는 1단계에서 제공했던 것과 2단계에서 지원되었던 전략적인 중재를 더 향상해서 제공할 수도 있고, 중재 빈도와 지속시간을 증가시켜서 제공하여 학생의 수행수준과 발달률을 촉진시킬 수도 있다.

㉢ 이 단계에서는 특별히 훈련된 일반교사, 특수교사 등이 가르치게 된다. 표준화된 평가, CBM, 오류분석, 면접, 관찰, 기능적인 행동평가 등 모두가 포함되며, 직접평가에 의해 측정하여 학생이 어느 면에서 결함이나 부족함이 있는지를 평가한다.

㉣ 이 단계는 학생이 학습장애인지 아닌지를 위해 진단・평가하는 의미의 성격을 지니고 있으며, 이 단계에서 성공을 하면 그 학생은 이전 단계로 갈 수 있고 성공하지 못한 학생은 학습장애 적격성 판정을 위해 특수교육 평가에 의뢰된다.

Tip

3단계가 일반교육인지, 특수교육인지에 대해서는 미국에서도 논의 중인 만큼 이를 고려할 필요는 없다.

비교

RTI와 학습장애 판별

- 한국학습장애학회(2014) : 본문 참조
- 김동일 외(2016) : 1~2단계를 거쳐 3단계에 이른 학생은 잠재적으로 학습장애로 규정하고 다학문적 평가 팀에 장애 정도 및 특수교육대상자 여부를 확인하기 위한 정밀 판별 절차를 의뢰한다.
- 김애화 외(2012) : 3단계 교육은 특수교육의 성격을 띨 수 있으며, 이는 3단계 교육의 대상자를 학습장애로 진단한다는 것을 의미한다.

3단계 예방 모델의 내용

단계	대상	프로그램	집단 구성	시간/담당자	평가
[1단계] 일반교육	모든 학생	• 일반교육 프로그램이 과학적으로 검증된 요소를 반영	다양한 집단 구성 활용 제안(대집단, 소집단, 협력교수, 또래교수 등)	• 일반교육과정에서 배정된 시간 • 일반교사	전체 학생을 대상으로 학습부진 위험학생을 선별하는 평가를 1년에 2회 실시(1학기 초, 2학기 초)
[2단계] 집중교육	전체 학생의 약 20% 학생	• 체계적이고 과학적으로 검증된 교육 프로그램 • 연습기회 확대, 지원 확대, 선수 개념 및 기술 교수 등 효과적인 교수 전략 사용 • 지속적인 성취도 모니터링	교사와 학생 비율이 약 1대 4~6 정도의 소집단 교수	• 1단계 교육을 받는 상태에서 부가적으로 매일 30분 교수 실시 • 학교에서 지정한 자	적어도 2주에 한 번 학생의 성취도 모니터링
[3단계] 개별화 중재	전체 학생의 약 5% 학생	• 집중적이고 과학적으로 검증된 교육 프로그램 • 효과적인 교수전략을 활용한 집중적 교수 실시: 집중적, 개별화 중재 • 지속적인 성취도 모니터링	교사와 학생 비율이 1대 3 이하 정도의 소집단 교수	• 1단계 교육을 받는 상태에서 부가적으로 매일 30분씩, 2회 교수 실시 • 학교에서 지정한 자(특수교사)	적어도 1주에 한 번 학생의 성취도 모니터링

출처 ▶ 한국학습장애학회(2014)

2단계 집중교육
김애화 등(2012)의 문헌에는 '지원교수'로 제시되어 있다.

PART 05

(3) 장점 20초특, 25초특

① 장애 위험이 있는 학생들을 불일치 모델보다는 조기에 발견하여 교육하기 때문에 실패할 때까지 기다리는 것을 최소화한다.

- 문제해결접근방법을 사용하여 초기에 판별이 가능하기 때문에 판별을 위해 학생이 '실패를 기다리는' 일을 감소시킬 수 있다.

② 학습장애를 과잉 혹은 잘못 판별하는 것을 감소시킬 수 있다.

㉠ 사회, 경제, 문화적 요인으로 학업문제를 가진 학생들이 학습장애로 판별될 가능성을 감소시킬 수 있으며, 조기 중재가 이루어지기 때문에 학습장애로 판별되는 것을 감소시킨다.

㉡ 문화적으로나 언어적으로 다른 소수민족 학생들에 대한 장애학생으로의 과잉판별을 줄일 수 있다.

③ 학생의 결함에 초점을 맞추는 것이 아니라 학생을 더 성공하도록 하는 방법을 찾는 데 초점을 맞춘다.

④ 교육과정중심측정과 학생의 진전에 대한 지속적인 모니터링을 통하여 학생 판별의 전통적인 방법보다 수업에 관련된 자료를 더 많이 제공한다.

⑤ 교육을 하고 평가를 하여 학생들의 수행수준과 진전도를 점검하고 교육에 반영하기 때문에 교육 – 평가 – 교육계획을 서로 유기적으로 연계시킬 수 있다.

자료

문제해결접근방법

- 중재반응 모델은 학습 문제를 해결하기 위해 일단 효과적인 개입을 투입하고 본다는 측면에서 문제해결식 접근이라고도 할 수 있다(이대식, 2020).
- 기존의 학습장애 선별 방법이 특정 시점에서의 또래 간 횡단적인 자료 분석에 근거하고 있다면, 중재반응 모델은 효과적인 교육을 투입하고 난 후 서로 다른 두 시점에서 그 영향을 분석 대상으로 하고 있다는 점에서 종단적인 문제해결식 접근이라고 할 수 있다(김동일 외, 2016).

(4) 문제점

① 현재까지 읽기를 제외한 나머지 학업 영역(예 쓰기, 수학)에서는 과학적으로 검증된 교수 프로그램에 대한 연구가 부족하다. 읽기를 제외한 나머지 학업 영역에서 학습장애 위험군 선별 검사 및 학업성취 진전도 검사가 부족한 상황이다.

② 명확한 기준 및 효과적인 중재 방안이 마련되어 있지 않다. 연구를 통해서 각 교과별로 혹은 적어도 읽기, 수학, 쓰기 영역에서만큼은 과학적이고 질적으로 우수한 교수가 어떤 것들이며 어떤 구성 요소들을 담고 있어야 하는지에 대한 명확한 기준이 제시되어 있어야 하고 효과적인 중재 방안이 마련되어야 한다.

③ 중재반응 모델은 학습장애 위험군 학생에 대한 예방 모델로서의 기능을 하고 이를 위한 절차를 명확하게 제시하고 있으나, 실제 학습장애 학생을 진단하기 위한 형식적인 절차를 명확하게 제시하지 못하는 상황이다.

- 즉, 언제, 어떠한 결과를 토대로 학습장애 위험군 학생을 학습장애 학생으로 진단할 것인가, 중재에 반응하지 않음에 대한 기준을 무엇으로 할 것인가 등에 대한 명확한 답을 제시하고 있지 못하는 상황이다.

④ 학습장애 학생들은 중추신경계의 결함으로 인한 기본적인 심리과정상의 문제가 지적되어 왔음에도 불구하고 중재반응 모델은 이것과 관련해서 어떤 정보도 제시하지 못한다.

3. 저성취 모델

① 저성취 모델은 학업성취에 대해 절선점수(cut point)를 정하고 이를 기준으로 학습장애 적격성을 결정하는 모델이다.

② 일반적으로 지능지수가 지적장애 기준(약 70 이상)보다 높으면서 학업성취도가 16~25 백분위 이하에 속하는 학생을 판별한다.

홍길동	초등학교 3학년
생년월일	2011년 1월 2일
검사 실시일	2020년 3월 2일
학업성취도 검사명	기초학력검사(KNISE-BAAT)−읽기(가형)
학업성취도 검사 결과	전체 원점수(60), 백분위(16)
지능검사명	K-WISC-V
지능검사 검사 결과	전체 지능지수 85
진단 모델 및 기준	저성취 모델 (진단기준: 지능 70 이상, 학업성취도 16 백분위 이하)
진단 결정	학습장애로 진단 가능함

③ 저성취 모델은 능력−성취 불일치를 보이는 학생과 능력−성취 불일치는 보이지 않으나 학업성취도가 낮은 학생은 차이점보다 공통점이 많다는 일련의 연구 결과로부터 도출된 모델이다.

- 여러 연구결과에 따르면, 이 두 집단은 인지적 특성(지능, 작동기억 등) 및 학업성취도에서 많은 차이를 보이지 않는 것으로 나타났다.

④ 저성취 모델에서는 학업성취도 결과 자체를 진단의 중요한 기준으로 활용한다.

⑤ 저성취 모델은 적용하기 용이하다는 장점이 있다.

⑥ 저성취 모델의 단점은 다음과 같다.

㉠ 학습장애로 인한 기대하지 않은 저성취와 다른 요인(교육경험, 사회 경제적 요인 등)으로 인한 저성취를 차별화하기 어렵다.

㉡ 학업성취도 평가 과정에서 하나의 검사도구만을 활용할 경우 저성취 모델의 신뢰성에 관한 문제를 제기할 수 있다.

- 저성취 모델은 한 차례 실시한 학업성취도 평가의 결과가 정해진 기준(절선점수)보다 낮은 학생을 학습장애로 판별하기 때문에, 평가도구의 측정 오류에 관한 문제와 학습장애 판별 기준이 임의적이라는 점 등에서 능력-성취 불일치 모델과 비슷한 문제점을 지닌다.

인지처리 결함 접근
동 인지처리과정 결함 접근

4. 인지처리 결함 접근법

(1) 개념 13중특

① 인지처리 결함 접근법은 인지적 처리과정 변인이나 해당 교과 기본 학습 기능에서의 수행 정도를 바탕으로, 개인 내 혹은 개인 간 여타 기능의 수행 정도와 어떤 차이가 있는지 그리고 그러한 차이가 해당 교과의 학업성취도 차이를 얼마나 설명하는지 등을 확인하는 방법이다.

㉠ 학생의 인지적 처리과정 특성을 분석하여 학업성취의 문제가 학생의 기본인지처리 과정에 의한 것으로 확인되면 학습장애로 진단한다.

㉡ 학습장애를 진단할 때 학업성취도뿐 아니라 인지처리를 평가할 것을 강조하는 모델이다.

② 인지처리 결함 접근법은 다음과 같은 연구들의 결과로부터 타당성이 지적되었다.

㉠ 학습장애는 인지처리 결함을 지니므로 진단 과정에서 인지처리 능력을 평가해야 한다. 중재에 반응하지 않은 학생은 다른 집단에 비해 인지처리(음운인식, 빠른 자동 이름대기, 언어지식, 처리속도, 어휘 등) 능력이 떨어지는 것으로 나타났다.

㉡ 학습장애 학생의 중재에 대한 반응 여부는 중재 이전에 실시한 사전 평가 점수로 예측이 가능하므로 학습장애를 진단하기 위해서는 학업성취 및 인지처리 능력을 파악하는 것이 중요하다. 특히 사전에 측정하였던 읽기 성취검사(단어인지 성취검사, 읽기이해 성취검사)와 읽기 인지처리검사(빠른 자동 이름대기, 음운기억 검사) 결과가 중재에 대한 반응을 예측하는 중요한 변인인 것으로 나타났다.

자료

사전 평가 점수와 중재반응 여부

Tran 등이 중재에 반응한 학생과 중재에 반응하지 않은 학생의 특성을 비교한 13편의 연구 결과를 분석한 결과, 사전 평가 점수가 중재에 대한 반응을 예측하는 중요한 변인인 것으로 나타났다. 특히 사전에 측정하였던 읽기 성취검사와 읽기 인지처리검사 결과가 중재에 대한 반응을 예측하는 중요한 변인인 것으로 나타났다(한국학습장애학회, 2014).

(2) 전제 사항

인지처리 결함 접근은 적어도 세 가지 사항을 전제로 한다.

① 특정 인지처리 결함은 전반적인 인지능력과 비교적 독립적으로 특정 교과 영역의 학습에 영향을 미친다.

② 특정 인지처리 결함은 외적인 요소, 즉 심리적 동기나 학습 기회 등과 같은 요인에 직접적인 영향을 받지 않는 개인 내적 특징이다.

③ 처리과정은 검사도구 등 다양한 측정방법을 통해 그 수행 정도를 나타낼 수 있다.

(3) 학습장애 진단 과정

① 읽기 성취(단어인지 성취도, 읽기 유창성 성취도, 읽기이해 성취도) 평가를 실시하여 저성취를 확인해야 한다.

② 읽기 인지처리능력(단어인지 인지처리, 읽기 유창성 인지처리, 읽기이해 인지처리) 검사를 실시하여 낮은 점수를 확인하여야 한다.

읽기 성취검사와 읽기 인지처리능력 검사의 세부내용 예시

	읽기 영역		
	단어인지	읽기 유창성	읽기이해
읽기 성취검사	단어인지 성취검사	읽기 유창성 성취 검사	읽기이해 성취검사
읽기 인지처리 능력검사	• 자모지식 검사 • 빠른 자동 이름 대기 검사 • 음운기억 검사 • 어휘 검사	• 빠른 자동 이름 대기 검사 • 어휘 검사	• 문장 따라 말하기 검사 • 듣기이해 검사 • 어휘 검사

출처 ▶ 김애화 외(2014)

③ 지능지수가 70 이상임을 확인하여야 한다.

- 읽기 성취검사와 읽기 인지처리능력 검사의 결과가 기준 이하이면서 지능지수가 70 이상일 때 단어인지 읽기장애, 읽기 유창성 읽기장애, 읽기이해 읽기장애로 진단한다.

④ 읽기 성취도의 저성취는 다른 장애의 결과로 나타나는 것이 아님을 확인하여야 한다.

(4) 장단점

① 학습장애 역사를 충실히 반영하고 있다.

- 미국 2004년 「장애인교육법」에 명시된 학습장애 정의에 따르면, 학습장애는 기본인지처리의 이상으로 인해 읽기, 쓰기, 철자, 수학, 듣기, 말하기에 어려움을 보이는 것이다. 여기서 '기본인지처리'는 '인지처리'와 동일한 개념이다.

② '무엇무엇이 아닌 것이 학습장애다.'라는 현재의 소극적 접근보다 '학습장애란 무엇이다.'라고 규정하고 이를 직접 측정하려는 적극적인 접근이다.

③ 학습장애 선별을 위해 중재에 대한 반응 결과를 계속 기다릴 필요가 없다.

- 불일치 기준을 적용하기 위해서는 적어도 2년 이상의 학령기가 지나야 하며, 중재반응 모델 역시 최소한 6개월의 중재 기간과 충실한 중재가 전제되어야 한다.

④ 지금 당장 자신의 필요에 맞는 수업을 받고 있어 그 결과로 읽기의 특정 영역(예 단어 읽기)에서는 학업성적이 두드러지게 또래와 차이가 나지 않지만 다른 특정 영역(예 독해)에서는 차이가 나는 학생들을 가려낼 수 있다.

⑤ 중재 프로그램 기획에 도움을 줄 수 있다.

⑥ 인지처리 결함 접근법은 이론적으로나 실제적으로 아직 충분한 근거가 확립되어 있지 않다는 문제점이 있다.

KORSET 합격 굳히기 읽기 인지처리능력 검사의 하위 검사 종류 및 내용

음운인식	• 음운인식이란 구어에서 사용되는 여러 말소리들을 지각하고 조작할 수 있는 능력을 의미한다. • 음절 인식, 음절체-종성 인식, 초성-각운 인식, 음소 인식 등으로 구성된다. 예 들려주는 낱말 3개를 잘 듣고, 첫 글자가 다른 낱말을 찾아보세요.(음절 인식) / 들려주는 3개의 낱말을 잘 듣고 /누/로 시작하는 낱말을 말해 보세요.(음절체-종성 인식)
자모지식	• 자모지식이란 알파벳을 구성하는 자음과 모음의 이름을 알고 정확하게 소리낼 수 있는 능력을 의미한다. • 자음 이름, 모음 이름, 초성 소리, 종성 소리 등을 말하게 한다. 예 지금부터는 낱자의 이름이 아니라 그 낱자가 어떤 소리를 내는지 말해 보겠습니다. 카드에 있는 'ㄱ'을 짚으며, 이 글자가 첫소리에 쓰이면 어떤 소리가 나는지 말해 보세요.(초성 소리)
빠른 자동 이름대기	• 빠른 이름대기란 매우 친숙한 시각적 자극(예 숫자, 글자, 사물 색깔 등)을 최대한 정확하고 빨리 읽는 능력이다. • 색깔 빠른 이름대기, 숫자 빠른 이름대기 등으로 구성된다. 예 여기에 있는 색깔의 이름을 최대한 정확하고 빠르게 말합니다.(색깔 빠른 이름대기)
음운기억	• 음운기억이란 음운정보를 기억하고 처리하는 능력을 의미한다. • 숫자 바로 따라 하기, 숫자 거꾸로 따라 하기 등으로 구성된다. 예 들려주는 숫자를 잘 들은 후 바로 따라 합니다.(숫자 바로 따라 하기) / 들려주는 숫자를 잘 들은 후 거꾸로 따라 합니다.(숫자 거꾸로 따라 하기)
어휘지식	• 어휘지식이란 어휘를 얼마나 많이 알고 있는지에 대한 능력을 의미한다. • 반대말, 비슷한 말 등으로 구성된다. 예 들려주는 낱말을 듣고 반대말을 말해 주세요.(반대말)
문장 따라 말하기	• 의미나 통사처리(문법능력)와 같은 언어 능력과 음운정보의 저장 및 처리를 얼마나 정확하게 하는지 측정한다. 예 선생님이 문장(말)을 들려줄 거예요. 그러면 길동이가 잘 듣고 그 문장(말)을 그대로 따라 해보세요. 자, 그럼 듣고 따라 해보세요! '가방이 책상에 있다'
듣기이해	• 듣기이해는 들은 내용의 의미를 파악하고 이해하는 능력을 의미한다. 예 들려주는 글을 잘 듣고, 다음에 나오는 질문에 답을 해주세요.

출처 ▶ 우정한 외(2018)

Chapter

03 읽기장애 및 읽기지도

01 읽기 및 읽기장애의 이해

1. 읽기의 개념

> 해독(decoding)
> 해독이란 낱자(군)-소리의 대응 관계를 활용하여 낯선 또는 모르는 단어를 읽는 과정을 의미한다(김애화 외, 2013).
> 동 음독

① 읽기란 해독과 독해를 포함하는 용어이다.

② 읽기의 궁극적 목적은 읽기이해이다.

2. 읽기 교수 영역

영역	내용
읽기 선수 기술	• 향후 읽기 능력을 갖추기 위해 필요한 선수 기술 • 활자지식, 자모지식, 음운인식, 듣기이해를 포함하는 개념
단어인지	단어를 빠르게 소리 내어 읽고, 단어의 의미를 파악하는 능력
읽기 유창성	글을 빠르고 정확하고 표현력 있게 읽는 것
어휘	개별 단어에 대한 지식뿐 아니라 문맥에서 단어의 의미를 유추하고, 단어와 단어 사이의 연관성 이해 및 문맥에 적절한 단어를 활용하는 능력을 포함
읽기이해	• 글과의 상호작용을 통해 글의 의미를 파악하는 능력 • 읽기 교수의 궁극적인 목적

3. 읽기장애

> 읽기장애
> 읽기수행(예 정확성, 속도, 이해)이 생활연령, 지능, 교육 정도에 비하여 유의미하게 뒤떨어지는 것이다. 읽기장애의 하위 부류 중에서 언어 발달 지체와 가장 관련이 큰 장애로 여겨지고 있다. 특성상 학령기 전에는 진단되는 경우가 적고 학령기 이후에 발견되는 경우가 많다. 또한 지능이 높은 읽기장애 학생의 경우 저학년에서는 발견되지 않다가 고학년이 되어서 진단되는 경우가 많다. 읽기장애를 보이는 학생들은 철자의 왜곡, 대치, 생략을 빈번하게 보이며, 읽는 속도가 느리고 읽은 내용을 잘 이해하지 못하는 등의 특징을 보인다. 실어증과도 관련이 있으며 좌두정엽의 문제가 원인이 되기도 한다(특수교육학 용어사전, 2018).

(1) 읽기장애의 하위 유형 22초특

읽기장애는 단어인지 읽기장애, 읽기 유창성 읽기장애, 읽기이해 읽기장애로 분류된다(미국장애인교육법 기준).

단어인지 읽기장애	개별 단어를 정확하게 읽는 데 어려움을 갖는 것
읽기 유창성 읽기장애	글을 빠르고 정확하게 읽는 데 어려움을 갖는 것
읽기이해 읽기장애	글을 읽고 내용을 파악하는 데 어려움을 갖는 것

(2) 읽기 문제의 원인

자료

읽기 문제의 원인

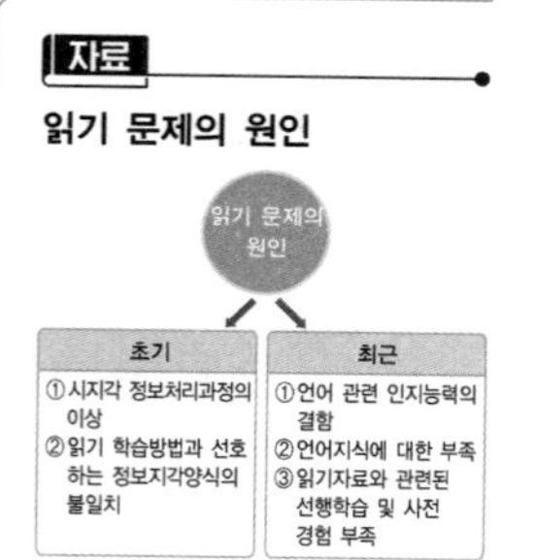

① 언어 관련 인지능력 결함

㉠ 음운인식 능력 결함

- 학생이 학습을 통해 획득하게 되는 자모와 음소의 대응관계에 대한 지식 그리고 이들 자모를 결합하여 하나의 소리단위로 만들어 낼 수 있는 능력이 결여되어 있다.

㉡ 단기기억 문제

- 학습장애 학생들은 일반학생들보다 단기기억에 있어 결함을 갖는다.
- 시각과제 관련 단기기억보다는 청각과제 관련 단기기억이 더 심하다.
- 읽기과정에서 단기기억력은 현재 읽고 있는 내용에 대한 이해와 이전 내용 간의 관련성을 파악하는 데 중요한 인지적 기반이 된다.

② 언어지식 부족

㉠ 어휘력 부족

- 읽기 자료에 포함된 핵심 어휘뿐만 아니라 관련 어휘에 대한 지식이 없는 경우, 읽기 유창성과 읽기 이해력에 부정적 결과를 초래한다.
- 글 내용을 자신의 주관적 입장에서 왜곡하여 이해하는 오류행동을 일반학생보다 더 많이 나타낸다.

㉡ 의미론 부족

- 문맥의 적절한 활용은 낯선 단어를 접하게 되는 경우, 단어 이해와 관련하여 긍정적 영향을 미친다.
- 일반적으로 학습장애 학생들은 일반학생들보다 주어진 맥락 정보를 적절히 활용하는 데 있어 상대적 어려움을 보인다.

㉢ 구문론 부족

- 학습장애 학생의 경우 일반학생보다 문장구조에 대한 이해력이 상대적으로 낮은 것으로 보고되고 있다.

구문론
문장을 구성하는 요소들 간의 관계를 규정하는 규칙에 관한 연구 분야

③ 읽기자료 관련 선행학습 및 사전경험 부족

㉠ 읽어야 할 내용과 관련해 적절한 지식이나 경험을 가지고 있을 때 자료에 포함된 내용을 이해하는 것이 훨씬 용이할 수 있다.

㉡ 학습장애 학생들은 일반학생들보다 관련 지식이나 경험이 부족하므로 읽기 수행에 심각한 어려움을 겪는 것으로 보고되고 있다.

- 학습장애 학생들의 누적된 학습 실패 경험은 상대적으로 지식기반의 결함을 가져온다. 그리고 이와 같은 결과는 새로운 내용에 대한 읽기 수행에 부정적인 영향을 미치게 된다.

- 학습장애 학생은 사회경제적 수준이 낮은 가정 배경을 가지고 있는 경우가 많이 있고, 이러한 낮은 사회경제적 배경은 빈약한 사회적 경험을 초래할 가능성이 많다. 빈약한 사회적 경험은 다양한 내용에 대한 읽기 활동을 요구하는 학교학습에서 부정적인 영향을 미칠 가능성이 있다.
  - 읽어야 할 자료 내용에 대한 사전지식이나 경험이 있는 경우에도 학습장애 학생들은 전체 주제와 관련하여 자신의 사전지식 및 경험을 연결시키기보다는 읽기 자료에 포함된 부분적 내용을 자신의 사전지식 및 경험과 연결시키려는 경향을 보인다.
  - 학습장애 학생들의 성공적인 읽기 활동을 도와주기 위해서는 읽어야 할 자료 내용과 관련된 배경지식이나 경험을 체계적으로 활성화시켜 주는 것이 필요하다. 이를 위해 교사는 관련된 배경지식이나 경험을 직접 설명해 주거나, 학생들이 각자 자신의 경험을 이야기할 수 있도록 활동을 구조화해 줄 수 있다.

(3) 읽기 문제의 진단과 평가

① 읽기학습 진단 시에는 두 가지를 먼저 고려해야 한다.

㉠ 첫째, 진단 목적을 명료하게 설정하고 그에 맞는 도구, 방법, 절차 등을 결정해야 한다.

㉡ 둘째, 읽기학습 진단 요소를 빠짐없이 찾아내야 한다.

② 대체로 한글 읽기 진단 항목에는 다음과 같은 요소들이 포함되어야 한다.

㉠ 한글 소리에 대한 인식

㉡ 한글 자・모음과 이에 대응하는 소리, 이름 알기

㉢ 무의미 단어 읽기 [25초특]

- 무의미 단어 읽기는 친숙한 단어가 갖는 제한점을 극복하고 문자적인 정보를 낱자-소리의 대응관계를 적용시켜 구두 언어적 정보로 바꿀 수 있는지를 보다 정확하게 측정할 수 있다.
- 무의미 단어 읽기 결함이 읽기장애 학생의 대표적인 특성임을 강조하는 연구도 있다.

㉣ 한글 낱글자 읽기 난이도별(받침 유무, 글자 수, 낱말의 사용 빈도 등) 읽기 유창성

㉤ 어휘

㉥ 이야기 글을 읽고 난 후 혹은 듣고 난 후 이해하기

자료

무의미 단어 읽기검사

친숙한 단어는 단어 전체를 장기기억에 저장된 음운부호에 대응시키는 시각 읽기가 가능하므로 순수한 낱자-소리 대응기술을 측정하는 도구로 사용할 수 없다. 그러므로 무의미 단어는 음운처리 능력을 보다 정확하게 측정하게 될 것이다. 또한, 읽기에 문제가 있는 아동은 무의미 단어 읽기에 많은 오류를 범하며 이는 읽기 수준과 상당히 상관이 높고, 독해력과 매우 밀접한 관련이 있다(송종용, 1999; 정운기 외, 2003 재인용).

KORSET 합격 굳히기 **단어인지 이중 경로 모형**

1. 이중 경로 모형 이론에 따르면, 학생들이 단어인지에 사용하는 전략은 크게 두 가지로 나뉜다.
   ① 첫째는 음운경로인데, 학생들은 단어의 표기적 표상을 자소-음소 대응관계의 규칙성을 이용하여 음운적 코드로 변환한 후, 그 발음에 해당하는 단어를 찾는 과정을 거친다.
   ② 둘째는 직접인출인데, 학생들은 단어의 표기적 표상을 보고 어휘집으로부터 전체 단어를 직접 인출하는 과정을 거친다.
2. 이중 경로 모형을 적용하여, 읽기장애 학생이 일반 학생에 비해 의미 단어 읽기 능력은 비슷하지만 무의미 단어 읽기 능력이 부족한 것은 읽기장애 학생의 음운적 처리의 문제로 인한 것으로 해석하였다.
   - 왜냐하면, 의미 단어는 어휘경로와 음운경로를 이용하여 처리할 수 있는 데 반해, 무의미 단어는 심성어휘집에 저장되어 있지 않기에 음운부호로만 처리해야 하기 때문에, 이러한 음운처리 능력에 결함을 갖는 읽기장애 학생은 무의미 단어 읽기 능력이 부족하다는 것이다.

출처 ▶ 김애화 외(2010)

PART 05

02 읽기 선수 기술

읽기 선수 기술이란 향후 읽기 능력에 영향을 미치는 기술로, 향후 읽기 능력에 영향을 미치는 활자지식, 자모지식, 음운인식, 듣기이해 등을 포함한다. 일반적으로 초등학교 취학 전에 중요하게 다루는 기술이다.

1. 활자지식

활자지식
동 프린트 인식, 활자 개념

(1) 개념

① 활자지식이란 활자의 기능에 대한 지식으로 글자와 낱말이 그림이나 다른 부호들과 다르다는 것을 이해하고, 책의 기능과 사용법에 대해 이해하는 것을 의미한다.

② 읽기는 활자라는 매체를 사용하므로 말(구어)과 글의 관련성을 알게 되는 첫 단계는 활자가 그림이나 다른 부호들과는 다르다고 인식하는 것이다.

(2) 하위 기술

활자지식의 하위 기술	예시 과제
책 오리엔테이션	책의 앞면, 뒷면 식별하기
활자 대 그림	어디를 읽어야 하는지 가리키기(그림이 아닌 활자를 가리켜야 함)
활자 읽는 방향	책을 읽을 때 왼쪽에서 오른쪽으로 읽는 것을 알고, 손가락으로 책 읽는 방향 가리키기
소리-단어 연결	교사가 읽는 단어를 손가락으로 가리키기
글자, 단어, 문자	단어의 경계를 알고, 단어가 시작되는 부분과 끝나는 부분을 손가락으로 가리키기
문장 부호	마침표의 의미 알기

출처 ▶ 김애화 외(2013)

2. 자모지식

(1) 개념

① 자모지식이란 자음자와 모음자의 이름에 대한 지식, 자음자와 모음자의 소리에 대한 지식, 자음자와 모음자의 이름과 소리를 빠르고 정확하게 인출하는 능력을 의미한다.

② 자모지식은 단어인지에 대한 높은 예측력을 지닌 변인이다(단어인지와 높은 상관이 있다).

(2) 하위 기술

자모지식을 구성하는 하위 기술에는 같은 자모 인식, 자모 이름 암송, 자모 이름, 자모 소리가 있다. 이 중 자모 이름과 자모 소리가 향후 읽기 능력을 예측하는 중요한 변인으로 보고되었다.

자모지식의 하위 기술	예시 과제
같은 자모 인식	자음자와 모음자의 이름을 듣고 해당 자모 가리키기
자모 이름 암송	자음자와 모음자의 이름을 순서대로 암송하기
자모 이름	무작위 순서로 제시된 자음자와 모음자를 보고 이름 말하기
자모 소리	무작위 순서로 제시된 자음자와 모음자를 보고 소리 말하기

출처 ▶ 김애화 외(2013)

자료

활자지식에 포함되는 것

- 활자는 언어를 나타낸다.
- 활자는 소리를 나타낸다.
- 활자는 여러 가지의 형태나 모양으로 나타내고, 활자는 그림과 다르다.
- 활자화된 낱말은 자모 낱글자로 구성되어 있다.
- 활자화된 문장은 낱말로 구성되어 있고, 낱말 사이에는 띄어쓰기가 되어 있다.
- 글을 읽을 때는 왼쪽부터 시작해서 오른쪽으로 읽고, 한 줄이 끝나면 다음 아랫줄 왼쪽에서 시작한다.
- 책은 앞표지와 뒤표지가 있다.
- 책은 여러 쪽으로 구성되어 있다.
- 책은 제목이 있고, 제목은 다른 페이지와 별개의 표지에 적혀 있다.
- 책은 저자가 있고, 어떤 책들은 삽화가도 있다.
- 책은 한 페이지씩 읽으며 넘긴다.
- 왼쪽 페이지를 먼저 읽고 오른쪽 페이지를 읽는다.

출처 ▶ 김영숙(2018)

자료

자모지식 향상을 위한 지침

- 자모 관련 책이나 자모 블록 등을 자주 접할 수 있도록 하기
- 개별 자모의 이름 가르치기
- 개별 자모의 소리 가르치기: 낱자-소리 대응관계 가르치기
- 개별 자모의 이름과 소리를 가르칠 때, 음운인식 활동과 결합하기: 개별 자모의 이름과 해당 자모의 소리를 확실하게 알게 된 후, 음운인식 활동의 하나인 음소합성 활동과 결합하여 교수하는 것이 좋다.

출처 ▶ 김애화 외(2013)

자료

한글 자모의 구성

한글에는 40개의 자모 글자가 있음

구분		개수	글자
모음	단모음(홑소리)	10	ㅏ, ㅑ, ㅓ, ㅕ, ㅗ, ㅛ, ㅜ, ㅠ, ㅡ, ㅣ
	복모음(이중 모음)	11	ㅐ, ㅒ, ㅔ, ㅖ, ㅘ, ㅙ, ㅚ, ㅝ, ㅞ, ㅟ, ㅢ
자음	단자음(닿소리)	14	ㄱ, ㄴ, ㄷ, ㄹ, ㅁ, ㅂ, ㅅ, ㅇ, ㅈ, ㅊ, ㅋ, ㅌ, ㅍ, ㅎ
	복자음(겹자음)	5	ㄲ, ㄸ, ㅃ, ㅆ, ㅉ

3. 음운인식

(1) 개념 10초특, 14초특

① 음운인식이란 구어에서 사용되는 여러 단위의 소리들을 인식하고 조절하며 다룰 줄 아는 능력을 말한다.

- 말소리를 식별하는 능력으로 같은 소리로 시작되는 단어와 다른 소리로 시작되는 단어를 인식하는 능력, 단어를 구성하는 음소를 셀 수 있는 능력, 단어를 구성하는 소리들을 합성, 분절 또는 조작할 수 있는 능력이다.

② 음운인식 능력은 더 큰 단위의 구어 단위들을 더 작은 단위로 나누거나(분절), 말소리들을 결합하여 더 큰 구어 단위를 만드는 것(합성 또는 결합), 그리고 특정 위치의 말소리나 음절을 구분하는 것(변별) 등을 통해 평가할 수 있다.

③ 음운인식은 읽기 능력과 높은 상관이 있으며, 더 나아가 향후 읽기 능력(단어인지, 읽기 유창성, 읽기이해 포함)을 예측하는 강력한 변인으로 밝혀졌다.

㉠ 음운인식은 지능, 어휘지식, 기억 및 사회경제적 지위 등을 통제한 후에도 여전히 읽기 능력을 유의하게 예측하는 변인인 것으로 나타났다.

㉡ 음운인식 능력은 향후 읽기 능력에 영향을 주는 요인이므로 취학 전 학생이나 초등학교 저학년 학생에게 특히 중요하다.

(2) 하위 기술

① 음운인식의 하위 기술 및 음운인식의 발달 수준을 어떻게 구분하느냐에 대해서는 학자들마다 다소 차이를 보인다.

② 음운인식은 일반적으로 음운인식 단위 및 음운인식 과제 유형에 따라 구분된다.

㉠ 음운인식 단위: 음절, 초성-각운 또는 음절체-종성, 음소

㉡ 음운인식 과제 유형: 변별, 합성, 분리, 분절, 대치, 탈락

③ 음운인식 단위 내에서는 문장 내 단어 인식, 끝소리가 같거나 다른 단어의 인식, 음절 인식, 초성-각운 인식 또는 음절체-종성 인식, 음소 인식 순으로 발달한다.

④ 음운인식 과제 유형에서는 각 음운인식 단위별로 변별과제가 가장 먼저 발달하고, 그다음으로 합성, 분리, 분절이 발달하고, 탈락과 대치가 가장 나중에 발달한다.

⑤ 음운인식 단위 및 과제 유형 중에서 음절분리, 음절탈락, 음절대치, 음소변별, 음소대치가 읽기 능력에 대한 예측도가 높은 것으로 나타났다.

음운

음운은 단어의 의미를 분화시키는 소리의 가장 작은 단위로, 분절 음운인 음소와 비분절 음운인 운소로 나뉜다.

분절 음운(음소)	자음
	모음
비분절 음운(운소)	소리의 길이, 높낮이, 세기

출처 ▶ 김홍범 외(2021)

음운인식

음운인식은 구어의 음 구조에 대한 인식으로 구어가 더 작은 요소로 나뉠 수 있고, 음이 여러 방법으로 조작될 수 있다는 것을 인식하는 것이다. 문장이 단어로, 단어가 음절로, 음절이 음소로 나눠질 수 있음을 이해하고, 음절이나 음소를 빼거나 더하거나 대치했을 때 소리가 어떻게 변화하는가에 대한 이해를 포함한다. 즉, 자소 및 음소의 대응 규칙을 터득하는 과정이다. 음운인식은 소리와 낱말 간의 변별, 낱말 안의 소리의 정의, 낱말 안의 소리의 조작, 음소의 정의, 낱말 안의 초성·중성·종성을 변별하는 것을 포함한다(기본교육과정 중학교 국어 교사용 지도서, 2021).

자료

한국어의 음절 구조와 음운인식 발달 단계

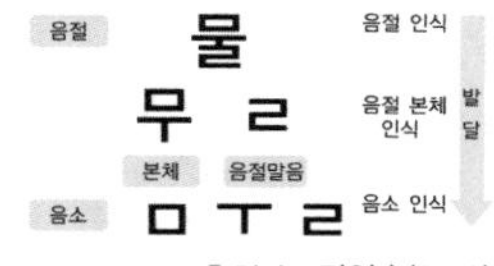

출처 ▶ 김영숙(2018)

⑥ 음운인식의 단위 및 과제 유형에 대한 예시는 다음과 같다.

14초특, 18유특, 22유특, 24초특, 25초특

음운인식의 하위 기술		예시 과제
음운인식 단위	음운인식 과제 유형	
음절	변별 (sound matching)	• 앞에 있는 종이에 그림들이 있어요. ('사자, 두부, 버섯, 고추' 그림을 각각 손으로 짚으면서) 이 그림은 '사자, 두부, 버섯, 고추'예요. ○○가 /두/로 시작하는 그림을 찾으세요. [답: 두부]
	합성	• 선생님이 단어를 따로따로 나눠서 말할 거예요. 그러면 ○○가 듣고, 합쳐서 말하는 거예요. /고-추/ [답: 고추] • 선생님이 단어를 따로따로 나눠서 말할 거예요. 그러면 ○○가 듣고, 합쳐서 말하는 거예요. /지-우-개/ [답: 지우개]
	분리 (isolation)	• 선생님을 따라 하세요. /버섯/(학생이 '버섯'이라고 따라 한다.) /버섯/에서 첫소리가 무엇이죠? [답: 버] • 선생님을 따라 하세요. /선풍기/(학생이 '선풍기'라고 따라 한다.) /선풍기/에서 가운뎃소리가 무엇이죠? [답: 풍]
	분절 (segmenting)	• 선생님을 따라 하세요. /두부/(학생이 '두부'라고 따라 한다.) 이번에는 ○○가 /두부/를 따로따로 나눠서 말해 주세요. [답: 두-부] • 선생님을 따라 하세요. /고양이/(학생이 '고양이'라고 따라 한다.) 이번에는 ○○가 /고양이/를 따로따로 나눠서 말해 주세요. [답: 고-양-이]
	대치	• 선생님을 따라 하세요. /공부/(학생이 '공부'라고 따라 한다.) 이번에는 /부/를 /기/로 바꾸어 말해 보세요. [답: 공기] • 선생님을 따라 하세요. /무지개/(학생이 '무지개'라고 따라 한다.) 이번에는 /지/를 /니/로 바꾸어 말해 보세요. [답: 무니개]
	탈락	• 선생님을 따라 하세요. /고추/(학생이 '고추'라고 따라 한다.) 이번에는 /고/를 빼고 말해 보세요. [답: 추] • 선생님을 따라 하세요. /자전거/(학생이 '자전거'라고 따라 한다.) 이번에는 /자/를 빼고 말해 보세요. [답: 전거]

자료

음운인식 능력 향상을 위한 지침

- 학생의 발달수준에 적합한 음운인식 교수 실시하기
- 음소 분절 및 음소 합성 활동하기
- 구체물 활용하기
- 낱자-소리의 대응관계를 결합한 음운인식 교수 실시하기
- 소집단 교수 실시하기
- 교사의 음소 인식 과제에 대한 시범 보이기
- 학생에게 연습 기회 제공하기

출처 ▶ 김애화 외(2013)

초성-각운	변별	• 앞에 있는 종이에 그림들이 있어요. ('달, 눈, 집, 밤' 그림을 각각 손으로 짚으면서) 이 그림은 '달, 눈, 집, 밤'이에요. ○○가 /알/로 끝나는 그림을 찾으세요. [답: 달]
	합성	• 선생님이 단어를 따로따로 나눠서 말할 거예요. 그러면 ○○가 듣고, 합쳐서 말하는 거예요. /프-울/ [답: 풀]
	분절	• 선생님을 따라 하세요. /발/(학생이 '발'이라고 따라 한다.) 이번에는 ○○가 /발/을 따로따로 나눠서 말해 주세요. [답: 브-알]
음절체-종성	변별	• 앞에 있는 종이에 그림들이 있어요. ('달, 눈, 집, 밤' 그림을 각각 손으로 짚으면서) 이 그림은 '달, 눈, 집, 밤'이에요. ○○가 /누/로 시작하는 그림을 찾으세요. [답: 눈]
	합성	• 선생님이 단어를 따로따로 나눠서 말할 거예요. 그러면 ○○가 듣고, 합쳐서 말하는 거예요. /기-음/ [답: 김]
	분절	• 선생님을 따라 하세요. /잠/(학생이 '잠'이라고 따라 한다.) 이번에는 ○○가 /잠/을 따로따로 나눠서 말해 주세요. [답: 자-음]
음소	변별	• 앞에 있는 종이에 그림들이 있어요. ('도, 레, 미, 파' 그림을 각각 손으로 짚으면서) 이 그림은 '도, 레, 미, 파'예요. ○○가 /드/로 시작하는 그림을 찾으세요. [답: 도]
	합성	• 선생님이 단어를 따로따로 나눠서 말할 거예요. 그러면 ○○가 듣고, 합쳐서 말하는 거예요. /그-애/ [답: 개] • 선생님이 단어를 따로따로 나눠서 말할 거예요. 그러면 ○○가 듣고, 합쳐서 말하는 거예요. /드-아-을/ [답: 달]
	분리	• 선생님을 따라 하세요. /게/(학생이 '게'라고 따라 한다.) /게/에서 첫소리가 무엇이죠? [답: 그] • 선생님을 따라 하세요. /형/(학생이 '형'이라고 따라 한다.) /형/에서 끝소리가 무엇이죠? [답: 웅]

분절	• 선생님을 따라 하세요. /구/(학생이 '구'라고 따라 한다.) 이번에는 ○○가 /구/를 따로 따로 나눠서 말해 주세요. [답: 그-우] • 선생님을 따라 하세요. /돈/(학생이 '돈'이라고 따라 한다.) 이번에는 ○○가 /돈/을 따로 따로 나눠서 말해 주세요. [답: 드-오-은]
대치	• 선생님을 따라 하세요. /나/(학생이 '나'라고 따라 한다.) 이번에는 /아/를 /이/로 바꾸어 말해 보세요. [답: 니] • 선생님을 따라 하세요. /별/(학생이 '별'이라고 따라 한다.) 이번에는 /을/를 /응/으로 바꾸어 말해 보세요. [답: 병]
탈락	• 선생님을 따라 하세요. /새/(학생이 '새'라고 따라 한다.) 이번에는 /스/를 빼고 말해 보세요. [답: 애] • 선생님을 따라 하세요. /귤/(학생이 '귤'이라고 따라 한다.) 이번에는 /을/를 빼고 말해 보세요. [답: 규]

출처 ▶ 김애화 외(2013)

4. 듣기이해

① 학생에게 책을 읽어 주는 활동은 조기 읽기 발달에 상당히 중요한 영향을 미친다.

② 학생에게 책을 읽어 주는 것과 향후 읽기 발달 간에 관련성이 있는 것으로 나타났다. 특히, 부모가 자녀에게 책을 읽어 줄 때 단순히 글을 읽어 주는 것만이 아니라 자녀와 활발하게 상호작용하는 것이 중요하다.

③ 책 읽기 활동과 학생-부모 간 상호작용을 통해 책의 내용을 이야기하는 활동은 학생의 읽기 능력뿐 아니라 읽기에 대한 태도 형성에 중요한 역할을 한다.

03 단어인지

1. 단어인지의 이해

(1) 개념 10초특, 18중특, 21중특

① 단어인지는 읽기의 주요 요소 중 하나로 단어를 빠르게 소리 내어 읽고, 단어의 의미를 파악하는 능력을 의미한다.

㉠ 해독이란 낱자(군)-소리의 대응관계를 활용하여 낯선 또는 모르는 단어를 읽는 과정을 의미한다. 즉, 단어를 구어로 바꾸는 과정이다.

㉡ 단어인지와 해독을 동일한 개념으로 파악하는 경우가 있으나, 해독은 단어인지보다는 좁은 개념이다.

② 학생이 단어인지에 능숙해지면 읽기이해에 집중할 수 있다.

③ 단어인지는 읽기이해의 정도를 예측할 수 있게 하는 부분이다.

> **단어인지**
> 낱말을 시각적으로 인지하고 그것을 소리 내어 또는 마음 속으로 정확하게 읽고 의미를 기억에서 인출해 내는 능력이다(김영숙, 2018).
> 동 단어재인, 단어인식, 낱말읽기, 단어읽기

(2) 학습장애 학생의 단어인지 특성

학습장애 학생의 단어인지 특성은 다음과 같다.

① 학습장애 학생들은 일반학생에 비해 단어인지 능력이 현저하게 떨어진다.

② 규칙 단어보다 불규칙 단어(또는 음운변동 단어)와 무의미 단어(예 맑하다/말카다)를 읽을 때 오류를 더 많이 보인다.

③ 학습장애 학생들의 단어인지 능력을 향상시키기 위한 프로그램은 크게 발음 중심 프로그램과 의미 중심 프로그램으로 대별될 수 있다. 발음 중심 프로그램은 음운분석적 접근과 언어학적 접근으로 나눌 수 있으며, 의미 중심 프로그램은 통언어적 접근과 언어경험 접근으로 나눌 수 있다.

2. 발음 중심 접근법

> 발음 중심 접근
> 동 해독 중심 접근

(1) 음운분석적 접근법

① 문자 및 문자와 음소의 대응관계에 대한 지식 그리고 단어를 구성하는 음소의 분석 및 결합의 기능들이 문자 해독 기술 향상을 위한 중요한 교수·학습 활동이 된다.

② 문자 해독 기능의 향상을 위해 종합적 방법과 분석적 방법을 사용한다.

㉠ 종합적 방법

- 부분에서 시작해서 전체로 나아가도록 가르치는 방법이다.
- 각 문자에 대응하는 음소에 대한 지식을 획득하도록 하는 활동이 먼저 이루어진다. 이때 각 문자가 갖는 음가를 강조해 가르친다.

예 'ㄱ'에 해당하는 음가인 '그-으'라는 음, 'ㅌ'에 해당하는 음가인 '트-으'라는 음을 각 문자와 연합해 가르친다.

- 각 문자에 대한 음가를 학습한 다음에는 학습한 음가들의 결합을 통해 주어진 단어에 대한 해독 활동을 수행하도록 한다.
  - 예 '가'는 '그-으' + '아-'라는 음운분석과 결합을 통해 단어로서 해독될 수 있도록 교수 · 학습 활동이 이루어진다.

㉡ 분석적 방법

- 전체에서 부분으로 나아가며 단어를 분석하도록 지도하는 방법이다.
- 단어를 구성하는 통합된 부분으로서 문자의 음가를 학습하도록 하는 것이 강조된다.
  - 예 'ㄱ'에 해당하는 음가가 '그'라는 것을 가르칠 때에 'ㄱ'이 포함된 단어인 '가방'이 예로서 활용된다. 'ㄱ'의 음가는 바로 '가방'에 포함된 '그-으'라는 음이 강조되어 가르쳐진다.

KORSET 합격 굳히기 파닉스 교수

파닉스 교수
동 발음 중심 읽기 교수법

1. 파닉스 교수의 개념

① 파닉스 교수는 자모 글자와 소리의 대응관계를 체계적으로 지도하는 교수법이다.
② 파닉스 교수는 어떤 특정 읽기 프로그램이 아니라 글자-소리 대응관계의 원리를 바탕으로 읽기를 지도하는 접근법을 총칭한다.
③ 파닉스는 표음문자를 가진 어떤 언어에서나 자모 글자-소리 대응관계를 체계적으로 가르치는 교수방법이다.

2. 파닉스 지도의 지침

① 학생이 자주 사용하여 익숙한 단어를 사용한다.
② 발음/조음하기 쉬운 단어를 사용한다.
③ 자모 글자 모양이 비슷하거나 소리가 아주 유사한 것은 별도의 시간에 지도한다.

3. 파닉스 교수의 유형

① 합성 파닉스
㉠ 부분-전체 접근법을 적용하여 단어를 구성하는 각각의 낱자를 소리로 바꾼 후, 이 소리들을 합쳐서 단어를 읽도록 가르치는 단어인지 교수법
㉡ 낱자의 소리를 따로따로 가르치고, 각 낱자의 소리들을 합쳐서 단어를 읽도록 가르치기 때문에 '명시적 파닉스'라고 부르기도 한다.
예 (칠판에 '나'라는 단어를 쓴 다음) 선생님이 이 단어를 읽어 볼게요.(단어를 구성하고 있는 낱자 'ㄴ', 'ㅏ'의 소리를 각각 따로 발음한다.) /ㄴ/, /ㅏ/ → (소리를 순서대로 합쳐서 발음한다.) /ㄴ…ㅏ/ → /나/

② 분석 파닉스
㉠ 전체-부분 접근법을 적용하여 각 낱자에 대응하는 소리를 따로 가르치지 않고 단어 내에서 낱자-소리의 대응관계를 파악하도록 가르치는 단어인지 교수법
㉡ 단어 내에서 낱자-소리의 대응관계를 파악하도록 가르치기 때문에 '암시적 파닉스'라고 부르기도 한다.
예 학생이 이전에 습득한 단어 중 같은 소리를 포함한 단어들(바위, 바지, 바다)을 제시한 후, 학생이 이 단어들을 모두 /ㅂ/라는 소리는 'ㅂ'이라고 쓴다는 것을 파악할 수 있게 지도한다.

③ 유추 파닉스
- 학생들이 알고 있는 단어나 단어의 부분을 활용하여 새로운 단어를 읽을 수 있도록 가르치는 단어인지 교수법이다.

  예 '사용하다'를 가르칠 때, 학생이 알고 있는 '미용', '자다'와 '사용하다'라는 단어의 비슷한 특성(미용/사용; 자다/하다)을 비교함으로써 '사용하다'를 유추하여 읽을 수 있도록 한다.

④ 임베디드 파닉스
㉠ 글을 읽는 과정에서 파닉스 교수를 삽입하여 단어를 읽도록 가르치는 단어인지 교수법
㉡ 주로 총체적 언어 프로그램의 일부로 활용한다.
㉢ 임베디드 파닉스의 핵심은 '글'이라는 맥락 안에서 글의 의미를 파악하는 데 도움을 주는 방법 중 하나로 파닉스 교수의 요소를 포함한다는 점이다.
㉣ 일반적인 파닉스 교수처럼 순서성과 체계성에 따라 낱자(군)-소리를 가르치는 것이 아니라, 해당 글에 포함된 단어를 중심으로 가르치는 낱자(군)-소리가 선택된다.

출처 ▶ 김애화 외(2013)

---

(2) 언어학적 접근법

① 의사소통을 중심으로 한 문자 해독 읽기 활동을 강조한다.

② 음운분석적 접근과는 달리 단어 자체를 문자 해독의 단위로 설정한다. 이때 문자 해독 기능을 가르치기 위해 사용되는 단어들은 철자나 발음이 서로 유사한 것들로 구성한다.

예 '수리', '구리', '무리', '부리' 등과 같이 반복적으로 제시되는 동일한 음운 부분과 구별되는 음운 부분을 통해 각 음운 부분이 가지고 있는 소리를 학생들이 쉽게 파악할 수 있도록 하는 것

③ 음운분석적 방법과는 달리 각 낱자의 음들은 따로 가르치지 않는다.

④ 언어학적 접근법의 장단점은 다음과 같다.

장점	• 실제 단어를 사용함으로써 문자와 음소의 대응관계에 대한 간접적인 교육이 이루어진다. • 읽기가 쓰인 구어를 의미화하는 과정이라는 것을 학생들이 느끼도록 한다.
단점	• 어휘 선정이 제한적일 수 있다. • 읽기 이해력의 향상에는 크게 도움을 주지 못한다.

자료

언어학적 접근법 적용 예시
영어 단어 자체를 문자해독의 단위로 설정하고, 문자해독의 기능을 가르치기 위해 사용되는 단어들을 철자나 발음이 유사한 book, cook, look과 bat, cat, hat으로 구성하려고 한다(2010 초등1-36 기출).

✎ 상향식, 하향식 모델

상향식 모델	가장 작은 단위부터 올라가는 방식으로서 처음에 단어를 보고 문단을 보고 전체 줄거리를 파악한다. 문자해독이 기초이며 음소와 같은 작은 요소에서 시작해서 단어, 구, 절, 문장과 같은 큰 단위로 학습한다.
하향식 모델	글 자체의 언어적 요소보다는 글이 포함하고 있는 맥락에 의존한다. 독자의 경험으로부터의 배경지식이 글 이해에 주도적으로 작용하는 방식이다.

출처 ▶ 고은(2021)

KORSET 합격 굳히기 발음 중심 읽기 지도

1. 발음 중심 지도는 상향식 모형에 근거를 두고 있다. 상향식 모형이란 언어 이해 모형 중 하나로, 상향식 모형에서 언어 기호의 표상화 과정은 작은 단위의 언어(말소리나 문자: 음운/철자나 단어의 지각 및 확인)에서 시작해 점진적으로 보다 큰 언어적 단위인 단어 → 구 → 절 → 문장으로 확대하고, 나아가 마지막으로 전체 의미가 형성된다고 가정하고 있다. 그러므로 발음 중심 지도에서 가장 중요하게 보는 교육 내용은 자모와 음소를 정확하게 대응시키는 것으로 기본 음절표를 활용해 지도한다.

2. 학생들이 처음으로 글의 해독을 배우기 위해서는 자모 체계, 자소-음소의 대응관계, 철자법, 읽기 과정에서 자모 체계에 대한 지식을 적용하는 방법을 알아야 한다. 발음 중심 읽기 지도는 처음 글자를 배우는 학생들에게 이러한 내용을 가르치는 방법이다. 발음은 글자를 말소리로 바꾸는 것을 말한다. 발음 지도는 읽기 자체를 의미한다기보다 읽기의 하위 기술을 길러 주는 것으로 학생들이 글자와 말소리의 관계를 이해하고, 해독하기 위해서는 자모 체계에 대한 지식과 함께 음운인식이 가능해야 한다.

출처 ▶ 기본교육과정 중학교 국어 교사용 지도서(2021)

3. 발음 중심 지도 방법의 장점은 다음과 같다.
   ① 자음과 모음이 결합하여 하나의 글자를 이루는 한글의 구조를 체계적이고 논리적으로 지도할 수 있다.
   ② 자음과 모음의 글자 요소와 그 글자 요소의 음가를 대응시켜 발음의 규칙성을 지도할 수 있다. 특히 자소-음소의 대응이 매우 규칙적인 한글 지도에 알맞다.
   ③ 일단 자소-음소의 대응관계를 파악하게 되면 이 규칙을 새로운 낱말 읽기에도 적용할 수 있으므로 학습의 전이도가 높다.
   ④ 철자에 유의하게 되므로 맞춤법과 정서법 학습에 유용하다.

4. 발음 중심 지도 방법의 단점은 다음과 같다.
   ① 너무 분석적이고 논리적이어서 학생들이 이해하는 데 어려움이 있다.
   ② 추상적이고 무의미한 단위까지 다루므로 학생의 학습 흥미 유발과 지속이 곤란하다.
   ③ 의미보다는 문자 자체에 더 큰 관심을 갖게 되므로 독해 지도와 연계되지 않는다.
   ④ 지나치게 자소-음소 대응을 강조하게 되면 받침이 있는 음절, 음운변동이 있는 낱말들을 읽고 쓰는 데 어려움이 있다.

출처 ▶ 이경화(2014)

비교

의미 중심 접근법과 총체적 언어접근법

언어교육 프로그램을 구성하는 대표적인 이론적 관점에는 발음 중심 접근법, 총체적 언어접근법, 문학적 접근법, 언어경험적 접근법, 균형적 접근법 등이 있다. 이 가운데 총체적 언어접근법, 문학적 접근법, 언어경험적 접근법은 모두 유아 생활 주변의 문해 자료나 문학작품, 유아에게 경험 등을 제공하여 유아 스스로 자신의 경험과 의미를 구성할 수 있도록 한다. 이처럼 의미를 중요하게 다루기 때문에 이들을 '의미 중심 접근법'이라고 통칭하기도 한다(고은, 2021).

3. 의미 중심 접근법 10초특

의미 중심 접근에서는 단어와 문장 전체를 하나의 단위로 하여 의미 이해에 중점을 둔다. 여기에서는 지도할 단어나 문자의 뜻이 학생에게 얼마나 익숙한가에 중점을 둔다. 단어 해독을 위한 구체적인 기능을 직접 가르치기보다는 말하기, 듣기, 쓰기와 같은 다른 언어 활동과 연계해서 읽기 활동을 실시한다. 이러한 접근은 읽기 활동과 쓰기 활동을 함께 강조함으로써 균형 있는 학습 활동이 가능하다.

(1) 통언어적 접근법 17중특, 24초특

① 통언어적 접근법에서는 문자 해독을 위한 구체적인 기능을 직접 가르치는 것이 아닌 이들 기능들이 의미 획득 또는 내용 이해를 위한 읽기 활동 과정에서 자연적으로 습득된다고 본다. 따라서 일상적인 언어경험이나 기능과 구별되는 인위적인 음운분석이나 결합기능에 대한 교육은 불필요하다는 것이 기본 가정이다.

② 읽기 능력 향상을 위한 교육자료는 읽기 기능 중심이 아닌 주제 중심으로 구성되며, 읽기 활동은 말하기, 듣기, 쓰기와 같은 다른 언어 관련 활동과 연계되어 이루어진다.

③ 학생의 문자 해독 기능을 향상시키기 위해 통언어적 접근에서 사용하는 방법은 일견단어(sight words) 교수법이라고 할 수 있다.

- 일견단어 교수법이란 반복적인 노출을 통해 주어진 단어의 시각적 형태를 기억하도록 하고, 단어의 시각적 형태와 음과 의미를 서로 연합시키도록 하는 것이다.

  예 '지하철'이라는 낱말을 보았을 때 'ㅈ', 'ㅣ', 'ㅎ', 'ㅏ', 'ㅊ', 'ㅓ', 'ㄹ'로 분절하기보다 눈에 익어서 보자마자 빠르게 읽는 것

④ 통언어적 접근법의 장점은 다음과 같다.

㉠ 읽기 활동과 쓰기 활동이 통합됨으로써 읽기와 쓰기 활동이 연계되어 강조된다.

㉡ 학생들의 흥미와 관심을 유발하기 위해 기능 중심의 인위적 자료가 아닌 문학작품과 같은 흥미 있는 읽기자료를 사용한다.

□ 안에 받침이 없는 글자를 만들어 봅시다. 그리고 낱말을 읽어 봅시다.

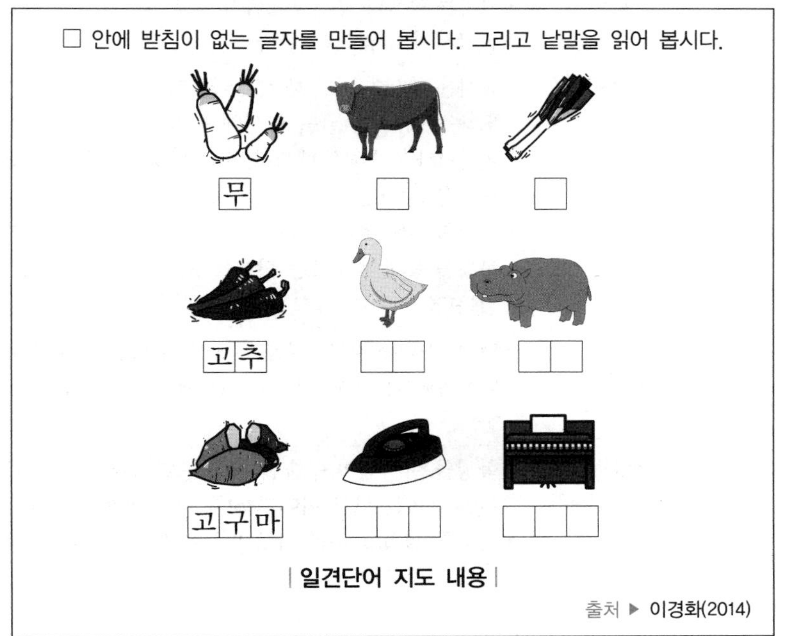

| 일견단어 지도 내용 |

출처 ▶ 이경화(2014)

일견단어

- 낱말 재인 시 낱말을 흘낏 보는 것만으로도 그 의미를 파악할 수 있는 단어이다. 일견단어는 낱말을 구성하는 말소리 체계에 대한 분석 없이 글자를 빠르게 읽어 내는 것으로, 글자의 모양을 통해 식별되는 것이 아니라 그 낱말을 구성하는 모든 정보가 눈에 익어서 단번에 정확하게 그 낱말을 확인하게 한다(특수교육학 용어사전, 2018).
- 일견단어는 망설이거나 분석을 하지 않고 즉시 알아채는 단어를 말한다(김용욱 외, 2002).
- 독자가 다양한 읽기 상황에서 정확하면서도 즉각적으로 재인하는 단어(Mercer et al., 2010)

동 시각 어휘

(2) 언어경험 접근법

① 언어경험 접근법이란 총체적 언어 교육의 철학을 바탕으로 학습자는 자신의 개인적 경험과 생각을 말하고, 듣고, 쓰고, 그것을 읽음으로써 통합적인 언어 능력을 발달시키는 것이다.

- 언어경험 접근법은 학습자의 실제 경험과 의미를 중심으로 언어 활동을 전개한다.

② 언어경험 접근법은 읽기를 유의미한 개인의 활동으로 생각한다는 측면에서 통언어적 접근과 유사하다고 할 수 있다.

③ 언어경험 접근법이 통언어적 접근과 구별되는 특징은 다음과 같다.

㉠ 언어경험 접근법은 문어를 구어로부터 유도된 이차 체제로 본다.

㉡ 언어경험 접근법은 쓰기 활동을 할 때 구두 받아쓰기 활동을 하지 않는다.

④ 언어경험 접근은 다음과 같은 단계에 따라 이루어진다. 11초특, 21초특

단계	설명
[1단계] 토의하기	• 교사는 학생들이 최근 경험에 대해 자유롭게 말할 수 있도록 동기를 부여하고, 주제에 대해 함께 토의한다. • 주제는 개인적으로 중요하고 흥미로운 것은 무엇이든 허용한다.
[2단계] 구술하고 받아쓰기	• 학생이 교사에게 자신의 이야기를 말하면, 교사는 기본 읽기 교재를 만들기 위해 학생의 말을 받아쓴다. • 교사는 학생의 말을 교정하지 않고 그대로 적어 자신감을 손상시키지 않도록 한다.
[3단계] 읽기	• 교사는 학생이 말한 대로 정확하게 기록했는지 확인하기 위해 받아 적은 글을 학생에게 읽어 주고, 확인이 되면 이야기가 친숙해질 때까지 여러 번 읽도록 하며, 필요하면 도움을 준다. • 읽기를 어려워하는 학생이 있으면 함께 읽고, 다음에 묵독을 통하여 모르는 단어를 표시하고 다시 소리 내어 읽는다.
[4단계] 단어학습	• 언어 경험이야기를 읽은 후 다양한 활동을 통해서 새로 나온 단어나 어려운 단어 또는 배우고 싶은 단어를 학습한다.
[5단계] 다른 자료 읽기	• 학생들은 자신이 구술한 이야기 읽기에서 다른 학생의 이야기(또는 다른 이야기책)를 읽는 과정으로 나아간다. • 이러한 절차를 통해 학생의 능력과 자신감이 발달한다.

자료

언어경험 접근법의 절차

1단계 : 토의하기
교사와 학생은 받아쓰기를 위한 주제를 토의한다. 관찰과 생각을 교환한다. 이를 통해 구어 능력이 발달한다.

⬇

2단계 : 구술하고 받아쓰기
학생은 기초 읽기 재료로 구성하고 기록할 수 있는 교사에게 설명이나 이야기로 구술한다.

⬇

3단계 : 읽기
학생은 그 이야기가 친숙할 때까지 여러 번 읽는다. (필요시 교사는 도와준다.)

⬇

4단계 : 단어 학습
개별화된 이야기 단어를 학습하며, 다른 읽기 능력은 교사가 고안한 활동과 관련된 이야기를 통해 증진시킨다.

⬇

5단계 : 다른 자료 읽기
학생은 자신의 경험을 받아쓰기한 것을 읽는 것에서 다른 이의 것을 읽는 것으로 이동하며, 이러한 절차를 통해 그들의 능력과 자신감은 발달한다.

출처 ▶ 기본교육과정 국어(중학교) 교사용 지도서

⑤ 언어경험 접근법의 장점은 다음과 같다.

㉠ 언어경험 접근법은 활동에 대한 학생의 자발적인 참여를 증진시키고, 학생의 경험과 경험이 표현된 자료를 사용해 교육한다.

㉡ 개별화된 교육을 토대로 한다.

- 언어경험 접근법에는 체계적인 기술 발달이 포함되지 않기 때문에 교사는 지속적으로 학습자의 교육적 요구를 진단·평가해야 한다. 따라서 학습자의 능력 수준에 맞는 자신의 사고와 경험, 단어, 문장들로 만들어진 자료를 이용함으로써 학습자의 이해를 도울 뿐만 아니라 개인의 학습 속도에 맞추어 학습을 진행할 수 있다.

㉢ 통합적인 언어 교육이 자연스럽게 이루어지도록 한다.

- 자신의 경험을 말하고, 듣고, 쓰고, 다시 읽으며 학습하는 방법으로 학습하는 과정에서 자연스럽게 네 가지 언어 기술(듣기, 말하기, 읽기, 쓰기)을 함께 증진할 수 있다.

㉣ 언어의 모든 형태를 포함하며, 학습 자체가 학습자의 흥미나 관심과 관련되기 때문에 동기가 내재적이다.

㉤ 경험을 기초로 한 자료를 사용하므로 특별한 활동 자료가 필요 없다.

㉥ 언어와 글자 사이의 관계를 학습자가 알도록 도와줌으로써 이해 능력을 강조한다.

㉦ 학습자의 구어를 사용하므로 글을 모르는 학생도 포함시킬 수 있다.

㉧ 말하기가 쓰는 것만큼 중요함을 깨닫게 해 학습자로 하여금 자신감과 긍정적 자아 개념을 형성한다.

㉨ 교사와 학습자 간의 친밀감을 형성할 수 있다.

⑥ 언어경험 접근법의 단점은 다음과 같다.

㉠ 계획된 활동이 아니므로 학생들이 지루해하기 쉽고 발달 정도를 평가하기 어렵다.

㉡ 학습의 체계성이 부족하다.

- 교재나 교사용 지침서가 없어 무엇을 어떤 순서로 배워야 하는지 계획할 수 없기 때문에 경험이 부족한 신규 교사는 사용하기 어렵다.

⑦ 언어경험 접근법의 문제점을 해결하기 위한 방안은 다음과 같다.

㉠ 교사는 사전에 학습자의 요구와 능력을 평가해 학습자에게 우선적으로 요구되는 것이 무엇인지 우선순위를 결정한 뒤 학습목표를 명확히 설정하며, 그에 따라 학생들의 학습 자료를 어떻게 활용할지에 대한 체계를 설정해야 한다.

㉡ 학습자의 경험을 재구성해 학습 자료로 다양하게 활용해야 한다.

㉢ 학습한 내용을 포트폴리오화해 학생의 발달 정도를 누가 기록할 수 있도록 함으로써 질적 평가를 할 수 있도록 해야 한다.

자료

언어경험 접근법의 읽기 자료

언어경험 접근에서 사용되는 읽기 자료는 학생들이 경험한 이야기를 중심으로 구성된다. 학생은 교사에게 자신이 경험한 이야기를 구두로 말하고, 교사는 이를 문어로 기록한다. 이때 학생들이 자유롭게 이야기를 전개할 수 있도록 학생이 자신의 경험을 그림으로 나타낸 결과물을 활용할 수도 있다. 일단 교사는 학생의 이야기를 있는 그대로 적은 다음, 편집과정을 통해 문자 해독, 적절한 다른 대체 단어의 선택, 사용된 문장구조의 확인 및 변경 등을 수행하게 된다. 이러한 과정을 통해 작성된 글이 바로 읽기활동을 위한 교수·학습 자료로서 사용된다(김동일 외, 2016).

KORSET 합격 굳히기 언어경험 접근법의 장단점

1. 언어경험 접근법의 장점

① 말하기, 듣기, 쓰기 활동을 읽기 프로그램에 통합함으로써 학생이 자신의 언어 활동, 환경과의 접촉, 일상적 생활경험에 더 민감해지도록 한다.

② 자신의 경험을 중심으로 한 읽기 자료의 구성은 읽기 활동에 대한 학생들의 학습동기를 높여 주는 기능을 수행한다.

③ 논리적인 이야기 전개나 여러 사상들(events)에 대한 통합적 사고 등을 통해 언어뿐만 아니라 사고력도 함께 개발할 수 있다.

2. 언어경험 접근법의 단점

① 계열성을 갖는 구체적인 읽기 기능(예 음운분석, 음운결합, 단어 형성 등)에 대한 체계적인 교육을 제공하지 않는다.

② 읽기 활동이 학생의 경험과 어휘력에 의존하는 데 비해, 어휘력 계발을 위한 구체적 프로그램이 존재하지 않는다.

출처 ▶ 김동일 외(2016)

04 읽기 유창성

1. 읽기 유창성의 이해

(1) 개념 14중특, 18중특, 24초특, 25초특

Tip
읽기 유창성은 글을 빠르고 정확하게 읽는 것으로 정의되기도 한다.

① 글(읽기 지문)을 빠르고 정확하게, 그리고 적절한 표현력을 가지고 읽는 능력을 의미한다.

속도(speed) + 정확도(accuracy) + 표현력(prosody)

② 읽기 유창성의 문제가 발생하는 데는 여러 가지 이유가 있는데 대표적으로 단어를 빠르게 소리 내어 읽고 그 의미를 파악하는 능력(즉, 단어 인지)에 어려움이 있기 때문이다.

③ 읽기 유창성이 중요한 이유는 읽기 유창성에 문제가 있는 경우에는 읽기이해에 부정적인 영향을 주기 때문이다.

㉠ 읽기 유창성은 읽기이해 능력과 높은 관련성이 있다.

㉡ 읽기 유창성이 부족한 학생은 글을 읽을 때, 개별 단어를 해독하고 단어의 의미를 파악할 때, 인지적 자원을 많이 사용하기 때문에 상대적으로 읽기이해에 사용할 인지적 자원이 부족하여 전체 글을 이해하는 데 어려움을 초래하게 된다.

㉢ 유창한 독자는 글을 이해하는 데 집중할 수 있으므로 글의 흐름을 파악하여 내용을 이해할 수 있다.

(2) 학습장애 학생의 읽기 유창성 특성

① 학습장애 학생은 일반학생에 비해 읽기 유창성이 현저히 떨어진다.

② 학습장애 학생은 다음과 같은 오류 유형 특성을 보이는 것으로 나타났다.

㉠ 학습장애 학생은 일반학생보다 음운변동이 일어나는 단어에서 오류를 많이 보인다.

㉡ 학습장애 학생은 일반학생보다 대치 오류를 많이 보인다.

㉢ 학습장애 학생은 일반학생보다 의미가 통하지 않는 오류를 더 많이 보인다.

예 '줄기가 곧게 자라고 위에서 가지가 갈라져(/갈라져/) 나오지요.' → '줄기가 곧게 자라고 위에서 가지가 /갈려고/ 나오지요.'로 읽는 오류

PART 05

2. 효과적인 읽기 유창성 교수의 특징

① 학생이 글에 포함된 단어의 약 90% 이상을 정확하게 읽을 수 있는 글을 선택하여 읽기 유창성 교수에 사용한다.

- 학생의 읽기 수준에 적절한 글을 선택하여야 한다. 적절한 글이란 학생이 글에 포함된 단어의 약 90% 이상을 정확하게 읽을 수 있는 수준을 의미한다.

② 유창하게 읽는 사람이 시범을 보인 다음, 학생에게 같은 글을 소리 내어 읽도록 한다.

③ 동일한 글을 소리 내어 반복하여 읽도록 한다. 예 세 번 이상 반복 읽기

④ 학생이 글을 읽을 때 오류를 보이면 교사는 즉시 체계적인 오류 교정 절차를 적용하여 오류를 교정한다.

⑤ 일주일에 3번 이상 읽기 유창성 교수를 실시한다.

자료

효과적인 읽기 유창성 교수

읽기 유창성 중재연구를 종합적으로 분석한 결과에 따르면, 동일한 글을 소리 내어 반복하여 읽는 것이 읽기 유창성 향상에 효과적인 것으로 나타났다. 특히, 읽기 유창성 교수 시 유창하게 읽는 것을 먼저 시범 보이고, 오류 교정 절차를 체계적으로 적용하고, 학생에게 동일한 글을 세 번 이상 반복하여 읽게 하거나 정해진 기준에 도달할 때까지 반복해서 읽게 했을 때 더욱 효과적인 것으로 나타났다(김애화 외, 2013).

유창성 교수를 위한 적절한 글

김애화 외 (2013)	본문 참조
Bender (2011)	미국의 전국읽기위원회(NRP)는 학생이 읽기 유창성을 발달시키는 것을 도와주기 위하여 읽기 구문에서 단어의 95%를 정확하게 읽을 수 있어야 한다고 하였다.

3. 읽기 유창성 교수법

(1) 반복 읽기 13초특, 19초특, 24초특

① 반복 읽기는 구두 읽기 유창성 향상을 위해서 학생들에게 반복된 연습을 제공하는 전략이다.

- 동일한 글을 자연스럽고 능숙하게 읽을 때까지 소리 내어 수차례 읽는 연습을 하여 읽기 유창성을 향상시키는 방법이다.

② 반복 읽기는 한 단락을 구성하고 있는 대부분의 단어를 정확하게 인지하지만 유창성이 부족한 느리거나 멈추는 독자들에게 특히 유용하다.

③ 반복 읽기는 학생이 대부분의 단어를 인지할 수 있는 50~200개의 단어가 있는 단락을 택하여 실시한다.

④ 단어의 정확성 비율과 읽기 속도는 읽기를 할 때마다 항상 기록을 해서 매일 연습을 하도록 권장된다.

⑤ 반복 읽기와 관련하여 효과적인 방법은 다음과 같다.

㉠ 학생들에게 교수 수준에 적합한 지문을 사용한다.

㉡ 유창하게 읽는 글을 시범 보인다.

㉢ 학생들이 여러 번 혹은 유창성이 획득될 때까지 내용을 읽고 또 읽는다.

- 묵독보다는 음독 읽기 연습을 충분히 제공한다.

㉣ 학생 혼자서 반복하여 읽게 하는 것보다는 교사의 지도와 피드백을 받으면서 읽기를 반복하는 학생은 더 잘 읽게 된다.

- 반복 읽기를 지도할 때 잘못 읽은 단어가 있다면 교사는 피드백을 즉시 제공하여 교정한다.

㉤ 읽기 연습 효과는 테이프 활용하여 읽기, 짝과 읽기 등을 통해 증가될 수 있다.

⑥ 반복 읽기는 다음과 같은 이점이 있다.

㉠ 반복 읽기 전략을 통해 글 읽기 속도를 증진시킬 수 있다.

㉡ 반복 읽기 전략을 통해 읽기 유창성이 향상되면 읽기이해 활동에 더욱 집중할 수 있게 된다.

자료

읽기 유창성과 묵독

혼자서 묵독하는 것이 유창성과 읽기 성취를 향상시킬 수 있더라도 읽기의 직접교수에서 사용하기에는 효율적이지 못하다(한국학습장애학회, 2014).

(2) 소리 내어 반복 읽기를 할 수 있는 방법

학생들이 반복해서 구두 읽기를 연습할 수 있는 방법에는 짝과 함께 반복 읽기, 테이프 활용하여 읽기, 역할 수행, 학생-성인 읽기, 함께 읽기 등이 있다.

① 짝과 함께 반복 읽기

㉠ 짝과 함께 반복 읽기는 또래교수를 활용한 읽기 프로그램의 한 유형으로 읽기 유창성을 향상시키는 목적으로 개발되었다.

㉡ 읽기 유창성이 좋은 또래 친구와 짝을 이루어 소리 내어 반복 읽기를 한다.

㉢ 짝과 함께 반복 읽기는 학습장애 학생을 위해 별도로 적용할 수도 있고, 학습장애 학생이 포함된 일반학급에서 학급 전체를 대상으로 적용할 수도 있다.

자료

읽기 유창성을 발달시키는 전략

학생-성인 읽기	학생은 일대일로 성인과 함께 읽기를 한다. 읽기가 유창해질 때까지 성인은 모델을 제공하고 이를 위하여 구문을 먼저 읽고 학생은 뒤따라 읽는다(약 3~4회 구분 전체 읽기).
함께 읽기	• 함께 읽기에서 학생은 교사(혹은 유창하게 읽는 성인)와 함께 읽게 된다. • 학생이 모둠으로 함께 읽는다. • 학생들은 교사와 함께 전체를 세 번에서 다섯 번은 읽어야 한다.

출처 ▶ 한국학습장애학회(2014), Bender(2011)

㉣ 짝과 함께 반복 읽기 교수의 구성 요소는 다음과 같다.

구성 요소	내용
짝 정하기 (학생 A, 학생 B)	• 두 명이 짝이 되도록 구성하되, 학생 A는 글을 더 유창하게 읽는 학생, 학생 B는 글을 덜 유창하게 읽는 학생으로 구성한다.
학생 B의 수준에 적합한 글 선택하기	• 학생 B가 글에 포함된 단어의 90%를 정확하게 읽을 수 있는 읽기 지문(예 10단어 중 1단어 정도를 잘 못 읽는 정도 수준의 읽기 지문)을 선택한다.
짝과 함께 반복 읽기 절차를 명시적으로 설명하고 연습하기	• 교사는 짝과 함께 반복 읽기를 적용하기에 앞서, 반드시 짝과 함께 반복 읽기 절차를 명시적으로 설명하고 이에 대한 시범을 보여야 한다. • 그다음 학생과 함께 전체 절차를 연습해 봄으로써 학생이 짝과 함께 반복 읽기 절차를 명확하게 숙지할 수 있도록 해야 한다.
짝과 함께 반복 읽기 적용하기	• 학생이 짝과 함께 반복 읽기 절차를 숙지한 다음, 학생이 각자 짝과 함께 반복 읽기를 진행하도록 한다. • 이때 전체 시간 관리는 교사가 학급 전체를 대상으로 진행하는 것이 좋다.

출처 ▶ 김애화 외(2013). 내용 요약정리

㉤ 짝과 함께 반복 읽기는 다음과 같은 절차에 따라 이루어진다.

절차	내용
각자 3분씩 읽기	• 학생 A가 먼저 3분 동안 읽기 지문을 소리 내어 반복 읽기를 하고, 그다음 학생 B가 3분 동안 소리 내어 반복 읽기를 한다. • 이때 학생 A는 학생 B에게 시범자의 역할을 한다.
체계적으로 오류 교정해 주기	• 학생 B가 읽기 지문을 읽는 동안, 학생 A가 오류를 교정해 주고 지원해 준다. **체계적인 오류 교정 방법 예시** • 글자를 잘못 읽었을 때 – "다시 읽어 보자." – (3초 기다림) – 3초 안에 올바로 읽으면, "잘했어. 이 글자가 들어간 문장 전체를 다시 읽어 보자."

	– 3초 안에 올바로 읽지 못하면, "이 글자는 ○○야. 무슨 글자라고? (짝의 응답을 기다림) 맞았어. 이 글자가 들어간 문장 전체를 다시 읽어 보자." • 글자를 생략하고 읽을 때 (생략한 글자가 들어간 문장을 가리키며) "이 문장을 다시 읽어 보자." • 3초 이상 기다렸는데 반응하지 않을 때 "이 글자는 ○○야. 무슨 글자라고? (짝의 응답을 기다림) 맞았어. 이 글자가 들어간 문장 전체를 다시 읽어 보자."
각자 1분씩 최대한 잘 읽기	• 학생 A가 먼저 1분 동안 읽기 지문을 소리 내어 읽고, 그다음 학생 B가 1분 동안 소리 내어 읽는다. • 1분 읽기는 차시별 읽기 유창성 평가 활동에 해당한다.
읽기 유창성 점수 계산하기	• 각자 자기 짝의 읽기 유창성 점수를 계산한 후, 서로 확인하게 한다. • 읽기 유창성 점수는 1분 동안 정확하게 읽은 단어 수이다. • 1분 동안 정확하게 읽은 단어 수를 구하는 계산 방법 1분 동안 읽은 전체 단어 수 – 잘못 읽은 단어 수
읽기 유창성 그래프 그리기	• 차시별 읽기 유창성 점수를 막대그래프의 형식으로 학생 스스로 기록하게 한다.

출처 ▶ 김애화 외(2014). 내용 요약정리

비교

글자 수를 이용한 읽기 유창성 점수 계산하기

- 평가 시간을 1분으로 한 경우

1분 동안 읽은 글자 수 = 1분 동안 읽으려고 시도한 글자 수 – 틀리게 읽은 글자 수

- 예를 들어, 1분 동안 150글자를 읽으려고 시도했는데 이 중에서 15개 글자를 바르게 읽지 않았다면 유창성 점수는 135점이다 (150 – 15).
- 학생이 1분 종료되기 전, 50초 만에 글을 다 읽었다면 비례 분배로 계산한다. 즉, 학생이 50초에 150글자를 읽었다면, 1분에 읽은 글자 수는 다음과 같다. (60초 × 150)/50 = 180글자

출처 ▶ 김영숙(2018)

테이프 활용하여 읽기
동 오디오북 지원 읽기

② 테이프 활용하여 읽기 18중특

㉠ 학생은 테이프를 통해 유창하게 읽는 내용을 들으면서 책을 읽게 된다.

㉡ 교사는 학생의 독립적인 읽기 수준에서 책을 선택하고 유창하게 읽는 책의 테이프를 준비해야 한다.

- 주의집중에 어려움이 있는 학생의 경우, 테이프는 음향 효과나 음악(즉, 배경효과음)이 함께 나와서는 안 된다.

㉢ 교사는 테이프에서 나오는 소리를 들으면서 각 단어를 지적해 나가고, 다음으로 학생은 테이프를 따라 읽기를 시도해야 한다. 테이프의 도움 없이 학생이 독립적으로 읽을 수 있을 때까지 테이프를 따라 읽어야 한다.

③ 역할 수행

㉠ 역할 수행에서 학생들은 또래나 다른 사람들과 함께 책 속에서 주어진 역할을 연습하고 수행한다.

㉡ 학생들은 대화가 많은 책 속의 내용을 먼저 읽는다. 학생들은 말을 하면서 주인공 역할을 하게 된다.

㉢ 역할 수행을 통해 또래 간의 협력적인 상호작용을 도모하고 흥미로운 읽기과제를 제공할 수 있다.

(3) 끊어서 반복 읽기 18중특

① 끊어서 반복 읽기는 글을 구성하는 문장을 의미가 통하는 구나 절 단위로 끊어서 제시하는 방법이다.

• 끊어서 반복 읽기는 '끊어 읽기'와 '반복 읽기'를 결합한 교수이다.

끊어 읽기
동 띄어 읽기

② 읽기 유창성 요소 중 표현력 향상에 효과적인 것으로 보고되었다.

> **끊어서 반복 읽기 예시**
> 우리는/ 여러 용도의 질그릇에서/ 선조들의 해박한 과학 지식과/ 위생 관념을/ 확인할 수 있다./ 우선,/ 질그릇 밥통부터/ 살펴보자./ 현대 문명의 산물인 전기 밥통은/ 보온은 되나,/ 시간이 지나면/ 밥이 누렇게 변색되고/ 냄새도 난다./ 그러나/ 질그릇 밥통은/ 통 속에 서려 있는 김을/ 그릇 자체가 흡수하여/ 신선한 밥맛을 보존하는/ 위생적인 그릇이다./
>
> 출처 ▶ 김애화 외(2012)

③ 끊어서 반복 읽기 교수의 구성 요소 및 절차는 다음과 같다.

구성 요소 및 절차	내용
끊어서 반복 읽기 활동에 필요한 읽기 지문 준비하기	교사는 미리 읽기 지문을 분석하여, 의미가 통하는 구나 절 단위로 끊기는 부분을 표시한다(위의 지문 참고).
교사가 끊어 읽기 시범 보이기	교사는 구나 절 단위로 끊기는 부분이 표시된 읽기 지문을 사용하여, 적절한 곳에서 끊어 읽으면서 유창하게 읽는 것을 시범 보인다.
학생과 함께 끊어 읽기 연습하기	학생과 함께 적절한 곳에서 끊어 읽으면서 유창하게 읽는 것을 연습한다.
학생이 독립적으로 끊어서 반복 읽기	두 명이 짝을 구성하여 번갈아가며 끊어서 반복 읽기를 연습하도록 한다.

출처 ▶ 김애화 외(2013). 내용 요약정리

④ 끊어서 반복 읽기를 짝과 연습할 때의 절차는 짝과 함께 반복 읽기의 절차와 동일하게 사용할 수 있다.

신경학적 각인 읽기 교수법
동 신경학적 각인법

자료

신경학적 각인 읽기 교수법과 반복 읽기

신경학적 각인 읽기 교수법의 여러 변형 기법 중 하나로 반복 읽기 방법이 있다(Mercer et al. 2010).

읽기 자료의 수준

읽기 교수는 학생이 성공적으로 읽기를 할 수 있는 수준보다 약간 낮은 곳에서부터 출발한다. 어떠한 형태든 발음법 기술이나 단어 재인을 가르치려는 시도는 이루어지지 않으며, 읽기 자료를 이해하는 데에 주의를 기울이지 않는다(Mercer et al., 2010).

신경학적 각인 읽기 교수법의 절차

교사는 학생보다 약간 큰 소리로 약간 빠르게 읽는데, 학생에게는 실수하는 것에 신경쓰지 않고 속도를 유지하도록 권한다. 글을 읽으면서 교사는 손가락을 이용하여 단어의 위치를 부드럽게 따라간다. 학생이 구어 읽기를 주도할 수 있게 되면, 교사는 좀 더 부드럽고 천천히 읽게 하며 학생이 손가락을 이용하여 단어를 지적할 수 있다(김용욱 외, 2002).

(4) 신경학적 각인 읽기 교수법 11중특

① 신경학적 각인 읽기 교수법은 음운분석이나 단어인식, 읽기이해와 관련한 명시적 교수·학습 활동보다는 학생의 읽기 유창성을 향상시키기 위해 적용할 수 있는 방법이다.

㉠ 교사와 학생이 함께 주어진 자료를 가능한 한 빨리 읽는 연습을 하도록 구성되어 있는 교수법이다.

㉡ 신경학적 각인 읽기 교수법은 빠른 해독을 강조하고, 주로 단어를 소리 내어 말하는 데 많은 시간을 소비하고 읽기를 유창하게 하지 못하는 학생에게 사용된다.

② 기본적인 가정은 학생들이 읽기 과제 수행 시 자신의 목소리와 타인의 목소리를 함께 들음으로써 유창성과 관련된 읽기 기능을 더 효과적으로 획득할 수 있다는 것이다.

- 같은 읽기 자료에 대한 청각적 과정에서 독자 자신의 목소리로부터의 피드백과 다른 사람 목소리로부터의 피드백은 새로운 학습과정을 형성한다.

③ 신경학적 각인 읽기 교수법은 읽기 유창성 향상을 목적으로 하기 때문에 읽기 자료의 선택은 대상 학생이 포함된 단어를 성공적으로 인식할 수 있는 수준의 자료를 중심으로 이루어진다.

④ 신경학적 각인 읽기 교수법은 다음과 같은 절차로 진행된다.

- 적용 초기 단계에서는 교사가 학생보다 더 큰 목소리와 약간 더 빠른 속도로 읽기 자료를 읽어 나간다. 그리고 학생이 점차 읽기 유창성을 획득해 감에 따라 읽기 활동에서 주도적 역할을 맡도록 계획되며, 이후 교사와 학생이 주도적 역할을 번갈아가며 수행한다. 읽기 활동 시 주도적 역할을 수행하는 사람은 현재 읽고 있는 위치를 손가락으로 가리키면서 읽기 활동을 주도하게 된다.

4. 읽기 유창성 오류 분석 기준(음독 오류의 유형) 12중특

대치	대치 오류는 글에 있는 것 이외의 낱말로 대치하여 읽는 경우를 말한다. • 의미 대치(제시된 어절을 다른 의미 단어로 대치하는 경우) 예 그날 밤에는 바람이 세게 불었습니다. → 그날 밤에는 밤이 세게 불었습니다. • 무의미 대치(제시된 어절을 무의미 단어로 대치하는 경우) 예 모두 덩달아 야단들이었습니다. → 모두 덩달라 야단들이었습니다. • 형식 형태소 대치(제시된 어절에서 어미, 조사 등 형식 형태소를 다른 형식 형태소로 대치하는 경우) 예 하루는 배고픈 여우가 산길을 어슬렁거리고 있었어. → 하루는 배고픈 여우는 산길을 어슬렁거리고 있었어.
생략	생략 오류는 글을 읽는 동안 원래 글에 있는 단어를 생략하는 경우를 말한다. • 전체 어절 생략(제시된 어절의 전체가 생략된 경우) 예 죽지 않고 살려는 욕심은 같았나 봅니다. → (　　) 않고 살려는 욕심은 같았나 봅니다. • 형식 형태소 생략(제시된 어절에서 어미, 조사 등 형식 형태소가 생략된 경우) 예 옛날에 시골 마을에 똥을 빨리 누는 사람이 살았대. → 옛날 시골 마을에 똥을 빨리 누는 사람이 살았대.
첨가 (삽입)	첨가 오류는 글을 읽는 동안 원래 문장에 없는 낱말을 임의로 추가하여 읽는 경우를 말한다. • 전체 어절 첨가(새로운 단어나 어절이 첨가된 경우) 예 산속에서 자라는 익모초 말이에요. → 산속에서 잘 자라는 익모초 말이에요. • 형식 형태소 첨가(제시된 어절에 어미, 조사 등 형식 형태소가 첨가된 경우) 예 사또, 죄송하지만 잠깐 볼일 좀 보고 오겠습니다. → 사또는, 죄송하지만 잠깐 볼일 좀 보고 오겠습니다.
반복	반복 오류란 단어를 반복하여 읽는 경우를 말한다. • 전체 어절 반복(제시된 어절 전체를 반복하는 경우) 예 옛날에 시골 마을에 똥을 빨리 누는 사람이 살았대. → 옛날에 시골 시골 마을에 똥을 빨리 누는 사람이 살았대. • 부분 어절 반복(제시된 어절의 일부를 반복하는 경우) 예 캬, 정말이로구나. → 캬, 정말 정말이로구나. • 첫음절 반복(제시된 어절의 첫음절을 반복하는 경우) 예 하루는 배고픈 여우가 산길을 어슬렁거리고 있었어. → 하 하루는 배고픈 여우가 산길을 어슬렁거리고 있었어.
자기 교정 (자기 수정)	자기 교정 오류는 처음에는 틀리게 읽었는데, 후에 곧 다시 돌아와 그 낱말을 수정하여 다시 읽는 경우를 말한다. 예 버스에 올랐습니다. → 버스에 올라탔습니다.(1차) → 버스에 올랐습니다.(2차)

출처 ▶ 김애화 외(2012), 이경화(2014)

비교

일반적 음독 오류 유형

일반적 오류 유형	판단 기준
무반응	10초 내에 읽지 못하는 경우
삽입	단어나 일부를 넣어 읽는 경우
생략	단어 전체나 일부를 생략하는 경우
무의미 대치	의미가 없는 단어로 대치하는 경우
의미 대치	의미가 있는 단어로 대치하는 경우
자기수정	처음에 틀리게 읽은 낱말을 자발적으로 다시 돌아와 고쳐 읽는 경우
반복	단어를 반복해서 읽는 경우
떠듬거림	낱말의 처음을 떠듬거리며 읽는 경우
반전	단어나 음절 순서를 바꾸어 읽는 경우
건너뜀	두 단어 이상을 읽지 않고 건너뛰어 읽는 경우

출처 ▶ 이경화(2014)

읽기 유창성 오류 분석 예시

SC접촉에
감기는 주로 접촉에 의해 감염되는데, 여기에는 크게
방법이 그중에
두 가지 방식이 있다. 그중 하나는 환자의 콧물이나
SC손에 문고리같은
기침에 섞인 바이러스가 환자의 손을 통해 문고리같이
SC접촉하는
여러 사람이 접촉하는 물건에 묻어 있다가 다른 사람이
뒤에 옮기면서
이를 손으로 만진 뒤 눈이나 입, 코로 옮기게 되면서
감염되는 방식이다. 이런 방식으로 감염이 이루어질 수
SC밖으로 생활할
있는 것은 바이러스가 인체 밖에서도 오랫동안 생존할
수 있기 때문이다.

…(하략)…

• SC: 자기 교정(self-correction)을 의미함

05 어휘

1. 어휘의 개념

① 어휘란 개별적 단위인 단어가 모여서 이루어진 집합을 말한다. 즉, 단어들이 모인 집합을 의미한다.

② 어휘지식은 단일 단어에 대한 지식, 문맥 속의 단어 의미 추론 및 단어 사이의 연관성 이해 및 활용 능력을 포함한다.

㉠ 양적 어휘지식: 어휘의 양을 의미하며, 학습자가 몇 개의 어휘 의미를 알고 있는지와 관련이 있다.

㉡ 질적 어휘지식: 학습자가 어휘의 의미를 얼마나 잘 이해하는지와 관련이 있다.

- 질적 어휘는 어휘의 특성(예 형태소와 관련된 단어 구조), 어휘의 조직(예 다른 어휘와의 관계 이해), 어휘의 화용(예 맥락에 적절한 어휘 사용) 등이 포함된다.

2. 어휘지식의 수준 25초특

① 어휘지식의 수준은 다음과 같이 구분된다.

결합지식	• 목표 어휘의 단순한 정의를 아는 수준 • 단일 맥락에서 어휘 의미 이해
⬇	
이해지식	• 목표 어휘의 다양한 의미 이해 • 목표 어휘를 관련 어휘와 연결지어 범주화할 수 있는 수준
⬇	
생성지식	• 여러 상황에서 어휘를 적절하게 적용하는 수준 • 비슷한 어휘들 간의 구분 • 다양한 어휘 범주 이해

② 학습장애 학생 및 학습부진 학생의 어휘지식 수준은 결합지식에 머무는 경우가 많다.

③ 최근 들어 어휘의 중요성이 상당히 강조되고 있는데, 그 이유는 어휘가 읽기이해 능력을 예측하는 중요한 변인으로 밝혀졌기 때문이다.

결합지식
동 조금 이해 수준

이해지식
동 부분적 이해 수준

생성지식
동 충분한 이해 수준

3. 어휘 교수법

(1) 직접 교수법과 간접 교수법

직접 교수법	교사가 목표 어휘를 직접 가르치는 것
간접 교수법	직접적으로 목표 어휘를 가르치는 것이 아니라, 여러 맥락에서 다양한 어휘를 접할 수 있는 기회를 마련해 줌으로써 학생이 간접적으로 어휘를 획득할 수 있도록 하는 것 예 다독, 우발교수

(2) 어휘지식 수준에 따른 교수법(전략)

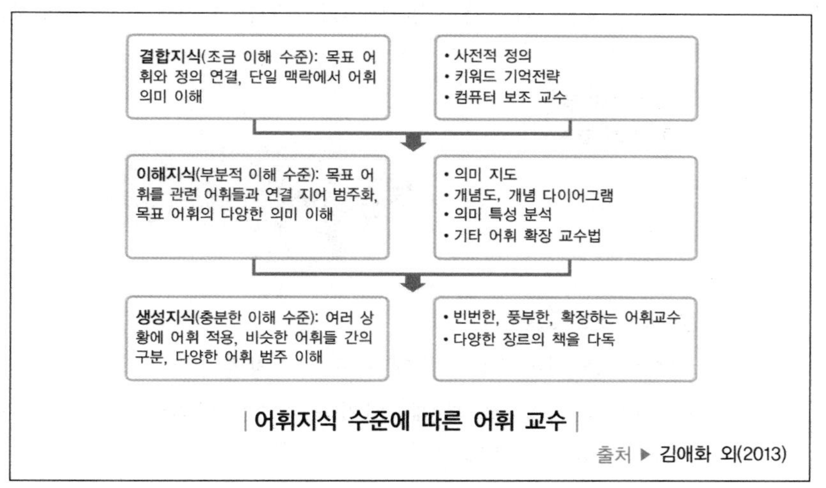

| 어휘지식 수준에 따른 어휘 교수 |

출처 ▶ 김애화 외(2013)

Tip
학생의 현재 어휘지식을 질적으로 향상시키기 위해서는 현 수준보다 한 단계 높은 어휘지식 수준에 해당하는 전략을 이용해야 한다.

① 결합지식 교수법

㉠ 사전적 정의 [19중특]

- 교사가 학생에게 목표 어휘의 사전적 의미를 찾아보도록 하는 방법으로, 전통적인 어휘 교수법 중 하나이다.
- 사전적 정의를 찾는 방법은 목표 어휘의 의미를 간단하게 이해하는 데는 도움이 되지만, 다음과 같은 한계를 갖는다.
  - 어휘이해 정도는 다소 표면적인 수준이고, 충분한 이해 수준으로 이끄는 데는 한계를 지닌다.
  - 학생이 실제로 해당 어휘를 '어떻게 활용할 것인가'를 가르치는 데 한계가 있다.

핵심어 전략
동 키워드 기억 전략, 핵심어법

㉡ 핵심어 전략

- 목표 어휘와 학생이 이미 알고 있는 핵심어를 연결하여 목표 어휘를 가르치는 방법이다.
- 핵심어는 학생이 이미 알고 있는 단어 중에서 목표 어휘와 청각적으로 유사한 어휘를 말한다.
- 핵심어 전략은 목표 어휘의 다양한 의미 이해 및 관련 어휘와의 연결(이해지식)보다는 목표 어휘의 단순한 정의를 연결하는 것(결합지식)을 목적으로 한다.
- 핵심어 전략은 과학이나 사회와 같은 내용 교과 수업 시, 중요한 어휘 개념을 가르칠 때 유용하다.

핵심어 전략 예시

목표 어휘	carlin(나이 든 여성)
핵심어	car(청각적으로 carlin과 비슷한 발음이 나는 car)
핵심어 전략을 통한 어휘 교수	carlin의 의미를 car와 연결시켜, car(자동차)를 운전하는 나이 든 여성(carlin)의 시각적 이미지를 떠올리도록 하는 교수

자료

핵심어 전략 실행 절차

단계	내용
1. 기록하기	목표 단어를 해당 어휘의 일부와 소리가 비슷하고 그림으로 떠올리기 쉬운 단어(핵심어)로 전환한다.
2. 관련성 맺기	핵심어 그림과 그 정의를 행동의 이미지로 만들어 핵심어와 그 정의를 통합한다.
3. 회상해내기	핵심어와 핵심어 그림 혹은 상호적 이미지를 생각하면서 그 의미를 떠올린다.

출처 ▶ Mercer et al.(2010)

㉢ 컴퓨터 보조 교수

- 컴퓨터를 어휘지식 습득에 활용하는 방법이다.
- 어려운 어휘의 정의를 제공하거나, 어려운 어휘를 쉬운 어휘로 바꿔주는 등의 방법에 컴퓨터를 활용한다.

② 이해지식 교수법

㉠ 의미 지도 17초특

- 목표 어휘를 중심으로 이와 관련되는 어휘를 열거하고, 그 어휘들을 그래픽 조직자를 활용하여 범주화하고, 각각의 범주에 명칭을 부여하는 방법이다.
- 학생이 자신의 선행지식과 연결하여 새로운 어휘의 의미를 이해하고 어휘력을 확장하는 데 유용한 방법이다.
- 의미 지도에서 그래픽 조직자의 활용은 학생이 어휘 간의 관련성을 이해하도록 도와주며, 또한 완성된 의미 지도에 대한 활발한 논의는 의미 지도의 효과성을 극대화할 수 있다.

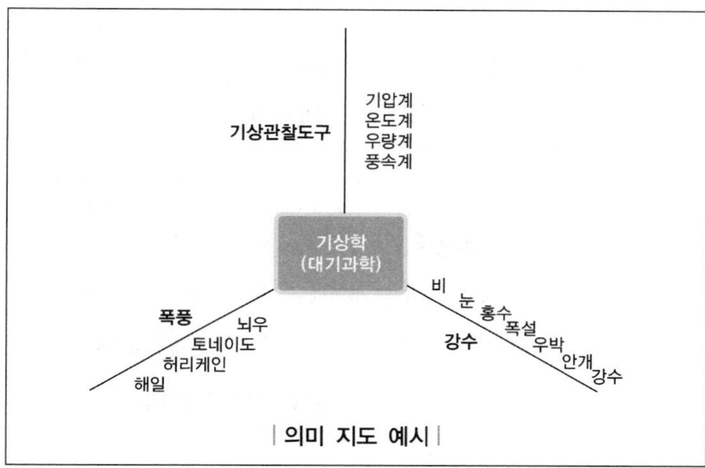

| 의미 지도 예시 |

자료

그래픽 조직자

Chapter 07. 내용 교과 지원 전략의 '[2] 그래픽 조직자'에서 구체적으로 다룸

동 도식 조직자

㉡ 개념도(concept map)

- 목표 어휘의 정의, 예, 예가 아닌 것으로 구성된 그래픽 조직자이다.

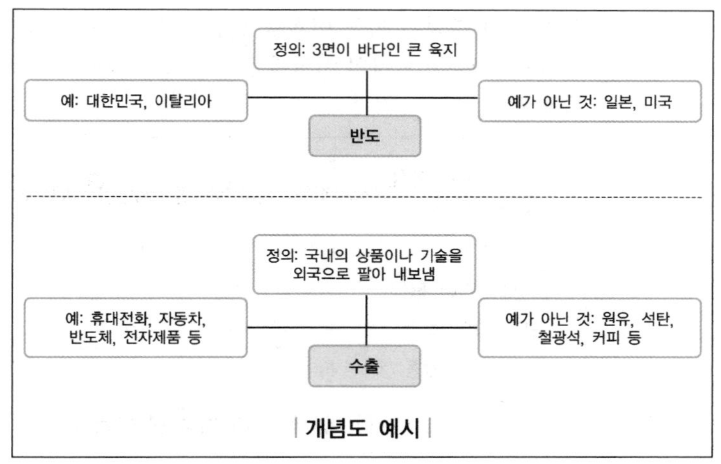

| 개념도 예시 |

개념도

동 개념 지도

비교

개념도

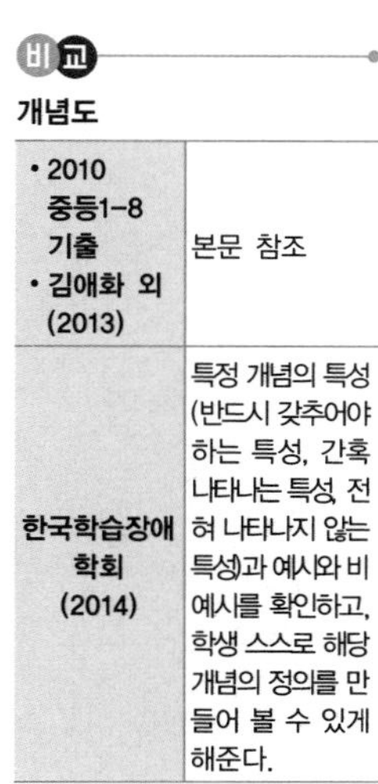

• 2010 중등1-8 기출 • 김애화 외 (2013)	본문 참조
한국학습장애학회 (2014)	특정 개념의 특성(반드시 갖추어야 하는 특성, 간혹 나타나는 특성, 전혀 나타나지 않는 특성)과 예시와 비예시를 확인하고, 학생 스스로 해당 개념의 정의를 만들어 볼 수 있게 해준다.

개념 비교표

개념 비교표에 대한 자세한 내용은 Chapter 06. 내용 교과 지원 전략의 '2 그래픽 조직자' 참조

자료

개념 다이어그램 예시

조암광물에서 '항상 나타나는 특징', '가끔 나타나는 특징', '전혀 나타나지 않는 특징', '예와 예가 아닌 것' 등을 시각적으로 조직화하여 조암광물의 주요 특징에 집중하도록 도와준다(2010 중등1-8 기출).

비교

개념 다이어그램에 제시되는 특징

개념 다이어그램에 제시되는 특징을 나타내는 표현은 다를 수 있다.

김애화 외 (2013)	본문 참조
2010 중등1-8 기출	• 항상 나타나는 특징 • 가끔 나타나는 특징 • 전혀 나타나지 않는 특징

ⓒ 개념 다이어그램(concept diagram) 10중특

- 개념 비교표(concept comparison table)를 만들어서 학생이 개념의 특성(반드시 갖추어야 하는 특성, 가끔 갖추고 있는 특성, 절대 갖추고 있지 않은 특성), 예와 예가 아닌 것 등을 비교함으로써 목표 개념을 이해하도록 도와주는 방법이다.

개념	화석
정의	지질시대에 살던 동식물의 유해 또는 그 흔적이 퇴적물 속에 매몰된 채로 보존되어 남아 있는 것

개념 속에 나타난 특성:

반드시 갖추고 있는 특성	가끔 갖추고 있는 특성	절대 갖추고 있지 않은 특성
유해 또는 흔적	암석 속	살아 있는 것
동물 또는 식물	빙하 속	부패된 것
오랜 시간 보존되어 남아 있는 것	화산재 속	동물 또는 식물이 아닌 것

예	예가 아닌 것
호박 속의 곤충	신발 자국
빙하 속에서 발견된 매머드	석고상
석회암에서 발견된 어류	현재 아프리카에 사는 코끼리

| 개념 다이어그램 예시 |

ⓔ 의미 특성 분석 14중특, 21초특

- 목표 어휘와 그 어휘들의 주요 특성들 간의 관계를 격자표로 정리하는 방법이다.
- 의미 특성 분석은 목표 어휘를 관련 어휘 및 학습자의 선행지식과 연결함으로써 학습자의 어휘에 관한 이해의 정도를 확장시키는 것을 목표로 한다.

주요 특성 \ 목표 어휘	정사각형	직사각형	평행사변형	마름모	사다리꼴
네 변	+	+	+	+	+
두 쌍의 변이 평행	+	+	+	+	−
모든 각이 직각	+	+	−	−	−
모든 변이 합동	+	−	−	−	−

| 수학 어휘의 의미 특성 분석 예시 |

ⓜ 어휘 관련시키기 활동

- 이미 학습한 어휘의 의미를 강화하고 확장시키는 방법으로, 유의어, 반의어 및 유추 어휘를 찾는 형식으로 구성된다.
- 유추 어휘는 일반적으로 유의어, 반의어, 상위－하위 개념, 부분－전체, 원인－결과 등의 개념을 적용하여 어휘들 간의 관련성을 파악하는 과제로 구성된다.

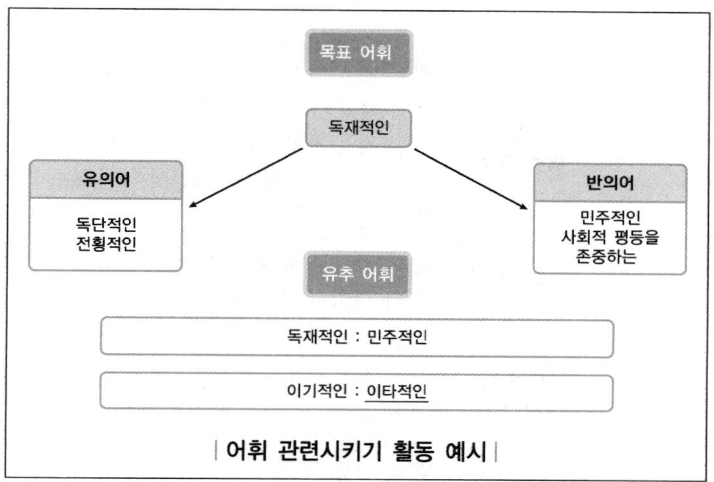

| 어휘 관련시키기 활동 예시 |

ⓑ 질문－이유－예 활동

- 해당 어휘를 사용한 이유를 이야기하고, 해당 어휘와 관련된 자신의 경험을 예로 들어 이야기해 보는 활동이다.
- 이유를 설명하도록 하는 것이 중요한데, 학생은 이유를 설명함으로써 목표 어휘와 예의 관계를 명확하게 이해할 수 있기 때문이다.

예 "지난 월드컵 스위스 전에서 패했을 때, 선수들은 침통한 표정을 지었습니다."에서 "왜 침통한 표정을 지었을까요?"와 같은 질문을 통해 이유를 이야기하고, "침통한 기분을 느낀 경험을 이야기해 보세요."와 같은 질문을 통해 자신의 경험을 예로 들어 이야기해 보는 활동이다.

③ 생성지식 교수법

㉠ 빈번한, 풍부한, 확장하는 어휘 교수

- 빈번한, 풍부한, 확장하는 어휘 교수는 학생이 어휘를 다양한 맥락에서 반복적으로 접함으로써 단순히 정의를 아는 것에 그치는 것이 아니라, 목표 어휘와 관련 어휘의 관계 및 다양한 맥락에서의 의미를 파악함으로써 점차적으로 어휘에 관한 '소유권'을 갖도록 하는 것을 목적으로 한다.

빈번한 어휘 교수	Beck 등은 일반적으로 매주 10개의 새로운 어휘를 가르치고, 각 어휘를 8~10번 정도 반복적으로 접할 수 있도록 기회를 제공할 것을 제안하였다. 그리고 이미 학습한 어휘와 새로 학습한 어휘를 일정하게 갈라서 나눠 복습하기를 실시하는 것이 좋다고 제안하였다.
풍부한 어휘 교수	단순히 어휘의 정의를 제시하는 것 이상의 교수로서, 목표 어휘의 다양한 의미를 이해하고 관련 어휘 및 학습자의 선행지식과 연결짓도록 하는 것이다.
확장하는 어휘 교수	학생이 수업 시간에 학습한 어휘를 다양한 상황에서 활용할 수 있도록 하는 교수를 의미한다.

㉡ 다양한 장르의 책을 다독 24중특

- 교사는 학습장애 학생이 다양한 장르의 책을 지속적으로 읽을 수 있도록 계획, 지원 및 관리해야 한다.
- 학생이 책을 읽다가 모르는 어휘가 나오면 스스로 파악할 수 있도록 돕는 전략(예 문맥 분석 전략, 단어 형태 분석 전략)을 가르쳐야 한다.

문맥 분석 전략	모르는 어휘가 포함된 문장을 읽거나, 앞뒤 문장을 읽으면서 어휘의 뜻을 유추하도록 돕는 것을 의미한다.
단어 형태 분석 전략	단어를 구성하는 형태소(예 어근/접사, 어간/어미)를 파악하여 모르는 어휘의 뜻을 파악하도록 돕는 것을 의미한다.

비교

문맥 분석 전략/단어 형태 분석 전략

김애화 외 (2013)	• 생성지식 교수법의 전략으로 제시 • 본문 참조
2024 중등A-9 기출	읽기 이해에 어려움이 있는 학생에게 어려운 내용과 단어 파악하기를 위한 전략으로 제시

(3) 어휘력 증진을 위한 교수 전략

어휘력 증진을 위한 교수 전략은 문맥을 이용한 교수 전략과 범주를 이용한 교수 전략으로 대별할 수 있다.

① 문맥을 이용한 교수 전략

어휘력 증진을 위한 교수 전략을 다룬 연구들은 새로운 단어의 의미나 정의를 전반적인 글의 맥락 속에서 설명하는 것이 단순히 새로운 단어의 의미나 정의를 제공하는 방법보다 훨씬 효과적이라고 밝히고 있다.

문맥을 이용한 어휘 정의하기	• 교사가 먼저 새로운 어휘를 학생들에게 소개한다. • 소개 활동이 끝난 후 교사는 새로운 어휘가 포함된 문장을 학생에게 제시하고, 문장 속에 내포된 어휘의 의미를 학생들이 정의하도록 요구하는 활동을 전개한다.
어휘 의미 발견하기	• 학생들이 읽어야 할 부분 중 새로운 어휘가 나오는 일부를 이용한다. • 학생들에게 발췌문을 제시하고, 주어진 자료의 전반적 내용을 고려했을 때 새로운 어휘의 의미가 무엇인지를 질문과 토론을 통해 발견하도록 한다.
문장 만들기	• 학생들이 새롭게 접하게 될 단어 및 이 단어와 관련되어 있으면서 학생들이 이미 알고 있는 단어들을 동시에 제공하고, 이들을 이용해 문장을 만들어 보도록 하는 것이다. • 문장 만들기 활동을 통해 교사는 새로운 단어의 의미가 무엇인지 파악할 수 있도록 구조화된 활동을 제공하게 된다.

② 범주를 이용한 교수 전략

단어 유창성	학생들에게 주어진 시간 안에 범주에 속하는 가능한 한 단어를 말하도록 요구함으로써 유창성을 향상시키려는 방법이다.
나열 - 범주화 - 명칭 부여하기	제시된 대상 단어와 관련이 있는 단어들을 학생들에게 모두 나열하도록 하고, 그다음으로는 이를 범주화하도록 하며, 마지막으로 범주화된 집단에 대해 적절한 명칭을 부여하는 활동이 이루어진다.
특징 분석	• 범주들이 먼저 제시되고, 제시된 범주에 해당하는 단어들을 학생들이 나열하도록 요구한다. 그다음에 각 범주의 특징이 무엇인지를 확인하도록 하고, 마지막으로 여러 범주들에 걸쳐 공통된 특징과 그렇지 않은 특징이 무엇인지를 확인하도록 학생들에게 요구한다. • 이러한 활동을 통해 학생들은 범주에 속하는 단어들의 의미적 차이점과 유사점을 확인해 나가게 된다.
그래픽 조직자 방법	핵심 어휘를 중앙에 위치시키고, 이와 관련된 단어들을 그래픽 형식으로 확인해 나가도록 함으로써 학생들에게 핵심 어휘의 의미를 파악하도록 요구한다.

KORSET 합격 굳히기 어휘력 발달을 위한 중재방법

1. 배경지식을 발달시키고 강화하기 위하여 목표 어휘를 명시적으로 토의하기가 있다.
   • 학년의 고하에 관계없이 명시적 어휘 교수, 다양한 맥락에 걸쳐 어휘에 노출되기, 각 내용영역에서 배운 어휘에 대해 정의 및 맥락적 접근의 통합 등이 효과적이다.
2. 공유적 책 읽기 교수방법이 있다.
   • 공유적 책 읽기 교수는 성인이 한 학생 또는 학생 집단에게 책을 읽어 주는 일반적인 방법이며, 이외의 다양한 일련의 방법을 망라하기도 한다.
3. 핵심어법이 있다.
   • 핵심어법은 시각적 상상에 의존하는 기억 촉진 방법을 활용하고 있다.

출처 ▶ 한국학습장애학회(2014)

기법	교수 절차와 효과
기억술 교수	일반적으로 새로운 어휘 단어를 이미 알고 있는 단어와 짝지어 학습하게 한다. 이미 알고 있는 단어는 새로 배우는 단어와 비슷하거나 기억할 만한 행위 혹은 사건을 나타내야 한다. 연구 결과, 기억술 교수는 효과적이다.
직접교수	보통 소집단으로 단어와 단어의 의미에 국한된 교수를 시행한다. 실증 연구 결과, 이 방법은 매우 효과적이다.
지속적인 시간지연	학생들에게 단어 그리고/혹은 해당 의미를 제시하고 그들이 답을 안다면 문제의 답을 말할 것이라고 기대하는 무오류 학습방법이다. 만약 학생들이 답을 알지 못한다면 3~5초 후에 검사자가 답을 제공하고, 답이 맞을 때는 학생이 답을 반복할 것으로 기대된다. 이 방법은 어휘교수에서 효과적이다.
컴퓨터화된 교수	일반적으로 학생이 잘 모르는 단어 목록을 개별화하고 컴퓨터를 통해 다양한 교수 활동(예 선다형 연습, 연결형)을 활용한다. 이 접근법의 효과에 대한 연구는 아직 확실한 결론을 이끌어 내지 못했다.

출처 ▶ Bender(2011)

06 읽기이해

1. 읽기이해의 개념 10초특, 14중특

읽기이해는 자신의 선행지식과 글에서 제시되는 정보를 연결하여 의미를 형성해 가는 과정을 의미하는 것으로(읽기 이해력 = 낱말 읽기 × 언어 이해력), 이는 읽기 교수의 궁극적 목적이다. 성공적인 읽기이해를 위해서는 단어 수준 이해, 문장 수준 이해 그리고 글 수준 이해라는 3단계의 이해 과정이 필요하다.

(1) 읽기이해 과정

읽기이해 과정은 단어 수준 이해, 문장 수준 이해, 글 수준 이해로 진행되며, 이러한 읽기이해 과정에서 읽기 교수의 영역은 밀접히 관련되어 있다.

단어 수준 이해	• 개별 단어를 읽고 그 의미를 이해하는 것을 말한다. • 성공적인 단어 수준의 이해를 위해서는 읽기 선수 기술인 음운인식, 자모지식, 낱자-소리의 대응관계 등과 단어인지 능력이 요구된다.

⬇

문장 수준 이해	• 문장을 구성하고 있는 단어들을 빠르고 정확하게 읽을 뿐만 아니라 문장구조를 고려하여 적절히 끊어서 읽고, 문장의 의미를 이해하는 것을 말한다. • 성공적인 문장 수준의 이해를 위해서는 구/절 읽기 유창성, 문장 읽기 유창성, 어휘력, 문장구조 이해 등이 요구된다.

⬇

글 수준 이해	• 여러 문장으로 구성된 문단 혹은 여러 문단으로 구성된 글을 읽고 이해하는 것을 의미한다. • 성공적인 글 수준 이해를 위해서는 글 구조 이해, 주제와 연관된 선행지식, 읽기이해 점검력 등이 요구된다.

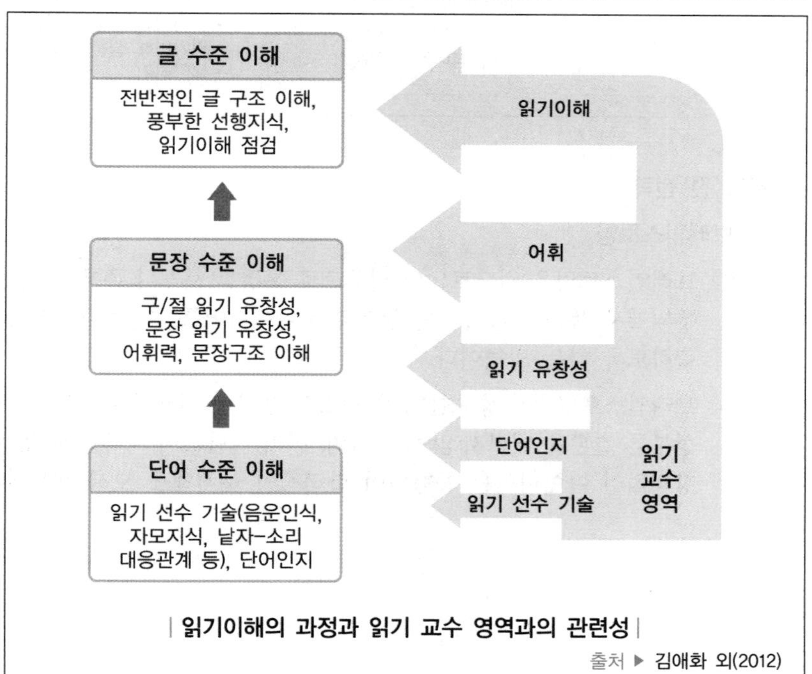

| 읽기이해의 과정과 읽기 교수 영역과의 관련성 |

출처 ▶ 김애화 외(2012)

(2) 학습장애 학생의 읽기이해 특성

읽기이해의 어려움은 하나의 요인에 기인하기보다는 여러 가지 요인에 기인하기 때문에, 읽기이해에 어려움을 갖는 학습장애 학생은 이질적인 특성을 지닌다.

① 자신이 읽은 글의 내용을 기억하는 데 어려움을 보인다.

② 중심내용과 세부내용을 파악하는 데 어려움을 보인다.

③ 불필요한 정보를 무시하는 데 어려움을 보인다.

④ 읽은 글의 내용을 바탕으로 추론하는 데 어려움을 보인다.

⑤ 글을 전략적으로 읽고 이해하는 데 어려움을 보인다.

⑥ 읽기이해 점검을 잘 수행하지 못한다.

⑦ 글의 구조를 이해하고 활용하는 데 어려움을 보인다.

2. 읽기이해 증진을 위한 교수전략

1) 읽기 단계별 전략 10중특

읽기 전 전략	읽기 중 전략	읽기 후 전략
• 브레인스토밍 • 예측하기	• 글 구조에 대한 교수 • 중심내용 파악하기	• 읽기이해 질문에 답하기 • 읽기이해 질문 만들기 • 요약하기

자료

과정 중심 읽기 지도 방법에 따른 단계별 활동

1. 읽기 전 활동
   - 제목, 사진, 기타 정보를 보고 예측하기
   - 책 표지, 제목, 저자, 내용 미리 보기
   - 제목이나 자료를 보고 이미 알고 있는 내용을 연상해 정보 채워 나가기
2. 읽는 중 활동
   - 글의 구조를 생각하며 읽기
   - 질문 제시 후 답을 찾아가며 읽기
   - 인물, 배경, 문장 간의 생략, 단어의 의미, 이어질 내용 등 추론하기
3. 읽기 후 활동
   - 중요한 내용을 중심으로 의미 지도 그리기
   - 다른 장르로 바꾸어 통합적 활동하기
   - 일정한 토의거리를 제공해 토의하기
   - 타당성 있게 내용을 판단하여 비판적 읽기

출처 ▶ 초등 국어(3-2) 교사용 지도서(2019)

(1) 읽기 전 전략

① 브레인스토밍

㉠ 브레인스토밍은 집단토의의 일종으로 특정한 문제나 주제에 대하여 두뇌에서 폭풍이 몰아치듯 생각나는 아이디어를 가능한 한 많이 산출하도록 하는 방법이다.

㉡ 브레인스토밍에서 중요한 것은 산출된 생각에 대하여 비판을 하거나 선부른 결론을 내리지 않아야 하며, 여러 사람들이 자유롭게 제시한 창의적인 아이디어를 종합하여 합리적인 해결책을 모색해야 한다.

ⓒ 브레인스토밍은 크게 선행지식 생성하기, 선행지식 조직하기, 선행지식 정교화하기의 단계로 진행된다.

선행지식 생성하기	학생은 앞으로 읽을 글에 대한 제목을 보고, 제목에 대해 이미 알고 있는 것을 자유스럽게 말하고, 교사는 이를 그래픽 조직자 등의 형식을 사용하여 시각적으로 조직한다.
선행지식 조직하기	학생이 다 말하고 난 후에 교사는 학생과 함께 학생이 말한 내용을 비슷한 내용끼리 분류한다.
선행지식 정교화하기	학생이 정리된 내용을 보고, 더 추가할 내용이 있는지를 확인하고 필요할 경우 새로운 내용을 추가한다.

② 예측하기 13중특, 20중특, 22초특

㉠ 예측하기는 글을 읽기 전에 글의 제목, 소제목, 그림 등을 훑어본 다음, 앞으로 읽을 글에 대한 내용을 예측하는 활동이다.

㉡ 학생은 글을 읽는 동안 예측하기 활동을 통해 자신이 예측한 내용이 실제 글의 내용과 비슷한지 여부를 점검하게 되고, 필요에 따라 자신이 예측한 내용을 변경하는 등 보다 능동적인 독자로서의 특성을 보이게 된다.

예측한 내용	읽기 전	읽기 후
민지는 어떤 아이라고 생각하는가?		
민지가 어떻게 동굴을 빠져나올 것인가?		

| 이야기 예측표 예시 |

출처 ▶ 이경화(2014)

예측하기
예측하기는 책을 읽기 전에 읽을 책의 제목, 사진, 기타 정보를 대하면서 읽기를 멈추고 책에 있는 내용을 추측하는 것을 말한다. 주로 제목이나 글의 첫 부분을 중심으로 예측을 하고 그 내용을 토대로 글 전체를 몇 부분으로 나누어 예측을 진행하면서 수정하고 보완하는 과정을 거치게 된다(이경화, 2014).
동 예측하기 전략

(2) 읽기 중 전략

① 글 구조에 대한 교수

㉠ 글 구조에 대한 교수란 대표적인 글의 구조에 대해 명시적으로 가르치는 것을 말한다.

- 글 구조는 글에 나타나는 조직적인 특성으로, 글의 프레임을 제시하는 역할을 한다.

㉡ 글의 유형에 따라 체계적으로 글 구조를 교수하는 것은 학습장애 학생의 이야기 글과 설명글에 대한 읽기 이해력을 높이는 것으로 나타났다.

ⓒ 글의 구조를 파악하는 활동을 돕기 위해 그래픽 조직자가 활용될 수 있다.

ⓓ 대표적인 글의 유형에는 이야기 글과 설명글(혹은 설명식 글)이 있으며, 각 유형별 글 구조는 다음과 같다.

글의 유형	글 구조
이야기 글	이야기 문법
설명글	나열형 구조, 비교대조형 구조, 원인결과형 구조

ⓐ 이야기 글

- 이야기 글의 구조는 인물, 배경(때와 장소), 발단 사건, 문제(또는 목적), 사건, 결말 등을 포함하는 이야기 문법 형태가 대표적이다.
- 이야기 글의 구조인 이야기 문법을 가르치는 방법 중 하나로 이야기 지도를 활용하는 방법이 있다. 이야기 지도는 글의 중요한 내용을 시각적으로 기록하게 함으로써 학생이 글의 내용을 파악하는 데 도움을 준다.
  - 이야기 문법 교수는 초등학교 저학년뿐 아니라 중등학생에게도 적용되는데, 특히 중등학생의 경우에는 기본적인 이야기 문법 요소 외에 이야기의 주제를 파악하는 것을 추가적으로 가르친다.

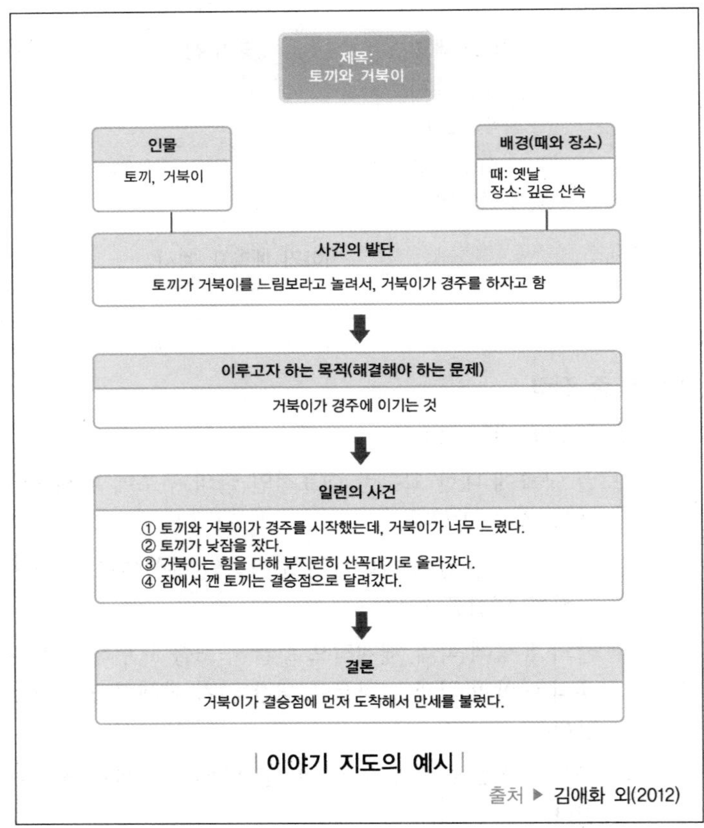

| 이야기 지도의 예시 |

출처 ▶ 김애화 외(2012)

이야기 문법
이야기 구성 규칙(예 이야기에는 등장인물이 있기 마련이고, 특정한 시간과 장소를 배경으로 펼쳐지며, 주요 등장인물은 목적이 있거나 문제에 맞선다. 또 주인공은 그 목적을 성취하기 위해서 또는 문제를 극복하기 위하여 여러 사건에 휘말리지만, 결국 문제를 해결해 나간다.)

이야기 지도
이야기 지도는 이야기의 인물과 사건에 대한 중요한 정보를 도식화하는 기법이다(Schloss et al., 2011).

KORSET 합격 굳히기 이야기 문법 전략

이야기 문법 전략은 이야기 글의 대표적인 구조 요소를 이야기 지도 형태로 가르치는 것으로, 그 특징은 첫째, 인물, 사건, 장소, 문제, 문제해결 등 이야기 속 구성적 특징이 있음에 초점을 두어 독해를 하도록 돕는다. 둘째, 이야기 글의 조직 및 구성을 구조적으로 파악하여 독해를 하도록 돕는다. 셋째, 일반 교과의 이야기 글에 잘 적용될 수 있다(한국학습장애학회, 2014).

ⓑ 설명글 13중특, 21초특, 22초특, 24중특

설명글의 구조는 일반적으로 나열형, 비교대조형, 원인결과형 등의 유형으로 구분될 수 있다. 설명글의 구조를 파악하면서 글을 읽는 것은 글에 포함된 중요한 내용들을 인지하는 데 큰 도움이 된다.

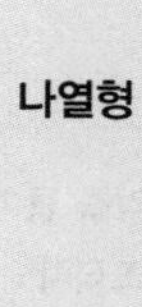

나열형

- 나열형 설명글은 여러 가지 중요 사실들을 동등한 수준에서 제시하고 이를 설명하는 형식을 가진다.
- 일반적으로 이 유형의 설명식 글은 전체 글의 주제, 주요 개념 설명에 포함된 세부 개념들로 구성된다고 할 수 있으며, 도식을 이용하여 학습자가 구성 요소들을 파악하면서 글을 읽게 되면 글에 대한 이해와 기억이 촉진될 수 있다.

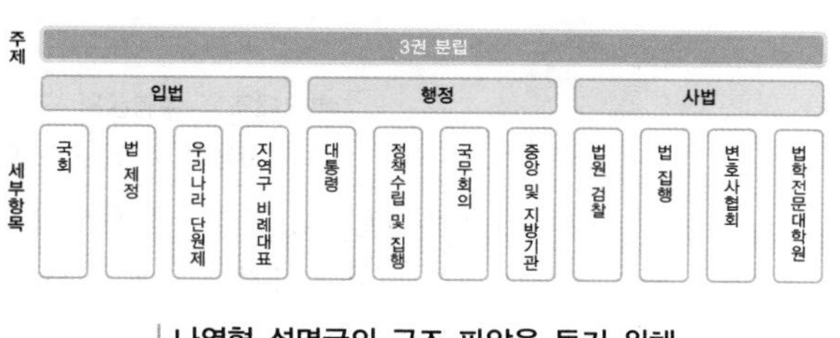

| 나열형 설명글의 구조 파악을 돕기 위해 사용될 수 있는 그래픽 조직자 |

비교

설명글의 구조

김동일 외 (2016)	본문 참조
김애화 외 (2013)	• 읽기이해 교수법 중 글 구조에 대한 교수: 설명글의 구조는 종류가 서술식 구조, 열거식 구조, 비교-대조 구조 등을 포함한다. • 쓰기 교수법 중 글 구조에 대한 교수: 설명글의 구조에는 비교-대조, 열거, 예시, 원인-결과 등이 있다.

자료

나열형 예시

갯벌의 이로움

바닷물이 드나드는 넓은 땅을 갯벌이라 부른다. 갯벌은 사람과 자연에 여러 가지 이로움을 준다.
먼저, 갯벌은 어민들에게 경제적 이익을 준다. 갯벌에는 바닷물이 드나들면서 조개나 물고기, 낙지 등과 같은 동물들이 살기에 좋은 환경이 만들어진다. 어민들은 갯벌에서 이러한 것을 잡아 돈을 번다.
다음으로, 갯벌은 오염 물질을 정화하여 깨끗한 환경을 만든다. 갯벌은 겉으로는 진흙탕처럼 보이지만 그곳에는 작은 생물들이 많이 살고 있다. 이 생물들은 육지에서 나오는 오염 물질을 분해한다.
마지막으로, 갯벌은 물을 흡수해 저장했다가 내보낸다. 그러므로 갯벌은 큰 비가 오면 빗물을 흡수해 홍수를 막아 준다.

출처 ▶ 2021 초등A-7 기출

자료

비교대조형 예시

고체와 액체

우리 주위에는 매우 다양한 물질이 있다. 그중 고체와 액체에 대해 살펴보자. 돌과 나무는 고체이고, 물과 주스는 액체이다. 돌이나 나무 같은 고체는 모양이나 부피가 쉽게 바뀌지 않는다. 이에 반해 물이나 주스 같은 액체는 담는 그릇에 따라 모양이 변하지만 부피는 일정하다. 그래서 물이나 주스를 한 가운데가 뚫려 있는 그릇에 통과시키면 모양은 잠깐 바뀌지만 부피는 변하지 않는다

출처 ▶ 2024 중등A-9 기출

비교 대조형

- 비교대조형 설명글은 일반적으로 두 개 이상의 사건, 현상 또는 사물을 서로 비교하는 형식을 취한다.
- '이와 비슷하게, 둘 다, 모두, 그리고, 반면, 하지만, 그러나, ~보다, ~와는 반대로' 등의 비교대조 구조를 이해하는 데 도움이 되는 단어를 가르치고, 이러한 단어가 문장 내에서 어떻게 사용되는지를 교수한다.
- 비교 대상 간에 존재하는 차이점과 공통점이 무엇인지를 파악하는 것이 중요하며, 이러한 활동을 수행하는 데 시각 보조도구를 사용하면 도움이 될 수 있다.

주제	사과와 오렌지의 비교		
비교대상	사과		오렌지
주요개념	차이점	공통점	차이점
종(種)		과일	
모양		동그랗다	
색깔	연두색, 빨간색		주황색
맛		시거나 달다	

| 비교대조형 설명글의 구조 파악을 돕기 위해 사용될 수 있는 그래픽 조직자 |

원인 결과형

- 원인결과형 설명글은 현상이나 사건이 촉발되게 한 원인과 그로 인해 발생한 결과를 설명하는 형식으로 구성된다.
- 각 결과를 확인하고 그 결과와 관련된 원인 요인들을 파악하는 것이 글을 이해하는 데 중요한 부분을 차지하게 된다.

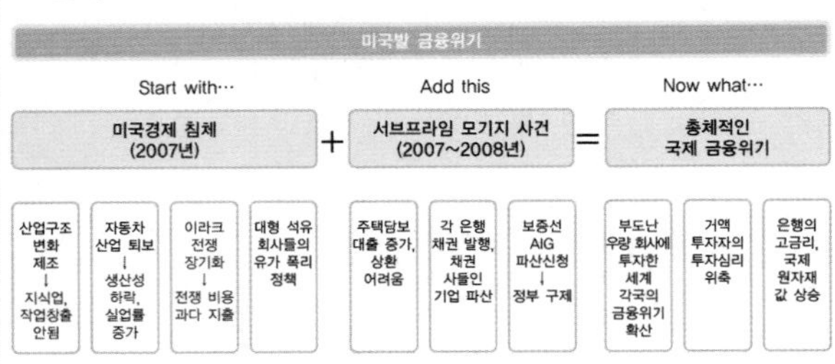

| 원인결과형 설명글의 구조 파악을 돕기 위해 사용될 수 있는 그래픽 조직자 |

② 중심내용 파악하기 13중특, 21초특, 25중특

㉠ 중심내용 파악하기는 해당 문단의 중요 내용을 찾고 이를 자신의 말로 표현하는 전략이다.

㉡ 글을 읽고 중심내용을 찾는 것은 읽기이해에 중요한 역할을 하며, 특히 설명글의 이해에서 더욱 중요한 역할을 차지한다.

㉢ 중심내용을 파악하는 전략은 중심내용을 찾는 방법에 초점을 맞추어 교수를 진행한다.

• 일반적으로 중심내용 파악하기 전략은 3단계로 구성된다.

1단계	각 문단이 '무엇' 또는 '누구'에 관한 내용인가를 파악하기
2단계	각 문단에서 '무엇' 또는 '누구'에 관해 가장 중요한 내용 파악하기
3단계	1~2단계에서 파악한 내용을 10어절 이내의 문장으로 표현하기

(3) 읽기 후 전략

읽기 후 전략의 목표는 글 전체의 내용을 종합하는 데 있다. 대표적인 읽기 후 전략으로 질문하기 전략, 요약하기 전략이 있다.

① 질문하기 전략 14초특, 19중특, 22초특, 25초특

개념	• 학생들의 글에 대한 이해력을 증진시키기 위해 주로 사용되는 교수 방법이다. • 질문하기 전략은 교사가 직접 학생들에게 단계적으로 준비된 질문을 제시하거나, 학생들이 글의 제목, 그림, 도표 등을 이용해 스스로 질문을 만들고(즉, 자기질문 생성 전략) 그에 대한 답을 찾도록 함으로써 활용될 수 있다. – 자기질문 생성 전략은 책을 읽기 전에 궁금한 점을 중심으로 학생 스스로 혹은 조별로 질문을 미리 만들어 보고, 읽은 후에는 책에 나오는 내용을 중심으로 퀴즈를 만들어 풀어 보기도 하는 전략이다. – 자기질문 생성 전략은 학생이 자신이 읽은 내용을 다시 한 번 복습하게 하고, 특히 중심내용을 다시 한 번 살피고 기억하는 데 효과적이라고 보고되었다. – 자기질문 생성 전략을 효과적으로 적용하기 위해서는 학생에게 '좋은 질문'에 대한 명시적 교수를 실시하여야 하는데, 좋은 질문이란 중심내용을 강조하고, 단편적인 지식보다는 글의 내용을 통합적으로 파악하여 답할 수 있는 질문을 의미한다.

질문하기 전략

독자는 글을 읽기 전, 읽는 과정, 읽은 후에도 끊임없이 질문한다. 표면적으로 드러나지는 않지만 의식적으로든 무의식적으로든 글을 읽어 나가는 동안 계속적으로 질문하고 문제를 해결해 나간다. 특히, 능숙한 독자는 적절한 질문을 제기하고 이를 효과적으로 해결짓는다. 이 전략은 읽기 전이나 읽는 동안, 읽은 후의 어떤 과정에서도 효과적인 것으로 나타났다.
자기질문 생성 전략은 책을 읽기 전에 궁금한 점을 중심으로 학생 스스로 혹은 조별로 질문을 미리 만들어 보고, 읽은 후에는 책에 나오는 내용을 중심으로 퀴즈를 만들어 풀어 보기도 하는 전략이다. 이 과정에서 학생들은 능동적으로 글을 읽고 기존의 스키마와 관련시켜 의미를 재구성하면서 사고력이 향상되고 의미 있는 독서가 이루어진다.

출처 ▶ 초등 국어(3-1) 교사용 지도서(2019)

자료

읽기 시기별 질문

• 읽기 전에는 읽기 목적에 대한 질문, 글의 내용을 예측하는 것과 관련된 질문, 글의 내용에 대해 배경지식을 활성화하는 것에 대한 질문이 주를 이룬다.
• 읽기 중에는 글의 내용에 대한 질문이 주가 되는데, 글에서 중요한 내용이 무엇인지에 대한 질문, 빠진 내용(추론)은 무엇인지에 대한 질문, 글의 내용에 대한 분석이나 비판적 이해를 위한 질문, 연상이나 상상을 위한 질문 등이다. 또 읽기 전에 예측한 것이 맞는지, 글의 내용과 관련된 배경지식을 활성화하는 것도 읽기 중 질문의 내용이다.
• 읽기 후에는 주로 글의 중심내용이나 주제, 줄거리 등을 정리해 보는 것과 관련된 질문, 읽은 글에 대한 활용(적용) 등에 대한 질문 등이 중심이다.

출처 ▶ 초등 국어(3-1) 교사용 지도서(2019)

사실적 이해 질문
동 문자적 이해 질문, 문자 그대로의 이해

비판 · 평가적 이해 질문
동 평가적 이해 질문

읽기이해 질문의 유형

유형	보기
문자 그대로의 이해	동생은 무엇을 먹고 싶어 하는가?
해석	왜 과자는 선반 위에 있는가?
비평적 읽기	아이들을 홀로 집에 남겨 놓을 때, 엄마가 한 일은 올바른가?
창조적 읽기	당신은 어떻게 이 문제를 해결했는가?

출처 ▶ 김용욱 외(2002)

요약하기 전략

요약하기는 읽은 내용에 대한 기억이나 회상을 말한다. 독자가 자신의 방식으로 이 내용을 구성하는 것이 중요하다. 요약하기는 상향식 읽기 과정과 하향식 읽기 과정의 상호작용을 강조하며, 글에 대해 독자 자신이 이해한 것을 인식하게 한다. 또 요약하기는 독자가 이해하기 위해 사용한 전략을 인식할 수 있게 해준다. 요약하기 활동은 글을 읽은 다음에 글 전체의 내용을 제대로 파악하는지 판단하게 해주므로 평가 방법으로도 사용된다.

출처 ▶ 초등 국어(4-1) 교사용 지도서(2019)

요약하기 전략의 원리

동일 학자(Brown & Day, 1983)의 내용이 인용되고 있음에도 김애화 등(2012)의 문헌(본문 참조)과 초등 국어 교사용 지도서(2019)의 내용은 다소 차이를 보인다. 초등 국어(4-1) 교사용 지도서에 제시되어 있는 요약하기 전략의 원리는 다음과 같다.

- 삭제: 중요하지 않거나 중복되는 정보를 삭제한다.
- 상위어 대체: 구체적인 낱말들은 더 일반적인 말로 대체한다. 항목이 나열될 경우 상위어로 대체한다.
- 선택: 중심 문장이 명시적으로 주어졌을 때 그 주제 문장을 선택한다.
- 구성: 중심 문장이 명시적으로 주어져 있지 않을 때 스스로 만들어 본다.

질문의 유형	• 읽기이해 수준을 확인하기 위한 대표적인 읽기이해 질문의 유형(읽기 수준별)은 다음과 같다. 질문의 유형 / 내용 사실적 이해 질문: 사실적 사고를 요하는 질문 예 나오는 인물은 누구인가? 추론적 이해 질문: 추론적 사고를 요하는 질문 예 그 인물은 다음에 어떻게 되었을까? 비판 · 평가적 이해 질문: 비판 · 평가적 사고를 요하는 질문 예 그 인물이 한 행동은 옳은 것인가?
특징	• 질문을 통해 독자가 글의 내용을 생각하게 한다. • 지식, 이해, 적용, 분석, 종합, 평가 등의 상위인지 사고를 하도록 유도한다. • 글의 주요 내용에 주의를 기울이게 한다. • 글을 읽는 동안 자신의 이해를 점검하게 한다.

질문의 유형	내용
사실적 이해 질문	사실적 사고를 요하는 질문 예 나오는 인물은 누구인가?
추론적 이해 질문	추론적 사고를 요하는 질문 예 그 인물은 다음에 어떻게 되었을까?
비판 · 평가적 이해 질문	비판 · 평가적 사고를 요하는 질문 예 그 인물이 한 행동은 옳은 것인가?

② 요약하기 전략

개념	• 요약하기 전략은 읽은 글의 전체내용을 종합적으로 파악하여 필요 없는 내용은 버리고 중요한 내용에 초점을 맞추어 정리하는 것을 돕는 전략이다. • 요약하기 전략은 학생이 전체 글의 내용 및 글 구조를 다시 한 번 살피고, 문단별 중심내용을 다시 한 번 확인하고 기억하는 데 도움이 된다.
원리	• 요약하기 전략의 대표적인 다섯 가지 원리는 다음과 같다. 첫째, 별로 중요하지 않은 내용 버리기 둘째, 불필요한 내용 버리기 셋째, 상위 단어를 사용하여 여러 개념을 한꺼번에 표현하기 넷째, 중심문장 고르기 다섯째, 중심내용 만들기 • 교사는 이 원리를 가르치고, 학생이 상황에 맞게 다섯 가지 원리 중 필요한 원리를 적용하여 전체 글의 내용을 요약하도록 돕는다.
특징	• 글의 주요 아이디어를 보여 주도록 한다. • 문단별 중심내용을 확인하고 기억하게 한다. • 글의 내용을 요점 정리함으로써 어려운 글을 분명하게 한다. • 불필요한 내용과 주요 내용을 구분하게 한다.

2) 다전략 교수

읽기 활동에서 학생의 능동적인 참여를 강조하면서 여러 읽기이해 전략을 결합하여 사용하는 다전략 교수가 적용되고 있다. 여러 읽기이해 전략을 결합하여 사용하는 다전략 교수는 읽기이해력과 교과 지식의 향상에 긍정적인 영향을 미친다. 특히 중등학생에게 효과적인 것으로 나타났다. 그러나 다전략 교수 시 주의할 점은 너무 많은 전략을 결합하여 사용하는 것은 학생에게 혼동을 가져올 수 있기 때문에, 적절한 수(약 4개)의 전략을 결합한 교수법을 활용하도록 해야 한다.

(1) 상보적 교수

상보적 교수
동 호혜적 교수법

① 개념 23중특

㉠ 상보적 교수는 교사와 학생이 구문과 관련된 토론에 적극적으로 참여함으로써 구문이해와 이해 모니터링 모두를 촉진할 수 있는 상호작용적인 교수전략이다.

㉡ 상보적 교수는 예측하기 전략, 질문 만들기 전략, 명료화하기 전략, 요약하기 전략으로 구성된다. 네 가지 전략은 순서대로 한 번 사용하고 끝나는 것이 아니라, 문단별(또는 한두 문단별)로 순환적으로 사용한다.

Tip
예측하기, 질문 만들기, 명료화하기, 요약하기는 전략의 실행 순서가 아닌 전략의 구성 요소이다.

㉢ 상보적 교수는 교사와 학생의 글에 대한 구조화된 대화를 통해 학생의 읽기이해력을 향상시키는 것을 목적으로 한다.

㉣ 학습방법은 교사와 학생의 대화를 통하여 학생의 초인지적인 이해를 촉진시키고, 그 절차를 역할놀이 해보면서 학생이 익힐 수 있도록 하는 상호교수이다.

② 특징 09중특, 15중특

㉠ 비계설정 교수법을 강조한다. 즉, 교사는 학생과의 대화를 통해 예측하기, 질문 만들기, 명료화하기, 요약하기 전략의 사용을 가르치고, 점차적으로 학생이 대화를 이끌어 갈 수 있도록 돕는다.

- 학생들과 질문하고 토론하면서 교사 주도로 수업을 하다가 점진적으로 학생들이 학습에 대한 주도권을 갖도록 지도하는 것이다.

예 김 교사는 학생들에게 자기 주도적으로 학습하는 능력을 길러 주기 위하여 '충성스런 진돗개' 단원을 다음과 같이 지도하였다. 먼저 학생들에게 교재에 있는 그림과 목차를 보면서 자신이 생각하는 것을 말해 보도록 하고, 학습 과제에 대한 질의·응답 과정을 거쳤다. 그다음 학생들에게 한 단락을 읽고, 요약 및 토론하여 잘못된 내용을 어떻게 수정하고, 평가하는지 명시적으로 보여 주었다. 이후 학생들을 세 모둠으로 나누고, 각 모둠에 학습장애 학생을 한 명씩 포함시켰다. 그리고 학생들 스스로 질문, 요약, 명료화, 수정·평가하는 과정을 거쳐 토론을 주도하도록 안내하고, 점진적으로 모든 책임을 학생들이 맡아서 진행할 수 있도록 지도하였다.

㉡ 임상적 상황 또는 특수학급에서 상보적 교수를 적용하는 경우 소집단으로 구성된 학생들을 대상으로 대략 20주 정도, 매일 20분씩 프로그램을 운영한다.

㉢ 상보적 교수를 실시하는 과정에서 교사는 다음과 같은 역할을 수행해야 한다.

- 교사는 학생들이 읽기이해와 관련된 네 가지 학습전략을 학습할 수 있도록 모델의 역할을 수행한다.
- 점차적으로 학습의 주도권이 학생들에게 이양될 수 있도록 구조적인 교수활동을 계획, 진행, 평가한다.
- 모든 학생들이 적극적으로 수업활동에 참여할 수 있도록 수업참여를 위한 촉진자의 역할을 수행한다.
- 학생들이 내용 이해를 위한 전략들을 적절하게 활용하고 있는지에 대한 평가활동과 필요시 도움을 제공하는 역할을 수행한다.

㉣ 상보적 교수를 효과적으로 운영하기 위해서는 다음과 같은 사항이 요구된다.

- 학생 간 상호작용을 촉진하기 위한 구조적 활동이 있어야 한다.
- 학습활동의 지도자 역할을 수행하는 학생이 단순히 교사의 역할을 대역하기보다는 전반적 학습활동 과정을 책임 있게 진행하는 능력을 개발할 수 있도록 해주어야 한다.
- 학생들이 각 학습전략을 어떻게 활용하는지에 대한 분명한 인식을 가질 수 있도록 해야 한다.

③ 구성 전략 15중특, 17초특, 23중특

예측하기	• 예측하기는 글을 읽는 목적을 설정하는 데 도움을 준다. 즉, 학생은 자신이 예측한 내용이 맞는지 여부를 점검하면서 글을 읽게 된다. • 글을 읽기 전에는 글을 전반적으로 훑어봄으로써 앞으로 읽을 내용에 대해 예측하게 하고, 글을 읽는 중간에는 지금까지 읽은 내용을 바탕으로 앞으로 이어질 내용을 예측하게 한다. 예 학생들은 글의 제목을 보고 글의 내용을 예측한다.
질문 만들기	• 질문 만들기는 학생이 자신이 읽은 글에서 중요한 내용에 집중할 수 있도록 돕는 전략이다. • 학생이 해당 문단을 읽으면서, 그 문단의 중요한 내용을 반영한 질문을 만들도록 한다. 이때 질문은 키워드를 사용하여 만들 수 있는데, 이러한 키워드는 글의 장르에 따라 달라질 수 있다. 예 학생들은 자신이 읽은 글에서 중요한 내용을 파악하기 위해 질문을 만든다. / 학생들은 교사의 입장에서 학생들에게 물어보고 싶은 내용을 질문으로 만든다.

<table>
<tr><td rowspan="3">명료화하기</td><td colspan="2">• 명료화하기는 학생이 자신의 글에 대한 이해 여부를 점검하도록 돕는 전략이다. 즉, 학생이 자신이 모르는 단어나 이해하지 못한 내용이 있는지를 점검하고, 자신이 이해하지 못한 부분에 대해 명료화한 후에 다음 문단으로의 읽기를 진행하여야 한다.
• 어려운 단어, 이해가 되지 않는 내용에 대해서는 다음과 같은 방법을 이용하여 단어의 의미를 파악할 수 있도록 도와주거나, 글의 내용을 이해할 수 있도록 도와준다.</td></tr>
<tr><td>어려운 단어</td><td>– 다시 읽기
– 어려운 단어가 포함된 문장, 앞 문장과 뒤 문장 읽기
– 단어형태 분석해 보기
– 사전 찾기</td></tr>
<tr><td>이해가 되지 않는 내용</td><td>– 다시 읽기
– 문맥의 뜻을 파악하기 위해 앞 문장과 뒤 문장을 읽어 보기
– 친구 또는 교사와 이야기하기

예 학생들은 본문에 있는 어려운 단어의 뜻을 알아보기 위해 글을 다시 읽는다. / 학생들은 이해하지 못한 문맥의 뜻을 파악하기 위해 본문의 내용을 점검한다.</td></tr>
<tr><td>요약하기</td><td colspan="2">• 요약하기는 학생이 자신이 읽은 글의 내용을 정리하고, 중요한 내용을 기억하는 것을 돕는 전략이다. 즉, 학생은 이야기 글의 경우에는 이야기 문법 요소를 중심으로 내용을 요약하고, 설명 글의 경우에는 문단별 중심내용을 중심으로 전체 글의 내용을 요약할 수 있다.
예 학생들은 주요 내용을 서로 질문하고 대답한다. / 학생들은 자신들이 답한 내용을 모아서 요약한다.</td></tr>
</table>

비교

어려운 단어 해결 방안

2023 중등B-3 기출	어려운 단어가 포함된 문장의 앞·뒤 문장 읽기
김애화 외 (2013)	어려운 단어가 포함된 문장, 앞 문장과 뒤 문장 읽기

자료

모르는 낱말의 뜻을 짐작하는 방법

- 앞뒤 문장이나 낱말 살펴보기
- 짐작한 뜻과 뜻이 비슷한 낱말 넣어보기
- 낱말을 사용한 예 떠올려보기
- 형태소 분석하기
- 사전 이용하기

출처 ▶ 초등 국어(3-1) 교사용 지도서

(2) K-W-L 전략 15중특, 24중특

① K-W-L 전략은 앞으로 읽을 글에 대하여 선행지식을 활성화하고 읽은 내용을 요약하는 것을 돕는 전략이다.

K	what I Know(이미 알고 있는 것)
W	what I Want to know(배우고 싶은 것)
L	what I Learned(글을 읽고 배운 것)

비교

K-W-L의 개념

K-W-L은 그래픽 조직자로 제시되기도 한다. 예를 들어, 초등 국어(3-1) 교사용 지도서(2019)에는 K-W-L을 다음과 같이 정의하고 있다. "글을 읽기 전에 배경지식을 활성화하여 글을 읽는 동안 학생들의 학습을 안내하는 도해 조직자"

자료

K-W-L 그래픽 조직자 예시

K (이미 알고 있는 것)	W (배우고 싶은 것)	L (글을 읽고 배운 것)

출처 ▶ 김애화 외(2013)

② K-W-L 전략은 3단계로 구성된다.

㉠ 읽을 글의 제목에 대해 자신이 이미 알고 있는 것에 대해 기록한다.

㉡ 앞으로 글을 읽음으로써 배우고 싶은 내용을 기록한다.

㉢ 글을 다 읽은 후, 자신이 글을 통해 배운 것을 요약한다. 특히 요약을 할 때는 글의 중심내용에 초점을 맞춘다.

③ 학생들은 K-W-L 전략으로 앞으로 읽을 글에 대해 예측하면서 구조화하며, 자기질문 전략을 발달시키고, 주제에 대해 자신의 질문에 대답하기 위해 능동적으로 글을 읽는 방법을 배운다. 또 새로운 정보를 의미 있게 조직하는 방법을 안내받는다. 그리고 K-W-L 전략은 주제에 대해 가지고 있는 학생들의 오해를 확인하고 이를 교정하는 데도 효과적인 전략이다.

3) 기타 읽기이해 교수법

(1) 관련 지식 자극하기 14초특

① 학생들이 읽기 자료의 주요 내용들을 논리적이고 의미 있게 서로 연결하고, 글의 내용을 중심으로 적절한 추론을 내릴 수 있도록 학생들을 도와주는 역할을 수행한다.

② 관련 지식 자극하기 교수 전략의 예로는 이전 읽기 내용과 현재 읽기 내용을 서로 연관시켜 주기, 이야기의 전반적 맥락을 제시하여 주기, 학생들이 글의 내용과 관련한 경험이나 지식을 서로 이야기하도록 하기 등을 들 수 있다.

예 오늘은 '동물원에서 생긴 일'을 읽을 거예요. 먼저 동물원에서 경험한 내용을 이야기해 볼까요?

심상 만들기 교수 전략
동 심상재현 전략

(2) 심상 만들기 교수 전략 14초특

① 개념

㉠ 심상 만들기 교수 전략은 독자가 텍스트의 주요 내용을 기억하도록 돕기 위하여 마음속으로 이미지를 그리도록 지도하는 것이다.

㉡ 학생들에게 글을 읽는 동안 마음속에 글의 내용에 대한 심상을 만들어 보도록 요구하기, 글을 읽고 난 후 글의 내용을 대표할 수 있는 그림을 그리도록 요구하기(예 방금 읽은 글의 장면을 눈을 감고 머릿속으로 그려 보세요.), 글을 읽는 동안 글 속에 들어 있는 삽화를 보면서 글의 내용과 관련 지을 수 있도록 유도하기 등과 같은 방법으로 적용할 수 있다.

② 특징

㉠ 글의 내용을 회상할 수 있는 때와 장소를 인출하도록 돕는다.

㉡ 이야기 상황이나 주제어를 시각적 상으로 그려서 기억하도록 돕는다.

㉢ 읽은 글의 내용을 오랫동안 기억하게 한다.

㉣ 효과적으로 주요 내용을 연결하고 요약할 수 있도록 돕는다.

㉤ 글의 내용과 관련된 영상을 마음속에 형성하는 동시에 사실 정보를 명제로서 부호화하도록 돕는다.

(3) SQ3R 방법 11중특

① Robinson에 의해 고안된 SQ3R 방법은 특히 사회과나 과학과에서 널리 사용되고 있다.

- 설명문으로 된 글을 읽을 때도 도움이 된다.

② 학생의 읽기이해 능력을 향상시키는 전략 중 하나는 내용교과를 가르치는 교사가 교재의 내용에 대한 질문이나 설명이 포함된 읽기 지침서나 공부하기에 도움이 될 조직자를 제공하는 것이다.

③ 이 방법은 학습문제를 가진 학생들에게 더 나은 공부기술에 대한 체계적인 접근법을 제공하며, 다음의 단계를 따른다.

단계	설명
[1단계] 조사하기 (Survey)	읽기자료의 개요를 얻기 위해 학생은 전체 과제물을 훑어본다. 이때 앞으로 등장하게 될 주요 사항을 살펴보기 위하여 제목을 보고 도입부나 요약을 읽는다. 또한 지도나 표, 그래프, 그림과 같은 시각적 자료를 조사해야 한다. 이러한 조사하기 방법은 읽기를 통하여 학생이 발전하고 사실을 조직화하는 틀을 제공한다.
[2단계] 질문하기 (Question)	주의 깊게 책을 읽게 하기 위하여 학생으로 하여금 대답할 수 있을 만한 문제를 만들어 보게 한다. 질문은 책에 나온 대제목과 소제목을 바꾸어 말하게 할 수 있다.
[3단계] 읽기 (Reading)	질문에 대한 답을 찾을 의도로 책 읽기를 한다. 학생은 책을 찬찬히 읽으면서 메모를 할 수 있다.
[4단계] 다시 말하기 (Recite)	읽기자료와 정리 노트를 멀리 놓고 짧고 간단하게 질문에 대한 답을 한다. 이는 학생이 학습한 것에 대해 확고하게 하고 정보를 기억하도록 도와준다.
[5단계] 복습하기 (Review)	학생이 읽기자료를 복습하고 전 단계에서 찾아낸 질문의 답을 확인하기 위하여 자료의 일부나 자신이 작성한 노트를 다시 읽어 내용을 기억하고 있는지를 점검한다. 또한 각 제목하의 핵심 사항에 대해 정리할 수 있다. 이러한 복습과정은 학생이 학습한 것에 대한 강화가 되어 읽기자료의 내용을 보다 잘 기억하는 데 도움을 준다.

(4) RIDER 기법

① 읽기 이해력 향상을 위한 전략으로, 학생들의 기억과 읽기이해를 향상시키기 위해 읽은 내용을 시각적 이미지로 형상화하는 것이다.

② RIDER로 표현되는 두문자어는 학생이 학습과제를 완수하는 과정에서 해야 할 활동을 순서대로 나타낸다.

R	문장 읽기(Read the sentence.)
I	읽은 내용을 시각적 이미지로 만들기(Imagine a picture of it in your mind.)
D	이미지 묘사하기(Describe how the new image differs from the old.) • 만일 설명할 수 없다면 그 이유를 말하라. • 형상화할 수 있다면 앞의 이미지(앞 문장에서 만든)와 비교하라. • 자신에게 이미지를 설명하라.
E	이미지 평가하기(Evaluate to see that the image contains everything.) • 학생이 만든 이미지가 가능한 한 많은 정보를 포함하고 있는지를 확인하고 만족스럽다면 다음 단계로 넘어가라.
R	다음 문장에서도 반복하기(Repeat as you read the next sentence.)

출처 ▶ Bender(2011)

자료

RIDER

두문자어로 구성된 학습전략은 학습 과제를 완수하는 과정에서 해야 할 활동을 순서대로 나타낸 것이다. RIDER 전략은 이러한 학습전략의 예로, 학생들의 기억과 읽기이해를 향상시키기 위해 읽은 내용을 시각적 이미지로 형상화하는 것이다(Bender, 2011).

KORSET 합격 굳히기 전통적 읽기 교수법(다감각 중심 읽기 교수법)

1. 초기 읽기 프로그램은 주로 읽기 문제가 감각기관을 통한 다양한 경험의 부족 또는 이들 감각정보를 처리하는 과정에서의 이상에 기인한다는 생각에 근거하여 개발되었다.

2. 전통적 읽기 교수법은 여러 감각양식을 통해 읽기 학습을 수행하도록 함으로써 학습장애 학생들이 가지고 있는 읽기 문제를 완화시킬 수 있다는 가정을 포함하고 있는 접근법이다.
   ① 특징: 읽기 학습 활동이 다감각적인 요인들을 포함하도록 구성
   ② 종류 [11중특]

페르날드(Fernald) 읽기 교수법	• 페르날드 읽기 교수법은 시각, 청각, 촉각, 운동감각 모두를 사용하도록 구성된 교육프로그램이다. • 이 교수법은 참여 학생들의 학습동기를 중시하여 학습해야 할 단어를 학생들이 선택하도록 허용한다. 또한 구성요소를 중심으로 한 음운 분석 방법이 아닌 전체 단어로서 단어학습이 이루어지도록 구성되어 있는 것이 특징이다.
길링햄(Gillingham) 읽기 교수법	• 음운 분석적 방법을 통해 학습장애 학생들의 읽기 문제를 치료하기 위한 프로그램으로 문자와 음소의 대응관계에 대한 지식을 다감각적 방법을 통해 획득하도록 구성되었다. 가장 먼저 문자에 대한 지식과 문자와 음소의 대응관계를 획득하도록 교수·학습 활동이 진행되고 이어서 음운혼합 활동을 통해 단어 만들기 활동이 이루어지며 마지막 단계에서는 지금까지 작성된 단어카드를 이용해 문장을 작성하거나 이야기를 작성하는 활동이 이루어진다. • 프로그램에 참여하는 학생의 학습동기에 대한 고려가 거의 없다는 것이 단점으로, 이는 유의미한 학습활동을 강조하는 페르날드 교수법과 대조된다고 할 수 있다.
헤게-커크 앤 커크(Hegge-Kirk-Kirk) 읽기 교수법	• 교정적 읽기훈련 프로그램이라고도 한다. • 문자와 소리 간의 관계를 단순화하여 구성한 교수·학습 활동으로 학생들이 문자-음소의 관계를 기억하는 데 도움을 주기 위해 고안되었다. – 학생들에게 많은 연습 기회를 제공하여 문자와 음소의 대응관계가 숙달되도록 교수·학습 활동이 구성되어 있다. • 해독 문제로 단어를 잘못 읽는 학습장애 학생에게 도움이 된다.

출처 ▶ 김동일 외(2016). 내용 요약정리

자료

헤게-커크 앤 커크 읽기 교수법

이 교수법의 특징은 많은 연습 기회를 통해 문자와 음소의 대응관계를 파악하도록 교수·학습 활동이 구성되어 있다는 것이다. 먼저, 이 프로그램에서는 학생이 모든 자음과 모음에 해당하는 음소를 알도록 교수·학습 활동이 이루어진다. 교사는 칠판에 자음 또는 모음을 쓰고 그 문자가 어떤 소리를 가지고 있는지 학생들에게 말해 준다. 이후 교사는 칠판에 적힌 문자를 지우고 학생들에게 방금 본 문자를 적어 보도록 한 후, 이 문자가 가지고 있는 음소를 말해 보도록 한다. 이 활동들은 학생들이 주어진 문자와 그 음소의 관계를 완전히 습득할 때까지 반복하여 이루어진다. 문자와 음소에 대한 학습이 끝난 다음에는 이 문자들로 구성되는 단어를 중심으로 한 활동이 이루어지게 된다(김동일 외, 2016).

동 교정적 읽기훈련 프로그램

Chapter

04 쓰기장애 및 쓰기지도

01 쓰기에 대한 이해

1. 쓰기의 영역 25중특

① 쓰기는 손으로 글자를 쓰는 능력을 말하는 '글씨 쓰기/손으로 쓰기(필기)', 단어를 맞춤법에 맞게 쓰는 '철자', 글쓴이가 쓰고자 하는 바를 글로 표현하는 '작문/쓰기표현'을 포함한다.

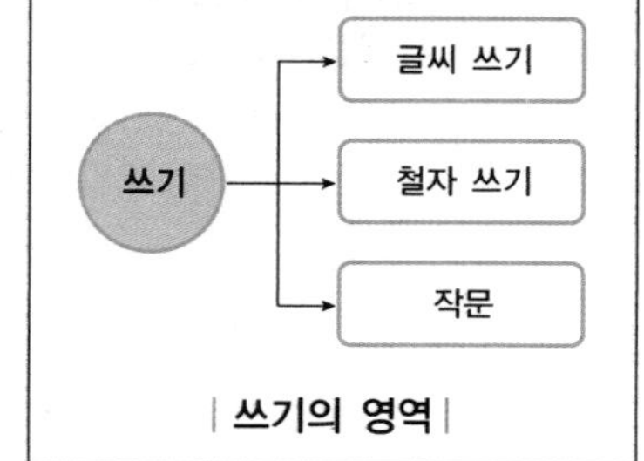

| 쓰기의 영역 |

② 쓰기 발달의 초기에는 글씨 쓰기 능력과 맞춤법에 맞게 표기하는 능력이 발달하기 때문에 쓰기 교수에서는 글씨 쓰기와 철자법이 강조된다. 학생의 연령이 증가하면서 쓰기 과정에 따라 글을 쓰는 작문이 강조된다.

2. 쓰기에 필요한 요소

쓰기는 듣기, 말하기, 읽기 등 다른 언어능력을 기본으로 하는 매우 복합적인 과정이며, 운동, 기억, 주의, 사고, 지각 등의 다양한 인지적 능력과도 관련된다. 이 외에도 글쓰기에 대한 동기, 사전지식 등 쓰기와 연관된 요소들은 매우 다양하다.

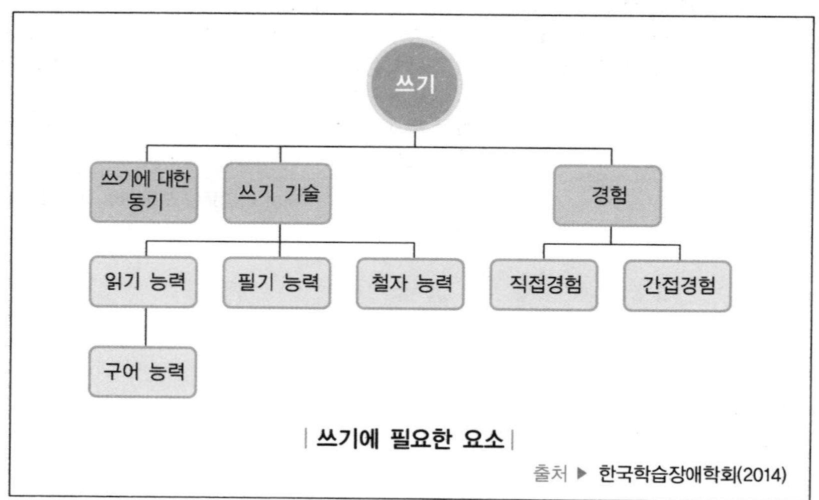

| 쓰기에 필요한 요소 |

출처 ▶ 한국학습장애학회(2014)

쓰기장애
글자 쓰기, 철자 쓰기, 작문하기 영역 등 쓰기의 전반적인 과정에서 어려움을 지니는 것이다. 쓰기장애는 크게 문자와 단어를 임의대로 모사하고 만드는 능력에 영향을 미칠 수 있는 열등한 운동 협응 능력, 부적절한 좌우 식별 능력이나 시력 등의 문제에서 기인하는 글자쓰기(handwriting) 곤란, 손의 근육 운동이 정상이고 글도 잘 읽으면서도 제대로 글씨를 만들어 내지 못하는 난서증(dysgraphia), 철자법이 틀리거나 문법 규칙에 맞게 적지 못하는 철자 곤란, 개념을 조직하고 관계·시간의 순서·추론 등의 정신적 조작의 어려움으로 글을 짓는 데 어려움을 갖는 작문 곤란 등이 포함된다(특수교육학 용어사전, 2018).

난서증
난서증이라는 용어는 따라 쓰기에서 명확한 문제를 보이는 것으로서 시각 정보를 운동 체계로 변환하지 못하며, 주로 발달적인 문제로 간주되었다(Fletcher et al., 2014)

3. 쓰기장애의 하위 유형

쓰기는 글씨 쓰기, 철자 쓰기, 작문을 포함하지만 일반적으로 쓰기장애의 하위 유형은 철자 쓰기장애와 작문 쓰기장애로 나뉜다.

① **철자 쓰기장애**

철자 쓰기장애 학생은 단어를 쓸 때 낱자(특히, 받침)를 빠뜨리거나, 맞춤법에 맞지 않게 단어를 쓰는 특성을 보인다.

② **작문 쓰기장애** 23초특

㉠ 작문 쓰기 학습장애 학생은 쓰기 표현에서 다양한 어려움을 가진다.

- 작문 시 사용하는 어휘의 수가 적다.
- 불완전한 문장이나 미완성된 문장을 많이 사용한다.
- 복잡한 문장구조를 덜 사용한다.
- 주제의 선택 및 풍부한 생각 생성에 어려움을 보인다.
- 글의 구조에 대한 이해가 부족하다.
- 글의 구성에 어려움을 보인다.

㉡ 쓰기 과정(계획, 초안 작성, 수정, 편집)에 따른 작문 활동에 어려움을 가진다. 특히 계획 단계를 생략하고 바로 초안을 작성하는 특성을 보인다.

> 작문 쓰기장애 예시

'나의 공익 실천을 위한 글쓰기'에서 학습장애 학생이 쓰기에서 다음과 같은 어려움을 보였다.

- 친구가 7개의 단어를 쓰는 동안 3개를 겨우 생각하며 작성함.
- 계획하는 과정을 어려워하며 알고 있는 것을 즉흥적으로 나열함.
- 공익 실천에 대해 다양하게 알고 있어도 글로 표현하지 못함.
- 한 단어 혹은 짧은 문장으로만 쓰고 시간이 오래 걸림.
- 주제와 관련된 글의 내용을 또래 학습자보다 현저하게 쓰지 못함.
- 글을 논리적으로 통일성 있게 작성하지 못함.

출처 ▶ 2023 초등A-6 기출

비교

쓰기장애의 하위 유형

- 미국장애인교육법 : 철자 쓰기장애, 작문 쓰기장애
- Berninger & May : 쓰기장애(실서증), 난독증형 쓰기장애, 구어손상 쓰기장애
- Educator's Diagnostic Manual of Disabilities and Disorders (DSM) : 난독증형 쓰기장애, 운동형 쓰기장애, 공간형 쓰기장애(실서증)

02 글씨 쓰기

1. 글씨 쓰기의 개념

① 글씨 쓰기(handwriting)는 손으로 글을 쓰는 능력을 말한다.

② 글씨 쓰기 능력은 단순히 소근육 운동 기술뿐만 아니라 표기처리 능력(낱자 및 글자의 형태에 대한 인식)에 의해 더 많이 영향을 받는 것으로 나타났다. 즉, 글자의 형태를 잘 알고 있을수록 글씨 쓰기를 잘한다는 것이다.

2. 글씨 쓰기 평가

(1) 글씨 쓰기 평가 요소

① 형식적 특성(일반적 쓰기 평가)

형식 평가는 문자 구성 자체에 영향을 주는 일반적 요소들과 관련이 있다.

자세(posture)	몸의 올바른 태도와 발의 위치, 시선의 꼿꼿함 등 포함
위치(position)	글자가 기울어지지 않도록 하기 위한 종이의 위치와 관련
연필(pencil)	연필을 잡는 방법에 대한 것

② 질적 특성

글씨 모양, 띄어쓰기, 크기, 연결성, 기울기 그리고 위치 등에 초점을 둔다.

③ 양적 특성

질적 측면과 함께 쓰기의 양적 특성은 학업성취에 영향을 미친다. 낱자와 단어를 쓰는 속도가 매우 느린 학생은 특정 교과에 대해 그들이 갖고 있는 지식을 교사에게 전달할 수 없다. 평가를 제대로 마치지 못해서 낮은 성적을 얻고, 부족한 상태인 것으로 보이는 이런 단순한 순환은 점진적인 실패를 야기할 수 있다.

(2) 학습장애 학생의 글씨 쓰기 관련 특성

① 글씨를 지나치게 천천히 쓴다(속도).

② 글자 크기가 크거나 일정하지 않다(크기).

③ 사선이 수직선화되거나 기하도형의 각이 찌그러지는 현상이 나타나는 것과 같은 글자 형태가 이상하다(형태).

3. 글씨 쓰기 교수 시 유의사항 12중특, 20중특, 22중특

① 교사는 기본적으로 학생이 바른 자세, 올바르게 연필 쥐는 법, 올바른 종이의 위치(3P : posture, pencil grip, position of the paper)를 이해하고 있는지를 확인하여야 한다.

② 글씨 쓰기 교수를 할 때는 다음의 내용에 유의하여 지도하는 것이 중요하다.

㉠ 잘 알아볼 수 있도록 글씨를 쓰도록 지도한다. 잘 알아볼 수 있도록 글씨를 쓰는 것은 글자 형태, 글자 기울기, 글자 크기, 글자 및 단어 사이의 간격, 줄 맞춰 쓰기 등의 영향을 받는다.

㉡ 쓰기 유창성이 향상될 수 있도록 지도한다.

- 쓰기 유창성이란 글자나 단어를 알아볼 수 있도록 정확하게 그리고 속도감 있게 쓰는 능력이다.
- 글자를 알아볼 수 있게 쓰더라도 철자가 정확하지 않은 경우와 철자가 정확하더라도 글씨를 알아볼 수 없게 쓴 경우 모두 쓰기 유창성 문제를 유발한다. 특히 이 두 요소는 쓰기의 궁극적 목적이라고 할 수 있는 작문과 직간접적으로 연관되어 있으므로 체계적인 분석과 교수가 필요하다.
- 쓰기 유창성을 나타내는 양적 분석을 위하여 총 음절 수, 정확한 음절 수, 틀린 음절 수를 분석하는 방법이 일반적으로 사용된다.
  - 1분당 적을 수 있는 단어의 비율로 산출하기도 한다.

정확한 음절(어절)의 수 = 총 음절(어절)의 수 − 오류 음절(어절)의 수

KORSET 합격 굳히기 **효과적인 글씨 쓰기 교수의 일반적인 특성**

1. 글씨 쓰기 교수는 알아볼 수 있도록 글씨를 쓰는 것과 글씨를 유창하게 쓰는 것에 초점을 두어 지도하는 것이 필요하다.
2. 여러 연구에서 제안하는 효과적인 글씨 쓰기 교수의 특성은 다음과 같다.
   ① 글씨 쓰기를 명시적이고 직접적으로 가르쳐야 한다. 글씨 쓰기의 정확성과 유창성에 어려움을 보이는 학생에게는 글씨 쓰기 교수 시간을 별도로 마련하여 일주일에 적어도 3번 이상, 최소 10분 정도씩 꾸준히 지도하여야 한다.
   ② 반복적인 글씨 쓰기 연습 기회를 제공하여야 한다. 특정 글자 몇 개를 하루에 집중적으로 지도하고 다음 글자로 넘어가는 것보다 여러 개의 글자를 며칠에 걸쳐 반복적으로 연습하는 것이 좋다.
   ③ 올바른 글씨 쓰기에 대한 명시적 시범을 보여야 한다.
      ㉠ 글씨 쓸 때의 바른 자세, 바르게 연필 잡는 법, 종이의 위치를 바르게 하는 것에 대해 명확하게 시범 보이기(교사는 종이를 올바른 위치에 놓고, 바른 자세로 연필을 쥐고 쓰는 방법을 시범 보인다.)
      ㉡ 올바른 글자 형태를 산출하는 방법에 대해 명시적으로 시범 보이기(교사는 각 낱자 및 글자를 올바르게 쓰는 방법을 시범 보인다.)
   ④ 글씨 쓰기에 대한 안내된 연습을 제공하여야 한다.
   ⑤ 교사와 학생이 함께 글씨 쓰기에 대해 안내된 연습을 한 후, 학생이 스스로 글씨 쓰기 연습을 할 수 있도록 기회를 제공하여야 한다.
      ㉠ 학생이 스스로 글씨 쓰기와 관련하여 정확성과 유창성(정해진 시간 동안 얼마나 많은 글자를 쓸 수 있는지)에 대한 목표를 설정하게 한다.
      ㉡ 학생이 자신의 글씨 쓰기 정확성과 유창성을 스스로 확인하도록 한다.
   ⑥ 학생의 글씨에 대한 피드백을 제공하여야 한다.
      ㉠ 교사는 학생이 올바르게 쓰지 못한 글씨에 대해서 교정적 피드백을 제공하여야 한다.
      ㉡ 교사는 학생이 올바르게 쓴 글씨에 대해 긍정적 피드백(예 칭찬)을 제공하여야 한다.

출처 ▶ 김애화 외(2013)

4. 글씨 쓰기 교수법

(1) 시각 단서 + 기억 인출 교수법

① 시각 단서 교수법은 글자의 필순과 진행 방향을 화살표와 번호로 표시한 학습지를 사용하여 글씨를 쓰는 방법에 대해 시각적으로 보여 주면서 글씨 쓰기를 가르치는 방법이다.

② 기억 인출 교수법은 글자를 주의 깊게 살펴보도록 지시한 후, 가림판으로 글자를 가린 상태에서 글자를 기억하여 쓰도록 하는 방법으로 시간 지연법을 사용하도록 한다.

③ 시각 단서와 기억 인출 교수법 모두 효과적이지만, 시각 단서와 기억 인출 교수법을 결합한 '시각 단서 + 기억 인출 교수법'이 가장 효과적이다.

1. 19개 자음(ㄱ, ㄴ, ㄷ, ㄹ, ㅁ, ㅂ, ㅅ, ㅇ, ㅈ, ㅊ, ㅋ, ㅌ, ㅍ, ㅎ, ㄲ, ㄸ, ㅃ, ㅆ, ㅉ)과 21개 모음(ㅏ, ㅑ, ㅓ, ㅕ, ㅗ, ㅛ, ㅜ, ㅠ, ㅡ, ㅣ, ㅐ, ㅒ, ㅔ, ㅖ, ㅘ, ㅙ, ㅚ, ㅝ, ㅞ, ㅟ, ㅢ)으로 구성할 수 있는 399개의 글자를 자음 기준으로 총 21세트가 되도록 구성한다. 각 세트는 19개의 글자로 이루어진다. 예를 들어, 1세트는 '가, 나, 다, 라, 마, 바, 사, 아, 자, 차, 카, 타, 파, 하, 까, 따, 빠, 싸, 짜'다.
2. 1주일에 세 번 이상, 1회당 10분씩 글씨 쓰기 활동을 한다.
3. 각 세트에 포함된 글자를 유창하게 쓴다고 판단될 때까지 반복하여 쓰도록 한다. 이때 매 수업에서 사용하는 세트에 포함된 글자 순서는 서로 다르게 구성한다. 예를 들어, 1세트를 첫 수업에서는 '가, 나, 다, 라, 마, 바, 사, 아, 자, 차, 카, 타, 파, 하, 까, 따, 빠, 싸, 짜'로 구성하고, 두 번째 수업에서는 '짜, 가, 따, 다, 마, 빠, 타, 사, 카, 자, 아, 나, 파, 바, 하, 까, 라, 싸, 차' 등으로 구성한다.
4. 글자의 필순과 진행 방향을 표시한 학습지를 준비한다.

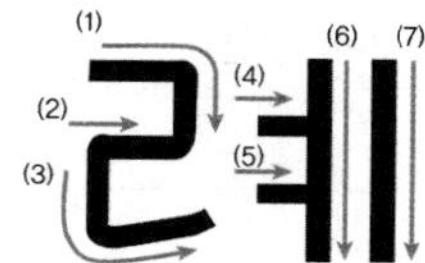

5. 교사는 학생에게 필순과 진행 방향을 주의 깊게 볼 것을 강조하면서, 글씨를 쓰는 시범을 명시적으로 보인다.
6. 교사는 학생에게 필순과 진행 방향을 주의 깊게 볼 것을 다시 한 번 지시한다.
7. 학생에게 글자를 가림판으로 가리도록 한다.
8. 교사가 '쓰세요'라고 말하면, 가린 글자를 기억하여 쓰도록 한다.
9. 시간지연법을 사용하여, 학생이 글자를 기억하여 쓰도록 한다.

| 시각 단서 + 기억 인출 교수법 |

출처 ▶ 김애화 외(2013)

(2) 베껴 쓰기

① 베껴 쓰기 교수법은 교사가 먼저 글씨 쓰는 것을 시범 보인 후, 학생이 같은 글자를 베껴 쓰도록 하는 방법이다.

② 교사는 글씨 쓰는 것을 시범 보일 때, 글자를 구성하는 낱자의 이름과 글자의 필순을 말로 표현한다.

예 '가'를 쓸 때, 교사는 다음과 같이 말로 표현한다. "'ㄱ'을 먼저 쓰고, 그다음 'ㅏ'를 쓰자."

③ 글씨 쓰기 유창성을 높이는 목적으로 베껴 쓰기 교수를 적용할 경우에는 학생이 제한된 시간 동안 베껴 쓰기를 한 다음, 학생이 베껴 쓴 글자의 수를 기록하게 한다.

④ 연필로 베껴 쓰기를 하는 대신 손가락으로 글자를 따라 쓰는 방법을 사용하기도 한다.

KORSET 합격 굳히기 글씨 쓰기 교수 절차

교수적 접근	기술
움직임 모방	교사는 비언어적 움직임 단서를 사용하여 시범 보인다.
시각적 단서	숫자가 적혀 있는 화살표 단서를 사용하여 글자의 획을 긋는 순서를 제시한다.
기억 재생	학생들은 글자를 가리고 외워서 글자를 써 본다.
시각적 단서 + 기억 재생	숫자가 적혀 있는 화살표 단서를 사용하여 글자의 획을 긋는 순서를 제시하고, 학생들은 글자를 가리고 외워서 글자를 써 본다.
모방	학생들은 글자 모형을 살펴보고 나서 교사의 글자 형태에 대한 힌트 없이 그 글자를 따라 쓴다.
통제	음운론적 인식 훈련

출처 ▶ 한국학습장애학회(2014)

03 철자 쓰기

1. 철자 쓰기의 개념

① 철자(spelling)는 단어를 맞춤법에 맞게 쓰는 것을 의미한다.

② 철자는 향후 작문 능력을 예측하는 중요한 변인이며, 많은 학습장애 학생이 어려움을 겪는 영역이다.

- 한글 맞춤법은 소리대로 적되, 어법에 맞도록 쓰는 것을 원칙으로 한다. 즉, 한글은 낱자와 소리(음소) 사이에 일대일 대응을 원칙으로 하는 반면, 하나의 뜻을 나타내는 글자의 형태가 상황에 따라 다르게 발음되는 경우(예 읽다, 읽어서, 읽는)가 상당히 많다.
- 이러한 특성에 따라 맞춤법에 맞게 철자를 쓰기 위해서는 낱자, 글자, 단어와 관련된 상당히 복잡한 지식이 요구되는데, 많은 학생장애 학생은 이러한 요구에 적절하게 대응하는 데 필요한 지식과 기술이 부족하다.

③ 철자 능력에 영향을 주는 변인은 다음과 같다.

음운처리	낱자 및 글자의 소리에 대한 인식, 낱자-소리 대응관계에 대한 인식
표기처리	낱자 및 글자의 형태에 대한 인식
형태처리	형태소에 대한 인식

2. 철자 오류의 유형 및 교수법

교사는 철자 평가를 실시한 결과를 분석하여, 학생이 철자 오류를 범하는 원인이 음운처리의 문제인지, 표기처리의 문제인지, 형태처리의 문제인지를 파악하여 원인에 알맞은 철자 교수를 제공하여야 한다.

Tip

철자 오류의 유형은 음운처리 오류, 표기처리 오류, 형태처리 오류로 분류한다.

(1) 음운처리 오류 및 교수법

① 음운처리 오류의 개념 14중특, 22중특

㉠ 음운처리 오류는 낱자-소리 대응관계를 제대로 적용하지 않은 오류다. 예 예쁜 → 여쁜

- 즉, 소리 나는 대로 표기되는 단어를 철자로 쓸 때, 소리가 다른 단어로 잘못 쓰는 오류를 의미한다.

㉡ 음운처리는 소리(음소)의 인식뿐 아니라 낱자-소리의 대응관계에 관여하며, 음운처리에 문제가 있는 학생은 소리 나는 대로 표기하는 단어의 철자에서 오류를 보인다. 예 교실 → 교사, 예술 → 애술

② 음운처리 중심 교수법 14중특

㉠ 음운처리 문제로 철자에 오류를 보이는 경우, 우선 교사는 학생이 어떤 자음과 모음에서 어떠한 오류(예 생략, 첨가, 대치)를 보이는지를 평가하여야 한다.

㉡ 일반적으로 음운처리 중심 철자 교수법을 적용할 때는 자주 사용하는 낱자-소리 대응관계(예 기본 자음, 기본 모음)를 먼저 가르친다. 그다음 이중모음과 겹자음 순으로 가르친다.

- 음운처리에 문제가 있을 경우에는 낱자-소리 대응관계를 활용한 파닉스 교수법을 적용하여 철자 교수를 실시하는 것이 효과적이다. 즉, 학생이 낱자의 소리를 명확하게 변별하여 철자할 수 있도록 도와야 한다.

㉢ 시각적인 형태나 발음이 비슷한 낱자를 동시에 가르치지 않도록 한다.

자료

음운처리 오류 예시

우리 집에는 TV가 없다. 나는 TV가 좋다. 신문은 종이로 만든다. 나는 신문이 멸로 안 좋고, TV가 더 좋다. 왜야하면 TV에서는 여능이 나온다. 스포즈 신문은 좋다. 왜야하면 귀즈가 있다.

설명 글쓴이가 표현하고자 한 글: 우리 집에는 TV가 없다. 나는 TV가 좋다. 신문은 종이로 만든다. 나는 신문이 별로 안 좋고, TV가 더 좋다. 왜냐하면 TV에서는 예능이 나온다. 스포츠 신문은 좋다. 왜냐하면 퀴즈가 있다.

(2) 표기처리 오류 및 교수법

① **표기처리 오류의 개념** 10중특, 18중특, 25중특

㉠ 표기처리 오류는 소리 나는 대로 표기되지 않는 단어를 정확하게 쓰지 못하는 오류를 의미한다.

- 표기는 말소리를 나타내는 문자 체계를 의미한다. 음운처리는 말소리에 대한 민감도를 나타내는 반면, 표기처리는 말소리를 나타내는 문자와의 친밀도를 의미한다. 즉, 표기처리는 학생이 올바른 단어 표기를 인지하는 능력이라고 할 수 있다.
- 표기처리의 문제는 일반적으로 소리 나는 대로 표기되지 않는 단어에서 나타나게 된다. 표기처리에 문제를 보이는 학생은 실제 단어와 같게 발음되지만, 표기법이 다른 단어를 철자하는 데 오류를 보인다.

㉡ 한글 철자 오류에서 가장 빈번하게 나타나는 것이 바로 표기처리의 문제로 인한 오류인데, 그 이유는 한글의 음운변동 현상 때문이라고 할 수 있다. 한글의 경우, 음운변동이 일어나는 단어가 매우 많기 때문에 자모의 음가가 단어 내에서의 위치에 따라 변하게 된다(예 '국물'을 /궁물/로 발음, '국어'를 /구거/로 발음). 즉, 음절과 음절이 만날 때 두 음절의 경계에 있는 소리가 바뀌고, 이에 따라 단어의 소리만으로는 올바르게 철자를 쓸 수 없으므로 표기처리 능력(낱자 및 글자의 형태에 대한 인지)이 요구된다.

> **음운변동**
> 국어에서 어떤 형태소의 음운이 일정한 환경에서 변하는 현상을 음운의 변동이라고 한다. 음운은 놓이는 위치에 따라 변할 수도 있고, 인접하는 음운의 영향을 받아서 변할 수도 있다. 음운의 변동에는 크게 대치, 축약, 탈락, 첨가 등이 있다(김홍범 외, 2021). 자세한 내용은 '[KORSET 합격 굳히기] 음운변동' 참조

㉢ 소리 나는 대로 표기되지 않는 단어(음운변동이 적용되는 단어)를 철자로 쓸 때, 소리만으로는 올바른 표기를 할 수 없고 낱자 및 글자의 형태에 대한 인식(즉, 표기처리) 능력이 요구된다.

㉣ 표기처리 오류에는 다음과 같은 오류 형태를 포함한다.

- 받침을 다른 낱말로 대치하는 오류
  예 부엌 → 부억, 믿는다 → 밑는다, 밝다 → 밝다
- 전체 단어를 소리 나는 대로 표기하는 오류
  예 깊이 → 기피
- 단어의 일부를 소리 나는 대로 표기하는 오류
  예 만약 → 만냑, 앉아서 → 안자서
- 실제 발음상 구분이 되지 않는 글자에서의 오류
  예 외국 → 왜국, 천천히 → 천천희

> **표기처리 오류 예시**
> 우리 집 마당에 감나무가 있습니다. 나무에 <u>가미</u> 주렁주렁 매달려 있습니다. 할머니가 <u>가믈</u> 두 개 따서 나와 친구에게 주었습니다. 친구와 <u>도리서</u> <u>마싰게</u> <u>가믈</u> <u>머겄습니다</u>.

② 표기처리 중심 교수법

표기처리에 문제가 있을 경우에는 다음의 두 가지 방법을 활용할 수 있다.

㉠ 음운변동 규칙별로 단어를 묶어서 소개(예 연음규칙이 적용되는 단어 : 걸음, 국어, 웃음, 돌아서다)하고, 같은 음운변동 규칙이 적용되는 단어끼리 분류하는 활동(예 연음규칙 : 걸음, 국어, 웃음, 돌아서다 / 축약규칙 : 습한, 쌓고, 시작하다, 내놓다 / ㅎ탈락 : 쌓여, 낳은, 찧어서, 놓아서)을 적용할 수 있다.

- 음운변동 규칙별 단어 분류 활동 시, 처음에는 두 가지 음운변동 규칙을 비교하여 분류하는 활동으로 시작하여야 하며, 점차적으로 학생의 반응에 따라 음운변동 규칙의 수를 늘리는 것을 고려할 수 있다.
- 또한 평가를 실시하여 학생이 잘 모르는 음운변동 규칙을 파악한 뒤, 학생의 특성에 맞게 교수 내용을 구성하는 것이 좋다.
- 같은 음운변동 규칙이 적용되는 단어들끼리 분류하는 활동의 구체적인 절차는 다음과 같다.

1. 단어들을 분류하기 전에 모든 단어 읽기
   교사는 학생이 분류 활동에 사용할 단어들을 정확하게 읽을 수 있는지를 확인하여야 한다. 이때 단어들을 음운변동별로 나누어 읽지 않고 섞어서 읽는다.
   예 연음규칙 : 웃음, 움직이다, 걸음, 찾아가다, 만약
   축약규칙 : 국화, 시작하다, 쌓고, 그렇지만, 내놓다
2. 음운변동 규칙이 적용되는 단어 소개하기
   ① 교사는 분류해야 하는 음운변동 규칙을 간단히 소개한다. 이때 각 음운변동 규칙을 대표하는 단어와 그림을 선택하여 제시한 후, 단어 분류를 진행하는 것이 좋다.
   ② 〈그림〉과 같이, 교사는 먼저 각 음운변동 규칙을 대표하는 단어와 그림을 제시하면서 음운변동 규칙에 대한 설명을 간략하게 한다.
   - 예를 들어, 연음규칙의 경우에는 "앞글자에 받침이 있고, 뒷글자가 'ㅇ'으로 시작되면 앞글자의 받침이 뒷글자 'ㅇ' 자리로 옮겨 온다."로 소개할 수 있다. 이때 교사는 대표 단어를 사용하여 앞글자의 받침과 뒷글자의 'ㅇ'에 집중할 수 있도록 학생을 안내하여야 한다.

| 음운변동 규칙별 단어 분류 활동의 예 |

3. 교사가 단어 분류 활동에 대해 시범 보이기
   교사는 각 음운변동 규칙의 대표 단어와 그림을 맨 위에 놓고, 단어들을 하나씩 읽으면서 어디에 속하는지 결정하는 과정을 명시적으로 시범 보인다.
4. 학생이 단어 분류하기
   교사가 시범을 보인 후, 학생이 단어들을 분류하게 한다. 이 때 또래교수를 활용하여 학생이 함께 단어를 분류하도록 할 수 있다.
5. 학생이 분류한 단어를 점검하도록 하기
   학생이 단어 분류를 모두 마치면, 해당 음운변동 규칙에 속하는 단어들을 이어서 읽으면서 분류를 정확하게 했는지 점검하도록 한다.
6. 확인하기
   학생에게 '왜 이렇게 분류했는지'를 물으면서, 각 음운변동 규칙의 특성과 음운변동 규칙이 적용되는 단어를 확인한다.
7. 가리고, 베껴 쓰고, 비교하기
   ① 각 음운변동 규칙별로 한 단어씩 제시한 다음, 가린 상태에서 학생이 기억하여 쓰도록 하고, 가린 단어를 다시 보여주어 자신이 쓴 단어와 비교한 뒤 자신이 쓴 단어가 맞았는지 확인하도록 한다.
   ② 시간 지연법을 사용하여 학생이 단어를 외워서 베껴 쓰도록 한다.

㉡ 문장 안에서 단어의 쓰임을 인식할 수 있도록 하는 것이 좋다.

예 '좋은'이라는 단어를 '오늘은 기분 좋은 날이다.'라는 문장과 함께 제시하여 학생이 '좋은'의 의미를 파악하는 데 도움을 주고, 이것이 궁극적으로 학생이 '좋은'의 기본형인 '좋다'와 연결하여 올바른 철자를 쓸 수 있도록 한다.

KORSET 합격 굳히기 **음운변동** 25중특

1. **음운변동의 개념**
   ① 국어에서 어떤 형태소의 음운이 일정한 환경에서 변하는 현상을 음운변동이라고 한다.
   ② 음운은 놓이는 위치에 따라 변할 수도 있고, 인접하는 음운의 영향을 받아서 변할 수도 있다.

2. **음운변동의 종류**
   음운변동에는 크게 대치, 축약, 탈락, 첨가 등이 있다.

대치(교체)	어떤 음운이 다른 음운으로 바뀌는 현상	(1) 음절의 끝소리 규칙 (2) 비음화(비음동화), 'ㄹ'의 비음화 (3) 유음화 (4) 두음법칙('ㄹ', 'ㄴ'의 두음법칙) (5) 된소리되기(경음화) (6) 구개음화 (7) 'ㅣ'모음 역행동화(전설모음화)
축약	두 음운이 하나의 음운으로 줄어드는 현상	(1) 모음 축약(반모음화) (2) 자음 축약[거센소리되기(유기음화)]
탈락	두 음운 중에서 어느 하나가 없어지는 현상	(1) 자음군 단순화 (2) 모음 탈락 'ㅡ'탈락, 'ㅓ/ㅏ'탈락 (3) 자음 탈락 'ㄹ'탈락, 'ㅎ'탈락
첨가	형태소가 합성될 때 그 사이에 음운이 덧붙는 현상	(1) 'ㄴ'첨가 (2) 'ㅅ'첨가

출처 ▶ 김홍범 외(2021)

(3) 형태처리 오류 및 교수법

① 형태처리 오류의 개념

㉠ 형태처리 오류는 단어를 구성하는 형태소에 대한 인식이 부족하여 나타나는 오류이다.

- 형태소는 의미의 최소 단위를 의미하며, 명사나 용언(동사, 형용사)의 어근/어간과 같이 단독으로 사용하는 실질 형태소와 조사, 용언의 어미, 접사 등과 같은 형식 형태소로 구분된다.

㉡ 형태처리 오류를 살펴보면, 어미에 대한 인식과 관련된 오류가 높다.

- 어미에 대한 인식과 관련된 오류에는 어간과 어미의 경계를 구분하지 못하는 오류, 어미를 변환하는 오류, 선어말 어미를 제대로 인식하지 못하는 오류 등이 해당한다.
- 특히 어간과 어미의 경계를 구분하지 못하고, 이로 인해 단어의 발음에 영향을 받아 변형되는 형태로 단어를 적게 되는 오류가 자주 나타나는 것으로 보고되었다.

실질 형태소와 형식 형태소

실질 형태소	구체적인 대상이나 동작, 상태를 표시하는 형태소 동 어휘 형태소
형식 형태소	주로 말과 말 사이의 문법적 관계를 표시하는 형태소 동 문법 형태소

자료

어근과 어간의 차이

어근은 실질적인 의미를 지닌 형태소로써 단어의 중심 부분이며, 어간은 용언이 활용할 때 변하지 않는 고정된 부분이다.

어근 어미
먹- + -다
어간 어미

어근 파생접사 어미
먹- + -이- + -다
어간 어미

'먹다'에서는 어근과 어간이 구별되지 않고 일치하지만, '먹이다'에서는 '먹-'이 단어의 중심 부분이므로 어근이 되고, '먹이고, 먹이지만, 먹이면서' 등과 같이 활용할 때 '먹이-'가 변하지 않고 고정된 부분이므로 어간이 된다(김홍범 외, 2021).

ⓒ 대표적으로 다음과 같은 유형을 포함한다.

- 어간과 어미의 경계를 구분하지 못하는 오류 예 앉아서 → 안자서
- 시제 선어말 어미를 제대로 인식하지 못하는 오류 예 빛난다 → 빛났다
- 어미를 변환하는 오류 예 죽음 → 죽은
- 동음이의어로 혼동하는 오류 예 반듯이 → 반드시

② **형태처리 중심 교수법**

형태처리에 문제가 있을 경우에는 다음의 두 가지 방법을 활용할 수 있다.

㉠ 용언의 기본형과 용언의 변형을 연결하여 교수하는 방법으로, 어미의 종류에 따라 단어를 분류하는 활동을 할 수 있다. 어미의 종류에 따라 단어를 분류하는 활동의 절차는 다음과 같다.

1. **단어들을 분류하기 전에 모든 단어 읽기**
교사는 학생이 분류 활동에 사용할 단어들을 정확하게 읽을 수 있는지 확인한다. 이때 기본형과 용언의 활용형별로 나누어 읽지 않고, 단어들을 섞어서 읽는다.

2. **어간과 어미를 명확히 알려 주기**
① 교사는 기본형을 소개하고, 기본형에서 어간은 변하지 않음을 명확하게 알려 준다. 〈그림〉과 같이, 어간에 색깔로 표시되어 있는 기본형(예 좋다)을 제시하면서, '좋-'은 어간이고, 뒤에 붙는 어미가 바뀌어도 '좋-'의 형태는 변하지 않음을 명확히 설명한다.
② 또한 뒤에 붙는 어미가 무엇이냐에 따라 단어의 발음이 바뀔 수는 있지만, 발음이 바뀌더라도 어간의 형태는 바뀌지 않기 때문에 기본형의 어간 그대로 철자됨을 명확하게 알려 준다.

기본형, 종결어미 -다	연결어미 -고	연결어미 -으니	전성어미 -음	전성어미 -은
좋다	좋고	좋으니	좋음	좋은
높다	높고	높으니	높음	높은
밝다	밝고	밝으니	밝음	밝은
젊다	젊고	젊으니	젊음	젊은

| 어미의 종류별 단어 분류 활동의 예 |

출처 ▶ 김애화 외(2013)

3. **교사가 단어를 분류하는 활동에 대해 시범 보이기**
교사는 〈그림〉과 같이, 대표 단어(예 좋다)를 맨 위에 놓고, 단어들을 하나씩 읽으면서 어디에 속하는지 결정하는 과정을 명시적으로 시범 보인다.

4. 학생이 단어를 분류하도록 하기
교사가 시범을 보인 후, 학생이 단어들을 분류하도록 한다. 이때 또래교수를 활용하여 학생이 함께 단어를 분류하도록 할 수 있다.

5. 학생이 분류한 단어 점검하도록 하기
학생이 단어 분류를 모두 마치면, 같은 어미가 붙은 단어들을 이어서 읽으면서 자신이 분류한 것이 맞는지 체크하도록 한다.

6. 확인하기
학생에게 '왜 이렇게 분류했는지'를 물으면서, 각각의 어미가 붙은 단어들을 확인한다.

7. 가리고, 베껴 쓰고, 비교하기
① 어미별로 한 단어씩 제시한 다음, 가린 상태에서 학생이 기억하여 쓰도록 하고, 가린 단어를 다시 보여 주어 자신이 쓴 단어와 비교하여 자신이 쓴 단어가 맞았는지를 확인하도록 한다.
② 시간 지연법을 사용하여 학생이 단어를 외워서 베껴 쓰도록 한다.

ⓛ 문장 안에서 단어의 쓰임을 인식할 수 있도록 하는 것이 좋다.
예 '뚫다'라는 단어를 '구멍을 뚫고 끈을 넣었다.'라는 문장과 함께 제시하여 학생이 '뚫고'의 의미를 파악하는 데 도움을 주고, 학생이 '뚫고'에서 '뚫'이 어간이고 '고'는 어미임을 인식하여 올바른 철자를 할 수 있도록 한다.

3. 기타 철자 교수법

(1) 자기 교정법 15중특

① 자기 교정법은 학생 자신이 쓴 단어와 정답을 비교하여, 자신이 잘못 철자한 단어를 확인하여 수정한 후, 단어를 바르게 베껴 쓰는 방법이다.
- 초인지 전략 중 자기점검, 자기교수법을 변형시킨 것으로 철자법을 스스로 확인하는 방법이다.

② 자기 교정법에는 가리고, 기억하여 쓰고, 비교하기 활동(cover, copy, compare)이 포함된다.

㉠ 학생에게 단어를 보여준 다음, 단어를 가리고(cover), 약간의 시간(예 약 3초)을 주어 학생이 단어를 외워서 쓰도록 하고(copy), 그다음 다시 단어를 보여 주어 해당 단어와 자신의 답을 비교하여 답을 확인하게 한다(compare). 만일 학생이 잘못 철자하면, 잘못 철자된 부분에 학생이 스스로 표시하는 것도 좋은 방법이다.

자기 교정법
동 오류 자기 교정하기

비교
가리고, 기억하여 쓰고, 비교하기는 자기 교정법에 속하는 활동이다(한국학습장애학회, 2014).

가리고, 기억하여 쓰고, 비교하기
가리고, 기억하여 쓰고, 비교하기[혹은 '덮고(cover)－복사하고(copy)－비교하기(compare)']는 학생이 학업적 자극(쓰인 철자법 단어)을 보고 단어를 덮은 뒤 쓰고, 그다음 가렸던 단어를 다시 보고 자신이 쓴 것과 비교해서 평가하며, 쓴 단어가 제시된 것과 일치하지 않으면 오류를 수정한다.

ⓛ 교사는 이 활동을 할 때, 다음에 제시된 예와 같이 구성하여 사용할 수 있다. 첫째 칸에는 정답을 제시하고, 둘째 칸에는 정답을 먼저 살펴본 다음 정답을 가리고 기억하여 단어를 쓰도록 한다. 그다음 정답과 비교하여 틀린 부분에 체크하고, 셋째 칸에는 올바른 철자를 자기교정하여 쓰도록 한다. 이와 같은 과정을 넷째 칸과 다섯째 칸에 반복한다.

자기 교정법의 예

정답	학생이 기억하여 쓰기	자기교정	자기교정	자기교정
무릎	무릅	무릎	무릎	무릎
닮았다	닯았다	닮았다	닮았다	닮았다

비교

지속적인 시간 지연법

김애화 등(2012)의 문헌에는 철자 교수법의 하나로 지속적인 시간 지연법(constant time delay)을 소개하고 있다.

(2) 시간 지연법 18중특

학생이 단어 쓰기 활동을 할 때, 지속적 시간 지연법 또는 점진적 시간 지연법을 사용하여 단어를 쓰도록 한다.

> 시간 지연법 예시

다음은 학습장애 학생 홍길동의 쓰기 지도 과정 중 '가리고 베껴 쓰기' 단계의 일부로, 특수교사는 '시간 지연법'을 적용하였다.

- 단어를 보여 주고 가림판으로 단어를 가림
- 단어를 가린 후 5초 동안 기다리면서 홍길동이 단어를 기억해서 쓰도록 함
- 학생이 단어를 기억해서 올바르게 쓰면 칭찬을 해주고, 다음 단어를 학습하도록 함
- 만약 틀린 경우에는 틀린 부분에 대한 교정적 피드백을 제공한 후, 다시 단어를 보여 주고 가림판으로 단어를 가림. 5초 동안 기다리면서 홍길동이 단어를 기억해서 쓰도록 함

(3) 목표 단어 반복 쓰기

전통적인 철자 교수 방법으로 목표 단어를 반복적으로 베껴 쓰는 방법이다.

KORSET 합격 굳히기 **효과적인 철자 교수의 특성**

1. 철자를 바르게 쓰도록 명시적으로 가르친다.
2. 철자를 반복적으로 연습할 수 있도록 충분한 기회를 제공하여야 한다.
3. 학생이 쓴 단어에 대한 피드백을 제공한다.
   ① 교사는 학생이 단어를 올바르게 쓰지 못한 경우, 그에 대한 교정적 피드백을 제공하여야 한다.
   ② 교사는 학생이 단어를 올바르게 쓴 경우, 그에 대한 긍정적 피드백(예 칭찬)을 해주어야 한다.
4. 한 번에 너무 많은 단어를 가르치지 않는 것이 좋다. 한 번에 약 3~5단어 정도가 적당하다.
5. 학생에게 철자를 쓰도록 한 후, 약간의 시간(예 약 3초)을 주어 학생 자신이 쓴 것을 검토하도록 하고, 학생이 검토한 결과에 따라 긍정적 혹은 교정적 피드백을 제공한다.
6. 학생이 스스로 자신이 올바르게 글자를 썼는지 여부를 점검하게 한다.
7. 파닉스 교수법 등과 같은 읽기 교수와 철자 교수를 결합하여 적용하는 것이 좋다.
8. 작문 교수와 철자 교수를 결합하여 적용하는 것이 좋다.

출처 ▶ 김애화 외(2013)

04 작문

1. 작문의 개념

① 작문(composing)이란 저자가 자신의 생각, 느낌 또는 정해진 주제에 관련된 내용을 조리 있고 명확하게 글이라는 매체로 표현하는 것이다.

② 쓰기 교수의 궁극적 목적은 작문(쓰기 표현) 능력을 향상시키는 데 있다.
- 잘 쓴 글이란 '주제와 관련된 중심 아이디어와 뒷받침하는 정보 및 예들이 응집력 있게 조직된 글'을 의미한다.

③ 작문은 쓰기의 기본 요소 외에도 말하기, 듣기, 읽기 등 언어의 다양한 측면에서의 광범위한 경험이 영향을 주는 매우 복합적인 과제이다.

2. 작문의 평가

(1) 평가 요소

① 양적 평가: 제한된 시간 동안 산출된 단어나 절의 수로 평가한다

② 질적 평가: 산출한 글의 내용, 구조, 표현 등을 루브릭을 통해 평가한다.

(2) 학습장애 학생의 작문 관련 특성

① 글의 내용을 산출하는 초안 작성만을 글쓰기의 과정으로 생각하고, 글쓰기 전에 계획 단계를 거의 거치지 않는다.

② 초안을 검토하고 수정하는 데 어려움이 있다. 수정을 할 때에도 내용에 대한 수정이 아니라 구두점, 맞춤법 등과 같은 기계적인 측면에 대한 교정에 집중하는 경향이 있다.

③ 쓰기 유창성이 떨어진다.

예 문장에 포함된 단어의 수가 적다, 문장의 길이가 짧다, 전체 쓴 글의 길이가 짧다.

④ 불완전 문장을 쓰거나 겹문장(안긴문장, 이어진문장)의 사용에 어려움이 있고, 단순한 단어(짧은 단어, 쉬운 단어 등)를 많이 사용하거나, 같은 단어를 반복적으로 사용하여 글을 쓴다.

⑤ 주제와 관련된 내용 간의 관련성을 고려하여 내용을 조직적으로 구성하여 쓰지 못하고, 주제와 관련된 생각들을 단순히 나열하는 형태의 글을 쓴다.

- 이 경우 학습장애 학생의 작문 지도를 위해 그래픽 조직자를 이용한 교수 방법을 이용할 수 있다. 그래픽 조직자를 이용하면 여러 가지 어휘나 개념, 정보를 구조화하여 제시할 수 있기 때문이다. 교사는 주제와 관련된 중요한 정보를 선택하도록 하고, 관련 없는 정보는 생략하도록 유도하여야 한다.

3. 작문 교수법

(1) 쓰기 과정적 접근

쓰기 과정적 접근
동 과정 중심 쓰기

결과 중심 접근
글쓰기 지도 방법은 크게 결과 중심의 방법과 과정 중심의 방법으로 나눌 수 있다. 결과 중심의 접근법은 결과 자체를 강조하여 학생에게 모범적인 글을 제시하고 쓴 글에 대해 교사가 주로 논평하는 방식을 통해 학생의 글쓰기 능력을 신장시키는 방법이다. 결과 중심 접근에서는 주제를 제시해 한 편의 글을 쓰게 한 다음, 다 쓴 글에서 잘못된 점을 교사가 지적해 주는 활동이 주를 이룬다. 대체로 정확성을 강조하고, 문법이나 수사학적 기법을 강조한다. 또한 모방을 강조하는 경우가 많다. 모범적인 글을 제시하고, 반복적인 연습을 통해 이를 자기 것으로 만들게 하는 방법이 결과 중심 접근의 주된 방법이다. 여기에서 교사는 주로 점검자 또는 평가자의 입장을 취한다(신현재 외, 2021).

① 쓰기 과정적 접근은 일련의 글쓰기 과정인 계획하기, 내용 생성하기, 조직하기, 표현하기, 고쳐 쓰기 과정에서 학생들이 필요한 기능이나 전략을 직접 가르침으로써 학생들의 글쓰기 능력을 신장시키는 방법이다.

② 쓰기 과정적 접근은 학습자의 글쓰기 결과물이 아닌 쓰기를 하는 과정을 중시하는 교수법으로, 결과물을 산출하기 위한 학습자의 인지과정에 집중하여 글쓰기를 교수·학습시킨다.

- 결과 중심의 접근에 비해 작문 과정이 순차적이고 일방향적이 아니라 필요에 따라 수시로 각 과정을 오가는 상호작용적인 측면이 있음을 강조하고 있다.

③ 교사는 참여자, 조력자, 안내자로서 일련의 쓰기 과정에 역동적으로 개입하여 학생들을 안내해 줌으로써 학생들의 글쓰기 활동을 촉진한다.

④ 쓰기 과정적 접근은 다음과 같은 절차를 따른다. 10중특, 13중특, 14중특, 22중특, 23초특

단계	내용
[1단계] 계획하기	• 글쓰기 주제를 선택한다. • 쓰는 목적(정보제공, 설명, 오락, 설득 등)을 명확히 한다. • 독자를 명확히 한다(또래 학생, 부모, 교사, 외부 심사자). • 목적과 독자에 기초하여 작문의 적절한 유형을 선택한다(이야기, 보고서, 시, 논설문, 편지 등). • 쓰기를 위한 아이디어를 생성하고 조직하기 위한 사전활동을 한다(마인드맵 작성, 이야기하기, 읽기, 인터뷰하기, 브레인스토밍, 주제와 세부항목 묶기 등). • 교사는 학생과 협력하여 글쓰기 활동에 참여한다(내용을 재진술/질문을 한다, 논리적으로 맞지 않는 생각을 지적한다).
[2단계] 초고 작성하기	• 문법, 철자보다 내용을 생성하고 구성하는 데 초점을 맞춘다. • 일단 초고를 작성하고, 글을 쓸 때 수정하기 위한 충분한 공간을 남긴다.
[3단계] 내용 수정하기	• 초고를 읽으면서 글의 내용에 중점을 두어 다듬기를 한다. − 초고를 다시 읽고, 보충하고, 다른 내용으로 바꾸고(내용 변경), 필요 없는 부분을 삭제하고, 옮기면서(내용 이동) 내용을 고친다. • 글의 내용을 향상시키고 다양한 시각을 제안할 수 있도록 또래집단(글쓰기 도우미 집단)을 활용하여 피드백을 제공한다.
[4단계] 편집하기	• 구두점 찍기, 철자법, 문장구조, 철자 등 어문규정(즉, 쓰기의 기계적 측면)에 맞추어 교정한다. • 글의 의미가 잘 전달될 수 있도록 문장의 형태를 바꾼다. • 필요하다면 사전을 사용하거나 교사로부터 피드백을 받는다. • 또래교수를 사용한 편집하기 전략을 적용할 수도 있다(서로의 글을 읽고 철자, 구두점, 완전한 문장인지 여부, 문단 들여쓰기 여부 등을 표시하여 교정하기).
[5단계] 게시하기	• 쓰기 결과물을 게시하거나 제출한다(학급신문이나 학교문집에 제출한다). • 적절한 기회를 통하여 학급에서 자기가 쓴 글을 다른 학생들에게 읽어 주거나 학급 게시판에 올려놓는다.

출처 ▶ 김동일 외(2016)

내용 수정하기 단계 (또래집단/또래교수)

- 2013 중등1-35 기출, 김동일 외(2016): 본문 참조
- 또래교수를 사용한 수정 전략에 대해 다음과 같이 제시되어 있다.
  - 또래교수를 사용한 수정 전략: 서로의 글을 읽고, 잘 쓰인 곳 한 곳과 개인이 필요한 곳 두 곳(이해가 잘 안 되는 부분, 내용이 더 필요한 부분)을 골라 수정하기

PART 05

⑤ 쓰기 과정적 접근을 시행하는 데 있어 교사의 역할은 다음과 같다.

㉠ 교사는 쓰기 과정의 각 단계마다 시범을 제공한다.

- 글쓰기 준비 단계에서 교사는 학생에게 직접 정보를 조직하고 요점 정리를 하는 것을 보여 준다. 그리고 조직화한 개요를 중심으로 어떻게 초안이 작성되었는지 제시한다.
- 또한 초안을 읽고 내용을 수정하고 편집한 결과를 제시하여, 초안의 마지막 결과물이 어떻게 달라졌는지 보여 준다.

㉡ 쓰기 과정이 교사를 비롯하여 다른 학생들과 협력적인 작업을 통해 이루어지도록 한다.

- 쓰기 과정을 협동적으로 운영하면 아이디어 생성(브레인스토밍), 정보의 제시와 조직, 어문규정에 맞게 편집하는 활동에서 교사와 또래집단의 피드백을 체계적으로 반영할 수 있다.
- 또래 학생을 중심으로 쓰기 도우미 집단을 만들어 아이디어를 발전시키거나 쓰기 결과물을 공유할 수 있도록 한다.

㉢ 교사는 쓰기 과정의 각 단계를 촉진할 수 있도록 구체적인 단서를 지속적으로 제공해야 한다.

- 교사는 쓰기 과정의 각 단계에서 적절한 단서를 제시하여 촉진할 수 있다.
- 예를 들면, 글쓰기 준비 단계에서는 글의 주제가 될 수 있는 어휘의 목록을 제시한다. 또한 편집 단계에는 자주 보이는 철자나 어문규정의 오류 유형을 제시하여 이를 바탕으로 교정할 수 있도록 한다.

㉣ 학생이 주도적으로 점검과 수정을 할 수 있도록 훈련시킨다.

- 각 쓰기 단계를 끝낼 때마다 학생으로 하여금 자신이 하고 있는 활동을 점검하고 빼먹은 것이 없는지 점검표를 이용하여 주도적으로 점검하도록 한다.

⑥ 쓰기 과정을 강조하는 쓰기 지도의 장점은 다음과 같다.

㉠ 글쓰기 활동이 지속적으로 일어나고 반복된다.

㉡ 자기주도적인 학습을 강조하는 교육환경을 조성한다.

㉢ 읽고 쓰기를 통합하는 학습이 강조된다.

⑦ 학습장애 학생들에게 글씨 쓰기나 철자 쓰기와 같은 기능적 훈련을 제공하지 않고, 매 단계마다 구체적이고 적극적인 도움을 제공하지 않으면 이러한 과정 중심 접근은 적절하지 않다. 그러므로 학습장애 학생들을 위한 쓰기 지도에서는 쓰기의 기초 기능을 강조하고 적절한 훈련을 제공하며, 기능적 훈련을 쓰기 과정에 통합하는 것이 필요하다.

(2) 자기조절 전략 교수

① 자기조절 전략 교수는 작문 과정에서 '자기조절'의 역할을 강조하는 학습 전략이다.

② 자기조절 전략 교수는 계획하기, 초안 작성하기, 수정하기에 대한 전략을 명시적이고 체계적으로 교수하는 것을 목표로 한다.

③ 작문 과정에서 자기조절의 역할을 강조하는 학습 전략으로 다음의 다섯 단계를 포함한다.

<table>
<tr><td>논의하라</td><td colspan="3">교사는 전략을 명시적으로 소개하고, 전략의 목적과 전략의 장점 등을 명시적으로 제시한다.</td></tr>
<tr><td>시범을 보여라</td><td colspan="3">교사는 전략을 어떻게 사용하는지 정확하게 시범을 보인다.</td></tr>
<tr><td rowspan="4">외우도록 하라</td><td colspan="3">학생은 기억 전략을 사용하여 전략 사용의 단계를 외운다.</td></tr>
<tr><td colspan="3">✿ 자기조절 전략 교수에서 사용하는 기억 전략의 종류 25중특</td></tr>
<tr><td>이야기 글쓰기</td><td>POW+WWW What 2 How 2</td><td>• Pick my idea(쓸 내용에 대한 생각을 꺼내라.)
• Organize my notes(생각을 조직하라.)
• Write and say more(생각을 추가하면서 써라.)
• Who(누가에 대해 써라.)
• When(언제에 대해 써라.)
• Where(어디서에 대해 써라.)
• What 2(무엇을 원했는지, 무슨 일이 일어났는지에 대해 써라.)
• How 2(어떻게 끝났는지, 어떤 느낌이었는지에 대해 써라.)</td></tr>
<tr><td>주장하는 글쓰기</td><td>POW+TREE</td><td>• Pick my idea(쓸 내용에 대해 생각을 꺼내라.)
• Organize my notes(생각을 조직하라.)
• Write and say more(쓰면서 더 생각을 꺼내라.)
• Topic sentence(주장 문장을 제시하라.)
• Reasons(주장에 대한 근거를 제시하라.)
• Explain(근거를 설명하라.)
• Ending(결론을 써라.)</td></tr>
</table>

지원하라	교사는 학생이 전략 사용 단계에 따라 전략을 적용하는 데 필요한 지원을 한다.
독립적으로 사용하게 하라	학생은 궁극적으로 교사의 지원 없이 전략을 독립적으로 사용한다.

㉠ 5단계로 전략 교수가 진행되는 동안 목표설정, 자기점검, 자기교수 및 자기강화를 포함한 자기조절 기술을 가르친다.

㉡ 자기조절 기술은 학생 스스로 쓰기 과정과 전략 사용 등을 조절하고 운영할 수 있도록 돕는다.

(3) 글의 구조에 대한 교수

① 글의 장르별로 글의 구조에 대해 명시적이고 체계적으로 가르치는 교수를 말한다.

② 글의 구조에 대한 교수는 쓰기 과정에 대한 교수와 결합하여 사용하는 경우가 많다.

③ 글의 구조를 가르치기 위해 교사는 각각의 글의 구조를 명확하게 소개하고, 다양한 예를 제시하여야 하며, 학생이 초안을 작성하는 과정 중에 단서를 충분히 제공하여야 한다.

이야기 글	• 이야기 문법(주인공, 배경, 문제, 목적, 일련의 사건, 결말 등)에 대한 명시적 교수를 제공한다.
설명글	• 설명글의 구조에는 나열형, 비교대조형, 원인결과형 등이 있다. • 각 구조를 구성하는 요소들에 대한 명시적 교수를 제공한다.
논설문	• 논설문은 주장, 일련의 근거, 근거에 대한 예시, 결론 등을 중심으로 명시적인 교수를 제공한다.

KORSET 합격 굳히기 효과적인 작문 교수

교수	설명
명시적, 직접적, 체계적인 교수	• 작문 교수의 유형과 상관없이 가능한 모든 작문 교수는 명시적이고, 직접적이고, 체계적인 교수로 제공되어야 한다.
쓰기 과정에 대한 명시적 전략 교수	• 쓰기의 과정인 계획하기, 초안 작성하기, 수정하기를 명시적이고 체계적으로 가르치는 교수를 말한다. • 초기에는 쓰기 과정에 대한 전략 사용의 시범 및 교사의 안내를 받으며 작문을 하지만, 궁극적으로 쓰기 과정에 대한 전략을 내면화하여 학생 스스로 전략을 적용하는 것을 목표로 한다.
자기조절 전략 교수	• 자기조절 전략 교수는 쓰기 과정에 대한 명시적 교수를 기본으로 하되, 자기조절적 요소(예 목표 설정, 자기점검, 자기강화)를 포함하여 구성된 전략 교수이다.
글의 구조에 대한 명시적 교수	• 글의 장르별로 글의 구조에 대해 명시적이고 체계적으로 가르치는 교수를 말한다. • 이야기 글: 이야기 문법(주인공, 배경, 문제, 목적, 일련의 사건, 결말)을 중심으로 글의 구조를 가르친다. • 설명문: 서술, 비교-대조, 열거 등의 구조를 가르친다. • 논설문: 주장, 근거, 결론 등의 구조를 가르친다.
계획하기 활동	• 글을 쓰기 전에 생각 꺼내기 활동을 함으로써 학생이 작문에 대한 아이디어를 생성하고 조직하도록 하는 것을 말한다. • 의미 지도 등과 같은 그래픽 조직자를 활용하는 경우가 많다. • 계획하기 활동은 개별적으로 또는 집단 활동으로 진행할 수 있다.
요약하기에 대한 명시적 교수	• 읽기와 결합된 작문 교수로, 글을 읽은 다음 읽은 내용을 요약하여 쓰는 것을 말한다.
목표 설정 및 자기점검	• 글을 쓰기에 앞서 글쓰기의 목표(예 작문의 양, 전략 사용 등)를 설정하고, 글을 쓰는 과정에서 목적 달성 여부를 점검하도록 하는 것을 말한다. • 목표를 설정할 때는 가능한 구체적으로 설정하는 것이 좋다. • 자기점검은 자기 점검표를 제작하여 학생에게 제공하여, 학생이 자기 점검표에 자신의 목표 달성 여부를 스스로 표시하여 기록하도록 한다.
안내된 피드백	• 학생이 작성한 글에 대해 교사나 또래 친구들이 피드백을 제공하는 것을 말한다.
또래교수 활용	• 쓰기 과정(계획, 초안 작성, 수정 등)에 또래와 함께 작업을 하도록 하는 것을 말한다.
문장 작성에 대한 명시적 교수	• 문장 구조, 특히 복문의 산출에 대한 명시적인 교수를 제공하는 것을 말한다.

출처 ▶ 김애화 외(2013)

Chapter

05 수학 학습장애 및 수학지도

수학장애

연령이나 지능 수준에서 기대되는 것보다 현저히 낮은 수학 성취를 보이는 학습장애의 한 유형이다. 수학장애는 세 가지 형태로 나타난다. 첫째는 수학 학습 전반에 결함이 있는 경우로, 수학 학습이 매우 느리고 어려우며 거의 변화가 없다. 둘째는 분수 영역 또는 나눗셈의 하위 영역과 같이 특정 수학 영역에 결함을 보이는 경우로, 다른 영역의 학습에는 어려움을 겪지 않는다. 셋째는 사고(thinking), 추리, 문제 해결에 광범위한 결함을 가지 경우로, 수학적 개념과 기능 모두가 왜곡되어 비논리적인 특징을 갖는다(특수교육학 용어사전, 2018).

비교

수학 학습장애 하위 유형

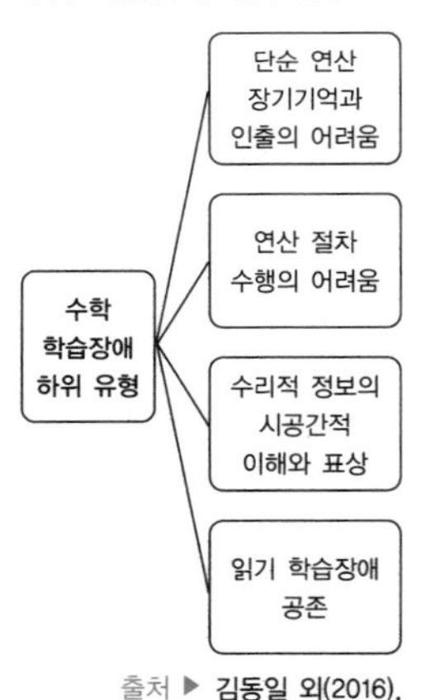

출처 ▶ 김동일 외(2016), 이대식(2020)

01 수학 학습장애에 대한 이해

1. 수학 학습장애의 개념

① 수학 학습장애란 연령과 지적 능력이 비슷한 또래에 비해 수학 교과 학업 성적이 현저하게 낮은 경우를 말한다.

② 수학 학습장애는 일반적으로 발달상의 지체 혹은 인지적 결함이라는 두 가지 관점에서 설명할 수 있다.

㉠ 발달상의 지체 관점에서는 수학 학습장애 학생이 일반학생과 동일한 발달 과정을 거쳐 수학적 개념을 습득하기는 하지만 또래에 비해 수학적 개념이 다소 늦게 발달하는 것으로 간주한다.

㉡ 인지적 결함의 관점에서는 수학 학습장애 학생이 수학과 관련된 특정 인지적 결함(예 절차적 결함, 기억인출 결함, 시공간 결함)을 가진 것으로 본다.

2. 수학 학습장애의 하위 유형

① 미국장애인교육법에 의하면 수학 학습장애는 크게 연산 수학장애, 문제 해결 수학장애로 나뉜다.

㉠ 연산 수학장애 학생은 기본적인 수 개념과 연산에 어려움을 가진다.

- 기본적인 수 개념은 수 세기, 수 크기 변별하기 등을 포함한다.
- 연산 능력은 사칙연산 구구(덧셈구구, 뺄셈구구, 곱셈구구, 나눗셈구구)의 빠른 인출, 빠르고 정확한 사칙연산 등을 포함한다.

㉡ 문제 해결 수학장애 학생은 문제를 스스로 분석하여 적절한 방법(예 구체물, 그림, 거꾸로 풀기, 식, 표 등을 활용)을 선택하여 해결하는 데 어려움을 가진다.

② 연산 수학장애 학생과 문제 해결 수학장애 학생의 특성에는 차이가 있다.

㉠ 연산 수학장애 학생은 작동기억, 처리 속도, 주의집중 행동 등에 문제를 보인다.

㉡ 문제 해결 수학장애 학생은 언어 능력에 상당한 문제를 보인다. 문제 해결 수학장애 학생은 언어 능력의 문제로 인해, 문제를 읽거나 문제의 유형을 파악하거나 문제 해결에 필요한 정보를 파악하는 데 어려움을 보이는 경우가 많다.

02 수학 학습장애 학생의 특성

1. 수학 학습장애 학생의 인지적 특성

(1) 기억 능력

수학 학습장애 학생은 일반학생에 비해 작동기억에 결함이 있다.

(2) 언어 능력

낮은 언어 능력은 문장제 문제 해결에 어려움을 겪는 수학 학습장애 학생들이 보이는 대표적인 특성이다.

(3) 시공간 능력 19중특, 24중특

① 시공간 능력은 수학 연산을 수행하고, 수의 크기 개념을 형성하며, 정신적으로 표상된 수직선과 같은 공간적인 형태에서 정보를 표상하고 조작하기 위해 필요하다.

- 그래프 읽기, 자릿값에 따라 숫자 정렬하기, 도표를 해석하고 이해하기, 기하학적 그림 이해하기 등의 수학 활동을 할 때 시공간 능력이 요구된다.

② 시공간 능력의 결여는 수학 학습장애 학생의 수학적 특성으로 언급되기는 하지만, 시공간 능력이 수학 학습장애 학생의 수학 능력에 미치는 영향에 대한 검증은 추후 연구를 통해 보다 많이 이루어져야 한다.

(4) 주의집중 능력

① 주의집중 능력은 기초적인 수 세기부터 간단한 연산, 여러 단계를 거쳐야 하는 복잡한 연산문제를 해결하는 데까지 요구된다.

- 특히 주의집중 능력은 연산 능력에 유의한 영향을 미치는 것으로 보고되었다.

② 문장제 문제를 해결할 때도 관련 없는 정보를 걸러내고 필요한 정보에만 집중하는 능력이 필요하다.

③ 수학 학습장애 학생은 일반학생에 비해 주의집중에 어려움을 보인다.

(5) 처리 속도

① 처리 속도는 수학문제를 해결하는 데 걸리는 시간과 밀접하게 관련이 있다.

② 처리 속도는 정확성과 유창성을 구성 요소로 하며, 느린 처리 속도는 수학 학습장애 학생의 특성 중 하나이다.

③ 느린 처리 속도는 연산 능력에 유의한 영향을 미치는 것으로 보고되었다.

자료

수학 학습장애 학생의 특징

한국특수교육학회에서 제시한 수학 학습장애의 특징은 다음과 같다.

- 기초적인 연산과정의 정확도와 속도가 또래에 비해 현저하게 낮음
- 수학 개념을 이해함에 있어서 자주 틀리고 복잡한 문제의 경우 연속적인 단계를 따르는 것이 어려움
- 문장제 문제해결에서 어려움을 보임
- 읽기장애와 동시에 나타나기도 하고 읽기에 문제가 없는데도 수학장애를 보이기도 함

출처 ▶ 한국학습장애학회(2014)

자료

시공간 능력의 결여 예시

▲ 102, 51, 48 중 가장 큰 수를 제외한 두 수의 최대공약수를 구해봅시다.

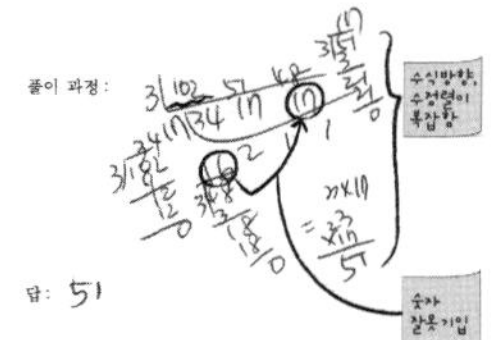

설명 수식 방향과 수 정렬이 복잡하고, 수를 혼돈하여 기입하며 문제를 푸는 위치를 자주 잃어버리는 등 시공간 능력에 어려움을 보임

출처 ▶ 2019 중등A-7 기출

자료

연산 수행 능력 관련 인지기능 및 인지처리과정

현재 연산 수행 능력과 밀접하게 관련되어 있는 인지기능, 혹은 인지처리과정에는 다음과 같은 것들이 있다.

인지기능 및 인지처리과정	핵심 기능	관련 연산 기능
작업기억	새로 들어온 정보를 단기간 기억하면서 장기기억 속의 관련된 정보를 인출하여 두 정보를 모두 활용하여 과제를 성공적으로 수행	• 받아올림 혹은 받아내림 • 가르기와 모으기
처리속도	장기기억 속의 정보를 빠르고 정확하게 인출	• 곱셈 구구 • 단순 연산 인출
시각 변별	서로 다른 모양의 글자를 다르게 빠르고 정확하게 인식	• 6과 9 구분

출처 ▶ 이대식(2020)

2. 수학 학습장애 학생의 수학 영역별 특성

(1) 수학 개념 이해 영역

① 취학 전 기본적인 수학 개념(크기, 양, 대소, 순서 등)의 습득 정도가 미약하다.

② 취학 이후에 학습하게 되는 좀 더 고차원적이고 추상적인 수학 개념(집합, 확률, 함수 등)의 이해와 학습에 어려움을 겪는다.

(2) 연산 영역

① 수학 학습장애 학생들의 가장 두드러진 특징 중 하나는 쉬운 연산이라도 답을 기억해 내는 과정이 신속하지 못하고 정확도가 떨어진다는 점이다.

② 연산과정에서 건너뛰며 수를 세기보다는 처음부터 모든 수를 다 세는 등 비효과적인 연산 전략을 사용하기 때문에, 단기기억 용량상의 부담이 클 뿐만 아니라 연산 속도와 정확도 면에서 또래보다 뒤떨어진다.

(3) 도형 및 공간 지각 영역

① 공간 시각화 능력이 취약하다.

② 공간, 거리, 크기, 순서 등을 지각하는 능력이 상대적으로 취약하다.

③ 공간 지각상의 어려움은 이차적으로 자릿수 정렬, 수의 방향 인식 등에 어려움을 야기할 가능성이 있다.

④ 숫자를 도치하여 읽는다거나(예 6과 9, 41과 14 등) 숫자의 크기를 균형 있게 맞추지 못해 자릿수를 배열하지 못하는 등의 특성을 보인다.

⑤ 미세한 시지각 기능이 요구되는 수학적 기호를 잘못 보거나 빠뜨릴 수 있다.

⑥ 지각－운동 협응능력의 결함으로 인해 숫자를 균형 있게 쓰지 못하거나 연산 과정에서 보조 숫자나 보조선을 미숙하게 활용하는 등의 특징을 보인다.

(4) 문장제 응용문제 영역

① 문제를 읽고 이해하는 데 필요한 기본 읽기 능력, 기본 계산 능력 그리고 단기기억 능력이 부족하다.

② 주어진 응용문제를 수학적으로 해결하기에 용이하도록 표상하는 능력이 부족하다.

③ 보통 학생들보다 훨씬 비효과적인 문제해결 전략을 이용한다.

03 일반적인 수학 지도 방법

1. 명시적 교수

① 명시적 교수란 분명하고 정확하면서 애매하지 않게 내용을 전달하는 것이다.

② 어떤 수업이 명시적이려면 다음과 같은 요소들을 포함해야 한다.

㉠ 문제를 풀거나 과제를 해결해야 하는 상황이라면 교사가 먼저 그것을 어떻게 풀거나 해결하는지 학생들이 이해하기 쉽게 시범을 보여 주어야 한다.

- 시범은 학생이 이해하고 따라올 수 있을 정도로 명쾌하고, 구체적이며, 분명해야 한다는 것이다.

㉡ 시범 후에 곧바로 학생이 문제를 풀거나 과제를 해결하도록 요구하기보다는 비계설정 원리를 적용하여 점진적으로 지원을 감소해 나가면서 궁극적으로 학생이 혼자 해결해 나갈 수 있도록 한다.

㉢ 초기 학습 단계에서 다른 것과 혼동하거나 정확하게 이해하지 못하는 일이 없도록 가급적 풍부하고 다양한 예를 동원하여 변별 연습을 확실하게 시킨다.

명시적 교수

- 명시적 교수는 학업기술을 가르치기 위한 구조화되고 체계적이며 효과적인 방법으로 교수 설계와 전달 절차를 모두 포함하고 있는 분명하고 직접적인 교수적 접근 방법을 말한다. 명시적 교수는 일련의 지원 혹은 스캐폴딩이 특징이기 때문에 학생들은 학습과정에서 새로운 기술을 배우기 위한 목적과 취지에 대한 명확한 설명, 교수목표에 대한 분명한 진술과 시범, 그리고 독립적으로 성취할 때까지 피드백과 함께 지원된 연습을 통해 안내된다. 또한 작은 단계로 나뉘어 교수가 제공되며, 교수가 진행될 때 학생들의 이해를 점검하고 학생들이 적극적이면서도 성공적으로 참여하는 것에 역점을 두는 체계적인 교수 방법이다(특수교육학 용어사전, 2018).
- 명시적 교수는 학업기술 지도를 위한 구조화되고 체계적이며 효과적인 방법으로, 명시적이라 함은 교수 설계와 전달 절차를 포함한 분명하고 직접적인 교수 접근임을 의미한다(방명애 외, 2019).
- 명시적 교수법은 직접적이며 체계적인 교수설계이다. 명시적 교수법에서는 목적에 대한 분명한 진술, 새로운 기술 학습에 대한 이유, 교수 목표에 대한 명확한 설명과 예시, 그리고 학습자가 독립적으로 성취할 수 있을 때까지 피드백과 함께 연습할 기회를 지원하는 등의 학습과정을 통해 학생을 안내한다(Heward et al., 2019).

직접교수

행동주의 이론에 입각해 교육과정을 분석하여 교수 내용을 계열화하고, 연속적이고 구조화된 과제를 명시적이고 반복적으로 가르치는 형태의 교수법이다. 다른 행동주의 교수법과 차이점은 선행사건으로 교사가 학생에게 하는 말이 정확하게 정해져 있다는 것이다. 교사는 설명과 시범으로 학습할 내용을 직접 가르치고, 안내된 연습 과정에서 교사는 학생의 수행을 모니터링해야 하며 오류를 범할 때에는 바로 피드백을 제공한다. 학생이 숙달 수준에 도달할 때까지 독립적으로 반복 연습할 기회를 충분히 제공한다(특수교육학 용어사전, 2018).

2. 직접교수법

(1) 개념

① 학업에 초점을 맞추어 학생들이 고도로 참여하며, 교사가 구조적으로 위계화한 교재를 사용하는 교사 주도적인 수업이다.

② 원리나 내용의 의미를 깨닫게 하는 것이 아니라 행동주의 이론에 입각하여 연속적이고 구조화된 학습 자료를 명시적이고 반복적으로 제공하여 학생이 자신이 해결하여야 할 과제가 무엇인지 분명히 알게 해주는 교사 중심의 수업이다.

(2) 특징 09유특

① 교사는 학생의 수행이 숙달될 때까지 바람직한 교수 활동의 시범과 체계적인 보조를 제공한다.

- 학생들은 교사 행동을 관찰함으로써 사고나 기능을 배울 수 있다.

② 교수 전략으로서는 철저하게 학습 향상을 위한 피드백을 주고, 잘못된 반응을 보일 때는 정확하고 신속하게 이를 교정해 준다.

- 교사는 언어적 상호작용을 통해 학습내용을 지도한다.

③ 학생들이 지루하지 않게 학습진도를 빠르게 이끌어 나가면서 숙달 정도를 높인다. 그러면서도 학생들의 적극적인 참여를 유도한다.

㉠ 실제 학생들이 투여한 시간을 최대한 증가시킴으로써 효율적이고 밀도 있는 학습이 이루어지도록 하는 것이다.

㉡ 과잉학습을 통하여 학습이 이루어질 수 있도록 빠른 속도로 수업을 진행한다.

㉢ 학습의 통제가 교사에서 학생으로 점차 전이된다.

④ 교수 활동이 종료되면 지속적으로 학습자들의 학업성취도를 평가하되 평가 내용은 교수 활동에서 다루었던 것과 밀접하게 관련이 있어야 한다.

(3) 실행 절차 12중특, 16중특, 20중특, 21중특, 25중특

단계	설명
[1단계] 학습목표 제시	• 학습목표는 관찰 가능하고 측정 가능한 행동, 행동이 발생할 조건, 수용 가능한 행동 수행을 위한 준거를 포함해야 한다.
[2단계] 교사 시범	• 학습목표에서 요구하는 행동을 소리 내어 생각말하기(think-aloud) 기법을 활용하여 어떻게 전략을 사용하는지 시범 보인다. − 지도하고자 하는 개념/과정에 대한 과제분석을 실시하고, 논리적으로 계열화한 후 그 절차에 따라 시범 보인다. − 전략 사용의 이유와 핵심 요소를 제시하고 전략 사용 방법을 직접 시범 보인다. • 교사의 시범 후 교사와 학생의 질문과 대답 활동을 통해 학생의 내용 이해 정도를 확인한다. − 교사는 필요한 경우에 촉진과 피드백을 사용하여 학생의 대답을 요구한다.
[3단계] 안내된 연습	• 학생이 해당 기술을 교사와 함께 연습하는 단계이다. − 안내된 연습의 주된 목적은 학생이 오류를 범하지 않도록 하기 위해 부정확한 반응을 수정하는 것이다. • 학생이 배운 대로 전략을 연습해 볼 수 있도록 과제를 제시하고, 교사는 전략 사용을 촉진한다. − 교사는 질문하고, 연습이 부족하여 발생하는 실수를 확인하고, 오류를 정정하며, 필요한 경우에는 재교수를 실시한다. − 학생 모두가 전략을 수행해 볼 수 있는 충분한 기회를 제공한다. • 실제보다 쉬운 연습과제부터 전략을 연습하도록 하여 자신감을 심어준다.
[4단계] 독립적 연습	• 주어진 시간 동안 학생이 독립적으로 전략 사용을 연습하게 한다. − 독립적 연습은 안내된 연습에서 높은 성공률(90~100%)을 보일 때 실시한다. − 독립적 연습의 목적은 아무런 물리적, 언어적, 시각적 안내 없이도 기술을 수행할 수 있는지 밝히는 것이다. • 교사는 교실을 돌아다니며 학생들이 과제를 제대로 수행하는지 점검하고 어려움을 보이는 학생에게 도움을 제공한다. − 독립적 연습 단계에서의 교사 피드백은 안내된 연습에서의 피드백처럼 빠르게 제공되지 않는다.

소리 내어 생각말하기
동 생각말하기

비교

안내된 연습의 목적

Prater (2011)	본문 참조
Archer et al. (2016)	학생들에게 기술을 성공적이고 자신감 있게 실행할 수 있도록 하는 기회를 주는 것이다.
Schloss et al. (2011)	학생들이 새로이 습득한 기술을 덜 구조화된 조건에서 연습하도록 허용하는 것이다.

직접교수 모형 (국어과 교수·학습 모형)

1. 특징
   직접교수 모형은 언어 수행에 필요한 특정 학습 내용이나 과제 해결을 명시적이고 단계적으로 지도하는 데 초점을 두는 교사 중심의 교수 모형이다. 이 교수 모형은 전체를 세부 요소나 과정으로 나눈 뒤, 이를 순서대로 익히면 전체에 도달할 수 있다는 가정에 기초하고 있다. 학습 내용을 세분화해 구체적이고 명시적으로 지도하므로 학습 목표 도달에 유리한 교수 모형이다. 그리고 학습 목표 도달에 불필요한 과정이나 활동을 최대한 배제함으로써 교수·학습의 효율성을 높일 수 있다.
2. 절차
   설명하기 → 시범 보이기 → 질문하기 → 활동하기

출처 ▶ 초등 국어(3-1) 교사용 지도서(2019)

비교

명시적 교수와 직접교수

1. 행동주의 이론에서 유래한 교수 실제로 명시적 교수 또는 직접교수를 들 수 있다. 이 두 교수법은 동일한 접근 방식을 가지고 있으며 학습과제들에 초점을 둔다(Lerner, 2015).
   ① 명시적 교수는 교사들이 가르칠 특정 기술에 대해 명백히 알고 있고, 각 단계나 기술을 명시적으로 가르치는 것을 의미하는 것으로 학습자가 학습하기 위해 자신의 경험으로부터 유추하도록 하는 교수법은 아니다.
   ② 직접교수는 명시적 교수와 매우 흡사하다. 직접교수라는 용어는 명시적 교수라는 용어보다 훨씬 더 오랜 기간 사용되었다. 이 역시 행동주의적 관점에 기반을 두고 있으며, 학생들이 학습해야 할 학업 기술과 학생들이 이러한 기술들을 학습하도록 환경을 구조화하는 것에 초점을 둔다.
2. 직접교수와 명시적 교수란 용어는 근본적으로 동일한 것을 의미한다. 직접교수와 명시적 교수는 단서 주기, 모델링, 구어적 시연, 피드백 등과 같이 연구 기반 실제와 교수적 접근을 이용하는 교사 주도의 교수이다. 두 전략은 모두 고도로 조직화되고 구조화되어 있으며 진행 속도가 빠르고, 교사와 학생의 지속적인 상호작용을 제공하며, 우연한 기회를 전혀 주지 않는다. 학생들은 능동적으로 학습에 참여하고 수업의 목표를 연습한다. 수행성에 대한 즉각적이고 교정적이며 긍정적인 피드백이 각 학생에게 제공된다. 그 목적은 학생이 지도받고 있는 기술을 숙달하고 자동화하도록 하는 데 있다(정대영, 2020).

직접교수법을 적용한 교수 활동 예시

단계	교수 활동 내용
학습목표 제시	• 이전 시간에 배운 내용을 점검한다. • 수업목표를 진술한다.
교사 시범	• 선다형 문항을 풀이하는 전략을 설명한다. – 문제에서 단서 단어(예 틀린)를 확인한다. – 확실한 오답을 먼저 찾는다. … (하략) … • 전략을 촉진하면서 전략을 사용하여 문제 푸는 방법을 시범 보인다.
안내된 연습	• 학생이 배운 대로 전략을 연습해 볼 수 있도록 과제를 제시하고, 교사는 전략 사용을 촉진한다.
독립적 연습	• 전략을 다시 확인하고 주어진 시간 동안 독립적으로 전략 사용을 연습하게 한다.

KORSET 합격 굳히기 직접교수의 구성 요소

1. 수업목표

① 교사 주도적 수업은 학생의 기대되는 결과를 제시해야 하고, 수업목표는 관찰 가능하고 측정 가능한 행동, 행동이 발생할 조건, 수용 가능한 행동 수행을 위한 기준의 세 가지 요소를 포함해야 한다.

② 예를 들어, 교사가 철자 쓰기 목록의 단어를 읽어 주면(행동발생 조건) 수민이는 10개의 단어 철자를 100% 정확하게(성취기준) 쓸 것이다(행동)라는 수업목표를 세운다.

2. 주의집중 단서

① 수업 시작 전, 교사는 주의집중 단서를 이용하여 학생의 관심을 얻어야 한다. 학생은 수업내용과 교사의 설명을 보고 듣고 집중하는 상황에 참여해야 한다.

② 따라서 교사는 지도하고 있는 내용과 학생의 능력, 경험, 주의집중 행동 등에 근거하여 주의집중 단서를 선택한다.

3. 예상 단계

① 성공적인 수업은 예상 단계에서부터 시작된다. 예상 단계를 통해 학생의 사전지식을 연결하고 새로운 수업을 촉진할 기억 또는 연습들을 유발할 수 있다.

② 학생들은 자신의 관심을 그날의 학습에 집중할 수 있다.

4. 검토, 선행학습 확인 및 목표 진술

① 교사는 이전에 학습한 자료를 복습하고 사전에 필요한 요소를 확인하고 학습 목적을 제시하거나 유도한다. 이 세 가지 구성 요소는 다른 순서로 이루어질 수 있으며 때로는 유사하거나 중복될 수 있다.

② 특히 목표 진술은 수업에 대한 개요를 제공하는데, 이는 학생에게 수업시간 동안 무엇을 배울지 예상할 수 있는 '생각의 틀'을 제공한다.

5. 교수와 모델링

① 교수목표에서 요구하는 행동을 구체적으로 제시하는 것이다.

② 모델링은 행동주의적 모델링과 인지주의적 모델링을 포함한다. 행동주의적 모델링은 기술의 실제 시연을 의미하고, 인지주의적 모델링은 시범 보이는 사람의 사고과정을 이해하는 데 있어서 학생을 도울 수 있는 자기대화를 포함한다.

③ 자기대화를 제공할 때, 교사는 학생이 과제를 수행하는 동안에 그들이 생각하는 것을 명확히 이야기한다. 이는 교사로 하여금 과제뿐만 아니라 과제를 완수하는 데 사용된 전략도 함께 보일 수 있도록 한다. 교사는 필요한 때 촉진과 피드백을 사용하여 학생들의 대답을 요구해야 한다.

6. 안내된 연습

① 교사가 행동을 시범 보이면(예 해당 수업의 행동목표), 학생은 직접적인 감독하에 수업목표를 학습할 기회를 가지게 된다.

② 안내된 연습은 학생이 해당 기술을 교사와 함께 연습하는 전략이다. 교사는 질문하고, 연습이 부족하여 발생되는 실수를 확인하고, 오류를 정정하고, 필요한 경우 재교수함으로써 학생을 지원하는 데 쉽게 적용될 수 있다.

7. 독립연습

① 학생이 독립적으로 과제를 수행하도록 기대되며 교사의 피드백이 안내된 연습에서처럼 빠르게 제공되지는 않는다. 전통적 교수에서는 독립연습이 숙제의 형태로 제시되는 경우가 있다.

② 독립연습은 학생이 안내된 연습에서 높은 성공률(90~100%)을 보이기 전까지 시작되어서는 안 된다.

8. 마무리

① 교사는 학습내용을 요약하고 검토하고 이를 이전에 학습한 내용 또는 경험과 통합함으로써 수업을 마무리한다.

② 교사가 시간의 흐름을 잃거나 수업을 끝내는 데 필요한 시간을 잘못 판단하여 마무리 시간을 제공하는 데 실패하는 경우가 있으므로, 타이머를 활용하는 방법 등을 통해 수업내용을 통합할 수 있는 기회를 갖도록 한다.

출처 ▶ 한국학습장애학회(2014)

3. 정밀교수

(1) 개념 09초특, 15중특

① 정밀교수는 학생의 수행을 매일 측정해서 그래프로 작성하는 방법을 의미한다.

- 정밀교수는 특정한 교수 방법이 아닌 학생의 학업 수행을 면밀히 모니터링하기 위한 방법이다

② 교사는 매일의 평가를 통해 이루어지는 정밀교수를 적용하여 교수기법의 성공과 실패를 기록하고 문서화할 수 있으며, 학생의 진보를 촉진하여 일정 수준의 교육적 향상을 가능하게 할 수 있다.

③ 교육과정중심측정(CBM), 포트폴리오 사정과 더불어 교육과정중심사정(CBA)의 한 유형으로 분류되기도 한다.

정밀교수

1960년대 중반 린슬리(O. Lindsley)가 개발한 측정 체계로, 형성평가 과정처럼 학생의 수행을 매일 측정해서 그래프로 작성하는 방법을 의미한다. 정밀교수는 특정한 교수 방법이나 교육과정이 아닌, 수업의 효과를 평가하고, 교수적 수정을 하려고 사용하는 방법이다. 정밀교수는 다음 네 단계로 구성된다. 첫째, 구체적인 수행 행동이나 표적 행동을 선택한다. 둘째, 매일 정반응과 오반응의 빈도를 측정하여 표준행동표 또는 표준촉진표에 기록한다. 셋째, 수행 행동이 바람직한 방향으로 변화되도록 교수 내용이나 방법을 수정한다. 넷째, 그래프를 평가하고 데이터의 변화 경향을 분석하여 교수 종결 여부를 결정한다. 마지막 두 단계는 목표한 수행에 도달할 때까지 반복한다(특수교육학 용어사전, 2018).

자료

정밀교수와 CBA

정밀교수의 다섯 가지 기본 원리([KORSET 합격 굳히기] 참조)는 학습과제에 대한 개별 학생의 수행 능력을 모니터링하는 데 직접적인 관련성을 갖고 있으며, 이러한 이유로 정밀교수가 교육과정중심사정을 지향하는 최근의 움직임에 하나의 초석을 제공했다고 보는 것이다(Bender, 2007).

정밀교수 활용 예시

이 방법은 현재 학생 A에게 필요한 구체적인 학습 목표에 근거하여 교수결정을 하게 되니 선생님께서도 쉽게 사용하실 것 같아요. 일단 선생님이 20개 문장을 학습지로 만들어서 A에게 제공하고, 주어와 서술어에 정확하게 밑줄 치게 해 보세요. 3분 후 학습지를 채점해서 정답과 오답의 수를 표로 작성하여 A에게 보여 주세요. 이러한 방식으로 매일 측정된 결과의 변화를 A에게 보여주세요. 그러면 A도 그래프와 표로 자신의 진전을 확인할 수 있어서 학습 목표를 달성하는 데 도움이 될 것 같아요.

KORSET 합격 굳히기 **정밀교수와 교육과정중심측정**

정밀교수와 교육과정중심측정을 비교하면 다음과 같다.

공통점	• 시간제한 검사를 통해 유창성과 자료 비율(시간에 따른 수행률), 학생 수행 결과를 도표화하고 평가한다. • 필요한 경우 교육과정 또는 교수 변화가 이루어진다.
차이점	• 교육과정중심측정은 연간 교육과정에 포함된 모든 기술을 사정하지만, 정밀교수는 작은 단위(예 구구단의 2단에만 해당)를 사정한다. • 정밀교수는 오로지 기준 성취 차트만 사용한다. – 기준 성취 차트는 자료점을 절대적으로 보여주기보다는 비례적으로 보여 준다. 예 학생의 곱셈 문제 풀기 비율이 분당 10단위에서 20단위로 향상되었다면, 변화비율(2배)은 같은 시간 동안 1분에 5단위에서 10단위로 향상된 학생과 같다는 의미이다.

출처 ▶ Prater(2011). 내용 요약정리

(2) 장점

① 정밀교수는 학생에게 매우 반응적인 접근이기 때문에 학습장애 학생에게 더 효과적인 교수방법으로의 변화를 모색할 수 있다.

- 정밀교수는 교수의 수정 가능성으로 인해 전통적인 교수법에 비해 학생에게 반응적인 교수가 된다.

② 행동을 차트로 나타내는 것은 교사와 학생 간의 바람직한 의사소통 가능성을 향상시켜 준다.

③ 자료 차트를 사용하여 진전도를 보여 줌으로써 다른 교사들과의 의견 교환이 용이해진다.

④ 학습장애 학생의 IEP에서 교육목표와 학생이 수업 중에 실시하는 일일과제 사이에는 직접적인 관련성이 있음을 보여 준다. 즉, 교육 프로그램의 목표와 수업시간에 실시한 실제 수업 활동지 사이의 연관성은 차트 사용을 통해 부모와 학습장애 학생들에게 쉽게 전달될 수 있다.

⑤ 교육적 결정이 일일 단위로 이루어질 수 있어서, 2주 또는 3주 단위로 시험을 실시할 경우 나타나는 시간 낭비를 최소화한다.

⑥ 다른 교육적 중재와는 달리 상대적으로 시작하기 쉽다.

- 접근이 적용되는 동안 특정한 유형의 문제나 과제만으로 구성된 학습지가 사용되고, 정답률을 차트에 표시하는 것은 상대적으로 단순하기 때문이다.

KORSET 합격 굳히기 정밀교수의 기본 원리

1. **학습자가 가장 잘 안다.**
이 원리는 만약 학생이 학습에 진전을 보이면 교수방법이 적절한 것이고, 반면 학생이 진전을 보이지 않으면 다른 절차가 시도되어야 한다는 것을 시사한다. 간단히 말해, 실제 학습진전도만이 특정한 교수방법의 성공과 실패에 대한 척도인 것이다.

2. **직접적으로 관찰 가능한 행동에 초점을 맞춘다.**
교사들은 학생의 학습진전도에 대한 명확하고 분명한 그림을 수립하기 위해 관찰 가능한 행동에 초점을 두어야 한다고 주장한다.

3. **빈도수는 행동의 척도이다.**
성공 여부에 대한 측정을 위해 올바른 반응들을 차트에 기재하는 것만으로는 충분하다고 볼 수 없기 때문에, 정밀교수의 초점은 반응 빈도수 또는 반응률(학생이 1분당 얼마나 많은 정반응을 보이는가)에 맞추어져 있다.

4. **성공 여부를 측정하기 위한 표준 차트의 사용**
차트화 작업은 성공 여부의 측정에 있어서 다른 방법들보다 많은 이점을 가지고 있으며, 학생의 학업진전도를 차트화하는 것은 정밀교수를 하는 교사에게 필수적이다.

5. **환경 조건에 대한 기술**
교사들은 환경이 학생의 행동에 영향을 미친다는 것을 이해하고 있어야 하고, 학생의 행동을 형성하는 적절한 선행 조건과 귀결 조건들을 만들어 낼 수 있어야 한다. 결국 학생이 무엇을 할 수 있는지(선행 조건이 되는 행동)를 아는 것은 현재의 교육 단계에 대한 결정을 수월하게 한다.

출처 ▶ Bender(2007)

4. 수학 학습장애 학생을 위한 효과적인 수학 지도 방법의 논의 시 고려사항

① 잘 통제된 실험연구에 의해 특정 지도 방법의 효과가 경험적으로 검증되었는가.

- 일정 기간 후에도 적용 가능한 일반화될 수 있는 방법이어야 한다.

② 제안된 지도 방법이 일선 학교에서 교사들이 적용하기에 용이한가.

- 어떤 지도 방법이 아무리 효과가 좋다고 해도 그것을 학급에서 적용하기에 비용이나 효과 및 인력 측면에서 어려움이 많다면, 일선 학교 교사들에게 별로 도움을 주지 못할 것이다.

③ 모든 수학 학습장애 학생들에게 모든 수학 내용에 대해 효과적인 지도 방법을 찾는 것은 현실적이지 않다.

- 지도 방법은 학습장애의 다양한 원인, 나타나는 현상의 다양성, 각 학생의 특성과 수학 내용 영역별 성격 등을 고려하여 실제로 적용되어야 한다.

04 수학 교수의 영역별 지도 방법

1. 수 개념

수 개념을 습득하기 위해서는 수 개념을 구성하는 기본 요소인 수 세기와 수에 대한 지식을 습득해야 한다. 이는 곧 수 개념을 습득하도록 하기 위해서는 수 세기와 수에 대한 지식을 지도해야 함을 의미하는 것이다.

> **수 감각**
> - 수가 의미하는 바가 무엇인지 알고 이를 바탕으로 암산을 수행하는 능력이다. 수와 수 간의 다양한 관계를 인식하고, 수의 상대적 크기를 알며, 사물이나 사건을 측정하기 위해 도구를 사용하고, 수에 대해 유연하게 사고하는 능력 등을 포함한다. 발달 초기에 형성된 수 감각은 이후의 수학 성취와 밀접하게 관련되어 있는데, 수학학습장애의 강력한 예측변인으로 밝혀졌다(특수교육학 용어사전, 2018).
> - 학생의 숫자에 대한 유동성과 융통성, 숫자가 의미하는 것에 대한 감각, 머릿속으로 수학적 계산을 수행하고, 세상을 바라보고 양자를 비교할 수 있는 능력(Gersten & Chard, 1999; 이대식, 2020 재인용)

(1) 수 감각

① 수 감각이란 유아기부터 습득되는 기본적인 능력으로서 수에 대한 유창성이나 유연성, 수가 의미하는 것에 대한 지각, 암산을 수행할 수 있는 능력, 실생활에 수를 적용하는 능력을 의미한다.

- 수를 다양한 방식으로 판단하고 유연하게 활용하는 능력이다.
  - 예 짝수와 홀수, 기수와 서수 등 수의 다양한 의미, 30은 10의 3배라는 수 사이의 관계, 15는 12보다 크다는 수 사이의 크기 및 사칙연산의 관계 등을 이해하고 수를 조작하기 위한 것

② 수 감각은 수 개념과 연산 능력 및 수학 능력을 예측할 수 있는 변인이다.

㉠ 수 감각에 문제가 있다면 수학적인 지식 및 기술을 습득하는 데 심각한 장애를 초래할 수밖에 없다.

㉡ 수 감각 문제는 수학 학습장애 유무를 조기에 예측할 수 있도록 도와주는 주요 요인이 된다.

③ 교사가 학습장애 학생의 수 감각을 향상시키기 위해서는 일상생활에서 쉽게 찾을 수 있는 구체물이나 반구체물을 활용하여 수를 접할 수 있는 기회를 제공해야 한다. 그리고 구체물과 수를 일대일로 연결하여 수를 자연스럽게 인식하고 표현할 수 있도록 하는 것이 수 개념을 형성하는 데 효과적인 방법이다.

- 이때 고려할 것은 학생이 선호하거나 관심을 보이는 사물을 활용하는 것이 그렇지 않은 경우보다 효과가 더 높다는 것이다. 반면에 질감이 이상하다든지 크기가 너무 커서 조작하기 어려운 구체물은 학습장애 학생이 수 감각을 형성하기 위하여 조작하는 과정에서 꺼릴 수 있기 때문에 학습에 도움이 되지 않을 수 있다. 그러므로 구체물을 사용할 때에는 학생의 특성과 구체물이 가지고 있는 속성을 충분히 고려하여야 한다.

자료

수 감각 교수의 지도 내용 및 학습 활동

<table>
<tr><th>단계</th><th>교수 목표</th><th>지도 내용</th><th>학습 활동</th></tr>
<tr><td>1</td><td>수의 순서 익히기</td><td>20부터 거꾸로 기계적 수 세기</td><td>• 수 카드를 거꾸로 배열하기
• 수직선을 이용하여 수를 거꾸로 배열하고 쓰기</td></tr>
<tr><td>2</td><td>• 수 의미 이해
• 십의 자릿수 개념 익히기</td><td>수 막대를 이용하여 두 자릿수 10~20 나타내기</td><td>• 10단위와 1단위 막대를 이용하여 십과 일의 자릿수 나타내기</td></tr>
<tr><td>3</td><td>수 계열 인식하기</td><td>연속된 수 중 빠진 수 넣기</td><td>• 수 카드를 이용하여 빠진 수 채워 넣기
• 수직선을 이용하여 빠진 수 채워 넣기</td></tr>
<tr><td>4</td><td>규칙적 수 배열 이해하기</td><td>주어진 수만큼 뛰어 세기</td><td>• 게임보드를 이용하여 같은 간격으로 뛰어 세기
• 수직선을 이용하여 주어진 수만큼 같은 간격으로 뛰어 세기</td></tr>
<tr><td>5</td><td rowspan="2">• 수 관계 인식하기
• 수의 분해 이해하기
• 수의 상대적인 크기 알기</td><td>주어진 수를 두 수로 나누기</td><td>• 수 막대를 이용하여 두 수 간의 관계를 인식하기
• 수직선을 이용하여 제시된 수와 남은 수를 분해하기</td></tr>
<tr><td>6</td><td>주어진 수에 가까운 수 찾기</td><td>• 게임보드를 이용하여 수 간 거리를 비교하고 조작하기
• 수직선을 이용하여 수 간 거리를 비교하고 조작하기</td></tr>
<tr><td>7</td><td rowspan="2">연산(덧셈) 이해하기</td><td rowspan="2">• 한 자릿수 + 한 자릿수(10 미만)
• 한 자릿수 + 한 자릿수(10 이상)</td><td rowspan="2">• 수 막대를 이용하여 덧셈의 효과 및 관계 이해하기
• 게임보드를 이용하여 수 세기 전략 사용하기
• 수직선을 이용하여 수 세기 전략(이어 세기 전략)</td></tr>
<tr><td>8</td></tr>
<tr><td>9</td><td rowspan="2">연산(뺄셈) 이해하기</td><td rowspan="2">한 자릿수 − 한 자릿수</td><td rowspan="2">• 수 막대를 이용하여 뺄셈의 효과 및 관계 이해하기
• 게임보드를 이용하여 수 세기 전략 사용하기
• 수직선을 이용하여 수 세기 전략 사용하기
• 수직선을 이용하여 수 세기 전략(거꾸로 세기 전략) 사용하기</td></tr>
<tr><td>10</td></tr>
</table>

출처 ▶ 김애화 외(2013)

(2) 기수와 서수

수에 대한 개념은 크게 기수와 서수로 나누어 살펴볼 수 있다.

① 기수란 일정한 양을 나타낼 때 마지막으로 세는 수로서, 주어진 양을 셀 때 마지막으로 세는 수가 곧 전체의 양을 나타내는 것을 의미한다.

㉠ 기수의 개념이 중요한 이유는 기수가 일정한 양을 표현해 주는 수이자 덧셈과 뺄셈과 같은 연산 기술을 발달시키는 데 기반이 되는 수이기 때문이다.

㉡ 기수를 지도하기 위한 효과적인 방법은 다음과 같다.

- 양을 수로 나타내거나 수를 양으로 나타내는 연습
  - 예 바구니에 탁구공이 3개 담겨 있다면 이를 숫자 3으로 나타내는 것과 숫자 5에 해당하는 탁구공을 바구니에 담는 방법
- 노래를 활용하는 방법
  - 예 애니메이션 등에서 나왔던 숫자 노래나 TV 유치원 프로그램에서 활용되고 있는 숫자와 관련된 노래를 따라 부르게 하는 방법

㉢ 기수를 지도할 때 고려해야 할 점 중에 하나는 양을 표현하는 숫자에는 계열성이 존재한다는 것이다. 하나 다음에 둘이 오고 둘 다음에 셋이 온다는 것으로서, 양을 표현하는 기수에는 앞의 값이 포함되는 계열성이 있음을 인지하여야 한다. 이를 위해서는 기수의 원리를 이용한 지도가 요구된다.

예 3이라는 양 속에 1과 2라는 양이 포함되어 있다는 것

② 서수란 순서를 나타내는 수로서, 일정한 집단의 양을 순서적 개념으로 표현하는 것을 의미한다. 즉, 어떤 집합에 포함되어 있는 물체의 위치를 인식하고 표현하는 수 세기를 말하며, 집합 속에서의 순열이나 순서를 특징지어 주는 수학적 용어이다.

㉠ 서수는 사칙연산 문제를 풀어 나가는 데 필요한 기법이자 순서적인 개념이 있는 양을 표현할 수 있는 유용한 개념이다.

㉡ 서수를 지도하기 위해서는 일상생활 활동이나 게임 등을 통해 수의 순서적 개념을 반복적으로 학습시키는 것이 효과적이다.

예 첫 번째 사탕, 두 번째 사탕, 세 번째 사탕을 고르게 한다거나, 여러 개의 연필 중에서 다섯 번째로 긴 연필을 고르게 하는 등의 방법

㉢ 서수는 기수에 비하여 상대적으로 많이 사용되지 않으나, 서수적 표현에 익숙해질 수 있도록 일상생활에서 서수적 용어를 사용할 기회를 많이 만들어야 한다.

(3) 수 세기 전략

수 세기는 덧셈과 뺄셈 등의 사칙연산을 수행하거나 나눗셈을 수행하는 데 필요한 기초 학습 기술이다. 수 세기를 수행하는 전략으로는 다음과 같은 방법이 존재한다.

① 일대일 대응

㉠ 일대일 대응은 사물과 숫자를 일대일로 대응시켜 전체의 양을 세는 방법이다.

- 사물과 수를 연결지어 양에 대한 개념을 형성하게 하고, 수의 계열성을 형성하는 데 도움이 되기 때문에 수 개념을 형성하는 핵심적인 기술 중의 하나이다.

㉡ 일대 일 대응을 지도하기 위해서는 구체물이나 반구체물을 조작하거나 손으로 가리키면서 수를 세어 보게 하는 것이 효과적이다.

㉢ 일대일 대응을 지도하기 위해서는 다음과 같은 원칙을 고려해야 한다.

- 하나의 사물에는 하나의 수 이름을 부여해야 한다.
- 수에는 순서가 있기 때문에 일대일 대응을 하는 과정에서는 수의 계열성을 고려하여야 한다.
- 일대일 대응을 좌우 어느 방향에서 하는지는 중요하지 않지만, 한 방향을 정해서 순서에 맞게 대응해야 한다.
- 구체물이나 반구체물을 조작하는 것이 익숙해지면, 손가락으로 구체물을 지시하면서 대응되는 양에 부합하는 수를 이야기하도록 유도하고, 다음에는 구어적인 수 세기만을 통해 일대일 대응을 할 수 있도록 연습시켜야 한다.

② 기계적 수 세기

㉠ 수에 대한 개념을 형성한 이후에 일정한 수의 양을 기계적으로 반복해서 세는 과정이다.

㉡ 주어진 양의 전체를 '하나, 둘, 셋, 넷, …'과 같이 세도록 하는 방법이다.

③ 중간부터 수 세기

㉠ 학생이 아는 기수에서부터 수를 셀 수 있도록 하는 방법으로서, 작은 수부터 세는 방법과 큰 수부터 세는 방법이 있다.

예 3 + 9라고 했을 때, 3을 알고 있으므로 3, 4, 5, … 12라고 세는 방법과 3 + 9에서 9, 10, 11, 12라고 세는 방법

㉡ 교사는 학생들이 전체 수를 세는 과정에서 오류가 발생할 수 있다는 것을 인지하고, 중간부터 수 세기 전략을 적극적으로 활용하도록 유도하여야 한다.

ⓒ 중간부터 수 세기 전략을 활용하게 하기 위해서는 손가락으로 수 세기를 적절하게 이용하는 방법이 있다.

예 3 + 9라는 문제에서 손가락 3개를 먼저 접어 놓고, 나머지 양을 손가락으로 접어 가면서 표현하는 방법

④ 건너뛰며 수 세기

㉠ '둘, 넷, 여섯, 여덟, 열'과 같이 일정한 양을 건너뛰며 수를 세는 방법이다.

㉡ 건너뛰며 수 세기를 하는 방법에는 처음부터 건너뛰며 수 세기를 하는 방법과 중간부터 건너뛰며 수 세기를 하는 방법이 있다.

ⓒ 건너뛰며 수 세기 방법은 배수를 활용하는 곱셈이나 나눗셈에 유용할 뿐만 아니라 일정한 양을 빠르게 셀 수 있다는 장점을 가지고 있다.

(4) 수학 개념 지도(CSA 순서) 09중특, 13초특(추시), 21중특

Tip
CSA 순서를 묻는 질문은 '명시적 교수의 수준?' 'CSA 순서?'와 같이 표현된다.

수학 개념을 지도하기 위해서는 일반적으로 '구체물(Concrete) – 반구체물(Semiconcrete) – 추상물(Abstract)' 등의 순서에 따라 보조 교재나 교구 또는 구체물을 사용하는 것이 효과적이다. 수학적 추리 또한 이러한 CSA 순서에 따라 지도하는 것이 효과적이다.

① 구체물 단계

㉠ 구체물 단계는 사물의 조작과 관련이 있다.

- 어떤 학생들은 단순한 계산 문제를 풀 때 손가락을 세면서 구체물 수준의 활동을 한다.

㉡ 구체물 단계는 학생이 구체물과 계산과정을 연결시키도록 돕는다. 이 단계에서 학습자는 조작하는 사물과 조작을 나타내는 상징적 과정(예 6 × 3) 모두에 집중한다.

- 구체물을 사용하는 주요 목적은 학생이 수학적 과정의 정신적 이미지를 이해하고 개발하도록 돕는 것이다.

ⓒ 학습장애 학생들은 주의가 산만하고 구체물을 다루는 데 서투르기 때문에 지나치게 주의를 끄는 요소를 갖추었거나, 크기와 촉감 때문에 다루기 힘든 것(예 바둑알, 콩알 등) 등은 가급적 사용하지 말아야 한다. 때로는 구체물보다 반구체물을 사용하는 것이 더 효과적인 경우도 있다.

② 반구체물 단계

㉠ 반구체물 단계는 수학 과제를 수행하는 데 있어 문항의 예증을 그림으로 표시하는 것과 관련이 있다.

㉡ 반구체물은 점, 선, 사물의 그림이나 구체적인 의미가 없는 표식일 수 있다.

㉢ 반구체물 단계에서는 시각적 모델과 수식 사이의 연합을 발달시키는 것을 강조한다.

③ 추상물 단계

추상물 단계는 숫자와 기호의 사용과 관계된다.

2. 덧셈 교수

(1) 덧셈 기술의 학습단계

단계	내용	예시(예 4 + 3 = ?)
[1단계] 모두 세기	두 수를 더할 때, 각 수를 1부터 센 다음, 이들을 합쳐서 다시 센다.	(1, 2, 3, 4) + (1, 2, 3) → 1, 2, 3, 4, 5, 6, 7
[2단계] 이어 세기	• 두 수를 더할 때, 한 숫자에서 시작해서 더해지는 만큼 나머지 수를 센다. • 이어 세기의 초기 단계에서는 두 수의 크기와 상관없이 앞의 수를 기준으로 뒤의 수를 세는 방법을 사용하다가, 점차 발달하면서 두 수 중 큰 수를 변별하고 큰 수를 기준으로 나머지 수를 세는 방법을 사용한다.	4~5, 6, 7
[3단계] 부분 인출	학생이 직접 인출할 수 있는 덧셈식에서 추가적으로 필요한 계산을 더해서 계산하는 방법	4 + 2 = 6라는 정보를 장기기억에서 인출 후, 4 + 3이 1만큼 크므로 1을 더하여 7을 인출
[4단계] 직접 인출	두 수의 합을 계산 과정을 거치지 않고 바로 장기기억에서 인출하여 답하는 것	장기기억에서 7을 바로 인출

(2) 효율적인 기초 덧셈 전략

학생의 수학적 능력이 발달함에 따라 점차적으로 초기 전략(예 모두 세기, 앞의 수를 기준으로 이어 세기)은 감소하고 보다 효율적인 전략(예 큰 가수를 기준으로 이어 세기, 부분 인출, 직접 인출)의 사용이 증가한다.

큰 가수를 기준으로 이어 세기
동 큰 수로부터 이어 세기

① 큰 가수를 기준으로 이어 세기

큰 가수를 기준으로 이어 세기를 하기 위해서는 다음과 같은 선행 지식과 기술이 필요하다.

㉠ 덧셈식의 순서와 상관없이 효율적인 순서로 연산을 할 수 있다는 것을 알아야 한다.

㉡ 두 수 중 큰 수를 변별할 수 있어야 한다.

㉢ 1이 아닌 곳에서 시작하여 셀 수 있다.

자료

큰 가수를 기준으로 이어 세기 예시

문제) 3 + 6 = □

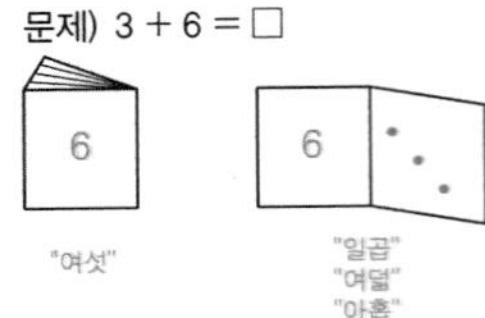

설명 3 + 6의 경우 큰 가수인 6을 기준으로 이어 세기를 연습할 수 있도록 다음과 같이 준비한다. 왼쪽에는 숫자가 적혀 있고, 오른쪽에는 점이 찍힌 소책자를 준비한다. 소책자를 구성할 때, 왼쪽의 숫자가 오른쪽의 점의 수보다 많게 구성하여 큰 가수를 기준으로 이어 세기를 학생들이 연습할 수 있도록 한다.

② 부분 인출 및 직접 인출

㉠ 부분 인출 및 직접 인출을 통해 덧셈의 기본셈(덧셈구구, basic fact)을 빠르고 정확하게 할 수 있도록 도와주어야 한다.

㉡ 덧셈구구 교수는 다음의 세 단계로 나누어 실시하는 것이 좋다.

사칙연산 구구
- 한 자릿수 사칙연산(김애화 외, 2013)
- 사칙연산과 관련한 문제풀이에 자주 등장하는 두 수의 결합들이 있는데, 이러한 수의 결합들을 일반적으로 '구구(fact)'라고 한다(김용욱 외, 2010).

단계	내용
1단계	학생이 덧셈구구의 기본 개념을 이해하도록 가르친다.
2-1단계	사칙연산 구구표를 이용하여 학생이 다양한 덧셈구구들 간의 관련성을 이해하도록 도와준다.
2-2단계	덧셈구구표를 점진적으로 소개하여 학생이 이를 효율적으로 학습할 수 있도록 도와준다.
3단계	학생들이 2단계에서 학습한 사칙연산구구를 자동화할 수 있도록 반복하고, 누적하여 연습할 수 있는 기회를 제공하여야 한다.

출처 ▶ 김애화 외(2013). 내용 요약정리

(3) 두 자릿수 이상의 덧셈 교수 11초특, 24초특

① 받아올리는 수는 고정적인 위치에 적도록 지도하는 것이 좋다. 이때 일의 자리의 답을 적는 곳과 받아올리는 수를 적는 곳에 색깔을 넣어 학생들이 받아올림을 올바르게 할 수 있도록 돕는다(ⓐ 참조).

② 받아올림을 해야 하는 계산식에서 답을 적는 곳에 네모로 표시하고, 각 네모에는 하나의 숫자만 들어가야 함을 강조한다.

㉠ 이때 하나 이상의 숫자가 들어가게 될 경우에 받아올림을 해야 함을 가르친다. 일의 자리의 6과 8을 합치면 14가 되는데, 네모 칸에는 하나의 숫자만 들어가야 하기 때문에 받아올림을 해야 함을 설명한다(ⓑ 참조). 이때 일의 자리와 십의 자리의 칸은 각각 색깔을 달리하여 표시하여, 학생이 자릿값을 보다 명시적으로 이해할 수 있도록 돕는다.

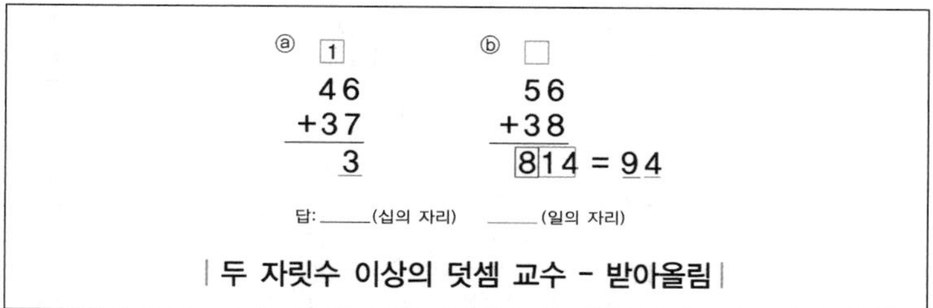

| 두 자릿수 이상의 덧셈 교수 - 받아올림 |

㉡ 받아올림에 대한 개념이 없거나 받아올림 오류를 보이는 경우는 수 모형(구체물)을 이용하여 지도한다.

- 수 모형(낱개 모형, 십 모형, 백 모형)을 이용하여 낱개가 10개가 되면 십 모형 1개로, 십 모형이 10개가 되면 백 모형 1개로 교환하여 더할 수 있음을 지도한다.

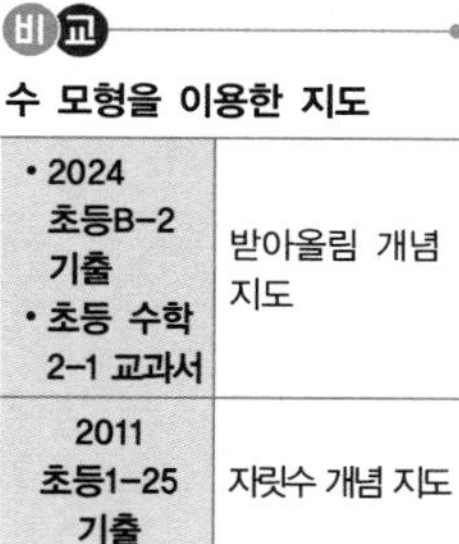

비교

수 모형을 이용한 지도

• 2024 초등B-2 기출 • 초등 수학 2-1 교과서	받아올림 개념 지도
2011 초등1-25 기출	자릿수 개념 지도

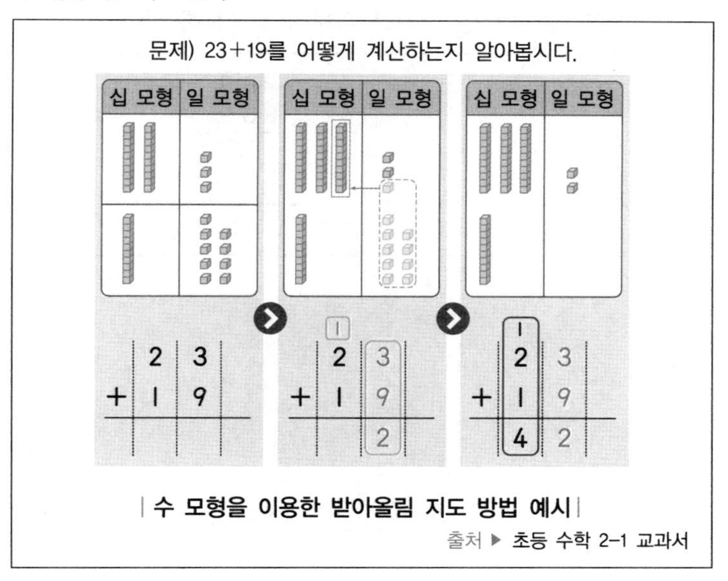

| 수 모형을 이용한 받아올림 지도 방법 예시 |

출처 ▶ 초등 수학 2-1 교과서

③ 두 개 이상의 수를 더해야 하는 계산식의 경우, 자릿수를 맞춰 계산하는 것을 돕기 위해 형광펜이나 세로 줄을 표시하여 도움을 주거나, 격자 표시가 된 종이를 사용한다(ⓒ, ⓓ, ⓔ 참조).

④ 두 개 이상의 수를 더해야 하는 계산식의 경우, 자릿수를 맞춰 계산하는 것을 돕기 위해 일의 자리를 계산할 때는 십의 자리와 백의 자리는 가린 상태에서 일의 자리를 계산하도록 한다. 또한 십의 자리를 계산할 때는 나머지 자리(일의 자리와 백의 자리)를 가린 상태에서 계산하게 하고, 백의 자리를 계산할 때도 나머지 자리(일의 자리와 십의 자리)를 가린 상태에서 계산하게 한다(ⓕ 참조).

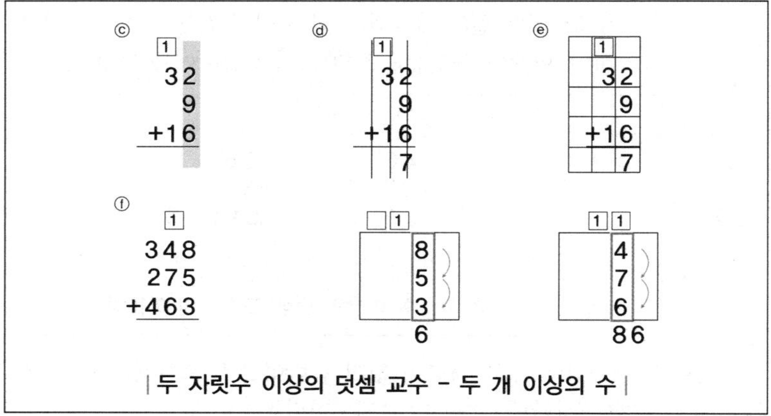

| 두 자릿수 이상의 덧셈 교수 - 두 개 이상의 수 |

• 자릿수를 맞춰 계산하는 것을 돕기 위해 다음 그림과 같은 틀을 주어 일의 자리부터 더하여 첫째 줄의 네모 칸에 기입하고, 십의 자리를 더하여 다음 줄의 네모 칸에 기입한 후 합을 구하게 할 수도 있다. 이때 네모 칸 속에는 숫자를 하나씩만 쓰도록 한다.

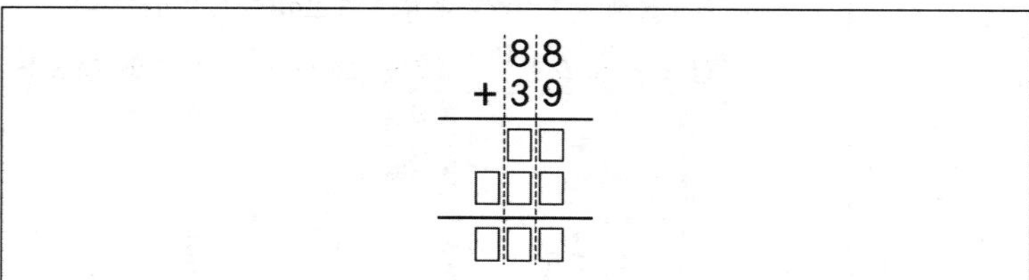

(4) 덧셈 오류의 진단과 교정 11초특, 13중특, 18초특

오류 유형	오류 진단	교정 절차	교정 예
단순 연산 오류 a. 46 + 17 = 64, 263 + 174 = 447	기본 연산 오류: 6 + 7을 모름	• 집중 연습 • 단순 연산 암기 연습 시 6 + 7을 강조함	
요소 기술 오류 b. 46 + 17 = 81 (받아올림 3), 53 + 29 = 91 (받아올림 2)	받아올림 오류: 십의 자리와 일의 자리 교환 오류	받아올림: 관련 교사의 명료한 시범이 포함된 구조화된 칠판 수업 제공	다음과 같은 형식의 문제 10개 □ 69 + 36 = □, □ 46 + 29 = □
c. 46 + 17 = 53, 25 + 17 = 32	받아올림 오류: 받아올림 잊어버림	b와 동일	
d. 49 + 17 = 32, 253 - 174 = 427	연산 부호 변별 오류: 더하는 대신 빼거나 빼는 대신 더한 오류	• 덜 구조화된 학습지 연습 • 연산 전에 부호에 동그라미를 치도록 함	덧셈과 뺄셈 문제 혼합
전략 오류 e. 46 + 17 = 513, 253 + 174 = 3127	받아올림 생략: 모든 합계 칸에 수를 쓰는 오류	받아올림 관련 교사의 명료한 시범이 포함된 구조화된 칠판 수업 제공	

출처 ▶ Stein et al.(2017)

비교

전략 오류와 자릿값 오류

본문에 제시된 e의 경우 2011 초등1-25 기출에서는 '자릿수를 고려하지 않고 답을 기입함'으로 오류를 분석하였으며, 김동일 등(2016)에서는 '전략상의 오류로 받아올림을 해야 할 숫자를 하나의 자릿수로 써 버리는 경우'로 분석하고 있다. 이 오류는 다소 심각한 오류로, 학생이 받아올림 개념을 이해하지 못하고 있음을 의미한다.

• 김동일 외 (2016) • Stein et al. (2017)	본문 참조
2011 초등1-25 기출	자릿값을 고려하지 않고 답을 기입함.

전략 오류와 요소 기술 오류

- 전략 오류: 문제해결 전략의 각 단계들이 어떤 순서로 진행되어야 하는지에 대해 근본적으로 이해하지 못하는 것을 말한다. 단계가 생략되거나 잘못된 순서로 적용되거나 부정확한 단계로 대체되는 경우이다.
- 요소 기술 오류: 전략을 구성하는 하나 혹은 그 이상의 요소에 결함을 보이는 것을 말한다.

출처 ▶ Stein et al.(2017)

3. 뺄셈 교수

(1) 뺄셈 개념 및 뺄셈식 알기 11초특

① 가르기와 모으기를 통해 기초 개념을 학습한다.

㉠ 가르기: 모은 것을 보통 두 덩어리나 세 덩어리로 나누는 작업으로 뺄셈 개념을 형성하기 위한 기본활동이다.

㉡ 모으기: 흩어져 있는 것을 한군데로 모으는 활동으로 덧셈의 기초가 된다.

자료

가르기(상)와 모으기(하) 예시

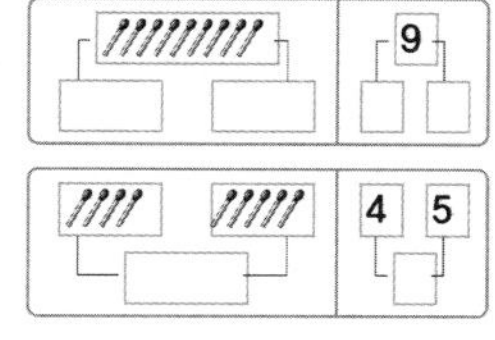

② 덧셈과 뺄셈에 대한 학생의 이해를 더 효과적으로 도울 수 있는 방법은 수직선으로 표현하는 것이다.

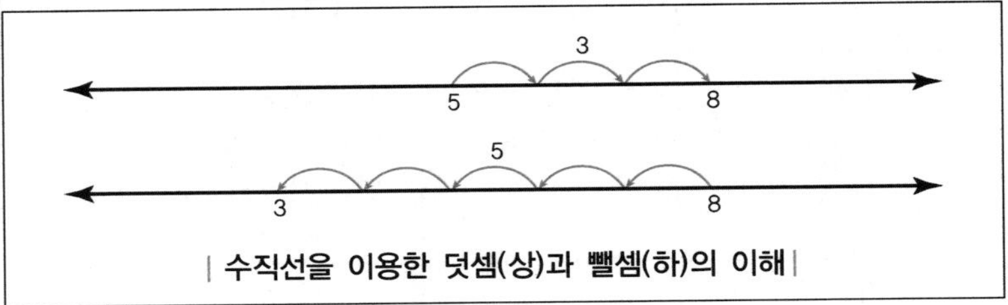

| 수직선을 이용한 덧셈(상)과 뺄셈(하)의 이해 |

(2) 뺄셈구구 교수

① 뺄셈의 개념을 가르치고 뺄셈식을 익히게 한 다음, 뺄셈구구 연습 기회를 충분히 제공하여 빠르고 정확하게 계산할 수 있도록 교수하여야 한다.

② 뺄셈구구는 덧셈의 역관계를 강조한 짝이 되는 뺄셈식을 충분히 연습하여 자동화할 수 있도록 하는 것이 좋다.

(3) 두 자릿수 이상의 뺄셈 교수

한 자릿수 뺄셈 계산이 유창하게 되면, 두 자릿수 이상의 뺄셈 교수를 실시하여야 한다. 두 자릿수 이상의 뺄셈 교수 시 활용 가능한 방법은 다음과 같다.

① **구체물 활용** 11초특

수 모형(낱개 모형, 십 모형)을 이용해서 윗자리의 숫자인 피감수를 제시하게 하고, 아랫자리의 숫자인 감수만큼 제거하도록 한다. 이 때 일의 자리부터 감수를 제거하도록 하고, 피감수의 낱개 모형 수가 부족하면 십 모형 1개를 낱개 모형 10개로 교환하여 제거하도록 한다.

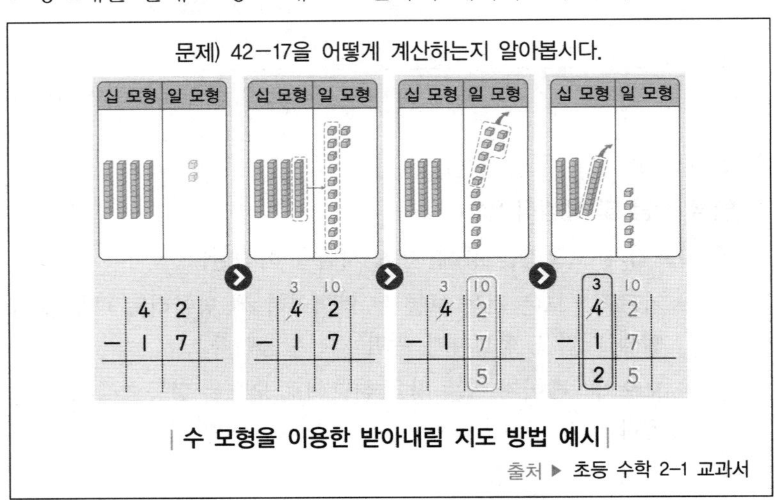

| 수 모형을 이용한 받아내림 지도 방법 예시 |

출처 ▶ 초등 수학 2-1 교과서

② 반구체물 활용

반구체물(예 그림 등)을 활용하여 받아내림의 개념을 식과 연결하여 이해하도록 교수한다.

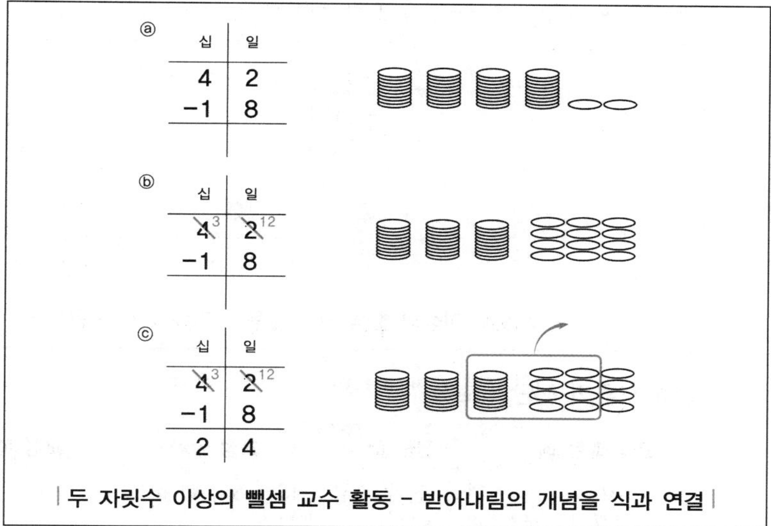

| 두 자릿수 이상의 뺄셈 교수 활동 - 받아내림의 개념을 식과 연결 |

③ 자릿수에 대한 시각적 단서 표시 13중특, 16초특

받아내림을 할 때, 일의 자리에 있는 값은 '10'이 늘어나고, 십의 자리에는 '1'이 줄어드는 것에 대한 시각적 단서를 제공한다. 이때 일의 자리와 십의 자리에 해당하는 칸은 각각 색깔을 다르게 표시하여, 학생이 자릿값을 보다 명시적으로 이해할 수 있도록 돕는다.

−1 □ □ +10
45
−36

답: ______(십의 자리) ______(일의 자리)

| 두 자릿수 이상의 뺄셈 교수 활동 - 자릿수에 대한 단서 |

④ 가림 카드 활용

세 자릿수 이상의 뺄셈식에서는 자릿수를 맞춰 받아내림을 하며 계산하는 것을 돕기 위해 가림 카드(ⓐ)를 사용한다. 이와 같은 가림 카드는 그림에 제시된 ⓑ, ⓒ, ⓓ의 순서에 따라 사용한다.

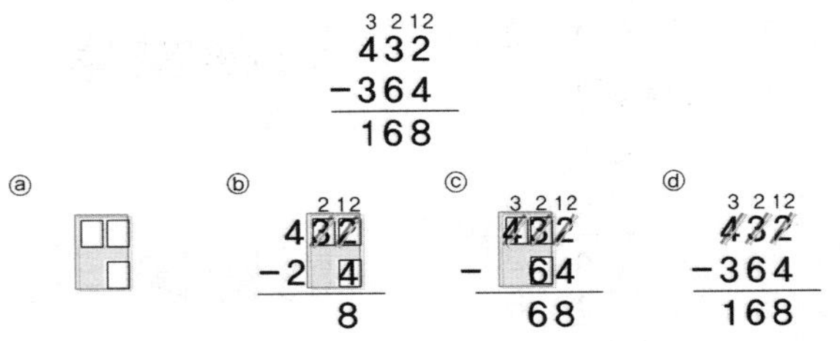

3 2 12
432
−364
168

ⓐ ⓑ ⓒ ⓓ

ⓑ: 2 12 / 432 / −2 4 / 8
ⓒ: 3 2 12 / 432 / − 64 / 68
ⓓ: 3 2 12 / 432 / −364 / 168

| 두 자릿수 이상의 뺄셈 교수 활동 - 가림 카드 활용 |

⑤ 뺄셈 오류의 진단과 교정 11초특, 12중특, 13중특, 16초특, 25초특

오류 패턴 예	진단 예	교정 절차	교정 예
a. 31 / 437 − 180 = 247 63 − 28 = 34	단순 연산 오류: 13 − 8	13 − 8의 반복 연습	
b. 1 / 34 − 18 = 26 1 / 352 − 71 = 381	요소 기술 부족: 받아내림을 하지 않았음	숫자 다시 쓰기를 연습할 거예요. 첫째 숫자를 짚으세요. (확인) 숫자 다시 쓰기를 위해 맨 처음 무엇을 해야 하죠? … 쓰세요. 십 하나를 나타내기 위해 1을 쓰세요. 이전 숫자를 지우고 새로운 숫자를 쓰는 것을 기억하세요.	다음 숫자로 교체된 문제를 제시한다. a. 27 b. 38 c. 71 d. 42
c. 34 − 18 = 24 72 − 36 = 44	전략 오류: 받아내림 안 했음	받아내림 지도 수업 형식을 이행한다.	
d. 291 / 304 − 21 = 2713 51 / 64 − 24 = 310	전략 오류: 받아내림 부정확	c와 동일	c와 동일

비교

뺄셈 오류 패턴 C의 오류 분석

Stein et al. (2017)	본문 참조
2011 초등1-25 기출	받아내림을 하지 않고 큰 수에서 작은 수를 뺌

e. 71 31 ~~6~~3 ~~5~~1 − 48 − 2 35 39	단순 연산 오류: 빼기 1	a. 몇십 빼기 1 지도 b. 특정 유형의 문제 해결을 위한 구조화된 학습지 제공	혼합: 일부 문제가 받아내림 요구. 나머지 문제는 받아내림 필요 없음. 받아내림 문제 유형은 이때까지 배운 모든 형식 포함
f. 35 − 14 49	요소 기술 부족: 부호 혼동－빼는 대신 더함	a. • 덜 구조화된 수업 부분 제공 • 학생들로 하여금 부호에 동그라미를 치고 문제를 풀도록 함	덧셈과 뺄셈 문제를 동일하게 혼합
g. 21 10 ~~30~~4 − 26 288	요소 기술 부족: 10의 자리에 0이 있는 경우 어려움－부적절한 받아내림	a. 필요하다면 몇십 빼기 1 사전 기술 지도하기 b. 0이 포함된 수에서의 받아내림하기 형식 진행	

출처 ▶ Stein et al.(2017)

4. 곱셈 교수

일반적으로 곱셈 교수는 '곱셈 개념 설명 → 곱셈식 알기 → 몇 배 개념 알기 → 곱셈구구 교수 → 두 자릿수 이상의 곱셈구구'의 순으로 진행할 수 있다.

(1) 곱셈 개념 설명 18초특

묶어 세기와 건너뛰며 세기를 통해 곱셈 개념을 설명한다.

① 묶어 세기: 묶음의 개수와 묶음 내의 수를 알아본 후, 같은 수를 여러 번 더하여(동수누가) 전체의 수를 알아보는 활동은 곱셈의 기초가 된다.

② 건너뛰며 세기: 몇씩 건너뛰며 몇 번을 세는지 알아보기, 같은 수를 여러 번 더하여 전체 수를 알아보는 활동은 덧셈에서 곱셈으로 자연스럽게 넘어가는 경험을 제공한다.

비교

덧셈과 뺄셈의 오류 유형

초등 수학(3-1) 교사용 지도서에 소개되는 덧셈과 뺄셈의 오류 유형은 다음과 같다.

1. 덧셈 오류 유형
   - 무조건 받아올림하는 오류
   - 받아올림을 2번 이상 하는 오류
   - 받아올림을 가장 앞자리에서 하는 오류
   - 받아올림을 하지 않는 오류
   - 더한 결과를 병렬로 쓰는 오류(결과를 받아올림 없이 그냥 내려쓰는 경우이다.)
2. 뺄셈 오류 유형
   - 무조건 받아내림하는 오류
   - 받아내림한 후 1을 빼지 않는 오류
   - 가장 왼쪽에서 받아내림하는 오류
   - 0에서 못 빼면 그냥 0을 쓰는 오류

출처 ▶ 초등 수학(3-1) 교사용 지도서(2020)

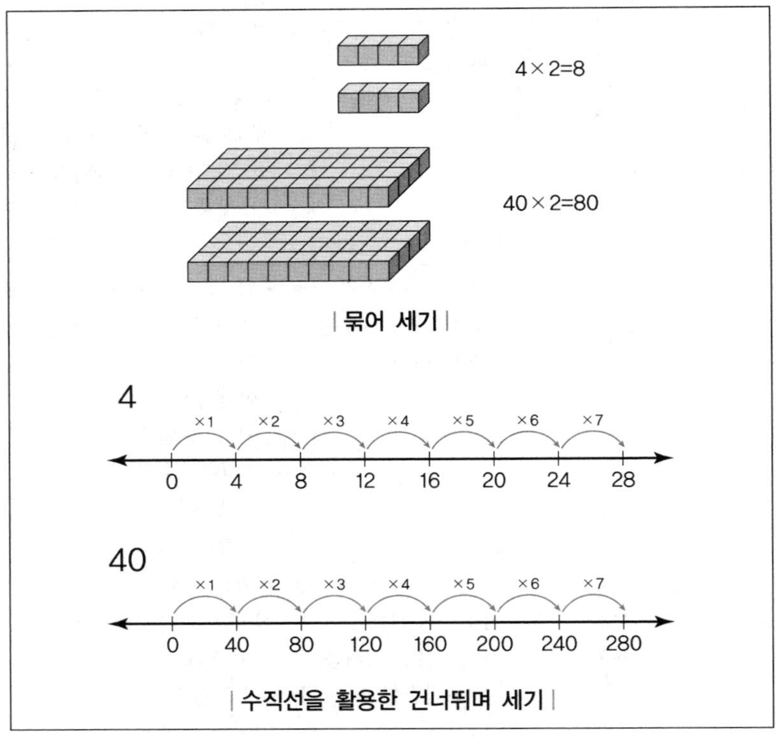

| 수직선을 활용한 건너뛰며 세기 |

(2) 곱셈식 알기

① 같은 수를 여러 번 더할 경우 같은 수 더하기를 곱하기로 나타내는 것이 훨씬 간편함을 이해시킨다.

② 구체적인 생활 장면을 도입하여 ○개씩 묶기(예 5개씩 묶기) → 묶음 수 찾기(예 4개) → 덧셈식으로 나타내기(예 5 + 5 + 5 + 5)의 과정을 거친 후, 반구체물 도식을 통해 5개씩 4묶음을 5×4라고 표현하도록 한다.

(3) 몇 배 개념 알기

① 미완성된 반구체물을 활용하여 학생에게 곱셈식을 완성하도록 한다.

② '5개씩 4묶음은 모두 몇 개입니까?'에 해당하는 '몇 개'의 그림을 직접 그린 다음 '몇 개'에 해당하는 수를 빈 칸에 쓰도록 하고, '5의 몇 배는 몇이다'(예 5 × 4 = 20의 곱셈식으로 쓰고, 5의 4배는 20이다.)를 지도한다.

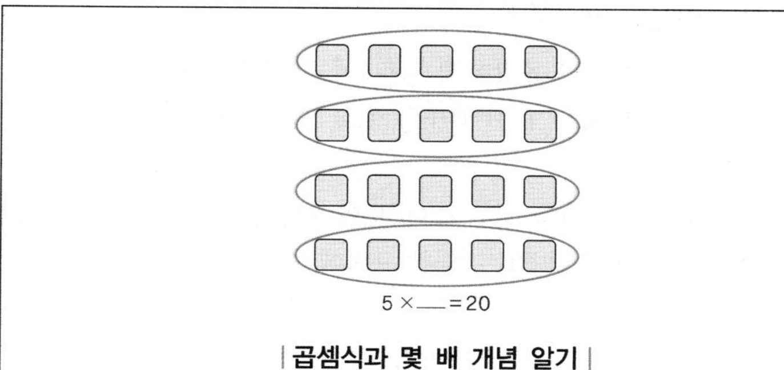

| 곱셈식과 몇 배 개념 알기 |

(4) 곱셈구구 알기

① 곱셈구구의 궁극적인 목적은 학생이 계산 과정을 거치지 않고 바로 장기기억에서 답을 인출할 수 있도록 하는 것이다.

② 곱셈구구의 목적을 달성하기 위해 곱셈의 개념, 곱셈식, 몇 배 개념 등을 이해하도록 하고, 그다음 충분한 연습을 통해 곱셈구구의 기본셈을 빠르고 정확하게 할 수 있도록 이끌어야 한다.

- 곱셈구구 교수는 다음의 세 단계로 나누어 실시하는 것이 좋다. 19중특

1단계	• 곱셈의 개념, 곱셈식, 몇 배 개념 등을 학생이 이해하도록 가르쳐야 한다.
2-1단계	• 곱셈연산 구구표를 이용하여 학생들이 다양한 구구 간의 관련성을 이해하도록 도와야 한다.
2-2단계	• 곱셈연산 구구표를 점진적으로 소개하여 학생이 이를 효율적으로 학습하도록 도와야 한다. • 학생이 곱셈구구를 한꺼번에 외우는 것이 아니라, 더 쉽게 외워지는 순서에 따라 점진적으로 외우게 하는 것이 좋다.
3단계	• 학생이 2단계에서 학습한 곱셈연산 구구를 자동화할 수 있도록 반복, 누적된 연습기회를 제공하여야 한다. – 기본 연산이 빠르고 정확하게 이루어지도록 자동화시키는 것이다. • 사칙연산 구구의 자동화를 위해 연습을 할 때, 교사는 다음의 세 가지 절차를 활용하는 것이 좋다. – 첫째, 새로 학습한 구구를 집중적으로 반복하기 – 둘째, 새로 학습한 구구와 이전에 학습한 구구를 섞어서 누적 반복하기 – 셋째, 새로 학습한 구구의 숙달 정도를 평가하기

출처 ▶ 김애화 외(2013). 내용 요약정리

(5) 두 자릿수 이상의 곱셈구구

한 자릿수 곱셈 계산이 유창하게 되면, 두 자릿수 이상의 곱셈 교수를 실시한다. 두 자릿수 이상의 곱셈 교수에 활용할 수 있는 활동에는 다음과 같은 것들이 있다.

① 상위 자릿수로 받아올림한 수와 상위 자릿수 곱의 수를 더하도록 한다. 이 부분에 어려움이 있는 경우 그림에 제시된 방법을 사용할 수 있다.

$$\begin{array}{r} {\scriptstyle 45 + 6} \quad 57 \\ \times\ \ 9 \\ \hline 3 \end{array}$$

| 두 자릿수 이상의 곱셈 교수 활동 |

② 부분 곱을 사용하여 계산하도록 할 수 있다.

$$\begin{array}{r} 341 \\ \times\quad 2 \\ \hline 2 \\ 80 \\ +\ 600 \\ \hline 682 \end{array}$$

| 두 자릿수 이상의 곱셈 교수 활동 - 부분 곱 |

③ 자릿수를 맞춰 곱셈하는 것을 돕기 위해 〈그림〉의 ⓐ에서 제시한 것과 같은 가림 카드를 활용한다. 이와 같은 가림 카드는 ⓑ, ⓒ에서 제시한 순서에 따라 사용한다.

$$\begin{array}{r} 48 \\ \times\ 64 \\ \hline \end{array}$$

ⓐ [가림 카드 □]

ⓑ
$$\begin{array}{r} {\scriptstyle 3} \\ 48 \\ \times\ \boxed{4} \\ \hline 192 \end{array}$$

ⓒ
$$\begin{array}{r} {\scriptstyle 4} \\ {\scriptstyle 3} \\ 48 \\ \times\ \boxed{6} \\ \hline 192 \\ +2880 \\ \hline 3072 \end{array}$$

| 두 자릿수 이상의 곱셈 교수 활동 - 가림 카드 활용 |

(6) 곱셈 오류의 진단과 교정

① 한 자릿수 곱셈 오류 진단과 교정

오류 유형	오류 진단	교정 예
a. $9 \times 6 = 51$ $8 \times 4 = 32$ $6 \times 5 = 30$ $9 \times 3 = 26$	요소 기술: 9씩 뛰어 세는 것을 모름	9씩 뛰어 세기 연습
b. $9 \times 6 = 63$ $8 \times 4 = 40$ $6 \times 5 = 36$	요소 기술: 손가락 펴는 것과 뛰어 세기 불일치	일반적인 곱셈 문제
c. $9 \times 6 = 15$ $8 + 4 = 12$ $6 \times 5 = 11$	전략: 덧셈과 곱셈 혼동. 연산 기호에 주의를 기울이지 않음	덧셈 문제와 곱셈 문제를 섞어서 제시
d. $2 \times \boxed{16} = 8$ $6 \times 5 = \boxed{30}$ $9 \times 6 = \boxed{54}$ $4 \times \boxed{32} = 8$	전략: 일반적인 곱셈과 미지수 곱셈 혼동	일반 곱셈과 미지수 곱셈 문제를 섞어서 제시

출처 ▶ Stein et al.(2017)

② 여러 자릿수끼리의 곱셈 오류 진단과 교정 [13중특]

오류 유형	오류 진단	교정 절차
두 자릿수×한 자릿수 a. $\begin{array}{r} {}^{34} \\ 156 \\ \times \ \ 7 \\ \hline 1090 \end{array}$	단순 연산 오류: 6×7이 포함된 문제에서의 오류	6×7을 집중적으로 반복 연습
b. $\begin{array}{r} {}^{8} \\ 46 \\ \times \ \ 3 \\ \hline 201 \end{array}$ $\begin{array}{r} {}^{32} \\ 156 \\ \times \ \ 7 \\ \hline 1074 \end{array}$	요소 기술 오류: 일의 자리에 십 단위 수를, 십의 자리에 일 단위 수를 씀	10에서 19까지 수 쓰기 연습 제공. 그런 후 교사의 명료한 시범이 포함된 구조화된 칠판 수업 제공
c. $\begin{array}{r} 46 \\ \times \ \ 3 \\ \hline 128 \end{array}$ $\begin{array}{r} 156 \\ \times \ \ 7 \\ \hline 752 \end{array}$	요소 기술 오류: 십의 자리에 받아올림을 하지 않음	구조화된 학습지 연습으로 시작
d. $\begin{array}{r} {}^{1} \\ 46 \\ \times \ \ 3 \\ \hline 148 \end{array}$ $\begin{array}{r} {}^{34} \\ 156 \\ \times \ \ 7 \\ \hline 982 \end{array}$	요소 기술 오류: 받아올린 수를 정확하게 더하지 못함	• 복잡한 덧셈 연산 지도 • 복잡한 덧셈이 포함된 학습지 제공

십의 자리에 0이 있는 문제 a. 1 / 406 / × 3 / 1238 24 / 106 / × 7 / 982	요소 기술 오류: 받아올린 수를 곱해 버림	곱하기 0 문제를 검사하고 가르침. 그런 후 구조화된 학습지 연습 시작
b. 1 / 406 / × 3 / 1248 4 / 106 / × 7 / 712	단순 연산 오류: 0을 1처럼 곱해 버림	곱하기 0 문제를 검사하고 가르침
c. 406 / × 3 / 1208 106 / × 7 / 702	요소 기술 오류: 십의 자리에 받아올림을 하지 않음	
두 자릿수×두 자릿수 a. 1 / 46 / × 23 / 138 / 92 / 230 4 / 56 / × 17 / 392 / 56 / 448	요소 기술 오류: 십의 자릿수를 곱했을 때 일의 자리에 0을 붙이지 않음	• 덜 구조화된 연습으로 시작 • 문제 아랫부분에 두 자릿수 곱하기 문제와 한 자릿수 곱하기 문제를 섞어서 제시함
b. 1 / 46 / × 23 / 138 / 920 / 9338 4 / 56 / × 17 / 392 / 560 / 5992	요소 기술 오류: 덧셈 – 자릿수 맞추기 실패	• 자릿값 보조선을 포함한 학습지 작성 • 구조화된 연습으로 시작
c. 96 / × 78 / 768 / 6720 / 6488	각 부분의 곱셈한 결과를 더하는 데 초점을 맞춘 학습지를 제공하고 곱셈 문제 개별 연습을 관찰함	덧셈 연습을 하고 곱셈을 연습하도록 함

출처 ▶ Stein et al.(2017)

5. 나눗셈 교수

일반적으로 나눗셈 교수는 '나눗셈 개념 설명 → 나눗셈식 알기 → 나눗셈구구 교수 → 두 자릿수 이상의 나눗셈 교수'의 순으로 진행할 수 있다.

(1) 나눗셈 개념 및 나눗셈식 알기 23중특

① 포함제와 등분제 개념을 활용해 실생활과 연결하여 가르친다.

㉠ 포함제: 어떤 수 안에 다른 수가 몇이나 포함되어 있는가를 구하는 것으로 '횟수'의 개념이다.

예 사과 12개를 한 사람에게 3개씩 나누어 주면 몇 사람에게 줄 수 있는가? / 사탕 8개를 한 번에 2개씩 먹으면 몇 번을 먹을 수 있습니까?

㉡ 등분제: 어떤 수를 똑같이 몇으로 나누는가를 구하는 것으로 '개수'의 개념이다.

예 사과 12개가 있는데 3개의 접시에 똑같이 나누어 담는다면 한 접시에는 몇 개가 담기는가? / 풍선이 6개 있는데 두 사람이 똑같이 나누어 가지면 한 사람이 몇 개를 가지게 됩니까?

- 등분제의 개념은 분수의 개념이 되므로 이에 대한 철저한 이해가 필요하다.

② 나눗셈의 개념을 설명한 다음, 포함제와 등분제의 개념을 다시 정리한 후 이를 나눗셈식으로 표현하도록 한다.

비교 포함제와 등분제

- 포함제 나눗셈 개념을 묻는 문제에는 일반적으로 '~씩'이라는 어휘가 들어간다.
- 등분제 개념이 담긴 문제에는 '똑같이 나누면'과 같은 어휘가 많이 제시된다.

출처 ▶ 김애화 외(2013)

(2) 나눗셈구구

① 나눗셈구구의 궁극적인 목적은 학생이 두 수의 나눗셈을 계산 과정을 거치지 않고 장기기억에서 답을 바로 인출하여 답할 수 있도록 하는 것이다.

② 나눗셈구구는 곱셈의 역관계를 강조한 짝이 되는 나눗셈식을 충분히 연습하여 자동화할 수 있도록 하는 것이 좋다.

③ 나눗셈구구 제시 순서는 곱셈구구의 순서와 동일하게 진행한다.

(3) 두 자릿수 이상의 나눗셈 교수

한 자릿수 나눗셈 계산이 유창하게 되면, 두 자릿수 이상의 나눗셈 교수를 실시하여야 한다. 두 자릿수 이상의 나눗셈 교수에 활용할 수 있는 활동에는 다음과 같은 것들이 있다.

① 몫을 알아보기 위해 가림판을 사용하여 나누어지는 수의 앞 숫자부터 순차적으로 확인하며 진행한다.

4)283　4)2　4)28　4)283

| 두 자릿수 이상의 나눗셈 교수 활동 - 몫 알아보기 |

② 자릿수를 맞춰 나눗셈하는 것을 돕기 위해 〈그림〉의 ⓐ에서 제시한 가림 카드를 사용한다. 이와 같은 가림 카드를 ⓑ, ⓒ에서 제시된 순서에 따라 사용한다.

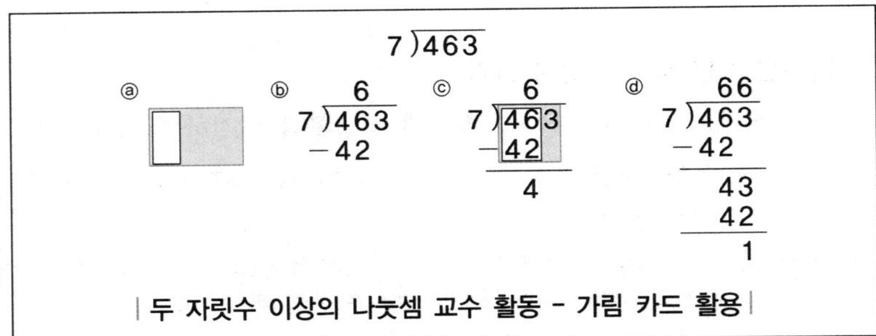

| 두 자릿수 이상의 나눗셈 교수 활동 - 가림 카드 활용 |

③ 나눗셈 과정에서의 뺄셈 오류를 줄이기 위해 뺄셈을 할 때마다 뺄셈식에 동그라미를 치도록 한다.

```
      51          119
  9)467        7)835
   −45          −7
  9) 17        7)13
    −9          −7
     8           65
                −63
                  2
```

| 두 자릿수 이상의 나눗셈 교수 활동 - 나눗셈 과정에서 뺄셈 오류 줄이기 |

(4) 나눗셈 오류의 진단과 교정

① 나눗셈 초기 단계에서의 오류 진단과 교정

오류 유형	오류 진단	교정 절차	교정 예
요소 기술 오류 4 7)35 32	단순 연산 오류: 35 ÷ 7	• 오류율이 높은 연산 – 체계적으로 연산 지도 • 오류율이 낮은 연산 – 오류를 범한 연산을 포함시키되 정확성에 대한 동기 고취하기	

6)24 → 3, 18	요소 기술 오류: 몫이 너무 작음	나머지가 있는 나눗셈 교정 – 몫이 작은 경우 이행	일부만 미리 해놓은 문제를 제시하되, 절반은 몫이 작고 절반은 몫이 정확한 예로 구성 9)42 → 3 9)56 → 6
7)26 → 4, 28	요소 기술 오류: 몫이 너무 큼	나머지가 있는 나눗셈 교정 – 몫이 너무 큰 경우 이행	일부만 미리 해놓은 문제를 제시하되, 절반은 몫이 크고 절반은 몫이 정확한 예로 구성
8)62 → 7, 56, 14	요소 기술 오류: 뺄셈 오류	뺄셈 지도	일부만 미리 해놓은 문제를 제시하되, 몫이 정확하고 뺄셈은 학생이 해야 하는 문제로 구성
7)29 → 1 R4, 28, 1	요소 기술 오류: 나머지와 몫의 위치 혼동		

출처 ▶ Stein et al.(2017)

② 여러 자릿수 나눗셈 오류의 진단과 교정

오류 유형	오류 진단	교정 절차
a. 7)483 → 64, 45, 33, 28, 5	단순 연산 오류: 학생이 단순 연산 오류를 범함 ($6 \times 7 = 45$)	연산 오류 빈도에 따라 교정. 오류율이 높을 경우 체계적인 연산 지도. 오류율이 낮을 경우 오류를 범한 연산을 포함하여 연습시키고 오류율을 줄이겠다는 동기화
b. 7)413 → 56, 35, 43, 42, 1	요소 기술 오류: 뺄셈 오류($41 - 35 = 4$)	받아내림 주의시킬 것

비교

곱셈과 나눗셈의 오류 유형

초등 수학(4-1) 교사용 지도서에 소개되는 곱셈과 나눗셈의 오류 유형은 다음과 같다.

1. 곱셈 오류 유형
   - 받아올림 중복 사용 오류
   - 덧셈에서 받아올림과 착각 오류
   - 각 위치에 있는 수들만 곱하는 오류
2. 나눗셈 오류 유형
   - 오른쪽부터 쓰는 오류
   - 몫의 십의 자리에 0 생략 오류

출처 ▶ 초등 수학(4-1) 교사용 지도서(2020)

c. 81 6)493 48 13 6 7	요소 기술 오류: 몫을 너무 적게 추정함	부정확하게 추정된 몫을 지도하기 위한 교정 지도안 연습문제에 학생이 틀린 문제의 제수가 들어간 나눗셈 문제를 포함시켜야 함
d. 49 6)288 24 48 54	요소 기술 오류: 몫을 너무 크게 추정함	c와 동일
e. 355 7)23458 21 24 21 38 35 3	요소 기술 오류: 몫을 끝까지 구하지 않음 – 위에서 밑으로 내리는 수를 빼먹음	구조화된 학습지 연습
f. 514 4)20568 20 5 4 16 16 0	요소 기술 오류: 몫을 끝까지 구하지 않음 – 피제수 마지막 숫자에 대한 몫을 쓰지 않음	밑줄 친 모든 피제수 위에 몫을 쓸 때까지 나눗셈을 계속할 것을 강조하는 덜 구조화된 학습지 연습
g. 12 7)714 7 14 14 7 5)352 35 2	요소 기술 오류: 몫에 0이 있는 나눗셈에서 몫을 끝까지 구하지 않음	동일 유형 문제에 초점을 맞춘 구조화된 학습지
h. 4 39)155 156 1 2 25)78 50 28	요소 기술 오류: 몫이 너무 크거나 작음	추정한 몫이 정확하지 않은 문제에 대한 지도안 제시
i. 7 27)2248 189	요소 기술 오류: 곱셈 결과를 틀린 곳에 배치하여 불완전한 몫을 계산함	• 구조화된 학습지 연습 제시 • 곱셈한 결과를 어디에 쓸 것인지에 초점을 둠

출처 ▶ Stein et al.(2017)

6. 사칙연산을 위한 학습전략

(1) 사칙연산의 의미 23중특

사칙연산에 따라 알아야 할 연산 절차에 대한 지식을 정리하면 다음과 같다.

덧셈 (+)	• 합병 예 빨간 구슬 5개와 흰 구슬 2개를 합하면 얼마인가? • 첨가 예 꽃병에 꽃이 5송이 있다. 2송이를 더 꽂으면 꽃은 모두 몇 송이인가?
뺄셈 (-)	• 구잔(덜어내기, take-away) 예 사과 7개에서 5개를 먹으면 몇 개 남는가? • 구차(비교하기, comparison) 예 귤 7개와 사과 5개 중 어느 것이 얼마나 많은가?
곱셈 (×)	• 두 집합의 순서쌍으로 나타나는 곱집합의 원소의 수: $a \times b = n(A \times B)$ – 자연수에만 가능 예 세 가지 다른 모양의 티셔츠와 두 가지 다른 바지를 입을 수 있는 경우의 수(3 곱하기 2) • 동수 누가(반복된 덧셈, repeated addition) 예 사과 세 개씩 두 봉지가 있다. 사과는 모두 몇 개인가?
나눗셈 (÷)	• 등분제(fair sharing) 예 사과 15개를 세 사람에게 똑같이 나누어 줄 때 한 사람이 몇 개를 차지하는가? • 포함제(반복된 뺄셈, repeated subtraction) 예 사과 15개를 한 사람에게 3개씩 주면 몇 사람에게 줄 수 있는가?

출처 ▶ 남윤석 외(2021)

(2) 혼합 연산 17중특

① 사칙연산의 혼합 연산을 바르게 이해하려면 혼합 연산을 이루는 연산과 연산의 관계에 대한 이해의 하나로 혼합 연산식에서의 연산 순서를 파악하고 있어야 한다.

- 혼합 연산의 순서는 덧셈, 뺄셈과 곱셈, 나눗셈이 섞여 있는 식에서 곱셈, 나눗셈을 먼저 생각해야 하고 괄호가 있는 식에서는 괄호 안의 내용을 먼저 생각해야 한다.

② 사칙연산의 혼합 연산에서 가장 많이 발생하는 오류 유형은 계산 순서의 오류이다.

예 사칙연산이 모두 혼합된 식은 곱셈과 나눗셈을 먼저 하고 덧셈과 뺄셈을 나중에 해야 하는데, 이러한 규칙을 무시하고 학생이 생각한 임의대로 계산하여 오류가 발생한다. / 괄호가 있는 경우 괄호를 먼저 하고 곱셈과 나눗셈을 계산한 후 덧셈과 뺄셈의 순서대로 해야 하는데, 그 계산 과정의 절차를 무시하고 계산하여 오류가 발생한다.

> **혼합 연산 오류 예시**
>
> 문제) 진수가 다니는 학교에는 남학생 424명, 여학생 365명, 교사가 42명 있다. 영희가 다니는 학교에는 교사가 66명이고, 학생 수는 진수네 학교 여학생 수의 3배이다. 영희네 학교의 교사 수와 학생 수를 합하면 모두 몇 명인가?
>
> 〈학생의 문제 풀이〉
> $66 + 365 \times 3 = 431 \times 3 = 1{,}293$
> 답: 1,293명
>
> **설명** 학생은 곱셈과 덧셈이 혼합된 식에서는 곱셈을 먼저 하고 나중에 덧셈을 해야 한다는 계산 순서를 지키고 있지 않다.

(3) 수학 학습활동을 돕기 위한 학습전략

① 단순계산을 돕기 위한 학습전략: DRAW 전략 [23중특]

문제: 17 × 4 = □		
단계 1	어떤 계산활동을 요구하는 문제인지 계산 기호를 확인하라. (Discover the sign)	이 단계에서 학생은 요구되는 계산 활동이 곱셈임을 기호(×)를 보고 확인한다.
단계 2	문제를 읽으라. (Read the problem)	이 단계에서 학생은 자신의 말로 문제를 이해하는 언어 활동을 한다. 예 17 곱하기 4는?
단계 3	직접 답을 구하거나 다른 대안적 방법을 이용하여 답을 구하라. (Answer or draw and check)	이 단계에서 학생은 직접 그 답을 아는 경우 바로 단계 4로 넘어가고, 직접 답을 모르는 경우 그림(17개의 물건이 4묶음 있는 그림에서 전체 개수 구하기)을 통해 답을 구하는 활동을 수행한다.
단계 4	최종적인 답을 답란에 기입하라. (Write the answer)	이 단계에서 학생은 주어진 공간에 자신의 답을 적도록 한다. 예 17 × 4 = [68]

출처 ▶ 김동일 외(2016)

비교

DRAW 전략

	2023 중등A-4 기출	정대영(2020)
D	계산 기호 확인	수학 부호 찾기
R	문제 읽기	문제 읽기
A	문제 풀기	문제 풀기
W	최종 답 쓰기	답 쓰기

② 자릿값 이해를 돕기 위한 학습전략: FIND 자릿값 전략

문제: 58에는 열 개씩의 묶음이 몇 개 있을까요?			
단계 1	각 자릿수를 나타내는 열들을 확인하라. (Find the columns)	5 ✎ 8	학생들은 연필을 두 숫자의 중간에 위치시킨다.
단계 2	T자를 그려 넣으라. (Insert the T)	5 │ 8	학생들은 T자를 그려 넣는다.
단계 3	각 열의 자릿수를 확인하라. (Name the columns)	십 일	학생들은 일의 자리에는 '일', 십의 자리에는 '십'이라는 글자를 써 넣는다.
단계 4	요구되는 답을 구하라. (Determine the answer)	5 │ 8	십의 자리 밑에 5라는 숫자가 놓여 있으므로, 요구되는 답이 '5묶음'이라는 것을 안다.

출처 ▶ 김동일 외(2016)

(4) 계산기 사용 12초특

① 학습장애 학생에게 계산기 이용법을 가르쳐야 하는 이유 중 하나는 수학추리능력이 요구되는 문제를 풀 때조차도 연산하는 데 에너지를 쏟게 되어 정작 수학 개념을 이해하는 데 소홀해질 수가 있다는 점이다.

㉠ 단순히 연산기술이 부족하여 수학적 추리 문제를 해결하는 데 에너지를 쏟을 수 없는 학생이 있다면, 계산기를 사용하게 하여 수학 개념을 이해하는 데 더 집중하게 해야 할 것이다.

㉡ 계산기 사용은 학생으로 하여금 문제해결 과정과 전략에 더욱 초점을 맞추게 할 수 있다.

② 계산기를 사용하는 것이 수학 학습장애 학생의 수학학습에 도움을 준다고 하여도 신중한 접근이 필요하다.

㉠ 계산기는 계산 원리의 이해나 능숙한 연산 기술의 습득을 전제로 하지 않는 경우 사용한다.

- 기본 계산 원리를 익히기 전에는 계산기 사용을 자제시켜야 한다.

㉡ 계산기 조작에 서투른 학습장애 학생들이 많기 때문에 계산기 조작을 숙달시켜야 한다.

③ 계산기를 사용하게 함으로써 학습장애 학생들은 자신감과 자아개념을 향상시킬 수 있다.

- 어려운 문장제 문제나 수학 문제를 만났을 때, 미리 포기하기보다는 계산기를 사용함으로써 할 수 있다는 자신감과 도전하려는 태도를 갖게 해줄 수 있다.

05 문장제 문제

1. 문장제 문제 해결을 위해 필요한 기술 12중특, 13초특(추시), 17중특

① 문제를 읽고 그것을 이해할 수 있어야 한다.

② 문제 해결에 적합하게 수학적으로 식을 세울 수 있어야 한다.

- 학생이 문제 해결에 적합하게 식을 세울 수 있도록 교사는 학생이 문제 해결에 필요한 정보와 불필요한 정보를 구별할 수 있도록 지도한다.

③ 문제 해결에 적합한 식을 세운 다음에는 그 식을 오류 없이 연산할 수 있어야 한다.

> **문장제 문제 풀이 과정의 오류 예시**
>
> 문제) 영희네 학교에는 모두 824명의 학생들이 있다. 그리고 38명의 선생님이 계신다. 학생들 중 445명은 여학생이고, 나머지는 남학생이다. 영희네 학교에는 몇 명의 남학생이 있는가?
>
> 〈학생의 문제 풀이〉
>
> $$\begin{array}{r} 824 \\ -\ 38 \\ \hline 814 \end{array}$$
>
> **설명** 남학생의 수를 구하기 위해서는 학생 전체 수(824명)에서 여학생의 수(445명)를 빼야 하는데 선생님의 수(38명)를 빼서 계산하였다. 따라서 문제 해결에 필요한 정보와 불필요한 정보를 구별할 수 있도록 지도할 필요가 있다.

2. 문장제 문제 해결 전략

(1) 표상 교수 12중특, 13초특(추시), 24초특

표상 교수
동 시각적 표상화 전략

표상(representation)
표상이란 문제를 읽고 문제 해결에 필요한 정보를 파악하여 이를 '의미 있게 해석'하는 것이다. 즉, 문제를 읽고 문제의 유형을 파악하는 것을 의미한다. 일반적으로 이 과정에서 그림이나 도식을 활용한다(김애화 외, 2013).

① 표상 교수란 제시된 문제 상황을 그림이나 도식으로 나타내어 문제 해결을 시도하는 방법이다.

② 문장제 문제 해결을 위한 표상 교수에서 문장제 문제 유형에 대한 표상을 명시적으로 교수하고, 이를 다양한 문제에 적용하도록 지도하는 데 초점을 맞추어야 한다.

③ 대표적인 문장제 문제의 유형으로는 덧셈과 뺄셈을 적용하는 변화형, 비교형, 결합형과 곱셈과 나눗셈을 적용하는 배수비교형과 변이형이 있다.

덧셈, 뺄셈이 적용되는 문장제 문제의 유형	곱셈, 나눗셈이 적용되는 문장제 문제의 유형
변화형 어떤 대상의 수가 변화하는 형태의 문제로, 시작, 변화량, 결과의 관계를 파악해야 하는 문제 예 길동이네 집에서는 빵을 235개 만들어서 196개를 팔았습니다. 남은 빵은 몇 개입니까? 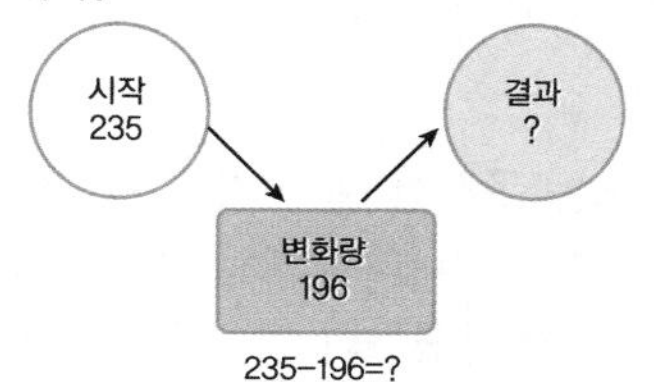 	배수비교형 목적 대상을 비교 대상의 배수 값과 관련지어야 하는 문제로, 목적 대상, 비교 대상, 대상과 비교의 관계를 파악해야 하는 문제 예 큰 못의 무게는 27.6kg이고, 작은 못의 무게는 5.2kg입니다. 큰 못의 무게는 작은 못의 무게의 약 몇 배입니까?(반올림하여 소수 둘째자리까지 구하시오.) 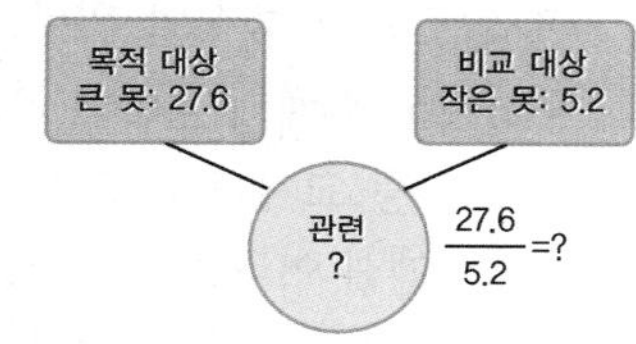
비교형 두 대상 간의 차이를 비교하는 형태의 문제로, 비교 대상 1, 비교 대상 2, 차이의 관계를 파악해야 하는 문제 예 길동이네 농장에서는 포도를 1,345kg 땄고, 순신이네 농장에서는 976kg을 땄습니다. 길동이네는 순신이네보다 포도를 몇 kg 더 땄습니까? 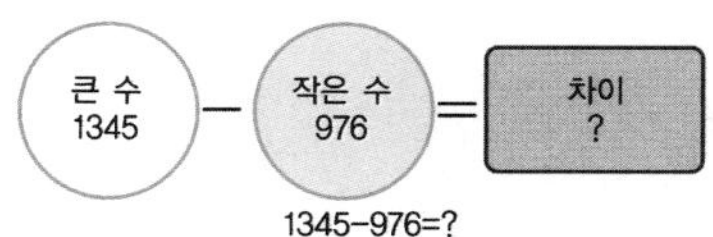 	변이형 두 대상 간의 관계가 인과관계로 진술되어 있고, 이 둘 사이 인과관계 값 중 하나를 파악해야 하는 문제 예 터널을 하루에 4.7m씩 뚫는다면, 터널 178.6m를 뚫는 데에는 며칠이 걸립니까? 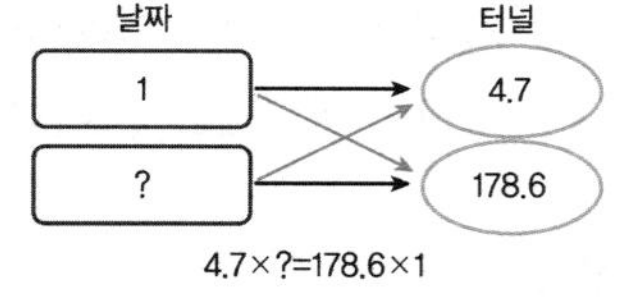
결합형 대상 간의 관계가 상위/하위 관계 형태의 문제로, 상위 개념, 하위 개념 1, 하위 개념 2의 관계를 파악해야 하는 문제 예 길동이네 아파트 단지에 사는 사람은 모두 5,346명인데, 그중에서 남자가 2,758명입니다. 길동이네 아파트 단지에 사는 여자는 몇 명입니까? 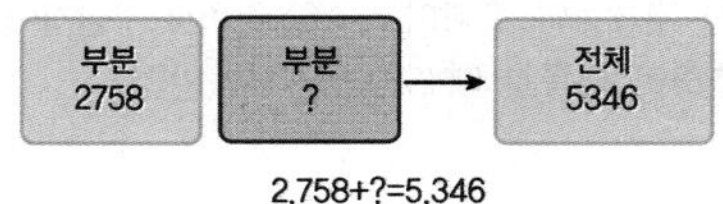 	

(2) 핵심어 전략 18초특, 21중특

① 핵심어 전략은 일반적으로 문장제 문제에 빈번히 등장하는 일련의 특정 단어들(예 '모두', '얼마나 더', '각각' 등)에 적절한 연산을 연계시켜 문제를 해결하도록 하는 방법이다.

- 예를 들어, '모두'라는 말이 나오면 덧셈을 하도록 학생들을 지도하고, 문제를 이해할 때 우선 그러한 단어들을 찾아내도록 훈련하는 것이다.

② 문제가 단순하고 덧셈과 뺄셈 정도의 계산을 요구하는 단순 문장제의 경우, 혹은 연산을 유도하는 핵심어가 문제에 명확하게 제시되어 있는 경우에는 이 전략이 유효할 수 있다.

③ 핵심어 전략은 자칫 과잉일반화를 초래하여 학생들이 문제의 전체 맥락을 파악하는 대신 특정 단어에만 지나치게 주의를 집중할 경우 오답에 도달하게 만들 가능성이 있다.

- 학생이 문제에 포함된 다른 정보는 무시한 채 숫자나 핵심어에만 집중하는 등 교사가 의도하지 않은 결과가 나타날 수 있으며, 특히 읽기와 독해에서 어려움을 보이는 학습장애 학생들의 경우에는 이러한 위험이 더욱 커질 수밖에 없다.

④ 문제에 제시된 핵심어가 복합적 연산의 한 부분만 제시하는 경우에 대한 훈련과 문장제 내용에 핵심어가 전혀 제시되지 않은 경우에 대비한 훈련도 필요하다.

- 핵심어가 전혀 제시되지 않은 경우, 문제에서 제시된 단어 중 핵심어와 같은 의미를 전달하는 단어들을 찾아내는 훈련을 시킨다면, 학생들로 하여금 문장제의 총체적인 내용을 파악하는 노력을 하도록 돕는 결과를 나타낼 수 있을 것이다.

자료

핵심어 전략을 이용한 문장제 문제 풀이 예시

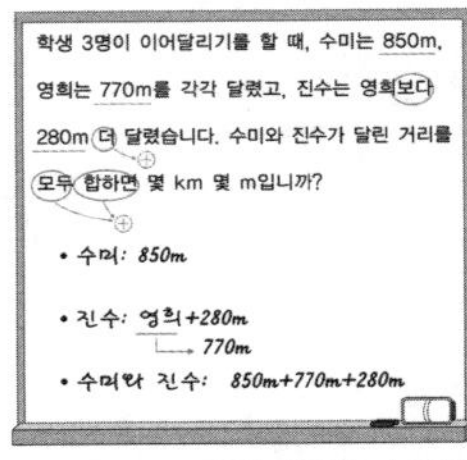

출처 ▶ 2018 초등B-4 기출

(3) 전략 교수

① 전략 교수는 문제 해결 절차에 대한 명시적인 교수를 의미하며, 인지 전략 교수 및 자기조절 초인지 전략 교수 등을 포함한다.

② 인지 전략 교수란 문장제 문제 해결에 소요되는 과정을 단계별로 나누어 이행해 나가는 과정과 방법상의 절차에 관한 훈련 방법으로, 학습장애 학생을 위한 가장 강력한 중재 방법 중의 하나이다.

㉠ 각각의 인지 전략 단계를 교사의 시범, 암기, 반복 연습, 연습 기회의 제공 등을 통해 순서대로 이루어지는 훈련을 의미한다.

예 문제를 읽고 요구사항 찾기 → 제일 중요한 것 생각하기 → 풀어서 답을 찾기 → 이제 검산하기로 구성되어 있는 단계를 '문제풀이'와 같이 친숙한 단어로 구성하여 학생들이 전략적 정보를 활성화하고 인출하여 적용할 때 도움을 주는 방법

인지 전략

인지 전략은 지적 기능, 특히 문제해결 기능의 한 특수한 영역으로서 개인의 사고, 학습, 기억 등의 행동을 지배하는 내적 행동방식을 말한다. 즉, 인지 전략은 사고 전략이며, 학습방법이며, 기억전략이다(한국교육심리학회, 2000; 이성봉 외, 2022 재인용).

ⓛ 인지 전략은 중재 초기부터 암기기법을 사용한 전략을 많이 사용하기 때문에 대다수의 학습장애 학생들에게 전략 단계를 암기해야 한다는 부담감을 준다는 단점이 있다.

ⓒ 인지 전략을 자발적이고 자율적으로 활용할 수 있도록 하기 위해서는 자기점검 전략이나 자기교수 전략과 같은 메타인지 전략을 활용하여 자발적으로 활용할 수 있는 능력을 키워 주는 것이 중요하다.

③ 자기조절 초인지 전략은 인지 전략의 각 단계에 자기교수(자기교시), 자기질문, 자기점검과 같은 자기조절 전략을 적용하여 해결하는 방법이다.

④ 인지 전략 및 자기조절 초인지 전략을 함께 적용한 전략 교수에는 'Solve It' 프로그램이 있다. 17중특, 24중특

단계	인지 전략 단계	자기조절 초인지 전략		
		말하기(자기교수)	묻기(자기질문)	점검하기(자기점검)
1	문제 읽기	"문제를 읽자. 이해하지 못하면 다시 읽자."	"문제를 읽고 이해했는가?"	문제를 풀 수 있을 만큼 이해했는지 점검하기
2	문제를 자신의 말로 고쳐 말하기	"중요한 정보에 밑줄을 긋자. 문제를 나의 말로 다시 말해 보자."	"중요한 정보에 밑줄을 그었는가? 문제가 무엇인가? 내가 찾는 것은 무엇인가?"	문제에 있는 정보 확인하기
3	그림이나 다이어그램으로 문제를 표상하기	"그림이나 다이어그램을 만들자."	"그림이 문제에 적합한가?"	그림이 문제 속 정보와 비교하여 어긋나는지 점검하기
4	문제 해결 계획 세우기	"필요한 단계와 연산기호를 결정하자."	"만약 내가 ~을 한다면 답을 얻을 수 있는가? 다음에 해야 할 것은 무엇인가? 몇 단계가 필요한가?"	계획이 잘 세워졌는지 점검하기
5	답을 어림해 보기	"어림수를 찾아 머릿속으로 문제를 풀고 어림값을 쓰자."	"올림과 내림을 했는가? 어림수를 썼는가?"	중요한 정보를 사용하였는지 점검하기
6	계산하기	"정확한 순서대로 계산하자."	"내가 한 답은 어림값과 비교하여 어떠한가? 답이 맞는가? 기호나 단위를 잘 썼는가?"	모든 계산이 올바른 순서대로 이루어졌는지 점검하기

자료

인지적 교수

- 인지적 접근은 지각, 기억, 문제 해결과 같은 인간의 내재적 심리과정을 설명하기 위한 접근방법이고, 인지적 교수란 지식을 습득·저장하고 활용하며 관리할 줄 아는 능력을 교수하는 것을 지칭한다.
- 인지적 교수를 실행하기 위해서는 문제 이해, 계획 고안, 계획 실행, 점검의 네 단계를 인지적 절차를 통하여 수행해야 하며, 이를 위해서 인지적 전략이 필요하다.
- 인지적 전략을 교수할 때에는 인지적 모델, 언어적 시연, 유도된 연습, 정확하고 긍정적인 피드백 그리고 숙달된 학습과정을 사용하는 교수 전략을 사용한다.

출처 ▶ 송준만 외(2022)

7	모든 과정이 옳은지 점검하기	"계산을 점검하자."	"모든 단계를 점검했는가? 계산을 점검했는가? 답은 맞는가?"	모든 단계가 맞는지 점검하기, 만약 틀렸다면 다시 하기, 필요한 경우 도움을 요청하기

출처 ▶ 김애화 외(2013)

KORSET 합격 굳히기 'Solve It' 프로그램

1. 학습장애를 가진 중학생들에게 문제해결 전략을 가르치기 위하여 Montague는 인지 및 초인지 전략에 대한 명시적 모델링을 사용했다. 또한 중재는 언어적 시연, 교정적이며 긍정적인 피드백, 교사의 지도를 받는 연습, 그리고 숙달의 확인을 포함시켰다. 구체적인 인지적 전략은 다음과 같다.
   ① 이해하기 위하여 읽는다(Read).
   ② 자신의 말로 다시 말한다(Paraphrase).
   ③ 그림이나 표로 시각화한다(Visualize).
   ④ 문제를 풀기 위한 가설을 세운다(Hypothesize).
   ⑤ 답을 추정 혹은 예견한다(Estimate).
   ⑥ 계산을 한다(Compute).
   ⑦ 답이 맞는지를 확인한다(Check).
2. Montague는 전략을 유지하고 일반화하는 것을 잘 하지 못하는 학생들 때문에 일반화를 촉진하는 전략의 사용을 제안하였는데, 이에 구체적으로 학생들이 절차적 수학 지식을 기억하고 습득하는 데 도움이 되는 기억 전략과 언어적 시연을 사용할 것을 권장했다.
3. Montague는 전략 교수가 학습문제를 가진 학생들이 수학을 배우도록 도움을 주는 데 매우 전망이 밝다는 결론을 내렸다. 이러한 유형의 전략 교수로는 'Solve it!'이 있는데, 이는 수학의 문장제 문제를 푸는 데 어려움을 가진 학생들을 위한 실증연구에 기초한 프로그램이다.
4. 학생들이 인지적 과정과 자기조절 전략을 적극적으로 습득·적용할 수 있도록 도와주는 네 가지의 중요한 교수기법은 다음과 같다. 문제해결 평가, 문제해결 과정과 전략의 명시적 교수, 과정 모델링(예 인지적 활동을 실제로 하면서 소리 내어 생각 말하기) 그리고 수행에 대한 피드백이다.

출처 ▶ Mercer et al.(2010)

(4) 컴퓨터 보조 교수

① 컴퓨터 보조 교수에는 컴퓨터 튜토리얼 형식의 교수와 실제적인 상황 속에서 학습이 이루어질 수 있도록 동영상을 활용한 앵커드 교수 등이 포함된다.

② 앵커드 교수는 학생에게 실제적이고 도전적인 문제를 제시하여 학습자가 능동적으로 파악하여 해결하는 유의미한 문제 해결 상황을 제시함으로써 문장제 문제 해결력, 주의집중도, 수업 참여 등을 향상시키는 데 효과적이다.

- 수학교과의 두 단원(시간과 무게, 혼합계산)에 대해 개발한 비디오 앵커 시나리오 및 수업 지도안의 예를 살펴보면 다음과 같다.

> 앵커드 교수 예시

시나리오 줄거리

영희와 철수에게 신나는 과제가 주어졌다. 아버지가 방학 중에 가족 여행을 가자고 제안했는데, 그 여행의 계획을 영희와 철수에게 짜 보도록 제안한 것이다. 영희와 철수는 여행을 어디로 갈 것인지 결정해야 했다. 제주도를 여행지로 결정한 영희와 철수는 제주도에 대한 정보를 수집하기 시작했다. 교통, 숙박, 볼거리, 현장체험, 유적지, 박물관, 놀이시설, 폭포 등 다양한 정보를 수집했다. 이러한 정보를 바탕으로 영희와 철수는 여행 일정, 경비, 물품 등을 결정하게 된다.

수업안

전체 17차시로 구성

- 학습 준비 단계(1~4차시): 기본 개념과 계산 원리 학습
- 앵커 보기(5차시): 동영상 앵커를 보고 내용 파악
- 문제 확인 단계(6~7차시): 앵커를 통해 해결해야 하는 목표를 확인
- 문제 해결 단계(8~13차시): 제주도 5박 6일 동안의 여행 계획을 수립하는 데 중점
- 발표 및 토론 단계(14~17차시): 그동안의 활동 결과를 정리하고 발표

ORDER
동 이부 순서 계산 완료

KORSET 합격 굳히기 수학문제 풀이를 위한 기억전략

1. ORDER
ORDER 전략은 사칙연산의 혼합 문제의 계산 순서를 기억하도록 돕는다.

- O: 문제를 읽고 이해하기
- R: 부호를 찾아 읽기
- D: 계산 순서 정하기
- E: 순서에 따라 계산하기
- R: 완료하기

2. RIDE
RIDE 전략은 문장제 문제를 성공적으로 푸는 데 필요한 단계를 보여 주는 기억전략이다.

- R(Read): 문제를 정확하게 읽는다.
- I(Identify): 관련된 정보를 선별한다.
- D(Determine): 연산과 답을 쓰기 위한 단위를 결정한다.
- E(Enter): 정확한 수를 기입해서 계산하고 답을 확인한다.

자료

이해 그림 답 검토
STAR를 국어식으로 표현한 것이다(정대연, 2020).

3. STAR
STAR 전략은 '문제를 이해하고 그림 식으로 바꾼 후 풀고 답을 검토하기' 과정을 의미한다.

- S: 문장제 문제 이해하기
- T: 문장제 문제를 그림 형태의 방정식으로 바꾸기
- A: 문제를 풀어 답하기
- R: 문제풀기 과정 검토하기

EQUEL
동 양곱표 계산표

4. EQUEL
EQUEL 전략은 '보다, 크다, 작다, 같다'와 같은 것을 결정하기 위한 학습전략이다.

- E: 문제의 양쪽 검토하기
- Q: 더하기, 곱하기 확인하기
- U: 덧셈은 동그라미나 선으로 표시하고 곱하기는 '묶음' 이용하기
- E: 양쪽의 합을 각각 계산하기
- L: 같거나 다르기 표시하기

출처 ▶ 정대영(2020), Mercer et al.(2010)

Chapter

06 내용 교과 지원 전략

학생들이 내용 교과(예 과학, 사회)의 정보를 더 잘 조직하고 이해하며 기억할 수 있도록, 교사가 중요한 교과 내용을 잘 구성하고 전달할 수 있게 하는 기법들을 총칭하여 내용 강화법이라고 한다. 내용 강화법에는 안내노트, 그래픽 조직자, 기억증진 전략, 학습전략(상보적 교수, 직접교수법, 정밀교수 등) 등이 있다.

01 학습 안내지

학습 안내지는 교과서의 중심내용이나 주요 어휘 등의 학습을 돕기 위해 제작한 학습지를 의미한다. 학습지는 목적에 따라, i) 교과서의 중심내용 및 주요 어휘에 관한 질문으로 구성된 학습 안내지(study guide), ii) 중심 내용 및 주요 어휘에 관한 개요를 제시하는 워크시트(framed outline), iii) 수업시간에 학생들의 필기를 돕기 위해 안내된 노트(guided note)로 나뉠 수 있다.

1. 학습 안내지 25중특

① 학습 안내지는 교과서의 중심내용 및 주요 어휘 등의 학습을 돕기 위해 제작한 학습지를 의미한다.

㉠ 학습 안내지는 질문이나 핵심어를 사용하여 학생을 학업 정보로 이끌어 주고, 조직화된 구조를 제공함으로써 교과서의 정보를 학습하고 유지하도록 돕는다.

㉡ 내용 교과에서 다룬 핵심어를 알려 주거나 핵심적인 개념을 이해하는 데 필요한 정보를 미리 제공함으로써 학생이 중요한 정보에 집중할 수 있도록 한다.

② 학습 안내지에는 단답형, 연결형, 빈칸 채우기, 질문에 답하기, 그래픽, 도식 채우기 등의 양식을 활용할 수 있는데, 학생이 집중해야 할 정보를 알려 주거나 자세히 점검할 수 있게 도와준다.

③ 학습 안내지는 보통 학생들의 시험준비를 돕기 위해 사용되어 왔으나 수업 전 과정에서 사용될 수 있다.

- 새로운 어휘를 소개하거나 일전에 배웠던 개념을 복습하는 데 사용할 수도 있으며, 기존의 지식과 통합하고 특정 기술을 연습하는 데도 활용 가능하다.

내용 강화법

- 내용 교과의 학습을 도와주기 위하여 사용할 수 있는 교수전략을 내용학습 향상 기법(content enhancement)이라고 부르기도 하는데, 이는 학생이 중요한 정보를 판별하고 조직화하여 더 잘 이해하고 기억할 수 있도록 도와주는 접근법을 총칭한다(한국학습장애학회, 2014).
- 내용 강화 전략은 사전지식이 현저히 부족하고 주의집중과 기억에 문제가 있으며 개념을 쉽게 혼돈하고, 교육과정과 관련된 명료성 부족 등의 문제를 지닌 특별요구 학생들에게 효과적이다(정대영, 2020).
- 내용 강화법이란 학생들이 정보를 더 잘 조직화하고 이해하고 기억할 수 있도록 교사가 중요한 교과 내용을 잘 구성하고 전달할 수 있게 하는 기법들의 보편적인 명칭이다(Heward et al., 2019).
- 학생들이 중요한 정보를 조작하고, 이해하고 기억하는 데 유리하게 정보가 제시될 때, 비효율적이거나 비효과적인 전략의 영향은 최소화된다. 이를 위하여 내용 영역의 교사는 특정한 학습목표를 성취하기 위해 수업시간에 사용될 수 있는 내용학습 향상 기법을 선택해야 하고, 그 다음에 학생들에게 그 기법을 성공적으로 사용할 수 있도록 가르쳐야 한다(Mercer et al., 2010).
- 학생들을 도와 정보를 규명하고, 조직하며, 이해하고, 기억하게 하는 적합화 혹은 기법을 내용 강화라 부른다. Platt에 따르면 내용강화는 학생들이 조직할 수 있고, 이해할 수 있으며 그리고 기억할 수 있도록 교사들이 교재 내용을 전달하기 위한 일과를 계획하고 수립할 수 있게 해준다고 한다(Schloss et al., 2011).

동 내용학습 향상 기법

학습 안내지(study guide)

동 학습 지침, 학습 가이드

7. 상태변화와 에너지 3

소단원명	7.3 좀약이 서서히 없어지는 까닭은 7.4 열은 물질의 상태를 어떻게 변화시킬까
학습목표	승화가 일어날 때의 열 출입관계를 설명할 수 있다.

1. 고체와 기체 사이의 상태변화

( )

고체 기체

( )

(1) 고체에서 기체로의 승화와 열에너지: 고체가 바로 기체로 될 때에는 분자 사이의 인력을 이겨내는 데 필요한 열에너지를 (흡수, 방출)한다.
(2) 기체에서 고체로의 승화와 열에너지: 기체가 바로 고체로 될 때에는 분자의 운동이 (활발해, 둔해)지면서 가지고 있던 열에너지를 (흡수, 방출)한다.
(3) 승화의 빠르기: 고체가 기체로 승화할 때 온도가 높으면 승화가 (빨리, 늦게) 일어난다.
예 옷장 속에 넣어둔 나프탈렌은 (여름, 겨울)에 더 빨리 작아진다.
(4) ( ): 고체가 기체로 되거나 기체가 고체로 될 때에 흡수하거나 방출하는 열

3. 물질의 상태와 분자운동
(1) 물질의 상태와 분자운동
같은 물질이라도 '고체 → 액체 → 기체'로 갈수록 분자 사이의 힘이 (약, 강)해지고, 분자들이 활발하게 운동한다.
(2) 물질의 상태와 열에너지
물질이 포함하고 있는 열에너지가 많을수록 분자운동이 활발하게 일어난다. 같은 물질이라도 고체( ) 액체( ) 기체의 순서로 포함된 열에너지의 양이 (증가한다, 감소한다).
(3) 물질의 상태와 분자운동 모형
'고체 → 액체 → 기체'로 갈수록 분자 사이의 인력이 (약, 강)해져서 분자 사이의 거리가 ( ) 분자들이 차지하는 공간이 (좁아진다, 넓어진다). 이러한 분자 사이의 인력과 배열에 변화가 생기려면 열에너지의 출입이 있어야 한다.

| 학습 안내지 예시 1 |

출처 ▶ 한국학습장애학회(2014)

함께 살아가는 세계 - 우리와 관계 깊은 나라들

우리나라와 관계 깊은 대표적인 나라로는 중국, 일본, 미국, 러시아를 들 수 있습니다. 다음의 질문에 답하세요.

일본
1. 일본의 지리적 위치와 특성은 어떠합니까?
2. 일본의 대표적인 산업에는 어떠한 것이 있습니까?
3. 일본과 우리나라는 역사적으로 어떠한 관련이 있습니까?

| 학습 안내지 예시 2 |

출처 ▶ 김애화 외(2013)

2. 워크시트

① 워크시트는 교과서의 중심내용 및 주요 어휘에 관한 개요를 제시한다.

② 중심내용이 적힌 아웃라인에서 핵심 단어들을 빈 칸으로 제시함으로써, 학생이 수업을 들으면서 빈 칸을 채우도록 할 수도 있다.

〈중심내용 및 주요 어휘에 관한 개요〉

1. 실험을 할 때, 실험 상황을 만든 다음 관찰을 한다.
2. 첫 번째 실험은 통제된 실험이다. 이 실험은 테스트와 통제로 구성된다.
3. 다음은 통제된 실험에 대한 설명이다.
   a. 가설을 세워라 : 만일 네가 베이킹파우더를 케이크에 넣는다면, 케이크는 부풀 것이다.
   b. 통제된 실험을 하여라.
   첫 번째는 테스트를 하여라. 먼저 베이킹파우더를 넣지 않고 케이크를 만들어라.
   두 번째는 통제를 하여라. 이번에는 첫 번째와 똑같은 재료로 똑같은 방법에 따라 케이크를 만들되, 베이킹파우더를 넣어라.
   c. 결과를 살펴보아라. 너의 가설이 옳았는지를 판단하여라.

〈이하 생략〉

| 워크시트 예시 |

출처 ▶ 김애화 외(2012)

3. 안내노트 10중특, 17초특

① 안내노트는 중요 사실, 개념 및 관계성 등을 기록하도록 표준 단서와 특정 여백을 남겨두어 학생에게 수업을 안내하도록 하는 교사 제작 인쇄물이다.

- 수업 시간에 다룰 중심내용과 사실 등을 여백으로 남김으로써 수업 시간에 학생이 수업을 들으면서 필기를 하도록 작성된 것이다.

② 특정 공간에 핵심 내용, 개념 그리고 다른 개념들과의 관련성 등을 적어 넣음으로써 배경지식이나 일반적인 단서를 제공한다.

③ 안내노트를 사용함으로써 기대할 수 있는 효과는 다음과 같다.

㉠ 노트필기의 정확성과 효율성을 향상시킨다.

㉡ 수업 내용을 조직하고 이해를 증진시키는 데 도움을 준다.

㉢ 교육과정 내용을 조직하고 강화하여 학습장애 학생과 일반학급 또래 학생들에게 수업 중에 적극적으로 참여하는 방법을 제공해 준다.

㉣ 학생이 교사에게 더 분명하게 질문할 수 있도록 해준다.

㉤ 수업 내용을 효과적으로 전달하는 역할을 한다.

자료

안내노트

안내노트는 교사에 의해 준비되고 강의 혹은 읽기과제를 하는 내내 학생들을 안내할 의도를 지니고 있다. 일련의 안내노트는 강의나 장의 개요를 따르게 되며, 최소한 교사가 설명하는 동안 다뤄지는 주요 아이디어를 포함하고 있어야 한다. 비록 학생들이 핵심 용어나 개념을 적어 넣을 공간이 있다 하더라도, 교사는 핵심 용어 및 문구, 정의, 관련된 쟁점 그리고 대비되는 관점 등을 추가할 수 있다. 안내노트에는 두 가지 형태가 있다. 첫 번째 것은 세로줄 형식으로 이는 학생들이 정보를 비교하는 형태로 기록하기 위해 단일 단어나 문구를 활용할 수 있게 해준다. 두 번째 형태는 골격형으로, 이는 주요 아이디어와 핵심 개념을 포함하고 있다(Schloss et al., 2011).

동 안내된 노트

Chapter 16 DRUGS	Chapter 16 DRUGS
REVIEW TALLY	
I. What is a drug?	I. What is a drug?
A. Definition -	A. Definition - any chemical thet affects a living things.
II. Source of Drugs ( )	II. Source of Drugs (where drugs come from)
A. Living Things	A. Living Things
1.	1. willow (aspirin)
2.	2. mold (penicillin)
3.	3. cow/pig gland (insulin)
B. Man-made in a lab	B. Man-made in a lab
III. Drugs are used to treat:	III. Drugs are used to treat:
A. Symptoms-	A. Symptoms - body changes that occur because of a disease
B. Diseases	B. Diseases
IV. Drigs can be ___________ or___________ depending	IV. Drigs can be helpful or harmful depending on:
A.	A. How much is used
B.	B. Who uses it
C.	C. Why it is used
V. Drugs Labels include:	V. Drugs Labels include:
A.	A. Use
B.	B. How much
C.	C. How often
D.	D. When
E.	E. Warnings

| 안내노트 예시 |

> **Tip**
> 그래픽 조직자는 '교수방법'(2011 중등1-29 기출), '전략'(2020 중등 A-10 기출)으로 표현된다.
>
> **도식 조직자**
> 텍스트와 그림을 결합시켜 개념, 지식, 정보를 구조화하여 제시하는 시각적인 체계이다. 그래픽 조직자나 도해 조직자로도 불린다. 글의 중요한 개념과 이를 설명하고 있는 요소를 그림으로 나타내어 중요 개념과 용어를 지도할 때 유용하다. 글의 내용과 구조를 파악하거나, 학습내용을 오랫동안 기억하고 회상하는 데 효과적이다. 도식 조직자는 텍스트의 내용이 어떻게 서로 관련되는가를 나타내는 수형도, 단어의 의미 확장이나 단어 사이의 관계를 나타내며 언어 지식이나 언어 영역의 공통점을 나타내는 벤다이어그램, 하나의 주제를 중심으로 관련되는 어휘나 사실을 열거하고 범주화하는 의미 지도, 내용을 맵(map)으로 정리하여 입체적으로 나타내는 마인드맵 등으로 구분된다(특수교육학 용어사전, 2018).

02 그래픽 조직자

1. 그래픽 조직자의 개념

① 그래픽 조직자 혹은 도식 조직자는 시각 및 공간적 표현 방법을 활용하여 학생이 교재의 내용을 조직적으로 파악하고 이해하도록 돕는 방법이다.

② 그래픽 조직자는 특정, 개념/사실과 관련된 정보와 정보들 간의 연관성을 알기 쉽게 전달하기 위해 사용된다.

2. 그래픽 조직자의 특징(장점) 10초특, 11초특, 12초특

① 시각적 자료 및 공간적 표현을 활용하여 교과내용을 조직적으로 파악하도록 돕는다.

㉠ 정보들이 어떻게 연관되어 있는가를 시각적으로 보여 준다.

㉡ 내용의 복잡한 관계를 시각적으로 표현하여 정보를 쉽게 이해하게 해준다.

㉢ 글 내용의 논리적 구조를 보여 준다.

- 논리적 구조에 따라 개념과 개념 간의 관련성을 보여 준다.

② 말로 설명할 수 없는 개념을 명확히 할 수 있다.

③ 정보를 효과적으로 저장하고 회상할 수 있다.

④ 중요한 정보가 논리적이고 일관적인 형태로 제시된 그래픽 조직자는 학생으로 하여금 주요 정보에 집중할 수 있도록 해주며, 학생들에게 기존 지식과 새로운 정보를 조직화하여 통합할 수 있게 하며 개념 습득의 틀을 확장시켜 준다.

3. 그래픽 조직자 활용 시 유의사항

① 불필요한 방해 요소를 빼고 중요한 요소만을 담고 있어야 한다. 이를 통해 학생들이 중요한 정보에 집중할 수 있도록 하고 복잡한 학습과정을 단순화할 수 있게 도와준다.

② 그래픽 조직자는 시각적으로 정보를 배열하는 것에 그치는 것이 아니라 학생이 가진 기존 지식에 연결시켜 지식의 폭을 확장시키고 이를 오래 기억할 수 있도록 도와야 한다. 이를 위해 개념/사실과의 관계를 명확히 드러낼 수 있는 명칭이나 시각적 표현(예 거미줄망)을 활용해야 한다.

③ 학생들이 기억하기 용이한 그래픽이나 표 등으로 표현하는 것이 좋다.

4. 그래픽 조직자의 유형

① 여러 교과에서 자주 사용되는 그래픽 조직자의 유형은 다음과 같다.

15중특, 17중특, 20중특

유형	그래픽 조직자의 형태	활용 가능한 내용의 예시
순환형 (순환도)		• 물질의 순환 • 먹이사슬
연속형 (순서도)		• 역사적 사건의 발발 및 촉발 요인 • 문제 해결 과정
계층형 (흐름도)		• 동식물의 종 분류 • 정부 조직도
비교 · 대조형 (벤다이어그램)		• 식물과 동물의 유사성과 차이점 • 원인류와 영장류의 특징 비교

개념형		• 이야기 속 인물 간 관계 • 과학의 관련 개념 연결
매트릭스형		• 과학실험 결과의 기록 • 역사적 사건의 영향력 기술

출처 ▶ 한국학습장애학회(2014)

② 그래픽 조직자는 목적에 따라 다양한 형태로 개발되는데, 내용 교과에서 많이 사용되는 그래픽 조직자에는 개념 조직도, 개념 비교표, 의미 특성 분석 등이 있으며, 이 외에도 의미지도, 순서도, KWL 차트 등의 기법이 사용되기도 한다. 24중특, 25중특

유형	특성
개념 조직도	• 관련 있는 개념들이 서로 어떤 관련성을 지니고 있는지를 시각적으로 나타내는 그래픽 조직자의 한 유형이다. – 학습할 내용 중 주요한 개념을 구성하고 있는 주요 정보 간의 관계를 보여 준다. • 일반적으로 여러 개념이 상위 개념과 하위 개념의 관계로 연관되어 있을 때 많이 사용된다. 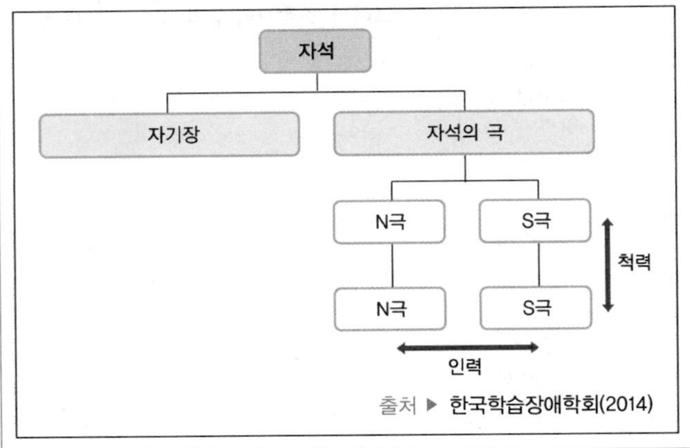 출처 ▶ 한국학습장애학회(2014)

자료

개념도

개념도는 중심 아이디어와 일치하는 특징을 함께 제시하는 일반적인 글의 구조도로서 여러 가지 형태를 취할 수 있고, 이름이 붙여질 수 있는 어떤 관계 유형을 보여 주기 위해 이용한다. 개념도는 내용 영역의 단원을 시작하기에 앞서 브레인스토밍을 할 때, 이야기를 읽기 전 이전 지식을 활성화할 때, 동의어를 제시할 때 매우 효과적이다.

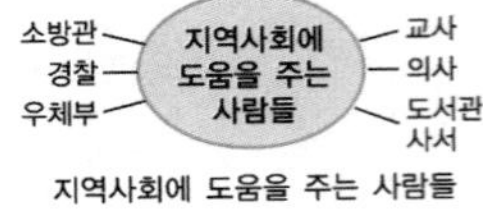

지역사회에 도움을 주는 사람들

정서 동의어

출처 ▶ 정대영(2020)

비교

개념 조직도

한국학습장애학회(2014)	개념 조직도
김애화 외(2013)	개념도

개념 비교표	• 여러 개념 간의 공통점과 차이점을 시각적으로 비교할 수 있도록 제시하는 그래픽 조직자의 한 유형이다.

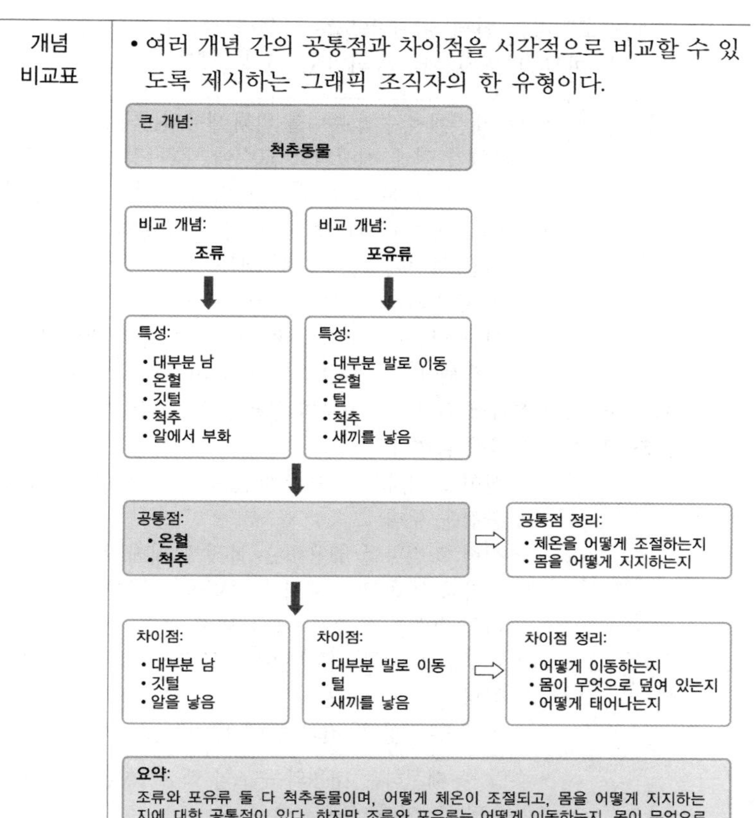

출처 ▶ 김애화 외(2013)

선행 조직자
새로운 정보를 학습하기 전에 제시되는 관련 정보이다. 학습자가 기존 지식을 회상하며 새로운 정보에 적용하여 새로운 정보를 의미 있게 조직하고 해석할 수 있도록 유도한다. 선행 조직자는 오스벨(D. Ausubel)이 제시한 인지전략으로서 만약 기존 지식과 새로운 정보 간에 연결이 이루어지면 학습 경험은 보다 의미 있게 된다는 가설에 근거한다. 선행 조직자는 학습자에 의해 사용되는 학습 전략이라기보다는 교사에 의해 사용되는 수업 전략이며, 간단한 문장이나 질문, 지도나 도표, 개념도나 인지도 등 다양한 형태로 제시될 수 있다. 따라서 선행 조직자를 설계함에 있어 기존 지식에 대한 언급을 통해 새로운 정보와 관련 기존 지식을 회상하게 하고, 또한 새로운 정보에 대한 개념적 개요의 제시를 통해 선행 지식과 새로운 정보 간 연결을 촉진하는 것이 중요하다. 오스벨은 선행 조직자를 활용한 유의미 학습 모형을 세 단계로 제시하고 있다. ① 선행 조직자를 제시한다. ② 학습과제나 자료를 제시한다. ③ 인지적 조직(지식구조)을 견고하게 한다 (특수교육학 용어사전, 2018).

③ 그래픽 조직자는 언제, 어떤 용도로 사용하느냐에 따라 선행 조직자, 수업 조직자, 마무리 조직자로 나뉘기도 한다. 22중특

선행 조직자	• 교수계열에서 수업 준비를 위해 활용되는데, 수업을 본격적으로 시작하기 전에 제시되고 교수에 대한 정보를 제공해 준다. • 이전 차시와 본 수업 내용 간의 연결에 초점을 둔다. • 일반적으로 다음과 같은 활동을 포함한다. – 이전 차시에 대한 정보 제공 – 본 수업의 핵심 개념, 글의 조직 및 구조에 대한 소개 – 이미 학습한 개념과 새로운 개념 간의 관련성 제시 – 수행해야 할 과제나 교수 원리에 대한 설명 • 효과적인 선행 조직자의 활용을 위해서는 다음과 같은 사항에 유념해야 한다. – 선행 조직자를 계획할 때는 독특한 것보다는 중요한 것에 중점을 둔다. – 선행 조직자를 활용하는 목적에 대해 알린다. – 주제를 밝히고 구체적인 설명을 제시한다. – 다루어야 할 하위 주제나 범주, 개념 등을 밝힌다. – 배경정보, 새로 배우는 어휘, 조직적 구조 등에 대한 설명을 한다. – 기대되는 성과, 결과 등에 대해 진술한다.
수업 조직자	• 수업 중 제시하는 내용의 구조와 핵심사항을 강조하기 위하여 사용될 수 있다. • 개념도와 같은 표나 그래픽을 활용할 수도 있고, 학습 안내지의 형태를 빌어 '오늘 수업에서 눈을 크게 뜨고 살펴봐야 할 것은 ＿＿＿＿＿'과 같은 문구를 제시하여 학생들의 학습을 도와줄 수도 있다.
마무리 조직자	• 교수의 계열상 마지막에 제공된다. • 해당 수업에서 다룬 핵심사항을 정리하거나 학생의 이해 정도를 평가하는 자료로 사용될 수 있다.

KORSET 합격 굳히기 그래픽 조직자

1. 그래픽 조직자란 (교과) 내용을 상자, 화살표, 기타 시각적 기호를 사용하여 보다 이해하기 쉽게 나타낸 것으로, 흔히 '표' 혹은 '도표'라고도 한다.
2. 그래픽 조직자는 시각적 학습자가 정보를 좀 더 쉽게 이해하고 회상하도록 정보나 생각을 조직하는 데 사용된다.
3. 그래픽 조직자는 간단히 몇 가지 생각만을 포함하거나 생물 시간에 배우는 것과 같은 좀 더 어려운 개념을 시각적으로 나타낼 만큼 복잡할 수도 있다.
4. 여러 그래픽 조직자는 학생의 연령과 능력에 따라 수정해 사용할 수 있다.

출처 ▶ 한국학습장애학회(2014)

03 기억 전략

1. 문자 전략 10중특, 18중특, 22중특

① 문자 전략은 열거된 개념이나 내용을 기억하는 데 사용하는 전략이다.

② 일반적으로 두문자법과 어구 만들기가 있다.

<table>
<tr><td rowspan="3">두문자법</td><td colspan="2">• 기억하고자 하는 각 단어의 앞 글자를 따서 암기하는 방법이다.
• 축소형과 정교형으로 구분된다.</td></tr>
<tr><td>축소형</td><td>결과물이 의미 없는 단어인 경우
예 주요 행성: 수금지화목토천해</td></tr>
<tr><td>정교형</td><td>결과물이 의미 있는 단어인 경우
예 미국 5대호: HOMES</td></tr>
<tr><td>어구 만들기</td><td colspan="2">• 기억하고자 하는 각 단어의 앞 글자로 시작하는 단어를 조합하여 어구를 만드는 방법이다.
예 활석, 방해석, 장석 → 활로 방어하는 장군이다.</td></tr>
</table>

2. 핵심어 전략 13중특(추시)

① 목표 어휘와 학생이 이미 알고 있는 핵심어(키워드)를 연결하여 목표 어휘를 가르치는 방법이다.

② 핵심어는 학생이 이미 알고 단어 중 목표 어휘와 청각적으로 비슷한 어휘이다.

3. 페그워드법 13중특(추시)

① 페그워드법은 순서에 맞게 외워야 하는 내용을 학습할 때 사용하는 것으로, 페그워드는 숫자와 비슷하게 발음되는 쉬운 단어들을 의미한다.
예 1(one)－빵(bun), 2(two)－신발(shoe), 3(three)－나무(tree), 4(four)－문(door) / 하나 하면 할머니가 지팡이 짚고서 잘잘잘, 둘 하면 두부장수가 두부를 판다고 잘잘잘 ~

② 페그워드법은 과학 교과에서 독립적으로 적용되기도 하고, 키워드 전략과 접목하여 함께 사용하기도 한다.

③ 고정된 정보를 사용하는 것이 핵심으로 순서 혹은 번호가 매겨진 정보(예 지하철 노선도, 요일 순서, 버스 정류장에서 집까지의 랜드마크가 되는 물건이나 장소 등)를 암기하는 데 특히 유용하다.
예 공룡 멸종의 세 번째 가설이 별의 폭발이라는 것을 가르칠 때, 3(three)의 페그워드인 'tree'와 '별의 폭발'을 연결하는 그림(폭발하는 모양의 큰 별 장식이 달린 크리스마스트리를 보고, 공룡이 놀라는 그림)을 활용하였다.

자료

기억 전략
기억 전략은 획득한 경험 내용을 저장하고 보존하여 필요한 상황에서 이를 재생하여 활용하는 전략이다(특수교육학 용어사전, 2018).

PART 05

페그워드법
동 말뚝어 방법

자료

페그워드법을 이용한 '공룡 멸종의 3번째 가설' 교수

출처 ▶ 김애화 외(2012)

4. 기타 10중특, 22중특

시연 전략	• 나중에 회상해 낼 것을 생각하고 미리 기억해야 할 대상이나 정보를 눈으로 여러 번 보아 두거나 말로 되풀이해 보는 것으로, 기억력을 증진시키는 데 사용되는 전통적인 전략이다. • 정보를 단순히 반복하여 되뇌는 인지적 조작 활동으로 과제를 단순 암기하는 데 효과적인 학습전략이다. 예 특수교육의 핵심 개념에 줄을 긋거나 강조하면서 반복하여 읽기
조직화 전략	제시된 기억 자료를 그것이 가지고 있는 속성에 따라 의미 있는 단위로 묶어서 기억하는 방법을 말하는데, 군집화(chunking)와 범주화(categorization)가 대표적인 전략이다.
부호화	철자를 점과 선으로 변환시킨 것과 같이, 정보를 한 가지 형태에서 다른 형태로 변환하는 것을 말하는데, 단기기억과 장기기억에 따라 형태가 달라진다. 즉, 단기기억 과정에서는 축소형 부호화와 정교형 부호화가 효과적이고, 장기기억에서는 심상 부호화와 의미 부호화가 효과적이다.
정교화 전략	기억해야 할 정보에 무엇인가를 덧붙이거나 다른 정보와 서로 관련시켜 기억하는 것을 말한다. 예 권 교사는 '빨간 사과'라는 단어를 학생들에게 더 잘 기억시키기 위해 "화난 사람이 얼굴을 붉히며 빨간 사과를 집어 던졌다."는 문장을 제시했다.
심상법	심상(image)을 이용하여 기억하는 방법으로 고대 그리스의 웅변술에까지 거슬러 올라갈 만큼 그 역사가 길다. 인쇄술이 발달되지 않은 고대의 웅변가들은 연설할 때 기억조성술을 사용했는데, 그중 대표적인 방법이 장소법(method of loci)이다.
PQ4R법	기억을 증진시키기 위한 전략으로서 제목 · 장 · 절 · 항 등의 요약을 먼저 개관하고(preview), 각각의 제목 · 장 · 절 · 항에 대해 질문을 던지고(question), 질문에 답하면서 절의 제목을 눈으로 읽고(read), 예를 생각하여 다른 사항과 결합시키면서 교재에 대해 숙고하고(reflect), 절을 마친 후에 암송을 하고(recite), 전체 장을 마친 후에 복습을 한다(review)는 것이다.

출처 ▶ 특수교육학 용어사전(2018). 내용 요약정리

비교

시연 전략, 조직화 전략, 정교화 전략의 구분

2022 중등B-4 기출	인지 전략
• 지적장애아교육 • 학습장애아교육	기억 전략
정서 · 행동장애아 교육	인지 전략

심상

기억을 향상시키기 위해 마음속에 이미지를 형상화시키는 것(Slavin, 2013)

동 심상화(visualization)

자료

PQ4R법

학생들이 읽고 있는 내용을 이해하고 기억하는 데 도움을 주는 가장 잘 알려진 방법 중 하나는 Robinson이 개발한 SQ3R법에 기초한 PQ4R법이다. 이 PQ4R법은 미리 보기, 질문하기, 읽기, 생각해 보기, 암송하기, 복습하기의 앞 글자를 딴 것이다(Slavin, 2013).

04 시험전략

장애학생에게는 효과적으로 시험 치는 전략이 필요한데, 특히 일반교육 교실에서의 성공을 촉진하기 위해 그러하다.

1. 일반적 시험전략

모든 목적에 적합한 또는 일반적 시험전략에는 학업적 준비, 물리적 준비, 태도 개선, 불안 감소, 동기 개선이 있다.

① 학업적 준비

학생들이 언제 그리고 무엇을 공부해야 하는지에 대해 설명한다. 특히 학생은 어떤 내용을 공부해야 하는지 알아야 한다. 교사는 학생이 시험 치게 될 기술과 지식에 대해 명시적이어야 한다. 학생은 또한 사용될 시험 질문의 유형(예 논술, 참/거짓, 선 긋기, 선다형)을 알아야 한다.

② 물리적 준비

학생이 특히 시험을 치기 전에 건강하고, 적절하게 음식을 섭취하고, 밤에 충분히 휴식을 취해야 함을 의미한다.

③ 태도 개선

학생은 시험을 치는 것에 대해 건강하고 긍정적이고 확신에 찬 태도를 가져야 한다. 교사는 학생의 시험 태도를 평가해야 하고, 그 결과에 근거하여 중재해야 한다. 예를 들어, 학생이 자신의 표준을 너무 높게 설정한다면 합리적인 수준의 개선 목표를 설정하도록 도와준다. 만약 학생이 부정적인 시험 결과를 받는 것에 대해 두려워한다면 노력에 대해 강화해 주고 지원하는 환경을 조성해 주어야 한다.

④ 불안 감소

불안은 자주 학생의 시험 수행을 방해할 수 있다. Scruggs 등은 불안 감소를 위한 전략을 다음과 같이 제시한다.

㉠ 다양한 시험 형식을 경험하게 한다.
㉡ 시험 치는 기술을 가르친다.
㉢ 시험이 시행되는 동안 행해지는 평가적인 언급을 줄인다.
㉣ 학생이 작업에 임하고 자신들의 시간을 현명하게 사용하도록 과제 수행 행동의 자기 점검법을 가르친다.
㉤ 긴장을 푸는 데 자기 점검 절차를 사용한다.

⑤ 동기 개선

노력에 대한 외적 강화를 제공하는 것, 적절한 귀인을 가르치고 격려하거나 또는 성공/실패가 학생의 통제 밖의 힘에 의한 것이 아니라 개인의 노력에 기인하게 하는 것, 학생이 시험을 치는 상황에서 성공하도록 그들 자신이 통제하는 전략을 사용하게끔 격려하는 것에 의해 성취될 수 있다.

시험전략
동 시험보기 전략

PART 05

2. 특정 시험전략 16중특

특정 시험전략은 주로 두문자어로 만들어지는데, 이는 학생이 성공적으로 시험을 치기 위해 완수해야 할 전략 단계를 가르친다.

<table>
<tr><td>시험 준비</td><td colspan="2">FORCE(Wehrung-Schaffner & Sapona, 1990)
• Find out.
(찾아낸다: 시험에서 다루게 될 것과 질문의 유형이 무엇인지)
• Organize.
(정리한다: 공부에 필요한 모든 자료를 수집함으로써)
• Review the material.
(자료를 복습한다)
• Concentrate and make a cue sheet.
(집중하고 큐시트를 만든다)
• Early exam.
(예행시험: 반복하거나 짝이 질문하게 함으로써 연습한다)</td></tr>
<tr><td rowspan="2">시험 치는 동안</td><td>DETER(Strichart & Mangrum, 2002)
• Directions, read them.
(지시사항을 읽는다)
• Examine the test.
(시험지를 살펴본다)
• Time, check it.
(시간을 점검한다)
• Easy ones first.
(쉬운 것을 먼저 한다)
• Review my work.
(나의 답안을 검토한다)</td><td>PIRATES(Hughes & Schumaker, 1991)
• Prepare to succeed
(성공하도록 준비한다)
• the instruction.
(지시사항을 점검한다)
• Read, remember, reduce
(질문을 읽고, 정보를 기억하고, 줄인다)
• or abandon.
(질문에 답하거나 포기한다)
• Turn back.(다시 돌아간다)
• Estimate.(답을 추정한다)
• Survey.
(답을 제대로 하였는지 훑어본다)</td></tr>
<tr><td>SCORER(Carman & Adams, 1984)
• Schedule time.(시간을 계획한다)
• Clue words, look for.
(단서가 되는 단어를 찾는다)
• Omit difficult questions.
(어려운 질문은 넘어간다)
• Read carefully.
(주의 깊게 읽는다)
• Estimate answers.
(정답을 추정한다)
• Review your work.
(자신의 답안을 검토한다)</td><td>SNOW(Scruggs & Mastropieri, 1992)
• Study the question.
(질문을 숙독한다)
• Note important points.
(중요한 점을 메모한다)
• Organize important information before writing.
(쓰기 전에 중요한 정보를 조직화한다)
• Write directly to the point of the question.
(질문의 요지에 따라 쓴다)</td></tr>
</table>

출처 ▶ Prater(2011)

05 전략중재모형

1. 전략중재모형의 개념

① 전략중재모형은 교과별 학습 전략 프로그램이다.

- 전략중재모형은 주로 중등학교에 재학 중인 학습장애 학생을 위해 개발된 것으로 읽기, 수학, 내용교과, 시험 준비, 노트필기, 시간 관리와 같은 전반적인 학습활동의 성공적 수행을 위해 요구되는 구체적 학습 전략을 포함하고 있다.

② 전략중재모형에 대한 경험적 연구 결과는 학습장애 학생들을 위해 학습 전략이 효과적으로 가르쳐질 수 있으며, 이 학생들이 일반학급에서 성공적으로 학습 활동을 수행하는 데 학습전략이 효과적임을 보여 준다.

2. 전략중재모형 실행 절차 23중특

단계	목적	내용
[1단계] 사전평가와 약속	학생이 새로운 전략을 학습하도록 동기화하고 교수를 위한 기초선을 수립한다.	• 1기: 오리엔테이션과 사전평가 • 2기: 인식과 약속
[2단계] 전략 서술	새로운 전략의 명시적, 내재적 과정 및 단계를 명확하게 보여 준다.	• 1기: 오리엔테이션과 개요 • 2기: 전략의 기억체계를 제시한다.
[3단계] 전략의 모델링	전략의 사용에 관련된 인지적인 행동과 신체적인 행동을 시연한다.	• 1기: 오리엔테이션 • 2기: 제시 • 3기: 학생 참여
[4단계] 구어의 정교화와 시연	전략의 이해를 명확히 하고 학생의 개입을 촉진한다.	• 1기: 구어적 정교화 • 2기: 구어적 시연
[5단계] 교사의 통제가 있는 연습과 피드백	통제된 자료에서 연습하며 자신감과 유창성을 수립하고 점진적으로 전략 사용의 책임을 학생에게로 넘겨준다.	• 1기: 오리엔테이션과 개요 • 2기: 교사의 지도가 제공되는 연습
[6단계] 심화연습과 피드백	좀 더 발전된 자료(예 일반교실이나 과제와 관련된 자료)와 상황들에서 연습을 제공하고 점진적으로 전략 사용과 피드백에 대한 책임을 학생에게로 옮겨 간다.	심화연습과 피드백을 위한 교수순서는 통제된 연습에서 사용된 교수순서와 같다. 그러나 심화연습은 학년에 적합하거나 상황에 적절한 자료를 사용하고, 전략의 사용과 평가를 위한 촉진과 단서는 점진적으로 소거한다.

자료

전략중재모형

학습장애 학생들은 학습과 기억을 조장하기 위해 우선적으로 학습전략들에 대해 알고 습득해야만 한다. 다행스럽게도 관련 연구는 이들이 일단 학습전략 교수를 받고 나면, 이들 학습전략들을 간직하게 되고, 결과적으로 이 전략들은 많은 상황에서 활용하게 된다고 밝힌다. 학습장애 학생들을 위해 널리 사용되고 있는 전략교수 모델로 전략중재모형(Strategies Intervention Model, SIM)을 들 수 있다. 전략중재모형 학습전략은 캔자스대학의 학습연구센터에서 수년 동안 개발되었다(Lerner, 2005).

동 전략중재 교수법

PART 05

[7단계] 습득의 확인 및 일반화 약속	숙달을 문서화하고 자기 조절적 일반화의 근거를 수립한다.	• 1기: 확인과 축하 • 2기: 일반화의 예측과 약속
[8단계] 일반화	다른 환경에서도 전략의 사용을 확실하게 한다.	• 1기: 오리엔테이션 • 2기: 활성화 • 3기: 적용 • 4기: 유지

출처 ▶ Mercer et al.(2010)

그래픽 조직자 전략 습득을 위한 전략중재모형 적용 예시

단계		지도내용
단계 1	사전 검사 및 이행에 대한 약속	• 그래픽 조직자 전략 이해 정도 확인 • 그래픽 조직자 전략 학습 약속
단계 2	설명하기	• 그래픽 조직자 전략 이해 정도 확인 • 그래픽 조직자 전략 학습 약속
단계 7	사후 검사 및 전략 사용 약속	• 그래픽 조직자 전략 내용 이해와 적용 과정 평가 • 지속적인 전략 사용에 대한 약속
단계 8	일반화	다른 환경에서도 그래픽 조직자 전략 사용을 확실하게 함

출처 ▶ 2023 중등B-3 기출

Chapter

07 학습장애 학생의 사회적 기술 및 지도

01 학습장애 학생의 사회적 기술의 결함 원인

학습장애 학생들이 사회적 상호작용과 관련하여 보이는 문제점은 그 양상이 매우 다양하다. 대체로 학습장애 학생들은 또래와 구별되는 정도의 대인관계 문제를 보이고 있으며, 또래로부터 환영받지 못하고 사회성도 낮다. 일반적으로 학습장애 학생들이 왜 유달리 사회적 기술에 어려움을 겪는지에 관해서는 다음과 같은 몇 가지 설명 방식이 있다.

① 학습장애 학생들은 일반학생들보다 사회적 상황을 파악하는 능력이 부족하기 때문: 학습장애 학생들은 인지적 성숙도 면에서 사회적 상호작용의 언어적 혹은 비언어적 측면을 제대로 이해하는 능력이 부족하다.

② 신경생리학적 결함: 사회적 기술의 결함도 확인되지는 않았지만 그것을 담당하고 있는 뇌신경 기능의 결함으로 설명할 수 있다는 입장이다.

③ 사회적 경험의 부족: 적절한 사회적 상호작용을 학습할 기회를 충분히 갖지 못했거나 가족과 일상생활에서의 적절한 상호작용 경험이 부족하기 때문이다.

④ 학습장애: 낮은 학업성취나 학습장애 자체가 학업적 자아개념과 나아가서는 전반적인 자아개념의 저하로 이어지고, 이것이 다시 원만한 대인관계 형성에 장애가 된다는 것이다.

02 사회적 기술 평가 방법

1. 사회적 타당도에 따른 측정 방법 유형 11초특, 19중특

Gresham은 사회적 기술을 측정하는 방법들을 사회적 타당도에 따라 세 가지 유형(유형 1, 유형 2, 유형 3)으로 분류하였다.

(1) 유형 1

① 유형 1은 사회기관(학교, 법정, 정신건강 기관들)이나 중요한 타인들(부모, 교사, 또래)이 중요하게 생각하는 사회적 행위를 중심으로 측정한다. 중요한 타인들로부터는 다음과 같은 방법을 사용하여 정보를 수집할 수 있다.

㉠ 부모나 교사들에게 구조화된 면담이나 비형식적인 면담을 통해 학생의 사회적 기술에 관한 정보를 다양하게 입수할 수 있다.

㉡ 또래들로부터는 가장 좋아하거나 싫어하는 친구들을 적어 내도록 하는 또래 지명법을 통해 학생의 사회적 기술 관련 정보를 입수할 수 있다.

② 또래의 수용 정도, 교우관계 정도, 교사나 학부모 판단 그리고 학교 출석 기록이나 훈육조치 사항, 학교 정학 등과 같은 실제적인 자료가 포함된다.

③ 유형 1의 장점은 높은 사회적 타당도에 있다. 현재 학생이 소속해 있는 기관의 기록이나 중요 타인들을 대상으로 한 것이기 때문에, 학생의 사회적 기술 정보를 가장 직접적으로 타당하게 얻을 수 있다.

④ 유형 1의 단점은 단기간의 중재효과를 검증하기에는 너무 둔감하다는 것이다. 사회적 행위에 얼마나 변화가 있어야 사회적 타인들이 이를 인정할 것인가 하는 문제인데, 대개는 아주 눈에 띄는 변화가 있어야만 타인들이 이를 알아챌 수 있기 때문이다.

(2) 유형 2

① 유형 2는 그것 자체로는 사회적 타당도를 갖고 있지 않지만, 유형 1의 측정과 경험적인 관계가 있다.

② 교실, 운동장 그리고 가정 같은 자연적인 상황에서 사회적 행위를 관찰하는 것을 포함한다.

㉠ 학생의 사회적 기술의 구사 여부를 제대로 관찰하기 위해서는 많은 준비와 훈련이 필요하다.

㉡ 관찰하고자 하는 상황은 자연적이어야 하겠지만, 종종 의도적으로 상황을 구조화하여 사회적 기술의 특정 측면을 집중적으로 관찰할 수도 있다.

(3) 유형 3

① 사회적 타당도가 가장 낮지만 현실적으로는 가장 많이 이용되고 있는 방법이다.

② 행동적 역할 수행 검사, 사회적 문제해결 측정, 사회적 인지 측정 등을 이용하는 방법이다.

- 대표적으로는 자기평가나 자기보고 또는 자기성찰에 근거한 질문지법을 들 수 있다.

③ 유형 1, 유형 2와는 거의 관계가 없으며, 사회적 행동을 제대로 예측하지도 못한다.

- 유형 3의 측정 결과는 자연적인 상황에서의 행동이나 사회적 지위 또는 교사나 부모의 사회적 기술에 대한 판단과 별로 관계가 없다.

2. 사회적 기술 측정 방법 09중특

(1) 자기보고법

① 자유반응형 질문지를 사용한 자기보고법(서술형)은 서면이나 면대면 인터뷰를 통해 사회적 기술과 관련한 자기 상태를 표현하는 방식이다.

㉠ 면대면 인터뷰는 특히 읽기 부담을 많이 느끼는 학습장애 학생들에게 유리한 방법이다. 반면, 서면 질의는 학습장애 학생들의 읽기 문제를 고려하여 결과를 해석해야 한다.

㉡ 서술형 자기보고법은 구체적인 예나 상황을 들어 학생의 반응을 이끌어 낼 수 있기 때문에 학생의 사회적 기술에 관해 좀 더 자세히 알 수 있는 방법이기도 하다.

② 또래 지명법이나 평정척도법 등도 넓은 의미로는 자기보고에 의존하지만, 매우 구조화되어 있다는 점에서 자유서술식의 자기보고나 인터뷰와는 차이가 있다.

③ 자기보고법의 장점은 다음과 같다.

㉠ 서술형 자기보고법은 시행이 간편하고 짧은 시간에 많은 사람을 대상으로 많은 문항을 물어볼 수 있다는 점에서 편리하고 간편하다.

㉡ 자료를 수량화하여 통계 처리하고 이를 수나 표로 제시할 수 있다.

④ 자기보고법의 단점은 다음과 같다.

㉠ 사회적 타당도를 보장할 수 없다.

㉡ 행동과 생각의 괴리도 문제다. 특정 상황에서 특정 사회적 기술을 구사해야 한다는 것을 이야기할 수 있다는 것과 실제로 그렇게 하는 것과는 특히 경쟁적인 대안 행동이 가능할 경우에는 별 관련이 없다.

또래 지명법

동 지명도 측정법, 교우도 검사, 사회적 지위 평가, 동료 지명법

(2) 또래 지명법 15중특, 21유특, 22중특

① 또래 지명법은 교실 상황에서 가장 오래된 그리고 가장 보편적으로 사용되고 있는 사회성 측정 기법이다.

② 대상 학생이 또래들에게 어떻게 인식되고 있는지를 알아보기 위해 실시하는 것이다.

㉠ 조사자는 응답자에게 그들이 함께 공부하고 싶고, 놀고 싶고, 옆에 앉고 싶은 학급 친구를 적게 하거나 같은 반에서 가장 친한 친구 혹은 가장 좋아하는 학급 친구를 적게 한다(보통 3명까지 적도록 한다).

㉡ 긍정적인 교실 지명과 부정적인 교실 지명 모두로부터 결합된 정보를 통해 또래들 사이에서 사회적 위치 향상을 목표로 하는 중재가 필요한 학생을 선별할 수 있다.

③ 또래 지명법은 다음과 같은 단점이 있다.

㉠ 신뢰도가 높고 타당하기는 하지만 거부되는 학생의 경우 그 이유가 해당 학생이 사회적으로 무관심하기 때문인지 아니면 적극적으로 배척당하기 때문인지 구별하지 못한다.

㉡ 문제행동을 보이는 학생을 신뢰도 높게 추출해 낼 수는 있지만, 교사로 하여금 훈련을 시킬 구체적인 문제행동이나 사회적 기술에 대해서는 정보를 제공해 주지 않는다.

㉢ 어떤 학생이 훈련의 결과로 사회적 기술을 갖게 되었어도 실제로 또래들에게 그러한 변화가 감지되기까지는 일정한 시간이 걸린다.

> **또래 지명법 적용 예시**
> 김 교사는 학습장애 학생 A가 친구들로부터 어떻게 인식되고 있는지를 알아보기 위하여 반 학생들에게 같은 반에서 옆에 앉고 싶은 친구와 좋아하는 친구 세 명을 각각 적게 하고, 옆에 앉기 싫은 친구와 싫어하는 친구 세 명도 각각 적게 하였다.

(3) 행동평정척도

① 사회적 기술 소유 정도를 학생 자신, 또래, 부모 혹은 교사로 하여금 평정하게 하는 방법이다.

② 동료 평정의 경우 각 학생에게 모든 급우의 이름이 적혀 있는 명부를 나누어 준 후, 한 사람도 빠뜨리지 않고 학급 개개인을 모두 평정하게 하는 방법으로 흔히 3단계, 5단계, 7단계 척도 중 어느 한 곳에 표시하도록 학생에게 요구한다. 동료 평정법에 의한 학생의 점수는 급우로부터 받은 모든 평정의 평균이다.

③ 행동평정척도의 장점은 다음과 같다.

㉠ 짧은 시간에 많은 항목을 조사할 수 있다.

㉡ 연구자나 조사자가 의도한 측면을 적절한 문항 개발을 통해 비교적 구체적으로 자세히 알아볼 수 있다.

㉢ 서로 다른 상황이나 집단 내에서 학생의 사회적 기술 상태를 상대적으로 비교해 볼 수 있다.

㉣ 다른 학생의 사회적 기술과도 비교 평가할 수 있다.

④ 행동평정척도의 단점은 다음과 같다.

㉠ 실제 특정 환경에서 특정 시간에 대상 학생이 특정 사회적 기술을 구사할 것인지에 대해서는 거의 알려 주는 바가 없다: 사회적 기술이 무엇이고 어떻게 해야 하는지 아는 것과 실제로 행하는 것 간에는 차이가 있기 때문이다.

㉡ 검사의 결과는 전적으로 제3자의 반응에 의존하기 때문에 대상 학생의 실제 사회적 기술의 구사보다는 제3자의 주관과 감정 그리고 의도에 따라 결과가 달라질 수 있다.

㉢ 평정척도 자체의 특성에서 오는 타당성의 문제이다: 5점 척도 '아주 그렇다'(5점)와 '약간 그렇다'(4점), '보통이다'(3점), '약간 그렇지 않다'(2점), '항상 그렇지 않다'(1점)에서 '보통이다'와 '아주 그렇다' 간 차이는 2점이고 '항상 그렇지 않다'와 '아주 그렇다' 간 차이는 4점이다. 하지만 이것이 후자가 전자의 두 배를 의미한다고 볼 수는 없다.

✪ 행동평정척도 예시

문항	전혀 아니다 ↔ 매우 그렇다				
1. 집단토론에 적극적이고 자발적으로 참여한다.	1	2	3	4	5
2. 또래에게 먼저 말을 건다.	1	2	3	4	5
3. 장기자랑에 자발적으로 참여한다.	1	2	3	4	5
4. 또래와의 공동작업에 자발적이고 적극적으로 참여한다.	1	2	3	4	5

출처 ▶ 김동일 외(2016)

(4) 직접관찰법

① 직접 관찰은 관찰 상황을 어떻게 구성하느냐에 따라 구조화된 환경에서의 관찰과 비구조화된 환경에서의 관찰로 나눌 수 있다.

② 수업시간, 체육시간, 점심시간, 여가시간, 등·하교시간, 쉬는 시간, 가정에서의 시간 등 여러 상황에서 학생에 대해 관찰할 수 있다.

- 이를 토대로 사회적 장면에서 장애학생의 사회적 행동을 유추하여 판단할 수 있다.

③ 관찰 내용은 수량화하거나 유목화할 수 있는 것뿐만 아니라 질적인 사항까지 포함해야 한다.

④ 관찰의 성공 여부는 관찰도구의 치밀성에 따라 달라진다. 어떤 항목을 어떤 식으로 관찰 기록할 것인가는 구체적인 사회적 기술 문제의 진단은 물론이고 해결책 제시와도 밀접한 관련이 있다.

(5) 행동 간 기능적 연쇄성 분석법

① 행동 간 기능적 연쇄성 분석법은 사회적 기술의 문제 진단에서부터 문제 해결에까지 이르도록 해주는 진단 및 처방 방법이다.

② 핵심은 사회적 기술이 문제가 되는 상황의 전후 맥락과 사회적 기술 문제를 구체적으로 파악하는 것이다. 다음으로는 해당 사회적 기술 문제의 원인을 규명하여 해당 문제를 일으키거나 유지시키는, 즉 특정 행동에 기능하는 자극이나 반응을 변화시킴으로써 목표행동을 변화(증가, 감소, 제거 등)시키고자 한다.

③ 행동 간 기능적 연쇄성 분석의 가장 큰 특징은 문제나 지도 방법을 미리 정하지 않고, 구체적이고도 종합적인 문제행동과 그 환경 변인의 기능평가 자료에 근거하여 그때그때 형성된 가설에 따라 문제와 지도 방법을 결정한다는 점이다.

예 학생의 자리 이탈 행동이 문제가 된다면 지도 방안을 사전에 결정하여 투입하기보다는 해당 문제행동이 왜 일어나는지 분석하여 가설을 형성하고, 그 가설이 맞는지를 중재와 효과 검증을 통해 확인하는 것이다.

(6) 사회적 거리 추정법

① 주어진 일련의 문항에 대하여 한 학생이 모든 학생에게 반응하도록 하는 방법이다.

- 또래 지명법에서 선택할 수 있는 대상이 2~3명 정도로 제한되어 있어서, 왜 나머지 학생을 선택하지 않았느냐 하는 데 대한 정보를 얻지 못하는 단점을 보완해 준다.

② 사회적 거리 추정법은 한 학생이 주어진 집단을 어떻게 받아들이고 있느냐 하는 것뿐만 아니라, 그 집단의 주어진 학생에 대한 수용과 배척의 정도를 분석해 낼 수 있으므로 집단의 사회적 역동성을 효과적으로 파악할 수 있다.

자료

사회적 거리 추정법

집단 내 성원들 간의 사회적 거리를 측정하는 것으로서 소집단이나 규모가 작은 지역사회의 성원들 간의 상호관계나 상호작용, 의사소통 관계를 파악하고 리더십, 성원들의 사회적 지위, 집단 구조 등을 알아보기 위한 것이다. 일정 시점에서의 집단 성원들 간의 전체적인 상호관계 구조를 간단하게 도식적으로 표현하는 방법이며 이를 통하여 성원들 간의 의사소통 경로나 친하고 먼 정도를 한눈에 알 수 있다(최창현, 2018).

동 사회측정법, 소시오메트리

03 사회적 기술의 지도

1. 사회적 기술 지도 프로그램의 투입 전 고려사항

① 학생이 사회적 기술과 관련하여 어떤 문제를 갖고 있는지가 분명히 규명되어야 한다.

② 현재 투입하려고 하는 지도 프로그램이 첫 번째 단계에서 밝혀진 사회적 기술 문제에 영향을 준다는 이론적 근거가 있어야 한다.

③ 의도한 대로 사회적 기술 훈련 프로그램이 충실히 투입되어야 한다.

④ 프로그램의 효과를 검증하기 위한 측정의 타당도와 신뢰도가 확보되어야 한다.

- 앞서의 세 가지 사항을 모두 충족시켰다고 해도 프로그램의 효과를 검증하기 위한 측정이 타당도와 신뢰도를 갖추지 못하면 프로그램의 효과에 관해 아무것도 발견할 수 없다.

2. 학습장애 학생의 사회적 기술지도

(1) 사회적 기술 프로그램(스킬 스트리밍 프로그램)

① 목적

부적절한 사회적 행동을 보이는 학생에게 긍정적 사회적 기술을 가르치고 연습시키기 위한 목적으로 개발되었다.

② 특징

㉠ 중요한 사회적 기술을 교수내용으로 선정하여 각 기술의 과제분석을 통해 하위 단계로 나누어 제시한다.

㉡ 시범과 역할극 등을 통한 충분한 연습 기회를 제공한다.

㉢ 학생은 목표 행동을 연습하는 과정에서 교사와 친구의 피드백을 받고, 실제 상황에서의 일반화를 강조한다.

③ 교수 절차

㉠ 사회적 기술 정의하기

㉡ 사회적 기술 시범 보이기

㉢ 사회적 기술의 필요성 알게 하기

㉣ 역할놀이 배역 선택하기

㉤ 역할놀이 구성하기

㉥ 역할놀이 수행하기

㉦ 역할놀이 수행에 대한 피드백 제공하기

㉧ 사회적 기술에 대한 숙제 내주기

자료

스킬 스트리밍

Part 06. 정서·행동장애아교육의 'Chapter 03. 정서·행동장애의 기념적 모델' 참조

(2) 상황 맥락 중재

상황 맥락 중재는 학교, 가정, 또래관계 등의 상황 맥락 안에서 필요한 사회적 기술을 선택하고, 선택된 상황 맥락에서 사회적 기술을 가르칠 것을 강조한다. 여기에는 FAST 전략과 SLAM 전략 등이 있다.

① FAST 전략 15중특, 19중특

㉠ 목적

문제 상황에서 반응하기 전에 학생이 문제를 주의 깊게 생각하고, 대안을 모색하여 각 대안의 결과를 예측함으로써 최선의 대안을 선택할 수 있도록 한다.

㉡ 전략

- Freeze and Think(멈추고 생각하기)
- Alternative(대안 모색하기)
- Solution Evaluation(최적의 대안 찾기)
- Try it(대안 수행하기)

> **자료**
>
> **FAST 전략 적용 예시**
>
> 김 교사는 사회성 기술을 가르치는 인지 전략 중 상황맥락 중재를 활용하기로 하였다. 문제가 생기면 충동적으로 반응하지 말고 일단 행동을 멈추고 생각하고, 문제 해결을 위해 무엇을 할 수 있는지 다양한 대안을 모색하며, 어떤 것이 최적의 해결 방안일지 선택을 한 후, 수행해 보도록 하는 4단계 방법으로 지도하였다(2015 중등 A-5 기출).

② SLAM 전략 22중특

㉠ 목적

타인에게 부정적 피드백을 들을 때, 적절하게 받아들이는 것을 돕는다.

㉡ 전략

- Stop whatever you are doing.(지금 하고 있는 일을 멈춰라.)
  - 무슨 활동을 하고 있든지 부정적이거나 기분 나쁜 말을 들었을 때에는 멈추고, 호흡을 길게 한 다음 그저 담담하게 듣는다.
- Look the person in the eye.(상대방의 눈을 바라보라.)
  - 상대방을 똑바로 쳐다보도록 한다. 가끔 일부 학생들은 부정적인 말을 들으면 외면해 버리는 경우가 있다.
- Ask the person a question to clarify what he or she means.(상대방이 말한 것이 어떤 의미인지 명확하게 말해 줄 것을 요청하라.)
  - 상대방이 의미하는 바가 무엇인지 분명히 하도록 질문을 한다. 학생으로 하여금 자신이 왜 부정적인 말을 듣는지 분명히 알고 넘어가도록 한다.
- Make an appropriate response to the person.(상대방에게 적절한 반응을 하라.)
  - 적절히 행동하도록 가르친다. 이를 위해서는 역할극 등을 통해서 공감을 표시하거나 반대 의사를 표명하거나 혹은 자신을 변명하도록 한다.

개념확인문제

01

2011 중등1-9

비언어성 학습장애(nonverbal learning disabilities) 학생의 특성과 교수 방안으로 적절하지 않은 것은?

① 불안, 우울 등의 감정 문제가 나타날 수 있으므로 정기적으로 관찰하고 상담한다.
② 적절한 대인관계를 형성하는 데 어려움이 있으므로 사회적 기술을 명시적으로 가르친다.
③ 전체와 부분의 공간적 개념을 이해하는 데 어려움이 있으므로 학습하기 전에 선행 조직자를 제공한다.
④ 제한된 어휘와 불완전한 문장으로 말하므로 제스처나 표정 같은 시각적인 표현을 함께 사용하도록 지도한다.
⑤ 논리적이고 복합적인 정보의 처리에 어려움이 있으므로 학습 자료를 논리적인 순서로 세분화하여 제시한다.

02

2009 중등1-38

일반교사인 정 교사는 학습부진을 보이는 A가 혹시 학습장애일까 염려되어 특수교사인 김 교사에게 학습장애인지 판단해 달라고 요청하였다. 이에 김 교사는 학습장애 의뢰 여부를 결정하기 위해 '중재 반응 모델(Responsiveness To Intervention model, RTI)'을 활용하기로 하였다. '중재 반응 모델'과 관련된 내용으로 적절한 것을 〈보기〉에서 모두 고른 것은?

보기

ㄱ. A가 보이는 인지결함 문제를 측정하여 그 기술을 향상시키는 방법을 활용한다.
ㄴ. 중재에 대한 변화를 판단하기 위해 진전도를 모니터하는 평가 방법을 활용한다.
ㄷ. 연구에 기반을 두었으며 과학적으로 검증된 학습전략이나 중재를 도출하여 사용한다.
ㄹ. 문제해결접근방법을 사용하여 조기에 판별이 가능하기 때문에 판별을 위해 학생이 '실패를 기다리는' 일을 감소시킬 수 있다.
ㅁ. 학습잠재력을 측정할 수 있는 지능검사를 통해 지능지수를 파악하고 같은 학년 수준의 학업 능력에서 얼마나 벗어나 있는지 확인한다.

① ㄱ, ㄴ
② ㄱ, ㄷ, ㄹ
③ ㄱ, ㄹ, ㅁ
④ ㄴ, ㄷ, ㄹ
⑤ ㄱ, ㄷ, ㄹ, ㅁ

03

2020 초등B-3

(가)는 특수학급의 교육실습생이 작성한 성찰일지의 일부이다. 물음에 답하시오.

(가) 성찰일지

일자: 2019년 ○월 ○일

오늘 지도 선생님께서 일반학급 학생인 지수가 특수교육대상자로 선정되면 특수학급에서 공부하게 될 수도 있다고 하셨다. 담임 선생님과 지도 선생님은 지수의 지속적인 학습 어려움 때문에 특수교육대상자 선정을 위한 진단・평가 의뢰를 고민 중이시다. 함께 실습 중인 교육실습생들과 학습장애를 지닌 특수교육대상자 진단・평가와 선정・배치에 대해 이야기해 본 결과, 다시 한번 정확히 확인해야 할 사항이 몇 가지 발견되었다.

첫째, 진단・평가 과정에서 부모 등 보호자의 의견 진술 기회가 보장되어야 한다는 점

둘째, 지적능력이 정상이면 학습장애를 지닌 특수교육대상자로 선정될 수 없다는 점

셋째, 학업성취 평가에서 낮은 점수를 받은 경우, 다른 장애 때문에 나타난 결과임이 밝혀져도 학습장애를 지닌 특수교육대상자로 선정될 수 있다는 점

넷째, 특수교육대상자 또는 그 보호자는 특수교육지원센터의 특수교육대상자 선정 및 배치 결과에 대해 이의가 있을 경우, 그 결과에 대해 이의신청을 할 수 있다는 점

… (중략) …

다음 주에는 수학과 '짝수와 홀수' 차시의 공개수업이 있다. 지도 선생님께서 주신 피드백을 반영하여 지수의 특성을 고려한 수업 계획을 세워봐야겠다. 지수의 담임 선생님께서 관찰하신 바에 따르면, 학급의 모든 학생을 대상으로 하는 첫 번째 단계에서 지수는 ㉤ <u>그림이나 표시, 숫자를 활용하는 사고가 어려워 반응이 도달 기준점에 미치지 못했다</u>고 한다. 다음 단계에서는 지수의 특성을 고려한 소집단 활동을 통해 전략적인 방법을 적용하면서 진전도를 지속적으로 살펴봐야 할 것 같다. [A]

2) (가)의 ① [A]에 해당하는 진단 모델을 쓰고, ② 학습장애 적격성 판별 측면에서 이 모델의 장점을 1가지 쓰시오.

04

2010 초등1-18

다음은 박 교사가 2008년 개정 특수학교 기본교육과정 국어과 읽기 영역을 세 학생에게 지도하기 위한 교수 활동이다. 각 학생과 교수 활동을 통해 달성하고자 하는 목표를 바르게 연결한 것은?

학생	교수활동
민수	• 날씨에 관한 문장을 읽고, 해당하는 그림을 찾게 한다. • 꽃의 모양 변화를 시간의 흐름에 따라 쓴 세 개의 문장을 읽게 하고, 그림 순서를 찾게 한다.
은지	• 몇 개의 학용품을 제시하고, '지'로 시작하는 것을 찾게 한다. • '자'와 '추'를 만들 수 있는 네 개의 낱자 카드를 제시하고, '자'를 만들어 보게 한다.
주혜	• 신발장에서 자신의 이름표를 읽고 신발을 찾게 한다. • 교실 상황에서 지켜야 할 규칙에 들어있는 '조용히'를 지적하고 읽게 한다.

	민수	은지	주혜
①	음운인식	단어재인	단어재인
②	음운인식	음운인식	읽기이해
③	읽기이해	단어재인	음운인식
④	읽기이해	음운인식	단어재인
⑤	단어재인	음운인식	음운인식

05

2014 초등A-4

(가)는 읽기장애 학생 민호와 영주의 읽기 특성이고, (나)는 특수학급 김 교사가 민호와 영주에게 실시한 읽기 지도 내용이다. 물음에 답하시오.

(가) 민호와 영주의 읽기 특성

민호	• '노래방'이라는 간판을 보고 자신에게 친숙한 단어인 '놀이방'이라고 읽음 • '학교'라는 단어는 읽지만 '학'과 '교'라는 글자를 따로 읽지는 못함
영주	• 적절한 속도로 글을 읽을 수 있음 • 자신의 학년보다 현저하게 낮은 읽기 수준을 보임

(나) 읽기 지도 내용

대상	지도 유형	읽기 지도 과제와 교사 발문의 예
민호	음운인식 지도	• (㉠): '사과', '구름', '바다'에서 '구'로 시작하는 단어는 무엇인가요? • 음절탈락: '가방'에서 '가'를 빼면 무엇이 남을까요? • 음소합성: (㉡)
영주	(㉢)	• 질문하기: 방금 읽은 글에 등장한 주인공의 이름은 무엇인가요? • 관련지식 자극하기: 오늘은 '동물원에서 생긴 일'을 읽을 거예요. 먼저 동물원에서 경험한 내용을 이야기해 볼까요? • (㉣): 방금 읽은 글의 장면을 눈을 감고 머릿속으로 그려 보세요.

1) (나)의 ㉠에 알맞은 음운인식 지도 과제를 쓰고, ㉡에 적합한 교사 발문의 예를 쓰시오.

2) (나)의 ㉢에 알맞은 지도 유형을 쓰시오.

3) (나)의 ㉣에 알맞은 지도 과제를 쓰시오.

06

2018 중등B-6

(가)는 학습장애 학생 J의 읽기 특성이고, (나)는 김 교사와 정 교사의 대화이다. 〈작성 방법〉에 따라 서술하시오.

(가) 학생 J의 읽기 특성

- 글을 읽을 때 알고 있는 단어가 나와도 주저하면서 느리게 읽는 모습을 보임
- 글을 빠르게 읽을 때 음운변동이 일어나는 단어들을 자주 틀리게 읽거나 대치 오류를 보임
- 특정 단어나 문장을 강조하며 글을 읽는 데 어려움이 있음
- 어법이나 의미를 고려하며 글을 읽는 데 어려움이 있음
- 글을 읽을 때 주위에서 소리가 나면 소리가 나는 방향으로 고개를 자주 돌리고 주의가 산만해짐

(나) 김 교사와 정 교사의 대화

정 교사: 선생님, 학생 J가 '읽기 유창성'에 문제가 있다고 하는데, 이 문제가 발생하는 이유는 무엇인가요?

김 교사: 여러 가지 이유가 있는데, 대표적으로 ㉡ 단어를 빠르게 소리 내어 읽고 그 의미를 파악하는 능력에 어려움이 있기 때문입니다.

정 교사: 읽기 유창성이 중요한 이유는 무엇인가요?

김 교사: 읽기 유창성에 문제가 있는 경우에는 읽기 이해에 부정적인 영향을 주기 때문입니다.

정 교사: 그렇군요. 그럼 저는 학생 J를 어떻게 지도하는 것이 좋을까요? 제가 몇 가지 찾아보았는데, 적절한지 봐 주세요.

작성 방법

- 밑줄 친 ㉡에 해당하는 용어를 쓸 것

07

2012 중등1-18

다음은 두 명의 특수교사가 학습장애 학생 A의 읽기 유창성 특성과 지도 방법에 대해 나눈 대화이다. ㉠~㉤ 중에서 옳은 내용만을 있는 대로 고른 것은?

김 교사: 학생 A는 글을 읽을 때 ㉠ '줄기가'를 '줄기를'이라고 읽는 것과 같은 삽입 오류를 가장 많이 보여요. 그리고 ㉡ '그날 밤에는 바람이 세게 불었습니다'를 읽을 때 '바람이'를 '밤이'라고 읽는 것과 같은 대치 오류도 많이 나타나요.

최 교사: 그럼 ㉢ 읽기 유창성 지도를 할 때 학생 A가 잘못 읽은 어절에 대해 교정적 피드백을 해 주는 것이 중요해요.

김 교사: 또 학생 A는 글을 읽을 때 한 단어나 어절씩 또박또박 끊어 읽어서, 읽는 속도가 많이 느려요.

최 교사: ㉣ 읽기 유창성을 향상시키기 위해서는 동일한 읽기 자료를 반복하여 소리 내어 읽도록 하는 것이 좋아요.

김 교사: 읽기 유창성 지도를 할 때는 어떤 읽기 자료를 선택하는 것이 좋은가요?

최 교사: 가능하면 ㉤ 학생 A가 읽기 어려워하는 단어나 어절이 많이 포함된 짧은 읽기 자료를 선택해서 지도해야 새롭고 어려운 단어나 어절을 더 정확하고 빠르게 읽을 수 있게 돼요.

① ㉠, ㉤　② ㉡, ㉤
③ ㉢, ㉣　④ ㉠, ㉢, ㉣
⑤ ㉡, ㉢, ㉣

08

2011 중등1-30

다음은 학습장애 학생을 위한 읽기 교수·학습 방법에 대한 설명이다. (가)~(다)에 해당하는 교수·학습 방법을 바르게 제시한 것은?

> (가) 음독 문제로 단어를 잘못 읽는 학습장애 학생에게 도움이 된다. 이 방법은 음소와 문자 간의 대응 관계를 단순화하여 구성한 교수·학습 활동으로, 학생에게 많은 연습의 기회를 제공하여 숙달하게 한다.
> (나) 읽기 유창성 문제를 가진 학습장애 학생에게 도움이 된다. 교사와 학생은 함께 읽기 자료를 가능한 한 빠르고 정확하게 읽어 나간다. 초기에는 교사가 더 큰 목소리로 더 빠르게 읽어 나가지만 점차 학생이 주도적으로 읽는다.
> (다) 독해 문제를 가진 학습장애 학생이 설명문으로 된 글을 읽을 때 도움이 된다. 이 방법은 먼저 본문을 훑어보고 질문을 한 뒤, 질문의 답을 찾기 위해 본문을 읽고, 찾은 답을 되새기고, 다시 검토하는 방법을 사용한다.

	(가)	(나)	(다)
①	Fernald 읽기 교수법	절차적 촉진	SQ3R 기법
②	절차적 촉진	신경학적 각인 교수법	RIDER 기법
③	Hegge-Kirk-Kirk 접근법	신경학적 각인 교수법	SQ3R 기법
④	Fernald 읽기 교수법	정교화 전략	SQ3R 기법
⑤	Hegge-Kirk-Kirk 접근법	절차적 촉진	RIDER 기법

09

2010 초등1-28

2008년 개정 특수학교 기본교육과정에 근거하여, 박 교사는 읽기이해에 어려움을 겪고 있는 영수에게 다음과 같이 완성된 그래픽 조직도(graphic organizer)를 사용하여 '여러 가지 동물의 먹이'를 지도하고자 한다. 이 방법에 대한 설명으로 적절한 것을 〈보기〉에서 고른 것은?

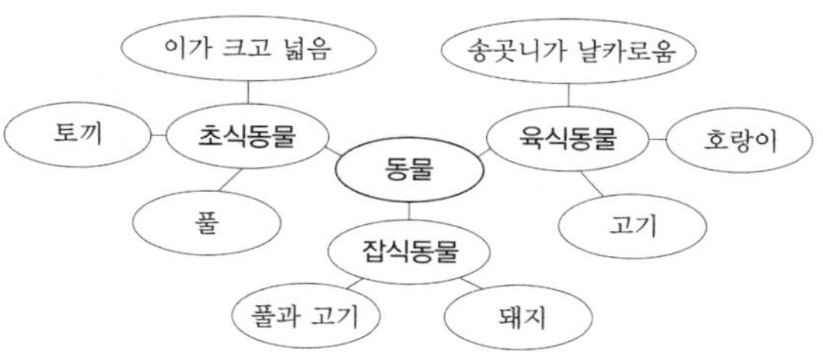

> 보기
> ㄱ. 논리적 구조에 따라 개념과 개념 간의 관련성을 보여 준다.
> ㄴ. 내용의 복잡한 관계를 시각적으로 표현하여 정보를 쉽게 이해하게 한다.
> ㄷ. 행동주의 이론에 근거한 교수전략으로서 교수자료와 교수절차를 순서화한다.
> ㄹ. 과잉학습을 통하여 학습이 이루어질 수 있도록 빠른 속도로 수업을 진행하게 한다.
> ㅁ. 과제분석을 통하여 교수내용을 기능적으로 분석하고 즉각적인 교정적 피드백을 제공한다.

① ㄱ, ㄴ　② ㄱ, ㄷ
③ ㄴ, ㄹ　④ ㄷ, ㄹ
⑤ ㄹ, ㅁ

PART 05

10

2015 중등A-5

김 교사는 경도장애 학생 A가 통합된 학급의 사회 교과 시간에 〈보기〉와 같은 수업을 하였다. 〈보기〉에서 김 교사가 사용한 교수 방법과 (　) 안에 들어갈 용어를 쓰시오.

보기

김 교사는 학생들과 함께 질문하고 토론하면서 교사 주도로 수업을 하다가, 점진적으로 학생들이 학습에 대한 주도권을 갖도록 하였다. 김 교사는 수업 시간에 학생들과 함께 다음과 같은 방법으로 교수·학습 활동을 하였다.

- 예측하기
  - 학생들은 글의 제목을 보고 글의 내용을 예측한다.
- 질문 만들기
  - 학생들은 자신이 읽은 글에서 중요한 내용을 파악하기 위해 질문을 만든다.
  - 학생들은 교사의 입장에서 학생들에게 물어보고 싶은 내용을 질문으로 만든다.
- (　　　　　)
  - 학생들은 본문에 있는 어려운 단어의 뜻을 알아보기 위해 글을 다시 읽는다.
  - 학생들은 이해하지 못한 문맥의 뜻을 파악하기 위해 본문의 내용을 점검한다.
- 요약하기
  - 학생들은 주요 내용을 서로 질문하고 대답한다.
  - 학생들은 자신들이 답한 내용을 모아서 요약한다.

11

2018 중등A-7

(가)는 학습장애 학생 C가 쓴 글이고, (나)는 학생 C를 위한 쓰기 지도 과정 중 '가리고 베껴쓰기' 단계의 일부이다. (가)에 나타난 쓰기 오류의 명칭을 쓰고, ㉠에서 특수교사가 적용한 기법의 명칭을 쓰시오.

(가) 학생 C가 쓴 글

우리 집 마당에 감나무가 있습니다. 나무에 가미 주렁주렁 매달려 있습니다. 할머니가 가믈 두 개 따서 나와 친구에게 주었습니다. 친구와 두리서 마싰게 가믈 머겄습니다.

(나) 학생 C를 위한 쓰기 지도 과정

- 오류를 수정하기 위하여 틀린 단어를 하나씩 쓰는 연습을 다음과 같이 실시함
  - 단어를 보여 주고 가림판으로 단어를 가림
  - 단어를 가린 후 5초 동안 기다리면서 학생 C가 단어를 기억해서 쓰도록 함
  - 학생이 단어를 기억해서 올바르게 쓰면 칭찬을 해주고, 다음 단어를 학습하도록 함
  - 만약 틀린 경우에는 틀린 부분에 대한 교정적 피드백을 제공한 후, 다시 단어를 보여 주고 가림판으로 단어를 가림. 5초 동안 기다리면서 학생 C가 단어를 기억해서 쓰도록 함

(㉠: 위 네 항목)

12

2013 중등1-35

쓰기학습장애 학생에게 쓰기과정적 접근을 통해 작문을 지도할 때 (가)~(마) 중 글쓰기의 단계별 교수 · 학습 활동이 옳은 것을 고른 것은?

글쓰기 단계	교수 · 학습 활동
(가) 글쓰기 전 단계	글쓰기 주제와 유형(예 보고서, 시, 대본)을 선택하게 한다.
(나) 초고 작성 단계	내용 생성의 효율성과 어문규정에 대한 이해도를 높이기 위해 문법과 철자에 초점을 맞추어 글을 작성하게 한다.
(다) 수정 단계	글의 내용을 향상시킬 수 있도록 또래집단으로부터 내용의 첨삭에 대한 피드백을 받게 한다.
(라) 편집 단계	학생이 주도적으로 내용을 표현할 수 있도록 교사의 피드백을 제한하고 사전을 주로 이용하게 한다.
(마) 쓰기 결과물 게시 단계	완성된 쓰기 결과물을 다양한 방법으로 다른 학생들과 공유하게 한다.

① (가), (나), (마)
② (가), (다), (마)
③ (가), (라), (마)
④ (나), (다), (라)
⑤ (나), (다), (마)

13

2013추시 초등B-1

다음은 2학년 학생을 가르치는 통합학급 교사와 특수교사 간 수학 교과 협의회 대화 내용의 일부이다. 물음에 답하시오.

통합학급 교사: 진호가 많이 달라졌어요. 얼마 전에는 두 자리 수의 범위에서 덧셈 문제를 많이 틀려서 힘들어 하더니 요즘은 곧잘 하네요. 연습을 많이 시킨 보람이 있는 것 같아요. 그런데 어제는 낱말의 뜻을 모르는 것도 아니고 풀이 시간도 충분했는데, 한 자리 수끼리의 덧셈으로 이루어진 문장제 문제를 풀 때 틀린 답을 말하는 거예요.

특수교사: 어떤 문제였는데요?

통합학급 교사: "연못에 오리 4마리와 거위 3마리가 있습니다. 오리 2마리가 연못으로 들어왔습니다. 오리가 모두 몇 마리인지 알아보세요."였는데, 답을 9마리라고 하더라고요.

특수교사: 그래요. 진호가 연산에 비해 문장제를 어려워해요. 수식으로 제시되면 계산을 잘하는데, 사례가 들어간 문장제 문제로 바뀌면 오답이 많아요.

통합학급 교사: 그래서 문제를 이해시키기 위해서 CSA 순서를 생각해서 오리와 거위 모형을 가지고 함께 풀이를 했더니 수식을 만들어 내더라고요.

특수교사: 좋은 방법이네요. 그것 외에도 ㉢ <u>문장제 문제 유형</u>을 알고 도식을 활용하여 풀이하는 방법도 있어요. 앞으로 진호에게는 기초적인 연산도 중요하지만 수학적 문제 해결력에도 초점을 맞추어 가르쳐야 할 것 같아요.

3) 다음은 ㉢의 한 유형이다. 그 유형을 쓰시오.

노란 장미가 6송이 있습니다. 빨간 장미는 노란 장미보다 3송이 더 많습니다. 빨간 장미는 몇 송이가 있는지 알아봅시다.

14

2011 초등1-25

다음은 학습장애 학생들이 수학시험에서 보인 오류이다. 오류 형태의 분석과 그에 따른 지도 방법이 적절한 것을 모두 고른 것은?

	오류	오류 분석	지도 방법
ㄱ	77 + 19 816 88 + 39 1117	자릿수를 고려하지 않고 답을 기입함	• 수 모형(낱개 모형, 십 모형, 백 모형)을 이용하여 낱개가 10개가 되면 십 모형 1개로, 십 모형이 10개가 되면 백 모형 1개로 교환하게 하여 자릿수 개념을 확인시킨다. • 그림과 같은 틀을 주어 일의 자리부터 더하여 첫째 줄의 네모 칸에 기입하고, 십의 자리를 더하여 다음 줄의 네모 칸에 기입한 후 합을 구하게 한다. 이때 네모 칸 속에는 숫자를 하나씩만 쓰도록 한다. (8 8 / + 3 9 / □□ / □□□ / □□□)
ㄴ	26 + 3 11 56 + 2 13	단순한 연산 오류임	• 그림과 같이 구체물을 이용해서 두 집합으로 가르고, 두 집합을 다시 하나의 집합으로 모으는 활동을 하게 한다. • 수직선을 이용하여 주어진 수 만큼 앞으로 가거나 뒤로 가는 활동을 하게 한다. • 또 다른 그림을 보고 수식을 만들어 계산하는 연습을 시킨다.
ㄷ	32 − 19 27 45 − 17 32	받아내림을 하지 않고 큰 수에서 작은 수를 뺌	• 수 모형(낱개 모형, 십 모형)을 이용해서 윗자리의 숫자인 피감수를 제시하게 하고, 아랫자리의 숫자인 감수만큼 제거하도록 한다. 이 때 일의 자리부터 감수를 제거하도록 하고, 피감수의 낱개 모형 수가 부족하면 십 모형 1개를 낱개 모형 10개로 교환하여 제거하도록 한다. • 십의 자리에서 받아내리는 절차를 수식으로 나타내어 계산하는 연습을 하게 한다.
ㄹ	$\frac{1}{3}$ $\frac{2}{4}$	분수를 바르게 이해하지 못함	• 색칠하지 않은 부분이 색칠한 부분의 몇 배인지 물어본 후에, 크기가 같은 색종이를 $\frac{1}{3}$과 $\frac{2}{4}$만큼 잘라서 서로 포개어 보도록 한다.

① ㄱ, ㄷ ② ㄴ, ㄷ
③ ㄱ, ㄴ, ㄹ ④ ㄱ, ㄷ, ㄹ
⑤ ㄴ, ㄷ, ㄹ

15

2018 초등B-4

(가)는 2015 개정 수학과 교육과정의 3~4학년군 '측정' 영역에 대해 교사가 학습장애 학생 민기를 지도하며 판서한 내용이다. 물음에 답하시오.

(가)

교수 내용 1

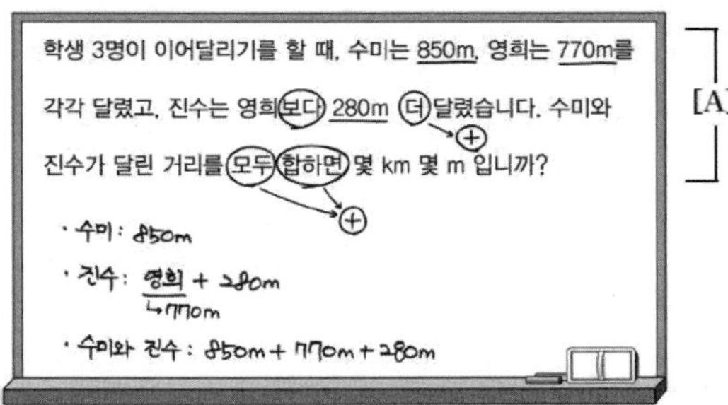

교수 내용 2

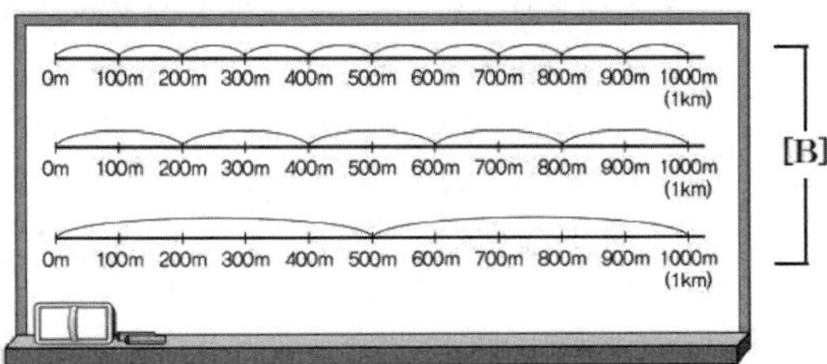

2) (가)의 ① [A]에 적용한 전략을 쓰고, ② 1km 단위 지도를 위해 [B]에서 사용한 덧셈 방법을 쓰시오.

16

2010 중등1-8

학습장애 학생에게 과학과 '지각의 물질' 단원을 지도하기 위한 학습전략과 그 설명으로 옳은 것을 〈보기〉에서 모두 고른 것은?

보기

ㄱ. 심상화(visualization) : 조암광물(석영, 장석, 흑운모 등)의 생김새를 종이에 그리도록 하여 조암 광물의 종류를 기억하도록 도와준다.

ㄴ. 단원 구성도(unit organizer) : 단원의 주요 개념과 활동 등을 시각적으로 제시하여 학생들이 단원에 대한 중요한 정보를 기억하도록 도와준다.

ㄷ. 핵심어 전략(keyword method) : '활로 방어한 장군이다'라는 문장을 만들어 광물(활석, 방해석, 장석)의 상대적인 굳기 순서를 기억하도록 도와준다.

ㄹ. 안내 노트(guided notes) : 교사는 '지각의 구성 물질'에 대한 주요 개념과 사실 등을 여백으로 남긴 유인물을 제작하여 학생들이 복습할 때 사용하도록 한다.

ㅁ. 개념 다이어그램(concept diagram) : 조암광물에서 '항상 나타나는 특징', '가끔 나타나는 특징', '전혀 나타나지 않는 특징', '예와 예가 아닌 것' 등을 시각적으로 조직화하여 조암광물의 주요 특징에 집중하도록 도와준다.

① ㄱ, ㄷ ② ㄴ, ㅁ
③ ㄱ, ㄷ, ㄹ ④ ㄴ, ㄷ, ㅁ
⑤ ㄴ, ㄹ, ㅁ

17

2013추시 중등B-6

(가)는 A 중학교 2학년에 재학 중인 학습장애 학생들의 대화 중 일부이고, (나)는 박 교사가 진주와 상담한 후 A 대학교 이 교수로부터 자문받은 내용의 일부이다. 물음에 답하시오.

(가) 학생들의 대화

민지: 수영아! 나 시험 엉망이었어. 나는 공부에 재능이 없나 봐.
수영: 나도 시험 잘 못 봤어. 시험공부를 열심히 안 했기 때문에 그런 것 같아.
진주: 이번 시험은 너무 어렵지 않았니? 선생님이 문제를 너무 어렵게 냈기 때문에 시험을 잘 못 본 것 같아. 다음에는 쉬운 문제가 나왔으면 좋겠어.

… (중략) …

민지: 진주야, 중학교에 올라오니 공부하는 것이 더 힘든 것 같아. 초등학교 때보다 과목도 많고, 암기해야 할 것도 많아서 무척 힘들어.
진주: 나는 순서대로 암기해야 하는 것을 기억하기 어렵더라. 나중에 박 선생님을 찾아가서 어떻게 공부해야 하는지 여쭤봐야겠어.

(나) 박 교사와 이 교수의 대화

박 교사: 교수님, 우리 반에 학습장애 학생이 있는데, 이 학생은 특정한 어휘나 정보를 잘 기억하지 못합니다. 이런 학생에게 도움이 될 만한 좋은 방법이 있을까요?
이 교수: 네, 학습장애 학생 중에는 기억 전략을 잘 활용하지 못하여 특정 어휘나 정보를 기억하기가 어려운 학생이 있습니다. 이런 학생들에게 효과적으로 활용할 수 있는 기억 전략 중 ㉣ 핵심어법(keyword method)과 ㉤ 페그워드법(pegword method)이 있지요.

2) ㉣과 ㉤의 기억법을 설명하고, 두 기억법 간의 차이점을 1가지만 쓰시오.

18

2015 중등A-8

학습장애 학생 A의 교실 내 사회적 관계망을 알아보기 위해 김 교사는 (가)와 같은 방법을 실시하고, 특수교사의 자문을 받아 사회성 기술을 (나)와 같이 가르쳤다. (가)에서 사용한 방법의 명칭을 쓰고, (나)에서 사용한 전략을 쓰시오.

(가) 김 교사는 학습장애 학생 A가 친구들로부터 어떻게 인식되고 있는지를 알아보기 위하여 반 학생들에게 같은 반에서 옆에 앉고 싶은 친구와 좋아하는 친구 세 명을 각각 적게 하고, 옆에 앉기 싫은 친구와 싫어하는 친구 세 명도 각각 적게 하였다.

(나) (가)의 결과와 학생들과의 면담을 통해 학생 A의 충동적 행동을 중재할 필요성을 확인하였다. 김 교사는 사회성 기술을 가르치는 인지 전략 중 상황맥락 중재를 활용하기로 하였다. 문제가 생기면 충동적으로 반응하지 말고 일단 행동을 멈추고 생각하고, 문제 해결을 위해 무엇을 할 수 있는지 다양한 대안을 모색하며, 어떤 것이 최적의 해결 방안일지 선택을 한 후, 수행해 보도록 하는 4단계 방법으로 지도하였다.

19

2009 중등1-34

통합학급에서 학습장애 학생의 사회적 기술 및 능력을 평가하는 방법의 특징에 대한 적절한 설명을 〈보기〉에서 모두 고른 것은?

보기

ㄱ. 자유반응형 질문지를 사용한 자기 보고법은 시행이 쉽고 통계적 분석이 가능하며 신뢰도와 사회적 타당도가 높다.

ㄴ. 평정척도형 질문지는 장애학생이 보이는 사회적 기술 특성의 정도와 수준을 평가할 수 있으며 다른 학생의 기술 수준과도 비교 평가할 수 있다.

ㄷ. 관찰기법은 사회적 장면에서 장애학생의 사회적 행동을 유추하여 판단할 수 있으며 사회적 기술 문제의 진단과 해결책을 안내할 수 있다.

ㄹ. 사회적 거리 추정법은 학급 학생들의 장애학생에 대한 수용과 배척의 정도를 분석할 수 있어서 학급에서의 사회적 역동성을 효과적으로 파악할 수 있다.

ㅁ. 지명도 측정법은 학급 내에서 장애학생의 교우관계를 신뢰롭게 파악할 수 있고, 사회적 기술훈련 적용 후 사회성 변화의 효과를 빠른 시간 내에 검증할 수 있다.

① ㄱ, ㄴ　　② ㄱ, ㅁ

③ ㄴ, ㄷ, ㄹ　　④ ㄴ, ㄷ, ㅁ

⑤ ㄱ, ㄷ, ㄹ, ㅁ

20

2024 초등B-2

다음은 성호의 수행 포트폴리오의 일부이다. 물음에 답하시오.

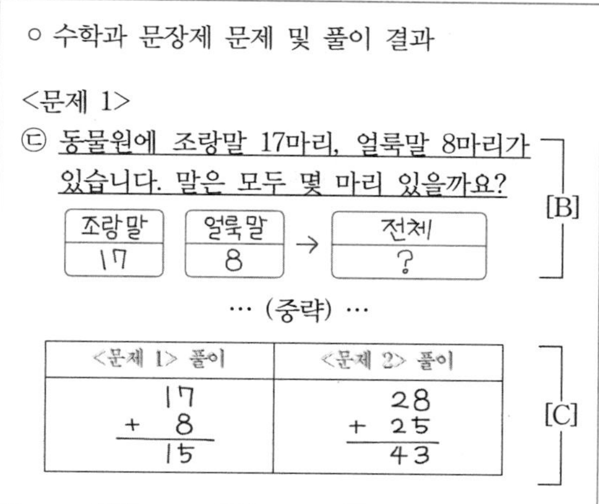

ㅇ 수학과 문장제 문제 및 풀이 결과

<문제 1>

ⓒ 동물원에 조랑말 17마리, 얼룩말 8마리가 있습니다. 말은 모두 몇 마리 있을까요?

조랑말	얼룩말	→	전체
17	8		?

[B]

… (중략) …

<문제 1> 풀이	<문제 2> 풀이
17 + 8 = 15	28 + 25 = 43

[C]

1) ① [B]에 해당하는 문장제 문제 해결을 위한 전략의 명칭을 쓰고, ② ⓒ을 변화형 뺄셈 문장제 문제로 만들어 쓰시오.

모범답안

1	④
2	④
3	① 중재반응 모델 ② 다음 중 택 1 • 학습장애를 과잉 혹은 잘못 판별하는 것을 감소시킬 수 있다. • 문화적으로나 언어적으로 다른 소수민족 학생들에 대한 장애학생으로의 과잉판별을 줄일 수 있다. • 교육과정중심평가와 학생의 진전에 대한 지속적인 모니터링을 통하여 학생 판별의 전통적인 방법보다 더 수업에 관련된 자료를 제공한다.
4	④
5	1) ㉠ 음절 변별 ㉡ 선생님이 단어를 따로따로 말할 거예요. 그러면 여러분이 듣고 합쳐서 말하는 거예요. /드-아-을/
	2) 읽기이해 지도
	3) 심상 만들기
6	㉡ 단어인지
7	⑤
8	③
9	①
10	• 교수 방법: 상보적 교수법 • 용어: 명료화하기
11	• (가) 표기처리 오류 • ㉠ 시간지연법
12	②
13	비교형
14	①
15	① 핵심어 전략, ② 건너뛰며 세기
16	②
17	• ㉣ 목표 어휘와 학생이 이미 알고 있는 핵심어를 연결하여 목표 어휘를 가르치는 방법이다. • ㉤ 순서에 맞게 외워야 하는 내용을 숫자와 비슷하게 발음되는 쉬운 단어들을 사용하여 학습하는 방법이다. • 차이점: 핵심어법은 학생이 이미 알고 있는 단어 중 목표 어휘와 청각적으로 비슷한 어휘를 사용하고, 페그워드법은 숫자와 비슷하게 발음되는 쉬운 단어를 사용한다.
18	(가) 또래 지명법, (나) FAST 전략
19	③
20	① 표상교수 ② 동물원에는 25마리의 말이 있습니다. 이 중 8마리를 다른 곳으로 옮기면 몇 마리가 남습니까?

ME
MO

김남진

KORSET

특수교육 ②

PART 06

정서·행동장애아교육

PART 06

정서 · 행동장애아교육 Mind Map

Chapter 1 정서 · 행동장애의 이해

1 정서 · 행동장애의 개념
- 장애인 등에 대한 특수교육법
- 정서 · 행동장애 정의의 다양성

2 정서 · 행동장애의 분류
- 의학적 분류
- 교육적 분류
  - 내재화 장애(요인)
  - 외현화 장애(요인)
  - 장단점
- 장애의 공존

3 정서 · 행동장애 학생의 특성
- 인지적 특성
- 학업적 특성
- 언어적 특성
- 사회적 특성
- 행동적 특성

Chapter 2 정서 · 행동장애의 원인과 진단 · 평가

1 정서 · 행동장애의 원인
- 생물학적 요인
- 환경적 요인
  - 가족 구조
  - 애착
    - 안정 애착
    - 불안정 애착
      - 회피 애착
      - 저항 애착
      - 혼란 애착
  - 아동 관리
    - 권위적 훈육
    - 권위주의적 훈육
    - 관대한 훈육
    - 무관심한 훈육
  - 아동 학대
- 학교 요인
- 문화적 요인

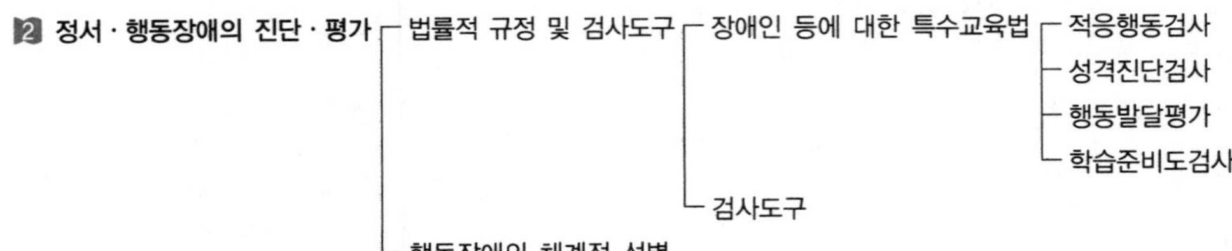

Chapter 3 정서 · 행동장애의 이론적 관점

1 신체생리적 모델
- 기본 관점
- 원인
  - 유전적 요인
  - 뇌와 신경생리학적 요인
  - 기질적 요인
    - 순한 기질
    - 까다로운 기질
    - 느린 기질(더딘 기질)
- 진단 · 평가
- 신체생리적 모델의 중재

2 정신역동적 모델
- 기본 관점
- 원인
  - 정신분석학적 견해
  - 인본주의 견해 : Maslow의 욕구위계 이론
- 진단 · 평가
- 정신역동적 모델의 중재

3 행동주의 모델
- 기본 관점
- 원인
- 진단 · 평가
- 행동주의 모델의 중재
  - 사회적 기술 훈련
  - 행동 증가 기법 및 행동 감소 기법

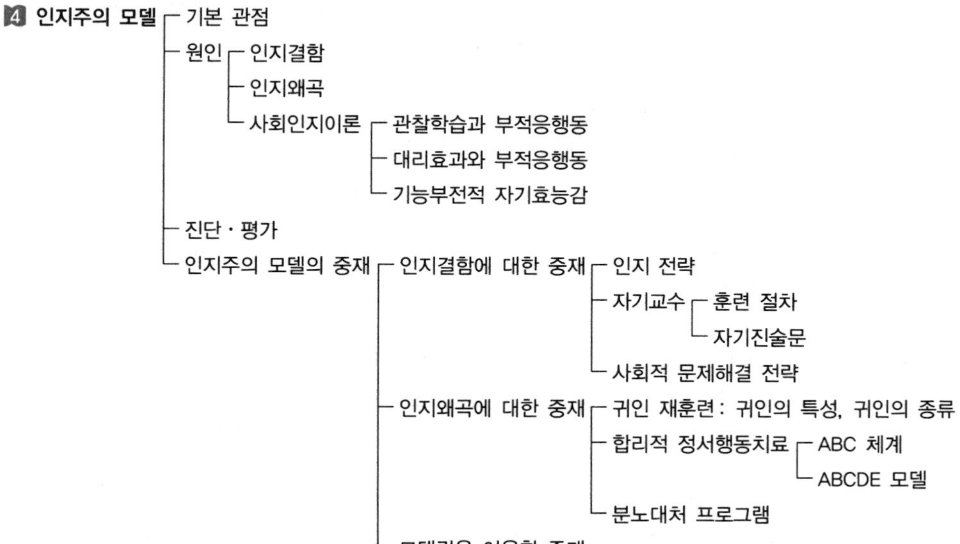

5 생태학적 모델
- 기본 관점: 미시체계, 중간체계, 외체계, 거시체계, 시간체계
- 원인
- 진단 · 평가
- 생태학적 모델의 중재
  - Re-ED 프로젝트
  - 아동청소년 서비스 체계 프로그램(CASSP)
  - 랩어라운드 서비스

Chapter 4 정서 · 행동장애의 하위 유형

1 품행장애
- 품행장애의 개념: 타인의 권리 침해, 사회적 규범 위반
- DSM-5의 품행장애 진단기준
  - 사람과 동물에 대한 공격성
  - 재산/기물 파괴
  - 사기 또는 절도
  - 심각한 규칙위반
- 품행장애의 원인
- 품행장애의 중재
  - 부모 훈련
  - 기능적 가족 중재
  - 학교 중심 프로그램: 1차 예방, 2차 예방, 3차 예방
  - 지역사회 기반 프로그램
  - 다중체계 중재
  - 인지행동 중재: 문제해결 훈련, 분노조절 훈련, 자기관리 훈련, 자기교수, 대안반응 훈련, 귀인 재훈련, 합리적 정서행동치료
  - 사회적 기술 훈련

2 적대적 반항장애
- 적대적 반항장애의 개념
- DSM-5의 적대적 반항장애 진단기준
  - 분노/과민한 기분
  - 논쟁적/반항적 행동
  - 보복적 특성
- 적대적 반항장애의 원인
- 적대적 반항장애의 중재

3 주의력결핍 과잉행동장애
- 주의력결핍 과잉행동장애의 개념: 핵심적 특성 – 부주의, 과잉행동 및 충동성
- DSM-5의 주의력결핍 과잉행동장애 진단기준
  - 부주의
  - 과잉행동 및 충동성
- 주의력결핍 과잉행동장애의 원인
- 주의력결핍 과잉행동장애의 일반적 특성
- 주의력결핍 과잉행동장애의 중재
  - 약물치료
  - 행동 중재
  - 인지행동 중재

4 틱장애
- 틱장애의 개념
- DSM-5의 틱장애 진단기준
  - 뚜렛장애
  - 만성(지속성) 운동 또는 음성 틱장애
  - 일과성 틱장애
- 틱장애의 중재
  - 정신치료
  - 환경조작
  - 습관 반전
  - 상황 역실행
  - 약물치료
- 틱이 나타났을 때 지켜야 할 주의사항

5 우울장애
- 우울장애의 개념
- 우울장애의 하위 유형
  - 파괴적 기분조절장애
  - 주요 우울장애 : 필수 증상 - 우울 기분, 흥미나 즐거움의 상실
  - 지속적 우울장애
- 우울장애의 중재

6 불안장애
- 불안장애의 개념
- 불안장애의 하위 유형
  - 범불안장애
  - 분리불안장애
  - 사회불안장애
  - 선택적 함구증
  - 특정 공포증
  - 광장공포증
  - 공황장애
- 불안장애의 원인
- 불안장애의 중재
  - 불안장애의 중재에 대한 이해
  - 인지행동 중재 : 모델링, 체계적 둔감법과 실제상황 둔감법, 정동홍수법, 재노출요법, 인지적 재구조화, 자기통제 기술, 이완훈련
  - 약물치료

7 외상 및 스트레스 관련 장애
- 외상후 스트레스장애(PTSD)
- 반응성 애착장애

8 강박 및 관련 장애
- 강박장애
- 신체추형장애

PART 06 정서 · 행동장애아교육 Mind Map

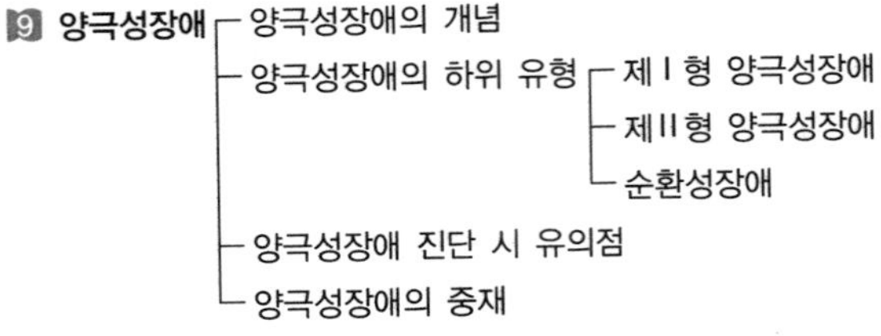

10 기초신체기능 관련 장애
- 급식 및 섭식장애
  - 유형
  - 중재
- 배변장애
- 수면장애

Chapter

01 정서 · 행동장애의 이해

01 정서 · 행동장애의 개념

1. 장애인 등에 대한 특수교육법 09중특

> 장기간에 걸쳐 다음의 어느 하나에 해당하며, 특별한 교육적 조치가 필요한 사람
> 가. 지적 · 감각적 · 건강상의 이유로 설명할 수 없는 학습상의 어려움을 지닌 사람
> 나. 또래나 교사와의 대인관계에 어려움이 있어 학습에 어려움을 겪는 사람
> 다. 일반적인 상황에서 부적절한 행동이나 감정을 나타내어 학습에 어려움이 있는 사람
> 라. 전반적인 불행감이나 우울증을 나타내어 학습에 어려움이 있는 사람
> 마. 학교나 개인 문제에 관련된 신체적인 통증이나 공포를 나타내어 학습에 어려움이 있는 사람

이 정의는 정서 · 행동문제의 특징을 다음과 같이 다섯 가지 영역으로 구체화하고 있다.

① 학습에 대한 어려움

② 대인관계의 문제

③ 부적절한 행동

④ 불행감이나 우울

⑤ 신체적 증상이나 공포

자료

정서 · 행동장애의 이해

일반교사: 우리 반에 또래와 다르게 문제행동을 자주 보이는 학생이 있어요. 이 학생이 혹시 정서 · 행동장애가 있는 것은 아닌지 궁금합니다.
특수교사: 정서 · 행동장애 학생으로 진단하기 위해서는 문제행동의 발생 빈도나 강도가 높은 심각성, 지속시간, 교육적 성취의 어려움을 종합적으로 고려해요.

출처 ▶ 2017 초등B-1 기출

비교

미국 「장애인교육법」의 정서장애

(i) 이 용어는 다음의 다섯 가지 특성 중 하나 이상을 교육적 수행에 불리한 영향을 줄 만큼 장기간에 걸쳐 현저한 정도로 보이는 상태로,
  (A) 지적, 감각적, 건강상의 요인에 의해 설명할 수 없는 학습 문제
  (B) 또래 및 교사와 만족할 만한 대인관계를 형성 · 유지하지 못함
  (C) 정상적 상황에서 부적절한 행동이나 감정을 보임
  (D) 늘 불행해하고 우울해함
  (E) 개인적인 또는 학교 문제와 관련하여 신체적 증상, 통증, 두려움을 보임
(ii) 조현병을 포함하며, 정서장애라고 판명되지 않는 한 사회 부적응 아동은 포함하지 않는다.

2. 정서 · 행동장애 정의의 다양성

① 정서장애라는 용어는 이상한, 비전형적인 혹은 일탈된 행동을 분류하기 위해 사용되는 용어(정서적 부적응, 정신장애, 심리적 장애, 정신 병리학, 정신질환)들 중의 하나이며, 이와 같은 용어의 다양성은 전문가들에 따라 혹은 이론적 입장이 서로 상이함을 의미한다.

② 일반학생도 정서 · 행동장애 학생과 같이 일탈 혹은 부적절한 행동을 하는데, 정서 · 행동장애 학생은 그 행동이 보다 심각하고 장기간 지속되며 발생빈도가 높고 복합적이라는 점에서 다르다.

- 따라서 정서 · 행동장애 학생으로 진단하기 위해서는 문제행동의 발생 빈도나 강도가 높은 심각성, 지속시간, 교육적 성취의 어려움 등을 종합적으로 고려해야 한다.

02 정서 · 행동장애의 분류

의학적 분류
동 정신의학적 분류

1. 의학적 분류 13중특

① 의학적 분류는 범주적 분류(categorical classification) 또는 임상적 분류라고도 하는데, 정신의학 분야에서 다양한 정신장애를 체계화하고 의료 전문가들 간의 의사소통을 원활하게 하려는 목적으로 시작되었다.

- 의학적 분류에 의한 대표적인 분류체계는 『정신장애의 진단 및 통계 편람(DSM)』이다.

② 의학적 분류에서는 학생이 진단에 의뢰될 경우 진단준거의 충족 여부에 따라 정상과 이상을 결정하기 때문에, 정상과 이상의 차이는 양적 차이가 아닌 질적 차이로 본다.

- 이상행동은 정상행동과는 질적으로 구분되며, 흔히 독특한 원인에 의한 것이기 때문에 정상행동과는 명료한 차이점을 가지고 있다는 가정에 근거한다.

③ 장애의 종류 간 구별에 초점을 두는 분류체계로 특수교육대상 학생들에 대한 표찰(labeling)의 문제를 발생시킬 수 있다.

2. 교육적 분류 13중특

교육적 분류는 차원적 분류(dimensional classification) 또는 경험적 분류라고도 한다. 의학적 분류에서는 정서·행동장애의 각 유형을 매우 특이한 하나의 현상으로 보지만, 교육적 분류를 지지하는 전문가들은 정서와 행동의 문제는 누구나 경험하는 것이고, 이를 매우 심한 정도로 나타내는 것이 정서·행동장애라는 관점을 견지한다.

교육적 분류는 정서·행동장애를 내재화 장애(요인)와 외현화 장애(요인)로 구분하는데, 한 학생이 각 범주의 특성을 동시에 보일 수도 있고 두 범주에 속하는 특성을 번갈아 보일 수도 있다.

(1) 내재화 장애(요인)

① 과잉통제(overcontrolled)라고 부르며, 불안, 우울, 위축 등과 같이 내면적인 어려움을 야기하는 상태이다.

② 내재화 행동문제의 예는 다음과 같다.

- 슬픈 감정, 우울함, 자기비하 감정을 보인다.
- 환청이나 환각을 경험한다.
- 특정 생각이나 의견 혹은 상황에서 벗어나지 못한다.
- 반복적이고 쓸모없는 행동에서 벗어나지 못한다.
- 갑자기 울거나, 자주 울거나, 특정 상황에서 전혀 예측하지 못한 비전형적인 감정을 보인다.
- 공포나 불안의 결과로 심각한 두통이나 기타 신체적인 문제(복통, 메스꺼움, 현기증, 구토)를 보인다.
- 자살 생각을 이야기하고 죽음에 대하여 몰두한다.
- 이전에 흥미를 보였던 활동에 대한 관심이 줄어든다.
- 과도하게 놀림을 당하거나, 언어적으로나 신체적으로 학대를 당하거나, 무시되거나 또래들에 의하여 기피된다.
- 활동 수준이 심각하게 제한된다.
- 신체적, 정서적 또는 성적 학대의 증후를 보인다.
- 만족할 만한 개인적인 관계 형성 및 유지에 방해가 될 정도의 위축, 사회적 상호작용 회피 또는 개인적인 돌봄의 결여와 같은 기타 특정 행동을 보인다.

(2) 외현화 장애(요인)

① 통제결여(undercontrolled)라고 부르며, 공격성이나 반항행동 등과 같이 타인이나 환경을 향해 표출되는 상태이다.

차원적 분류

- 차원적 분류는 개인이 나타내는 행동 형태의 정도가 얼마나 다른지를 나타낸다(Kauffman et al., 2020).
- 행동적·차원적 분류로 표현(예 2013 중등1-33 기출)되기도 한다.

자료

광대역과 협대역

행동 차원은 일반적으로 두 가지로 대별되는데 이를 광대역(broadband)이라고도 한다. 이 중 하나는 외현화 문제이다(때로는 과소통제라고 함). 외현화 문제는 공격성, 다른 사람에 대한 침해, 충동적이고 불순종적인 행동, 비행 등의 특성을 갖는다. 다른 하나는 내재화 문제로서(때로 과잉통제라고 함), 불안, 사회적 위축, 우울 등의 특성을 갖는다. 과잉행동, 비행, 우울, 품행장애 등과 같은 좀 더 세부적인 문제를 협대역(narrowband)이라고 한다(Kauffman et al., 2020).

② 외현화 행동문제의 예는 다음과 같다.

- 사물이나 사람을 향한 공격적인 양상을 반복적으로 보인다.
- 과도하게 언쟁한다.
- 신체적이거나 언어적인 방법으로 다른 사람의 복종을 강요한다.
- 합리적인 요청에 응하지 않는다.
- 지속적인 역정내기의 양상을 보인다.
- 지속적인 거짓말 또는 도벽의 양상을 보인다.
- 자기조절력 결핍 및 과도한 행동을 자주 보인다.
- 타인이나 교사와의 만족할 만한 인간관계를 개발하고 유지하지 못하거나 물리적 환경의 파괴 등의 특정 행동을 보인다.

(3) 장단점

교육적 분류의 장단점은 다음과 같다.

장점	• 낙인 효과를 줄인다. • 좀 더 구체적이고 세분화된 중재를 제공할 수 있다. • 특수교육에서 상대적으로 덜 관심을 받아 온 내재화 문제에 좀 더 관심을 높일 수 있다.
단점	• 내재화 장애와 외현화 장애의 두 가지 문제를 모두 보이는 상당수의 학생을 어떻게 분류할 것인가의 문제가 발생한다.

의학적 분류 또는 교육적 분류에 의해 정서·행동장애로 판별되더라도 (특수교육대상자 선정을 위한)법적 정의가 충족되는 것은 아니다.

KORSET 합격 굳히기 의학적 분류와 교육적 분류의 비교

두 가지 분류체계의 차이점을 비교하면 다음과 같다.

1. 의학적 분류가 임상적 합의에 의한 정신의학적 분류라면 교육적 분류는 통계적 기법에 의한 경험적 분류이다.
2. 의학적 분류가 정서·행동장애를 범주(category)로 분류하는 범주적 분류라면 교육적 분류는 정서·행동장애를 차원(dimension)으로 분류하는 차원적 분류이다.
3. 의학적 분류에 의하면 어떤 범주에서의 진단준거 충족 여부에 의해 정서·행동장애가 판별되지만 교육적 분류에 의하면 어떤 차원에서의 특정 수준 초과 여부에 의해 정서·행동장애가 판별된다.
4. 의학적 분류에서는 정상과 이상의 차이를 종류의 차이로 간주하지만 교육적 분류에서는 정상과 이상의 차이를 정도의 차이로 본다. 따라서 의학적 분류에서는 정상과 이상이 질적으로 구분되지만 교육적 분류에서는 정상과 이상이 양적으로 구분된다.
5. 의학적 분류는 정서·행동장애를 진단하는 정신건강전문가에게 유용한 반면 교육적 분류는 정서·행동장애를 예방하고 중재하고자 하는 교육전문가에게 더 유용한 것으로 보인다.

출처 ▶ 이승희(2017)

3. 장애의 공존 13중특

① 분류체계가 아무리 정교하다고 하더라도 정서 · 행동장애의 분류가 쉽지 않은 또 하나의 이유는 장애의 공존 또는 장애의 동시발생 때문이다.

② 장애의 공존이란 한 개인에게 두 가지 이상의 장애 상태가 동시에 나타나는 것을 말하는데, 정서 · 행동장애가 다른 장애(예 학습장애)와 함께 나타나는 것뿐 아니라 정서 · 행동장애에 포함되는 하위 범주들이 함께 나타나는 것(예 우울장애와 품행장애)도 의미한다.

03 정서 · 행동장애 학생의 특성

1. 인지적 특성

정서 · 행동장애 학생은 지적장애부터 영재에 이르기까지 광범위한 지적 능력을 보이는데, 대체적으로 일반학생의 IQ 평균보다는 낮은 지능을 나타내는 것으로 보고되고 있다.

2. 학업적 특성

① 정서 · 행동장애 학생들 가운데 일부는 자신의 학년 수준을 따라갈 수 있고 소수는 학업적으로 매우 우수할 수도 있지만 대부분이 낮은 학업 성취를 보인다.

② 정서 · 행동장애 학생들은 자신의 학년 수준에 못 미치는 학업부진을 나타낸다.

③ 정서 · 행동장애 학생들의 학업부진은 거의 모든 영역의 과목에서 나타나는 것으로 보인다.

④ 정서 · 행동장애 학생들이 보이는 학업부진은 시간이 지나도 개선되지 않는 경향이 있다.

⑤ 정서 · 행동장애 학생들 가운데 일부는 학습장애도 함께 가지고 있는 것으로 알려져 있다.

3. 언어적 특성

① 현재까지 정서・행동장애 평가에서 언어적 수행에 대한 척도가 불가결한 구성 요소로 간주되지는 않기 때문에 정서・행동장애 학생들에게 나타나는 언어문제의 정확한 특성은 알려져 있지 않다.

② 정서・행동장애 학생들의 50% 이상이 언어장애를 수반하는 것으로 보고되고 있다.

③ 정서・행동장애 학생들의 언어문제는 언어능력의 어떠한 영역에서도 나타날 수 있지만 특히 실용적 언어장애를 보이는 경향이 있다. 예를 들어, 공격행동을 하는 학생들이 타인을 화나게 하거나 협박하기 위해 언어를 효과적으로 사용하는 방법은 알고 있을 수 있으나, 긍정적이고 건설적인 사회적 목적을 위해 효과적으로 언어를 사용하는 기술은 결핍되어 있을 수 있다.

실용적 의사소통장애
언어를 실제적으로 사용하는 데 있어서의 어려움
동 사회적 의사소통장애

자료

실용적 의사소통장애
Part 07. 자폐성장애아교육의 'Chapter 01. 자폐성장애의 이해' 참조

4. 사회적 특성

① 정서・행동장애 학생의 경우 학교생활과 관련된 사회성 기술에서 결핍을 보인다.

② 학교생활과 관련된 사회성 기술이란 긍정적인 대인관계를 형성하고 유지하며 또래에게 수용되고 더 광범위한 사회적 환경에서 잘 지내게 해주는 기술(예 경청하기, 대화하기, 인사하기, 칭찬하기, 타인에게 도움주기, 규칙 따르기 등)을 의미한다.

5. 행동적 특성

① 정서・행동장애 판별의 일차적 준거가 행동문제이므로 행동적 특성은 정서・행동장애의 가장 두드러진 특성이다.

② 행동문제는 내재화 행동문제와 외현화 행동문제의 두 가지 유형으로 구분할 수 있다.

③ 정서・행동장애 학생들의 행동적 특성은 다른 특성들(인지적 특성, 학업적 특성, 언어적 특성, 사회적 특성)과 연결되어 나타난다.

④ 정서・행동장애 학생들이 행동적 특성과 더불어 다른 특성들도 함께 보이기는 하지만 그 정도와 양상은 개인에 따라 다양하게 나타난다.

Chapter

02 정서 · 행동장애의 원인과 진단 · 평가

01 정서 · 행동장애의 원인

1. 생물학적 요인

생물학적 요인은 유전적 요인, 뇌와 신경생리학적 요인, 기질적 요인을 포함한다.

> **자료**
> 생물학적 요인에 대한 자세한 내용은 Chapter 03. 정서 · 행동장애의 이론적 관점 중 '1 신체생리적 모델'에서 다룬다.

2. 환경적 요인

(1) 가족 구조

① 과거에는 이혼한 가정의 학생이 양쪽 부모가 있는 가정의 학생에 비해 적응에 어려움을 겪는 것으로 보았으나, 최근에는 가족의 형태를 학생의 기능에 가장 결정적인 영향을 주는 변인으로 보지 않는다.

② 부부 갈등은 아동과 청소년의 외현화 문제, 내재화 문제, 사회성 문제나 대인관계 문제와 관련성이 높으며, 특히 내재화 문제보다는 외현화 문제와의 연관성이 보다 높다.

③ 위탁가정에서 양육을 받는 학생의 경우에는 불안정감이나 불안정 애착관계, 적절한 양육의 결핍과 같은 문제가 존재할 가능성이 높다.

(2) 애착 15유특, 19유특

① 애착이란 생애 초기 영아와 양육자(주로 엄마) 사이에 형성되는 친밀한 정서적 유대감을 의미한다.

② Ainsworth는 여덟 가지 에피소드로 구성된 낯선 상황 실험을 실시하여, 애착 형성을 네 가지 유형(안정 애착, 회피 애착, 저항 애착, 혼란 애착)으로 구분하였다. 네 가지 유형은 안정 애착과 불안정 애착(회피 애착, 저항 애착, 혼란 애착)으로 구분할 수 있다.

유형		내용
안정 애착		• 연구대상의 65% 정도를 차지하는 유형 • 주위를 탐색하기 위해 어머니로부터 쉽게 떨어진다. 그러나 낯선 사람보다 어머니에게 더 확실한 관심을 보이며, 어머니와 함께 놀 때 밀접한 관계를 유지한다. • 어머니를 안전기지(secure base)로 생각하기 때문에 낯선 상황에서도 적극적으로 환경을 탐색한다. • 어머니와 분리되었을 때에도 어떤 방법으로든 능동적으로 위안을 찾고 다시 탐색과정으로 나아간다. 이들은 어머니가 돌아오면 반갑게 맞이하며, 쉽게 편안해진다.
불안정 애착	회피 애착	• 연구대상의 20% 정도를 차지하는 유형 • 어머니에게 반응을 별로 보이지 않는다. 어머니가 방을 떠나도 울지 않고, 어머니가 돌아와도 무시하거나 회피한다. • 어머니와의 관계에서 친밀감을 추구하지 않으며, 낯선 사람과 어머니에게 비슷한 반응을 보인다.
	저항 애착	• 연구대상의 10~15%를 차지하는 유형 • 어머니가 방을 떠나기 전부터 불안해하고, 어머니 옆에 붙어서 탐색을 별로 하지 않는다. • 어머니가 방을 나가면 심한 분리불안을 보인다. • 어머니가 돌아오면 접촉하려고 시도는 하지만, 안아주어도 어머니로부터 안정감을 얻지 못하고 분노를 보이면서 내려달라고 소리를 지르거나 어머니를 밀어내는 양면성을 보인다.
	혼란 애착	• 연구대상의 5~10%를 차지하는 유형 • 불안정 애착의 가장 심한 형태로 회피 애착과 저항 애착이 결합된 것이다. • 어머니와 재결합했을 때, 얼어붙은 표정으로 어머니에게 접근하거나 어머니가 안아줘도 먼 곳을 쳐다본다.

③ 애착의 발달은 이후의 또래관계 형성에 영향을 줄 수 있다.

㉠ 안정 애착을 형성한 아동은 부모에 대한 신뢰를 바탕으로 다른 사람과의 관계에서도 신뢰를 형성한다.

㉡ 불안정 애착은 이후 학교에서의 불순종, 또래로부터의 고립, 정서·행동문제, 우울증, 품행 문제와 연관될 위험성이 높다.

(3) 아동 관리

① 부모는 수용 가능한 것과 그렇지 않은 것을 바르게 판단하고 행동할 수 있도록 지도하고, 수용되지 않은 행동을 한 경우에는 적절한 처벌을 일관되게 사용하면서 훈육하여야 한다.

② Patterson은 "공격적인 아동의 문제행동이 부적 강화에 의해 유지된다."고 보았다.

- 혐오적인 상호작용이 되풀이되면서 그 빈도와 강도에 있어 점점 강화된다.

③ Steinberg 등은 훈육을 통제와 수용의 정도에 따라 권위적 훈육, 권위주의적 훈련, 관대한 훈육, 무관심한 훈육으로 분류하고 정서 및 행동장애 예방을 위한 가장 적절한 훈육으로 권위적 훈육을 들고 있다. 25유특

유형	내용
권위적 훈육 (신뢰적 훈육)	• 상호 호혜적이며 애착 형성이 이루어져 있고 자녀의 행동 발달에 가장 좋은 효과를 보이는 양육 형태이다. • 권위적 훈육의 부모는 아동의 행동에 대해 반응적이고 요구적이다. • 자녀의 약물 사용을 감소시키며 분노 및 정신적 문제를 감소시킨다. 이러한 부모는 통제와 수용의 적절한 균형을 유지한다.
권위주의적 훈육 (독재적 훈육)	• 권위주의적 훈육의 부모는 아동의 요구에 반응은 하지 않으면서 자신의 요구만을 아동에게 강요하고 엄격한 통제를 하며 아동의 부적절한 행동에 대해 부정적인 후속결과를 제공한다. • 권위주의적 훈육을 받은 아동은 공격적인 행동을 보이거나 매우 낮은 자존감을 가질 수 있다.
관대한 훈육 (허용적 훈육)	• 부모는 아동이 스스로 자신을 조절하도록 하여 아동의 충동성에 대해 매우 관대한 태도를 보인다. • 관대한 훈육을 받은 아동은 충동적이고 공격적이며 의존적인 행동을 보인다.
무관심한 훈육	• 부모는 아동의 어떠한 행동에도 관여하지 않으며 아동을 위한 훈육에 부모의 시간을 쓰지 않고 관심을 보이지도 않는다. • 부모로부터 무관심한 훈육을 받은 아동은 또래 및 성인과의 부정적인 상호작용과 반사회적 행동을 보이며 정서·행동 문제를 보일 위험이 매우 높다.

자료

부적 강화의 덫

지속적인 문제행동을 보이는 대부분의 학생은 자신의 가정과 지역사회에 있는 주위 사람들과 상호작용하면서 부적절한 행동을 배우게 된다. 그리고 그들의 부적절한 행동은 주로 부적 강화의 원리에 의해 유지된다. Patterson이 말한 '강화의 덫'에 걸리는 것이다. 예를 들어, 가정에서 아이가 사탕을 사 달라고 할 때 엄마가 안 된다고 하면 아이는 떼를 쓰고, 그러면 엄마는 아이에게 사탕을 사 주게 되고, 어른이 사탕을 사 주면 아이는 떼쓰는 행동을 멈추는 일이 반복된다면 강화의 덫에 걸릴 수 있다. 여기에서 아이는 자신의 욕구(예 사탕 얻기)를 충족하기 위해서, 그리고 엄마가 제공하는 혐오적인 자극(예 안 돼)을 피하기 위해서 부적절한 행동(예 떼쓰기)을 하고, 엄마는 아이가 주는 혐오적인 자극(예 떼쓰기)을 피하기 위해서 사탕을 사 주게 된다. 즉, 아이의 떼쓰는 부적절한 행동은 엄마의 사탕 사 주기에 의해 정적 강화될 뿐만 아니라, 엄마가 안 된다고 지시하던 혐오적인 자극을 철회함으로써 부적 강화된다. 또한 어른의 사탕 사 주는 행동도 아이가 떼쓰기를 멈추는 것을 통해 부적 강화되는 것이다. 여기에서 아동은 자신이 원하는 것을 얻기 위해서 또는 안 된다고 저지하는 싫은 자극을 피하기 위해서 떼를 쓰는 부적절한 행동을 학습하게 된다(양명희, 2018).

(4) 아동 학대

가족에 의해 행해지는 아동 학대는 신체적, 심리적, 성적 학대를 포함한다.

① 신체적 학대는 때리기와 부적절한 신체적 강압을 지속적으로 사용하는 것을 비롯하여 부모가 사용하는 혐오적이고 부적절한 통제 전략을 의미한다.

㉠ 신체적 학대는 대부분 아동의 몸에 남는 상처로 확인된다.

㉡ 신체적 학대는 아동기 우울증, 품행장애, 반항성장애, 낮은 사회적 능력 등 거의 대부분의 정서 · 행동 문제와 연관될 수 있다.

② 심리적 학대는 아동의 인지, 정서, 행동, 신체적 기능과 관련하여 아동에게 심리적으로 해를 가한 행위나 구어 패턴을 말한다.

㉠ 아동의 심리적 학대는 아동이 부모에게 들은 말로 자신을 비난할 때 발견할 수 있다.

㉡ 다른 학대와 마찬가지로 심리적 학대 또한 내재화 문제, 외현화 문제, 낮은 자존감과 같은 다양한 문제를 유발한다.

③ 성적 학대의 다양한 정의에서 나타나는 핵심은 가해자와 아동 사이의 권력(힘) 차이로 인한 성적 착취이다.

3. 학교 요인

(1) 지능과 학업성취

① 대부분의 정서 · 행동장애 학생의 IQ 평균은 정규분포상에서 낮은 평균 범위에 속하나, 심한 지적장애에서부터 영재 수준에 이르기까지 폭넓게 분포한다.

② 정서 · 행동장애 학생의 학업성취도는 이들의 약간 낮은 지적 능력을 고려한다 하더라도 문제를 보인다.

③ 낮은 학업성취와 행동문제는 관련성이 매우 높은 위험요소로 상호 간에 영향을 미친다.

(2) 학생의 개별성에 민감하지 못함

개인차를 허용하지 않는 엄격한 학급 운영은 모든 학생에게 동일한 학업과 행동 수행을 요구함으로써 학업실패나 사회적 일탈을 조장한다.

(3) 학생에 대한 부적절한 기대

① 기대와 관련해 고려해야 할 한 가지 문제는 장애 표찰의 영향에 관한 것으로 '정서장애'라는 표찰이 교사로 하여금 학생의 부적응행동이나 낮은 학업성취도를 기대하도록 만들 수 있다.

② 교사의 너무 낮은 기대는 학생에게 교사의 기대 이상 성취할 수 없을 것이라는 자기충족적 예언을 유발하고, 너무 높은 기대는 좌절과 우울, 회피를 초래한다.

(4) 일관성 없는 행동관리

① 학생이 자신의 행동에 대한 성인의 반응을 예측하지 못할 때 혼란과 불안을 경험하며 적절한 대안적 행동을 선택하기 어렵다.

② 교사의 일관성 없는 행동관리는 정서·행동 문제의 만성화에 기여하는 경향이 있다.

(5) 비기능적 기술의 교수 및 비효과적 교수

학생들에게 소용이 없고 의미가 없는 것들을 가르치는 학교는 결국 학생들의 부적응행동, 결석, 중도 포기와 같은 문제를 일으킬 가능성을 증가시킨다.

(6) 잘못된 강화의 사용

학교에서 교사들은 학생의 행동에 대한 후속 반응(특히, 강화)을 적절하게 제공하지 못함으로써 정서·행동 문제 발생에 기여하는 경향이 있다. 구체적인 경우는 다음과 같다.

① 학생의 부적절한 행동에 정적 강화를 제공하는 경우

② 학생의 부적절한 행동에 부적 강화를 제공하는 경우

③ 학생의 바람직한 행동에 정적 강화를 제공하지 않는 경우

(7) 바람직하지 못한 행동 모델

① 학생은 자신과 유사한 모델, 능력 있게 잘 수행하는 모델, 인기 있고 명성 있는 모델일 때 더 잘 모방한다. 이러한 특성을 갖고 있으면서 문제행동을 하는 모델이 있다면 공격성을 가진 학생이 이 모델의 문제행동을 모방할 가능성이 커진다.

② 교사는 학생에게 중요한 모델이다. 교사가 행하는 체벌은 학생들에게 이를 모방하여 대인관계에서 폭력을 사용하게 만든다.

자기 충족 예언

영향력 있는 타인의 기대 수준이 학습자의 수행 능력에 미치는 영향력이다. 개인은 타인이 바라보는 자기 자신에 대한 이미지에 맞추어 행동을 하려는 경향이 있기 때문에 학교 현장에서 교사의 학생에 대한 학업 성취에 대한 기대 수준에 따라 이들의 학업 수준은 달라질 수 있다. 자기 자신의 행동과 미래에 대한 믿음은 타인의 관점과 관계없이 주관적으로 형성될 수도 있으나, 자기 충족 예언은 타인의 기대 수준에 자신의 행위를 맞추고자 노력한다는 점에서 차이가 있다. 이러한 관점에 따르면 특별한 지원이 필요한 장애학생에게 교사가 어떠한 이미지를 주느냐에 따라서 그들의 학업 성취는 달라질 수 있다(특수교육학 용어사전, 2018).

4. 문화적 요인

(1) 대중매체

① 스마트폰의 보급으로 언제 어디서나 인터넷에 접속이 가능해지면서 음란물, 게임, 폭력물에 대한 노출은 더욱 빠르고 쉬워졌다.

② TV나 영화를 통해 폭력장면에 장기간 노출된 학생은 폭력에 대한 태도에서 심각한 영향을 받는 것으로 나타났다.

③ Bandura의 사회인지 모델은 TV의 영향을 받는 학생의 폭력과 공격성은 개인 변인인 사고와 감정, 사회 환경, 행동이라는 세 가지 요인들 간의 상호작용 결과로 설명한다.

(2) 인종

① 여전히 다문화가정 출신의 학생들이 경험하는 차별과 빈곤 등으로 인해 많은 문제들이 발생하고 있다.

② 인종의 영향을 분석할 때는 그 사회의 주류문화 집단이 그 외의 인종집단을 어떻게 대우하는지에 따른 영향과 분리하여 분석해야 한다.

(3) 사회적 계층과 빈곤

① 사회적 계층은 흔히 부모의 직업, 수입, 교육수준으로 측정되며, 전반적인 정서・행동 문제와 관련성이 있다.

② 가정이 경험하는 빈곤으로 인해 생긴 온갖 결핍과 스트레스가 행동장애의 발생요인이 될 수 있다. 그러나 가난은 직접적인 원인이 아니라 위험을 증가시키는 요인에 해당한다.

(4) 이웃과 지역사회

① 이웃은 같은 지역에 사는 거주자들의 사회적 계층과 거주지의 물리적 환경, 그곳에서 받을 수 있는 심리적 지원체계까지 포함하는 의미로 이웃과 지역사회는 아동・청소년의 행동문제와 관련성이 있다.

② 이웃과 지역사회는 품행장애나 십대 범죄를 예방하는 데 중요한 역할을 담당한다.

(5) 또래집단

① 아동이 성장하면서 또래집단의 비중이 상대적으로 커지게 된다. 또래집단은 사회화, 태도 및 가치관 형성, 정서적 안정감과 자아개념 형성에 영향을 미친다.

② 또래들로부터 적절한 사회화를 이루지 못한 학생은 이후의 삶에서도 적절한 관계를 발전시키는 데 어려움을 겪게 된다.

③ 학생은 또래로부터 인정을 받기 위해 또래집단의 기준이나 가치에 동조하려는 성향을 가지며, 이는 이들의 태도나 가치관 형성에 영향을 준다.

02 정서 · 행동장애의 진단 · 평가

1. 법률적 규정 및 검사도구

(1) 장애인 등에 대한 특수교육법

「장애인 등에 대한 특수교육법 시행규칙」의 제2조 제1항(장애의 조기발견)과 관련하여 별표에 명시되어 있는 정서 · 행동장애의 진단 · 평가 영역은 다음과 같다.

① 적응행동검사

② 성격진단검사

③ 행동발달평가

④ 학습준비도검사

(2) 검사도구

정서 · 행동장애의 선별 혹은 진단에는 다음과 같은 검사도구들이 많이 사용되고 있다.

① ASEBA군(CBCL 1.5-5, CBCL 6-18 등)

② 한국판 정서 · 행동 문제검사(K-SEAD)

③ 한국판 정서 · 행동평가 시스템(K-BASC-2)

자료

정서 · 행동장애의 진단 · 평가 도구

자세한 내용은 'Part 03. 특수교육평가' 참조

2. 행동장애의 체계적 선별

(1) 개념

① 행동장애의 체계적 선별(Systematic Screening for Behavior Disorder, SSBD)은 교사의 추천, 리커트 척도에 의한 평정, 직접 관찰을 모두 활용하는 통합적 선별 절차로 '다관문절차'라고도 불린다.

② 질문지 형태의 평정척도가 아니라 다수의 많은 학생들 중 정서나 행동의 문제를 가진 학생을 체계적으로 선별하는 과정이기 때문에 모델이라고 부른다.

③ 개별 차원이 아닌 학급, 학교, 교육청과 같은 대규모의 선별을 염두에 두고 개발된 모델이다.

(2) 실행 절차

행동장애의 체계적 선별은 다음 그림과 같이 크게 3단계로 진행된다.

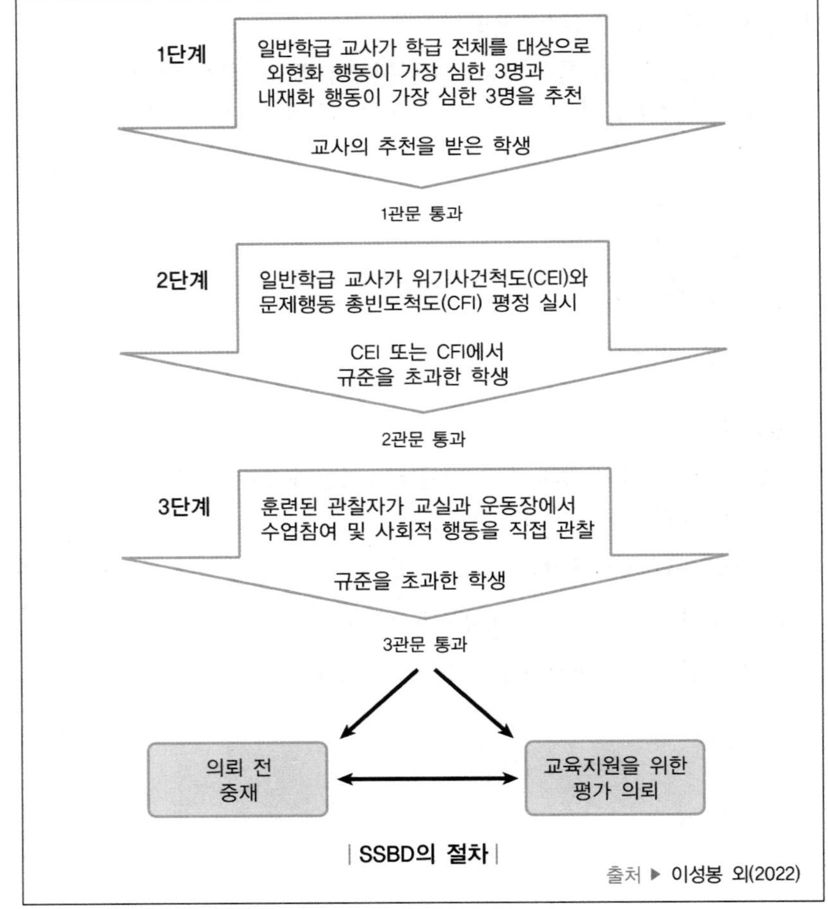

| SSBD의 절차 |

출처 ▶ 이성봉 외(2022)

실행 단계	설명
1단계	일반학급 교사가 학급 전체를 대상으로 외현화 행동이 가장 심한 3명과 내재화 행동이 가장 심한 3명을 추천 • 내재화 행동과 외현화 행동에 대한 교사의 이해를 돕기 위한 안내문이 제공
2단계	일반학급 교사가 자신이 추천한 6명의 학생들을 대상으로 위기사건척도(CEI)와 문제행동 총빈도척도(CFI) 평점 실시 • 위기사건척도(CEI): 33문항으로 이루어진 체크리스트로, 자주 일어나지는 않지만 매우 심각한 행동들을 그 내용으로 하고 있으며, 교사는 그 행동이 지난 6개월 이내에 발생한 적이 있는지의 여부를 체크하게 됨 • 문제행동 총빈도척도(CFI): 12개의 적응행동과 11개의 부적응행동을 각 문항으로 하는 5점 평정척도 • 위기사건척도, 문제행동 총빈도척도 중 어느 하나라도 매뉴얼에서 제시된 절선점수를 초과한 학생은 3단계 절차의 대상이 됨
3단계	훈련된 관찰자가 교실과 운동장에서 수업참여 및 사회적 행동을 직접 관찰 • 관찰은 교실에서 2번, 운동장에서 2번 실시하며 매 관찰은 15분간 실시 • 3단계의 관찰에서 성별, 연령별 규준을 초과한 학생은 개별화교육 지원을 위한 평가팀에 의뢰되거나 일반학급에서 의뢰 전 중재를 받게 됨

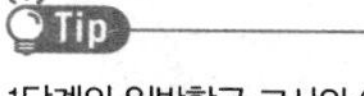

1단계의 일반학급 교사와 2단계의 일반학급 교사는 동일인이다.

(3) 장점

① 교사가 어떤 행동에 대해서 가장 문제가 있는 학생 한 명을 지명하는 것이 아니라 학급의 모든 학생들을 주의 깊게 생각해 보고 그들을 비교할 수 있다.

② 외향적인 학생들은 역사적으로 내재적 경향의 학생들보다 정서 및 행동장애로 규정되는 비율이 높았다. 이 체제에서는 외현화 학생과 함께 사회적으로 위축된 내재화 학생도 함께 고려된다.

③ 과소평가되고 충분히 활용되고 있지 못하는 교사의 판단을 이용한다.

④ 행동장애의 체계적 선별은 통상의 판별 절차와 비교해 볼 때, 포괄적이고 효율적인 체제를 제공한다.

Chapter

03 정서 · 행동장애의 이론적 관점

이론적 관점
동 이론적 모델, 개념적 모델

신체생리적 모델
동 신체생리학적 모델

01 신체생리적 모델 10중특, 12중특

1. 기본 관점 24중특

① 장애란 생물학적 소인이 환경적 요인에 의해 발현된 결과이거나 몇 가지 생물학적 결함이 복합적으로 나타난 것이라고 본다.

- 기본적으로 문제 혹은 병리라는 것은 개인의 내적 측면에 존재한다고 가정하는 의료적 모델이다.

② 신체생리적 모델에 따르면 장애는 유전적 요인, 뇌와 신경생리학적 요인 및 기질적 요인에 기인한다.

㉠ 문제행동들은 생리학적 비정상성에 기인된 것이며, 장애는 유전적 소인이나 잠재되어 있던 생물학적 문제가 환경적 스트레스 요인으로 활성화된 것이다.

㉡ 생리적, 생물학적 비정상성으로 초래된 장애는 의료적 조치를 통해 상태가 완화 또는 치료될 수 있다고 가정한다.

③ 신체생리적 모델은 교사가 생리적 과정을 변화시키는 데 직접적으로 관여할 수 없다는 단점이 있다.

KORSET 합격 굳히기 신체생리적 모델의 행동장애 정의

행동장애 아동이란 기질적 그리고/또는 환경적 영향으로 인해 다음과 같은 특성을 만성적으로 나타내는 아동을 말한다.

- 자신의 인지적, 감각운동적, 신체적 발달에 상응하는 학습을 하지 못함
- 적절한 사회적 관계를 형성하고 유지하지 못함
- 일상 생활환경 내에서 적절하게 반응하지 못함
- 과잉행동이나 충동적 행동에서 우울, 위축에 이르기까지 행동이 과다한 양상으로 나타남

출처 ▶ 윤점룡 외(2017)

2. 원인

(1) 유전적 요인

① 대부분의 정서・행동 문제는 유전적 관련성이 보고되었으며, 유전적 관련성은 가족과 친척, 쌍생아, 입양아 연구에 의해 확인되었다.

② 유전적 영향은 다음과 같다.

㉠ 유전적 영향이 비교적 높은 문제: 조현병과 우울증(특히, 양극성장애)

㉡ 유전적 영향이 거의 없거나 적은 장애: 반항성장애나 품행장애

③ 특정 유전적 소인이 단일요인으로 유전되어 발병하기도 하지만 다양한 환경적 요인과 상호작용하여 발병을 초래하기도 한다.

• 동일 유전적 요인이라도 어떤 환경적 요인과 상호작용하느냐에 따라 결과적으로 다른 장애가 초래될 수 있다.

(2) 뇌와 신경생리학적 요인

① 뇌손상과 뇌기능 이상은 정서・행동장애에 대한 위험을 높이는 뇌와 관련된 생물학적 원인에 해당된다.

② 뇌손상은 다음과 같은 원인으로 인해 발생할 수 있다.

㉠ 뇌는 출생 전, 출생 시, 출생 후 다양한 원인들로 인해 손상을 입을 수 있다.

㉡ 임신 중에 산모가 섭취한 약물이나 독물이 뇌손상을 일으킬 수 있다.

㉢ 출생 시에 일어나는 대표적인 문제 중 하나인 저산소증으로 인해 뇌조직이 파괴되기도 한다.

③ 뇌기능의 이상을 가져오는 원인은 다음과 같다.

㉠ 선천적인 원인이나 질병으로 생긴 뇌의 구조적인 비정상성(뇌의 크기 이상, 특정 부위의 기형 등) 역시 뇌기능 이상을 초래할 수 있다.

㉡ 뇌의 신경화학적 불균형으로 인해 뇌기능 이상이 생길 수 있다.

기질
- 기질(temperament)이란 생후 초기 또는 매우 이른 유아기부터 명백히 나타나는 생물학적 기반의 행동성향이나 행동양식이라고 할 수 있다(이승희, 2017).
- 사람에게는 기질이라고 불리는 출생 시부터 지니고 태어나는 행동 양상이 있으며, 모든 아동은 출생 시 생물학적으로 형성된 기질을 가지고 태어나는 것으로 주장되고 있다. 이 주장에 의하면, 두 아동이 동일한 상황에 처했을 때 각각의 아동이 지닌 독특한 생물학적 요소에 의해서 같은 상황에 대해서 서로 다르게 반응할 가능성이 있다는 것이다(이소현 외, 2011).

동 성격 특성

(3) 기질적 요인

① 기질이란 유전적 요인에 기반하여 생애 초기에 나타나고, 평생 비교적 안정적으로 나타나는 기본적인 성향이며, 행동적으로 관찰 가능한 개인적 차이를 의미한다.

② 영아의 기질과 부모의 양육방식이 적절한 균형을 이루지 못하는 조화의 부적합성 상태에 이르게 되면 정서 · 행동장애가 유발된다.

③ Thomas와 Chess는 100여 명의 아동을 대상으로 성인기에 이를 때까지 이들의 행동양식과 기질발달에 관한 종단적 연구를 수행하였고, 그 결과 아홉 가지 기질적 특성을 밝혀냈다.

- 아홉 가지 기질요소에 대한 통계적 분석 결과에 근거하여 대상 아동들의 65%는 다음과 같은 세 가지 주요 기질적 양상으로 설명될 수 있다고 주장한다. 반면 대상 아동들의 35%는 일관성 있는 기질적 양상이 나타나지 않는다고 한다. 13중특(추시)

순한 기질	• 대상 아동의 약 40% 수준 • 욕구불만에 대한 높은 인내력을 갖고 있고, 생리적으로 균형적이며, 새로운 자극에 적극적으로 반응한다.
까다로운 기질	• 대상 아동의 약 10% 정도 • 흔히 부정적인 태도와 강한 정서를 나타내며, 생리적 기능이 불균형적이다.
느린 기질 (더딘 기질)	• 대상 아동의 약 15% 수준 • 순한 기질과 까다로운 기질이 혼합된 상태 • 새로운 상황과 변화에 대해 늦지만 궁극적으로는 긍정적으로 적응한다.

3. 진단 · 평가

정서 · 행동장애의 신체생리적 진단은 소아과 의사, 정신과 의사, 신경학자 등 의료 관련인의 전문영역에 해당한다.

① 발달력 조사

② 신경학적 평가

③ DNA 검사

④ 기질 평가

4. 신체생리적 모델의 중재

① 신체생리적 모델에서는 정서·행동장애에 대한 신체생리학적 원인을 전제하기 때문에 의료적 중재를 모색한다. 따라서 전통적으로 가장 많이 사용되어 온 중재 방법은 약물치료와 식이요법이다.

② 신체생리적 중재는 주로 의사나 알레르기 전문가, 신경학자 등의 전문가에 의해 이루어지며, 교사의 역할은 관련 전문가들에게 의뢰를 하고 추후 관계를 유지하는 등 비교적 제한적이다. 그러나 교사는 약물치료나 특별한 식이요법 등의 중재로 인한 학생의 교실 내 행동을 점검하는 중요한 역할을 담당하게 된다.

③ 전문가들이 효과적인 중재를 실시하기 위해서는 교실 내에서 일화적·체계적 관찰이 뒷받침되어야 한다. 교사는 자신이 교실 내에서 학생의 일상적인 행동을 관찰하고 정보를 제공할 수 있는 유일한 사람이라는 점을 유념해서, 약물 처치 후 학생의 행동 변화뿐만 아니라 부작용의 증상들을 부모와 전문가들에게 알려야 한다.

- 만약 전문가로부터 부작용에 대한 특정 정보를 제공받지 않았을 경우, 반드시 어떠한 점을 주의 깊게 관찰해야 하는지 정보를 요청해야 한다.

02 정신역동적 모델 10중특, 12중특

1. 기본 관점 13중특(추시), 16유특, 17중특

① 정신역동적 이론가들은 정신 내적 기능의 정상·비정상적 발달과 개인의 욕구에 초점을 둔다.

② 정서·행동장애를 정서적 성숙이 지체된 것으로 간주하며, 학생은 정서적인 문제와 충족되지 않은 욕구 때문에 불안해하는 것으로 본다.

- 정서·행동 문제는 해결되지 못한 갈등, 방어기제의 과도한 의존, 성격 구조의 심한 일탈 등 정신 내적 장애(정신 내적 과정상의 기능장애)가 가시적으로 드러난 것이라고 보고 있다.

③ 정신역동적 모델은 상대적으로 임상연구의 지지를 받지 못한다.

KORSET 합격 굳히기 정신역동적 모델의 정서장애 정의

정서장애 아동들은 사회적 규제와 인습에 대하여 적응할 수 없고 효율적으로 기능하는 데 어려움을 갖기 때문에 안전과 정서, 수용, 자아존중감에 대한 자신의 욕구를 만족시키지 못하고 좌절된 아동들이다. 또한 이들은 현실을 정확하게 인지할 수 없고 환경의 일상적 요구를 해결할 수 없기 때문에 갈등과 불안, 죄의식으로 힘들어한다.

출처 ▶ 윤점룡 외(2017)

정신역동적 모델
동 심리역동적 모델

정신역동적 모델

정신역동적 모델 또는 심리역동적 모델은 정서·행동 문제는 정신 내적 과정상의 기능장애에 기인한다고 가정하며, 장애 행동을 설명하는 가장 전통적인 이론적 모델로 신체생리적 모델과 유사하게 장애는 개인 내적인 문제라고 본다. 이 모델은 프로이트의 정신분석학적 이론을 바탕으로 인간 행동의 동기를 설명하는 정신분석, 자아심리학, 현상학, 게슈탈트 심리학, 인간중심 심리학의 다양한 이론이 복합된 것이다. 이들은 정신 내적 기능의 정상·비정상적 발달과 개인의 욕구에 초점을 둔다. 정신분석학자들은 갈등, 불안, 죄의식 등이 성격 발달과 밀접한 관련이 있으며 정서·행동 문제는 해결되지 못한 갈등, 불안, 방어기제의 과도한 의존, 성격 구조의 심한 일탈 등 정신 내적 장애가 나타난 것이라고 보고 개인의 무의식적 충동, 욕구, 불안, 죄의식, 갈등 등을 주로 평가한다. 부모와 교사는 아동의 감정이나 욕구 그리고 성격 발달에서 유아기·아동기의 중요성을 이해하고, 아동과의 관계에서 안정감과 신뢰감을 줄 수 있어야 한다(특수교육학 용어사전, 2018).

PART 06

2. 원인

(1) 정신분석학적 견해

① Freud에 따르면 성격은 원초아(id), 자아(ego), 초자아(superego)의 세 체계로 이루어져 있으며, 행동은 이러한 세 가지 체계 간 상호작용의 결과이다.

원초아	생물학적 구성 요소로 쾌락의 원리에 지배됨
자아	심리적 구성 요소로 현실의 원리에 지배됨
초자아	• 사회적 구성 요소로 현실보다는 이상을, 쾌락보다는 완벽을 추구하며 행위의 선악을 구분하는 도덕 • 초자아는 원초아의 충동을 억제하도록, 자아가 현실적 목표보다는 도덕적 목표와 완벽을 추구하도록 통제하는 역할을 함

㉠ 정신분석학에서는 인간을 에너지 체계로 보며, 성격의 역동은 제한된 심리적 에너지를 원초아, 자아, 초자아로 어떻게 분배하는가에 달려 있다고 주장한다.

㉡ 자아는 원초아의 요구가 위협당하는 것을 감시하고 불안을 해소하기 위하여 방어기제를 사용한다.

- 방어기제란 정신분석이론의 용어로서 불안을 통제하기 위한 목적으로 현실을 부인하거나 왜곡하는 심리적 과정을 말한다.
- 방어기제는 개인이 불안을 극복하고 불안에 압도되지 않도록 자아를 보호하는 역할을 한다.
- 자아의 방어기제는 무의식적으로 작용하고 현실을 거부하거나 왜곡할 수 있으므로 개인의 내적 갈등을 묻어 버려 알 수 없게 만들기도 한다. 그러나 방어기제는 병적 행동이 아니라 정상적 행동으로 간주되며, 현실을 회피하는 생활양식으로 사용되지 않는 한 적응적 가치가 있다고 본다.

방어기제

합리적인 방법으로 자아가 불안에 대처하지 못할 때, 비현실적인 방법으로 현실을 도피하기 위해 사용하는 기제를 말한다. 방어기제에 의한 행동은 일시적으로 긴장을 해소해 주고, 현재의 자아를 용인하기 때문에 긍정적인 측면이 있다. 그러나 지나친 방어기제의 사용은 새로운 스트레스 요인으로 작용하여 심각한 부적응의 원인이 된다(특수교육학 용어사전, 2018).

KORSET 합격 굳히기 방어기제의 종류

부정	고통을 주는 사실이나 경험을 있는 그대로 인정하지 않고 부정하는 것
억압	위협적인 충동이나 생각을 의식으로부터 차단하려는 것
퇴행	비교적 단순한 초기의 발달 단계로 후퇴하는 것
반동형성	수용할 수 없는 생각, 욕구, 충동 등을 정반대의 것으로 표현하는 것
투사	수용할 수 없는 감정이나 동기를 다른 사람의 특성으로 돌려버리는 것
내사 (투입, 함입)	외부의 대상을 자기 내면의 자아체계로 받아들이는 것(투사와는 정반대의 개념)
합리화	용납하기 힘든 태도, 생각, 행동에 대해 사회적으로 그럴듯한 설명이나 이유를 대는 것
이지화 (지성화, 지식화)	어떤 문제로부터 위협을 받고 있을 때 그러한 문제들을 분석하고 지성적으로 다루는 척하면서 그 문제에서 벗어나려는 것
전위 (전치, 치환)	갈등을 풀기 위해 한 대상에서 다른 대상으로 이동하는 것(즉, 자신의 무의식적 욕구를 덜 위협적인 대상에게 표출하는 것)
승화	사회적으로 수용될 수 없는 욕구나 충동을 사회적으로 용납될 수 있는 형태로 나타내는 것

출처 ▶ 이승희(2017)

② Freud는 유아에서 청소년으로 성장하면서 구강기, 항문기, 남근기, 잠복기, 성기기의 심리성적 발달 과정을 거친다고 가정하였다. 생애 초기의 심리성적 발달 과정은 성격 형성을 결정하며, 이들 각 단계의 주요 발달적 과제를 잘 이행하지 못하고 특정 단계에 고착될 경우 적응상의 문제와 비정상적인 성격발달이 나타난다고 주장한다.

Freud의 심리성적 발달 단계

발달 시기	발달 단계	발달 단계상 특성 및 적응상의 문제
출생~2세	구강기	• 이 단계는 입과 구강부위가 쾌락의 주된 원천이 된다. • 적응상의 문제: 빈정거림, 논쟁적, 탐욕적, 욕심스러움, 과잉 의존, 긴밀한 관계 형성에 대한 불안이나 공포
2~4세	항문기	• 유아는 항문적 활동을 통해 쾌락을 얻는다. 즉, 보다 강렬한 쾌감을 얻기 위해 배설을 미루는 보유와 배설을 통해 쾌락을 얻는다. • 적응상의 문제: 분노와 같은 정서적 발작, 강박적 질서정연, 과잉통제된 행동, 인색함

4~6세	남근기	• 남아는 오이디푸스 콤플렉스를 그리고 여아는 엘렉트라 콤플렉스를 경험한다. 남아는 거세불안을 감소하기 위해 어머니에 대한 성적 욕망을 포기하고, 아버지에게 느꼈던 적대감정을 억압하고 그 대신 자신과 아버지를 동일시하게 된다. 이러한 동일시 과정을 통해 초자아가 형성된다. • 적응상의 문제: 성 정체성 확인과 관련된 문제, 부적절한 성적 태도, 지나친 과시욕
6~12세	잠복기	• 오이디푸스 콤플렉스를 성공적으로 해결한 아동은 비교적 평온한 시기인 잠복기에 들어선다. 부모와의 동일시가 강력해지고, 그로 인해 초자아가 발달되는 시기이다. • 적응상의 문제: 열등감 형성, 소극적이고 회피적인 성격
12~18세	성기기	• 성기기에는 남근기에서와 같이 이성 부모를 향한 성적 욕망이 다시 한 번 나타나는데, Freud는 이를 사춘기에 거세불안을 환기하는 오이디푸스적 상황의 재현이라고 보았다. • 적응상의 문제: 나르시시즘, 지나친 자기애

③ 신프로이트 학파에 속하는 Erikson은 성격발달에 사회적, 문화적 영역을 추가하여 자아의 역할을 새롭게 개념화하였다. 또한 그는 아동기 이후의 발달에서 심리사회적 측면을 강조하였고, 심리성적 발달과 심리사회적 발달은 동시에 일어나며, 생의 각 단계에서 주어지는 특정 요구와 갈등을 적절하게 해결하고 또 사회와 균형을 이루어야 한다고 주장한다.

㉠ Erikson에 따르면, 자아는 살아가면서 주어지는 과제를 유능하고 창조적으로 처리할 수 있는 방법과 힘을 가진다. 현재 표출되는 문제는 단순히 초기 아동기로부터의 무의식적 갈등의 반복에 의해 생성된 것이라고 보지 않고 연속성이 있다고 보기 때문에 초기, 후기의 발달 단계를 모두 다루고 있다.

㉡ Freud의 심리성적 발달 단계와 대비해서 전 생애에 걸친 발달을 8단계로 나누었으며, 각 단계마다 해결해야 하는 각기 다른 위기가 있다고 주장한다. 각 단계에서 위기가 성공적으로 다루어지지 않으면 그보다 낮은 단계의 행동을 지속적으로 나타내므로 각 단계의 위기 해결이 중요하다고 강조하였다.

예 신뢰 대 불신 단계인 영아기에 위기를 극복하지 못하면 다른 사람을 불신하는 적응문제를 초래하고, 주도성 대 죄의식 단계인 학령 이전(놀이기)에 위기를 극복하지 못하면 과도한 죄의식을 가지게 된다.

심리사회적 발달 단계

발달 단계	심리사회적 위기	적응상의 문제
영아기 (0~1세)	신뢰 대 불신	타인에 대한 불신
초기 아동기 (1~3세)	자율 대 수치심과 의심	자신의 능력에 대한 수치와 의심, 환경에 대한 불신
학령 이전 (3~6세)	주도성 대 죄의식	독립적 행동을 저해하는 과도한 자의식, 지나친 죄책감
학령기 (6~12세)	근면성 대 열등감	부정적 자아개념, 자신의 능력에 대한 의심, 사회적 관계에서 열등감, 의존성
청소년기 (12~18세)	정체감 대 정체혼란	성적, 윤리적, 직업적 정체성에 대한 혼란

주) 발달시기 중 성인기, 중년기, 노년기는 생략

(2) 인본주의 견해

① 인본주의는 인간은 본질적으로 선하며 사회적으로 주어지는 나쁜 경험과 좌절을 피할 수 있다면 자신의 잠재력을 스스로 실현할 수 있는 능력을 갖춘 존재라는 시각을 가지고 있다.

② Maslow의 욕구위계 이론에서는 안전이나 배고픔, 애정, 안정감, 자아존중감 등과 같은 다소 낮은 수준의 욕구는 중요도상에서는 동일하지만, 위계적으로 다소 상위에 속하는 정의, 미, 선 등과 같은 상위 욕구보다 먼저 충족되어야 한다는 점을 강조한다. 이러한 상위 욕구를 내면화하고 실현할 수 있는 사람은 매우 소수지만 이러한 자기실현을 성취한 사람들은 자율성, 자발성, 민주적 가치, 창의성, 순응에 대한 저항 등의 특성을 나타낸다.

- Maslow가 제안하는 인간의 5단계 욕구는 다음과 같으며, 이전 단계의 욕구가 충족되어야 다음 단계의 욕구를 추구한다. 23중특

욕구의 단계	설명
Ⅰ. 생리적 욕구	• 공기, 음식, 음료, 휴식, 충족 등에 대한 생리적 욕구 • 신체 내의 균형을 추구하고자 하는 욕구
Ⅱ. 안전 욕구	• 안전과 안정에 대한 욕구 • 두려움, 불안 및 혼란으로부터 자유롭고자 하는 욕구 • 법, 구조, 허용 한계 등에 대한 욕구

Ⅲ. 소속감과 사랑 욕구	• 가족, 친구, 연인에 대한 사랑과 소속감에 대한 욕구 • 애정, 친밀감, 자신의 근본을 알고자 하는 욕구
Ⅳ. 존중감 욕구	• 자신과 타인에 대한 존중감에 대한 욕구
Ⅴ. 자아실현 욕구	• 자신이 할 수 있는 것을 하고자 하는 욕구 • 개인의 내적 성향에 따라 잠재력을 실현하고자 하는 욕구

3. 진단 · 평가

심리역동적 모델은 학생의 정서 · 행동장애를 진단하기 위해 주로 투사법과 자기보고식 검사를 사용하는데, 이러한 검사도구들은 타당성과 신뢰도가 결여되어 있다는 지적을 받고 있으므로 검사 결과의 해석에 주의를 기울여야 한다.

투사법	로르샤흐 잉크반점 검사	대칭적 잉크반점이 있는 10장의 카드를 한 장씩 보여주고 피검자로 하여금 보이는 것을 자발적으로 표현하도록 하는 것
	아동용 주제통각검사	10장의 동물 그림으로 된 일련의 삽화로 구성되어 있으며, 피검자에게 그림을 한 장씩 보여 주면서 그림과 관련된 이야기를 말하게 하여 주제, 주인공, 주인공의 주된 욕구, 환경에 대한 개념, 다른 인물에 대한 견해, 주요 갈등, 불안의 본질, 주요 방어기제, 초자아의 엄격성, 자아통합 등 10개 영역에 대해 분석하는 방법
	문장완성법	미완성 문장을 제시하고 피검자로 하여금 문장을 완성하게 함으로써 피검자의 대인관계, 학업, 불안, 태도 등에 관한 정보를 수집하는 방법
	인물화	아동의 인물화를 통해 성격측정, 타인과 관련된 자아측정, 집단 가치의 측정 및 타인을 향한 태도를 측정하는 것
자기보고식 검사	아동이 자신과 세상, 그리고 미래를 어떻게 지각하고 있는지에 대한 정보를 얻기 위해 아동으로 하여금 문항에 응답하게 하는 방법	

4. 정신역동적 모델의 중재

심리치료	• 심리치료는 내담자가 부정적인 증상을 줄이고 적응적이고 친사회적인 기능을 향상시키기 위하여 고안된 중재로서, 특정 치료 계획에 따라 치료자와 내담자 간의 상호작용, 상담 및 활동을 포함함 예 미술치료, 음악치료, 놀이치료, 심리극 등 • 사람이 어떻게 느끼고 생각하며 행동하느냐에 초점이 맞추어져 있고, 아동이나 청소년이 자연환경에서 자유롭게 치료를 받을 수 있고 다양한 환경과 상황에서 심리분석, 인지치료, 가족치료 등을 사용할 수 있다는 장점이 있음
집단중재	• 집단중재의 목표는 교사와 학생이 문제행동을 일으키는 갈등의 원인을 집단중재를 통해 공개적으로 다루고, 학생의 행동을 강화나 벌을 이용하여 외부적으로 통제하는 것이 아니라, 학생이 자신의 행동에 대해 의견을 표현하고 자기통제 기술과 전략을 습득하여 행동을 내부적으로 통제할 수 있도록 돕는 것 • 집단중재에서 교사의 역할은 학생들의 의견을 적극적으로 청취하고 적절한 질문을 통하여 학생들이 문제를 해결할 수 있도록 촉진하고 안내하는 것
정서교육	• 정서교육이란 진, 선, 미, 성(holiness)을 추구하고자 하는 감정을 키우기 위한 교육을 의미

03 행동주의 모델 10중특, 12중특

1. 기본 관점 17중특, 24중특

① 행동주의자들은 인간의 모든 행동, 즉 장애행동이나 정상행동 모두가 학습된 것이라고 보며, 장애행동과 정상행동의 차이는 행동의 빈도, 강도, 사회적 적응성에 의해 설명될 수 있다고 한다.

② 또한 이 행동들은 원래부터 본질적으로 일탈된 것이 아니라 사회적인 기대에 비해 어느 정도 벗어나 있을 뿐이라고 주장한다.

③ 행동주의 이론은 다음과 같은 두 가지 가정을 제시한다.

㉠ 행동은 관찰·분석·측정될 수 있는 반응이나 행위로 나눌 수 있다.

㉡ 행동은 강화와 벌의 시행을 통해 통제될 수 있다. 따라서 행동은 학습을 통해 수정될 수 있다.

④ 행동주의의 가정을 통해 행동주의 모델의 몇 가지 특징을 확인할 수 있다.

㉠ 부적응행동을 포함한 모든 행동은 학습된 것이므로 잘못 학습된 행동을 제거하거나 새로운 학습을 통해 바람직한 다른 행동으로 대체할 수 있다.

행동주의

심리적 탐구의 대상을 의식에 두지 않고 외현적으로 나타나는 행동에 두는 심리학의 중요한 학파이다. 인간은 자극에 따라 반응하는 존재로 보고, 학습이란 인간의 바람직한 행동의 변화를 일으키기 위해 적절한 자극과 그 반응을 강화시키는 것으로 이해한다. 대표적인 이론들로는 파블로프의 고전적 조건화, 스키너의 조작적 조건화, 반두라의 관찰학습 등이 있다. 최근 들어서는 이 접근에 인지적인 면이 강조되어 자기조종, 자기통제, 자기지도, 자기지시 등의 용어가 많이 사용되면서, 인간 스스로가 자신의 행동을 바꿀 수 있음이 강조되고 있다(특수교육학 용어사전, 2018).

ⓛ 행동의 유발과 유지는 주로 환경에 의해 결정된다. 따라서 특정 행동이 일어나는 특정의 환경과 특정 행동발생 바로 이전과 이후에 일어난 사건을 강조하며, 모든 자연 현상처럼 행동도 예측 가능하고 통제 가능하다고 본다.

ⓒ 개인의 정신 내적인 힘이나 내적인 요인에 관심을 두지 않고 관찰 가능한 행동만을 강조한다.

KORSET 합격 굳히기 행동주의 모델의 정서장애 정의

정서장애는 부적응적 행동들로 구성된다. 이 행동들은 학습된 것이므로 다른 모든 행동들처럼 발전되고 유지되어 왔다.

출처 ▶ 윤점룡 외(2017)

2. 원인

① 고전적 조건화 이론: 무조건 자극과 조건 자극이 결합하여 나중에는 조건 자극만으로도 유기체의 반응을 유발하는 현상이다.

② 조작적 조건화 이론: 어떤 반응에 대해 선택적으로 보상함으로써 그 반응이 일어날 확률을 증가시키거나 감소시키는 것이다.

③ 사회학습이론: 사회학습이론에서는 행동은 관찰학습을 통해 학습될 수 있다고 본다.

3. 진단 · 평가

체크리스트와 평정척도	• 교사나 부모가 행동에 관한 진술문을 읽고, 학생에게 그러한 행동이 나타나는지의 여부를 판단할 수 있도록 구성되어 있는 체크리스트(검목표)나 평정척도를 이용하여 학생의 행동에 관한 정보를 얻는 방법
행동관찰 방법	• 행동관찰의 목적은 자연스러운 장면에서 행동을 기록하고 측정하며, 그 행동과 관련된 변인을 파악하는 데 있음 • 행동을 직접 관찰한 자료를 사용하여 교사는 행동 중재의 효과를 관찰하고 평가할 수도 있음
행동의 기능평가	• 행동의 기능평가는 문제행동을 일으키는 학생의 의도를 분석하여 그 행동을 통해 의사소통하고자 하는 것이 무엇인가를 파악하는 것 • 행동의 기능평가에는 문제행동의 발생과 관련된 선행사건이나 후속결과에 대한 정보를 수집하는 과정이 포함됨

고전적 조건화

동 고전적 조건형성

조작적 조건화

어떤 반응에 대해 선택적으로 보상함으로써 그 반응이 일어날 확률을 증가시키거나 감소시키는 것이다. 스키너에 의해 체계화되었으며 작동적 조건화라고도 한다. 조작 또는 작동은 유기체가 능동적으로 환경에 대해 어떤 행동, 즉 반응하는 것이다. 고전적 조건화에는 선행 자극(무조건 또는 조건 자극)이 주어진 후 유기체는 그에 따라 어떤 후속 반응의 발생이 일어나도록 하는데, 이때 나타나는 유기체의 반응은 자극에 의한 수동적인 반응이다. 그러나 조작적 조건형성은 유기체가 능동적 반응을 먼저 보이고 이에 따라 강화물이나 벌이 제공되어 유기체가 반응을 증가시키거나 감소시킨다는 점에서 차별성이 있다(특수교육학 용어사전, 2018).

관찰학습

관찰학습은 대리학습이나 모델링이라고 하며, 반두라의 사회학습이론에 근거를 두고 있다(특수교육학 용어사전).

자료

관찰학습

Part 04. 지적장애아교육의 'Chapter 05. 교육적 접근' 참조

자료

행동의 기능평가

Part 01. 행동지원의 'Chapter 03. 행동의 기능평가와 표적행동' 참조

4. 행동주의 모델의 중재

(1) 사회적 기술 훈련

① 사회적 기술 훈련(Social Skill Training, SST)은 타인과 효율적으로 상호작용할 수 있고, 사회적으로 수용 가능한 행동을 하며 원만한 또래관계와 긍정적 생활적응을 위해 필요한 기술 등을 훈련하는 것을 의미한다.

② 비장애학생들이 발달 과정을 통해 사회적 기술에서 다양한 행동목록을 자연스럽게 내면화하는 것과는 달리 정서 및 행동장애 학생들은 사회적 기술을 스스로 터득하는 것이 어렵기 때문에 체계적인 사회적 기술 훈련이 필요하다.

- 정서·행동장애 학생들에게 의사소통기술, 협동기술, 친구관계의 관리, 감정관리기술, 자기통제, 공감, 갈등 다루기 등과 같은 사회적 기술을 하나하나 가르침으로써 사회적 기술을 향상시킬 수 있고 문제행동을 현저히 줄일 수 있다.

③ 사회적 기술 훈련은 이론적 관점에 따라 훈련을 구성하는 요소들이 상이하다.

예 사회학습 이론에 근거한 프로그램은 시범과 코칭을 강조, 조작적 학습 이론에 근거한 프로그램은 정적 강화의 사용을 강조

㉠ 이론적 근거에 따라 차이가 있지만 공통적으로 학생이 자신의 사회적 환경에서 성공적으로 기능수행을 할 수 있는 구체적인 대인관계 기술을 지도한다.

㉡ 최근에는 보다 통합적인 접근을 강조하며 대부분의 훈련에서 시범, 역할놀이, 코칭, 피드백, 일반화 전환의 교수적 요소를 포함하고 있다.

Tip
사회적 기술 훈련은 특정 훈련 프로그램을 지칭하는 것이 아니라 사회적 기술을 위해 사용되는 프로그램을 통칭하는 용어이다.
예 상황이야기

KORSET 합격 굳히기 사회적 기술 훈련의 교수 단계(스킬스트리밍)

Goldstein 등은 다음과 같은 과정으로 진행되는 스킬스트리밍(Skillstreaming)이라는 사회적 기술 훈련 프로그램을 개발하였다.

단계	내용
1단계	사회적 기술을 정의한다.
2단계	사회적 기술을 모델링한다.
3단계	사회적 기술에 대한 학생의 요구를 파악한다.
4단계	역할극의 연기자를 선정한다.
5단계	역할극을 준비한다.
6단계	역할극을 수행한다.
7단계	학생의 수행에 대해 피드백한다.
8단계	사회적 기술에 대한 과제를 부여한다.
9단계	다음 역할극의 연기자를 선정한다.

출처 ▶ 윤점룡 외(2017)

(2) 행동 증가 기법 및 행동 감소 기법

행동 증가 기법	강화자극 사용, 유관 계약, 토큰 체제 등
행동 감소 기법	차별강화, 타임아웃, 벌, 신체적 구속

04 인지주의 모델 12중특

1. 기본 관점 09중특

① 정서와 행동은 경험한 사건에 대한 해석의 결과라고 말할 수 있으므로 임상적인 개선은 사고의 변화에 의해 결정된다.

② 행동주의 모델에서는 인간의 행동과 장애를 단지 외적 사상(event)의 기능을 통해 설명하는 데 반해, 인지주의 심리학자들은 행동이란 외적 사상뿐만 아니라 그 사상에 대한 개인의 해석방법에 의해 결정된다고 주장하며, 나아가 개인의 사고, 감정 · 행동 간에는 상호작용적인 관계가 존재하는 것으로 본다.

③ 인지주의 모델은 정서 · 행동에 대한 외적 사상의 영향은 인정하지만 인간의 내적 과정이 장애의 근본적 원인이라고 가정한다는 점에서 신체생리적 모델이나 정신역동적 모델과 유사성을 가진다.

Tip

인지주의 모델에서의 가장 주된 관심은 개인의 지각과 사고이다.

인지주의적 모델

이 모델에서는 정서 · 행동장애에 대한 외부 환경적 요인의 영향을 인정하지만 근본적 원인은 개인의 지각과 사고 등 인지의 문제라고 본다. 즉, 외적 사상에 대한 개인의 왜곡된 신념이나 부정적 사고가 스스로 불행과 두려움 등의 부적절한 감정과 행동을 유발한다는 것이다. 따라서 이 모델에서 강조하는 중재법들은 자기관리와 자기통제를 중심으로 자신의 목표, 행동, 사고를 정확하게 생각하도록 가르치는 방법 또는 자신의 인지와 세계관을 재구조화하거나 새로운 인지 기술과 전략을 사용하여 이전과 다르게 생각할 수 있도록 가르친다(특수교육학 용어사전, 2018).

KORSET 합격 굳히기　인지주의 모델의 정서장애 정의

- 정서와 행동은 경험한 사건에 대한 해석의 결과라고 말할 수 있으므로 임상적인 개선은 사고의 변화에 의해 결정된다.
- 인지주의 심리학자들은 행동에 영향을 주는 개인의 사고, 신념, 기대, 태도 등에 주로 관심을 둔다. 인지상의 장애과정은 심리적 장애를 유발하며, 인지의 변화를 통해 장애행동은 개선될 수 있고 치유될 수 있다.

출처 ▶ 윤점룡 외(2017)

2. 원인

(1) 인지결함 11중특, 17유특

① 인지결함은 인지처리 과정의 부재로부터 나타난다.

㉠ 학생이 사회적 문제를 해결하는 데 공격적인 방법은 알고 있으나 비공격적인 방법을 모른다면 사회적 문제에 직면했을 때 문제를 해결하기 위해 공격적인 방법을 사용할 것이고, 학생이 공격적인 방법을 사용해 문제를 해결했다면 강화되어 다음에도 공격적인 방법을 사용할 가능성이 높아진다.

㉡ 학생이 의사결정 과정에서 미숙함을 보이거나 사회적 상황의 중요한 면을 고려하지 못한다. 또한 사회적 문제해결에 직면했을 때 문제를 해결하기 위해 공격적인 방법을 사용할 것이다.

- 인지결함이 있는 학생은 의사결정 과정에서 미숙함을 보이거나 사회적 상황의 중요한 면을 고려하지 못한다. 이러한 결과로 학생은 또래집단에게 따돌림을 받거나 교사에게 문제행동을 하는 학생으로 여겨지게 된다.

② 정서・행동장애 중 공격성과 충동성은 주로 인지결함 때문에 발생하는 경우가 많다.

③ 인지결함을 위한 중재 방법에는 자기관리기술, 사회적 문제해결 전략 등이 있다.

(2) 인지왜곡 11중특, 17유특, 22초특

① 인지왜곡은 왜곡된 인지처리 과정에 따라 발생한다. 자신에 대한 부정적인 시각과 삶에 있어서 이겨낼 수 없는 장애물, 미래에 대한 절망감 등을 떨쳐내지 못하는 부적절한 인지나 사고가 부적절한 감정과 행동을 유발하는 것이다.

② 정서・행동장애 중 불안과 우울은 인지왜곡에 의해 발생하는 경우가 많다.

③ 인지왜곡을 위한 중재 방법에는 분노대처 프로그램, 귀인 재훈련, 합리적 정서・행동치료 등이 있다.

- 인지왜곡을 위한 중재 방법의 목표는 비합리적인 신념을 합리적 신념으로 바꾸는 것이다.

(3) 사회인지이론 19초특

① 관찰학습과 부적응행동

㉠ 인지적 습득은 관찰학습으로부터 나오는 효과이다. 모델링 과정에서의 주의집중, 파지, 재생은 주로 모델을 관찰하면서 습득하는 새로운 행동과 관련 있다. Bandura는 모델링 과정에서 이러한 습득의 효과를 관찰학습이라 불렀다.

㉡ 부적응행동의 관찰학습은 다음과 같은 상황에서 자주 발생한다.

- 다양한 부적응행동에 노출
- 수많은 모델에 반복적으로 노출
- 부적응행동에 혜택이 주어진 것을 관찰

ⓒ 적절한 행동의 관찰학습 부족이 정서·행동장애에 영향을 미칠 수 있다.

- 성장기의 아동들은 생활에 필요한 다양한 기술을 습득해야 한다. 그러나 가정과 지역사회에 이러한 중요한 기술을 모델로 삼을 만한 사람이 없다면 주의집중, 파지, 재생과 같은 관찰학습의 하위 단계에서 실패를 경험할 수 있다.

② 대리효과와 부적응행동 19유특

ⓐ 모델 관찰 결과로 학생의 행동이 변화하였다면 이를 대리효과라 부른다.

ⓑ 대리효과는 학생이 행동을 수행하게 하는 동기에 영향을 준다.

- 대리강화는 행동을 수행하고자 하는 동기에 영향을 준다.
- 대리적 벌은 행동을 억제하려는 동기에 영향을 준다.

ⓒ 탈억제는 외부 자극에 따라 일시적으로 억제력을 잃는 것을 말한다. 모델이 새로운 부적응행동을 가르치지 않을 때도 부적응행동에 강한 영향을 줄 수 있다.

예 다른 학생이 아무렇지 않게 규칙을 어기는 것을 관찰한 학생은 다음에 규칙 위반을 하지 않았던 행동을 바꿀 수도 있다. 따라서 학생은 이전에 회피했던 부적응행동을 자유롭게 시작할 것이다.

ⓓ 학생은 특정 상황에 반응하는 사람을 관찰함으로써 희로애락의 정서적 각성을 경험할 수 있다. 관찰을 통해 정서적 각성을 경험한 학생은 비슷한 상황에서 모방하려는 모델이 없어도 이전과 같은 정서적 각성을 경험할 수 있다. 이러한 정서적 반응이 사회적 관계에 방해가 된다면 그것은 부적응적인 정서이다.

대리효과
대리효과는 모델 행동의 관찰 결과에 따라 학생의 행동이 더 나타나기도 하고 덜 나타나기도 하는 것이다. 모델 행동으로부터 좋은 결과를 습득하면, 학생은 그 행동을 모방할 것이다. Bandura는 이것을 학생의 행동이 대리강화되었다고 하였다. 모델 행동으로부터 좋지 않은 결과를 얻었다면, 학생은 모델과 비슷하게 행동하지 않을 것이다. 즉, 학생의 모방행동이 대리적인 벌로 작용한 것이다 (이성봉 외, 2022).

대리강화
피험자로 하여금 다른 사람의 행동과 그 행동의 결과로 주어지는 강화를 관찰하도록 함으로써 피험자가 관찰한 행동의 빈도 또는 강도를 증가시키도록 하는 강화 기법이다(특수교육학 용어사전, 2018).

탈억제
동 탈금지, disinhibition

③ 기능부전적 자기효능감

ⓐ 기능부전적으로 높거나 낮은 자기효능감의 지각이 정서·행동 문제를 야기할 수 있다.

ⓑ 불안행동을 보이는 학생은 친구 사귀는 데 낮은 자기효능감을 가진다. 이러한 학생은 자신이 친구 사귀는 데 어색하고 무력하게 보일 것이라 믿는다. 반면에 공격행동을 하는 학생은 또래에게 고통을 주는 능력에 대해 높은 자기효능감을 가질 수 있다. 따라서 학생은 갈등을 해결하는 데 다른 학생들보다 더 폭력적인 방법을 사용할 수 있다.

3. 진단 · 평가

소리 내어 생각 말하기	• 소리 내어 생각 말하기(think aloud)는 특정 상황에 대한 반응을 알아보는 개방형 인지기법으로 자신의 마음속에 일어나고 있는 것을 모두 말하도록 하는 방법이다. 예 녹음된 모의 실험적 상황을 학생에게 제시하고, 학생에게 그 상황을 경험했던 것처럼 반응하도록 한다. 그리고 자신의 마음속에 생각하고 있는 것을 말하도록 한다. 학생이 말한 것을 녹음하고 내용을 부호화한다.
자기보고	• 자기보고는 자기보고 형태의 체크리스트, 평정척도, 질문지 등을 통해 정서 · 행동장애 학생이 자기 자신, 세상, 미래에 대해 부정적 사고와 관련된 정보를 수집하는 방법이다. • 자기보고에서는 학생이 자신의 행동과 정서에 대해 관찰자와 보고자로서의 역할을 모두 수행한다. • 이 접근법의 기본 가정은 학생이 자신의 사고와 행동을 관찰하고 기술하는 데 가장 좋은 위치에 있다는 점이다. 따라서 학생은 다양한 경험을 이용하여 응답할 수 있다. • 자기보고는 외현적인 행동으로는 알 수 없는 정서와 반응을 평가할 수 있는 장점이 있다. • 자기보고는 학생이 자신의 행동에 대한 객관적인 판단자가 아닐 수 있기 때문에 의식적으로나 무의식적으로 자신의 반응을 왜곡할 수 있다는 한계점이 있다.
사고목록	• 사고목록(thought listing)은 개방형 인지기법으로 특정한 시간이나 활동을 하는 동안에 생각했던 모든 것을 목록화하는 방법이다. • 사고목록은 기록된 반응들의 내용에 따라 정적 사고와 부적 사고의 비율로 점수화하여 평가하며, 심층분석에서는 개인이 보고한 사고, 개념, 이미지, 감정 등의 내용에 대한 분석이 이루어진다.

소리 내어 생각 말하기
동 발성사고 기법

자료

초인지의 개념과 구성

- 초인지는 자신의 학습을 반성, 이해, 통제하는 능력이며, 초인지적 지식과 자기조절의 두 요소로 설명할 수 있다.
- 초인지적 지식은 학습자가 학습에 영향을 주는 개인 · 과제 · 전략 변인을 아는 것이고, 자기조절은 인지 과정을 스스로 조절하는 것으로 인지 전략을 효율적으로 선택하여 관리하고, 목표에 도달하기 위해 학습하는 동안 학습 활동을 점검하고 재지시하는 것이다.

구성 요소		내용
초인지적 지식	선언적 지식	자신과 전략에 대한 지식
	절차적 지식	전략 사용에 대한 지식
	조건적 지식	전략 사용 시기와 이유에 관한 지식
자기조절	계획 활동	결과 예측, 전략 계획, 다양한 형태의 대리적 시행착오
	점검 활동	학습 전략의 점검, 수정, 재계획
	결과 점검	전략 효과에 대한 평가

출처 ▶ 이성봉 외(2022). 내용 요약정리

4. 인지주의 모델의 중재 11유특

1) 인지결함에 대한 중재

(1) 인지 전략

① 인지 전략은 문제해결 과정이나 특정 과제 수행을 용이하게 하기 위해서 사용하는 정신적 전략이다.

② 인지 전략에는 시연, 정교화, 조직화가 있다.

시연	• 단기기억에 저장된 정보가 사라지지 않게 하기 위한 전략 • 밑줄 그어 강조하기, 노트하기, 암송하기 등
정교화	• 새롭게 유입되는 정보를 이전 지식과 관련을 맺도록 하여 장기기억 속에 저장하는 전략 • 다른 말로 바꾸어 자신의 것으로 만들어 보기, 요약하기, 질문하기, 심상법, 유추하기 등
조직화	• 학습내용의 요소들 간 내적 연결 구조를 만들어 논리적으로 구성하고 위계화시켜 복잡한 내용을 쉽게 이해할 수 있게 하는 전략 • 주요 주제와 아이디어의 개요 작성하기, 정보 도식화 등

(2) 자기교수

초인지 전략은 과제 수행에 사용한 전략의 모든 과정을 알고 조정하는 전략을 말한다. 초인지 전략 훈련에는 자기교수가 있다.

① 개념 11유특

㉠ 자기교수는 자신의 행동을 조절하기 위해 자기 자신에게 이야기하는 과정이다.

- 과제를 수행할 때 자기 자신에게 말하면서 배우는 인지 훈련 방법의 하나이다.

㉡ 자기교수 훈련의 궁극적 목적은 학생이 언어적 촉진을 내재화함으로써 일상생활에서 부딪히는 다양한 상황에서 이러한 촉진을 사용할 수 있도록 하는 데 있다.

② 특징 09중특

㉠ 자신이 행하고 있는 생각과 행동을 언어화시킨다.

㉡ 충동적인 학생들을 위한 좋은 중재이다.

- 충동적인 학생은 반응 억제 능력과 인지적 문제해결 능력이 낮아서 어떤 자극이 주어지면 즉각적이고 거의 전자동적인 행동 반응을 보이는데, 내적 언어화를 요구하는 자기교수는 학생에게 반응하기 전에 생각하는 것을 촉진시킨다.

자기교수
동 자기교수법, 자기교시

자료

자기교수

- 과잉 및 충동 행동을 보이는 품행장애 아동은 내적 언어와 언어조절 능력의 결함 때문에 자신의 행동을 조절하기 위해 자신에게 말하는 방법을 사용하지 않는다. 이들이 자신의 행동을 조절할 수 있도록 하기 위해 사용되는 자기교수 훈련은 다양한 상황에서 아동에게 적용할 수 있으며, 자신에게 내적으로 말을 하는 언어적 진술문의 학습을 지도하는 것이다(이성봉 외, 2022).
- 원래 자기교수 절차를 활용한 중재는 아동의 문제행동을 변화시키기 위해 만들어진 것이다. 하지만 이러한 절차가 학업적 중재까지 확장되기 시작했으며, 특히 학습전략훈련 영역에서 주로 사용되었다. 자기교수 절차를 학습수행에 적용할 때에는, 학습자의 학습문제 해결 행동을 증진시키는 데 도움이 되는 방향으로 고안하여야 한다(Yell et al., 2017).

자료

자기교수의 특징

아동이 행동을 조절하기 위하여 자신의 언어를 사용하도록 가르치는 것은 학업 또는 사회적 상황에서 문제를 보이는 충동적인 아동들에게는 매우 성공적인 접근이다. 충동적인 아동에게 행동하기 전에 먼저 진정하고 신중하게 반응하라고 말하는 것은 별 효과가 없다. 그러나 이들에게 자기교수 방법을 통하여 반응하기 전에 스스로 먼저 멈추고 생각하도록 가르칠 수 있으며 이를 통하여 행동을 상당히 개선할 수 있다(Kauffman et al., 2020).

③ 훈련 절차 09초특, 10유특, 13중특(추시), 15초특, 18유특, 22유특, 23유특

㉠ 자기교수의 훈련 절차 및 내용은 다음과 같다(Meichenbaum & Goodman).

단계	설명
[1단계] 인지적 모방	• 교사는 큰 소리로 과제 수행의 단계를 말하면서 시범 보인다. • 학생은 교사의 행동을 관찰한다.
[2단계] 외적 모방	• 교사는 학생이 과제를 수행하는 동안 큰 소리로 과제 수행 단계를 말한다. • 학생은 교사의 지시에 따라 교사가 말하는 자기교수의 내용을 큰 소리로 따라 말하면서 교사가 수행한 것과 똑같은 과제를 수행한다.
[3단계] 외적 자기 안내	• 학생은 큰 소리로 과제 수행 단계를 말하면서 같은 과제를 수행한다. • 교사는 학생의 행동을 관찰하고 피드백을 제공한다.
[4단계] 외적 자기 안내의 제거	• 학생은 작은 소리로 과제 수행 단계를 속삭이면서 과제를 수행한다. • 교사는 학생의 행동을 관찰하고 피드백을 제공한다.
[5단계] 내적 자기교수	• 학생은 소리 내지 않고 내적 언어를 사용하며 과제를 수행한다.

자기교수 적용 사례

단계	활동 내용
인지적 모방	교사가 큰 소리로 "책을 꽂아요."라고 말하면서 책을 제자리에 꽂는다.
외적 모방	교사가 큰 소리로 "책을 꽂아요."라고 말을 하고, 길동이는 교사의 말을 큰 소리로 따라 하면서 책을 제자리에 꽂는다.
외적 자기 안내	길동이가 큰 소리로 "책을 꽂아요."라고 말하고, 책을 제자리에 꽂는다.
외적 자기 안내의 제거	길동이가 점점 작은 소리로 "책을 꽂아요."라고 말하고, 책을 제자리에 꽂는다.
내적 자기교수	길동이는 마음속으로 '책을 꽂아요.'를 생각하며 책을 제자리에 꽂는다.

출처 ▶ 2018 유아A-3 기출

Tip

자기교수를 구성하는 각 단계의 명칭은 '인지적 모델링 → 외현적 지도 → 외현적 자기지도 → 외현적 자기지도의 감소 → 내재적 자기지도'를 비롯하여 다양하게 사용되지만, 각 단계별 내용 및 5단계로 이루어진다는 점에 있어서는 동일하다.

2단계의 수행 내용

- 2009 초등1-29 기출: 황 교사가 과제의 각 단계를 수행하면서 현우에게는 각 단계를 큰 소리로 말하도록 하였다.
- 2013추시 유아A-2 기출: 교사의 지시에 따라 1단계에서 교사가 보여준 것을 그대로 한다.
- 2018 유아A-3 기출: 민수는 교사의 말을 큰 소리로 따라 하면서 책을 제자리에 꽂는다.
- 2022 유아B-1 기출: 두 번째 외적 모방 단계에서는 교사가 말하는 자기교수 내용을 유아가 그대로 따라 말하면서 그림책을 보는 것입니다.
- 윤점룡 외: 아동은 모델이 보여준 것과 동일한 내용의 혼잣말(자기교수)을 따라 하면서 모델이 수행한 것과 동일한 과제를 수행한다.
- 양명희(2018): 아동은 교사의 지시에 따라 교사가 말하는 자기교수의 내용을 그대로 소리 내어 따라 말하면서 교사가 수행하는 것과 같은 똑같은 과제를 수행한다.
- 이성봉 외(2022): 학생은 교사의 지시에 따라 같은 과제를 수행한다.
- 이소현 외(2024): 교사가 같은 단계를 말로 하면서 아동에게 수행하게 한다.
- Yell et al.(2017): 아동은 교사의 지시에 따라 동일한 과제를 수행한다. 교사는 학생이 과제를 수행하는 동안 큰 소리로 자기교수를 말하게 한다.

㉡ 자기교수 훈련은 학생이 문제를 해결할 때 다음과 같은 네 가지 유형의 질문(자기진술문)을 학생 스스로에게 말하도록 지도한다. 15초특

유형	예시
문제의 정의	"나는 지금 무엇을 해야 하지?"
계획	"이제 어떻게 해야 하지?"
자기평가	"어떻게 했지?"
자기강화	"잘했어."

출처 ▶ 2015 초등B-6 기출

④ 장점 10유특

㉠ 학생이 마음속으로 과제 수행을 계속 반복하기 때문에 자신감이 증가하게 된다.

㉡ 계속되는 사고과정을 스스로 통제할 수 있기 때문에 적극적인 점검을 할 수 있게 된다.

㉢ 이해 과정을 통해 학생의 수동적 행동을 적극적 행동으로 바꿀 수 있게 된다.

㉣ 훈련 방법을 오랫동안 유지하고 일반화할 수 있다.

KORSET 합격 굳히기 자기교수 훈련을 위한 지침

1. 교사는 학생이 알아야 할 것이 무엇이며 그들의 현재 수행수준이 어떠한지를 파악해야 한다.
2. 교사는 가르칠 전략에 대해서 기술하고 자기교수 전략을 활용해서 학생에게 시범을 보여주어야 한다.
3. 학생은 교사의 안내에 따라 이 전략을 자기교수를 활용하여 연습해야 한다. 자기교수는 큰 소리로 외치면서 연습해야 한다. 이 단계에서 중요한 것은 가능하면 학생에게 연습할 기회를 최대한 많이 제공해야 한다는 점이다.
4. 학생이 자기교수를 외적으로 표현하는 통제된 연습단계에서 이 전략을 성공적으로 수행할 수 있게 되면, 독립적으로 내재화된 자기교수전략을 연습할 기회를 제공해야 한다. 학생이 전략을 사용하는 것을 점검해 가면서 이 전략을 계속해서 사용할 수 있도록 격려해야 한다. 사전에 배우게 될 기술에 대해 설명해 주면, 문제행동의 감소와 학습 과제의 수행 능력의 증진 및 학생의 동기를 향상시키는 데 도움이 된다.

출처 ▶ Yell et al.(2017)

자기진술문

Meichenbaum과 Goodman은 과잉행동과 충동적인 행동을 보이는 아동을 대상으로 연구를 수행하였다. 이들은 많은 아동들이 내적 언어나 언어적 중개능력에 결함을 지니고 있다고 보고하였다. 이 아동들은 언어적 중개문제로 인하여 자신의 행동을 통제하는 데 있어 혼잣말을 사용하지 못했다. 따라서 이 아동들은 자신의 충동적 행동을 통제하는 방법으로 자기 자신에게 말하는 방법을 배우게 된 것이다(Yell et al., 2017).

비교

자기진술문

1. 양명희(2018)

유형	예시
문제의 정의	• "문제가 무엇이지?" • "내가 할 것이 무엇이지?"
주의집중과 행동의 지시	• "어떻게 해야 하지?" • "내 계획이 무엇이지?"
자기평가와 오류수정	• "어떻게 끝낼 수 있었지?" • "내가 문제를 해결한 방법이 무엇이지?"
자기강화	• "난 잘하고 있나?" • "난 계획대로 하고 있나?"

2. Yell et al.(2017)

유형	예시
문제의 정의	"자, 이제 뭘 해야 하지?"
주의집중과 반응 안내	"음, 이 문제를 풀려면 어떻게 해야 하나?"
자기평가, 기술모방, 오류교정	"제대로 못했네, 흐음, 그래도 괜찮아, 자 한번 해볼까?"
자기강화	"역시 난 똑똑해, 아주 잘했어."

(3) 사회적 문제해결 전략 12중특

① 정서·행동장애 학생은 정서적·행동적 문제로 사회적 문제를 효율적으로 해결하지 못할 수도 있다. 따라서 사회적 문제해결 과정을 학습시키기 위한 중재를 설계해야 한다.

- 일반적으로 또래집단에서 대인 관계가 좋지 않은 학생들은 자신들의 문제를 해결할 수 있는 인지 기술을 사용하지 않는 경향이 있다.

② 일반적으로 사회적 문제해결의 단계는 문제해결 방법 설정, 문제 정의, 대안적인 일반화, 의사결정, 수행 및 확인의 5단계로 설명되며, 각 단계들은 서로 중복될 수 있다.

단계	설명
[1단계] 문제해결 방법 설정	• 교사는 정서적·행동적 문제에 대해 실천 가능한 해결 방법을 설정하고, 학생 자신이 사회적 문제해결을 할 수 있는 능력자라고 생각할 수 있게 해야 한다. • 학생이 사회적 문제에 대해 성급하게 행동하거나 포기하기보다는 사려 깊은 사고방식으로 접근하도록 한다. 또한 학생에게 타인의 행동, 비사회적인 신체적 사고, 자신만의 사고와 같은 다양한 문제 요소들을 식별하는 방법을 지도한다.
[2단계] 문제 정의	• 교사는 학생이 문제 상황의 외적인 면과 내적인 면을 검토할 수 있도록 지도한다. 그리고 문제와 관련된 외적인 면과 내적인 면에 집중할 수 있도록 지도한다. • 이를 통해 학생은 문제해결을 돕는 외적인 면과 내적인 면에서의 변화를 확인할 수 있다.
[3단계] 대안적인 일반화	• 교사는 문제 정의 단계에서 설정한 변화를 달성하기 위해 학생에게 대안적인 해결 방법을 모색하도록 시킨다. • 더 나은 대안적인 방법을 찾는 데 시간이 걸린다면 대안적인 해결 방법의 평가시기를 일시적으로 늦출 수도 있다.
[4단계] 의사결정	• 교사는 각 대안적인 방법의 결과를 고려하여 학생을 지도한다. 그리고 교사는 실제 상황에서 학생이 각 대안을 수행할 수 있는 가능성을 고려한다. • 이 시점에서 대안적인 방법이 첫 번째 문제해결 방법으로 선택될 때까지 3단계와 4단계의 교수 과정을 반복한다.
[5단계] 수행 및 확인	• 학생은 자신이 선택한 해결 방법을 시도한다. • 이 단계에서 학생은 문제 상황, 문제 해결 시도, 문제를 해결하는 동안의 감정 및 사고 그리고 전략의 성과에 대한 정보를 기록한다. 이러한 기록은 전략을 평가할 때 고려된다. • 학생이 첫 번째 전략을 성공했다면, 다양한 방법으로 자신에게 보상한다. 그러나 성공하지 못했다면, 선택하고 시도했던 대안이 가치 있었는지를 확인하고, 이전 단계로 되돌아가서 다시 시도한다.

출처 ▶ 이성봉 외(2022)

비교

사회적 문제해결 전략

D'Zurilla와 Goldfried가 개발한 프로그램을 이성봉 등(2022)의 문헌에서는 '사회적 문제해결 전략'으로 제시한다. 그러나 이승희(2017)의 문헌에서는 '문제해결 훈련(problem-solving training)'으로 제시되며, 일반적으로 방향 제시 → 문제 정의 → 대안 산출 → 의사결정 → 수행 → 검증의 6단계로 설명됨을 언급 후 마지막 두 단계를 묶어 다섯 단계로 제시되기도 한다고 기술되어 있다.

귀인 재훈련
동 재귀인 훈련

2) 인지왜곡에 대한 중재

(1) 귀인 재훈련 17유특, 23초특, 24유특

① 귀인은 일상생활에서 경험하는 사건의 원인에 대해 학생이 생각하는 신념으로, 수행에 대한 성공이나 실패의 원인이 어디에 있는지를 설명한다. 결과에 대한 귀인은 기대와 정서에 영향을 미치며, 기대와 정서가 합쳐져서 성취 행동에 영향을 준다.

② 귀인의 종류에는 능력, 노력, 과제 난이도, 행운, 타인의 도움 등이 있다.

③ 귀인은 특성에 따라 소재성, 안정성, 통제성으로 분류한다. 12유특

소재성
동 인과성의 소재

통제성
동 통제 가능성

소재성	• 원인의 출처를 말한다. • 특정한 행동이나 결과의 원인이 개인 내부에 있는가 아니면 외부에 있는 다른 요인과 관련이 있는가 하는 것이다.
안정성	• 지속성을 근거로 원인을 구별하는 것으로, 시간의 흐름에 따라 그 요인이 변화하느냐 혹은 변화하지 않으냐 하는 것이다. • 능력은 쉽게 변화되기 어렵기 때문에 안정적 요인이지만 기분과 같은 요인은 언제든지 변화될 수 있기 때문에 불안정적 요인이 된다.
통제성	• 행위자가 그 원인을 통제할 수 있느냐 없느냐의 문제이다. • 노력을 어느 정도 할 것인가는 통제 가능하지만, 얼마나 운이 좋을 것인가는 통제 불가능하다.

④ 귀인이론에서는 자신의 성공과 실패의 원인이 변화가 가능한 불안정 요인과 변화가 불가능한 안정 요인 중 어느 것이며, 외부 요인과 내부 요인 중 어디에 있으며, 통제가 가능한지 불가능한지를 설명한다.

㉠ 성공과 실패와 관련된 귀인의 특성을 표로 나타내면 다음과 같다. 10유특, 13중특(추시)

귀인	특성		
	소재성	안정성	통제성
능력	내적	안정	통제 불가능
노력	내적	불안정	통제 가능
과제 난이도	외적	안정	통제 불가능
행운	외적	불안정	통제 불가능
타인의 도움	외적	불안정	통제 가능

출처 ▶ 이성봉 외(2022)

비교

귀인 차원에 따른 성공 · 실패의 원인

소재성 / 안정성 / 통제성	내적		외적	
	안정적	불안정적	안정적	불안정적
통제 가능	평소의 노력	일시적 노력	교사의 편견	타인의 도움
통제 불가능	능력	기분	과제의 난이도	운

출처 ▶ 윤점룡 외(2017)

ⓛ 귀인이론의 중심 개념은 통제소재로, 개인의 귀인 성향을 나타낸다.

- 내적 통제소재를 가진 사람은 성공 또는 실패가 자신의 노력 또는 능력에 있다고 믿는 사람이다.
- 외적 통제소재를 가진 사람은 행운, 과제 난이도 또는 다른 사람의 행동과 같은 다른 요인들이 성공 또는 실패의 원인이라고 믿는다.

⑤ 부적절한 기대와 귀인이 복합되면 학습된 무기력이 생길 수 있다. 학습된 무기력은 귀인과 더불어 정서·행동장애 학생들이 보이는 특징 중 하나이다.

㉠ 학습된 무기력이란 극복할 수 없는 환경에 반복적으로 노출된 경험으로 인하여 자신의 능력으로 피할 수 있거나 극복할 수 있음에도 불구하고 스스로 포기하는 것을 의미한다.

ⓛ 학습된 무기력은 세 가지 측면에서의 결손을 초래한다.

동기적 측면	• 학습된 무기력 상태에 의해 가장 현저하게 나타나는 결손이다. • 과제에 대한 주도적 반응이 감소하고, 무관심, 게으름, 욕구결여 등이 나타나며, 심지어 충분히 성취할 수 있는 과제에 대해서도 쉽게 포기하는 인내의 부족이 현저하게 나타난다.
인지적 측면	• 학습된 무기력 상태가 되면 행동과 관련해서 결과가 변화될 수 있다고 인식하는 인지능력이 저하된다. • 인지적 능력의 저하는 의사결정 능력의 저하, 성공 가능성에 대한 지각 실패로 이어진다.
정서적 측면	• 학습된 무기력 상태가 되면 매사에 무관심하거나 자기비하, 낮은 자아존중감 등과 같은 정서적 측면에서 결손이 나타난다. • 이로 인해 우울증, 절망감, 고독감, 불면증, 사회부적응 등의 증상뿐만 아니라 공격성, 분노 등이 나타나기도 한다.

⑥ 귀인 재훈련은 바람직하지 못한 귀인 성향을 바람직한 귀인 성향으로 변경하는 것을 말한다.

- 이는 실패의 원인을 통제 불가능한 요인으로 귀인하려는 학습자의 성향을 노력 부족이나 비효과적인 학습 전략 등과 같이 교정이 가능한 요인에 귀인하도록 훈련시키는 것이다.

예 무력감을 느끼는 학생이나 우울 증상이 있는 학생을 위한 귀인 재훈련 프로그램에서는 학생이 성공의 원인을 내적이고 안정된 원인인 자신의 능력으로 돌리게 해야 하며, 실패의 원인을 내적이지만 불안정한 원인인 노력으로 돌리게 해야 한다.

(2) 합리적 정서행동치료 11유특, 14유특 · 초특, 16중특, 20중특

① 합리적 정서행동치료(REBT)는 Ellis에 의해 창안된 것으로, 인간은 누구나 합리적 사고와 비합리적 사고를 할 수 있으며 인간의 감정과 행동을 부적절하게 만드는 원인은 비합리적 사고에 있다고 본다. 따라서 비합리적 신념을 논박하면 신념이 합리적 신념으로 변화하여 바람직한 정서를 보이고 적절한 행동을 하게 된다고 보는 중재방법이다.

- 사람들이 정서적 문제를 겪는 이유는 그들이 겪은 사건 그 자체가 원인이 되기보다는 그 사건을 받아들이고 지각하는 방식에 문제가 있기 때문이라는 것이다. 이것이 합리적 정서행동치료의 A-B-C 체계이다.

합리적 정서행동치료의 A-B-C 체계

A	선행사건	관찰 가능한 상황과 그 상황에 대한 학생의 해석
B	신념	발생한 상황에 대한 다양한 평가 및 조망, 학생의 삶에 대한 철학 및 신념
C	결과	학생의 신념에 뒤따르는 정서 및 행동

A 선행사건	B 신념	C 결과
공을 떨어뜨렸다.	나는 바보다(비합리적).	울면서 공놀이에 참여하지 않는다(극도의 불안감).
	괜찮아, 누구나 실수로 공을 떨어뜨릴 수 있어(합리적).	떨어진 공을 주어 공놀이에 참여한다(약간의 불안감, 자신감).

설명 A는 불쾌감이나 짜증을 유발하는 선행사건(activating event)을 의미하며, C는 부정적 정서, 행동, 동작 등 결과(consequence)를 의미한다. 대부분의 사람들은 후속결과나 정서, 즉 C는 선행사건(A)의 결과라고 믿고 있다. 그러나 Ellis는 이들의 중간 매개단계인 B(beliefs), 즉 신념이 후속결과의 실질적인 원인이라고 주장한다. B의 진술이 선행사건에 대해 합리적으로 진술된다면 긍정적 · 중립적 후속결과가 야기되는 반면, 사건에 대한 비합리적 진술은 부정적인 결과를 낳는다.

| 합리적 정서행동치료의 A-B-C 체계 예시 |

② 합리적 정서행동치료의 목적은 학생의 신념을 비합리적인 것에서 합리적인 것으로 전환시키는 인지 재구조화에 있다.

㉠ 교사는 비합리적인 신념을 논박하여 인지 재구조화를 촉진한다. 논박 기법은 비합리적 신념의 논리, 증거, 유용성이 부족하다는 것을 설명한다.

㉡ 논박이 성공적이라면 인지 재구조화는 정서 · 행동장애에서 나타나는 사고체계를 변화시킨다.

합리적 정서행동치료
인간의 인지, 정서, 행동은 서로 구분되는 인간의 기능이 아니라 본질적으로 통합되고 전체적이라는 가정에서 출발한다. 엘리스는 비합리적인 신념을 합리적인 신념으로 대체함으로써 정서적 · 행동적 기능을 함께 증진할 수 있다는 믿음으로 이 방법을 고안했고, 여러 가지 중다양식적(multimadal) 방법을 활용하여 인지행동치료(CBT)와 함께 상당한 경험적 지지를 얻었다. 또 정서 · 행동장애 학생으로 하여금 비합리적인 신념을 합리적인 신념으로 전환하도록 하는 인지 재구조화를 설명하는 A(선행사건), B(신념), C(후속 결과) 체계를 기본으로 논박(D)하고 효과를 얻게 하는 ABCDE 이론을 제안했다(특수교육학 용어사전, 2018).

Tip
인지 재구조화는 단일 전략을 지칭하는 개념이 아니다.

인지 재구조화
- 기존에 개인이 인식하고 있는 것을 다시 재구성해서 사고의 방식을 변경하는 것이다. 예를 들면, 아동이 특정 스트레스 요인에 직면했을 때 상황과 결과에 대한 부정적인 평가 대신에 그가 생각할 수 있는 긍정적인 자기진술을 만들어 냄으로써 자신의 사고를 변경시키도록 하는 것은 인지 재구조화의 예이다(특수교육학 용어사전, 2018).
- 인지행동 중재의 구성 요소 중 하나인 인지 재구조화는 학생으로 하여금 자신의 부정적인 사고에 대해 생각해 보고 긍정적으로 재구조화하도록 돕는 것이다(Kauffman et al., 2020).
- 인지 재구조화에는 귀인 재훈련, 이완훈련, 적극적 상상절차, 사고평가, 역할 역전놀이와 재구성 사고, 자기효능 훈련 그리고 문제해결 치료 등이 포함된다(Webber et al., 2013).

③ 정서·행동장애 학생으로 하여금 비합리적인 신념을 합리적인 신념으로 전환하도록 하는 인지 재구조화를 설명하는 A(선행사건), B(신념), C(후속결과) 체계를 기본으로 논박(D)하고 효과(E)를 얻게 하는 'ABCDE' 이론을 제안하였다.

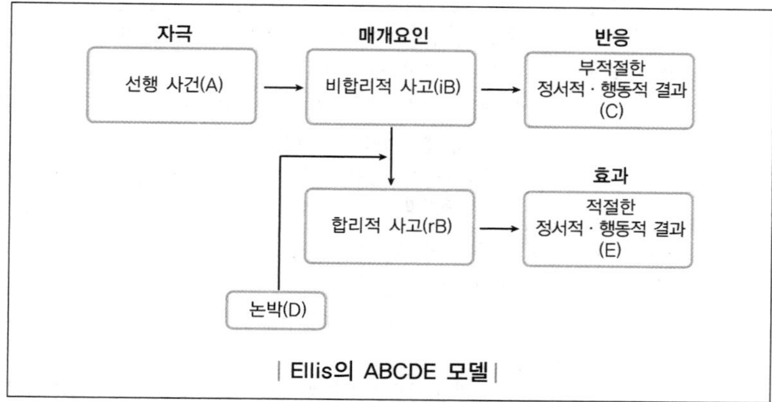

| Ellis의 ABCDE 모델 |

㉠ A가 C를 초래한다고 보는 것이 아니라, 각 개인의 A에 대한 믿음, 즉 사고 B가 C의 정서적·행동적 반응을 초래한다고 본다.

㉡ 인간은 자신의 정서반응이나 장애를 일으키는 비합리적인 생각을 어떻게 바꾸는지에 대한 방법을 제시하는 것이 합리적 정서·행동치료의 핵심이다. 이 방법이 바로 D로 표현되는 논박이다.

㉢ 특별히 D는 내담자가 자신의 비합리적인 생각을 고치는 데 적용될 수 있는 과학적 방법이다. 비현실적이고 검증할 수 없는 자기 파괴적인 가설들은 논리의 원리를 가르침으로써 포기하게 할 수 있다. Ellis에 의하면 성공적인 상담은 비합리적인 사고를 계속적으로 논박하여 어느 정도 재교육에 성공하느냐에 의해 좌우된다고 강조하고 있다.

㉣ 일단 논박이 성공하면 내담자의 적절한 정서와 적응적 행동을 일으키는 효과 E가 나타나게 된다. 그리고 논박이 성공적이라면, 인지 재구조화는 정서·행동장애에서 나타나는 사고체계를 변화시킨다. 이러한 종류의 변화는 일반화와 유지에 필수적이다.

(3) 분노대처 프로그램

① 분노대처 프로그램(anger coping program)은 왜곡된 정보처리를 수정하는 방법으로, 심한 공격행동을 보이는 학생을 위해 개발되었다.

② 분노대처의 주요 목표는 강한 정서적 각성과 공격행동을 초래하는 사회적 지각의 오류를 강조하는 것이다.

자료

논박의 종류

종류	내용
기능적 논박	• 내담자에게 그의 신념과 그에 수반하는 정서·행동의 실제적 유용성에 대해 의문을 갖도록 하는 것 • '그것이 당신에게 도움이 됩니까?', '이런 방식으로 생각을 지속하는 것이 당신에게 어떤 영향을 줄 것 같습니까?'
경험적 논박	• 내담자가 가진 신념이 사회적 현실에 부합하는가를 평가하는 것 • '그런 생각을 뒷받침할 만한 증거가 있습니까?', '그 말이 옳다는 증거가 어디에 있습니까?'
논리적 논박	• 내담자의 비합리적인 신념이 기반하고 있는 비논리적인 추론에 의문을 제기하는 것 • '이 일이 사실이기를 바란다거나 당신에게 편하다고 해서, 이 일이 반드시 그렇게 되는 것일까요?', 'X 뒤에 Y가 반드시 나오리라는 논리는 어떻게 나온 것이지요?'
철학적 논박	• 삶에 대한 만족이라는 주제를 내담자와 함께 다룸 • '이 부분에서 당분간 당신이 원하는 대로 되지 않을지라도 다른 부분에서 만족을 느끼고 행복할 수 있지 않을까요?'

출처 ▶ Ellis et al.(2021). 내용 요약정리

PART 06

③ 분노대처 프로그램은 다음과 같이 목표 설정, 자기대화, 분노 개념, 분노에 대한 대안행동, 사회적 조망 수용, 분노대처 실행의 활성화 과정으로 구성되어 있다.

단계	설명 및 예시
[1단계] 목표 설정	• 목표 설정은 분노대처 수업을 시작할 때 검토해야 하는 기본 과제이다. • 학생은 프로그램 초기에 수업과 관련된 목표를 세우고, 실천하며, 평가하는 방법을 배운다. 예 "누군가가 나를 놀렸을 때, 화나는 목소리와 행동을 멈춘다."라고 목표를 설정한다.
[2단계] 자기대화	• 학생이 조롱과 경솔한 분노를 참는 방법을 배울 때, 인형과 역할극의 모델링을 통해서 자기대화를 배운다. • 자기교수와 유사한 자기대화는 학생의 분노를 진정시킬 수 있다. 예 "누군가가 나를 놀렸을 때 화를 내며 소리지르는 행동을 멈춰야지." 하며 마음속으로 자기대화를 한다.
[3단계] 분노 개념	• 분노 개념은 분노와 연관된 행동(예 얼굴표정, 자세), 정서, 사고, 생리적 반응(예 뜨거운 것을 느낌, 근육 긴장)을 포함한다. • 교사는 이러한 개인적인 반응들을 시청각 매체를 통해 정의하고, 논의하며, 조사한다. 예 학생이 누군가에게 놀림당했을 때 교사는 화를 내며 소리지르는 행동을 녹화한 다음에 학생에게 보여 주면서 설명한다.
[4단계] 분노에 대한 대안행동	• 교사는 갈등 상황에서 분노에 대한 대안행동을 조사한다. • 교사는 학생이 대안행동의 과정을 순서대로 생각할 수 있도록 돕는다.
[5단계] 사회적 조망 수용	• 사회적 조망 수용은 타인의 입장에서 그 사람의 사고, 감정, 상황을 추론하는 능력으로 분노대처 프로그램의 중요한 특징이다. • 교사는 학생이 다양한 상황에서 수용할 수 있는 조망들을 찾게 하기 위해 다양한 수업과 기법을 사용한다. 이때 사회적 조망의 잠재적인 결과를 강조한다. 예 학생이 누군가에게 놀림당했을 때 화를 내며 소리지르는 행동을 한다면 상대방이 어떻게 생각하고 반응할지를 설명한다.
[6단계] 분노대처 실행의 활성화	• 학생의 분노 개념의 학습과 더불어 분노대처 실행을 활성화하기 위한 전략을 배운다. • 학생은 다음과 같은 질문을 한다. – 무엇이 문제인가? – 나는 어떻게 느끼는가? – 내가 할 수 있는 대안은 무엇인가? – 결과는 어떠한가?

출처 ▶ 이성봉 외(2022)

조망 수용 능력
대인 간 문제를 잘 해결하기 위해서는 상대방의 정보처리 과정을 잘 알고 있어야 한다. 즉, 자신의 목표를 달성하기 위하여 제시하는 대안을 상대방이 받아들일 것인지, 자신의 대안에 대하여 상대방은 어떻게 생각하는지 등을 파악하는 능력은 대인문제를 해결하는 데 매우 도움이 된다. 이처럼 타인의 감정, 사고, 동기 등을 추론하는 능력을 조망 수용 능력이라고 한다. 이 능력은 청소년기에 주로 발달하게 되며, 자기조절 능력이나 자아개념의 발달에도 영향을 미치는 것으로 보고 있다(정정진 외, 2010).

3) 모델링을 이용한 중재 16중특, 18중특

① 모델링은 일반적으로 관찰학습과 대리효과를 사용하며, 교수 도구로서의 효과를 증진시키기 위해 사용한다.

② 모델링을 사용한 인지적 중재에는 비디오(즉, 비디오 모델링)와 역할극이 있다.

㉠ 비디오 중재의 효과는 긍정적으로 나타날 수도 있고 부정적으로 나타날 수도 있다.

- 학생이 비디오를 시청하면서 습득하는 적절한 인지 성과에 대해서는 좋은 결과가 뒤따르지만 부적절한 사고에 대해서는 나쁜 결과가 뒤따른다. 즉, 비디오를 통해 대리처벌과 대리강화를 받는 것이다.

㉡ 역할극에서는 교사와 학생이 바람직한 행동과 바람직하지 않은 행동, 그리고 이러한 행동의 결과를 모델링할 수 있다.

05 생태학적 모델 12중특

1. 기본 관점 16유특, 21유특

① 생태학적 모델에서는 학생의 개인적인 특성뿐만 아니라 학생의 행동에 대한 환경과의 상호작용 요소가 일탈행동의 발생 및 지속에 영향을 미친다고 본다.

② 생태학적 모델에서는 정서·행동장애가 학생의 환경 내에 있는 사람들의 기대 및 판단에 따라 달라질 수 있으며 상황에 따라 다르게 판단될 수 있으므로, 학생이 다른 사람과 상호작용하는 환경 내에서 지속적으로 일관되게 부적절한 행동을 보이는 것을 정서·행동장애로 정의하고 있다.

- 생태학적 모델은 학생에 대한 환경적 기대와 그 기대를 충족시킬 수 있는 학생의 능력 간 차이를 줄이는 것을 목적으로 한다.

Tip

생태학적 모델에서 '장애'란 아동이 상호작용해야 하는 다른 사람의 행동적 기대에 달려있다고 주장한다.

③ 생태심리학과 지역사회심리학에 기반을 두고 있는 생태학적 모델에서는 학생을 다양한 사회 및 물리적 환경 그리고 또래 및 성인과의 사회적 교류 시 제공자와 수혜자라는 복잡한 사회체계의 한 부분으로 보고, 행동문제인 일탈은 학생이 속한 환경 내에서 다른 사람과의 상호작용에 의해 영향을 받는다고 하여, 정서·행동장애를 생태계 장애라고 본다.

- 따라서 학생이 문제행동을 보이면 문제행동만을 중재하는 것이 아니라 행동이 일어난 상황, 즉 학생을 중심으로 학생을 둘러싼 사회 및 물리적 환경을 함께 고려해야 함을 강조하고 있다.

KORSET 합격 굳히기 **생태학적 모델의 정서장애 정의**

행동장애는 충동적이고 공격적인 행동에서부터 우울하고 위축된 행동에 이르기까지의 과도하고 만성적이고 일탈된 행동들로서, 이것들은 적절성과 관련하여 그 행동을 지각하는 사람들의 기대에 어긋나며, 중지를 원하는 행동이라고 정의할 수 있다.

출처 ▶ 윤점룡 외(2017)

④ Bronfenbrenner는 환경 구조를 미시체계, 중간체계, 외체계, 거시체계, 시간체계로 구분하고 있다. 19중특, 21유특, 22중특, 23유특

미시체계	• 물리 및 사회적 환경 내에서 개인이 직접 경험하는 활동, 역할 및 관계를 의미한다. • 미시체계 내의 환경은 가정, 놀이터, 학교 등과 같이 사람들이 면대면으로 마주하여 상호작용하는 상황이다. 직접적인 상호작용을 하는 부모가 자녀의 교육에 무관심하고 방임을 하면 학생의 발달에 부정적인 영향을 미쳐 정서·행동 문제를 보일 가능성이 크다.
중간체계	• 개인이 참여하는 환경들 간의 상호작용을 의미한다. • 개인이 직접적으로 상호작용을 하는 미시체계 간의 상호작용으로, 학생의 부모와 교사 간의 상호작용, 가정과 또래 간의 상호작용이 그 예가 된다. 이들의 상호작용이 직접적으로 영향을 미치지는 않지만 간접적으로 학생에게 영향을 미친다.
외체계	• 개인이 직접적으로 참여하지는 않지만 개인이 속한 환경에 영향을 주고받는 상황을 의미한다. • 부모의 직장, 형제의 학교, 지역사회 기관, 교회, 병원, 부모의 친구, 친척 등이 이에 포함될 수 있다. 예를 들면, 부모의 일시적 부재 시 학생을 돌볼 수 있는 친척 또는 지역사회 기관의 활용 여부가 학생의 발달에 영향을 미칠 수 있다.
거시체계	• 문화적 가치 및 태도, 정치적 환경, 법 등과 같이 하위체계(미시체계, 중간체계, 외체계)에서 일관되게 나타나는 것을 의미한다. • 문화적 가치 및 태도가 보다 수용적인 나라, 또한 총기 소지에 제한을 두는 나라에서는 아동 및 청소년의 정서·행동 문제가 적게 나타날 수 있다.
시간체계	• 전 생애에 걸쳐 일어나는 변화와 사회역사적인 환경을 포함하는 체계이다. • 개인에게 영향을 미치는 환경의 시기와 상호작용의 시기는 개인 발달에 중요한 변수가 된다. 즉, 환경 변화를 경험하는 시기가 아동의 발달에 중요한 영향을 미친다는 것이다.

출처 ▶ 이성봉 외(2022). 내용 요약정리

2. 원인

하나의 위험 요인이 문제행동을 유발하는 것이 아니라 여러 위험 요인이 상호 관련하여 영향을 미친다. 경험하거나 노출된 위험 요인이 많으면 많을수록 문제행동이 나타날 가능성이 높아진다.
정서 · 행동장애의 문제행동에 영향을 미치는 대표적인 요인은 다음과 같다.

유기체 요인	• 기질적 특성 • 인지적 특성 • 사회적 특성 • 언어 및 의사소통 특성
가족 요인	• 가족의 구조와 기능 • 대체 양육과 보호 • 가족의 상호작용 • 아동 관리 • 아동 학대
교사 요인	• 행동 관리 관련 요인 • 교과지도 관련 요인
또래 요인	• 또래 관계는 정서 및 행동 발달에 매우 중요하다. • 또래 압력과 일탈 집단에의 사회화도 반사회적 행동 및 비행과 관련이 있다.
지역사회 요인	• 지역사회 환경은 거주민들의 사회적 계층과 물리적 환경뿐 아니라 이용 가능한 심리적 자원체계를 의미한다. • 자원체계의 부재 또는 부족은 비행 및 반사회적 행동의 발생에 영향을 미친다.
대중매체 요인	• 인쇄매체, 라디오, 텔레비전, 동영상, 인터넷 등과 같은 매체를 통해 아동 및 청소년은 쉽게 음란 및 폭력물을 접하며, 이는 아동 및 청소년의 부정적 정서 및 행동 발달에 영향을 미친다.

3. 진단 · 평가

① 생태학적 모델은 학생의 행동에 관한 정보와 학생이 기능을 수행하는 생태체계에 관한 정보를 수집하는 생태학적 사정에 근거한다.

② 생태학적 사정은 대상학생과 의미 있는 상호작용이 이루어지고 있는 생태체계에 관한 정보를 수집 및 평가하는 것이다.

- 생태학적 사정은 학생에게 의미 있는 환경을 판별하고, 학생에 대한 환경 내 다른 사람의 기대 및 허용 한계를 포함하여 학생의 요구를 파악하며, 학생이 속한 생태 환경에서 성공적으로 기능을 수행하기 위해 필요한 기술과 행동을 정의하는 과정을 통해 이루어진다.

③ 생태학적 사정도구는 행동주의 모델에서 강조하는 기능적 행동평가(FBA)를 활용할 수 있다.

- 기능적 행동평가가 학생의 미시 및 중간체계의 관련 변인을 파악하는 것으로 확대되면 이는 생태학적 모델이 적용되었다고 볼 수 있다.

4. 생태학적 모델의 중재

(1) Re-ED 프로젝트

① Re-ED 프로젝트(Re-EDucation of Emotionally Disturbed Children)는 학교의 네트워크로, 정서 · 행동장애 학생을 위한 생태학적 모델에 근거한다.

② Re-ED 프로젝트의 목적은 학생을 치료하여 지역사회로 돌려보내는 것이 아니라 학생의 생태계를 보다 원활하게 고치는 것이다.

③ Re-ED 프로젝트는 학생뿐 아니라 학생의 가정, 이웃, 학교, 사회적 기관 그리고 지역사회를 대상으로 하는 포괄적인 접근이다.

④ Re-ED 프로젝트는 다음의 네 가지 기본 철학에 근거한다.

㉠ 문제행동을 보이는 청소년과 상호작용하는 사람은 이들이 긍정적인 변화를 보일 수 있음을 믿어야 한다.

㉡ 문제행동을 보이는 학생과 성인 간의 긍정적인 관계가 행동변화를 위한 필수적인 선수 기술이다.

㉢ 어린 아동의 성공적 수행을 위해서는 적절한 학업 및 사회적 기대, 평가, 프로그램이 중요하다.

㉣ 교사 및 관련인의 기대가 개별 학생 및 집단과 지속적으로 의사소통되어야 한다.

(2) 아동청소년 서비스 체계 프로그램

① 미국의 아동청소년 서비스 체계 프로그램(Child and Adolescent Service System Program, CASSP)은 조기판별과 예방 서비스를 증진하고 성인 서비스 체계로의 전환을 위해 아동의 사례관리 서비스를 중심으로 직업, 정신건강, 교육, 사회, 여가, 건강 등의 서비스 연계와 협력 · 조정을 강조하고 있다.

② CASSP는 정서 · 행동장애 아동과 그 가족을 돌보는 체계를 계획하고 전달하기 위해 다음을 기본 사항으로 한다.

㉠ 보호체계는 아동 및 가족을 중심으로 추진한다.

㉡ 서비스는 지역사회에 기초하여야 하고 기관 간 연계 체계가 구축되어야 한다.

㉢ 현실적인 기관 간 협력과 조정이 필요하다.

㉣ 서비스는 문화적으로 민감해야 하며 개별화되어야 한다.

㉤ 중도장애를 가진 청소년은 체계로부터 서비스를 받아야 한다.

㉥ 최소 제한에서 최대 제한에 대한 선택의 균형이 유지되어야 한다.

㉦ 지원과 사례관리가 장려되고 제공되어야 한다.

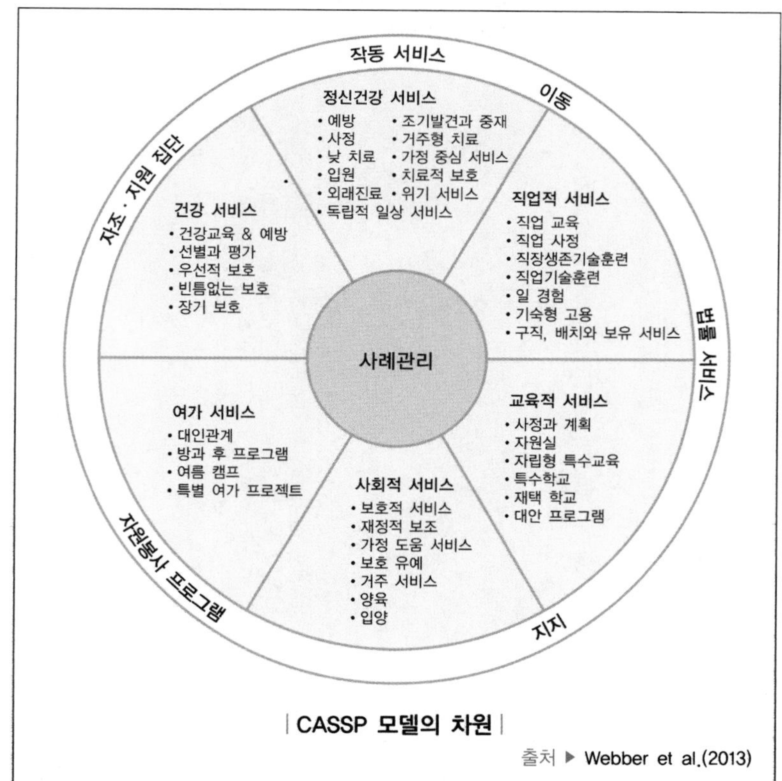

| CASSP 모델의 차원 |

출처 ▶ Webber et al.(2013)

(3) 랩어라운드 서비스

① 미국에서 시행 중인 랩어라운드(wraparound) 서비스는 심각한 정서・행동장애를 가진 아동의 문제를 지역사회 전문가, 가족, 학교의 공동협력으로 해결해 나가는 과정이라고 정의할 수 있다.

② 랩어라운드 서비스가 비록 지역사회 중심으로 발전하였고 정신건강센터가 주축이 되지만, 그 대상이 정서・행동장애 학생이고 궁극적인 목적은 가정과 학교에서 일반학생과 동일하게 생활하는 것이기 때문에 여기서는 학교 중심의 서비스가 제공된다.

- 랩어라운드 계획과 프로그램은 흔히 학교 중심의 서비스를 제공하며, 다기관, 다수준 지원을 포함하는 유일하고도 융통성 있는 아동 및 가족 서비스 계획이다.

③ 랩어라운드 서비스는 팀 협력에 근거한다. 따라서 랩어라운드의 원칙에서 명시하고 있는 팀 중심 접근은 정서・행동장애 아동을 위한 최상의 중재 실제를 제공한다고 볼 수 있다.

④ 랩어라운드 서비스는 가족의 목소리와 선택에 대한 존중, 팀 접근, 자연적 지원, 협력, 지역사회 중심, 문화적 합당성, 개별화, 강점 중심 지속성, 결과 중심의 10가지 원칙들을 필수적인 요소로 하며 통상적으로 준비, 계획, 실행, 전이라는 단계를 거쳐 체계적으로 실행된다.

Chapter

04 정서 · 행동장애의 하위 유형

01 품행장애

1. 품행장애의 개념

① 품행장애는 타인의 권리를 침해하고 사회적 규범을 위반하는 반사회적 행동을 지속적·반복적으로 보이는 장애이다.

② 품행장애는 DSM-5에서 정서 및 행동 조절(통제)에 문제를 보이는 대표적인 외현화 장애이다.

- 외현화 장애로서 품행장애에서 나타나는 행동에는 크게 타인의 권리 침해와 사회적 규범 위반 행동이 있다.

타인의 권리 침해	• 다른 사람의 기본 권리를 침해하는 반사회적 행동 • 말다툼, 괴롭힘, 물건 파괴, 반항, 싸움 등
사회적 규범 위반	• 연령에 적합한 사회적 규범을 어기는 반사회적 행동 • 음주, 절도, 거짓말, 가출, 욕설, 지각, 흡연, 무단결석 등

③ 10세를 기준으로 아동기 발병형과 청소년기 발병형으로 구분한다.

2. DSM-5의 품행장애 진단기준 11유특, 11중특, 12중특, 19초특, 22중특, 23초특

A. 다른 사람의 기본적 권리를 침해하고 연령에 적절한 사회적 규범 및 규칙을 위반하는 행동을 반복적·지속적으로 보이며, 아래의 항목 중에서 세 가지 이상을 12개월 동안 보이고 그중에서 적어도 한 항목을 6개월 동안 지속적으로 보인다.

사람과 동물에 대한 공격성

1. 다른 사람을 괴롭히거나 위협하거나 협박한다.
2. 신체적 싸움을 먼저 시도한다.
3. 다른 사람에게 심각한 손상을 입힐 수 있는 무기(예 방망이, 벽돌, 깨진 병, 칼, 총 등)를 사용한다.
4. 사람에 대해 신체적으로 잔인한 행동을 한다.
5. 동물에 대해 신체적으로 잔인한 행동을 한다.
6. 강도, 약탈 등과 같이 피해자가 있는 상황에서 강탈을 한다.
7. 성적인 행동을 강요한다.

재산/기물 파괴
8. 심각한 손상을 입히고자 의도적으로 방화를 한다.
9. 다른 사람의 재산을 방화 이외의 방법으로 의도적으로 파괴한다.

사기 또는 절도
10. 다른 사람의 집, 건물, 차에 무단으로 침입한다.
11. 사물이나 호의를 얻기 위해 또는 의무를 회피하기 위해 자주 거짓말을 한다.
12. 피해자가 없는 상황에서 물건을 훔친다.

심각한 규칙위반
13. 부모의 금지에도 불구하고 밤늦게까지 자주 집에 들어오지 않는다. 이러한 행동이 13세 이전부터 시작되었다.
14. 부모와 함께 사는 동안에 적어도 두 번 이상 밤늦게까지 들어오지 않고 가출한다(또는 장기간 집에 돌아오지 않는 가출을 1회 이상 한다).
15. 학교에 자주 무단결석을 하며 이러한 행동이 13세 이전부터 시작되었다.

B. 행동의 장애가 사회적 · 학업적 · 직업적 기능수행에 임상적으로 심각한 장애를 초래한다.

C. 18세 이상의 경우, 반사회성 성격장애의 준거에 부합하지 않아야 한다.

다음 중 하나를 명시해야 한다.
- **아동기 발병형**: 10세 이전에 품행장애의 특징적인 증상 중 적어도 한 개 이상을 보이는 경우다.
- **청소년기 발병형**: 10세 이전에는 품행장애의 특징적인 증상을 전혀 충족하지 않는 경우다.
- **명시되지 않는 발병**: 품행장애의 진단기준을 충족하지만, 첫 증상을 10세 이전에 보였는지 또는 10세 이후에 보였는지에 대한 정보가 없어서 확실히 결정하기 어려운 경우다.

품행장애 예시
- 성호는 다음의 세 가지 특성이 최근 1년 동안 지속되었다.
  - 친구들에게 자주 몸싸움을 건다.
  - 원하는 물건을 얻기 위해 부모님에게 거짓말을 한다.
  - 동물을 잔인하게 괴롭힌다.
- 위의 특성 중 친구들에게 자주 몸싸움을 거는 행동은 지난 6개월 동안 심하게 지속되었다.

KORSET 합격 굳히기 DSM-5의 반사회성 성격장애 진단기준 및 특성

1. 진단기준

A. 15세 이후에 시작하고 다음과 같은 다른 사람의 권리를 무시하는 행동 양상이 있고 다음 중 세 가지(또는 그 이상)를 충족한다.
   1. 체포의 이유가 되는 행위를 반복하는 것과 같은 법적 행동에 관련된 사회적 규범에 맞추지 못함
   2. 반복적으로 거짓말을 함. 가짜 이름 사용. 자신의 이익이나 쾌락을 위해 타인을 속이는 사기성이 있음
   3. 충동적이거나 미리 계획을 세우지 못함
   4. 신체적 싸움이나 폭력 등이 반복됨으로써 나타나는 불안정성 및 공격성
   5. 자신이나 타인의 안전을 무시하는 무모성
   6. 일정한 직업을 갖지 못하거나 혹은 당연히 해야 할 재정적 의무를 책임감 있게 다하지 못하는 것 등의 지속적인 무책임성
   7. 다른 사람을 해하거나 학대하거나 다른 사람 것을 훔치는 것에 대해 아무렇지도 않게 느끼거나 이를 합리화하는 등 양심의 가책이 결여됨

B. 최소 18세 이상이어야 한다.

C. 15세 이전에 품행장애가 시작된 증거가 있다.

D. 반사회적 행동은 조현병이나 양극성장애의 경과 중에만 발생되지는 않는다.

2. 진단적 특징

반사회성 성격장애의 주요 특징은 다른 사람들의 권리를 무시하거나 침해하는 지속적인 행동 양상이며, 아동기나 성인기 초기에 시작하여서 성인기까지 지속된다. 이것은 사이코패스라고 명명되기도 한다. 거짓말과 속임수가 특징이기 때문에 체계적인 임상적 평가를 통한 정보를 다른 주변에서 얻은 정보들과 통합하는 것이 특히 도움이 된다.
이 진단을 내리기 위해서는 환자는 최소 18세 이상이어야 하고(진단기준 B), 15세 이전에 품행장애가 시작된 증거가 있어야 한다(진단기준 C). 품행장애는 다른 사람의 기본 권리나 주요 연령에 맞는 사회적 규범이나 규칙을 어기는 행동이 반복적으로 지속적으로 나타나는 것이다. 품행장애의 주요한 행동적 특징들은 다음 네 가지의 범주들 중 하나에 속한다. 사람과 동물에 대한 공격, 재산 파괴, 사기 또는 절도, 중대한 규칙 위반

출처 ▶ DSM-5(2015)

3. 품행장애의 원인 12중특

품행장애의 원인은 다른 정서・행동장애의 하위 유형과 마찬가지로 한 가지 요인만으로는 설명할 수 없다.

① 신경생리적 요인, 뇌 기능 관련 요인, 기질과 같은 생물학적 요인을 배제할 수 없다.

② 부모의 부정적 양육태도, 가정 내 학대 등이 품행장애의 원인이 될 수 있다.

③ 교사의 차별대우, 폭력, 무관심으로 인한 적개심, 낮은 학업성취, 일탈 또래와의 상호작용 경험 등이 품행장애의 발현에 영향을 미칠 수 있다.

4. 품행장애의 중재

(1) 부모 훈련

환경적 요인인 부모와의 관계로 인해 품행장애가 나타나는 경우가 많은 만큼 중재는 학생뿐 아니라 부모를 대상으로 이루어져야 한다.

① 부모가 중재의 직접적인 대상이 된다.

② 부모가 학생의 행동을 지도할 수 있는 기술을 획득하고 적용하는 것을 목표로 한다.

③ 효과적인 부모 훈련 프로그램은 다음과 같은 특징을 가지고 있다.

㉠ 부모에게 자녀와의 상호작용 방법을 지도한다.

㉡ 문제행동을 판별하고 정의하며 관찰하는 지도방법을 지도한다.

㉢ 사회적 강화, 토큰 강화, 타임아웃 등 사회학습의 원리와 절차를 지도한다.

㉣ 부모로 하여금 획득한 기법을 연습할 수 있는 기회를 제공한다.

㉤ 부모가 적용하는 강화 프로그램이 학교에서의 행동 지도 프로그램에 통합될 수 있도록 한다. 교사는 학교에서 이루어지는 행동 지도의 결과를 부모에게 정기적으로 알려 준다.

(2) 기능적 가족 중재

기능적 가족 중재(Functional Family Therapy, FFT)의 일차적인 목적은 가족 내 구성원 간 의사소통을 향상시키고 최적화하는 것이다. 이러한 의사소통 기술 증진을 통해 가족 구성원 간의 인식, 기대, 태도, 정서적 반응을 수정하여 가족 기능의 향상을 도모한다.

① 가족 구성원이 배워야 할 점

㉠ 자신의 생각과 느낌을 정확하고 분명하게 전달하는 방법

㉡ 문제에 대한 해결책을 효과적으로 조정하는 방법

㉢ 자녀를 위한 일관된 가정환경을 제공하기 위해 행동 기법을 활용하는 방법

② 중재 시행의 단계

㉠ 중재자는 사회학습 원리를 쉽게 설명하는 읽기 과제를 가족 구성원에게 제공한다.

㉡ 중재자는 가족 관찰 및 면담을 통해 학생의 품행장애 행동과 관련 있는 가족 상호작용이 무엇인지를 판별한다.

㉢ 첫 회기부터 가족 구성원들은 학생의 품행장애 행동과 관련하여 중재자가 제시하는 가족문제를 해결하는 과정에 참여한다.

㉣ 중재자는 분명하고 효율적인 의사소통 기술을 적극적으로 시범 보이며 가족 구성원들이 이러한 기술을 사용하도록 촉진하고 강화해야 한다. 그리고 중재자는 가족 구성원들에게 구성원 간의 의사소통의 기능 및 명확성을 향상시키는 다양한 방법을 지도한다.

(3) 학교 중심 프로그램(학교 차원의 긍정적 행동지원) 13중특

① 학교 중심 프로그램은 품행장애 발생 후의 치료적 접근이라기보다는 예방적 접근에 해당한다.

- 학교가 미리 설정한 행동 규칙을 위반한 경우에는 지속적으로 일관성 있게 제재를 가하되, 적대적이고 신체적인 제재나 가해는 하지 않는 것이 효과적이다.

② Walker 등은 반사회적 행동문제와 관련하여 예방의 차원을 1차 예방, 2차 예방, 3차 예방으로 나누고 있다.

㉠ 1차 예방은 반사회적 행동이 나타나는 것을 예방하는 것으로 모든 학생을 대상으로 하는 보편적 중재이다.

㉡ 2차 예방은 발생한 반사회적 행동을 조기에 판별하여 중재하거나 개선하는 표적 집단 중재이다.

㉢ 3차 예방은 변화 가능성이 낮은 만성적 반사회적 행동의 부정적 효과를 조정하거나 저하시키는 것으로 집중적이고 개별화된 중재를 적용하는 것이다.

(4) 지역사회 기반 프로그램

① 비행이나 반사회적 행동을 보이는 학생을 별도의 수용시설이 아닌 지역사회 기반 프로그램에 참여시키는 것이다.

② 수용시설에서의 비행행동의 학습을 예방하고 지역사회 내의 적응을 높일 수 있다.

③ 지역사회 기반 프로그램에는 가족교수모델과 치료적 위탁보호 유형이 있다.

㉠ 가족교수모델

- 가족교수모델(TFM)에서는 가정과 유사한 거주형태에서 훈련된 교사역할의 부모가 비행청소년과 살면서 학생에게 적절한 행동을 중재한다.
- 교사역할 부모는 대상자의 부모에게 자신이 수행하는 중재 절차를 훈련시켜 청소년들이 가정에 가서도 중재의 효과가 유지 및 전이될 수 있도록 돕는다.

자료

Walker의 반사회적 행동문제 예방을 위한 체계

Walker 등(1996)은 학령기 아동 및 청소년들이 보이는 반사회적 행동문제를 예방하는 데 있어서의 학교의 역할을 강조하면서 1, 2, 3차 예방으로 구성되는 공중보건의 예방 모델을 사용하여 반사회적 행동문제 예방을 위한 체계를 제안하였다(이승희, 2017).

비교

Walker의 3단계 예방 모델

- 이성봉 외(2022) : 본문 참조
- 이승희(2017) : 1차 예방이란 학생들이 위험군이 되지 않도록 하기 위한 학교차원 또는 보편적 중재를 의미하고, 2차 예방은 보편적 중재에 반응하지 않는 학생들을 대상으로 실시되는 집중적 또는 개별화된 중재를 의미한다. 3차 예방은 생에 지속적으로 반사회적 행동패턴을 보이는 학생들을 대상으로 실시되는 포괄적 중재를 의미한다.

㉡ 치료적 위탁보호

- 치료적 위탁보호(TFC)에서는 위탁부모가 한두 명의 청소년과 함께 가정 주거형태에서 생활하면서 이들의 행동을 체계적인 행동 중재 프로그램에 따라 관리한다.
- 위탁부모는 프로그램 요원의 지원 및 감독을 받고, 프로그램 요원은 청소년의 친부모와 정기적인 만남을 가지며 친부모와 청소년의 만남을 준비시키거나 대안을 함께 모색한다.

(5) 다중체계 중재

① 다중체계 중재(MST)는 품행장애 행동을 유지시키는 가족, 학교, 또래, 지역사회와 같은 체계를 수정하는 것에 중점을 둔다.

② 자녀가 보이는 문제에 역점을 두고 이를 다루는 데 필요한 기술과 자료를 부모에게 제공하는 것을 주된 목적으로 한다.

③ 일반적인 중재 과정은 다음과 같다.

㉠ 중재자가 대상자의 집을 방문

- 가족의 문제를 명확히 알고 합리적인 장단기 목표설정을 돕는다.
- 문제를 감소시키는 데 도움이 되는 가족의 장점을 파악한다.
- 분명하고 합리적인 일상적인 과제를 중심으로 단기 목표를 설정한다.

㉡ 가족 구성원들이 계획을 실행하는 동안 중재자는 학생의 학교 교사와 또래 등 관련인을 만나 학생이 추가적인 문제가 있는지를 살펴보고 문제해결을 위한 활용 방안 모색

㉢ 기본적인 요구가 판별되면 중재자는 부모 훈련, 학생의 문제해결 기술 훈련, 지역사회 및 학교 기반 중재 등 적절한 심리적 중재 적용

㉣ 중재자는 중재 기간 중 가족 구성원들과 정기적으로 만남

- 가족 구성원이 과제 수행 시 충분한 칭찬과 보상을 제공한다.

㉤ 중재자는 각 체계(예 가정, 학교, 또래) 내, 체계 간의 적절한 중재를 개발하고, 각 체계 내에서 학생의 행동을 지속적으로 사정하고 점검함

(6) 인지행동 중재

인지행동 중재는 학생에게 자신의 행동을 점검하고 평가하여 관리하는 것을 가르치거나 특정한 인지적 단계에 따라 자극에 반응하도록 교수하는 절차로, 교사는 다양한 행동원리를 이용하여 학생에게 인지적 전략을 지도한다.

인지행동 중재(CBM)

- 인간의 사고에 대해 대립된 의견을 가졌던 인지심리학과 행동심리학의 이론을 결합한 행동 교정법이다. 1970년대 이전에는 외적 환경의 조작을 통해 아동의 행동을 변화시키고자 했던 행동주의가 주류를 이룬 반면, 외적 통제의 역량에 대한 한계에 부딪히게 되면서 환경적 변인은 물론 내적 변인 모두에 관심을 갖게 되어 인지적 행동수정이 발전하게 되었다. 인지적 행동수정 방법의 예로는 ① 인지를 재구조화하는 방법으로서 엘리스(A. Ellis)가 주장한 합리적 정서행동치료가 있다. 이는 정신분석학자들이 과거의 경험에 근거하여 문제를 해결하려는 방법을 반대하고, 해결책은 과거가 아닌 현재 상황에 대한 평가를 강조함으로써 이루어졌다. ② 또 다른 인지행동적 절차로서 자기교시 방법은 바람직한 행동 변화를 가져오기 위해 자기훈련, 즉 여러 상황에서 자기가 무엇을 할 것인가를 스스로 탐색하여 자기 자신에게 이야기하는 훈련을 강조한다. ③ 문제해결 방법은 논리적인 추론을 강조하여 개인의 문제를 어떻게 합리적으로 만족스럽게 해결할 것인가를 탐색한다(특수교육학 용어사전, 2018).
- 인지행동치료에서는 문제해결의 형태로 자기이야기나 자기교수를 통해 자신의 행동을 중재하는 새로운 인지 전략을 개인에게 가르치는 것이다. 인지행동치료에서는 개인이 자신의 행동에 행동적 기법(예 목표설정, 수행관리, 강화, 평가)을 적용할 수 있도록 가르치는 것을 목표로 한다. 그러나 흔히 인지행동치료와 인지적 재구조화 전략을 조합하여 적용하기도 한다. 학교에서 적용하는 일반적인 인지행동치료에는 자기교수법, 자기점검법 그리고 자기평가법이 있다(Webber et al., 2013).

동 인지행동치료(CBT), 인지행동수정(CBI)

① 문제해결 훈련

㉠ 문제해결 훈련(problem solving training)은 갈등, 선택, 문제 상황에 직면했을 때 효과적으로 대처하고 해결하는 능력을 지도하는 것이다.

- 학생은 매일 갈등이나 선택, 여러 가지 문제 등에 직면하게 된다. 이에 성공적인 문제해결 기술은 효과적인 대처와 독립성에 있어서 필수적인 요소라 할 수 있다. 직면한 문제를 성공적으로 해결할 줄 아는 능력은 사회적 적응이나 정서적 적응에서 매우 중요한 요소이다. 효과적인 방식으로 문제를 해결하는 능력이 없다면, 미래에 사회적·정서적 문제가 발생할 수 있다.

㉡ 학생들은 필요한 문제를 인식하고, 문제를 정의하며, 문제를 해결할 방안을 만들고, 우선적으로 적용할 방안을 선정하며, 실행 계획을 세우고, 해결 방안의 결과를 점검하는 문제해결 절차를 학습한다.

㉢ 문제해결 훈련의 일반적인 단계는 다음과 같다.

단계	설명
[1단계] 문제해결 훈련의 중요성을 설명한다.	교사는 학생에게 문제해결하기를 배우는 것이 왜 중요한지를 가르친다. 학생은 문제해결하기를 배우고 그것을 적용하기 위해서 최선을 다하는 것이 왜 중요한지를 이해해야 한다.
[2단계] 학생에게 효과적인 문제해결 단계를 가르친다.	교사는 문제해결 과정의 단계를 설명하여야 한다(예를 들어, 문제를 정의하고, 대안을 생성하고, 행동 방향을 결정하고, 잠재적 해결책을 실행하고, 결과를 점검하기).
[3단계] 문제해결을 시범 보인다.	교사는 문제해결 전략이 사용될 상황과 이 전략의 특성에 대해서 설명한다. 그런 다음, 교사는 공동 훈련자나 다른 학생들과 함께 절차에 대한 시범을 보인다.
[4단계] 문제해결하기에 대한 역할놀이의 사례를 보여 준다.	학생은 문제해결을 보여 주는 역할놀이에 참여한다. 미리 준비된 상황이나 실제 생활의 예들이 사용될 수 있을 것이다. 모든 학생들이 역할 놀이에 참여해야 한다. 교사는 역할놀이 이후에 피드백을 제공한다.
[5단계] 과제를 제시한다.	학생은 실제 생활 장면에서 절차를 훈련하는 과제를 받게 된다. 이 단계에서 개인별 분노 일지를 활용할 수 있다.
[6단계] 피드백과 강화를 제공한다.	교사는 학생의 문제해결 절차 사용에 대하여 피드백을 제공한다. 학생에게 문제해결 전략의 사용에 대한 강화를 제공한다.

출처 ▶ Yell et al.(2017)

KORSET 합격 굳히기 문제해결하기 전략의 종류

1. 대인 간 문제해결하기

① 개념

㉠ 대인 간 문제해결하기는 합리적 정서교육(REE)의 한 요소이지만 독립된 교육과정으로 여겨지기도 한다.

㉡ 대인 간 문제해결 훈련은 정서·행동장애 학생 개인뿐만 아니라, 예방 프로그램으로서 대집단 학생들에게 중재되어 왔다.

㉢ 대인 간 문제해결 훈련의 효과는 연구에서 증명되지 못했다.

② 단계 11유특

가장 전형적인 문제해결 순서와 전략은 다음과 같은 단계를 가진다.

㉠ 문제를 규정하고 정의하라.

㉡ 가능한 해결책을 생각해 보라: 대안적 사고

㉢ 지금 그리고 미래의 가능한 결과에 대해 각 해결책을 분석하고, 소비될 자원이나 노력의 양을 분석하라: 원인적, 결과적 사고 또한 해결책이 다른 사람들에게 어떤 영향을 미칠 것인지를 결정하라: 관심 취하기

㉣ 하나의 해결책을 선택하고 그것의 단계를 목록화하라: 수단–방법 사고

㉤ 선택된 해결책을 실행하고 결과를 평가하라: 자기평가

출처 ▶ Webber et al.(2013)

2. 대인관계의 인지적 문제해결하기

① Yell 등(2017)의 문헌에는 '대인관계의 인지적 문제해결하기'에 대해 소개되는데, 프로그램을 구성하고 있는 구체적인 문제해결 전략을 가르치는 것을 '문제해결 훈련'이라고 할 수 있다.

② 대인관계의 인지적 문제해결하기(Interpersonal Cognitive Problem Solving, ICPS)는 Spivak과 Shure가 개발한 훈련 프로그램으로, 어떻게 생각하고 무엇을 생각하지 말아야 하는지를 가르치기 위해 고안되었다.

③ Spivak과 Shure는 많은 교사들이 문제해결하기를 효과적으로 가르치지 못하고 있다고 주장하였다. 즉, 어떤 학생이 다른 학생을 때리는 문제를 다루는 데 있어서, 교사들은 보통 다음 중 한 가지 방법으로 반응한다.

㉠ 행동을 멈출 것을 요구한다("그만두라고 했잖아").

㉡ 왜 부적절한 행동인지 설명하려 한다("길동이가 다칠 수 있어").

㉢ 학생이 상황의 영향을 이해하도록 도우려 한다("그렇게 하면 길동이가 마음 상할 수도 있다니까").

㉣ 학생을 고립시킨다("바르게 행동할 준비가 될 때까지 타임아웃이야").

④ Spivak과 Shure는 만약 교사의 목적이 학생들로 하여금 개인적 문제나 대인관계 문제를 효과적으로 처리할 수 있게 돕는 데 있다면, 교사가 학생의 입장에서 생각했어야 하기 때문에 이런 반응들이 지나치게 제한적인 것이라고 본다. 그래서 대인관계의 인지적 문제해결하기에서는 아동들이 문제에 대한 해결책보다는 문제를 해결해 나가는 과정을 배워야 한다고 본다.

⑤ Spivak과 Shure 프로그램의 핵심은 학생들에게 가르쳐야 할 여섯 가지 구체적인 문제해결 기술에 있다. 대인관계의 인지적 문제해결하기 프로그램의 목적은 학생들이 여섯 가지 기술영역을 수행할 수 있도록 훈련시키는 데 있다.

대인 간 인지적 문제해결력

Spivack 등(1976)은 정보처리적 입장에서 대인 간 문제해결에 필요한 구체적이고 실제적인 과정을 명확하게 제시하고 있는데, 이를 대인 간 인지적 문제해결력이라 하면서 대인 간 문제에 대한 민감성, 조망 수용 능력, 대안적 해결 사고력, 수단–목적적 사고력, 원인적 사고력, 결과 예측적 사고력의 6개 능력으로 구성되어 있다고 하였다(정정진 외, 2010).

전략	정의
대안적 해결책 생각하기	• 효과적인 문제해결의 핵심이 되는 잠재적 해결책이나 다양한 선택을 생성해 낼 수 있는 능력
결과 생각하기	• 행동을 이끌어 낸 후속결과에 대해 고려할 수 있는 능력 • 대안에 대한 고려 사항을 넘어서는 잠재적 해결책의 후속결과까지 고려해야 한다.
인과관계 생각하기	• 왜 특정 사건이 일어나고, 일어나게 되는지 그 이유를 여러 번에 걸쳐 생각해 봄으로써 한 가지 사건이 다른 사건과 관련되어 있음을 아는 능력
대인관계에 대한 민감성	• 대인관계에 문제가 있음을 알아차리는 능력
수단-목적 생각하기	• 주어진 목표에 도달하기 위해서 단계적으로 계획을 세우는 것 • 수단-목적 생각하기에는 통찰력과 예찰력, 대안적 목표를 고려하는 능력 등이 포함되어야 한다.
관점 수용하기	• 다양한 사람들이 다양한 동기를 지니고 있고, 다양한 행동을 취할 수 있다는 사실을 인식하고 고려할 줄 아는 능력

출처 ▶ Yell et al.(2017)

관점 수용하기
동 조망 수용 능력

② 분노조절 훈련 19중특

㉠ 분노조절 훈련은 학생에게 자기교수를 통해 분노와 공격행동을 자제하거나 조절하는 것을 지도하는 것이다.

• 내적이거나 외적인 분노유발 상황에서 학생이 분노와 공격성으로 대처하기보다는 분노조절 방법을 사용하여 대처할 수 있도록 훈련시키는 것이다.

㉡ 분노조절 중재는 인지 준비 단계, 기술 습득 단계, 적용 훈련 단계의 3단계로 구성된다.

인지 준비 단계	분노 각성과 분노 결정 요인, 분노를 유발하는 상황의 판별, 분노의 긍정 및 부정적 기능, 대처 전략으로 분노조절 기법에 관해 학습한다.
기술 습득 단계	분노를 인식하고 대안적인 대처 전략을 사용하는 것을 학습한다. 이 단계에서 자기교수 요소의 훈련이 강조된다.
적용 훈련 단계	역할놀이와 숙제를 통해 기술을 연습한다.

출처 ▶ 이성봉 외(2022), Yell et al.(2017). 내용 요약정리

㉢ 분노조절 훈련은 시범, 역할놀이, 피드백 제공으로 구성된다. 특히 역할놀이는 학생이 자신의 분노가 언제 일어났고 벌어졌으며 그 상황에 어떤 사람들이 있었고 그 사람들은 무엇을 했으며 자신의 감정을 어떻게 다루었는지 등에 관한 분노 일지 또는 혼란 일기(hassle log)를 활용한다.

자료

분노조절 훈련

Novaco, Feindler와 동료들은 3단계의 분노조절 훈련(anger control training) 절차를 개발하였다(Yell et al., 2017).

동 분노통제 훈련

혼란 일기

혼란 일기란 학생이 실제로 분노가 유발되는 상황에 관해서 적을 수 있도록 구조화된 일종의 질문지이다. 학생은 이 혼란 일기에다 혼란이 발생한 곳이 어디이며, 언제 발생했는지, 어떤 일이 일어났는지, 누가 있었는지, 자기가 어떻게 했는지, 자기 자신을 어떻게 조절했는지, 얼마나 화났는지 등에 대해서 자세히 기록하여야 한다(Yell et al., 2017).

비교

Yell 등(2017)의 문헌에는 혼란 일기와 분노 일지는 유사하다고 하고 있으며, 본문과 같은 분노 일지가 사례로 제시되어 있다.

이완훈련

이완훈련은 긴장된 상황에서 일어나는 자율적 각성 상태와는 반대되는 신체반응을 훈련시키는 것이다(양명희, 2018).

동 긴장완화 훈련

심상/상상

심상(imagery)은 깊은 호흡 또는 점진적 근육 이완과 함께 적용될 수 있다. 아동으로 하여금 자신이 재미있는 이완활동을 하고 있다고 상상해 보라고 한다. 아동이 아무것도 생각할 수 없다고 하는 경우에는 놀이터에서 그네를 타거나, 운동장에서 놀거나, 해변에 놀러 갔다고 생각해 보라고 한다. 상상 속에서 즐거운 놀이에 참여하고 있는 아동에게 시각적 심상뿐만 아니라 촉감이나 향기, 소리 등을 제안할 수도 있다. 예를 들어, 그네를 타고 있다고 상상하고 있는 아동에게 머리카락을 스치는 바람, 놀이터의 소리, 향기로운 잔디 냄새 그리고 그네를 타고 높이 올라갔을 때 배에서 느껴지는 간지러움을 느껴보도록 제안하는 것이다(Holland et al., 2019).

정서적 심상

정서적 심상(emotive imagery)은 아동이 좋아하는 영웅을 정하고, 가상적 이야기에 이 영웅과 아동을 함께 등장시키는 방법이다. 가상적 이야기에 아동이 좋아하는 영웅을 등장시키면 아동의 흥미를 끌 수도 있고 중재에도 도움이 된다. 아동에게 눈을 감으라고 하고 이야기 속에 등장하는 영웅을 상상해서 말해 보라고 한다. 일단 아동의 이야기가 완성되면 교사는 아동의 두려움의 단계 중 두려움의 수위가 가장 낮은 자극을 이야기 속에 등장시켜서 두려움을 유발하는 자극과 영웅에 의한 긍정적인 정서를 연합시킨다. 교사는 이 이야기를 이완전략으로 사용하여 아동의 두려움의 단계 순서에 따라 두려움의 순위가 가장 낮은 자극부터 가장 높은 자극까지 훈련을 시킨다. 이때 교사는 훈련을 너무 빨리 진행하여 아동이 불안해하지 않는지 아동의 비언어적 단서에 주의를 기울여야 한다(Holland et al., 2019).

분노 일지

당신을 화나게 하는 문제에 대해서 적으시오.

당신은 어떻게 했습니까?

분노가 해결되었습니까?

당신은 당신의 분노 조절을 어떻게 평가합니다? (동그라미)

부족함　　보통　　잘했음　　훌륭함

다음 번에는 당신의 분노를 어떻게 조절하겠습니까?

출처 ▶ Yell et al.(2007)

ⓔ 분노조절 훈련에서는 이완훈련을 함께 적용한다.

- 이완훈련은 갈등 및 스트레스 상황에서 근육의 긴장을 점진적으로 이완시키는 방법으로, 이는 방해 및 공격행동을 감소시키고 사회적 기술과 학업수행을 향상시킨다.
- 이완 방법에는 심호흡하기, 숫자 세기, 화난 상황 피하기, 기분 좋아지는 상상하기, 음악 듣기 등이 있으며 개별 학생들의 특성에 맞는 이완 방법을 교사가 함께 찾아 연습한다.

KORSET 합격 굳히기 이완 방법

1. **깊은 호흡**
2. **느린 호흡**
3. **점진적 근육 이완**
   화가 날 때 나타나는 신체적 증상을 점진적으로 경감시키며 불안을 감소하는 방법
4. **심상(상상)**
   아동으로 하여금 자신이 재미있는 이완활동을 하고 있다고 상상해 보게 하는 것
5. **정서적 심상**
   아동이 좋아하는 영웅을 정하고, 가상적 이야기에 이 영웅과 아동을 함께 등장시키는 방법

출처 ▶ Holland et al.(2019)

③ 자기관리 훈련

자기관리 훈련은 학생이 자신의 행동을 관리하도록 가르치는 것으로, 자주 사용되는 절차로는 자기점검(혹은 자기기록), 자기평가, 자기강화가 있다.

④ 자기교수

과잉 및 충동 행동을 보이는 품행장애 학생은 내적 언어와 언어조절 능력의 결함 때문에 자신의 행동을 조절하기 위해 자신에게 말하는 방법을 사용하지 않는다. 이들이 자신의 행동을 조절할 수 있도록 하기 위해 사용되는 자기교수 훈련은 다양한 상황에서 학생에게 적용할 수 있으며, 자신에게 내적으로 말을 하는 언어적 진술문의 학습을 지도하는 것이다.

⑤ 대안반응 훈련

㉠ 대안반응 훈련은 학생이 대안적이거나 경쟁적인 반응을 함으로써 제거해야 할 바람직하지 않은 반응을 할 기회를 차단하는 것이다.

㉡ 학생에게 화를 내거나 다른 부적응행동을 하는 대신에 대안적인 반응을 할 수 있게 하려면 세 가지 중요한 요소를 고려해야 한다.

- 첫째, 학생 스스로 자신의 행동을 점검할 수 있어야 한다. 학생은 교사가 줄이고 싶어하는 행동이 언제 발생하는지를 인식할 수 있어야 한다. 즉, 자기가 언제 분노하게 되는지를 인식하고 있어야 한다(예 위 근육이 팽팽해지고, 주먹을 불끈 쥐게 될 때). 따라서 자기점검에 대한 교수가 대안적 반응훈련 이전에 필수적으로 선행되어야 한다.
- 둘째, 학생이 자기점검을 적용할 수 있게 된 다음에는 부적응행동과 경쟁하게 될 구체적인 기법을 배워야 한다. 여기서 중요한 점은 이러한 절차를 진행할 때 학생에게 직접 가르쳐야 한다는 것인데, 교사는 구체적인 기법에 대하여 시범을 보여야 하고 학생은 그 절차를 연습할 충분한 기회를 가져야 한다.
- 셋째, 대안적인 반응을 적절하게 사용할 수 있게 되면, 교사는 학생에게 강화를 제공해야 한다.

㉢ 대안반응 훈련의 대표적인 예로 이완훈련을 들 수 있다.

⑥ 귀인 재훈련

귀인이론에 근거한 귀인 재훈련은 긍정적 귀인을 가진 학생은 성공이 자신의 노력과 능력에 따른 것이며 실패는 노력이 부족했기 때문이라고 여긴다고 보고, 부정적 귀인을 긍정적 귀인(자신의 성공과 실패에 대한 노력 중심의 진술)으로 대체하여 과제 수행의 지속성을 높이고자 하는 것이다.

⑦ 합리적 정서행동치료

정서·행동장애 학생들이 보이는 문제행동과 부정적 정서 반응의 원인을 왜곡된 비합리적 신념으로 본다. 그래서 정서·행동장애 학생의 비합리적인 신념을 논박하여 이를 합리적 신념으로 바꾸어 인지적 재구조화를 이루게 되면 바람직한 정서 및 행동 반응이 나타나게 된다는 것이다.

(7) 사회적 기술 훈련 11중특

① 품행장애 학생은 부정적인 사회적 기술을 보이고 심각한 사회적 능력의 결함을 보인다. 이들은 또래 및 성인과 긍정적인 상호관계를 만들거나 유지하는 데 어려움이 있고, 다양한 영역에서의 장단기 적응의 문제를 유발할 수 있다. 따라서 품행장애 학생을 대상으로 사회적 기술 훈련(SST)이 이루어져야 한다.

- 사회적 기술 훈련은 다양한 행동 중재 기법을 종합적으로 적용한다.

② 사회적 기술 훈련 프로그램은 품행장애 학생의 사회적 발달을 향상시키고, 문제행동을 감소시킬 수 있는 구체적인 사회적 기술의 획득을 증진시키고 기술 수행을 향상시키며, 문제행동을 감소 또는 제거하고, 사회적 기술의 일반화 및 유지를 이루는 것을 목적으로 한다.

02 적대적 반항장애

1. 적대적 반항장애의 개념 12중특, 16초특, 20초특

① 적대적 반항장애는 분노/과민한 기분, 논쟁적/반항적 행동, 보복적 특성이 지속적·파괴적으로 나타나는 품행장애의 하나이다.

㉠ 분노·과민한 기분에 해당하는 증상: 자주 욱하고 화를 내며, 과민해서 쉽게 짜증을 내고, 크게 분개하는 것

㉡ 논쟁적·반항적 행동에 해당하는 증상: 자주 권위자와 논쟁을 하고, 적극적으로 권위자의 요구나 규칙을 무시하거나 거절하고, 일부러 타인을 귀찮게 하고, 자신의 실수나 잘못된 행동을 남의 탓으로 돌리는 것

㉢ 보복적 특징에 해당하는 증상: 지난 6개월 안에 적어도 두 차례 이상 악의에 차 있거나 앙심을 품는 행동을 보이는 것

② 적대적 반항장애의 첫 증상은 보통 취학 전에 나타나며, 초기 청소년기 이후에 발병하는 경우는 매우 드물다.

㉠ 적대적 반항장애는 품행장애보다 발달적으로 먼저 보이게 되지만 모두 품행장애로 발전하는 것은 아니다.

㉡ 적대적 반항장애는 품행장애, 불안장애, 우울장애로 발전할 수 있으며, 반사회적 행동, 충동조절문제, 물질 남용 등 많은 문제를 보일 위험이 크다.

③ 적대적 반항장애는 품행장애와 비교했을 때 사회적 규범의 위반과 타인 권리의 침해가 없거나 두드러지지 않다는 점에서 '경도의 품행장애', '품행장애의 발달적 전조', '품행장애의 아형'으로 보기도 한다.

④ 5세를 기준으로 5세 이하의 아동을 대상으로 적용할 때에는 최소한 6개월 동안 일상생활의 대부분의 시간에 행동이 나타나지 않을 경우 진단을 내리지 않는다. 그러나 5세 이상인 경우는 최소한 6개월 동안 일주일에 적어도 한 차례 나타나야 준거에 부합한 것으로 본다.

2. DSM-5의 적대적 반항장애 진단기준 09중특, 13초특, 22초특

A. 분노/과민한 기분, 논쟁적/반항적 행동, 보복적 행동이 최소 6개월간 지속되고, 형제가 아닌 다른 사람 1인 이상과의 상호작용에서 다음 항목 중 적어도 네 가지 증후를 보인다.

분노/과민한 기분

1. 자주 화를 낸다.
2. 자주 다른 사람에 의해 쉽게 기분이 상하거나 신경질을 부린다(짜증을 낸다).
3. 자주 화를 내고 크게 분개한다.

논쟁적/반항적 행동

4. 권위적인 사람 또는 성인과 자주 말싸움(논쟁)을 한다.
5. 권위적인 사람의 요구에 응하거나 규칙 따르기를 거절 또는 무시하는 행동을 자주 보인다.
6. 의도적으로 다른 사람을 자주 괴롭힌다.
7. 자신의 실수나 비행을 다른 사람의 탓으로 자주 돌린다.

보복적 특성

8. 지난 6개월간 두 차례 이상 다른 사람에게 악의에 차 있거나 보복적인 행동을 한 적이 있다.

주의점: 행동의 지속성과 빈도에 따라 장애의 증후적인 행동과 정상적인 제한 내에서의 행동을 구별해야 한다. 5세 이하의 아동을 대상으로 적용할 때에는 최소한 6개월 동안 일상생활의 대부분 시간에 행동이 나타나지 않을 경우 진단을 내리지 않는다. 5세 이상의 경우, 최소한 6개월 동안 일주일에 적어도 한 차례 나타나야 준거에 부합하는 것이다. 이러한 빈도준거는 증후를 판별하는 데 적용할 수 있는 최소한의 빈도 수준으로, 행동의 빈도와 강도는 개인의 발달수준, 성별·문화별로 수용될 수 있는 기준이 다름을 감안해야 한다.

B. 행동의 장애가 개인의 사회적 맥락(예 가정, 또래집단, 직장동료)에서 개인 또는 다른 사람에게 고통을 주는 것과 관련이 있거나 사회적·학업적·직업적 또는 다른 중요한 기능수행 영역에 부정적인 영향을 미친다.

C. 행동이 정신병적 장애, 물질사용장애, 우울장애, 양극성장애에 의해 주로 나타나는 것이 아니다. 또한 준거는 파괴적 기분조절장애에 부합하지 않는다.

3. 자주 화를 내고 쉽게 화를 낸다.

- DSM-5(2015), 윤점룡 외(2017): 자주 화를 내고 크게 분개함
- 이성봉 외(2022): 자주 화를 내고 쉽게 화를 낸다.
- 이승희(2017): 자주 화가 나 있고 원망스러워 한다.

자료

5세 이하와 5세 이상

DSM-5를 비롯하여 대부분의 문헌에서는 '5세 이하', '5세 이상'으로 제시되어 있다.

3. 적대적 반항장애의 원인

생물학적 위험요인보다는 심리사회적 위험요인이 더 영향력이 있을 가능성이 있다.

예 심리사회적 위험요인의 예: 부모의 부적절한 양육방식, 부부갈등을 포함한 가족 구성원 간의 갈등, 가정폭력, 부모의 정신병리, 아동 학대 등

4. 적대적 반항장애의 중재

중재에서 부모 훈련이나 가족치료가 강조되어야 한다. 왜냐하면 적대적 반항장애에는 생물학적 위험요인보다는 심리사회적 위험요인의 영향력이 더 크고, 심리사회적 위험요인 중에서도 부모 관련 요인이 특히 영향력이 있기 때문이다.

03 주의력결핍 과잉행동장애

1. 주의력결핍 과잉행동장애의 개념 25유특

① 주의력결핍 과잉행동장애(Attention Deficit Hyperactivity Disorder, ADHD)란 자신의 기능이나 발달을 저해하는 지속적인 형태의 부주의 또는 과잉행동-충동성을 보이는 장애를 말한다. 즉, 부주의, 과잉행동 및 충동성이라는 핵심적 특성으로 정의된다.

㉠ 부주의 증상: 과제를 수행하지 않고 돌아다니기, 인내심 부족, 지속적인 주의집중 곤란, 무질서함 등 산만하여 주의집중을 못하는 특성

㉡ 과잉행동 및 충동성 증상: 부적절한 과잉운동 활동, 여가활동 참여 곤란, 지나친 수다, 성급한 행동, 자기 차례를 기다리지 못함, 또래의 활동 방해와 침해 등 끊임없이 움직이거나 성급하게 행동하는 특성

Tip

2013년 DSM-5에서는 DSM-IV의 진단기준과 거의 유사하나, ADHD 증상이 나타나는 시기가 7세 이전에서 12세 이전으로 바뀌었으며, 청소년과 17세 이상 성인의 진단기준 항목 수를 다섯 가지로 제시하는 것이 포함되었다(이성봉 외, 2022).

② ADHD로 진단하기 위해서는 다음의 기준을 충족시켜야 한다.

㉠ ADHD의 진단기준에서 부주의 진단기준 아홉 가지 중 여섯 가지 그리고/또는 과잉행동 및 충동성 진단기준 아홉 가지 중 여섯 가지가 적어도 6개월 동안 지속적으로 나타나야 한다. 단, 청소년과 17세 이상 성인에서는 적어도 다섯 가지 증상을 보여야 한다.

㉡ ADHD 증상이 만 12세 이전에 발생한다.

㉢ 증상이 적어도 두 가지 이상의 상황에서 광범위하게 나타나야 하며, 사회적 기능, 학업수행, 직업기능 등에서도 문제가 있다는 분명한 증거가 있어야 한다.

③ ADHD는 부주의, 과잉행동 및 충동성에 기초해서 복합형, 부주의 우세형, 과잉행동 및 충동 우세형의 세 가지 하위 유형으로 분류한다.

㉠ 복합형(ADHD-C)은 지난 6개월 동안 기준 A의 1과 A의 2 모두에 부합되는 경우이다.

㉡ 부주의 우세형(ADHD-I)은 지난 6개월 동안 기준 A의 1에는 부합되지만 A의 2에는 부합되지 않는 경우이다.

㉢ 과잉행동 및 충동 우세형(ADHD-HI)은 지난 6개월 동안 기준 A의 2에는 부합되지만 A의 1에는 부합되지 않는 경우이다.

2. DSM-5의 주의력결핍 과잉행동장애 진단기준 10초특, 13중특, 18중특

A. (1) 그리고/또는 (2)와 같은 특징을 가진 부주의 그리고/또는 과잉행동-충동성의 지속적인 패턴이 기능이나 발달을 저해한다.

1. 부주의

다음 증상들 중 여섯 가지(또는 그 이상)가 발달 수준에 적합하지 않고, 사회적 활동과 학업적/직업적 활동에 적극적으로 부정적인 영향을 미칠 정도로 적어도 6개월 동안 지속된다.

주의점: 증상이 과제나 교수를 이해하는 데 있어 단지 적대적 행동, 반항, 적개심 또는 실패를 표현하는 것이 아니다. 청소년과 성인(17세 이상)에게는 적어도 다섯 가지 증상이 요구된다.

a. 흔히 세부적인 면에 대해 면밀한 주의를 기울이지 못하거나 학업, 직업 또는 다른 활동에서 부주의한 실수를 저지른다.

예 세부적인 것을 간과하거나 놓친다, 일을 정확하게 하지 못한다.

b. 흔히 일 또는 놀이를 할 때 지속적인 주의집중에 어려움이 있다.

예 수업, 대화 또는 긴 문장을 읽을 때 지속적으로 집중하기 어렵다.

c. 흔히 다른 사람이 직접적으로 말을 할 때 경청하지 않는 것처럼 보인다.

예 분명한 주의산만이 없음에도 생각이 다른 데 있는 것 같다.

d. 흔히 지시를 따르지 못하고, 학업, 잡일 또는 직장에서의 임무를 수행하지 못한다.

예 과제를 시작하지만 빨리 집중력을 잃고, 쉽게 곁길로 빠진다.

e. 흔히 과업과 활동 조직에 어려움이 있다.

예 순차적 과제 수행의 어려움, 물건과 소유물 정돈의 어려움, 지저분하고 조직적이지 못한 작업, 시간관리 미숙, 마감시간을 맞추지 못함

f. 흔히 지속적인 정신적 노력을 요하는 과업에의 참여를 피하고, 싫어하고, 저항한다.

예 학업 또는 숙제, 청소년과 성인들에게는 보고서 준비, 서식 완성, 긴 논문 검토

g. 흔히 과제나 활동에 필요한 물건들을 분실한다.

예 학교 준비물, 연필, 책, 도구, 지갑, 열쇠, 서류, 안경, 휴대폰

h. 흔히 외부자극에 의해 쉽게 산만해진다.

예 청소년과 성인에게는 관련 없는 생각이 포함된다.

i. 흔히 일상생활에서 잘 잊어버린다.

예 잡일하기, 심부름하기, 청소년과 성인에게는 전화 회답하기, 청구서 납부하기, 약속 지키기

2. 과잉행동 및 충동성

다음 증상들 중 여섯 가지(또는 그 이상)가 발달 수준에 적합하지 않고, 사회적 활동과 학업적/직업적 활동에 직접적으로 부정적인 영향을 미칠 정도로 적어도 6개월 동안 지속된다.

주의점: 증상이 과제나 교수를 이해하는 데 있어 단지 적대적 행동, 반항, 적개심 또는 실패를 표현하는 것이 아니다. 청소년과 성인(17세 이상)에게는 적어도 다섯 가지 증상이 요구된다.

a. 흔히 손발을 가만히 두지 못하거나 의자에 앉아서도 몸을 움직거린다.

b. 흔히 앉아 있도록 기대되는 교실이나 기타 상황에서 자리를 뜬다.

예 교실, 사무실이나 작업장, 또는 자리에 있어야 할 다른 상황에서 자리를 이탈한다.

c. 흔히 부적절한 상황에서 지나치게 뛰어다니거나 기어오른다.

예 청소년이나 성인에게는 주관적 안절부절못함으로 제한될 수 있다.

d. 흔히 여가활동에 조용히 참여하거나 놀지 못한다.

e. 흔히 끊임없이 움직이거나 마치 자동차에 쫓기는 것처럼 행동한다.

예 식당, 회의장과 같은 곳에서 시간이 오래 지나면 편안하게 있지 못한다, 지루해서 가만히 있지 못하거나 지속하기 어렵다는 것을 다른 사람들이 경험한다.

f. 흔히 지나치게 수다스럽게 말한다.

g. 흔히 질문이 채 끝나기 전에 성급하게 대답한다.

예 다른 사람의 말에 끼어들어 자기가 마무리한다, 대화에서 차례를 기다리지 못한다.

h. 흔히 차례를 기다리지 못한다.

예 줄 서서 기다리는 동안

i. 흔히 다른 사람의 활동을 방해하고 간섭한다.

예 대화, 게임 또는 활동에 참견함, 요청이나 허락 없이 다른 사람의 물건을 사용함, 청소년이나 성인에게는 다른 사람이 하는 일에 간섭하거나 떠맡음

B. 몇몇 부주의 또는 과잉행동-충동 증상이 만 12세 이전에 나타난다.

C. 몇몇 부주의 또는 과잉행동-충동 증상이 두 가지 이상의 장면에서 나타난다.

예 가정, 학교 또는 직장에서, 친구 또는 친척들과 함께, 다른 활동들에서

D. 증상이 사회, 학업 또는 직업 기능에 방해를 받거나 질적으로 감소하는 명백한 증거가 있다.

E. 증상이 조현병 또는 기타 정신증 장애의 경과 중에만 발생하지 않으며, 다른 정신장애에 의해 더 잘 설명되지 않는다.

예 기분장애, 불안장애, 해리장애, 성격장애, 물질중독 또는 위축

다음 중 하나를 명시할 것
- **복합형**: 지난 6개월 동안 진단기준 A1(부주의)과 A2(과잉행동 및 충동성)를 모두 충족한다.
- **부주의 우세형**: 지난 6개월 동안 진단기준 A1(부주의)은 충족하지만 A2(과잉행동 및 충동성)는 충족하지 않는다.
- **과잉행동 및 충동 우세형**: 지난 6개월 동안 진단기준 A2(과잉행동 및 충동성)는 충족하지만 A1(부주의)은 충족하지 않는다.

3. 주의력결핍 과잉행동장애의 원인

ADHD의 원인은 정확하게 밝혀지지 않았으나 주로 생물학적 요인, 심리사회적 요인, 기타 요인으로 나눌 수 있다.

생물학적 요인	• 뇌 손상: 전두엽 영역이 주의와 실행기능, 운동기능과 관련 있으며, 전두엽 기능의 손상이 ADHD의 증상과 관련 있음 • 뇌의 생물학적인 발달지체 – 충동성과 부주의가 전두엽 발달의 지체와 관련 있음 – ADHD의 뇌는 좌우반구를 연결하는 조직인 뇌량과 소뇌의 크기가 정상에 비해 작음 • 신경학적 접근: 신경전달물질(도파민과 노르에피네프린)의 장애를 ADHD의 원인으로 봄
심리사회적 요인	• 가족 관련 요인: 어머니의 낮은 학력이나 부모의 낮은 사회적 지위, 한부모가정, 결손가정 등 • 기질: 학령기 전에 기질이 부정적이고 요구가 많은 아동은 학령기가 되어서도 ADHD가 될 가능성이 높음 • 환경적 요인: 가정생활, 사회경제적 지위, 부모의 태도와 정서, 내재화된 분노 등
기타 요인	• 식이요법: ADHD 학생은 인공색소, 식품 첨가물, 설탕 등 특정 음식에 대한 과잉행동적인 알레르기 반응을 보임(학계에서는 인정되지 않고 있음) • 환경 속의 납: 혈중 납 수준이 높은 학생들 중 25~35%가 과잉행동이 나타났음

PART 06

실행기능
동 집행기능

Tip

실행기능에 관한 이해는 'Part 07. 자폐성장애아교육'의 학습을 위해서도 매우 중요하다.

Tip

계획 및 조직, 인지적 유연성, 행동억제 능력은 실행기능의 핵심 개념으로 '초인지'의 개념과 비교하는 데 있어 중요하다.

KORSET 합격 굳히기 ADHD의 원인 - 실행기능과 Barkley의 통합모형

1. 실행기능

① 실행기능은 다음과 같은 활동에 직접적인 영향을 미친다.
㉠ 작동기억을 통해 정보를 유지하고 필요시 활용하는 것
㉡ 언어의 내재화를 통해 행동의 지침의 될 규칙 및 지시 사항을 기억하고 활용하는 것
㉢ 자기조절을 통해 정서, 동기, 각성을 통제하고 이를 재설정하는 것
㉣ 경험을 분석·통합하고 창조적 사고를 할 수 있도록 재구조화하는 것 등과 같은 행동 및 사고를 계획하고 조직하는 것

② 실행기능은 계획 및 조직, 인지적 유연성, 행동억제 능력의 세 가지 하위 요인으로 구성된다.

③ ADHD에 관한 뇌 손상 연구들은 전두엽 영역이 주의와 실행기능, 운동기능과 관련이 있으며, 전두엽 기능의 손상이 ADHD의 증상과 관련이 있다고 한다.

출처 ▶ 이성봉 외(2022)

2. 신경심리학적 모형

① 수많은 신경심리학적 연구가 진행되었는데, 대부분이 주로 전두엽 기능에 초점을 맞추었다. 최근 Barkley는 광범위한 문헌을 종합하면서 주로 작업기억, 계획 세우기, 언어적 유창성, 운동 순서 정하기, 기타 다른 전두엽 기능에서의 어려움과 함께 행동반응의 억제 실패가 일관되게 나타난다고 하였다.

② Barkley는 〈그림〉과 같이 행동억제 기능이 실행기능을 매개로 운동통제 기능에 영향을 미치는 통합모형을 제안하였다. 그가 제안한 행동억제는 다음의 세 가지 방식으로 이루어지며, 이러한 세 가지 방식의 행동억제는 전전두엽의 실행기능의 활성화를 매개로 하는 운동통제에 영향을 미친다.
㉠ 사건에 대한 초기 우성반응의 억제: 강화를 받은 적이 있거나 강화를 받을 가능성이 큰 강력한 반응을 억제하는 것
㉡ 현재 진행 중인 반응의 억제: 이미 진행 중이지만 효과가 없다고 판명된 반응을 중지하는 것
㉢ 주변의 다른 사건들로부터 현재 진행 중인 반응이 간섭받지 않도록 보호하는 것: 경쟁자극을 억제해서 실행기능이 방해받지 않고 작동하도록 하는 것

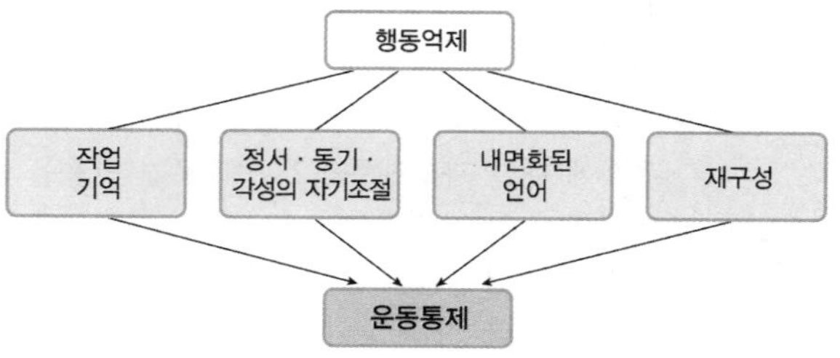

| Barkley의 통합모형 모식도 |

③ Barkley는 ADHD와 관련한 4개의 실행기능을 제안하였는데, 〈그림〉에서와 같이 작업기억, 정서·동기·각성의 자기조절, 내면화된 언어, 재구성의 4개 요인이다.
㉠ 작업기억: 정보를 마음속에 온라인 상태로 유지시켜 주는 기억체계의 일부로서, 뒤에 올 반응을 통제하는 데 사용될 수 있다.
㉡ 정서·동기·각성의 자기조절: 정서와 동기를 조절할 수 있게 해주는 처리 과정들을 포함한다.
㉢ 내면화된 언어: 행동지침으로 내재화된 규칙과 지시를 마음속으로 생각할 수 있게 해준다.

㉣ 재구성: 재구성을 통해 언어적·비언어적 정보들을 분석·통합하고 해체·재조합할 수 있다. 재구성은 새롭고 창조적인 행동 또는 일련의 그러한 행동들을 할 수 있게 해준다.

④ Barkley의 통합모형은 행동억제의 손상이 전전두엽의 네 가지 실행기능을 매개로 혹은 직접적으로 ADHD의 1차 증상인 운동통제의 손상을 초래한다고 하여, ADHD의 탈억제(disinhibition)에 의한 질병모형을 주장한다.

출처 ▶ 안동현 외(2015)

4. 주의력결핍 과잉행동장애의 일반적 특성

주의력결핍 과잉행동장애 학생은 진단기준에 언급된 부주의, 과잉행동 및 충동성 외에도 다음과 같은 특성이 나타난다.

① 주의력결핍 과잉행동장애 학생의 지능은 일반학생에 비해 약간 낮게 나타난다.

② 주의력결핍 과잉행동장애 학생은 학업성취 수준이 낮다.

- 학습할 수 있는 것처럼 보이는 과제조차도 제대로 수행하지 못하고 학급에서 요구하는 행동기준을 충족시키는 데 어려움이 있다.

③ 주의력결핍 과잉행동장애 학생은 사회적 기술이 결핍되어 있다.

- 사회적 기술과 또래와의 상호작용이 결핍되어 있으며, 주의를 끄는 기술이 결여되어 있으며, 요구에 대해 덜 순응적인 경향이 있는 것으로 나타났다.

5. 주의력결핍 과잉행동장애의 중재

(1) 약물치료

① 약물은 중추신경계를 자극하여 파괴행동을 감소시키고 주의력결핍이나 과잉행동을 완화시킨다.

㉠ 최근의 연구는 적절한 약물을 바르게 사용한다면 ADHD 학생의 약 90%가 행동이 개선되고 학업도 촉진된다고 보고되고 있다.

㉡ 각성제의 종류로는 암페타민, 메틸페니데이트, 페몰린 등이 있다.

② 약물치료의 문제점은 다음과 같다.

㉠ 약물치료가 모든 학생에게 효과적인 것은 아니다: 각성제를 복용해도 ADHD의 일차 증상이 완화되지 않는 학생이 10~20%에 달한다.

㉡ 약물 복용에서 비롯되는 생물학적인 부작용이 있다: 수면장애, 식욕 감퇴, 복통, 두통 등의 부작용이 발생하는 비율은 4~10%이며, 학령 전 아동이 학령기 아동보다 부작용을 더 많이 경험할 수 있다.

㉢ 알코올이나 약물중독이 될 가능성을 증가시킨다.

(2) 행동 중재

① 응용행동분석 전략은 ADHD 학생의 학습과 문제행동 지도에 널리 사용된다. 예 토큰강화, 행동계약, 반응대가, 타임아웃 등

② ADHD 학생은 강력한 강화물이 없으면 일관되게 행동변화를 나타내지 않는다.

③ 응용행동분석 전략은 과잉행동과 관련된 행동을 개선시키는 데 효과적이다.

④ 행동 중재가 ADHD 학생 지도에 항상 효과적이지는 않지만 많은 연구들에서 주의산만 행동, 충동적인 행동, 파괴행동, 방해행동 등에 효과가 있음이 보고되고 있다.

(3) 인지행동 중재

① ADHD 학생의 인지적 중재의 궁극적인 목표는 학생이 스스로 자기를 통제하는 것이다.

② ADHD 학생들은 인지행동 중재를 통해 일상생활에서의 문제해결 능력과 자신의 행동을 조절하는 기술을 배울 수 있고, 문제행동에 내재해 있는 인지과정을 이해하는 능력을 향상시킬 수 있다.

③ 인지행동 중재는 행동을 유발하는 현재의 사고와 행동에 초점을 맞추어 지도한다.

④ 교실 상황에서 보이는 ADHD 학생의 다양한 문제행동을 다루는 데 자기관리 중재가 일반적으로 사용되고 있다. 인지행동 중재의 자기교수, 자기점검, 문제해결의 통합적인 접근 방법이 ADHD 증상을 개선시킬 수 있음에도 불구하고, 그 효과가 검증되지 않은 경우가 있다. 특히 자기교수 훈련의 효과가 일관적이지 못하다.

운동 틱

근육의 일부(예 안면, 혀, 사지)가 불규칙적이고 순간적으로 빠르게 수축되는 현상이다. 운동 틱은 눈 깜빡임, 목 젖히기, 어깨 들썩이기, 얼굴 찡그리기 등의 단순 운동 틱과 자신을 치는 행동, 갑자기 뛰어오는 행동, 다른 사람을 만지는 행동 등의 복합 운동 틱의 유형으로 구분된다(특수교육학 용어사전, 2018).

음성 틱

갑작스럽고, 빠르며, 반복적, 비율동적, 상동적인 음성이 나타나는 증상이다. 스트레스에 의해 악화되고 차분하게 활동하는 동안과 수면 중에는 감소된다. 음성 틱은 단순형과 복합형으로 나뉜다. 단순 음성 틱은 헛기침하기, 꿀꿀거리기, 킁킁거리기, 콧바람불기, 짖기 등이며, 복합 음성 틱은 관계없는 단어나 구를 반복하기, 외설증, 동어반복증, 반향어증 등이 있다. 열거한 증세 중 한 가지 증세가 18세 전에 발병되며 이로 인해 사회적, 직업적, 다른 영역에서 심각한 고통이나 장애를 일으킨다(특수교육학 용어사전, 2018).

Tip

뚜렛장애의 경우 음성 틱과 운동 틱이 반드시 동시에 나타나야 하는 것은 아니다.

04 틱장애

1. 틱장애의 개념

① 틱장애란 근육이 빠른 속도로 리듬감 없이 반복해서 움직이거나(운동 틱) 소리를 내는(음성 틱) 장애이다.

② 주로 얼굴, 목, 어깨에서 이러한 증상이 18세 이전에 나타난다.

③ 일과성 틱장애, 만성 틱장애, 뚜렛장애로 구분할 수 있다.

일과성 틱장애	관련 증상이 1년 이내에 국한되는 경우
만성 틱장애	지속 기간이 1년 이상인 경우(만성 운동 또는 만성 음성 틱장애)
뚜렛장애	음성 틱과 운동 틱이 함께 나타나며 지속 기간이 1년 이상인 경우

2. DSM-5의 틱장애 진단기준 13중특(추시), 15중특, 23중특

주의점: 틱은 갑작스럽고 빠르며 반복적이고 비율동적인 동작이나 음성 증상을 말한다.

뚜렛장애

A. 여러 가지 운동성 틱과 한 가지 또는 그 이상의 음성 틱이 질병 경과 중 일부 기간 동안 나타난다. 두 가지 틱이 반드시 동시에 나타날 필요는 없다.

B. 틱 증상은 자주 악화와 완화를 반복하지만 처음 틱이 나타난 시점으로부터 1년 이상 지속된다.

C. 18세 이전에 발병한다.

D. 장애는 물질(예 코카인)의 생리적 효과나 다른 의학적 상태(예 헌팅턴병, 바이러스성 뇌염)로 인한 것이 아니다.

만성(지속성) 운동 또는 음성 틱장애

A. 한 가지 또는 여러 가지의 운동 틱 또는 음성 틱이 장애의 경과 중 일부 기간 동안 존재하지만, 운동 틱과 음성 틱이 모두 나타나지는 않는다.

B. 틱 증상은 자주 악화와 완화를 반복하지만 처음 틱이 나타난 시점으로부터 1년 이상 지속된다.

C. 18세 이전에 발병한다.

D. 장애는 물질(예 코카인)의 생리적 효과나 다른 의학적 상태(예 헌팅턴병, 바이러스성 뇌염)로 인한 것이 아니다.

E. 뚜렛장애의 진단기준에 맞지 않아야 한다.
- 다음의 경우 명시할 것
  - 운동 틱만 있는 경우
  - 음성 틱만 있는 경우

일과성 틱장애

A. 한 가지 또는 다수의 운동 틱 또는 음성 틱이 존재한다.

B. 틱은 처음 틱이 나타난 시점으로부터 1년 미만으로 나타난다.

C. 18세 이전에 발병한다.

D. 장애는 물질(예 코카인)의 생리적 효과나 다른 의학적 상태(예 헌팅턴병, 바이러스성 뇌염)로 인한 것이 아니다.

E. 뚜렛장애나 만성(지속성) 운동 또는 음성 틱장애의 진단기준에 맞지 않아야 한다.

일과성 틱장애
동 잠정적 틱장애

자료

틱의 발생 기간

최소 1년의 기간이라는 기준은 뚜렛장애나 만성 운동 또는 음성 틱장애를 진단받은 사람이 지속적인 증상을 경험한다는 것을 확인하는 것이다. 틱 증상의 심각도는 악화와 완화를 반복하고, 일부에서는 틱이 없는 기간이 수주에서 수개월간 지속되기도 한다. 그러나 처음 틱이 시작된 시점으로부터 1년 이상 틱 증상이 지속된다면 중간에 틱이 없었던 기간에 관계없이 지속적인 증상을 보이는 것으로 간주한다. 처음 틱이 시작된 시점으로부터 1년 미만 동안 운동 또는 음성 틱이 있다면 일과성 틱장애의 진단을 고려할 수 있다(DSM-5, 2016).

3. 틱장애의 중재

소아과 의사의 평가, 심리사정, 다른 기관에서의 전문가 사정 등의 정보를 가지고 틱장애, 복합문제, 이차적인 문제 등의 진단을 하게 된다. 틱장애의 다중 시스템적인 관리법에서는 다음과 같은 것들의 모두 또는 일부가 포함된다.

(1) 정신치료

① 정신치료를 할 경우 일차적인 목적은 틱이란 비자발적인 것이며 대부분의 경우에 주요 유전적 요인, 즉 뇌 기저핵에 있는 분명한 신경발달적 장애 표현이라는 생각을 갖게 하는 데 있다. 비록 이런 것들이 학생과 가족에게 상당한 스트레스를 준다 하더라도 틱은 무의식적인 갈등, 가족 역기능의 표현이 아니라는 점을 강조하여야 한다.

② 틱은 상당히 노력하면 잠시 억제할 수는 있지만, 결코 의도적인 것이 아니라는 점도 강조되어야 한다.

③ 비판이나 벌로는 증상을 더욱 악화시킨다는 점을 강조하여야 한다. 이와 같은 유형의 정보를 제공하여 부모와 교사가 학생에게 벌을 주는 일을 최소화하도록 한다.

(2) 환경조작

① 학생이 틱장애를 더 잘 관리할 수 있도록 환경을 변화시킬 때에는 미리 얻은 정보를 이용한다. 틱 빈도와 관련이 있는 선행사건과 후속결과를 제거하고 수정해 준다. 학생이 이완할 수 있고 틱을 통제하려는 시도를 할 수 있는 기간, 즉 학교에서 쉬는 시간, 등하교 시간 등과 같은 일일 전환기 이후 비교적 혼자 있는 조용한 시간을 학생에게 정하여 준다.

② 학교에서 학생이 시험을 볼 때 별도로 앉게 하여 보게 한다. 특히, 학생이 음성 틱이 있는 경우에 그러하다. 이상적이라면 음성 틱이 시험에 방해되는 정도를 고려하여 구두시험이나 지필시험 그리고 수행시험에서 이를 고려한다. 시간 압력을 시험 상황에서 최소화하도록 하고 학생에게 시험 중 틱을 줄여 주기 위하여 일시적으로 시간을 더 주도록 한다.

(3) 습관 반전

습관 반전에는 틱 알기 훈련, 경쟁 반응 훈련, 이완훈련과 후속사건 중심 중재법이 해당한다.

① 틱 알기 훈련

㉠ 틱 알기 훈련의 목적은 학생이 틱에 대한 본질, 빈도 그리고 그 빈도에 영향을 미치는 선행사건과 후속결과를 잘 알도록 교육하는 것이다.

㉡ 학생에게 틱에 대해 상세히 설명해 준다. 거울이나 비디오테이프를 사용하여 틱의 발생과 본질에 대하여 즉각적이고 정확한 피드백을 제공하여 준다. 이와 같은 과정으로 학생은 틱을 알게 되고, 그것을 통제하고자 하는 동기를 가지게 되며, 틱이 발생하려고 하는 경고 사인을 일찍 발견하게 된다. 이와 같은 경고 사인을 일찍 알게 되면 이후에 설명할 경쟁 반응 수행단서로 사용할 수 있게 된다.

㉢ 틱 알기 훈련의 또 다른 측면은 학생에게 틱 기록양식을 사용하도록 가르치는 것이다. 수주에서 수개월 동안 기록하는데, 이는 틱 빈도 변화에 대하여 학생이 알도록 하는 것이다.

② 경쟁 반응 훈련

㉠ 경쟁 반응법은 틱 환경과 관련 있는 것과 반대의 같은 크기의 근육 긴장을 가지는 것이다.

예 눈 깜박거림에서 경쟁 반응은 눈을 크게 뜨기, 어깨를 으쓱하는 것에서 경쟁 반응은 같은 크기의 어깨 긴장하기

㉡ 학생에게는 틱이 발생한 2분 동안 또는 틱이 발생하려는 경고 사인이 있는 2분 동안 경쟁 반응을 하도록 훈련시킨다.

③ 이완훈련

이완훈련은 학생이 스트레스 상황에서 자각 수준을 낮출 수 있도록 하여 틱 발생 빈도를 줄이는 것이다.

④ 후속사건 중심 중재법

㉠ 후속사건 중심 중재법은 그 시작을 불편한 습관을 살펴보는 것에서 시작한다.

- 학생에게는 색인카드에 틱이나 습관으로 인한 당황스럽고 불편한 후속결과 목록을 작성하도록 한다. 한편으로는 틱을 줄임으로써 얻을 수 있는 이점을 모두 적도록 한다. 이 카드를 언제나 가지고 다니게 하여 학생이 빈번하게 이를 살펴보게 하고, 중재 프로그램을 따르면 이득이 된다는 것을 생각하게 한다.
- 부모에게는 적절한 방법으로 경쟁 반응과 이완기술의 사용을 강화하여 주기 위해 학생을 칭찬하는 보상 시스템 사용법을 가르친다.

㉡ 경쟁 반응 사용, 이완훈련 등은 틱이 발생하는 빈도에 직접 영향을 미치는 반면에, 후속사건 중심 중재법의 목적은 학생이 경쟁 반응이나 이완기술을 사용하고자 하는 동기를 부여하기 위한 것이다.

(4) 상황 역실행

학생에게 학생의 집과 학교 환경에서 틱이 발생할 때마다 30초 동안 계속해서 스스로 틱을 하도록 지도한다. 학생에게는 또한 틱이 일어나지 않도록 노력하라고 가르친다. 이와 같은 과정을 상황 역실행(negative)이라고 한다.

(5) 약물치료

① 뚜렛장애는 약물에 현저한 반응을 보인다. 따라서 의사에게 의뢰하여 사정케 하고 적당한 처방을 받게 한다.

② 뚜렛장애 학생의 70% 이상이 약물치료를 받으면 증상이 줄어든다.

③ 할리페리돌은 1960년대 이후부터 가장 흔히 사용되어 온 약물로, 낮은 용량에서도 임상적인 효과가 보고되고 있다.

4. 틱이 나타났을 때 지켜야 할 주의사항

틱 증상이 나타난 지 얼마 되지 않았고 증상이 심하지 않다면, 다음과 같은 몇 가지 주의사항을 지키는 것만으로도 증상이 악화되는 것을 방지할 뿐만 아니라 틱을 없앨 수도 있다.

① 학생의 틱 증상을 지적하거나 쳐다보지 않아야 한다.

② 컴퓨터, TV, 게임기, 핸드폰 등의 전자제품 사용을 제한해야 한다.

③ 학생의 틱 증상에 민감하게 반응하지 않아야 한다.

④ 적절한 운동이나 취미생활은 도움이 된다.

⑤ 일시적인 악화에 민감하게 반응하지 않아야 한다.

05 우울장애 10중특

1. 우울장애의 개념

> 우울
> 심리적으로 우울한 기분, 무가치한 느낌, 죄책감, 흥미의 상실, 집중·기억력의 감소, 자살에 대한 생각 등의 증상과 신체적으로 식욕이나 체중의 변화, 수면의 변화, 피로 등의 증상들을 수반하는 정신병리

① 우울장애란 항상 매사에 열의가 없고, 변덕스럽고, 자신이 무가치하다거나 불행하다고 생각하는 기분의 장애를 말한다.

② DSM-5에 의하면 우울장애의 유형에는 파괴적 기분조절장애, 주요 우울장애, 지속적 우울장애 등이 있다.

㉠ 우울장애에 포함되는 모든 하위 유형의 공통적 특징은 슬픔, 공허함, 초조함이며 개인이 기능할 수 있는 능력에 영향을 미칠 수 있는 신체적 및 인지적 변화를 수반한다.

㉡ 각 하위 유형은 우울 정서가 얼마나 지속되는가, 우울 정서가 언제 나타나는가 또는 우울 정서의 원인이 무엇인가에 따라 차이가 있다.

③ 우울장애는 전반적인 슬픔의 감정이 지속되는 정서적인 특성 외에도 인지적 특성, 동기적 특성 및 신체적 특성 등을 수반하는데 아동기 우울장애의 특성은 다음과 같다.

정서적 특성	• 전반적으로 우울한 기분이나 초조감을 느낀다. • 거의 모든 활동에 즐거움을 상실한다. • 지나치게 슬퍼하거나 외로워한다. • 주어지는 자극에 무감각하다. • 상황에 맞지 않게 쉽게 울고 지나치게 운다. • 긍정적인 정서가 결여되어 있다. • 분노를 적절하게 표현하지 못한다.
인지적 특성	• 모든 실패를 자신의 탓으로 돌리며 자기혐오와 자기비난에 몰두한다. • 부적절한 죄책감, 무가치함, 절망감 등을 가지고 있다. • 부정적 자기평가로 자아존중감이 낮다. • 주의집중이 어렵고 사고력과 의사결정 능력을 상실한다. • 비관적 사고가 지배적이다. • 수행해야 하는 과제를 잊거나 과제를 시도해도 실패한다. • 다른 사람의 말을 부정적으로 해석하는 경향이 있다.
동기적 특성	• 학업에 관심이 없다. • 힘든 과제나 사회적 경험을 회피한다. • 교사나 또래와의 사회적 관계 형성이 어렵다. • 고조된 자의식으로 집단활동에 참여하기 어렵다. • 일상생활에 무관심하다. • 특별한 후속결과가 주어져도 학습이나 행동이 동기화되지 않는다. • 자살을 관념화하고 자살에 대한 반복적인 생각을 한다.
신체적 특성	• 급격한 식욕변화로 체중이 증가하거나 감소한다. • 불면증이나 과다수면 등의 수면 문제를 나타낸다. • 에너지 수준이 낮고 만성적으로 피곤해한다. • 심리운동적으로 지나치게 흥분되어 있거나 지체되어 있다.

출처 ▶ 이성봉 외(2022)

2. 우울장애의 하위 유형

(1) 파괴적 기분조절장애

① 파괴적 기분조절장애는 학생이 지속적으로 초조해하거나 극단적으로 행동을 조절하지 못하는 삽화(episode)를 자주 나타내는 것으로, DSM-5에 새롭게 추가되었다.

- DSM-5에 새롭게 추가됨으로써 청소년기 이전의 아동들을 과도하게 양극성장애로 진단하는 것을 예방할 수 있을 것으로 예상된다.

파괴적 기분조절장애
동 파괴적 기분조절부전장애

삽화(episode)
삽화는 증상이 계속 지속되지 않고, 일정 기간 나타나고 호전되기를 반복하는 패턴을 보이는 것을 의미한다(서울아산병원 홈페이지).

② 파괴적 기분조절장애는 주로 10세 이전에 시작되며, 6세 이전이나 18세 이후에는 진단될 수 없다.

③ 파괴적 기분조절장애의 주요 특성은 잦은 분노발작으로, 전형적으로 좌절에 대한 반응으로 폭언이나 사물, 자신, 타인에 대한 공격 형태로 나타난다. 이 증상들은 발달 수준과 부적절하게 평균 일주일에 3회 이상 빈번하게 발생한다.

④ 분노발작 기간에 기분이 지속적으로 과민하거나 거의 매일, 하루 중 대부분 화가 나 있는 것이 특징이다.

⑤ DSM-5의 파괴적 기분조절장애 진단기준은 다음과 같다.

A. 상황이나 화낼 이유에 대해 심한 울화 폭발을 부적절한 강도 또는 기간 동안 언어적으로(예 언어적 분노) 그리고/또는 행동적으로(예 사람이나 사물에 대한 신체적 공격) 반복해서 나타낸다.

B. 울화 폭발이 발달단계와 일관성이 없다.

C. 울화 폭발을 일주일에 평균 3번 이상 나타낸다.

D. 울화 폭발이 나타나지 않는 기간의 기분도 거의 매일, 온종일 지속적으로 짜증을 내거나 화가 나 있으며, 그러한 기분이 부모, 교사, 또래에 의해 관찰될 수 있다.

E. 진단기준 A~D가 12개월 이상 지속되었으며, 진단기준 A~D의 증상 없이 3개월 이상 지속된 기간이 없다.

F. 진단기준 A와 D가 가정, 학교, 또래와 있는 상황 중 최소한 두 가지 상황에서 나타나며, 이 중 한 가지 이상의 상황에서 심하게 나타난다.

G. 만 6세 이전이나 18세 이후에 첫 번째 진단을 받아서는 안 된다.

H. 진단기준 A~E가 만 10세 이전에 나타난다.

I. 조증 삽화나 경조증 삽화의 진단기준(기간 제외)에 맞는 기간이 하루 이상 지속되지 않는다.

주의점: 행복한 일이 있거나 기대하는 상황에서 일어나는 발달적으로 적절한 기분 상승을 조증 삽화나 경조증 삽화로 간주해서는 안 된다.

J. 진단기준에 맞는 행동들이 주요 우울장애 삽화기간에만 일어나는 것이 아니며, 자폐 스펙트럼장애, 외상후 스트레스장애, 분리불안장애, 지속적 우울장애 등의 다른 정신장애에 의해 더 잘 설명되지 않는다.

(2) 주요 우울장애

① 주요 우울장애는 우울장애의 유형 중 가장 고전적인 유형이라고 할 수 있다.

② 주요 우울장애의 필수 증상은 적어도 연속 2주 동안의 우울 기분 또는 거의 모든 활동에서의 흥미나 즐거움의 상실이다.

③ 주요 우울장애의 핵심 증상은 체중 변화와 우울한 기분이 하루 중 대부분, 거의 매일 존재한다는 것이다. 흔히 불면이나 피로를 자주 호소하는 경우 동반되는 우울 증상을 놓치기 쉽다.

④ DSM-5의 주요 우울장애 진단기준은 다음과 같다. 11유특, 12유특

> A. 다음 증상 가운데 다섯 가지(또는 그 이상) 증상이 연속 2주 기간 동안 지속되며, 이러한 상태가 이전 기능으로부터의 변화를 나타내는 경우; 위의 증상 가운데 적어도 하나는 (1) 우울 기분이거나, (2) 흥미나 즐거움의 상실이어야 한다.
>
> **주의점**: 분명히 다른 의학적 상태에 기인한 증상들은 포함하지 않는다.
>
> 1. 하루의 대부분, 그리고 거의 매일 지속되는 우울한 기분이 주관적인 보고(예 슬프거나 공허하게 느낀다)나 객관적인 관찰(예 울 것처럼 보인다)에서 드러난다.
>
>   **주의점**: 소아와 청소년의 경우는 초조하거나 과민한 기분으로 나타나기도 한다.
> 2. 모든 또는 거의 모든 일상 활동에 대한 흥미나 즐거움이 하루의 대부분 또는 거의 매일같이 뚜렷하게 저하되어 있을 경우(주관적인 설명이나 타인에 의한 관찰에서 드러난다)
> 3. 체중조절을 하고 있지 않은 상태(예 1개월 동안 체중 5% 이상의 변화)에서 의미 있는 체중 감소나 체중 증가, 거의 매일 나타나는 식욕 감소나 증가가 있을 때
>
>   **주의점**: 소아의 경우 체중 증가가 기대치에 미달되는 경우 주의할 것
> 4. 거의 매일 나타나는 불면이나 과다 수면
> 5. 거의 매일 나타나는 정신 운동성 초조나 지체(주관적인 좌불안석 또는 처진 느낌이 타인에 의해서도 관찰 가능하다)
> 6. 거의 매일 피로나 활력 상실
> 7. 거의 매일 무가치감 또는 과도하거나 부적절한 죄책감을 느낌(망상적일 수도 있으며, 단순히 병이 있다는 데 대한 자책이나 죄책감이 아님)
> 8. 거의 매일 나타나는 사고력이나 집중력의 감소, 또는 우유부단함(주관적인 호소나 관찰에서)
> 9. 반복되는 죽음에 대한 생각(단지 죽음에 대한 두려움뿐만 아니라 특정한 계획 없이 반복되는 자살 생각 또는 자살 기도나 자살 수행에 대한 특정 계획)

B. 이러한 증상들이 사회적 · 직업적 및 다른 중요한 기능 영역에서 임상적으로 심각한 고통이나 손상을 초래한다.

C. 우울증 삽화가 어떤 약물이나 다른 의학적 상태의 생리적 효과에 기인하지 않는다.

주의점: 진단기준 A~C가 주요 우울증 삽화를 나타낸다.

주의점: 중대한 상실(예 가족의 사망, 재정적 파산, 자연재해, 심각한 질병이나 장애)에 대한 반응은 우울 삽화의 진단기준 A에 기술된 강렬한 슬픔, 상실에 대한 반추증, 불면증, 식욕부진, 체중 감소 등을 포함한다. 이러한 증상들을 보이는 것을 이해할 수 있고 상실에 대해 적절하다고 간주되지만, 중대한 상실에 대한 이러한 증상들과 주요 우울증 삽화가 동시에 존재할 경우에 주의를 요한다. 이 경우에 개인사와 상실에 대한 고통의 표현에 대한 문화적 규준에 근거하여 임상적인 판단을 내려야 한다.

D. 주요 우울증 삽화는 분열정동장애, 정신분열증, 정신분열형 장애, 망상장애, 또는 다른 정신분열 스펙트럼과 정신장애에 의해 더 잘 설명되지 않는다.

E. 조증 삽화나 경조증 삽화가 없었다.

주의점: 만약 조증이나 경조증 같은 삽화 모두가 약물이나 다른 의학적 상태의 생리적 효과에 기인한 경우는 제외한다.

주요 우울장애 예시

건희는 다음의 다섯 가지 특성이 연속 2주 동안 지속되었다.

- 특별한 병이 없는데도 배가 아프거나 머리가 아프다고 한다.
- 재미있게 놀던 활동도 재미없어 하며 친구들과 노는 활동이 크게 줄어들었다.
- 식욕이 줄고 체중이 감소한다.
- 잠을 잘 자지 못한다.
- 슬픈 기분이나 초조감을 나타낸다.

(3) 지속적 우울장애

① 지속적 우울장애는 최소한 2년(아동과 청소년은 최소한 1년) 동안 우울한 기분이 없는 날보다 있는 날이 더 많고, 하루 종일 우울 기분이 지속된다.

② DSM-5의 지속적 우울장애는 DSM-Ⅳ-TR(DSM-Ⅳ 개정판)의 만성적 주요 우울장애와 기분부전장애를 통합한 것이다.

③ 2년간 주요 우울장애 진단기준을 충족시키는 증상을 가질 경우 주요 우울장애뿐만 아니라 지속적 우울장애의 진단도 추가해야 한다.

④ DSM-5의 지속적 우울장애 진단기준은 다음과 같다.

> 지속적 우울장애는 DSM-Ⅳ의 만성적 주요 우울장애와 기분부전장애를 통합한 것이다.
>
> A. 본인의 주관적 설명이나 다른 사람의 관찰에 따르면, 최소한 2년 동안 우울한 기분이 하루의 대부분 지속되었다.
>
> **주의점**: 아동이나 청소년의 경우, 최소한 1년 동안 짜증을 내는 것으로 나타날 수도 있다.
>
> B. 우울할 때 다음 여섯 가지 중 두 가지 이상의 증상을 나타낸다.
> 1. 식욕 저하 또는 과식
> 2. 불면증 또는 수면 과다
> 3. 활기 저하와 피곤
> 4. 낮은 자존감
> 5. 집중력과 의사결정 능력 저하
> 6. 절망감
>
> C. 우울장애를 나타낸 2년(아동과 청소년은 1년) 동안 한 번에 2개월 이상 진단기준 A와 B의 증상을 나타내지 않은 기간이 없다.
>
> D. 주요 우울장애의 진단기준을 2년 동안 지속적으로 나타낸다.
>
> E. 조증이나 경조증 삽화가 나타난 적이 없으며, 순환성 기질장애의 진단기준에 부합하지 않는다.
>
> F. 이러한 증상들은 분열정동장애, 정신분열증, 정신분열형 장애, 망상장애, 또는 정신분열 스펙트럼과 정신장애에 의해 더 잘 설명되지 않는다.
>
> G. 이러한 증상들이 어떤 약물이나 다른 의학적 상태(예 갑상선 기능 저하증)의 생리적 효과에 기인하지 않는다.
>
> H. 이러한 증상들이 사회적 · 직업적 및 다른 중요한 기능 영역에서 임상적으로 심각한 고통이나 손상을 초래한다.

자료

우울장애의 중재

우울장애의 행동 중재와 심리약물치료의 효과를 비교한 연구들은 행동 중재와 약물치료를 통합한 접근이 가장 효과적이라고 주장한다(Kauffman et al., 2020).

PART 06

3. 우울장애의 중재

① 일반적으로 사용되고 있는 아동의 우울에 대한 중재법은 다음과 같다.

중재	주요 내용
행동치료	• 주된 치료목표는 정적인 강화를 이끌어 내는 행동을 증가시키고 환경으로부터의 벌을 줄이는 것임 • 행동치료는 사회적인 능력과 대인관계 기술을 가르치고 불안관리 훈련과 이완훈련이 포함됨
인지치료	• 일차 목표는 자신의 비판적이고 부정적인 사고, 억압적인 신념과 편견, 실패에 대해서는 자신을 비난하고 성공에 대해서는 자신을 인정하지 않는 자신의 귀인양식을 깨닫도록 도와줌 • 일단 이러한 억압적인 사고 패턴을 인식하게 되면, 아동은 부정적이고 비관적인 관점을 긍정적이고 낙천적인 관점으로 바꾸는 법을 배우게 됨
자기조절법	• 주된 목표는 자신의 장기목표에 맞게 행동을 조직화하는 법을 가르치는 것임 • 자기조절 치료는 자신의 생각과 기분을 스스로 모니터링, 단기보다 장기 목적을 중시, 좀 더 적응적인 귀인양식과 현실적인 자기평가 기준을 갖도록 하며 자기강화의 증가와 자기처벌의 감소를 강조함
인지행동중재	• 행동적, 인지적, 자기조절법 등의 요소를 통합시킨 접근법 • 귀인양식에 대한 재훈련을 통해 비관적인 신념들을 바꾸고자 함
대인관계치료	• 우울을 지속시키는 가족 간의 상호 교류를 탐구 • 우울 청소년에 대한 개인치료에 가족치료 회기를 보충적으로 실시하여 자신의 부정적인 인지양식과 우울이 다른 사람들에게 어떤 영향을 미치는지를 이해하고, 가족, 동료들과의 즐거운 활동을 증가시키도록 격려함
지지적 치료	• 지지적 치료는 우울 청소년이 다른 사람과 연합하고, 지지받고 있다는 것을 느끼도록 안전하고 지지적인 환경을 제공하고자 함 • 청소년의 자존감을 향상시키고 우울 증상을 줄이고자 함
약물치료	• 항우울제, 모노아민 산화효소 억제제 같은 새로운 선택적 억제제를 사용해서 기분장애와 우울의 다른 증상들을 치료
학교중심중재	• 개인에 초점을 두는 것과 다양한 집단 프로그램을 사용 • 상담, 문제해결, 인성교육, 인지 재구조화, 이완훈련, 사회성 기술훈련 등

출처 ▶ 윤점룡 외(2017)

자료

자기조절 훈련

자기조절 훈련에서는 이완, 자기강화, 자기 벌, 자기교수, 시각적 심상 떠올리기나 문제해결 전략을 배우기도 한다(Kauffman et al., 2020).

② 최근에는 예방적 중재의 중요성이 강조되고 있다.

㉠ 1차적 예방은 모든 아동이나 청소년에게 스트레스를 일으키는 생활 사건을 최대한 감소시켜 주고, 아동 학대 등 스트레스를 경험한 아동들의 스트레스를 감소시키도록 노력하며, 우울장애를 가지고 있는 부모를 위한 부모교육을 실시하여 자녀양육을 효과적으로 하도록 돕는 것이다.

㉡ 2차 및 3차 예방은 이미 우울장애를 가지고 있는 아동과 청소년에게 어려움을 극복하는 대처능력과 기술을 훈련하기 위해 인지행동 프로그램을 실시하여 우울장애가 악화되지 않고, 장기적으로 부정적인 결과를 초래하지 않으며, 재발하지 않도록 중재하는 것이다.

06 불안장애

1. 불안장애의 개념

① 불안장애는 아동과 청소년들의 가장 심한 심리 및 정신건강 문제이다.

② 불안장애는 아동기와 청소년기에 일찍 시작되어 성인기까지 이어지고 시간의 경과에 따라 악화될 수 있으며, 우울증까지 유발할 가능성이 있기 때문에 조기에 발견하여 중재하는 것이 중요하다.

③ DSM-5의 불안장애의 하위 유형에는 범불안장애, 분리불안장애, 사회불안장애, 선택적 함구증, 특정 공포증, 광장공포증, 공황장애 등이 포함된다.

> **자료**
>
> **불안의 정의**
>
> 불안 또는 공포에 대한 정의는 일반적으로 의견이 일치하고 있다. 보통 불안 또는 공포는 지각된 위협에 대해 세 가지 유형의 복잡한 양상으로 나타난다. 이 세 가지 양상에는 외현적 행동 반응(행동체계: 도망치기, 떨리는 목소리, 눈감기), 생리적 반응(신체: 심장박동 및 호흡의 변화, 근육 긴장, 복통) 그리고 주관적 반응(인지: 무섭다는 생각, 자신을 비난하는 생각, 신체 위험에 대한 심상)이 포함된다. 이들 중 한두 가지는 불안장애를 가진 여러 아동들에게서 명백히 나타난다(윤점룡 외, 2017).

2. 불안장애의 하위 유형

(1) 범불안장애

① 특정 사물이나 상황에 초점이 맞추어지지 않은 불안으로 통제할 수 없는 만성적 과도 불안을 의미한다.

② 핵심적 특성은 수많은 사건이나 활동에 대한 과도한 걱정과 불안이다.

③ 불안장애로 진단된 청소년의 85%가 범불안장애로 진단된다.

④ 스스로에게 비현실적인 목표를 설정하는 경향이 있다.

⑤ 불안할 때 나타나는 신경성 습관(예 손톱을 물어뜯는 것)을 보인다.

⑥ 학업 성취나 또래관계, 자연재해나 가정의 경제형편 등에 대해서 걱정하며 불안해하는 경향이 있다.

⑦ DSM-5의 범불안장애 진단기준은 다음과 같다. 12중특, 20중특

A. 최소한 6개월 이상 몇 개의 사건이나 활동에 대해 과도하게 불안해 하며 걱정한다. 예 학교수행평가

B. 자신이 걱정하는 것을 통제할 수 없다.

C. 불안이나 걱정은 다음 여섯 가지 중 세 가지 이상이 최소한 6개월 동안 나타난다.

주의점: 아동은 한 가지 증상만 만족해도 해당된다.

1. 안절부절못하거나 벼랑 끝에 서 있는 느낌이 든다.
2. 쉽게 피곤해진다.
3. 집중하기 어렵다.
4. 과민하다.
5. 근육이 긴장되어 있다.
6. 수면장애가 있다.

D. 불안, 걱정 또는 신체적 증상들이 사회적 · 학업적 · 직업적 및 다른 중요한 기능 영역에 임상적으로 중요한 손상 또는 결함을 초래한다.

E. 이 증상들은 약물이나 다른 의학적 상태의 생리적인 효과에 기인한 것이 아니다.

F. 이 증상들은 공황장애의 공황발작에 대한 불안과 염려, 사회불안장애에서 부정적 평가, 강박장애에서 오염이나 다른 강박 사고, 분리불안장애의 애착대상으로부터의 분리, 외상후 스트레스장애의 외상성 사건의 회상, 거식증의 체중 증가에 대한 염려, 신체증상장애의 신체적 고통 호소, 신체변형장애의 자각된 외모 결함, 질병불안장애의 심각한 질병에 대한 걱정 또는 정신분열증이나 망상장애의 망상적 신념 등 다른 정신장애로 더 잘 설명되지 않는다.

(2) 분리불안장애

① 분리불안장애란 집이나 애착대상으로부터의 분리에 대해 발달적으로 부적절하게 과도한 불안을 느끼는 것을 말한다.

② 중요한 특성은 부모나 특정 애착대상 또는 집으로부터의 분리에 대해 나이에 적절하지 않게 지속적으로 과도한 불안을 느끼며 비현실적인 걱정을 하는 것을 들 수 있다.

③ 분리불안장애는 아동기에 가장 흔하게 나타나는 불안장애 유형이다.

④ 분리불안장애와 관련하여 학교 등교 거부가 자주 언급된다. 그러나 학교 등교를 거부하는 모든 아동이 분리불안장애를 가지고 있는 것은 아니다.

예 주요 애착대상으로부터 분리되는 것의 두려움 혹은 학교 환경의 특정 요소에 대한 두려움인 학교공포증이 원인일 수 있다.

⑤ DSM-5의 분리불안장애 진단기준은 다음과 같다.

A. 집이나 애착대상으로부터의 분리에 대해 발달적으로 부적절하게 과도한 불안을 느끼는 것으로 다음 여덟 가지 특성 중 세 가지 이상을 나타내야 한다.

1. 집이나 주요 애착대상으로부터 분리되거나 분리를 예측할 때 극도의 불안을 반복적으로 나타낸다.
2. 주요 애착대상을 잃거나 주요 애착대상이 해를 입을 거라는 걱정을 과도하게 지속적으로 한다.
3. 곧 다가올 사건이 주요 애착대상으로부터 분리를 초래할 것이라는 걱정을 과도하게 지속적으로 한다.
4. 분리불안 때문에 학교나 다른 곳에 가기를 지속적으로 꺼려하거나 거부한다.
5. 집에 혼자 있거나 주요 애착대상 없이 집이나 다른 환경에 있는 것을 꺼려하며, 그에 대해 지속적으로 과도하게 두려움을 느낀다.
6. 주요 애착대상 없이 잠을 자거나 집 이외의 장소에서 잠을 자는 것에 대해 지속적으로 꺼려하거나 거부한다.
7. 주요 애착대상으로부터 분리되는 악몽을 반복해서 꾼다.
8. 주요 애착대상으로부터 분리되거나 분리를 예측하는 경우에 신체적 증상들(예 두통, 복통, 구역질, 구토 등)을 반복해서 나타낸다.

B. 두려움, 불안 또는 회피가 아동이나 청소년은 최소한 4주 이상, 성인은 6개월 이상 지속되어야 한다.

C. 이 장애가 사회적·직업적 또는 다른 중요한 기능 영역에 임상적으로 중요한 손상 또는 결함을 초래한다.

D. 이러한 증상들이 자폐스펙트럼장애의 집 떠나기를 거부하는 저항, 정신장애의 분리에 대한 망상이나 환각, 광장공포증의 신뢰하는 사람을 동반하지 않는 외출 거부, 범불안장애의 건강에 대한 염려, 질병불안장애의 질병에 대한 걱정 등 다른 정신장애로 더 잘 설명되지 않는다.

사회불안장애
동 사회공포증

(3) 사회불안장애

① 사회적 상황에서 자신이 당황스럽고 수치스럽게 행동할 것에 대한 강한 두려움을 지속적으로 나타내는 유형이다.

② 사회불안장애 아동과 청소년은 친구가 거의 없으며 학업기능이나 사회적 기능에 심각한 결함을 갖고 있다.

③ DSM-5의 사회불안장애 진단기준은 다음과 같다.

A. 사회적 상황(예 대화 또는 친숙하지 않은 사람과의 만남), 관찰되는 상황(예 먹거나 마시는 것), 다른 사람 앞에서의 수행(예 발표) 등 타인으로부터 세심하게 관찰당할 가능성이 있는 한 가지 이상의 사회적 상황에 대해 현저한 두려움이나 불안을 나타낸다.

주의점: 아동의 경우 성인과의 상호작용뿐만 아니라, 또래와의 상호작용에서도 불안함을 나타내야 한다.

B. 자신이 불안 증상을 보임으로써 부정적인 평가(예 굴욕을 당하거나 당황스럽게 되거나 거절당하거나 다른 사람을 기분 상하게 하는 등)를 받게 될 것을 두려워한다.

C. 두려워하는 사회적 상황에 노출되면 거의 예외 없이 두려움이나 불안 반응을 일으킨다.

주의점: 아동의 경우 낯선 사람과의 사회적 상황에 노출될 때 울거나, 심술을 내거나, 몸을 움직이지 못하거나, 위축되거나, 말을 못하는 것 등으로 두려움이나 불안을 나타낼 수도 있다.

D. 두려워하는 사회적 상황을 회피하거나 또는 심한 불안이나 두려움을 느끼면서도 인내한다.

E. 두려움이나 불안은 사회적 상황이 야기하는 실제적인 위험이나 사회문화적 상황에 맞지 않을 정도로 심하게 나타난다.

F. 두려움, 불안 또는 회피가 최소한 6개월 이상 지속된다.

G. 두려움, 불안 또는 회피가 사회적·학업적·직업적 및 다른 중요한 기능 영역에 임상적으로 중요한 손상 또는 결함을 초래한다.

H. 이 증상들은 약물이나 다른 의학적 상태의 생리적인 효과에 기인한 것이 아니다.

I. 이러한 두려움, 불안 또는 회피 증상들은 공황장애, 신체변형장애 또는 자폐스펙트럼장애 등의 다른 정신장애에 의해 더 잘 설명되지 않는다.

J. 다른 의학적 상태(예 파킨슨병, 비만, 화상이나 상해에 의한 손상)가 있는 경우에 두려움, 불안 또는 회피가 이러한 의학적 상태와 관련된 것이 아니어야 사회불안장애로 진단받을 수 있다.

(4) 선택적 함구증

① 다른 상황에서는 말을 잘하는데, 학교 혹은 친구와의 놀이 장면 등 말을 해야 하는 특정한 사회적 상황에서는 말을 하지 않는 유형이다.

② DSM-5의 선택적 함구증 진단기준은 다음과 같다.

> A. 다른 상황에서는 말을 할 수 있음에도 불구하고 말을 해야 하는 특정 사회적 상황(예 학교)에서 일관되게 말을 하지 않는다.
>
> B. 장애가 학습이나 직업상의 성취 혹은 사회적 소통을 방해한다.
>
> C. 이러한 증상이 최소 1개월 이상 지속된다.
> 예 학교생활의 첫 1개월에만 국한되지 않는 경우
>
> D. 사회적 상황에서 필요한 말에 대한 지식이 부족하거나, 언어가 익숙하지 않은 것으로 인해 말을 하지 않는 것이 아니다.
>
> E. 장애가 사회적 의사소통장애(예 아동기 발병 유창성장애)로 더 잘 설명되지 않고, 자폐스펙트럼장애, 조현병 또는 다른 정신병적 장애의 경과 중에만 발생되지는 않는다.

선택적 함구증
동 선택적 함묵증

(5) 특정 공포증

① 다른 사람들 앞에서 당황하거나 수행하는 상황에 대한 두려움으로 특징되는 사회불안장애와는 달리, 특정 사물이나 상황에 대해 현저하며 지속적인 공포를 갖는 것을 말한다.

② 아동기에 흔히 나타나는 공포증은 주로 높은 장소, 어둠, 천둥과 같은 큰 소리, 주사, 벌레, 개, 작은 동물 등을 포함한다.

③ 특정 공포증이 있는 아동/청소년의 반 정도는 불안장애, 우울장애, 품행장애 등을 같이 보인다.

④ DSM-5의 특정 공포증 진단기준은 다음과 같다.

> A. 특정 사물이나 상황(예 비행기 여행, 동물, 주사)이 존재하거나 예상될 때 상황에 맞지 않을 만큼의 심한 두려움이나 불안을 지속적으로 나타낸다.
>
> **주의점**: 아동의 경우 울거나, 심술을 부리거나 성인에게 달라붙는 반응을 보일 수도 있다.
>
> B. 공포의 대상인 사물이나 상황에 노출될 때마다 거의 매번 즉각적으로 두려움이나 불안을 나타낸다.
>
> C. 특정 공포증을 가지고 있는 사람은 공포 대상인 사물이나 상황을 회피하거나 또는 과도한 불안과 두려움을 느끼면서도 견딘다.

불안 관련 용어의 구분

공포	현재 일어나고 있는 실제적으로 지각된 위험에 대한 강한 정서적 반응으로 회피나 도피를 유발한다.
공황 (panic)	극도의 두려움이나 테러에 갑작스럽게 압도되는 상태를 말한다.
불안	미래에 발생할지도 모르는 나쁜 사건에 대한 걱정이 두드러지며 더 지속적인 특징이 있다.

출처 ▶ 윤점룡 외(2017)

PART 06

D. 두려움이나 불안은 공포 대상인 특정 사물이나 상황이 야기하는 실제적인 위험이나 사회문화적 상황에 맞지 않을 정도로 심하게 나타난다.

E. 두려움, 불안 또는 회피가 최소한 6개월 이상 지속된다.

F. 두려움, 불안 또는 회피가 사회적 · 학업적 · 직업적 및 다른 중요한 기능 영역에 임상적으로 중요한 손상 또는 결함을 초래한다.

G. 이러한 두려움, 불안 또는 회피 증상들은 공황장애와 연관된 두려움, 불안 또는 회피, 광장공포증의 무능력 상태, 강박-충동장애와 연관된 사물이나 상황, 분리불안장애의 애착대상으로부터의 분리, 외상후 스트레스장애의 외상성 사건의 회상, 사회적 불안장애의 사회적 상황 등의 다른 정신장애에 의해 더 잘 설명되지 않는다.

(6) 광장공포증

① 광장공포증은 즉각적으로 피하기 어려운 혹은 곤란한 장소나 상황에 처해 있다는 불안 또는 공황발작이나 공황과 유사한 증상이 일어났을 때 도움을 받기 어려운 장소나 상황에 있다는 것에 대한 불안을 의미한다.

② 광장공포증이 있는 사람은 대중교통을 이용하는 상황, 개방된 공간에 있는 상황, 폐쇄된 공간에 있는 상황, 줄을 서 있거나 군중 속에 있는 상황, 집 밖에 혼자 있는 상황 중 두 개 이상에서 현저하게 심한 불안과 두려움이 있어서 이러한 상황을 회피하거나 지인을 동반한다.

③ 광장공포증은 사회불안장애, 특정 공포증, 심한 분리불안장애와 변별하는 것이 쉽지 않다. 왜냐하면 이러한 장애들은 특정 상황에 대한 회피를 핵심적인 특징으로 하기 때문이다.

④ DSM-5의 광장공포증 진단기준은 다음과 같다.

A. 다음 다섯 가지 상황 중 두 가지 이상의 경우에서 극심한 공포와 불안을 느낀다.
1. 대중교통을 이용하는 것 예 자동차, 버스, 기차, 배, 비행기
2. 열린 공간에 있는 것 예 주차장, 시장, 다리
3. 밀폐된 공간에 있는 것 예 상점, 공연장, 영화관
4. 줄을 서 있거나 군중 속에 있는 것
5. 집 밖에 혼자 있는 것

B. 공황 유사 증상이나 무능력하거나 당혹스럽게 만드는 다른 증상(예 노인에서 낙상에 대한 공포, 실금에 대한 공포)이 발생했을 때 도움을 받기 어렵거나 그 상황에서 벗어나기 어려울 것이라는 생각 때문에 그런 상황을 두려워하고 피한다.

C. 광장공포증 상황은 거의 대부분 공포와 불안을 야기한다.

D. 광장공포증 상황을 피하거나, 동반자를 필요로 하거나, 극도의 공포와 불안 속에서 견딘다.

E. 광장공포증 상황과 그것의 사회문화적 배경을 고려할 때 실제로 주어지는 위험에 비해 공포와 불안의 정도가 극심하다.

F. 공포, 불안, 회피 반응은 전형적으로 6개월 이상 지속된다.

G. 공포, 불안, 회피가 사회적 · 직업적 또는 다른 중요한 기능 영역에서 임상적으로 현저한 고통이나 손상을 초래한다.

H. 만약 다른 의학적 상태(예 염증성 장 질환, 파킨슨병)가 동반된다면 공포, 불안, 회피 반응이 명백히 과도해야만 한다.

I. 공포, 불안, 회피가 다른 정신질환으로 더 잘 설명되지 않는다. 예를 들어, 증상이 특정 공포증의 상황 유형에 국한되어서는 안 된다. (사회불안장애에서처럼) 사회적 상황에서만 나타나서는 안 된다. (강박장애에서처럼) 강박 사고에만 연관되거나, (신체이형장애에서처럼) 신체 외형의 손상이나 훼손에만 연관되거나, (외상후 스트레스장애에서처럼) 외상 사건을 기억하게 할 만한 사건에만 국한되거나, (분리불안장애에서처럼) 분리에 대한 공포에만 국한되어서는 안 된다.

주의점: 광장공포증은 공황장애 유무와 관계없이 진단된다. 만약 공황장애와 광장공포증의 진단기준을 모두 만족한다면 두 가지 진단이 모두 내려져야 한다.

(7) 공황장애

① 공황장애는 갑작스러운 불안발작과 함께 두통, 현기증, 발한, 오한, 손발 저림 등과 같은 증세가 복합적으로 나타나는 장애를 말한다. 또한 공황발작을 예기치 못하게 반복적으로 경험함으로써 공황발작이 재발할 것에 대해 불안해하는 것이다.

② 공황장애는 광장공포증이 수반될 수 있다.

③ 공황발작이 일어날 수 있는 상황이나 환경(예 엘리베이터, 영화관, 사람들이 밀집한 백화점 등)을 피하게 되고, 자신의 활동 폭을 제한하게 되며, 심한 공황장애를 가지고 있는 청소년은 집 밖에 나가려고 하지 않을 수도 있다.

공황발작

강도 높은 두려움과 공포가 갑자기 발작적으로 나타나 10분 이내에 없어지므로 그 자체가 장애는 아니지만, 여러 유형의 불안장애와 관련하여 나타남

④ DSM-5의 공황장애 진단기준은 다음과 같다.

A. 예기치 않은 공황발작이 반복된다. 몇 분 내에 두려움이나 불쾌감이 급등하여 절정에 달하는 동안에 다음 증상들 중 네 가지 이상이 나타난다.

주의점: 두려움이나 불쾌감의 급등은 차분한 상태에서 나타날 수도 있고, 격정하는 상태에서 나타날 수도 있다.

1. 심장박동 수가 빨라지고 심장이 두근거린다.
2. 땀이 많이 난다.
3. 몸이 심하게 떨린다.
4. 숨이 가빠지고 숨을 못 쉴 것 같은 느낌이 든다.
5. 질식할 것 같은 느낌이 든다.
6. 가슴에 통증이 있거나 압박감이 있다.
7. 구토증이 나고 뱃속이 불편하다.
8. 어지럽거나 기절할 것 같은 느낌이 든다.
9. 오한이 오거나 몸에서 열이 오른다.
10. 마비된 것 같거나 따끔거리는 느낌이 드는 등 지각에 이상이 있다.
11. 비현실감이나 이인증(자신으로부터 분리된 느낌)이 나타난다.
12. 통제력을 잃어버리거나 미쳐 버릴지도 모른다는 두려움이 있다.
13. 죽어 가고 있다는 두려움이 엄습한다.

주의점: 귀 울림, 목의 통증, 두통, 통제할 수 없는 비명 또는 울음 등의 증상들이 나타날 수도 있다. 그러나 이러한 증상들을 네 가지 진단기준의 한 가지로 간주해서는 안 된다.

B. 최소한 한 번 이상의 공황발작 후 한 달 이상 다음 두 가지 중 한 가지 또는 둘 다 발생한다.

1. 공황발작과 결과(예 통제력 상실, 심장마비, 정신이상)에 대해 지속적으로 걱정하고 염려한다.
2. 공황발작과 관련하여 심각한 부적응적인 행동의 변화가 있다.
   예 공황발작을 피하기 위하여 운동이나 친숙하지 않는 상황을 회피하는 행동

C. 이 증상들은 약물이나 다른 의학적 상태의 생리적인 효과에 기인한 것이 아니다.

D. 이 증상들은 사회적 불안장애처럼 두려운 사회적 상황, 특정 공포증처럼 공포를 유발하는 물건이나 상황, 강박-충동장애의 강박, 분리불안장애의 애착대상으로부터의 분리, 외상후 스트레스장애의 외상성 사건의 회상 등의 다른 정신장애에 의해 더 잘 설명되지 않는다.

3. 불안장애의 원인

불안에 대한 최근 모델은 주로 생물학적 및 환경적 영향에 대한 상호작용의 중요성을 강조하고 있다.

신체생리학적 측면	유전적 요인, 신경생물학적 요인, 기질적 요인
행동주의적 측면	수동적 조건화, 조작적 조건화 및 사회학습의 원리가 불안장애의 원인을 설명
인지적 측면	병리적인 불안은 위험에 대한 비현실적인 지각으로부터 초래되며, 비현실적인 지각은 인지적 오류와 관련 있음
생태학적 측면	부정적 생활사건 등과 같은 환경적 스트레스 요인을 의미하며, 가족 요인이 중요

4. 불안장애의 중재

1) 불안장애의 중재에 대한 이해

아동기와 청소년기 불안장애의 가장 효과적인 중재는 인지행동 중재와 약물치료가 있다.

① 어떤 연구는 인지행동 중재가 약물치료에 비해 효과적이라고 보고하고 있는 반면에, 그 반대의 결과를 보고하는 연구도 있다.

② 어떤 연구에서는 인지행동 중재와 약물치료를 통합한 치료법이 가장 효과적이라고 보고한 바 있다.

③ 그러나 이러한 연구들 대부분은 불안장애를 가지고 있는 성인을 대상으로 한 연구이므로 중재 제공에 있어 주의를 요한다.

2) 인지행동 중재

인지행동 중재는 다양한 행동적 또는 인지행동적 전략들을 사용하여 아동이나 청소년의 불안장애를 감소시키는 것으로, 모델링, 체계적 둔감법, 정동홍수법, 재노출요법, 인지적 재구조화, 자기통제 기술, 이완훈련 등을 포함한다.

(1) 모델링

모델링은 두려움을 야기하는 사물이나 상황에서 다른 사람들이 불안해하거나 두려워하지 않고 바람직하게 행동하는 것을 보여 주는 것으로, 아동과 청소년의 과도한 불안과 공포를 감소시키는 데 폭넓게 사용되고 있다.

예 개를 두려워하는 아동으로 하여금 다른 아동이 개를 두려워하지 않고 친숙하게 노는 장면을 비디오나 실제 상황을 통해 역할 모델로 보여 줌으로써 아동의 두려움을 감소시키는 것이다.

체계적 둔감법
동 체계적 탈감법

자료

체계적 둔감법의 실행
체계적 둔감법은 아동과 성인의 공포를 낮추는 데 효과적인 것으로 나타났다. 이러한 절차들의 핵심적 특징은 공포증을 가진 개인이 불안하지 않은 상태에서, 불안을 억제하거나 불안과 공존할 수 없는 활동을 하는 중에(예 좋아하는 간식을 먹거나 의자에 편안하게 앉아 쉬면서) 공포를 일으키는 자극(그것이 실재하는 것이든 개인이 환상 속에서 만들어낸 것이든)에 점진적, 반복적으로 노출되게 하는 것이다(Kauffman, 2020).

(2) 체계적 둔감법과 실제상황 둔감법 12중특, 23유특

① 체계적 둔감법

㉠ 체계적 둔감법은 두려움을 야기하는 사물이나 상황에 점진적으로 노출하는 방법으로서, 불안을 일으키는 정도가 가장 약한 자극부터 강한 자극까지 차례로 노출시키는 것이며, 분리불안장애를 가지고 있는 학생이나 공포증을 가지고 있는 학생에게 사용될 수 있다.

예 엄마와 분리되는 것에 두려움을 나타내는 아동으로 하여금 처음에는 엄마가 있는 방이 아닌 다른 방에서 놀도록 한 후 엄마가 집에 있는 동안 놀이터에서 놀도록 하는 것이다. 그다음 단계는 엄마가 시장에 간 동안 이웃집에서 놀도록 한 후 주말에 친척집에서 엄마 없이 자도록 하는 것이다.

㉡ 체계적 둔감법의 절차의 사용에는 중요한 세 단계가 있다. 23유특

단계	내용
1단계	학생은 이완 기술을 학습해야 한다.
2단계	교사(또는 치료사)와 학생은 두려움을 유발하는 자극의 위계표를 만든다.
3단계	학생은 교사(또는 치료사)가 위계표에 따라 장면을 묘사하는 동안 이완 기술을 연습한다.

출처 ▶ Miltenberger(2017)

- 학생이 위계표에 따라 모든 장면을 상상하는 동안 이완반응을 유지할 수 있으면 체계적 둔감법을 마치게 된다.

㉢ 체계적 둔감법의 장단점은 다음과 같다.

장점	내담자가 두려운 자극을 상상하기 때문에 그것과 직접 접촉하는 것보다 쉽고 용이하다.
단점	결과가 실제 두려움 유발 상황에서 완전하게 일반화될 수 없다. – 내담자가 두려움을 유발하는 상황을 상상하면서 이완을 유지한다 하더라도 실제 상황에서는 그렇지 못할 수 있다.

실제상황 둔감법
동 접촉 둔감법, 실제상황 탈감법

② 실제상황 둔감법

㉠ 실제상황 둔감법은 학생이 실제 두려움을 유발하는 자극에 점진적으로 접근하거나 점진적으로 노출된다는 점을 제외하고는 체계적 둔감법과 유사하다.

㉡ 실제상황 둔감법의 장단점은 다음과 같다.

장점	학생으로 하여금 실제로 두려운 자극과 접촉하게 만든다.
단점	• 체계적 둔감법보다 어렵고 시간과 비용이 많이 든다. – 이는 교사(또는 치료사)가 위계표에 따라 두려움을 야기하는 상황을 실제로 준비해야 하기 때문이다. • 어떤 경우에는 두려움을 유발하는 자극과 접촉하는 것을 준비하기가 불가능할 수 있다.

㉢ 가능하다면 실제상황 둔감법이 체계적 둔감법보다 선호된다. 왜냐하면 상상 속에서가 아니라 실제 생활에서 성공적인 행동을 보여 주고 성공적 행동이 강화되어 실제 상황에서 그 행동이 자주 일어나기 때문이다.

KORSET 합격 굳히기 **체계적 둔감법과 실제상황 둔감법**

1. 체계적 둔감법은 두려움이 있는 사람이 두려움을 야기하는 자극을 상상하면서 이완을 연습한다.
   ① 체계적 둔감법의 장점은 내담자가 두려운 자극을 상상하기 때문에 그것과 직접 접촉하는 것보다 쉽고 용이하다는 것이다. 예를 들어, 비행 두려움을 가진 내담자가 있다면 치료자는 지상에 있는 비행기 안, 공중에 있는 비행기 안에 있는 장면을 묘사할 수 있다. 두려운 자극과 실제적인 접촉을 하는 것은 시간이 더 많이 들고 더 어려울 것이다.
   ② 체계적 둔감법의 단점은 결과가 실제 두려움 유발 상황에서 완전하게 일반화될 수 없다는 것이다. 내담자가 두려움을 유발하는 상황을 상상하면서 이완을 유지한다 하더라도 실제 상황에서는 그렇지 못할 수 있다.
   ③ 체계적 둔감법의 결과를 성공적으로 일반화하기 위해서는 실제 두려움 유발 상황에서 내담자의 두려움을 평가하는 것이 중요하다. 체계적 둔감법의 결과가 충분히 일반화되지 못한다면 체계적 둔감법의 효과를 증진시키고 일반화하기 위해 실제상황 둔감법을 부가적으로 사용할 수 있다.

2. 실제상황 둔감법은 내담자가 실제 두려움을 유발하는 자극에 점진적으로 접근하거나 점진적으로 노출된다는 점을 제외하고는 체계적 둔감법과 유사하다.
   ① 실제상황 둔감법의 장점은 내담자로 하여금 실제로 두려운 자극과 접촉하게 만든다는 것이다. 두려운 자극이 있을 때, 바람직한 행동(예 접근행동)은 도피하거나 회피하는 행동의 대체행동으로 강화된다. 상상하는 것에서 실제 상황으로 일반화하는 데 문제가 없다면, 내담자는 위계표에 따라 두려움을 유발하는 상황에서 성공적인 수행을 보여 주었다.
   ② 실제상황 둔감법의 단점은 체계적 둔감법보다 어렵고 시간과 비용이 많이 든다는 것이다. 이는 치료자가 위계표에 따라 두려움을 야기하는 상황을 실제로 준비해야 하기 때문이다. 치료자는 실제 두려움을 유발하는 자극에 내담자를 노출시키기 위해 자신의 사무실을 떠나 내담자와 동행해야 한다. 어떤 경우에는 두려움을 유발하는 자극과 접촉하는 것을 준비하기가 불가능할 수 있다. 예를 들어, 어떤 곳에서는 겨울에 거미를 찾을 수 없다. 그러나 가능하다면 실제상황 둔감법이 체계적 둔감법보다 선호된다. 왜냐하면 상상 속에서가 아니라 실제 생활에서 성공적인 행동을 보여 주고 성공적 행동이 강화되어 실제 상황에서 그 행동이 자주 일어나기 때문이다.

출처 ▶ Miltenberger(2017)

PART 06

정동홍수법
동 홍수법

(3) 정동홍수법 10중특

① 정동홍수법은 중재 초기에 불안을 일으키는 정도가 가장 심한 자극에 학생을 오랫동안 노출시키는 절차로, 체계적 둔감법의 점진적인 접근 방법과는 대조된다.

- 초기부터 정도가 심한 자극에 학생을 오랫동안 노출시키므로 반드시 전문가에 의해서만 수행되어야 한다.

② 정동홍수법은 불안을 일으키는 정도가 가장 심한 자극에 노출되더라도 사람은 계속 높은 각성상태를 유지할 수 없으므로 결국 불안 반응은 약화된다는 이론에 근거한다.

예 학교공포증을 가지고 있는 학생으로 하여금 중재 초기에 학교에 하루 종일 있게 하는 것이다.

(4) 재노출요법

재노출요법은 학생으로 하여금 중재자와 함께 안전하고 지원적인 환경에서 학생에게 정신적 충격을 일으킨 사건을 재검토하고 재생하는 것이다.

예 집에 불이 나서 가족과 집을 잃은 경험으로 외상후 스트레스장애의 증상을 보이는 학생과 함께 불이 났던 상황에 재노출하여 재검토하며 학생으로 하여금 자신의 생각과 감정을 표현하게 한다. 그리고 학생이 주어진 상황에서 바람직하게 대처하며 자신의 스트레스를 관리할 수 있도록 돕는다.

(5) 인지적 재구조화

인지적 재구조화는 아동이나 청소년의 불안 또는 공포가 비현실적이고 비합리적인 인지적 왜곡에 근거한 것이므로 아동으로 하여금 현실적이고 합리적인 사고를 할 수 있도록 돕는 것이다.

예 개에 대한 공포증을 가지고 있는 아동은 쇠사슬에 묶여 있는 개를 보더라도 자신에게 갑자기 달려들고 함께 걸어가는 부모는 도망을 칠 것이며, 결국 자신은 개에게 물려서 치료받지 못한 채 죽게 될 것이라는 왜곡된 생각을 하면서 불안해한다고 가정하자. 이때 아동으로 하여금 개는 쇠사슬을 풀 수 없으므로 아동에게 달려들지 않고, 개가 갑자기 달려들더라도 함께 있는 부모가 도와줄 것이며, 개에게 물리더라도 즉시 병원에 가서 치료받으면 죽지 않는다는 것을 인식하도록 돕는 것이다.

(6) 자기통제 기술

자기통제 기술은 병리적인 불안이나 두려움을 가지고 있는 학생으로 하여금 스스로 자기점검법, 자기강화법, 자기교수법, 긍정적 자기 말, 문제해결 기술, 사회성 기술 등을 적용하여 불안이나 두려움을 감소시키도록 하는 것이다.

예 분리불안장애로 학교에 가기를 거부하는 학생으로 하여금 "내가 학교에 가 있는 동안 엄마는 안전할 거야." 또는 "나는 용감해서 학교에 혼자 갈 수 있어." 등의 긍정적인 자기 말을 자주 연습시키는 것이다. 처음에는 학생이 큰 소리로 말하도록 연습시키다가 목소리를 점차 줄여 나가고, 실제 사회적 상황에서는 자신만 들을 수 있는 작은 소리나 머릿속으로 자기 말을 하도록 훈련하는 것이 필요하다.

(7) **이완훈련**

① 이완훈련은 깊고 느린 호흡기법, 근육이완, 심상(mental image)을 통해 불안장애를 가지고 있는 아동이나 청소년의 긴장 수준을 낮추는 것이다.

② 아동이나 청소년에게 바닥에 편안한 자세로 눕게 하고 한 손은 배 위에 얹고 한 손은 가슴 위에 놓도록 한다. 깊은 호흡인 복식호흡을 바르게 하면 배 위의 손은 아래위로 움직이지만 가슴 위의 손은 움직이지 않아야 한다. 또한 호흡을 느리게 하기 위하여 들숨을 쉬면서 열까지 세고, 숨을 참으면서 열까지 세고, 다시 날숨을 쉬면서 열까지 세고, 숨을 참으면서 열까지 세는 것이다. 아동이 어릴 경우는 넷이나 다섯까지만 세면서 느린 호흡을 연습해도 된다.

3) 약물치료

① 아동기와 청소년기 불안장애를 치료하기 위해 삼환계 항우울제, 선택적 세로토닌 재흡수 억제제, 항불안제가 사용되고 있으나, 아동이나 청소년을 대상으로 한 약물치료의 효과와 부작용에 대한 연구는 미흡한 실정이다.

② 불안장애를 가지고 있는 아동이나 청소년들에게 약물치료를 하는 것은 매우 신중해야 하며, 약물치료를 하더라도 인지행동 중재를 병행하는 것이 바람직하다.

07 외상 및 스트레스 관련 장애

1. 외상후 스트레스장애(PTSD)

(1) **개념**

① 외상후 스트레스장애(Post-Traumatic Stress Disorder, PTSD)는 한 번 경험한 또는 반복된 치명적인 사건을 재경험하며 지속적으로 강한 불안 증상을 나타내는 것이다.

- 원래 외상은 외부로부터의 상처를 의미하지만 이상심리학이나 정신의학에서는 심리적·정신적 의미의 상처를 가리킨다.

② 외상후 스트레스장애의 주요한 특성은 충격적 사건에 대한 회상과 악몽 등을 재경험하며, 충격적 사건과 관련된 장소나 대상을 회피하고 충격적 사건에 대한 각성상태가 지나치게 높다는 것이다.

- 정신적 충격을 일으키는 사건에 대해 청소년들은 경도의 증세들을 나타낼 수도 있고, 분리불안, 수면 문제, 우울감, 흥미 상실, 초조감, 분노, 죄책감 등 심한 병리적 증상들을 나타낼 수도 있다. 또는 자아정체감이 손상되거나, 과잉행동을 보이거나, 약물 중독자가 되거나, 일탈된 성적 행동들을 보일 수도 있다.

외상성 사건과 외상

외상성 사건이란 죽음이나 신체적 손상을 초래하는 자연재해, 화재, 전쟁, 유괴, 폭행, 살인 등과 같이 누구에게나 정신적 충격을 줄 수 있는 사건을 의미하며, 외상이란 이와 같은 외상성 사건으로 인해 사람들이 경험하는 심리적·정신적 충격을 의미한다.

Tip
외상후 스트레스장애 중재의 목표가 외상성 사건을 잊고 없었던 일로 여기게 하는 것은 아니다.

③ 외상후 스트레스장애의 중재 목표는 외상성 사건이 발생하기 이전의 기능 수준으로 회복하는 데 있다. 즉, 외상성 사건을 받아들이고 그 경험들을 통합하여 일상생활에 잘 적응하게 된다는 것을 의미한다.

(2) 진단기준 11유특

① DSM-5에서 제시하는 외상후 스트레스장애의 진단기준은 만 6세를 기준으로 나뉘어 있다.

② DSM-5의 외상후 스트레스장애 진단기준(성인, 청소년, 7세 이상 아동 기준)은 다음과 같다.

주의점: 이 기준은 성인, 청소년 그리고 7세 이상의 아동에게 적용한다. 6세 또는 더 어린 아동을 위해서는 다음의 해당 기준을 보기 바란다.

A. 다음 중 한 가지 이상의 죽음, 심각한 상해 또는 성폭행에 실제 노출되었거나 위협을 당한 적이 있다.
1. 외상성 사건을 직접 경험한 경우
2. 다른 사람에게 일어난 외상성 사건을 목격한 경우
3. 가까운 가족이나 친구에게 외상성 사건이 일어난 것을 알게 된 경우; 가까운 가족이나 친구에게 일어난 실제 죽음이나 죽음에 대한 위협을 알게 된 경우
4. 외상성 사건의 혐오적인 세부사항들의 반복적이거나 극단적인 노출을 경험하는 경우
   예 죽은 사람의 시체를 처리하는 최초의 대처자, 아동 학대의 세부사항에 반복적으로 노출되는 경찰

   주의점: 진단기준 A4는 전자 매체, 텔레비전, 영화 또는 사진 등에 대한 노출을 의미하지는 않는다.

B. 외상성 사건이 발생한 이후에 외상성 사건과 관련된 다음 중 한 가지 이상의 증상이 나타난다.
1. 외상성 사건에 대한 반복적이고 무의식적이며 집요하게 떠오르는 고통스러운 회상

   주의점: 6세 초과 아동은 외상성 사건과 관련된 주제의 놀이를 반복할 수도 있다.
2. 외상성 사건의 내용과 정서에 대한 반복적이고 괴로운 꿈

   주의점: 아동의 경우, 내용이 인지되지 않는 무서운 꿈
3. 마치 외상성 사건이 재발하고 있는 것 같은 행동이나 느낌을 가지게 되는 분열적 반응(예 갑자기 너무 생생하게 떠오르는 회상)이 연속체상에서 나타나는데, 가장 극심한 경우에는 현실에 대한 자각 상실

   주의점: 아동의 경우, 외상성 사건의 특유한 재연이 놀이를 통해 재경험된다.
4. 외상성 사건과 유사하거나 상징적인 내적 또는 외적 단서에 노출되었을 때 심각한 심리적 고통
5. 외상성 사건과 유사하거나 상징적인 내적 또는 외적 단서에 노출되었을 때 심각한 현저한 생리적 반응

C. 외상성 사건의 발생 후 다음 중 한 가지 이상 외상성 사건과 관련된 자극을 지속적으로 회피한다.
  1. 외상성 사건과 밀접하게 관련된 고통스러운 기억, 생각 또는 느낌을 회피하거나 회피하려고 노력
  2. 외상성 사건과 밀접하게 관련된 고통스러운 기억, 생각 또는 느낌을 상기시키는 외부적인 자극(예 사람, 장소, 대화, 활동, 사물, 상황)을 회피하거나 회피하려고 노력

D. 외상성 사건이 발생한 후, 사건과 관련된 인지와 기분이 부정적으로 변화되기 시작하거나 악화되며 다음 중 두 가지 이상이 나타난다.
  1. 뇌손상, 알코올 또는 약물과 같은 요인에 기인한 것이 아니고, 분열성 기억상실에 기인하여 외상성 사건의 중요한 측면을 기억하지 못함
  2. 자신과 타인 및 세상에 대한 부정적인 생각과 기대가 과장되어 지속됨
     예 "내가 나빠." "아무도 믿을 수 없어." "세상은 정말 위험해." "내 몸의 신경계가 영원히 망가졌어."
  3. 외상성 사건의 원인이나 결과에 대해 왜곡된 인지를 지속적으로 가지게 됨으로써 자기 자신이나 타인을 비난함
  4. 지속적인 부정적 감정상태
     예 두려움, 공포, 분노, 죄책감 또는 수치심
  5. 중요한 활동에 대한 흥미와 참여가 현저히 감소
  6. 사람들로부터 멀어지고 소외된 느낌
  7. 지속적으로 긍정적 정서를 경험할 수 없음
     예 행복, 만족, 사랑을 경험하지 못함

E. 외상성 사건의 발생 후 사건과 관련된 각성 반응이 현저하게 변화되며, 다음 증상 중 두 가지 이상이 나타난다.
  1. 사람이나 사물에 대한 언어적 또는 신체적 공격성이 (자극이 전혀 없거나 거의 없어도) 과민한 행동이나 분노 폭발로 표출
  2. 난폭하거나 자기파괴적 행동
  3. 지나친 경계
  4. 과장된 놀람 반응
  5. 집중의 어려움
  6. 수면장애
     예 잠들기 어렵거나 지속적으로 자기 어렵거나 숙면하기 어려움

F. 진단기준 B, C, D, E의 증상들은 최소한 1개월 이상 지속되어야 한다.

G. 이러한 증상들이 사회적·학업적·직업적 및 다른 중요한 기능 영역에 임상적으로 중요한 손상 또는 결함을 초래한다.

H. 이 증상들은 약물(예 투약, 알코올)이나 다른 의학적 상태의 생리적인 효과에 기인한 것이 아니다.

KORSET 합격 굳히기 6세 이하 아동의 외상후 스트레스장애 진단기준

A. 6세 또는 그보다 더 어린 아동에서는 실제적이거나 위협적인 죽음, 심각한 부상 또는 성폭력에의 노출이 다음과 같은 방식 가운데 한 가지(또는 그 이상)에서 나타난다.
1. 외상성 사건(들)에 대한 직접적인 경험
2. 그 사건(들)이 다른 사람들, 특히 주 보호자에게 일어난 것을 생생하게 목격함
   주의점: 목격이 전자미디어, 텔레비전, 영화 또는 사진을 통한 경우는 포함되지 않는다.
3. 외상성 사건(들)이 부모 또는 보호자에게 일어난 것을 알게 됨

B. 외상성 사건(들)이 일어난 후에 시작된 외상성 사건(들)과 관련이 있는 침습 증상의 존재가 다음 중 한 가지(또는 그 이상)에서 나타난다.
1. 외상성 사건(들)의 반복적, 불수의적이고, 침습적인 고통스러운 기억
   주의점: 자연발생적이고 침습적인 기억이 고통스럽게 나타나야만 하는 것은 아니며 놀이를 통한 재현으로 나타날 수도 있다.
2. 꿈의 내용과 정동이 외상성 사건(들)과 관련되는 반복적으로 나타나는 고통스러운 꿈
   주의점: 꿈의 무서운 내용이 외상성 사건과 연관이 있는지 아닌지 확신하는 것이 가능하지 않을 수 있다.
3. 외상성 사건(들)이 재생되는 것처럼 그 아동이 느끼고 행동하게 되는 해리성 반응(예 플래시백) (그러한 반응은 연속선상에서 나타나며, 가장 극한 표현은 현재 주변 상황에 대한 인식의 완전한 소실일 수 있음) 그러한 외상의 특정한 재현은 놀이로 나타날 수 있다.
4. 외상성 사건(들)을 상징하거나 닮은 내부 또는 외부의 단서에 노출되었을 때 나타나는 극심하거나 장기적인 심리적 고통
5. 외상성 사건(들)을 상기하는 것에 대한 현저한 생리적 반응

C. 외상성 사건(들)이 일어난 후에 시작되거나 악화된, 외상성 사건(들)과 관련이 있는 자극의 지속적인 회피 또는 외상성 사건(들)과 관련이 있는 인지와 감정의 부정적 변화를 대변하는 다음 중 한 가지(또는 그 이상)의 증상이 있다.

자극의 지속적 회피
1. 외상성 사건(들)을 상기시키는 활동, 장소 또는 물리적 암시 등을 회피 또는 회피하려는 노력
2. 외상성 사건(들)을 상기시키는 사람, 대화 또는 대인관계 상황 등을 회피 또는 회피하려는 노력

인지의 부정적 변화
3. 부정적 감정 상태의 뚜렷한 빈도 증가 예 공포, 죄책감, 슬픔, 수치심, 혼란
4. 놀이의 축소를 포함하는, 주요 활동에 대해 현저하게 저하된 흥미 또는 참여
5. 사회적으로 위축된 행동
6. 긍정적인 감정 표현의 지속적인 감소

D. 외상성 사건(들)이 일어난 후에 시작되거나 악화된, 외상성 사건(들)과 관련이 있는 각성과 반응성의 변화가 다음 중 두 가지(또는 그 이상)에서 명백하다.
1. 전형적으로 사람 또는 사물에 대한 언어적 또는 신체적 공격성으로(극도의 분노발작 포함) 표현되는 민감한 행동과 분노폭발(자극이 거의 없거나 아예 없이)
2. 과각성
3. 과장된 놀람 반응
4. 집중력의 문제
5. 수면 교란 예 수면을 취하거나 유지하는 데 어려움 또는 불안정한 수면

E. 장애의 기간이 1개월 이상이어야 한다.

F. 장애가 부모, 형제, 또래 또는 다른 보호자와의 관계 또는 학교생활에서 임상적으로 현저한 고통이나 손상을 초래한다.

G. 장애가 물질(예 치료약물이나 알코올)의 생리적 효과나 다른 의학적 상태로 인한 것이 아니다.

2. 반응성 애착장애

(1) 개념

① 반응성 애착장애는 유아기 또는 초기 아동기에 발달적으로 부적절한 애착행동 양상을 나타내는 것으로, 아동은 위안, 지원, 보호, 돌봄과 배려를 얻기 위해 애착대상에게 거의 가지 않는다.

② 선택적인 애착관계를 발달시킬 능력이 있다고 간주되는 아동과 주 양육자로 추정되는 성인과의 애착관계가 형성되지 않은 것이다.

(2) 진단기준

DSM-5의 반응성 애착장애 진단기준은 다음과 같다.

A. 성인 양육자에 대해 정서적으로 억제되고 위축된 행동을 일관성 있는 양상으로 보이며, 다음 중 두 가지로 나타난다.
1. 괴로울 때도 거의 위안을 구하지 않는다.
2. 괴로울 때 제공되는 위안에 거의 반응하지 않는다.

B. 지속적인 사회적·정서적 장애를 다음의 두 가지 이상에서 나타낸다.
1. 다른 사람에 대한 최소의 사회적·정서적 반응
2. 제한된 긍정적 정서
3. 성인 양육자와 비위협적인 상호작용을 할 때에도 나타나는 설명할 수 없는 과민함, 슬픔 또는 두려움의 삽화

C. 아동이 다음 중 한 가지 이상의 극단적으로 불충분한 양육 양상을 경험하였다.
1. 성인 양육자에 의해 제공되어야 하는 위안, 자극, 사랑 등 기본적인 정서적 필요가 지속적으로 제공되지 않는 사회적 방치 또는 사회적 박탈
2. 주 양육자가 반복적으로 교체됨으로써 안정적인 애착관계를 형성할 기회 제한 예 대리부모의 빈번한 교체
3. 선택적 애착관계를 형성할 기회가 극도로 제한적인 비정상적 양육환경 예 양육자에 비해 아동의 비율이 높은 시설

D. 진단기준 C의 양육이 진단기준 A의 장애 행동에 대한 원인이 되는 것으로 추정된다.
예 진단기준 A의 장애는 진단기준 C의 적절한 양육 결핍 후에 나타났다.

E. 진단기준이 자폐스펙트럼장애에 맞지 않는다.

F. 이 증상들이 만 5세 이전에 나타난다.

G. 아동의 발달 연령이 최소 9개월 이상이어야 한다.

08 강박 및 관련 장애

강박장애
동 강박-충동장애

강박
비합리적인 생각을 반복하는 것

1. 강박장애

(1) 개념

① 강박 사고란 자신의 의사와 관계없이 반복적으로 떠오르는 생각을 말하고, 강박 행동 또한 자신의 의사와 관계없이 어쩔 수 없이 행하는 반복적인 행동을 말한다. 이처럼 강박 사고와 강박 행동은 떨쳐버리거나 중단하고 싶어도 그럴 수 없어서 고통스러워하는 상태를 전제로 한다.

② 강박장애는 강박 사고와 강박 행동 중 한 가지 또는 둘 다가 나타나는 것이다.

③ 아동이나 청소년에게 가장 일반적인 강박적 증상들은 환경적 오염이 자신에게 해를 끼칠지도 모른다는 생각, 자신이나 주변의 중요한 사람들이 죽거나 병에 걸릴지도 모른다는 생각, 모든 사물은 대칭으로 배치되어야 한다는 생각, 폭력이나 공격을 받을지도 모른다는 생각 등을 반복적으로 하는 것이다.

㉠ 성인은 자신의 생각이 비이성적이고 비합리적이라는 것을 인식하는 반면에, 대부분의 아동은 자신의 생각이 비합리적이라는 것을 깨닫지 못하거나 깨닫더라도 비합리적인 생각을 반복해서 해야 할 필요성을 강하게 느낀다.

㉡ 가장 전형적인 행동으로 씻는 행동, 점검, 순서, 반복 및 정리정돈 등을 들 수 있다.

(2) 진단기준

DSM-5의 강박장애 진단기준은 다음과 같다. 12중특

A. 강박 사고나 강박 행동 혹은 둘 다 나타난다.

강박 사고는 (1)과 (2)로 정의된다.

1. 반복적이고 지속적인 생각, 충동 또는 심상이 장애 시간의 일부에서는 침투적이고 원치 않는 방식으로 경험되며 대부분 현저한 불안이나 괴로움을 유발함
2. 이러한 생각, 충동 및 심상을 경험하는 사람은 이를 무시하거나 억압하려고 시도하며, 또는 다른 생각이나 행동을 통해 이를 중화시키려고 노력함(즉, 강박 행동을 함으로써)

강박 행동은 (1)과 (2)로 정의된다.

1. 예를 들어, 손 씻기나 정리정돈하기, 확인하기와 같은 반복적 행동과 기도하기, 숫자 세기, 속으로 단어 반복하기 등과 같은 심리 내적인 행위를 개인이 경험하는 강박 사고에 대한 반응으로 수행하게 되거나 엄격한 규칙에 따라 수행함
2. 행동이나 심리 내적인 행위들은 불안감이나 괴로움을 예방하거나 감소시키고, 또는 두려운 사건이나 상황의 발생을 방지하려는 목적으로 수행됨. 그러나 이러한 행동이나 행위들은 그 행위의 대상과 현실적인 방식으로 연결되지 않거나 명백하게 과도한 것임

주의점: 아동의 경우에 자신의 행동과 정신적 활동의 목적을 말하지 못할 수도 있음

B. 강박 사고나 강박 행동은 시간 소모적이며(예 하루에 한 시간 이상 소요), 사회적·학업적·직업적 및 다른 중요한 기능 영역에 임상적으로 중요한 손상 또는 결함을 초래한다.

C. 강박 증상은 약물(예 투약, 알코올)이나 다른 의학적 상태의 생리적인 효과에 기인한 것이 아니다.

D. 장애가 다른 정신질환으로 더 잘 설명되지 않는다.

PART 06

2. 신체추형장애

(1) 개념

① 신체추형장애란 자신의 외모에서 한 가지 이상의 결함에 집착하여 외모에 대한 걱정 때문에 반복적 행동 또는 정신적 활동을 하는 유형이다. 예를 들어, 신체추형장애의 일종인 근육추형과 같이 자신의 체형이 너무 작고 근육이 불충분하다고 믿는 것이다.

② 신체추형장애는 자신이 추하고 기형이라고 믿기도 하며, 자살 관념화와 자살 시도율이 높고, 주요 우울장애와 공존 가능성이 높다.

(2) 진단기준

DSM-5의 신체추형장애 진단기준은 다음과 같다.

A. 다른 사람들이 관찰할 수 없거나 대수롭지 않은 자신의 외모에서 한 가지 이상의 결함에 집착한다.

B. 장애가 진행되는 어떤 시점에 자신의 외모에 대한 걱정 때문에 반복적 행동(예 계속 거울 보기, 지나치게 머리 빗기, 피부 벗기기, 지속적으로 재확인하기) 또는 정신적 활동(예 자신의 외모와 다른 사람의 외모 비교하기)을 한다.

C. 이러한 외모에 대한 집착은 사회적·학업적·직업적 및 다른 중요한 기능 영역에 임상적으로 중요한 손상 또는 결함을 초래한다.

D. 이러한 외모에 대한 집착은 섭식장애를 가지고 있는 사람의 피하지방이나 체중에 대한 염려로는 설명될 수 없다.

09 양극성장애

1. 양극성장애의 개념

① 양극성장애란 기분의 변화가 심하여 기분이 고양된 상태와 침체된 상태가 주기적으로 나타나는 장애를 말한다.

② DSM-5에 따르면, 양극성 관련 장애는 제Ⅰ형 양극성장애, 제Ⅱ형 양극성장애, 순환성장애, 약물/약물치료로 유발된 양극성 및 관련 장애, 다른 의학적 상태로 인한 양극성 및 관련 장애, 달리 명시된 양극성 및 관련 장애, 달리 명시되지 않는 양극성 및 관련 장애를 포함한다.

2. 양극성장애의 하위 유형

(1) 제Ⅰ형 양극성장애

① 제Ⅰ형 양극성장애는 최소한 한 번의 조증 삽화가 조증의 진단기준 A~D에 부합해야 한다.

② 조증 삽화의 핵심적인 양상은 비정상적으로 들뜨거나, 의기양양하거나, 과민한 기분 그리고 활동과 에너지의 증가가 적어도 일주일간(만약 입원이 필요한 정도라면 기간과 상관없이), 거의 매일, 하루 중 대부분 지속되는 분명한 기간이 있으며, 진단기준 B에서 적어도 세 가지 이상의 증상을 만족한다. 만약 기분이 들뜨거나 의기양양한 것 대신 과민하기만 하다면 적어도 네 가지 이상의 진단기준 B의 증상을 만족하여야 한다.

③ DSM-5의 제Ⅰ형 양극성장애 진단기준은 다음과 같다.

> 제Ⅰ형 양극성장애를 진단하기 위해서는 조증 삽화에 대한 다음의 진단기준을 만족시켜야 한다. 조증 삽화는 경조증이나 주요우울 삽화에 선행하거나 뒤따를 수 있다.
>
> 조증 삽화
>
> A. 비정상적으로 고조되거나 과대하거나 과민한 기분과 비정상적으로 증가된 목표 지향적 활동이나 에너지가 최소한 1주일 이상 거의 매일, 하루 종일 지속되는 기간이 분명하다(입원이 필요한 정도의 증상이 나타날 경우에는 기간에 상관없다).
>
> B. 기분장애와 증가된 에너지와 활동이 나타나는 기간 동안 다음 증상들 중 세 가지(기분이 과민한 상태인 경우에는 네 가지)가 심각할 정도로 나타나며, 평상시의 행동과는 눈에 띄게 다른 행동이 나타난다.
> 1. 고조된 자존감과 과장
> 2. 수면에 대한 욕구 감소
>   예 3시간의 수면으로 충분한 휴식을 취했다고 느낌
> 3. 평소보다 말을 많이 하거나 계속 말을 해야 할 것 같은 압박감

양극성장애

조증과 우울증이 번갈아가며 나타나는 감정의 장애를 주요 증상으로 하는 정신질환이다. 조증 시에는 지나친 자신감, 지나친 과다 활동, 수면 욕구 감소, 너무나 고양된 기분이 그 증상이다. 한편 우울증 시에는 지나치게 우울한 기분이나 초조감, 인생에의 지나친 허무감, 자살 욕구 등을 증상으로 한다(특수교육학 용어사전, 2018).
동 조울증

PART 06

비교

제Ⅰ형 양극성장애의 진단기준 - 주요우울 삽화

- 이성봉 외(2022): 양극성Ⅰ장애는 최소한 한 번의 조증 삽화가 조증의 진단기준 A~D에 부합하며 주요우울장애를 경험한 것이 필수 조건이다.
- DSM-5(2016): 제Ⅰ형 양극성장애의 진단기준은 19세기에 기술되었던 전통적인 조울병 또는 정동 정신병에 대한 현대적인 해석으로서, 정신병이 포함되지 않았고 평생 적어도 1회 이상 주요우울 삽화를 경험해야 한다는 기준이 포함되지 않았다는 점에서 차이가 있다. 하지만 조증 삽화의 기준을 모두 만족시키는 대다수의 사람은 평생 다수의 주요우울 삽화를 경험하게 된다.

4. 사고의 비약 또는 사고가 연달아 일어나는 주관적인 경험
5. 보고되거나 관찰된 주의산만
   예 중요하지 않거나 관계없는 외적 자극에 너무 쉽게 주의를 기울임
6. 목표 지향적 활동의 증가(예 직장이나 학교에서의 사회적 활동 또는 성적인 활동) 또는 정신운동성 초조(예 목적 없는 활동)
7. 고통스러운 결과를 초래할 가능성이 높은 활동에 지나치게 몰두
   예 흥청망청 물건 사기, 무분별한 성행위 또는 어리석은 사업 투자

C. 사회적 또는 직업적 기능에 현저한 손상을 초래하거나 자신이나 타인에게 해를 입히는 것을 방지하기 위해 입원을 시켜야 할 만큼 기분장애가 충분히 심각하거나 정신증적 양상이 동반된다.

D. 이러한 삽화가 어떤 약물(예 약물남용, 투약, 기타 치료)이나 다른 의학적 상태의 생리적 효과에 기인하지 않는다.

주의점: 진단기준 A부터 D까지는 조증 삽화를 구성한다. 일생 동안 적어도 1회는 조증 삽화가 있어야 제Ⅰ형 양극성장애로 진단될 수 있다.

경조증 삽화

… (중략) …

주의점: 진단기준 A부터 F까지는 경조증 삽화를 구성한다. 경조증 삽화는 제Ⅰ형 양극성장애에서 흔히 나타나지만 제Ⅰ형 양극성장애를 진단하는 필수조건은 아니다.

주요우울 삽화

… (중략) …

주의점: 진단기준 A부터 C까지는 주요우울 삽화를 구성한다. 주요우울 삽화는 제Ⅰ형 양극성장애에서 흔히 나타나지만 제Ⅰ형 양극성장애를 진단하는 필수조건은 아니다.

경조증

조증보다 정도가 약한 형태의 정신질환이다. 경조증 상태에 있는 개인의 말은 평소보다 크고 빠르지만 중단시키기가 특별히 어렵지 않고, 농담이나 신소리, 말장난, 엉뚱한 말을 많이 하는 경향이 있다. 사고의 비약이 흔하지는 않으나 잠깐 동안 지속되기도 하고, 여러 가지 관련 없는 외부 자극에 반응함으로써 주의가 산만해진다. 목표 지향적 활동이 증가됨으로써 여러 활동에 참여하기도 한다. 이러한 활동은 보통 창조적이고 생산적 활동이다(예 편집자에게 편지쓰기, 사무 처리하기), 흥청망청 물건 사기, 무모한 운전 또는 어리석은 사업 투자 같은 충동적 행동이 일어나기도 한다. 그러나 이러한 활동은 보통 체계화되어 있고, 괴이하지 않으며, 조증의 특징인 심각한 장애 수준을 초래하지는 않는다(특수교육학 용어사전, 2018).

(2) 제Ⅱ형 양극성장애

① 제Ⅱ형 양극성장애는 1회 이상의 경조증 삽화(경조증 삽화의 진단기준 A~F)와 1회 이상의 주요우울 삽화(주요 우울장애 삽화의 진단기준 A~C)가 있는 것이 특징이다.

㉠ 경조증 삽화는 최소 4일 동안 지속되어야 하고, 주요우울 삽화는 최소 2주 이상 지속되어야 한다.

㉡ 삽화 기간 중에는 진단에 필요한 증상들이 하루 중 대부분, 거의 매일 나타나야 하고 평상시 행동과 기능 수준에 비하여 뚜렷한 변화가 나타나야 한다.

② 조증 삽화가 있으면 제Ⅱ형 양극성장애의 진단은 내릴 수 없다.

③ DSM-5의 제Ⅱ형 양극성장애의 경조증 삽화 진단기준은 다음과 같다.

> 제Ⅱ형 양극성장애를 진단하기 위해서는 다음에 나오는 현재 또는 과거의 경조증 삽화의 진단기준을 만족하는 동시에, 현재 또는 과거의 주요우울 삽화의 진단기준을 만족해야 한다.
>
> **경조증 삽화**
>
> A. 비정상적으로 고조되거나 과대하거나 과민한 기분과 비정상적으로 증가된 활동이나 에너지가 최소한 4일 연속 거의 매일, 하루 종일 지속되는 기간이 분명하다.
>
> B. 기분장애와 증가된 에너지와 활동이 나타나는 기간 동안 다음 증상들 중 세 가지(기분이 과민한 상태인 경우에는 네 가지)가 심각할 정도로 나타나며, 평상시의 행동과는 눈에 띄게 다른 행동이 나타난다.
> 1. 고조된 자존감과 과장
> 2. 수면에 대한 욕구 감소
>   예 3시간의 수면으로 충분한 휴식을 취했다고 느낌
> 3. 평소보다 말을 많이 하거나 계속 말을 해야 할 것 같은 압박감
> 4. 사고의 비약 또는 사고가 연달아 일어나는 주관적인 경험
> 5. 보고되거나 관찰된 주의산만
>   예 중요하지 않거나 관계없는 외적 자극에 너무 쉽게 주의를 기울임
> 6. 목표 지향적 활동의 증가(직장이나 학교에서의 사회적 활동 또는 성적인 활동) 또는 정신운동성 초조
>   예 목적 없는 활동
> 7. 고통스러운 결과를 초래할 가능성이 높은 활동에 지나치게 몰두
>   예 흥청망청 물건 사기, 무분별한 성행위 또는 어리석은 사업 투자
>
> C. 삽화는 증상이 없을 때의 개인의 특성과는 명백히 다른 기능 변화를 동반한다.
>
> D. 기분의 장애와 기능의 변화가 타인들에 의해 관찰될 수 있다.
>
> E. 삽화가 사회적·직업적 기능에 현저한 장애를 일으키거나 입원이 필요한 정도로 심각하지 않고 정신증적 양상도 동반되지 않는다.
>
> F. 이러한 삽화가 어떤 약물(예 약물남용, 투약, 기타 치료)이나 다른 의학적 상태의 생리적 효과에 기인하지 않는다.

순환성장애
동 순환기질장애, 순환감정장애

(3) 순환성장애

① 순환성장애는 기분의 변동성을 특징으로 하는 만성적인 기분 장애로서, 서로 구분되는 다수의 경조증 기간과 우울증 기간으로 이루어진다.

- 경조증의 증상은 경조증 삽화의 기준을 완전히 충족하기에는 빈도와 심각도, 광범위성, 기간이 불충분하며, 우울증의 증상 역시 주요우울장애의 기준을 완전히 충족하기에는 빈도, 심각도, 광범위성, 기간이 불충분하다.

② 2년 동안(아동 · 청소년은 1년) 증상은 반드시 지속되어야 하고(수일 이상), 증상이 없는 기간이 2개월을 넘으면 안 된다.

③ DSM-5의 순환성장애 진단기준은 다음과 같다.

A. 적어도 2년 동안(아동 · 청소년에서는 1년) 다수의 경조증 기간(경조증 삽화의 진단기준을 충족하지 않는)과 우울증 기간(주요우울 삽화의 진단기준을 충족하지 않는)이 있어야 한다.

B. 2년 이상의 기간 동안(아동 · 청소년에서는 1년) 경조증 기간과 우울증 기간이 절반 이상 차지해야 하고, 증상이 없는 기간이 2개월 이상 지속되어서는 안 된다.

C. 주요우울 삽화, 조증 삽화 또는 경조증 삽화가 존재하지 않는다.

D. 진단기준 A의 증상이 조현정동장애, 조현병, 조현양상장애, 망상장애, 달리 명시된 또는 명시되지 않는 조현병 스펙트럼 및 기타 정신병적 장애로 더 잘 설명되지 않는다.

E. 증상이 물질(예 남용약물, 치료약물)의 생리적 효과나 다른 의학적 상태(예 갑상선기능항진증)로 인한 것이 아니어야 한다.

F. 증상이 사회적 · 직업적 또는 다른 중요한 기능 영역에서 임상적으로 현저한 고통이나 손상을 초래한다.

3. 양극성장애 진단 시 유의점

아동기와 청소년기 양극성장애에 대해서는 거의 알려진 것이 없으며, 아동기와 청소년기 특유의 발달적 특성이 있으므로 아동기와 청소년기 양극성장애는 진단하기 매우 어렵다. 따라서 아동기와 청소년기 양극성장애를 진단할 때는 다음과 같은 측면을 고려해야 한다.

① 초조한 기분은 우울장애의 특성이기도 하고 조증 삽화의 특징이기도 하므로 아동이 초조한 기분을 보이는 것을 우울장애, 조증 삽화, 양극성장애 중 어느 장애의 특성으로 간주해야 할 것인지 매우 신중하게 살펴야 한다.

② 성인기 양극성장애와 청소년기 양극성장애 간에 차이가 있음을 간과해서는 안 된다.

③ 청소년은 성인에 비해 양극성장애와 다른 장애를 동시에 나타내는 경우가 많아서 청소년기 양극성장애는 주요 정신건강 문제로 다루어져야 한다.

> **자료**
>
> **아동기와 청소년기의 조증**
>
> 조증은 비정상적으로 들뜬 기분이나 민감한 기분을 느끼고 자존감이 고조되며, 활동과 말과 생각이 많아지고 쉽게 산만해지며, 자신의 신체적 또는 정신적 건강을 과장하여 표현한다. 이러한 성인기 조증의 진단기준을 아동기와 청소년기 조증에 적용하여 진단하기는 매우 어렵다. 아동기 조증의 경우는 과다행동이나 주의집중장애와 함께 나타나기도 하고, 아동의 상상놀이나 난기질을 조증의 특성으로 오해하여 진단하기도 한다. 청소년기 조증은 반사회적 행동, 무단결석, 학업 실패, 약물 남용 등을 수반하며 정신병리적 특성을 보이기 때문에 조현병으로 오진되기도 한다(이성봉 외, 2022).

4. 양극성장애의 중재

(1) 치료

약물치료	• 조증인 경우에는 재산의 낭비나 가족 그리고 직장에 해를 끼치는 무리한 행동 등이 나타나므로 입원치료를 하게 함 • 대표적인 항조증 약물: 리튬, 카바마제핀
심리치료	• 양극성장애의 치료와 재발 방지를 위해서는 약물치료와 심리치료를 병행해야 함 • 양극성장애의 심리치료에는 인지행동치료와 대인관계 및 사회리듬치료가 효과적임

출처 ▶ 윤점룡 외(2017). 내용 요약정리

(2) 교사의 역할

① 양극성장애 학생들은 매우 수다스러우므로 질문에 대해서 간단한 설명과 간결하고 사실적인 답변을 해야 한다.

② 학생들의 자기조절 능력을 증진시켜 주어야 하며, 학생들도 자신의 행동을 감시할 수 있고, 자신에게 긍정적인 면도 많다는 것을 알려 주어야 한다.

③ 양극성장애 학생들의 생각과 행동을 통제할 필요가 있다. 흐트러진 생각과 사고를 적응적이며 목표지향적 행동에 참여하도록 도와주어야 한다.

④ 조증 학생은 말을 많이 하기 때문에 표현을 조절하는 데 도움을 주어야 한다. 이때 감정을 비평하거나 부정하지 않도록 주의한다.

⑤ 사회기술 모델링과 강화를 통해 학교생활에 반영될 수 있도록 해야 한다.

⑥ 바람직한 사회성 기술은 교수(가르치기), 모델링, 시연, 피드백 등 네 가지 행동기술훈련 절차를 이용한다.

10 기초신체기능 관련 장애

1. 급식 및 섭식장애

(1) 유형

이식증	• 먹을 수 없는 종이, 머리카락, 벌레, 먼지, 지우개, 크레용, 모래, 페인트 등을 먹는 것 • 발달장애인에게 출현율이 높음 • 행동중재 전략 – 기능을 분석하여 선행사건과 후속결과를 파악 – 상반행동 차별강화 – 혐오적 자극 제시 및 고립 등 – 이식증을 대체할 바람직한 행동이나 기술 습득
되새김장애	• 먹을 수 없는 소화된 음식을 의도적으로 입으로 역류시켜서 토해 버리거나 다시 씹는 것 • 되새김장애 진단은 증상이 1개월 이상 지속되어야 함 • 중재 방법 – 행동중재 예 타행동 차별강화, 상반행동 차별강화, 벌 – 아동 부모의 양육기술을 향상
회피적/제한적 음식섭취장애	• 섭식 또는 급식장애가 지속적으로 나타나 적절한 영양 그리고/또는 에너지가 부족해지는 것 • 심각한 체중 감소, 영양결핍과 관련이 있음
신경성 폭식증	• 체중과 몸매를 지나치게 걱정하며 반복적으로 폭식과 자기유발 구토나 설사 등의 부적절한 보상행동을 하되, 거식증과는 달리 저체중이 아닌 경우 • 신경성 폭식증은 주요 우울장애나 치아의 에나멜 상실에 따른 치과 문제를 초래할 수 있음

(2) 중재

약물 중재	• 항우울제의 사용 • 성인기는 효과가 보고되었으나 아동·청소년기의 효과 및 부작용에 대한 연구는 미흡한 편
인지행동 중재	• 비합리적인 생각/인지적 왜곡을 인지적 재구조화를 통해 합리적 생각으로 전환 • 음식 섭취에 대한 자기통제 전략 • 적절한 섭식행동에 대한 정적 강화 혹은 프리맥 원리 적용
가족 중재	• 청소년의 거식증을 치료하기 위한 가족 중재의 효과가 입증되고 있음 • 가족이 지나치게 상호 의존적이고 지나치게 가족의 일체감을 강조하여 가족 구성원 각자가 독립된 정체성을 갖지 못하는 것도 섭식장애에 영향을 주는데, 이러한 경우 가족 중재는 필수적임

2. 배변장애

유뇨증	• 옷이나 침구에 소변을 반복하여 배설하는 것. 주간형과 야간형으로 구분 • 유뇨증으로 진단되기 위해서는 아동이 만 5세 이상이어야 함 • 유형 – 일차적 유뇨증: 방광 조절을 습득한 적이 없는 경우(유뇨증의 85%) – 이차적 유뇨증: 방광 조절을 습득하여 소변을 통제한 경험이 있으나 후에 유뇨증이 나타나는 경우
유분증	• 최소한 3개월 동안 한 달에 최소한 한 번씩 옷 등 부적절한 곳에 대변을 보는 것 • 유분증으로 진단되기 위해서는 아동이 만 4세 이상이어야 함

3. 수면장애

잠들기 문제	• 아동이나 청소년이 잠자리에 들기를 거부하거나 잠자리에 들어서도 오래도록 자지 못하거나 밤에 깰 경우에 다시 자는 데 어려움을 나타내는 것 **원인**: – 아동 본인, 부모, 환경적 요인들이 상호작용 – 신경생리적 발달 지체 – 특별한 걱정이나 불안 – 밤에 깰 경우 부모의 관심 **중재**: – 규칙적인 잠자기 시간 정하기 – 소거 – 계획하여 깨우기 등
수면 각성장애	• 수면 중 경악 • 수면 중 보행(몽유병) • 악몽

원인	중재
– 아동 본인, 부모, 환경적 요인들이 상호작용 – 신경생리적 발달 지체 – 특별한 걱정이나 불안 – 밤에 깰 경우 부모의 관심	– 규칙적인 잠자기 시간 정하기 – 소거 – 계획하여 깨우기 등

개념확인문제

01

2009 중등1-6

「장애인 등에 대한 특수교육법 시행령」에 명시된 정서 · 행동장애를 지닌 특수교육대상자 선정기준에 해당하는 것을 〈보기〉에서 고른 것은?

보기

장기간에 걸쳐 다음 각 목의 어느 하나에 해당하여, 특별한 교육적 조치가 필요한 사람
ㄱ. 또래나 교사와의 대인관계에 어려움이 있어 학습에 어려움을 겪는 사람
ㄴ. 지적 · 감각적 · 건강상의 이유로 설명할 수 없는 학습상의 어려움을 지닌 사람
ㄷ. 인지능력에 비하여 언어 수용 및 표현능력이 낮아 학습에 어려움이 있는 사람
ㄹ. 사회적 상호작용과 의사소통에 결함이 있어 학교생활 적응에 어려움이 있는 사람
ㅁ. 일반적인 상황에서 부적절한 행동이나 감정을 나타내어 학습에 어려움이 있는 사람
ㅂ. 학교나 개인 문제에 관련된 신체적인 통증이나 공포를 나타내어 학습에 어려움이 있는 사람

① ㄱ, ㄴ, ㅁ, ㅂ　② ㄱ, ㄷ, ㄹ, ㅂ
③ ㄱ, ㄹ, ㅁ, ㅂ　④ ㄴ, ㄷ, ㄹ, ㅁ
⑤ ㄷ, ㄹ, ㅁ, ㅂ

02

2013 중등1-33

정서 · 행동장애의 진단 · 분류체계와 관련된 설명 중 옳은 것만을 〈보기〉에서 있는 대로 고른 것은?

보기

ㄱ. 행동적 · 차원적 분류체계는 문제행동의 유형을 두 가지 차원으로 범주화하는데, 그중 하나는 외현화 문제행동의 범주로 과잉통제행동이라고도 하며, 반항, 불복종, 불안 등이 포함된다.
ㄴ. 행동적 · 차원적 분류체계의 내재화 문제행동 범주에는 사회적 위축, 우울 등과 같이 개인의 정서 및 행동적 어려움을 야기하는 문제가 포함된다.
ㄷ. 정서 · 행동장애가 학습장애 등과 같이 다른 장애와 함께 나타나거나, 정서 · 행동장애의 하위 유형인 품행장애와 우울장애 등이 함께 나타나는 경우, 이를 장애의 공존(comorbidity) 또는 동시 발생이라고 한다.
ㄹ. 정신장애진단통계편람(DSM-IV-TR)과 같은 의학적 분류 체계는 정서 · 행동장애의 각 하위 유형을 식별하는 데 초점을 두는 분류체계로 특수교육대상학생들에 대한 표찰(labeling) 문제를 줄일 수 있다.

① ㄱ, ㄴ　② ㄴ, ㄷ
③ ㄱ, ㄴ, ㄷ　④ ㄱ, ㄷ, ㄹ
⑤ ㄴ, ㄷ, ㄹ

03

2018 초등A-2

(가)는 정서 · 행동장애 학생 정우의 행동 특성이다. 물음에 답하시오.

(가)

- 친구들을 자주 때리고 친구들에게 물건을 집어 던짐
- 교사의 지시에 대해 소리 지르고 거친 말을 하며 저항함
- 수업 시작종이 울려도 제자리에 앉지 않고 교실을 돌아다님

1) (가)는 정서 · 행동장애를 이분하는 교육적 분류 중 어느 유형에 해당하는지 쓰시오.

04

2012 중등1-23

(가)~(마)의 정서 · 행동장애 학생들의 사례에 나타난 이론적 모델과 중재 방법으로 옳은 것은?

(가) 학생 A는 학교에서 과잉행동과 충동성을 보였다. 이에 교사는 부모에게 병원에서 진단을 받도록 권유하였다. 학생 A는 병원에서 약물을 처방받아 복용하고 있다. 약물처방 후의 학생 행동에 대하여 교사는 주의를 기울였다.

(나) 학생 B는 인근 작업장에서 일하고부터 감정 기복이 심하고, 친구들에게 자주 분노를 표출하였다. 이에 교사는 작업장, 가정, 학교의 환경을 조사하고, 일어날 수 있는 사건에 대한 체크리스트를 만들었다.

(다) 학생 C는 무단결석을 빈번히 하고, 친구들과 자주 싸운다. 이에 교사는 학생에게 자신이 처한 상황에서의 문제를 파악해 기록하게 한 후, 그 문제를 해결할 수 있는 여러 방법과 결과에 대해 생각해보도록 하였다. 그리고 자신이 선택하여 실행한 방법과 결과를 기록하도록 지도하였다.

(라) 학생 D는 여러 사람 앞에서 소리 내어 책을 읽는 것을 두려워하여, 그런 상황을 자주 회피한다. 이에 교사는 두려움 유발자극을 낮은 단계부터 높은 단계로 서서히 직면하도록 하는 이완훈련을 통해 두려움을 극복할 수 있도록 지도하였다.

(마) 학생 E는 경쟁적 학습과 스트레스 등으로 인해 스스로 좌절하고 친구들과 어울리지 못한다. 이에 교사는 타인 위로하기, 감정 공유하기 등과 같은 집단 프로그램을 통해 소외당하거나 우울해하는 학생 E가 자존감을 회복할 수 있도록 지도하였다.

① (가)는 신체생리학적 모델을 근거로 교사가 학교에서 약물요법을 실행한 것이다.
② (나)는 생태학적 모델을 근거로 교사가 분노통제훈련을 실행한 것이다.
③ (다)는 심리역동적 모델을 근거로 합리적 정서치료의 절차를 적용한 것이다.
④ (라)는 행동주의 모델을 근거로 체계적 둔감화 절차를 적용한 것이다.
⑤ (마)는 인지 모델을 근거로 자기교수 절차를 적용한 것이다.

PART 06

05

2016 유아A-1

다음은 통합학급 유아교사인 김 교사와 유아특수교사인 박 교사의 대화이다. 물음에 답하시오.

김 교사: 선생님, 현수가 근래에 들어서 자꾸 친구를 때리는데, 걱정이 많아요. 장점이 참 많은 아이인데…. 그런 행동만 하지 않으면 좋을 텐데요. 게다가 곧 초등학교에 입학해야 하는 상황이라….
박 교사: 현수 부모님과 상담은 해 보셨나요?
김 교사: 네. 어머니 말씀을 들어 보니, 현수가 아기일 때 가족과 떨어져 친척 집에 머물면서 ㉠ 심리적으로 무척 위축되고 불안한 시기를 보낸 것 같아요. 그러한 부정적인 경험들이 내재되어 있다가 지금 친구를 때리는 공격 행동으로 나타나는 것은 아닌가 생각되더군요.
박 교사: 그럴 수도 있지만, 현수의 행동을 어느 한 가지 이유가 아니라 ㉡ 가족 관계, 또래 관계, 유치원 생활, 지역사회 환경 등 현수와 직·간접적으로 연결되어 있는 다양한 환경 맥락과 상황 속에서 이해하는 것이 필요할 수도 있어요.
김 교사: 그렇군요. 그런데 당장 입학을 앞두고 있고, 친구를 때리는 행동이 본인뿐 아니라 다른 유아들에게도 영향을 미칠 수 있으니, 빨리 그 원인을 알고 싶어요. 방법이 없을까요?
박 교사: 그러면 현수가 보이는 행동의 원인과 의도를 파악하기 위한 (㉢)을/를 해 보면 좋겠어요. 이를 위해서 현수의 행동을 관찰해 볼 수 있는 ABC평가, 면접, 질문지 등 다양하고 체계적인 방법을 사용할 수 있어요.
김 교사: 아, 그런 방법이 있군요. 현수의 행동 문제가 개선되어 내년에 초등학교에 가서도 잘 적응했으면 좋겠네요.
박 교사: 사실 지난해에 초등학교에 들어간 문주가 비슷한 상황이었어요. 그때 담임 선생님과 함께 행동 중재를 해서, 초등학교에 입학할 즈음에는 행동이 좋아졌어요.
김 교사: 초등학교 취학 과정에서 아이들은 많은 변화를 경험하기 때문에 새로운 환경에서 잘 적응할 수 있도록 유치원에서부터 지원을 하는 것이 필요해요. 현수처럼 행동 문제를 보이는 아이들에게는 더욱 중요하지요.
박 교사: 그래요. 그리고 문주의 경우에는 그 마지막 단계로 초등학교에 입학한 이후에 잘 적응하고 있는지 몇 회에 걸쳐 방문하여 점검했고, 담임 선생님과 상담도 했어요.

1) ㉠과 ㉡에 반영된 이론적 관점이 무엇인지 각각 쓰시오.

06

2013추시 초등A-3

다음은 정서 · 행동 문제가 있는 영수와 은지의 행동 특성을 기술한 것이다. 물음에 답하시오.

영수의 행동 특성	영수는 잠시도 가만히 있지 못하며 발을 꼼지락거린다. 때로는 멍하니 딴 생각을 하다가 교사가 주의를 주면 바른 자세를 취한다. 그리고 친구를 때리고 괴롭히는 행동이 잦아 자기교수 훈련을 실시했더니, 때리는 행동이 조금 줄어들었다 그러나 친구들의 놀이를 방해하는 행동은 여전히 심하다. 특히, 과제를 수행할 때 실수를 자주 범한다. 소아정신과 의사는 영수의 이런 특성이 ㉡ 기질과 관련이 있을 수 있다고 했다.
은지의 행동 특성	은지는 2년 전 자신을 키워 준 할머니가 돌아가신 후부터 수업 시간마다 눈을 깜빡이거나 코를 찡그리고 쉬는 시간에는 코를 킁킁거려서 친구들로부터 "조용히 해."라는 소리를 많이 듣는다. 한동안 자신의 물건에 집착하는 행동을 보여서 심리극을 실시한 결과 집착 행동이 많이 줄어들었다. 그러나 학습에 대한 흥미는 점점 떨어지고 있다. 소아정신과 의사는 은지의 행동이 내과적 질환에 의한 것은 아니라고 했다.

2) 토마스(A. Thomas)와 체스(S. Chess)가 분류한 ㉡의 3가지 유형을 쓰시오.

4) DSM-Ⅳ-TR(2000)의 장애 진단 기준에 의하면 은지의 행동 특성은 어떤 장애에 해당하는지 쓰시오.

07

2015 초등B-6

(가)는 정서 · 행동장애학생 지우의 특성이고, (나)는 통합학급 교사와 특수학급 교사가 지우의 수업 참여 증진을 위해 협의하여 지도한 자기교수 전략이다. 물음에 답하시오.

(가) 지우의 특성

- 대부분의 시간에 위축되어 있고 다른 친구들과 상호작용을 하지 않음.
- 자기표현을 하지 않고 수업 활동에 참여하지 않음.
- 음악 시간에 따라 부르기를 할 때에 소리를 내지 않고 창밖만 응시함.

(나) 자기교수 전략

자기교수 단계와 자기 진술문의 예시
- (㉠): "나는 지금 무엇을 해야 하지?" - 계획: "이제 어떻게 하지?" - 자기 평가: "어떻게 했지?" - 자기 강화: "잘했어."

자기교수 전략을 가르치기 위한 교수 활동
1단계: 인지적 모델링 2단계: 외현적 자기교수 안내 3단계: ㉡ 외현적 자기교수 4단계: 자기교수 용암 5단계: 내재적 자기교수

1) (나)의 ㉠단계의 명칭을 쓰시오.

2) 다음은 (나)의 ㉡에 해당되는 활동이다. 괄호에 들어갈 교사의 활동을 쓰시오.

> 지우가 큰 소리로 자기교수를 말하면서 과제를 수행한다. 그리고 교사는 ( ).

08

2018 유아A-3

(가)는 5세 지적장애 유아 민수의 특성이고, (나)는 민수를 위한 책 정리 지도 방법이다. 물음에 답하시오.

(가)

- 2~3개 단어를 이용해서 자신의 요구나 의사를 말로 표현할 수 있음.
- 동물 그림을 보고 이름을 말할 수 있음.
- 책 읽는 것은 좋아하지만 책을 제자리에 정리하지 못함.

(나)

단계	활동 내용
인지적 모델링	교사가 큰 소리로 "책을 꽂아요."라고 말하면서 책을 제자리에 꽂는다.
외현적 지도	교사가 큰 소리로 "책을 꽂아요."라고 말을 하고, 민수는 교사의 말을 큰 소리로 따라 하면서 책을 제자리에 꽂는다.
외현적 자기 지도	( )
외현적 자기 지도의 감소	민수가 점점 작은 목소리로 "책을 꽂아요."라고 말하고, 책을 제자리에 꽂는다.
내재적 자기 지도	마음속으로 '책을 꽂아요.'를 생각하며 책을 제자리에 꽂는다.

1) (가)에 근거하여 ① (나)에서 민수에게 적용한 지도 방법의 명칭과 ② (   )에 들어갈 활동 내용을 쓰시오.

① ____________________

② ____________________

09

2012 초등1-11

다음은 일반학급의 김 교사가 자신의 학급에 통합되어 있는 민지에 대해서 특수학급 교사에게 한 이야기이다. 김 교사의 이야기를 근거로 할 때, 민지가 보이는 DSM-Ⅳ 분류상의 장애 유형(㉠)과 귀인 유형(㉡~㉣)을 바르게 제시한 것은?

㉠ <u>민지는 평소 학급 활동에 매우 소극적이고 수업에 잘 집중하지 못합니다. 사소한 일에도 부적절한 죄책감을 가지고 있으며, 또래들과 잘 어울리지 못하는 아이입니다. 민지 어머니도 민지가 지난 달 초부터는 매사 흥미를 잃고 피곤하다고 하면서 별로 먹지도 않고 과민해져서 걱정이 많으시더군요.</u>

제가 보기에는 충분히 해낼 수 있는 과제에 대해서도 자신을 스스로 낮게 평가하고 과제를 회피하는 것 같습니다. 어제는 수업 중에 친구들과 게임을 하였는데, ㉡ <u>자기가 게임에서 진 것은 자신의 무능함 때문이라고 말하더군요.</u> 또한 ㉢ <u>자기는 언제나 시험을 잘 치지 못하고,</u> ㉣ <u>학급의 모든 활동에서 다른 친구들에게 뒤지고 잘하지 못한다고 하더군요.</u>

	장애 유형	귀인 유형		
	㉠	㉡	㉢	㉣
①	우울장애	내적	안정적	전체적
②	우울장애	외적	불안정적	전체적
③	범불안장애	내적	안정적	특정적
④	범불안장애	외적	불안정적	특정적
⑤	강박장애	내적	불안정적	전체적

10

2020 중등B-1

(가)의 학생 A의 특성에 해당하는 장애 명칭을 '정신장애의 진단 및 통계 편람 제5판(DSM-5)' 진단 기준에 근거하여 쓰고, (나)의 대화에서 괄호 안의 ㉠에 해당하는 용어를 쓰시오.

(가) 학생 A의 특성

- 최근 7개월간 학교와 가정에서 과도한 불안을 보인 날이 그렇지 않은 날보다 더 많음
- 자신의 걱정을 스스로 통제하는 것이 어렵다고 호소함
- 과제에 집중하기 힘들어 하고 근육의 긴장을 보이며 쉽게 피곤해 함
- 학교, 가정 등 일상생활에서 불안이나 걱정 때문에 고통을 받고 있음
- 특정 물질의 생리적 영향이나 다른 의학적 상태 때문에 나타난 증상이 아님
- 이 장애는 다른 정신장애에 의해 더 잘 설명되지 않음

(나) 대화

통합학급 교사: 학생 A의 어려움을 줄여줄 수 있는 방안에는 어떠한 것이 있나요?

특수교사: 네, 선생님, 다양한 중재 방법이 있습니다. 그중 하나는 인지적 모델을 바탕으로 하는 (㉠)입니다. 이 중재 방법에서는 정서·행동장애 학생이 보이는 부정적 정서 반응과 행동의 원인을 비합리적 신념 때문이라고 봅니다. 그래서 학생 A의 비합리적 신념을 논박하면, 비합리적 신념이 합리적 신념으로 변화하여 바람직한 정서를 보이고 적절한 행동을 하게 된다고 봅니다.

11

2014 초등B-1

(가)는 정서·행동장애 학생 영희의 특성이다. 물음에 답하시오.

(가) 영희의 특성

- 외국인 어머니에게 태어난 다문화 가정의 자녀임
- 친구들이 자신을 자꾸 쳐다보는 상황에 대해 '자신이 너무 이상하게 생겼기 때문'이라고 생각하여 친구들 눈에 띄지 않게 항상 혼자 다님
- 영희의 행동을 이해하지 못하는 친구들로부터 놀림과 따돌림을 당함

1) 김 교사는 영희에게 엘리스(A. Ellis)의 합리적 정서행동 치료(REBT)전략을 사용하여 지도 방안을 수립하였다. 다음의 ①에 들어갈 내용을 쓰고, ②~④에 들어갈 내용을 각각 쓰시오.

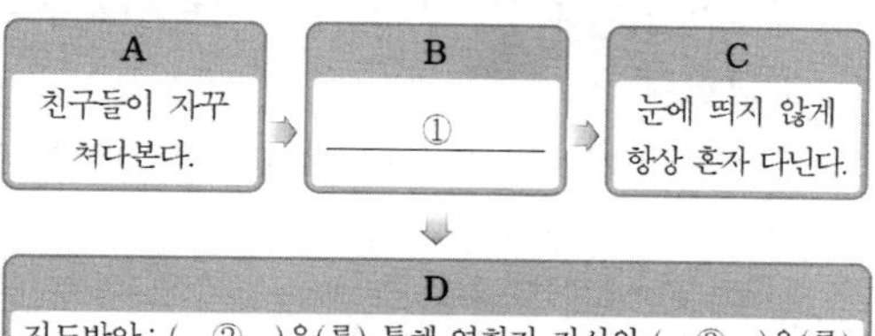

PART 06

12

2009 유아1-14

다음은 건강장애 영아인 건우의 환경을 기술한 내용이다. 브론펜브레너(U. Bronfenbrenner)의 생태학적 모델에 근거하여 건우의 환경을 바르게 분류한 것은?

> 28개월 된 건우는 건강문제로 인하여 가정에서 보내는 시간보다 병원에 입원해 있는 시간이 훨씬 더 많으며, 병원에서 순회교육을 받고 있다. 순회교사는 동물에 관심을 보이는 건우를 데리고 동물원으로 현장학습을 가는 것에 대하여 어머니와 상의하였다. 순회교사는 어머니와의 대화를 통하여, 부모가 건우의 교육에 대해 높은 관심을 갖고 있으며, 장기입원으로 인한 여러 가지 어려움을 해결하기 위하여 종교단체의 도움을 받고 있다는 사실도 알게 되었다.

① 건우가 입원해 있는 병원은 미시체계(소구조)에 해당한다.
② 건우 부모와 순회교사의 관계는 미시체계(소구조)에 해당한다.
③ 건우가족에게 도움을 주는 종교단체는 중간체계(중간구조)에 해당된다.
④ 건우가 현장학습을 갈 지역사회 동물원은 거시체계(대구조)에 해당된다.
⑤ 건우가 받는 순회교육의 법적 근거인 현행 장애인 등에 대한 특수교육법은 외부체계(외부구조)에 해당된다.

13

2019 초등A-4

(가)는 정서 · 행동장애 학생 민규의 특성이다. 물음에 답하시오.

(가) 민규의 특성

> • 자주 무단결석을 함
> • 주차된 차에 흠집을 내고 달아남
> • 자주 밤늦게까지 집에 들어오지 않고 동네를 배회함
> • 남의 물건을 함부로 가져간 후, 거짓말을 함
> • 반려동물을 발로 차고 집어던지는 등 잔인한 행동을 함
> • 위와 같은 행동이 12개월 이상 지속되고 있음

1) ① (가) 민규의 특성에 해당하는 장애 명칭을 DSM-5 진단 기준을 근거로 쓰고, ② 민규의 행동 원인을 반두라(A. Bandura)의 사회학습관점에 근거하여 쓰시오.

14

2013 초등B-3

다음의 (가)는 통합학급에 입급된 정서 · 행동장애 학생 은수의 특성이다. 물음에 답하시오.

(가) 은수의 특성

- 무단결석을 자주 한다.
- 친구로부터 따돌림을 당한다.
- 교사의 요구를 자주 무시한다.
- 친구들의 학용품이나 학급 물품을 부순다.
- 수업시간에 5분 이상 자기 자리에 앉아 있지 못한다.

1) (가)에서 DSM-IV-TR에 따른 품행장애의 주된 진단 기준에 해당하는 특성 2가지를 찾아 쓰시오.

15

2020 초등A-3

(가)는 정서 · 행동장애 학생 성우의 사회과 수업 참여 방안에 대해 특수교사와 일반교사가 나눈 대화의 일부이다. 물음에 답하시오.

(가) 대화 내용

일반교사: 성우는 교실에서 자주 화를 내고 주변 친구를 귀찮게 합니다. 제가 잘못된 행동을 지적해도 자꾸 남의 탓으로 돌려요. 그리고 교사가 어떤 일을 시켰을 때 무시하거나 거부하기도 합니다. 이 모든 문제행동이 7개월 넘게 지속되고 있어요. 성우가 품행장애인지 궁금합니다. [A]

특수교사: 제 생각에는 ㉠ 품행장애가 아닙니다. 관찰된 행동만으로 판단하는 것은 어렵지만, '아동 · 청소년 행동 평가척도(CBCL 6-18)' 검사 결과를 참고하면 좋겠어요.

… (중략) …

일반교사: 성우는 성적도 낮은 편이라 모둠 활동을 할 때 환영받지 못하는 경우가 많아서 사회과 수업에 협동학습을 적용하려고 해요. 그런데 협동학습에서도 능력이 뛰어난 학생이 모둠 활동에 지나치게 개입하여 주도하려는 현상이 나타날 수 있어요.

특수교사: 맞습니다. 교사는 그러한 현상을 방지하기 위해서 과제 부여 방법이나 보상 제공 방법을 면밀하게 고려해 보아야 하지요.

일반교사: 그렇군요. 집단 활동에서 성우의 학습 수행을 평가할 수 있는 방법은 무엇인가요?

특수교사: 관찰이나 면접을 활용하여 성우의 공감 능력, 친사회적 행동 실천 능력의 변화를 평가하면 좋을 것 같습니다.

… (하략) …

1) (가)의 [A]를 참고하여 ㉠의 이유를 DSM-5에 근거하여 1가지 쓰시오.

16

2015 중등A-9

다음은 학생 A와 B에게 나타나는 행동 특성으로, 이 행동들은 약물이나 기타 일반적인 의학적 문제로 발생하는 것은 아니다. 정신장애의 진단 및 통계 편람(DSM-IV-TR)의 진단 준거에 근거하여 학생 A와 B의 장애 진단명을 순서대로 쓰시오.

○ 학생 A의 행동 특성
지난 1년 4개월 동안 콧바람 불기 행동과 "시끄러" 하는 고함지르기 행동이 본인의 의지와 상관없이 나타나고 있다. 이러한 행동들은 버스를 탈 때에나 영화를 관람할 때에도 나타난다. 그래서 학생 A는 여러 사람이 있는 장소에 가기 싫어하고, 다른 사람에 의해 관찰되는 상황에 대해 두려움을 나타내고 있다. 또한 친구들로부터 자주 놀림을 받기도 하였고, 수차례 무단결석을 하였다. 이로 인해 학업에 어려움을 겪고 있으며, 우울, 자기 비하 등의 정서적 문제를 보이고 있다.

○ 학생 B의 행동 특성
다른 사람과 대화를 할 때나 혼자 있을 때, 본인의 의지와 상관없이 거의 매일 어깨 움츠리기 행동과 반복적 발 구르기 행동이 작년 1월부터 10월까지 10개월간 나타났고, 작년 11월 한 달 동안은 이 행동들이 나타나지 않다가 작년 12월부터 올해 2월까지 3개월간 다시 나타났다. 올해 3월부터는 이전 행동들이 나타나지 않았으나, 다른 행동인 킁킁거리기 행동과 상대방이 마지막으로 말한 단어를 반복하는 행동이 9개월째 나타나고 있다. 이로 인해 사회적 대인관계에 고통을 호소하고 있다.

17

2018 중등A-6

다음은 학생 B가 보이는 행동 특성에 대해 특수교사와 방과 후 교사가 나눈 대화이다. 밑줄 친 ㉠과 ㉡에 해당하는 중재 방법을 순서대로 쓰시오.

특수교사: 안녕하세요? 학생 B는 방과 후 활동 시간에 잘 참여하고 있습니까?

방과 후 교사: 예, 잘 참여하고 있습니다. 그런데 그리기 활동 후 감상 시간에 본인의 작품을 발표하는 순서가 되면 극도의 불안감을 나타내면서 손을 벌벌 떨거나 안절부절못하는 행동을 보입니다. 그러다 갑자기 화를 내고 심한 경우 소리 내며 우는 행동까지 이어집니다. 학생 B의 불안감을 줄이기 위해 어떻게 하면 좋을까요?

특수교사: 예, 여러 가지 방법이 있는데 그중에서 두 가지 정도가 학생 B에게 적절할 것 같습니다. 첫 번째는 ㉠ <u>이완 기술을 습득하고 유지하면서 짝, 모둠, 학급 전체로 점차 대상을 확대하여 발표를 해보도록 하는 방법</u>입니다. 두 번째는 ㉡ <u>'발표 성공 사례' 영상을 보고 영상 속 주인공의 발표 행동을 따라하는 절차를 반복하는 방법</u>이 있습니다.

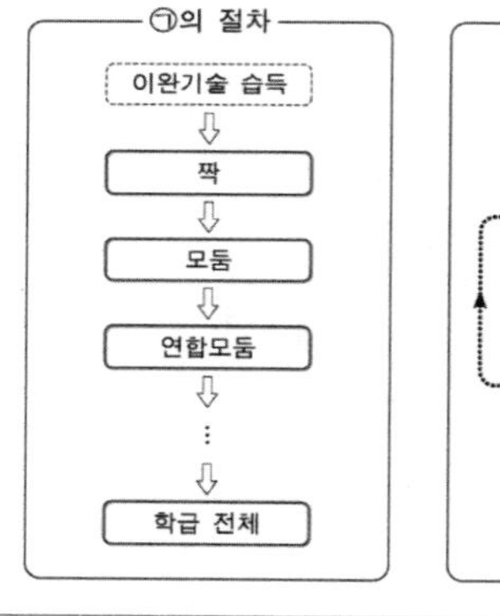

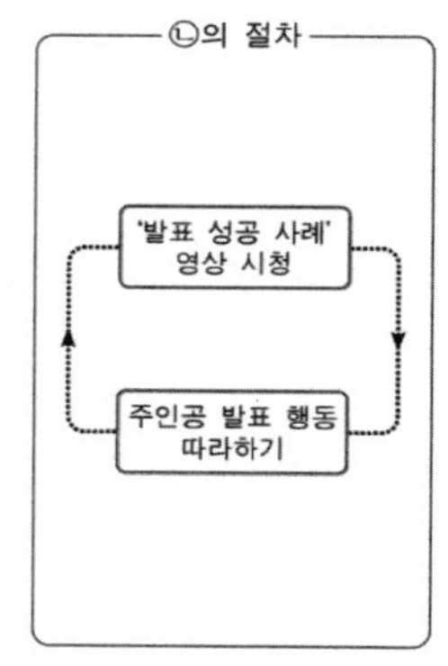

18

2017 유아A-4

다음은 정서 · 행동문제를 가진 5세 유아 영우에 대해 방과 후 과정 교사인 민 교사, 통합학급 교사인 박 교사, 그리고 유아특수 교사인 강 교사가 나눈 대화이다. 물음에 답하시오.

민 교사: 자유놀이 시간에 영우가 색칠하기를 하고 있었어요. 그런데 색칠하던 크레파스가 부러지자 옆에 있던 민영이에게 "야, 네가 방해해서 크레파스가 부러졌잖아." 하고 화를 내면서 들고 있던 크레파스를 교실 바닥에 내동댕이쳤어요. 영우는 자신의 실수로 크레파스가 부러진 것을 민영이 탓으로 돌리며 화를 낸 거죠.

박 교사: 우리 반에서도 자신이 실수할 때면 항상 다른 친구들이 방해했기 때문이라며 화를 내고 물건을 던졌어요. 영우의 이런 행동을 지도하기 위해 영우가 물건을 던질 때마다 달력에 스스로 표시하도록 가르치려고 하는데, 이 방법이 영우에게 도움이 될까요?

강 교사: 박 선생님께서 선택하신 중재방법은 영우의 귀인 성향으로 보아 영우에게 바로 적용하기는 어려울 것으로 보여요. 영우의 행동은 누적된 실패 경험에서 비롯된 것일 수 있어요. 그러므로 성공 경험을 통해 ㉢ <u>영우의 귀인 성향을 바꿀 수 있도록 지도하는 것</u>이 우선되어야 해요.

3) 강 교사의 대화를 근거로 ㉢에 해당하는 인지적 중재기법을 쓰시오.

PART 06

모범답안

1	①
2	②
3	1) 외현화 장애
4	④
5	1) ㉠ 정신역동적 관점, ㉡ 생태학적 관점
6	2) 순한 기질, 까다로운 기질, 느린 기질 4) 뚜렛증후군
7	1) 문제의 정의 2) 지우의 행동을 관찰하고 피드백을 제공한다.
8	① 자기교수법 ② 민수가 큰 목소리로 "책을 꽂아요."라고 말하고, 책을 제자리에 꽂는다.
9	①
10	(가) 범불안장애, ㉠ 합리적 정서행동치료
11	① 친구들은 내가 이상하게 생겨서 나를 쳐다보는 것 같아. ② 논박 ③ 비합리적 신념 ④ 합리적 신념
12	①
13	① 품행장애 ② 민규의 문제행동은 문제행동에 반복적으로 노출되어 이를 계속적으로 관찰한 결과이다.
14	1) 무단결석을 자주 한다, 친구들의 학용품이나 학급 물품을 부순다.
15	1) 타인 권리의 침해가 없기 때문이다.
16	A: 만성 음성 틱장애, B: 뚜렛장애
17	㉠ 실제상황 둔감법, ㉡ 비디오 모델링
18	3) 귀인 재훈련

ME
MO

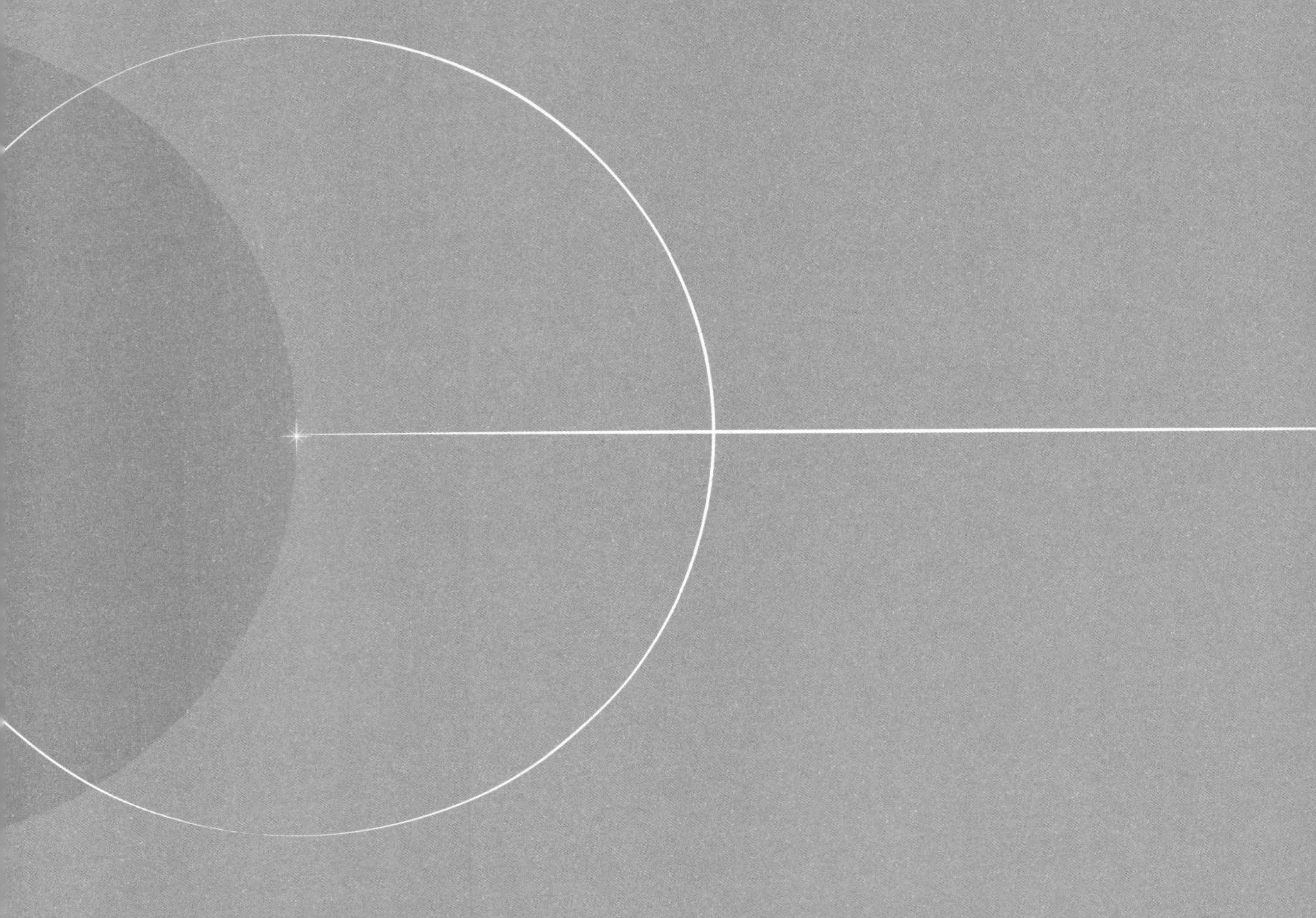

김남진

KORSET

특수교육 2

PART 07

자폐성장애아교육

PART 07 자폐성장애아교육 Mind Map

Chapter 1 자폐성장애의 이해

1 자폐성장애의 개념

- 장애인 등에 대한 특수교육법
- 정신장애의 진단 및 통계편람
  - 진단기준
    - 사회적 의사소통과 사회적 상호작용의 결함
    - 제한적이고 반복적인 행동, 흥미, 활동
    - 초기 발달 시기 출현
  - 심각도

2 자폐성장애의 원인 및 진단 · 평가

- 자폐성장애의 원인
- 자폐성장애의 진단 · 평가
  - 장애인 등에 대한 특수교육법
    - 적응행동검사
    - 성격진단검사
    - 행동발달평가
    - 학습준비도검사
  - 검사도구

Chapter 2 자폐성장애의 특성

1 자폐성장애의 일반적 특성

2 DSM-5의 진단적 특성

- 사회적 의사소통과 사회적 상호작용의 결함
  - 사회-정서적 상호성의 결함
  - 사회적 상호작용을 위한 비언어적인 의사소통 행동의 결함
  - 관계 발전, 유지 및 관계에 대한 이해의 결함
- 제한적이고 반복적인 행동, 흥미, 활동
  - 상동적이거나 반복적인 운동성 동작, 물건 사용 또는 말하기
  - 동일성에 대한 고집, 일상적인 것에 대한 융통성 없는 집착 또는 의례적인 언어나 비언어적 행동 양상
  - 강도나 초점에 있어서 비정상적으로 극도로 제한되고 고정된 흥미
  - 감각 정보에 대한 과잉 또는 과소반응 또는 환경의 감각 영역에 대한 특이한 관심

3 주요 발달 영역별 특성

- 사회적 상호작용 특성
- 의사소통 특성
  - 일반적 특성
  - 반향어 : 즉각반향어, 지연반향어
- 행동 특성
- 감각 특성
  - 자폐성장애 학생의 감각적 특성 이해 : 과잉반응, 과소반응
  - 감각체계별 특성 : 청각체계, 시각체계, 미각체계, 후각체계, 촉각체계
  - 감각처리 모델
    - 낮은 등록
    - 감각 추구
    - 감각 민감
    - 감각 회피

4 관련 특성
- 인지
- 적응행동
- 운동 기능
- 감각 지각
- 기타 특성

Chapter 3 자폐성장애의 인지적 결함 특성

1 마음이해능력의 결함
- 마음이해능력의 개념
- 마음이해능력 결함 관련 특성
- 교육적 지원 방안
  - 상황이야기, 짧은 만화 대화
  - 활동 중심 마음이해 향상 프로그램
    - 정서이해 향상 프로그램
    - 믿음이해 향상 프로그램

2 중앙응집 기능의 결함
- 중앙응집의 개념
- 중앙응집 기능 결함 관련 특성
- 교육적 지원 방안

3 실행기능의 결함
- 실행기능의 개념
- 실행기능 결함 관련 특성
- 교육적 지원 방안

Chapter 4 환경 구조화 전략

1 물리적 환경의 구조화
- 물리적 공간의 구조화
  - 개념
  - 진정 영역
- 공간 내 감각 자극 조절

2 시간의 구조화
- 시간의 구조화 개념
- 시각적 일과표
  - 활동 간 일과표
  - 활동 내 일과표

Chapter 5 교육적 접근

1 비연속 시행 훈련 (DTT)

- 비연속 시행 훈련의 개념
- 비연속 시행 훈련의 구성 요소 및 절차
  - 구성 요소
  - 지도 절차
    - 1. 주의집중
    - 2. 자극 제시
    - 3. 학생 반응
    - 4. 피드백
    - 5. 시행 간 간격
- 비연속 시행 훈련의 장단점
  - 장점
  - 단점

2 중심축 반응 훈련 (PRT)

- 중심축 반응 훈련의 개념
- 중심축 반응 훈련의 특징
- 핵심 영역
  - 동기 유발
  - 복합 단서에 반응하기
  - 자기관리
  - 자기시도
- 중심축 반응 훈련의 장단점

3 공동행동일과

- 공동행동일과의 개념
- 공동행동일과를 실시하기 위한 유의사항

4 그림교환 의사소통 체계

- 그림교환 의사소통 체계의 개념
- 그림교환 의사소통 체계의 특징
- 그림교환 의사소통 체계의 적용 절차
  - 1. 교환 개념 지도 및 교환 훈련
  - 2. 자발적 교환 훈련
  - 3. 그림 변별 훈련
  - 4. 문장 만들기 지도
  - 5. 질문에 반응하기 훈련
  - 6. 질문에 대한 반응으로 설명하기 훈련
- 그림교환 의사소통 체계의 장단점
  - 장점
  - 단점

5 기능적 의사소통 훈련

- 기능적 의사소통 훈련의 개념
- 기능적 의사소통 훈련의 절차와 방법
- 기능적 의사소통 훈련 사용 시 고려사항
- 기능적 의사소통 훈련의 장단점

6 TEACCH

- 구조화
- 구조화된 교수
- TEACCH의 개념
- TEACCH의 구조화 유형
  - 물리적 구조화
  - 일과의 구조화
  - 개별 과제 조직
  - 작업 시스템

7 파워카드 전략

- 파워카드 전략의 개념
- 파워카드 전략의 요소
  - 시나리오
  - 파워카드
- 파워카드 전략에서 학생이 좋아하는 인물이나 관심사를 이용하는 이유: 동기부여, 역할 모델, 비위협적인 방법
- 파워카드 전략이 도움이 되는 상황

8 상황이야기

- 상황이야기의 개념
- 상황이야기의 특징
- 설명문과 코칭문
  - 설명문: 설명문, 조망문, 긍정문
  - 코칭문: 청자 코칭문, 팀원 코칭문, 자기 코칭문
- 상황이야기의 작성 지침
  - Gray, 2010
  - Gray, 2015
- 상황이야기의 적용 절차

9 짧은 만화 대화

- 짧은 만화 대화의 개념
- 짧은 만화 대화의 적용 방법
- 짧은 만화 대화의 적용 절차
- 짧은 만화 대화의 장점
- 짧은 만화 대화의 주의사항

10 사회적 도해

- 사회적 도해의 개념
- 사회적 도해의 특징
- 사회적 도해의 적용 절차
  - 1. 실수를 확인하기
  - 2. 실수로 인하여 손해 본 사람이 누구인지 결정하기
  - 3. 실수를 어떻게 정정할 것인지 결정하기
  - 4. 실수가 다시 발생하지 않도록 계획하기
- 사회적 도해의 장점

11 비디오 모델링

12 학습지원 전략

Chapter

01 자폐성장애의 이해

01 자폐성장애의 개념

Tip

「장애인 등에 대한 특수교육법」과 DSM-5의 표현을 구분하여 학습할 것! 예를 들어, 「장애인 등에 대한 특수교육법」은 '제한적이고 반복적인 관심과 활동'이지만 DSM-5는 '제한적이고 반복적인 행동, 흥미, 활동'이다.

1. 장애인 등에 대한 특수교육법 14유특

사회적 상호작용과 의사소통에 결함이 있고, 제한적이고 반복적인 관심과 활동을 보임으로써 교육적 성취 및 일상생활 적응에 도움이 필요한 사람

2. 정신장애의 진단 및 통계편람

DSM-5에서 자폐성장애의 공식적인 진단명은 '자폐스펙트럼장애'이며, 다음과 같은 세 가지 진단기준을 동시에 충족시키는 장애를 말한다.

- 다양한 분야에 걸쳐 나타나는 사회적 의사소통과 사회적 상호작용의 지속적인 결함
- 제한적이고 반복적인 행동, 흥미, 활동
- 증상은 반드시 초기 발달 시기부터 나타나야 함

초기 발달 시기와 관련한 구체적인 연령은 제시되어 있지 않다.

(1) 진단기준 13유특, 18중특, 25초특

① DSM-5의 자폐스펙트럼장애 진단기준은 다음과 같다.

Tip

DSM-5에서는 사회적 의사소통과 사회적 상호작용의 지속적인 결함을 진단기준, 그리고 이로 인해 나타나는 세 가지 특징을 1. 사회적-정서적 상호성의 결함, 2. 사회적 상호작용을 위한 비언어적인 의사소통 행동의 결함, 3. 관계 발전, 유지 및 관계에 대한 이해의 결함으로 제시하고 있다. 그러나 시험에서는 진단기준에 해당하는 사회적 의사소통과 사회적 상호작용의 지속적인 결함을 특징, 그리고 이로 인해 나타나는 1~3을 하위 특징으로 표현(2017 중등A-7 기출)하여 구분 짓기도 한다.

A. 다양한 분야에 걸쳐 나타나는 사회적 의사소통과 사회적 상호작용의 지속적인 결함으로 현재 또는 과거력상 다음과 같은 특징으로 나타난다.

1. 사회적-정서적 상호성의 결함
   예 비정상적인 사회적 접근과 정상적인 주고받기 대화의 실패, 흥미·감정이나 정서 공유의 감소, 사회적 상호작용을 시작하거나 반응하는 것의 실패
2. 사회적 상호작용을 위한 비언어적인 의사소통 행동의 결함
   예 구어와 비구어적 의사소통의 서툰 통합, 비정상적인 눈맞춤과 몸짓 언어, 몸짓의 이해와 사용의 결함, 얼굴 표정과 비언어적 의사소통의 전반적 결핍
3. 관계 발전, 유지 및 관계에 대한 이해의 결함
   예 다양한 사회적 맥락에서 적합한 행동 적응상의 어려움, 상상 놀이를 공유하거나 친구 사귀기의 어려움, 또래에 대한 관심 결여

현재 심각도를 명시할 것: 심각도는 사회적 의사소통 손상과 제한적이고 반복적인 행동 양상에 기초하여 평가한다.

B. 제한적이고 반복적인 행동, 흥미, 활동이 현재 또는 과거력상 다음 항목들 가운데 적어도 두 가지 이상 나타난다.

1. 상동적이거나 반복적인 운동성 동작, 물건 사용 또는 말하기
   예 단순 운동 상동증, 장난감 줄 세우기, 또는 물건 튕기기, 반향어, 특이한 문구 사용
2. 동일성에 대한 고집, 일상적인 것에 대한 융통성 없는 집착 또는 의례적인 언어나 비언어적 행동 양상
   예 작은 변화에 대한 극심한 고통, 활동 간 전환의 어려움, 완고한 사고방식, 의례적인 인사, 매일 같은 길로만 다니거나 같은 음식 먹기
3. 강도나 초점에 있어서 비정상적으로 극도로 제한되고 고정된 흥미
   예 특이한 물체에 대한 강한 애착 또는 집착, 과도하게 국한되거나 고집스러운 흥미
4. 감각 정보에 대한 과잉 또는 과소반응, 또는 환경의 감각 영역에 대한 특이한 관심
   예 통증/온도에 대한 명백한 무관심, 특정 소리나 감촉에 대한 부정적 반응, 과하게 사물의 냄새를 맡거나 만지기, 빛이나 움직임에 대한 시각적 매료

현재 심각도를 명시할 것: 심각도는 사회적 의사소통 손상과 제한적이고 반복적인 행동 양상에 기초하여 평가한다.

C. 증상은 반드시 초기 발달 시기부터 나타나야 한다(그러나 사회적 요구가 개인의 제한된 능력을 넘어서기 전까지는 증상이 완전히 나타나지 않을 수 있고, 나중에는 학습된 전략에 의해 증상이 감춰질 수 있다).

D. 이러한 증상은 사회적·직업적 또는 다른 중요한 현재의 기능 영역에서 임상적으로 뚜렷한 손상을 초래한다.

E. 이러한 장애는 지적장애(지적발달장애) 또는 전반적 발달 지연으로 더 잘 설명되지 않는다. 지적장애와 자폐스펙트럼장애는 자주 동반된다. 자폐스펙트럼장애와 지적장애를 함께 진단하기 위해서는 사회적 의사소통이 전반적인 발달 수준에 기대되는 것보다 저하되어야 한다.

주의점: DSM-IV의 진단기준상 자폐성장애, 아스퍼거 장애 또는 달리 분류되지 않는 광범위성 발달장애로 진단된 경우에는 자폐스펙트럼장애의 진단이 내려져야 한다. 사회적 의사소통에 뚜렷한 결함이 있으나 자폐스펙트럼장애의 다른 진단 항목을 만족하지 않는 경우에는 사회적(실용적) 의사소통장애로 평가해야 한다.

② 사회적 의사소통에서 현저한 결함을 가지고 있지만 자폐스펙트럼장애의 다른 진단기준을 충족하지 않는 경우에는 사회적 의사소통장애로 평가한다.

KORSET 합격 굳히기 사회적(실용적) 의사소통장애

1. DSM-5의 사회적(실용적) 의사소통장애 진단기준은 다음과 같다.

A. 언어적 · 비언어적 의사소통의 사회적인 사용에 있어서 지속적인 어려움이 있고, 다음과 같은 양상이 모두 나타난다.
   1. 사회적 맥락에 적절한 방식으로 인사 나누기나 정보 공유 같은 사회적 목적의 의사소통을 하는 데 있어서의 결함
   2. 교실과 운동장에서 각기 다른 방식으로 말하기, 아동과 성인에게 각기 다른 방식으로 말하기, 그리고 매우 형식적인 언어의 사용을 피하는 것과 같이 맥락이나 듣는 사람의 요구에 맞추어 의사소통 방법을 바꾸는 능력에 있어서의 손상
   3. 자기 순서에 대화하기, 알아듣지 못했을 때 좀 더 쉬운 말로 바꾸어 말하기, 상호작용을 조절하기 위해 언어적 · 비언어적 신호를 사용하기와 같이 대화를 주고받는 규칙을 따르는 데 있어서의 어려움
   4. 무엇이 명시적 기술이 아닌지(예 추측하기), 언어의 비문자적 또는 애매모호한 의미(예 관용구, 유머, 은유, 해석 시 문맥에 따른 다중적 의미)가 무엇인지를 이해하는 데 있어서의 어려움

B. 개별적으로나 복합적으로 결함이 효과적인 의사소통, 사회적 참여, 사회적 관계, 학업적 성취 또는 직업적 수행의 기능적 제한을 야기한다.

C. 증상의 발병은 초기 발달 시기에 나타난다(그러나 결함은 사회적 의사소통 요구가 제한된 능력을 넘어설 때까지는 완전히 나타나지 않을 수 있다).

D. 증상은 다른 의학적 또는 신경학적 상태나 부족한 단어 구조 영역과 문법 능력에 기인한 것이 아니며, 자폐스펙트럼장애, 지적장애(지적발달장애), 전반적 발달 지연, 또는 다른 정신질환으로 더 잘 설명되지 않는다.

2. 진단적 특징은 다음과 같다.
사회적(실용적) 의사소통장애는 실용성 또는 언어 및 의사소통의 사회적 사용 문제가 가장 우선적인 특징이다. 사실적 문맥에서 언어적 · 비언어적 의사소통의 사회적인 규칙을 이해하고 따르거나, 듣는 사람이나 상황적 요구에 따라 언어를 바꾸며, 대화를 나누고 이야기를 하기 위한 규칙을 따르는 데 결함을 보인다. 사회적 의사소통의 결함은 효과적인 의사소통, 사회적 참여, 사회적 관계의 발전, 학업적 성취 또는 직업적 수행에 있어 기능적인 제한을 야기한다. 이러한 결함은 구조적 언어 영역이나 인지적 영역의 부족한 능력으로는 더 잘 설명되지 않는다.

3. 진단을 뒷받침하는 부수적 특징은 다음과 같다.
사회적(실용적) 의사소통장애의 가장 흔한 부수적 특징은 언어 손상으로서, 언어 발달 이정표 성취 지연에 대한 과거력, 과거의(현재 이러한 문제가 존재하지 않는다면) 언어 문제와 구조적인 언어 문제가 특징적이다. 사회적 의사소통의 결함이 있는 경우는 사회적인 상호작용을 피할 수도 있다. ADHD, 행동 문제, 특정 학습장애 역시 이 장애 환자들에서 흔히 동반된다.

출처 ▶ DSM-5(2015)

(2) 심각도

사회적 의사소통 손상과 제한적이고 반복적인 행동 양상에 기초하여 3단계로 구분한다.

심각도 수준	사회적 의사소통	제한적이고 반복적인 행동
[1단계] 지원이 필요한 수준	• 지원이 없는 때에는 사회적 의사소통의 결함이 분명한 손상을 야기한다. 사회적 상호작용을 시작하는 데 어려움이 있고, 타인의 사회적 접근에 대해 비전형적이거나 성공적이지 않은 반응을 보인다. 사회적 상호작용에 대해 흥미가 감소된 것처럼 보일 수 있다. • 예를 들어, 완전한 문장을 말할 수 있는 사람으로서 의사소통에 참여하지만, 다른 사람들과 대화를 주고받는 데 실패하며, 친구를 사귀기 위한 시도가 특이하고 대부분 실패한다.	• 융통성 없는 행동이 하나 혹은 그 이상의 맥락에서 기능을 상당히 방해한다. 활동 전환이 어렵다. • 조직화와 계획하기의 문제가 독립을 방해한다.
[2단계] 상당한 지원이 필요한 수준	• 구어 및 비구어적인 사회적 의사소통 기술의 뚜렷한 결함, 지원이 있어도 명백한 사회적 손상이 있으며, 사회적 의사소통의 시작이 제한되어 있고 타인의 사회적 접근에 대해 감소된 혹은 비정상적인 반응을 보인다. • 예를 들어, 단순한 문장 정도를 말할 수 있는 사람으로 상호작용이 편협한 특정 관심사에 제한되며, 기이한 비구어적 의사소통이 뚜렷하게 나타난다.	• 융통성 없는 행동, 변화에 대처하는 데 극심한 어려움, 기타 제한적이고 반복적인 행동이 우연히 관찰한 사람에게도 명백할 정도로 자주 나타나며, 다양한 맥락에서 기능을 방해한다. • 집중 또는 행동 변화에 고통과 어려움이 있다.
[3단계] 매우 상당한 지원이 필요한 수준	• 구어 및 비구어적인 사회적 의사소통기술에 심각한 결함이 있고, 이로 인해 심각한 기능 손상이 야기되며, 사회적 상호작용을 시작하는 데 매우 제한적이며, 타인의 사회적 접근에 대해 최소한의 반응을 보인다. • 예를 들어, 상호작용을 거의 시작하지 않으며 이해할 수 있는 말이 극소수의 단어뿐인 사람으로 오로지 필요한 경우에만 특이한 방식을 사용하고, 매우 직접적인 사회적 접근에만 반응한다.	• 융통성 없는 행동, 변화에 대처하는 데 극심한 어려움, 기타 제한적이고 반복적인 행동이 모든 분야에서 기능하는 데 뚜렷한 방해, 집중 또는 행동 변화에 극심한 고통과 어려움이 있다.

02 자폐성장애의 원인 및 진단 · 평가

1. 자폐성장애의 원인

① 현재까지 자폐성장애의 원인은 다른 많은 장애와 마찬가지로 명확히 밝혀진 바가 없다. 그러나 지금까지 자폐성장애는 의학, 교육, 심리 분야를 포함한 다양한 영역의 연구를 통해 그 개념과 특성에 대한 상당한 합의를 이루었으며, 자폐성장애가 뇌와 관련이 있는 신경학적 손상이 원인으로 추정된다는 점에서는 대부분 동의하고 있다.

② 지금까지 밝혀진 연구 결과에 의하면 자폐성장애는 자폐라는 특성을 공유한 연속성(혹은 스펙트럼)상의 복합적인 장애로서, 하나의 원인에 의한 것이라기보다는 여러 가지 위험 요소 및 원인으로 추정되는 요인이 있을 수 있다는 점이 알려지고 있다.

③ 유전적 요인은 자폐성장애의 주요 위험 요소 중 하나이다. 이때 유전적 요인이란 자폐성장애를 갖게 될 수 있는 가능성을 증가시키는 혹은 이러한 가능성에 영향을 주는 여러 유전자가 있을 수 있음을 의미한다.

④ 자폐성장애의 원인과 위험 요인으로 제시되고 있는 바를 정리하면 다음과 같다.

㉠ 과학자들은 자폐성장애를 유발하는 위험 요인이 되는 유전자들이 있다는 것에 동의한다.

㉡ 자폐성장애가 있는 형제자매를 둔 학생의 경우 자신 역시 자폐성장애가 있을 확률이 더 높다.

㉢ 약체 X증후군이나 결절성 경화증처럼 특정 유전자나 염색체를 지닌 사람의 경우 자폐성장애를 갖게 될 확률이 더 높다.

㉣ 임신 기간 동안 경련장애 처방 약물의 일종인 발프론산(valproic acid)이나 임산부와 태아에게 큰 부작용을 가져올 수 있는 탈리도마이드(thalidomide) 처방을 받은 경우 자폐성장애와 관련한 위험성이 증가된다.

㉤ 출생 전, 출산 시 혹은 출생 직후는 자폐성장애와 관련해 매우 중요한 기간이라는 증거가 있다.

㉥ 부모의 연령이 높을수록 자녀가 자폐성장애를 갖게 될 위험이 더 높다.

2. 자폐성장애의 진단 · 평가

(1) 장애인 등에 대한 특수교육법

「장애인 등에 대한 특수교육법 시행규칙」의 제2조 제1항(장애의 조기발견)과 관련하여 별표에 명시되어 있는 자폐성장애의 진단 · 평가 영역은 다음과 같으며 정서 · 행동장애의 진단 · 평가 영역과 동일하다.

① 적응행동검사

② 성격진단검사

③ 행동발달평가

④ 학습준비도검사

(2) 검사도구

자폐성장애의 선별 혹은 진단에는 다음과 같은 검사도구들이 많이 사용되고 있다.

① 한국판 아동기 자폐 평정척도 2판(K-CARS2)

② 이화-자폐아동 행동발달 평가도구(E-CLAC)

자료

자폐성장애의 진단 · 평가도구

자세한 내용은 'Part 03. 특수교육평가' 참조

Chapter

02 자폐성장애의 특성

01 자폐성장애의 일반적 특성 12유특, 22초특

① 상동적이고 반복적인 동작을 한다.

② 시각적인 정보처리에 강점을 보인다.

③ 정해진 순서나 규칙에 집착하거나 변화에 매우 민감하다.

④ 사회적 관습이나 규칙에 대해 이해하는 데 어려움을 보인다.

⑤ 제한된 범위의 관심 영역에 지나치게 집중하거나 특별한 흥미를 보이는 행동을 한다.

02 DSM-5의 진단적 특성

DSM-5의 자폐성장애 진단기준에 나타난 자폐성장애 학생의 특성은 다음과 같다.

1. 사회적 의사소통과 사회적 상호작용의 결함 17중특

(1) 사회-정서적 상호성의 결함

① 자폐성장애는 사회적 상호작용을 거의 또는 전혀 시작하지 않거나, 정서를 공유하지 않고, 타인을 모방하는 행동도 감소되어 있거나 나타나지 않는다.

② 자폐성장애 학생의 언어는 대개 일방적이며 사회적 상호성이 결여되어 있고 견해 표명이나 감정 공유, 대화보다는 요구하는 용도로 사용된다.

③ 지적장애나 언어적 지연이 없는 성인의 경우, 사회-정서적 상호성의 결함은 복잡한 사회적 단서(예 언제 어떻게 대화에 참여해야 하는지, 말해서는 안 되는 것이 무엇인지)를 처리하고 반응하는 데 어려움으로 나타날 수 있다. 사회적 어려움에 대한 보상 전략을 가지고 있는 일부 성인의 경우에도 새로운 상황이나 지원이 없는 상황에서는 어려움을 겪고 대부분의 사람들이 직관적으로 인식하는 것들을 의식적으로 계산해야 하는 노력과 불안으로 인해 고통을 겪는다.

④ 사회적-정서적 상호성의 결함을 보여 주는 예는 다음과 같다.

㉠ 비정상적인 사회적 접근과 정상적인 주고받기 대화의 실패

㉡ 흥미, 감정이나 정서 공유의 감소

㉢ 사회적 상호작용을 시작하거나 반응하는 것의 실패

(2) 사회적 상호작용을 위한 비언어적인 의사소통 행동의 결함 17중특

① 어린 학생들의 경우, 타인과 관심사를 공유하기 위해 물건을 가리키거나 보여 주고 가져오는 관심 공유 행동이 손상되어 있거나, 다른 사람이 손가락으로 가리키거나 응시하고 있는 것을 함께 따라 하지 못한다.

② 기능적 몸짓들을 학습할 수는 있으나 다른 사람들에 비해 행동목록이 적고 의사소통에 있어서 표현적 몸짓의 자연스러운 사용에 어려움이 있다.

③ 유창한 언어 능력을 가지고 있는 성인 중에도 말과 비언어적 의사소통의 통합에 어려움이 있어서 상호작용 중에 이상하고 경직되거나 과장된 '몸짓 언어'를 사용한다는 인상을 주는 경우도 있다.

④ 사회적 상호작용을 위한 비언어적인 의사소통 행동의 결함을 보여 주는 예는 다음과 같다.

㉠ 구어와 비구어적 의사소통의 서툰 통합

㉡ 비정상적인 눈맞춤과 몸짓 언어

㉢ 몸짓의 이해와 사용의 결함

㉣ 얼굴 표정과 비언어적 의사소통의 전반적 결핍

(3) 관계 발전, 유지 및 관계에 대한 이해의 결함

① 관계 발전, 유지 및 관계에 대한 이해의 결함은 연령과 성별, 문화적 규준에 따라 판단해야 한다.

② 사회적 흥미가 없거나 감소되어 있거나 비전형적 양상으로 나타날 수 있으며 타인에 대한 거부, 수동성, 부적절한 접근방식이 공격적이거나 파괴적으로 보일 수 있다.

③ 관계 발전, 유지 및 관계에 대한 이해의 어려움은 특히 어린 학생에게서 분명히 나타나는데 이들은 종종 사회적 놀이나 상상(예 연령에 적합한 유연한 가장놀이) 공유가 결여되어 있으며, 이후에는 매우 고정적 규칙을 따르는 놀이만 고집한다.

- 나이가 들어가면서 어떤 상황에서는 적절하다고 간주되지만 다른 상황에서는 그렇지 않은 행동(예 구직 면접 시의 격식 없는 행동)이나 의사소통을 위해 언어를 다른 방식으로 사용하는 것(예 반어법, 선의의 거짓말)을 이해하는 데에도 어려움을 겪을 수 있다.

PART 07

④ 혼자 하는 활동이나 자신보다 연령이 어리거나 더 많은 사람과의 교류를 선호할 수 있다.

⑤ 형제나 동료, 보호자와의 관계도 상호성의 측면에서 중요하게 고려해야 한다.

⑥ 관계 발전, 유지 및 관계에 대한 이해의 결함을 보여 주는 예는 다음과 같다.

㉠ 다양한 사회적 맥락에서 적합한 행동 적응상의 어려움

㉡ 상상 놀이를 공유하거나 친구 사귀기의 어려움

㉢ 또래에 대한 관심 결여

2. 제한적이고 반복적인 행동, 흥미, 활동 17유특

자폐성장애 학생의 제한적이고 반복적인 행동이나 흥미, 활동은 학생의 연령과 능력, 중재 및 지원 정도에 따라 다양한 범위로 나타난다.

(1) 상동적이거나 반복적인 운동성 동작, 물건 사용 또는 말하기

> **상동행동**
> 특정 목적이 없이 같은 동작을 일정 기간 반복하는 것을 말한다. 예를 들면, 몸을 앞뒤로 또는 옆으로 흔들기, 빙빙 돌기, 손 펄럭거리며 움직이기, 소리 내기, 빛이나 특정 부분 오랫동안 응시하기, 일반적이지 않은 신체의 움직임 등을 반복하거나 물건 돌리기·두드리기·문지르기 등 사물의 용도에 적절하지 않은 비전형적인 사물 조작 행동을 반복하기도 한다. 이런 행동은 자폐성장애, 시각장애 또는 심한 지적장애 등이 있는 사람에게서 주로 관찰된다(특수교육학 용어사전, 2018).

① 상동행동은 분명한 기능을 가지지 않는 반복적 운동 또는 몸짓 행동으로 정의된다.

② 단순 운동 상동증(예 손 퍼덕거리기, 손가락 끝으로 튀기기), 물체의 반복적 사용(예 동전 돌리기, 장난감 줄 세우기), 그리고 반복적인 언어(예 들었던 단어를 즉각 또는 나중에 따라 하는 반향어 사용, 자신을 '너'라고 지칭하기, 단어나 문구 또는 운율의 상동적 사용) 등이 포함된다.

(2) 동일성에 대한 고집, 일상적인 것에 대한 융통성 없는 집착 또는 의례적인 언어나 비언어적 행동 양상

변화에 대한 저항(예 좋아하는 음식의 포장과 같은 사소한 변화에 대한 고통, 규칙 고수를 고집함, 경직된 사고)이나 의례적인 방식의 언어적 · 비언어적 행동(예 반복적인 질문, 주변을 서성거림)으로 나타날 수 있다.

(3) 강도나 초점에 있어서 비정상적으로 극도로 제한되고 고정된 흥미 15초특

그 강도나 집중이 비정상적으로 나타나는 경향이 있다.

예 냄비에 강한 애착을 보이는 유아, 진공청소기에 몰입한 학생, 일정표 작성에 많은 시간을 보내는 성인

(4) 감각 정보에 대한 과잉 또는 과소반응 또는 환경의 감각 영역에 대한 특이한 관심

① 자폐성장애 학생들이 특정 사물에 강한 집착을 보이거나 통상적 일과만을 고집하는 것 등은 감각적 입력에 대한 과잉반응성 또는 과소반응성과 연관이 있다.

- 특정 소리나 질감에 대한 과도한 반응, 과도하게 물건의 냄새를 맡거나 만지기, 빛이나 회전하는 물체에 대한 매료, 때로는 고통, 뜨거움 또는 차가움에 대한 명백한 무관심으로 나타난다.

② 자폐성장애에 있어서 미각, 후각, 촉각 또는 음식 모양에 대한 과도한 반응이나 의례적인 행동 또는 과도한 편식은 일반적인 특징이라고 할 수 있다.

과잉반응
동 과반응, 과민반응

과소반응
동 저반응, 둔감반응

제한적이고 반복적인 행동, 흥미, 활동의 특성 및 예

특성	예
상동적이거나 반복적인 운동성 동작, 물건 사용 또는 말하기	• 단순 운동 상동증 • 장난감 줄 세우기 • 물건 튕기기 • 반향어 • 특이한 문구 사용
동일성에 대한 고집, 일상적인 것에 대한 융통성 없는 집착, 또는 의례적인 언어나 비언어적 행동 양상	• 작은 변화에 대한 극심한 고통 • 활동 간 전환의 어려움 • 완고한 사고방식 • 의례적인 인사 • 매일 같은 길로만 다니거나 같은 음식 먹기
강도나 초점에 있어서 비정상적으로 극도로 제한되고 고정된 흥미	• 특이한 물체에 대한 강한 애착 또는 집착 • 과도하게 국한되거나 고집스러운 흥미
감각 정보에 대한 과잉 또는 과소반응, 또는 환경의 감각 영역에 대한 특이한 관심	• 통증/온도에 대한 명백한 무관심 • 특정 소리나 감촉에 대한 부정적 반응 • 과하게 사물의 냄새를 맡거나 만지기 • 빛이나 움직임에 대한 시각적 매료

03 주요 발달 영역별 특성

1. 사회적 상호작용 특성 12유특

① 자폐성장애는 사회적−정서적 상호성(즉, 다른 사람들과 어울리고 생각과 감정을 공유하는 능력)의 결함을 보인다.

- 사회적 상호작용의 문제는 매우 일찍부터 나타날 수 있는데 생후 1년 이전에 어떤 아기들은 이름을 불러도 반응이 별로 없고 다른 사람의 손길이 닿았을 때 거부반응을 보인다.

② 자폐성장애는 사회적 상호작용과 의사소통을 조절하기 위하여 다양한 비언어적 행동(예 눈맞춤, 얼굴 표정, 몸자세와 몸짓 등)을 사용하는 데 현저한 손상을 보인다.

③ 자폐성장애는 연령에 따른 다른 형태를 취할 수 있는, 즉 발달 수준에 적합한 또래 관계를 형성하지 못한다. 연령이 낮은 경우에는 우정을 형성하는 데 거의 관심이 없거나 전혀 관심이 없을 수 있으며, 연령이 높은 경우에는 우정에 관심은 있을 수 있으나 어떻게 우정을 형성하는지에 대한 이해가 결여되어 있다.

④ 자폐성장애 학생은 자발적으로 다른 사람들과 기쁨, 관심 또는 성취 등을 공유하지 못한다. 자신이 흥미롭다고 생각되는 사물을 보여 주거나 가져오거나 가리키지 않는다.

2. 의사소통 특성

(1) 일반적 특성 10초특, 11초특, 12유특, 13유특(추시), 15유특

① 자폐성장애 학생들의 구어 발달은 전무할 수도 있고 매우 높은 수준의 현학적 언어를 구사하는 경우에 이르기까지 개인차가 크게 나타난다.

- 자폐성장애 학생 중 1/3 이상이 구어 발달에 결함을 보이며, 약 50%는 기능적인 말을 발달시키지 못한다.

② 자폐성장애 학생의 조음능력은 다른 언어영역에 비해 우수한 편이다.

③ 자폐성장애 학생들은 혀 굴리는 소리를 내거나 의미가 없는 소리나 말을 반복하는 것과 같은 음성 상동행동을 보이기도 한다. 이는 마치 특유의 자기자극행동을 연상시키는데, 이때 자기자극행동이란 자기에게만 어떤 감각적 자극을 줄 뿐 행동 자체에 어떤 의미가 없다는 뜻이다.

④ 자폐성장애 학생들은 강세, 높낮이, 억양, 리듬 등과 같은 운율적(준언어적, 초분절적)인 측면에서 일반학생들과는 많은 차이를 나타낸다.

- 이와 같은 이유는 자폐성장애 학생들이 의사소통의 교환적 개념, 즉 의사소통을 매개로 하여 자신이 원하는 어떤 결과를 획득한다는 것을 잘 알지 못하기 때문이다.

비교

언어상동증

- 실어증에서 자주 나타나는 언어적 특성으로 마치 자동구어처럼 비슷한 문구만을 되풀이하여 말함(고은, 2021)
- 여러 질문에 거의 비슷한 문구만을 되풀이하여 반응하는 것
- 계속하여 반복되는 표현. 한 젊은 남자는 모든 질문마다 "I know."라고 답하였고, 종종 이를 연결하여 "I know I know I know."라고 문장을 만들기도 하였다(Owen et al., 2018).

동 구어상동증, Verbal stereotype

⑤ 대다수의 자폐성장애 학생들은 언어의 내용과 형식에 있어서도 또래들보다 지체되어 있으며, 특히 자발적인 대화 시도가 거의 없다.

㉠ 이들은 영아기에 옹알이를 하지 않거나 엄마의 말을 모방하지 않는다.

㉡ '나'와 '너'를 구별하지 못하여 다른 사람을 '나'로 표현하고 자기 자신을 '너', '그' 또는 '그녀'로 표현하는 대명사 전도 현상을 보인다.

예 자기 자신이 우유를 마시고 싶을 때 '너는 우유를 마시고 싶어요.'라고 말하는 것

대명사 전도
동 대명사 반전

⑥ 대화할 때 상대방의 관점이나 생각을 이해하지 못하고 자신만의 관점에서 대화하기 때문에 일방적인 대화가 이루어진다.

⑦ 상대방이 사용하는 몸동작, 억양, 얼굴 표정과 같은 비언어적 의사소통뿐만 아니라, 대화 과정에서 사용되는 농담이나 비유를 이해하지 못한다.

⑧ 자폐성장애 학생들은 기능적 의사소통에 어려움을 보이며, 반향어(즉각반향어나 지연반향어) 같은 제한된 언어적 체계를 사용하여 사회적 관계를 유지하기도 한다.

PART 07

(2) 반향어 13유특(추시), 14유특, 16중특, 18중특, 25유특 · 초특

① 반향어란 상대방이 말한 것을 그대로 반복하여 따라 말하는 것을 가리키며, 즉각반향어와 지연반향어로 구분한다.

즉각반향어	대뇌 과정을 거치지 않고 바로 반복되는 반향어
지연반향어	어느 정도의 시간이 경과한 후에 상기되어 반복되는 반향어

즉각반향어 예시

지수의 경우는 점심시간에 제가 지수에게 "계란 줄까?"라고 물어봤는데, 지수가 로봇처럼 단조로운 음으로 바로 "계란 줄까, 계란 줄까, 계란 줄까."라고 했어요. 또 "연필 줄래?"라고 했더니 연필은 주지 않고 "줄래, 줄래, 줄래."라고 말했어요.

지연반향어 예시

국어 시간이 끝나고 쉬는 시간이 되자, 길동이는 교사를 화장실 쪽으로 끌면서 며칠 전 들었던 "화장실 갈래?"라는 말을 반복하였다. 교사는 "화장실에 가고 싶어요."라고 말한 후 화장실로 데리고 갔더니 용변을 보았다.

> **자료**
>
> **반향어 발생 이유**
>
> - Baltax 등은 자폐성장애 아동의 반향어를 그들의 형태적 또는 통합적(gestalt) 사고 형태와 연관지어 설명하였다. 그들에 따르면, 자폐성장애 아동은 화자의 문장을 분석되지 않은 통합체로 외워 버리기 때문에 창조적이고 융통성 있는 구어를 습득하지 못하는 것이라고 볼 수 있다. 즉, 80% 이상의 자폐성장애 아동에게서 나타나는 인지적 결함과 그들의 통합적 사고방식이 그들의 정상적인 언어발달을 방해한다는 것이다.
> - 즉각반향어는 대뇌 과정을 거의 거치지 않고 바로 반복되어 나온 것이지만, 지연반향어는 일단 저장되었다가 어느 정도(몇 분에서 며칠까지) 시간이 경과한 후에 상기되어 표현되는 것이다. 두 형태의 반향어는 언어 이해 과정을 거칠 수도 있고 거치지 않을 수도 있는데, 반향어가 자동적이고 반사적일수록 이해 과정을 거치지 않았을 가능성이 높다. 그러므로 반향어는 일반적으로 언어 이해력의 결함에 의해서 나타나는 현상으로 해석되지만, 자폐증의 강박적이고 반복적인 행동 특성의 형태로 보기도 한다.
>
> 출처 ▶ 김영태(2019)

> **자료**
>
> **의사소통의 기능**
>
> 의사소통의 기능은 수단적 기능, 사회적 기능, 그리고 개인적 기능을 포함한다. 수단적 기능은 의사소통을 통해 물건이나 정보를 얻거나 도움이나 허락을 받는 것을 포함한다. 사회적 기능이란 인사를 하거나 질문을 하고 대답하는 등 사회적 상호작용에 사용되는 의사소통의 형태를 포함한다. 개인적 기능은 주로 자기의 생각과 감정을 표현하는 의사소통 형태를 포함한다. 일반적으로 자폐성장애 학생은 사회적 기능과 개인적 기능의 의사소통에 비해 자신이 원하는 것을 얻는 데 사용되는 수단적 기능의 의사소통을 많이 한다(방명애, 2019).

> 자기규제
>
> 동 자기조절

② 반향어는 주로 학생이 자신이 들은 언어를 분할하지 못할 때와 이해력이 제한되었을 때 발생한다.

- 반향어 발생 이유를 고려할 때 교사는 자폐성장애 학생의 정보처리 능력에 적합한 언어를 사용해야 한다.

③ 자폐성장애 학생이 여러 단어로 구성된 반향어를 사용하더라도 그 표현은 하나의 단위로 인식할 수 있다.

④ 반향어는 제거되어야만 하는 문제행동이라기보다는 주장, 응답, 요구 등의 의사소통적 기능을 가지고 있다.

- 비기능적이라고 간주되었던 자폐성장애 학생의 반향어는 점차 의사소통적 메시지의 기능으로 평가되고 있다. 따라서 의사소통 기능을 파악하여 사회적 상호작용을 도와주어야 한다.

  예 자기 상해적인 행동은 수업활동이 지루해진 것을 표현하는 의사소통적 기능을 가진 행동일 수도 있다.

⑤ 즉각반향어 및 지연반향어의 의사소통 기능은 다음과 같다.

즉각반향어의 기능

기능	예시
비초점	시선이나 동작이 사람이나 사물을 향하지 않고 발화 후에도 그 의도를 나타내는 증거가 보이지 않는다. 예 "길동아, 하지 마."라고 말하면, 시선을 전혀 맞추지 않고 여전히 자기 할 일을 하면서 무의미하게 따라 말한다.
주고받기 반응	시선이나 동작이 사람이나 사물을 향하고 있으나, 주고받는 순환적인 반응이나 이해를 동반하지 않는다. 예 "이건 뭐야?"라고 물으면, 무의미하게 "이건 뭐야?"라고 따라 말하지만 시선은 사물을 보고 있다.
연습	행동을 일으키기 전에 생긴 반향어로서 직후의 동작이나 의도가 추측된다. 예 "밥 먹고 이 닦아야지."라고 말하면, 그것을 예측하고 행동을 하러 가면서 "밥 먹고 이 닦아야지."라고 말한다.
자기규제	동작을 행하는 중에 자기가 행해야 할 동작에 대해서 반향어로 말한다. 예 손을 물고 있는 학생에게 "물지 마!"라고 말하면, "물지 마!"라고 말하면서 손을 뗀다.
기술	시선이나 동작이 사람이나 사물을 향해 있고 사물의 명칭을 반향어로서 말한다. 예 학생이 선생님 시계를 뚫어져라 쳐다보자 "이건 선생님 시계야."라고 말하자 "선생님 시계야."라고 말한다.

대답	반향어로 긍정을 표현하는 것으로 직전 또는 직후의 동작으로 그 의도가 표현되어 있다는 것을 알 수 있다. 예 학생이 놀이터에서 발걸음을 멈추자, 교사가 "지금은 비가 와서 안 돼." 라고 말하자 "비가 와서 안 돼."라고 말한다.
요구	필요한 물건을 얻거나 하고 싶은 행동을 하기 위하여 반향어를 말하는 것으로, 허가가 주어지면 사물을 가져가거나 하고 싶은 행동을 한다. 예 교사가 학습꾸러미에서 모형 비행기를 꺼내며 "빨간 것은 찬희 것, 파란 것은 종호 것"이라고 말하자, "파란 것은 종호 것"이라고 말한다.

출처 ▶ 고은(2021)

KORSET 합격 굳히기 즉각반향어의 유형

Prizant 등은 즉각반향어를 다음과 같은 네 가지의 유형으로 구분하였으며, 그에 따라 일곱 가지의 기능을 나타낸다고 보고하였다.

1. 언어적 이해가 전혀 없이 비상호적으로 나타나는 반향어
아무런 의도나 목적 없는 형태로 나타난다. 이러한 반향어는 대개 고통이나 분노를 느낄 때와 같이 감정적으로 고조된 상태에서 많이 관찰되었으며, 자기자극적인 수단으로 사용되었다.

2. 언어적 이해는 전혀 없지만 상호적으로 나타나는 반향어
상호작용 시 자신의 차례를 채우는 기능을 나타낸다.

3. 언어적 이해는 있지만 비상호적으로 나타나는 반향어
연습 및 자기통제 기능을 나타낸다.

4. 언어적 이해가 이루어지고 상호적으로 나타나는 반향어
서술, 예 – 대답 및 요구 등의 기능을 나타낸다.

출처 ▶ 김영태(2019)

✿ 지연반향어의 기능 16중특, 25유특

기능	설명
비목적적	아무런 목적도 관찰되지 않으며 자기자극적이다.
상황 연상	물체나 사람 또는 행동에 의해서 초래되는 반향어이다. 예 칫솔을 보면, "잘 닦아라."
연습	언어적 형식을 갖춘 문장을 연습하듯이 반복한다. 대개 낮고 작은 소리로 연습하는 경향이 있다.
자기지시적	대개 활동을 하기 전이나 활동을 하면서 반향어를 하는데, 연습에서처럼 다소 작은 소리로 한다. 자신의 행동을 통제하는 인지적인 기능을 갖고 있는 것으로 보인다.
상호적 명명하기	대개 제스처를 동반하여 활동이나 사물을 명명한다.

비상호적 명명하기	행동이나 사물에 대해 명명한다. 상호적인 명명과 유사하지만, 이 경우에는 스스로에게 말하는 것처럼 보이며 의사소통 의도는 보이지 않는다.
순서 지키기	교대로 말하는 상황에서 자신의 구어 순서를 채우는 기능을 한다. 의사소통적 의도는 관찰되지 않는다.
발화 완성하기	상대방에 의해서 시작된 일상적인 말에 반응하여 그 발화를 완성하는 기능을 나타낸다.
정보 제공하기	상대방에게 새로운 정보를 제공해 준다. 예 "동생이 아파요."
부르기	상대방의 주의를 끌거나 상호작용을 유지하려는 기능을 갖는다. 상대방이 쳐다보지 않으면 계속해서 부르는 경우가 많다.
수긍하기	상대방의 말에 수긍하는 기능을 갖는다. 대개 바로 전에 말한 것을 행동에 옮긴다. 예 "장난감을 집어"하면서 장난감을 챙긴다.
요구하기	원하는 물건/행동을 얻기 위하여 요구하는 기능을 나타낸다. 대개 원하는 물건을 바라보면서 말하며 그 물건을 얻을 때까지 계속한다.
저항하기	다른 사람의 행동에 저항하는 기능을 갖는다. 그러므로 다른 사람의 행동을 저지하는 결과를 가져올 수 있다. 예 "안 돼."
지시하기	다른 사람의 행동을 지시하고 통제하는 기능을 갖는다. 예 "하지 말랬지."

출처 ▶ 김영태(2019)

KORSET 합격 굳히기 반향어 산출 동기 및 중재

1. 반향어 산출 동기

반향어 발생 이유를 설명하는 방식은 다양하다. Schirmer는 자폐성장애 학생의 반향어 산출 동기를 크게 세 가지로 구분하고 있다.

① 의사소통으로 도입하는 언어 사용으로 보는 관점이다. 상황에 맞게 사용할 수 있는 자신만의 구어적 표현이라는 것이다. 예를 들면, 다음과 같은 상황이다. 수업 중에 학생이 자꾸 교실 밖으로 나가려고 한다. 교사가 그것을 제지하려고 하자 학생은 "도깨비 방망이, 도깨비 방망이"를 반복했다. 그것은 며칠 전 카세트로 들려주었던 동화에서 나온 대사의 일부로서 그 외에 자신의 욕구를 표현할 수 있는 다른 방법이 없었기 때문이다.

② 대화 유지를 위한 적절한 전략을 사용하지 못하는 학생이 대화를 계속하는 수단으로 상대방의 말의 일부를 반복한다는 설명이다.

③ 자기자극의 일종으로 반향어를 사용하는 것인데, 이때 단어반복은 학생에게 즐거움을 주는 요인이라는 것이다.

2. 반향어 중재

반향어의 직접중재 전략은 다음과 같다.

① 도구적 · 인지적 · 사회적 목적으로 사용되는 반향어를 알아차리고 적절하게 반응한다.
② 구체적인 의사소통 기능을 증진시키기 위하여 관습적이고 적절한 발화를 보여 준다.
   예 "이게 뭐야?"라는 질문 대신에 "이게 뭐야? 이건 사과야."라고 말해 주면 "이건 사과야."라는 반응을 이끌 수 있다.
③ 언어처리와 창조성을 증진시키기 위하여 반향된 구의 구성 요소의 감소, 대체, 확장을 돕는 체계적인 수정을 제시한다.
④ 언어 산출의 증가나 어려운 언어행동을 대체하기 위해 AAC를 사용할 수 있다.

출처 ▶ 고은(2021)

KORSET 합격 굳히기 **자폐성장애 학생의 언어적 특성**

언어영역	특성
의미론적 측면	• 어휘의 의미가 매우 제한적이다. • 과잉축소/과잉확대 현상이 잦다. • 추상적인 단어 습득이 어렵다. • 격언과 속담 등의 이해가 어렵다.
구문론적 측면	• 전보식 문장을 사용한다. • 기능어의 사용이 어렵다. • 문장의 시제 사용이 어렵다. • 문장이 단순하고 짧으며 문법적 오류가 많다.
화용론적 측면	• 존칭 사용이 어렵다. • 인칭대명사 또는 지시대명사의 사용이 어렵다. • 상대방의 생각이나 관점을 이해하지 못한다. • 대화에서 주고받기가 이루어지지 않는다. • 질문에 대해서만 반응하는 수동적 대화 태도를 보인다. • 대화 주제를 유지하기 어렵다. • 대화를 자발적으로 시작하지 않는다.
준언어적 측면	• 억양이 단조롭다. • 평서문과 의문문의 억양에서 차이가 없다. • 리듬과 강세가 없다. • 말에서 쉼이 문맥에 따라 적절하게 이루어지지 않는다.

출처 ▶ 고은(2021)

전보식 문장

조사나 관계사 등이 빠진 핵심어, 중심어로 이루어진 문장이다. 문해 발달 초기나 언어장애가 있는 경우에 나타날 수 있다(특수교육학 용어사전, 2018).

전보체 구어

약 18개월이 되면 표현할 수 있는 어휘가 50개 남짓 되면서 두 단어를 조합하는 구문 발달이 시작된다. 이때의 두 단어 발화는 명사구(예 아빠 바지)와 동사구(예 빨리 가)가 대부분이다. 특히 이 시기는 사물의 영속성 개념이 생기면서 '개 없다', '과자 더'와 같은 표현이 자주 관찰되기도 한다. 아동은 조사나 시제 어미와 같은 기능어는 생략하고 동사, 형용사, 명사 등의 내용어만을 산출한다. 이러한 특성 때문에 이 시기의 아동 언어를 전보용어와 닮았다 해서 전보체 구어라고 한다(곽미영 외, 2020).

3. 행동 특성 11유특, 15초특

① 자폐성장애는 상동적이거나 반복적으로 동작을 하거나 물건을 사용하거나 말을 하는 특징을 보인다. 상동적이거나 반복적인 행동에는 단순한 동작성 상동증(예 손 퍼덕거리기, 손가락 튀기기), 물건의 반복적인 사용(예 동전 돌리기, 장난감 일렬로 세우기) 그리고 반복적인 말(예 반향어 사용)이 포함된다.

- 교수전략: 의미 없어 보이는 상동행동이라도 행동의 기능이나 원인이 무엇인지 먼저 파악하고 접근한다.

② 자폐성장애는 동일성 고집, 일상 활동에 대한 완고한 집착, 의식화된 언어적·비언어적 행동 패턴을 보인다.

㉠ 일상 활동에 대한 과도한 집착과 제한된 행동 패턴은 문제행동으로 나타난다.

- 교수전략: 과도한 집착이 문제행동으로 나타나 다른 학생에게 피해를 주는 경우(예 자폐성장애 학생이 머리카락 잡아당기기에 집착하여 옆에 있는 친구의 머리카락을 잡아당겨 울림), 적절한 사회적 행동을 가르칠 수 있는 주제로 대본을 만들어 상황에 맞는 역할을 하도록 하는 사회극 놀이(sociodrama)를 이용할 수 있다.

㉡ 의식화된 언어적·비언어적 행동 패턴은 반복적으로 질문하기나 주위를 서성거리기 등으로 나타날 수 있다.

③ 자폐성장애에서 보이는 고도로 제한적이고 고착된 관심은 강도나 초점에서 비정상적인 경향이 있다.

- 교수전략: 학생이 보이는 특별한 흥미를 강점으로 이해하고 이를 동기로 활용할 수 있는 교수방법을 찾아본다.

> 고착
> 발달이 더 높은 단계로 진행되지 않고 그 단계에서 머무르는 것이다. 특정 발달 단계에서 지나치게 높은 심리적 만족감을 얻었거나 또는 지나치게 불만족한 상태가 지속되어 발생할 수 있다. 퇴행은 이미 특정한 단계로 발달이 이루어진 뒤에 어떤 원인으로 이전 발달 단계로 되돌아가는 것이지만, 고착은 발달이 진행되지 않고 머물러 있다는 점에서 차이가 있다(특수교육학 용어사전, 2018).

4. 감각 특성

(1) 자폐성장애 학생의 감각적 특성 이해

① 신경학적 역치(neurological thresholds)는 행동이 발생할 수 있는 감각자극의 수준으로 우리가 주목하거나 반응하는 데 필요한 자극의 양을 의미한다. 자극이 역치에 도달할 만큼 충분하면 활동을 유발한다.

- 신경학적 역치는 행동 발생을 위한 역치가 높아서 자극이 충분히 등록되지 않은 수준과 역치가 낮아서 대부분의 자극이 등록되어 적은 자극에도 민감하게 반응을 하는 수준으로 구분된다.

> 감각등록
> (sensory regulation)
> 중추 신경계로 감각 정보를 탐지하는 것. 감각 정보 처리를 위한 첫 단계이다(Ayres, 2019).

② 자폐성장애는 감각적 입력에 대해 과잉반응이나 과소반응을 나타내고, 환경의 감각적 측면에 대해서 이례적인 관심을 보인다.

㉠ 감각적 입력에 대한 과잉반응이나 과소반응은 특정 소리나 감촉에 대한 극도의 반응, 물건에 대한 지나친 냄새맡기나 만지기, 빛 또는 회전 물체에 대한 매료, 그리고 때때로 고통, 더위 또는 추위에 대한 명백한 무관심을 통해 나타난다. 20초특

과잉반응	과소반응
• 특정 소리에 대한 괴로움 • 빛에 대한 예민함 • 특정 촉감에 대한 불편함 • 특정 냄새와 맛에 대한 혐오감 • 높은 곳과 움직임에 대한 비합리적인 두려움 • 자주 깜짝 놀라는 반응	• 갑작스럽거나 큰 소리에 대한 인식 부족 • 부딪히거나 타박상, 베인 것에 대한 통증을 인식하지 못함 • 얼굴에 묻은 음식물을 인식하지 못함 • 환경과 사람, 그리고 사물에 대한 주의집중 부족 • 과도하게 빙빙 돌아도 어지럽지 않음 • 반응이 느림

㉡ 환경의 감각적 측면에 대한 이례적 관심은 음식의 맛, 냄새, 감촉 또는 외관에 대한 극단적인 반응이나 습관적 행동으로 흔히 나타난다.

③ DSM-5에서는 '제한적이고 반복적인 행동, 관심, 활동' 영역에 감각 관련 항목을 제시하고 있다. 제시된 항목에서 자폐성장애의 감각 특성으로 감각자극에 대한 과잉 혹은 과소반응 또는 환경의 감각 양상에 대한 특이한 감각적 관심을 언급하며 이해를 돕기 위한 설명으로, 고통 또는 온도에 대한 분명한 무감각, 특정 소리나 감각에 대한 혐오적 반응, 과도하게 냄새를 맡거나 과도하게 사물을 만짐, 빛이나 움직임에 대한 강한 시각적 관심 등을 예로 제시하고 있다.

• 자폐성장애 학생의 이질적 특성을 그대로 반영하여 학생들 간에 하나의 감각 자극에 대한 반응이 다양하게 나타나며, 개인 내에서도 감각 자극에 대해 과민반응과 둔감반응이 함께 나타나기도 한다.

자극역치가 매우 낮고 감각등록이 높은 경우 과잉반응이 나타난다. 상대적으로 자극역치가 매우 높고 감각등록이 낮은 경우는 과소반응이 나타난다.

(2) 감각체계별 특성 18유특, 24유특 · 중특

① 청각체계

㉠ 청각에 과잉반응을 보이는 학생들은 낮은 청각 역치를 가지고 있어서 일상적인 환경에서 소리에 방어적으로 반응하게 된다.

- 불편한 수준의 소리를 들으면 불안해하며 손으로 자신의 귀를 막는 행동을 보이기도 한다.

㉡ 청각에 과소반응을 보이는 학생들은 높은 청각 역치를 가지고 있어서 청각 자극에 대한 낮은 반응과 감각등록을 보이며, 지연된 청각처리 과정을 보일 수도 있다.

- 큰 소리를 잘 인식하지 못할 수 있으며, 조용한 공간에서 스스로 큰 소음을 내서 소리자극을 추구하기도 한다.

② 시각체계

㉠ 시각에 과잉반응을 보이는 학생들은 낮은 시각 역치를 가지고 있어서 시각적 자극에 매우 민감하게 반응한다.

- 시각적 자극의 양을 줄이기 위해 눈을 가늘게 뜨거나 눈을 감기도 하며, 곁눈질과 같은 주변 시야를 사용하여 시각적 혼란을 줄이려고 한다.

㉡ 시각에 과소반응을 보이는 학생들은 높은 시각 역치를 가지고 있어서 빠르게 움직이는 물체를 바라보거나 밝은 빛을 응시하면서 시각적 자극을 추구하기도 한다.

③ 미각체계

㉠ 자폐성장애 학생은 특정 음식만을 선호하고 새로운 음식을 섭취하는 것을 거부하는 것과 같은 미각에 대한 비정상적인 반응을 보인다.

㉡ 먹을 수 없는 모래, 머리카락, 지우개 등을 먹는 이식증을 보이기도 한다.

④ 후각체계

㉠ 후각에 과잉반응을 보이는 학생들은 화장품, 식당의 음식 등과 같은 다양한 냄새에 민감하게 반응한다.

㉡ 후각에 과소반응을 보이는 학생들은 옷, 보드마커 등과 같은 물건의 냄새를 과도하게 맡는 부적절한 행동을 보인다.

ⓒ 상당수의 자폐성장애 학생들은 냄새에 대한 낮은 역치를 가지고 있어서 다양한 냄새를 회피하기 위해 매우 거부적인 태도를 보인다.

- 교사들은 향수, 화장품, 샴푸, 방향제 등을 사용할 때 주의할 필요가 있다.
- 자폐성장애 학생이 선호하는 냄새가 있다면 이를 긍정적인 교실 환경을 조성하는 데 유용하게 사용할 필요가 있다.

⑤ 촉각체계

㉠ 촉각에 대한 높은 역치를 보이는 자폐성장애 학생들은 낮은 감각 자극에 반응하지 않기 때문에 울타리나 벽을 손바닥으로 대고 달리는 것과 같은 자극 추구 행동을 보인다.

㉡ 촉각에 대한 낮은 역치를 보이는 자폐성장애 학생들은 다른 사람이 자신을 만지거나 옷의 상표가 자신의 목에 닿는 것에 대해 지나치게 민감하게 반응하는 촉각방어를 보인다.

ⓒ 자폐성장애 학생의 약 40%는 촉각에 대한 과잉반응과 과소반응을 동시에 보인다.

(3) 감각처리 모델

Dunn은 개인의 신경학적 역치와 자기조절 전략 간에 관계가 있으며 이들 변인 간의 상호작용에 의해 낮은 등록, 감각 추구, 감각 민감, 감각 회피의 네 가지 기본적인 감각처리 패턴이 나타난다고 한다. 각 패턴에서 나타나는 특징적인 행동은 진단적 준거가 아니라 개별 학생이 보이는 패턴을 파악하여 이에 대한 적절한 지원을 제공하는 데 근거가 되는 행동으로 이해되어야 한다.

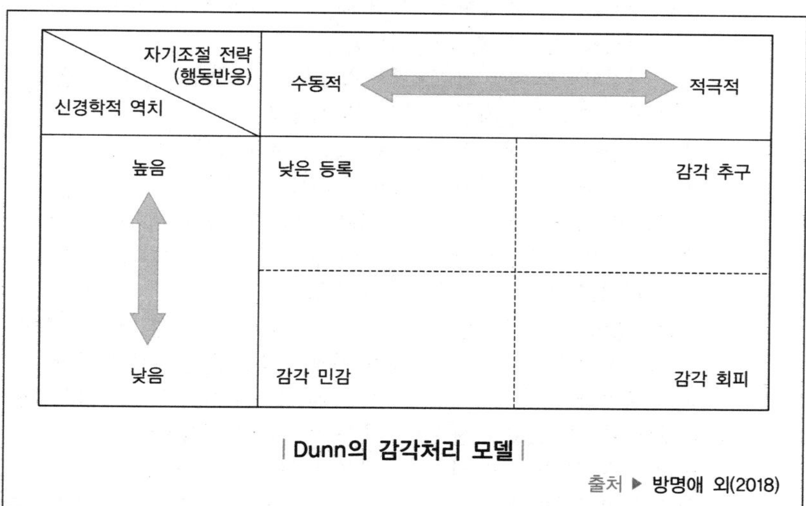

| Dunn의 감각처리 모델 |

출처 ▶ 방명애 외(2018)

비교

Dunn은 여러 유형의 감각처리장애를 구별하는 분류체계를 제안했다. 전문용어에 대해서는 아직 합의가 없지만 이러한 분류체계는 작업치료 출판물에 그 빈도가 증가하여 나타나고 있다(Yack et al., 2021).

KORSET 합격 굳히기 신경학적 역치와 자기조절 전략

1. 신경학적 역치
   ① 대부분의 사람은 중간 정도의 역치를 가지고 있다. 일반적인 중간 정도의 역치를 가진 사람에게 활동을 유발할 정도의 적절한 자극이 역치가 낮은 사람에게는 과도한 자극으로 여겨질 수 있는 반면에, 역치가 높은 사람에게는 활동을 유발할 정도로 충분하지 않아서 등록이 되지 않을 수 있다.
   ② 한 개인이 모든 감각체계에서 동일한 역치를 갖지는 않는다. 예를 들면, 한 개인이 낮은 청각 역치와 높은 시각 역치를 보일 수 있다.

2. 자기조절 전략
   ① 행동 반응이라고도 하는 자기조절 전략(self-regulation strategy)은 자극과 반응을 조절하기 위해 적극적인 자기조절 전략을 사용하는 것과 수동적인 자기조절 전략을 사용하는 것으로 구분된다.
   ② 수동적인 자기조절 전략을 사용하는 학생은 자신의 주변에서 일이 일어난 후에 반응을 한다. 예를 들면, 자폐성장애 학생이 놀이 상황에서 또래들의 놀이 집단 무리 속에 앉아 있다. 놀이 영역에서의 모든 소음으로 인해 짜증이 난다. 모든 소음 때문에 불편함을 느끼면서도 수동적인 자기조절 전략을 사용하는 학생은 이 시끄러운 놀이 공간에 남아 있다.
   ③ 적극적인 자기조절 전략을 사용하는 학생은 자신이 이용할 수 있는 자극의 양과 유형을 조절하기 위한 행동을 한다. 앞서 언급한 것과 동일한 상황에서 적극적인 자기조절 전략을 사용하는 학생은 과도한 청각 자극이 주어질 때 조용한 장소로 엎드려 기어서 이동하거나 귀를 막는다. 적극적인 자기조절 전략은 투입되는 감각 자극의 양을 조절할 수 있도록 자신의 자세 및 위치를 수정하는 것이다.

출처 ▶ 방명애 외(2021)

---

① 낮은 등록

특성	지원 전략의 예시
• 행동 반응을 위해 강력한 감각 자극을 필요로 함 • 높은 신경학적 역치를 가지고 있고 수동적인 자기조절 전략을 사용함 • 높은 역치에 감각 자극이 도달할 수 있도록 적극적으로 자극을 추구하는 행동을 하지 않음 • 적절한 방법으로 자극에 반응하는 데 오랜 시간이 걸리고 둔감함 • 환경에 관심이 없고 자신에게만 몰두하거나 따분해하거나 무감각해 보임	• 환경 내 감각 단서에 주목하여 반응하도록 지도함 • 감각 경험의 강도, 빈도, 지속시간 등을 높이는 활동을 제공함 • 강력하고 충분한 자극(강한 자극 추가 또는 대비 증가)을 제공함 – 색이 대비되는 자료 제시하기 – 색이 있고 향이 나는 학습지와 밝은 색의 펜 제공하기 – 거친 질감과 향이 나는 펜 제공하기 • 감각 자극의 강도를 높여서 제공함 – 등교 시 교사와 하이파이브 등의 신체 접촉을 추가하여 인사하게 하기 – 무게감 있는 조끼 입히기 – 다양한 질감, 온도, 향의 음식을 색이 대비되는 그릇에 담아 제공하기

	• 움직임을 경험할 수 있는 활동을 추가함 – 하나의 과제를 수행할 때 필요한 자료들을 여러 곳에 배치하여 움직임을 통한 충분한 자극을 획득할 수 있게 하기 – 시각적 일과표를 학생의 자리에서 떨어진 곳에 배치하여 움직임 활동을 제공하기

② 감각 추구 24초특

특성	지원 전략의 예시
• 행동 반응을 위해 강력한 감각 자극을 필요로 함 • 높은 신경학적 역치를 가지고 있고 적극적인 자기조절 전략을 사용함 • 높은 역치 충족을 위해 지속적으로 감각 자극을 찾고자 일상에서 다양한 감각 자극을 추구함 • 상동행동, 반복행동, 자해행동 등의 다양한 자극 추구 행동을 보임 • 자극 추구 과정에서 과다행동을 보이거나 충동행동을 보임	• 활동 내에서 감각 추구를 할 수 있는 기회를 포함시켜 제공함 • 전정 감각 추구 행동에 대한 활동의 예 – 학생들의 학습 자료를 여러 차례 나누어 주는 활동 – 또래들이 완성한 과제를 걷는 활동 – 책상과 의자를 정리하는 활동 • 촉각과 고유수용 감각 추구 행동에 대한 활동의 예 – 쓰기 활동을 하는 동안에 글씨 쓰기를 하지 않는 손(예 왼손)에 만지작거릴 수 있는 사물을 주어 강한 촉각 자극 제공하기 – 몸에 꼭 끼는 옷 입게 하기 – 무게감 있는 조끼 입게 하기

③ 감각 민감

특성	지원 전략의 예시
• 낮은 신경학적 역치를 가지고 있고 수동적인 자기조절 전략을 사용함 • 적은 자극에도 민감하여 계속해서 새로운 자극에 주의를 기울여 과잉행동 또는 산만한 반응을 보임 • 환경의 변화에 대해 매우 불안해함	• 자극의 구조화를 통해 예측 가능성을 증진시킴(물리적 환경을 예측 가능하도록 구조화하여 제공) • 예기치 않은 자극의 유입을 최대한 차단함 • 과제 또는 일과 내에 예측 가능한 감각 경험의 패턴을 제공함 – 교실에서 가장 앞줄 또는 맨 뒷줄 자리에 배치하기 – 이동 시 맨 앞 또는 뒤에 서도록 배치하기 – 출입문에서 떨어진 곳에 배치하기 • 외부 자극의 등록을 차단할 수 있도록 몸에 달라붙어 피부 압력을 주는 옷을 입게 함

④ 감각 회피

특성	지원 전략의 예시
• 낮은 신경학적 역치를 가지고 있고 적극적인 자기조절 전략을 사용함 • 과도한 감각 자극의 유입을 제한하기 위해 적극적인 회피 전략을 사용함 • 유입되는 자극의 감소를 위해 활동 참여를 강하게 거부하는 경향을 보임 • 적극적인 자기조절 전략으로 판에 박힌 일이나 의식을 만들어 이에 집착함	• 자극을 최소화하여 제공함[학생의 낮은 신경학적 역치 수준(편안함을 의식하는 수준)에서 아주 작은 변화(학생이 변화에 주목은 하지만 과도하게 불안해하지 않는 정도의 변화)를 제공하여 활동에 참여할 수 있도록 지원] • 새로운 과제 제공 시 예측 가능한 구조화된 자극 또는 친숙한 자극을 제공함 • 학생의 의식적 행동에 새로운 자극을 점진적으로 병합하여 제공함 • 활동을 여러 단계로 나누어 제시함(한 번에 한 단계씩 수행하도록 한 후에 다음 단계로 진행)

KORSET 합격 굳히기 **감각통합의 발생 과정**

Williamson과 Anzalone은 감각통합의 발생 과정을 감각등록, 오리엔테이션, 해석, 반응의 조직화, 반응의 실행 등과 같은 5단계로 제시하였다.

1. 감각등록

① 감각등록은 우리가 감각 정보를 인식할 때 처음 발생한다.
- 예를 들면, '무엇인가가 나를 건드리고 있다' 또는 '무엇인가 들린다' 하고 느낄 때를 말한다.

② 우리는 감각 입력이 특정한 역치나 강도에 이를 때까지 인식을 하지 못할 수도 있다. 감각역치는 하루의 일과 중에서도 일정하지 않으며, 이전에 경험한 각각의 감정적 경험들에 따라 달라질 수 있으며, 각성 수준이나 스트레스 수준 등에 따라 변화할 수 있다. 만약 각성 수준이 높거나 불안한 상태이면 감각역치는 낮아지게 되어서 평상시에는 무시하고 지나칠 수 있는 감각 정보를 등록하게 된다.

③ 자폐성장애 아동은 감각 정보를 지나치게 등록하거나 과민반응을 보이기도 한다. 반대로 자폐성장애 아동 및 성인의 일부는 감각 정보를 적게 등록하기도 한다.

2. 오리엔테이션

① 감각 오리엔테이션(감각지남력)은 새롭게 전달된 감각 정보에 주의를 기울이는 것이다.
- 어떤 것이 내 팔을 건드리고 있다든지 머리 주위에서 어떤 것이 윙윙거리는 소리를 듣는 것과 같은 것이다.

② 우리는 특정 감각에 대해 감각 조절 그리고 억제와 촉진의 기능을 통해서 주의를 집중할 것인지 무시할 것인지를 결정한다.

감각통합

- Ayres가 감각처리 과정을 근거로 사용한 용어이다. 감각은 신경세포를 자극하고 활성화하며 신경 계통의 일련의 순서에 따라 일을 진행하는 에너지이고, 통합은 신체의 여러 감각 부분을 전체로 묶는 조직화의 단계이다. 행동은 다양한 감각 간의 협력이 필요하며, 대부분 무의식적으로 하기 때문에 감각통합은 주로 자연스럽게 이루어진다. 감각통합에 장애가 있으면 이러한 협력 과정이 제대로 되지 않으며, 에너지가 과도하게 소비되기 때문에 학습이나 행동에 문제가 발생한다고 간주한다(특수교육학 용어사전, 2018).
- 입력된 감각 정보를 목적에 맞게 조직화하는 것. 여기서 '목적'이란 신체지각이나 외부환경에 대한 지각일 수도 있고, 적응반응이나 학습과정 또는 신경 기능의 발달이 될 수도 있다. 감각통합을 통해 신경계의 여러 부분이 협조적으로 작용하기 때문에 우리는 외부 환경과 효과적으로 상호작용하고 적절한 만족감을 경험할 수 있다(Ayres, 2019).

동 감각발달통합

3. 해석

① 인간의 뇌는 감각 정보를 해석하고 이것의 질을 평가한다. 감각 정보를 해석하는 능력은 무엇에 반응할 것인지와 그것이 위험한 것인지를 결정하도록 한다. 새로운 감각 경험들을 과거의 경험들과 비교한다. 언어, 기억, 감정 중추 등이 해석과정에 참여한다.

② 신경계는 위험한 감각 입력에 자신을 보호하는 반응을 하도록 설정되어 있다. 즉, 위험한 상황에서 놀라거나 도망가는 것은 잠재된 위험으로부터 자신의 신체를 보호하기 위한 신경계의 반응이다.

4. 반응의 조직화

인간의 뇌는 입력된 감각 정보에 대해 반응이 필요한지 여부를 결정하고 신체적 반응, 정서적 반응, 인지적 반응을 선택한다.

5. 반응의 실행

감각 입력에 대한 운동, 인지, 정서적 반응의 실행은 감각통합 과정의 최종 단계다.

출처 ▶ 김건희 외(2019), Yack et al.(2018)

04 관련 특성

자폐성장애의 진단에 필수적이지는 않지만 나타날 수 있는 부수적인 특성들은 다음과 같다.

1. 인지

① 자폐성장애 학생의 지능은 평균 이상인 경우를 포함하는 폭넓은 분포를 나타내지만, 약 75%는 지적장애를 보이며 그 정도는 경도에서 최중도에 걸쳐 있다.

- 자폐성장애 학생의 약 75%는 IQ 70 이하인 저기능 자폐증이라고 할 수 있다.

② 1990년대에는 자폐성장애의 주요 특성을 설명하고자 하는 노력의 일환으로 마음이해능력, 중앙응집, 실행기능 같은 인지적 영역에서의 인지적 결함에 대한 관심이 높았다. 현재는 이와 같은 인지적 결함이 중요하기는 하지만 자폐성장애의 근본적인 문제는 아니라고 보는데, 그 이유는 이러한 결함이 자폐성장애를 가진 모든 사람에게 나타나는지도 의문일 뿐만 아니라 자폐성장애에서만 그 결함들이 나타나는 것도 아니기 때문이다.

- 주의공유, 모방, 안면지각 같은 발달 초기(생후 첫 1~2년)에 나타나는 행동들은 생애 초기에 나타나며 문제가 있을 경우 마음이해능력, 중앙응집, 실행기능 같은 인지적 영역에서의 결함으로 이어질 가능성이 있는 것으로 간주된다. 이는 세 가지 인지적 영역의 결함이 자폐성장애의 일차적 증상이 아니라 이차적 증상임을 시사한다.

고기능 자폐

- 일반적으로 연구자들은 고기능 자폐인을 '지능지수 70 이상의 자폐성장애 진단을 받은 집단'으로 정의하였다(방명애 외, 2019).
- 자폐성장애는 대략 IQ 70을 기준으로 저기능 자폐증과 고기능 자폐증으로 구분되기도 한다. 자폐성장애 아동들 중 극소수의 아동은 정상적으로 발달하는 아동들보다 훨씬 탁월한 능력을 나타내는데, 이를 석학적 능력 또는 서번트 신드롬이라고 한다(이승희, 2015).
- 자폐성장애의 진단기준을 일정하게 충족시키지만 특정한 상위 능력을 가진 모든 유형의 자폐를 지칭한다. 그러나 정의 및 진단은 분명하지 않다. 대체로 언어 손상이나 자폐증상이 가볍게 나타나며, 언어 발달이 높아 효과적인 의사소통을 하는 것처럼 보이지만, 일상생활의 의사소통을 잘 관찰해 보면 화용적 결함이 많이 나타난다(특수교육학 용어사전, 2018).

2. 적응행동

자폐성장애를 가진 사람들의 적응행동은 측정된 지능에 일반적으로 미치지 못한다.

3. 운동 기능

자폐성장애에서는 기이한 걸음걸이, 서투름 그리고 다른 비정상적인 운동 징후를 포함하는 운동결함이 나타나기도 한다.

4. 감각 지각

① 자폐성장애에서 나타나는 가장 대표적인 특성은 감각 자극에 대한 반응의 비정상성이다. 그러나 자폐성장애 학생의 감각기관은 정상으로 알려져 있어 자극에 대한 비정상적인 반응은 자극의 지각과정에 문제가 있기 때문인 것으로 보인다.

② 자폐성장애 학생이 보이는 자극에 대한 반응의 비정상성은 크게 두 가지로 살펴볼 수 있다.

㉠ 자극에 대해 고민감도 또는 저민감도를 보인다.

㉡ 감각의 유형에 따라 반응의 비정상성의 정도가 다르다.

- 대체로 시각자극이나 후각자극의 지각보다는 청각자극이나 촉각자극의 지각에서 더 심한 이상이 나타난다.

5. 기타 특성

① 자폐성장애 아동이나 청소년들에게 자해나 파괴적 행동이 나타나기도 한다.

② 자폐성장애를 가진 많은 사람들 중 70%가 한 가지 공존 정신장애를, 그리고 40% 정도는 두 가지 이상의 공존 정신장애를 가지고 있을 수 있다.

Chapter

03 자폐성장애의 인지적 결함 특성

01 마음이해능력의 결함

1. 마음이해능력의 개념

① 마음이해능력이란 다른 사람의 행동을 이해하고 그 사람의 행동을 통해 그 사람이 다음에 어떤 일을 하게 될 것인지를 추론하는 능력을 의미한다. 즉, 다른 사람이 생각하는 것, 믿고 있는 것, 원하는 것, 의도 등을 인식하고 이해하는 능력이다.

㉠ 넓은 의미의 마음이해능력은 다른 사람의 마음에 대한 모든 지식을 모두 포함한다.

㉡ 좁은 의미의 마음이해능력은 다른 사람의 믿음과 바람, 의도 등과 같이 다른 사람의 행동을 보면서 직접적으로 관찰할 수 없는 정신적 상태를 추론하고, 이러한 추론에 의하여 다른 사람의 정서적 상태나 정보적 상태를 예측하는 심리적 체계이다.

② 자폐성장애는 마음이해능력의 결함으로 사회적 상호작용과 의사소통에 문제가 나타나기도 한다.

2. 마음이해능력 결함 관련 특성 12유특, 16유특, 18초특, 20중특, 25중특

① 자폐성장애 학생은 다른 사람의 정서적 표현을 이해하고 이에 관심을 기울이는 능력이 부족하다.

> 마음이해능력 결함 관련 행동 양상 예시
> - 친구의 얼굴 표정이나 눈빛을 보고 감정을 이해하는 데 어려움을 보임
> - 친구가 싫어할 수 있는 이야기를 지나치게 솔직하게 말함
> - 친구의 관심과는 관계없이 자신이 좋아하는 주제와 관련된 이야기를 계속함

② 자폐성장애 학생들은 언어 연령을 일치시킨 일반학생 집단에 비해 심리적 상태에 관련한 표현 어휘의 빈도와 다양도가 유의하게 낮은 수행을 보인다.

예 일반학생들은 '재미있는', '신나는' 등과 같이 다양한 정서를 나타내거나 마음 상태를 나타내는 어휘를 자주 사용하는 것에 비해 자폐성장애 학생들은 이와 같은 용어의 사용 빈도가 적다.

마음이론

신념, 의도, 바람, 이해 등과 같은 정신적 상태가 자신 또는 상대방의 행동에 영향을 미친다는 것을 이해하는 능력이다. 마음이론이 잘 발달되어 있는 사람은 타인의 마음 상태를 인지하고 이해하는 공감 능력이 우수한 반면, 마음이론에 결함이 있는 사람은 타인의 입장을 이해하기보다는 자신의 시각에서 상황을 이해함으로써 호혜적인 사회적 상호작용을 하는 데 어려움을 보인다. 자폐성장애 아동이 타인의 마음을 읽어야 하는 과제를 매우 어려워하는 것은 마음이론이 부족한 것과 관련이 있다(특수교육학 용어사전, 2018).

동 마음이해능력, 마음 읽기, 생각의 원리, 생각 읽기, 마음이해하기

자료

마음이해능력의 범주

마음이해능력은 사회 인지 발달 영역의 한 부분이며 조망수용 능력이나 공감, 조금 더 일반적인 용어로는 '눈치' 등과 같이 다른 사람의 입장과 견해를 이해하는 능력을 포함한다(방명애 외, 2019).

자료

마음이해능력 결함 예시

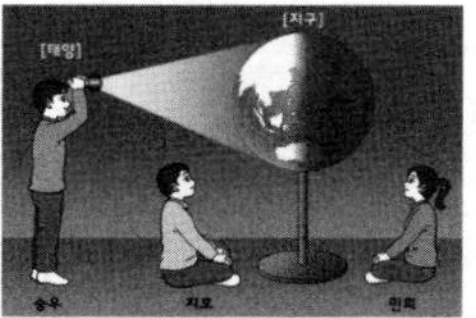

설명 자폐성장애 학생(지호)은 마음이해능력의 결함으로 인하여 다른 학생(민희)의 정보적 상태에 대한 이해 능력에 어려움을 보인다. 즉, 지호는 자신과 다른 위치에서 사물을 볼 때 다른 것을 볼 수 있다는 시각적 조망 수용을 이해하지 못한다.

출처 ▶ 2018 초등A-4 기출

자료

틀린 믿음 이해

틀린 믿음 이해란 '나는 알고 있지만 다른 사람은 알지 못하는 것'을 이해하는 것을 의미한다(방명애, 2019).

㉠ 철수는 찬장 X에 초콜릿을 넣어 두고 놀러 나간다.

㉡ 철수가 나간 사이에 어머니가 들어와 초콜릿을 찬장 Y로 옮겨 놓고 나간다.

㉢ 철수가 돌아온다.

설명 위의 ㉠~㉢ 장면을 보여주고 설명한 후, "철수는 초콜릿을 찾기 위해 어디로 갔을까?"라고 물었을 때 철수가 찬장 X로 가는 상황을 이해하는 것은 틀린 믿음을 이해하는 것이라 할 수 있다. 자폐성장애 학생의 대부분은 철수가 찬장 X로 가는 상황을 이해하지 못한다.

출처 ▶ 2012 유아1-34 기출

③ 자폐성장애 학생들은 일반학생에 비해 다른 사람의 정보적 상태에 대한 이해 능력에서 어려움을 보인다.

예 다른 사람의 시각적 조망 수용을 이해하거나 다른 사람의 틀린 믿음을 이해하는 데서 많은 어려움을 보인다.

마음이해능력의 결함이 일상생활에 미치는 영향

일상생활에 미치는 영향	설명 및 예시
다른 사람의 얼굴 표정에 나타난 사회·정서적 메시지 이해의 어려움	• 얼굴 표정이나 눈빛을 통해 다른 사람의 정서적 상태, 즉 즐거움, 슬픔, 화남, 두려움 등과 같은 정서를 이해하는 데 어려움 • 다른 사람의 정서를 이해하기 위해 눈을 바라보지 않으며, 다른 사람의 눈을 바라보더라도 그 의미를 잘 읽지 못함
글자 그대로 해석하기	• 의사소통 중에 여러 가지 의미를 가진 어휘를 구분하는 데 어려움 • 은유와 비유를 이해하는 데 어려움이 있음 • 농담과 속담을 이해하는 데 어려움이 있음
다른 사람을 존중하지 않는 듯한 태도	자신이 좋아하는 주제와 관련된 내용을 다른 사람의 관심 여부와 상관없이 끊임없이 이야기함. 즉, 다른 사람이 지루해하는지 혹은 흥미를 가지고 있는지 등을 살피지 않고 계속 이야기함
지나친 솔직함	• 사회적 상황에 적절하지 않은 이야기를 지나치게 솔직히 말함 • 도덕적 원칙이나 윤리적 원칙을 매우 중요하게 생각하고 도덕적 원칙에서 벗어나는 일을 하지 않을 뿐 아니라 그러한 사람들을 폭로하는 경우도 있음
다른 사람의 실수, 장난과 의도적 행동을 구분하는 데 어려움	친구들과 상호작용하는 중에 친구들이 의도적으로 괴롭히는 행동과 친밀감으로 장난하는 것을 쉽게 구분하지 못하여, 때로는 가벼운 장난에 매우 격하게 반응할 수도 있고, 의도적인 괴롭힘을 당하는 경우도 있음
갈등 관리의 어려움	자신이 한번 정한 규칙이나 결정을 바꾸기 어렵기 때문에 여러 상황에서 다른 사람들의 견해를 수용하거나 조절하는 데 어려움이 있을 수 있음
당황스러운 정서이해의 어려움	여러 사람 앞에서 발표하는 친구의 실수를 친구가 부끄러워한다거나 당황스러워할 수 있다는 점을 고려하지 않고 많은 사람들 앞에서 지적하는 행동을 할 수 있음
다른 사람의 정서적 상태 이해의 어려움	상황에 근거한 정서나 다른 사람의 믿음과 바람에 근거한 정서를 이해하는 데 어려움이 있음
심리적 상태 관련 어휘 사용의 어려움	심리적 상태에 관련한 어휘 사용 빈도가 낮으며 다양한 어휘를 사용하는 데 어려움이 있음

다른 사람의 정보적 상태 이해의 어려움	다른 사람이 알고 있는 것은 내가 알고 있는 것과 다를 수 있다는 것, 다른 사람이 보고 있는 것은 내가 보고 있는 것과 다를 수 있다는 것을 이해하는 데 어려움이 있음
목소리 톤이나 운율 이해와 사용의 어려움	다른 사람과 대화할 때, 대화 상대에 적합한 목소리 톤, 크기 등을 사용하지 못하거나, 다른 사람의 목소리 톤을 들으며 그 사람의 정서를 이해하는 데 어려움이 있음

출처 ▶ 방명애 외(2019)

3. 교육적 지원 방안

① 상황이야기, 짧은 만화 대화 등의 교육적 지원을 통해 향상이 가능하다.

② 활동 중심 마음이해 향상 프로그램, 이야기책을 활용한 마음이해 향상 프로그램 등도 마음이해 향상을 위해 사용되는 프로그램에 포함된다.

③ 활동 중심 마음이해 향상 프로그램은 Howlin, Baron-Cohen, Hadwin의 마음읽기 중재 단계에 근거하여 만들어진 제1부 정서이해 향상 프로그램과 제2부 믿음이해 향상 프로그램으로 구성되어 있다.
11유특, 12유특, 17유특, 18초특, 23유특

비교

본문의 표현은 박현옥(2011)의 단행본 『자폐아동을 위한 마음이해 향상 프로그램』을 기준으로 한 것이다. 방명애 등(2019)의 문헌은 제2부의 3단계가 '사실과 일치하는 믿음의 이해'로 되어 있는 것을 제외하고는 차이가 없다.

✿ 제1부 정서이해 향상 프로그램

주제	활동 내용 및 설명	활동 예시
[1단계] 얼굴 표정의 이해	• 얼굴 표정 이해 향상 활동 • 즐거움, 슬픔, 화남, 두려움의 감정을 알고 사진이나 그림 속에서 찾기 • 여러 가지 감정을 그림으로 표현하기	• 어떤 표정일까요? • 얼굴 표정 콜라주
[2단계] 상황에 근거한 감정의 이해	• 여러 가지 상황을 이해하고 그에 따른 감정 이해를 위한 활동 • 생일 선물을 받고 즐거워하는 그림을 보면서 그림 속 주인공의 감정은 어떤 감정일지 알아보는 활동	• 내가 행복할 때 • 우리 엄마와 아빠가 슬플 때 • 친구가 무서울 때
[3단계] 바람에 근거한 감정의 이해	• 상호작용 대상자가 원하는 것이 무엇인지를 알고, 원하는 것, 즉 바람이 이루어졌을 때의 감정과 바람이 이루어지지 않았을 때의 감정의 이해를 위한 활동 • 생일 선물로 장난감 자동차를 원했는데, 어머니께서 책을 선물한 경우 어떤 감정일지 생각해 보는 활동	• 오늘은 나의 생일 • 친구가 바라보는 음식은? • 새 자전거를 갖고 싶은 내 친구

[4단계] 믿음에 근거한 감정의 이해	• 다른 사람의 믿음을 이해하고 추론하며 이러한 믿음에 대한 감정을 이해하고 이후의 결과에 대한 감정을 이해할 수 있는 활동 • 친구가 생일 선물로 원하는 것이 장난감 자동차이고, 친구는 생일 선물로 장난감 자동차를 받을 수 있을 것으로 믿고 있는데, 실제 선물로 책을 받았다면 그 친구의 감정이 어떨지를 생각하고 말로 표현하기	• 내 마음을 아는 우리 엄마 • 내 생각에 우리 엄마는 • 놀이 공원에 가고 싶은 내 친구

출처 ▶ 박현옥(2011)

제2부 믿음이해 향상 프로그램

주제	활동 내용 및 설명	활동 예시
[1단계] 시각적 조망 수용	• 다른 사람의 시각적 조망에 대한 이해 촉진 활동으로 나와 다른 위치에서 사물을 바라볼 때 다른 것을 볼 수 있다는 것을 이해하도록 하는 활동	• 선생님은 무엇을 보고 계실까요? • 선생님에게는 어떻게 보일까요?
[2단계] 경험을 통한 인식의 이해	• 사람들은 자신이 경험한 것을 잘 알지만 경험하지 않은 것은 알 수 없다는 것을 이해하는 활동 • 나는 과자 상자에 무엇인가를 넣는 것을 보아서 알지만 다른 친구는 넣는 것을 못 봤으므로 알 수 없다는 것을 이해하는 활동	• 친구는 무엇을 감추었는지 알 수 있을까요?
[3단계] 사실과 일치하는 믿음의 이해	• 다른 사람이 생각하거나 믿고 있는 것이 사실과 같은 것을 이해하는 활동 • 예를 들어, 친구는 초콜릿을 냉장고에 넣어 두었다고 생각하는데, 실제로 초콜릿이 그 친구의 생각과 같이 냉장고에 있는 경우	• 어디에 있는 자동차를 가지고 놀까? • 친구는 어디에 있는 블록을 가져올까?
[4단계] 틀린 믿음의 이해	• 다른 친구가 생각하고 있는 것이 사실과 일치하지 않는다는 것을 이해하는 활동 • 예를 들어, 친구가 초콜릿을 냉장고에 넣어 두었고, 친구는 초콜릿이 냉장고에 있다고 생각하는데, 사실은 다른 친구가 냉장고에 있는 초콜릿을 다른 장소로 옮겨 두었지만, 여전히 그 친구는 냉장고에 있을 것이라고 생각하는 것을 이해하는 활동	• 내 과자 상자 • 내 초콜릿은?

출처 ▶ 박현옥(2011)

KORSET 합격 굳히기 믿음-바람 추론 구조

1. 마음이해는 사람들의 일상적인 심리적 활동에 대한 이해를 포함하는 것으로 일반적으로 믿음(belief), 바람(desire), 행위(action)라는 삼각 구조로 설명된다. 이러한 삼각 구조의 일상적인 예는 다음과 같다.

혜원이는 수영장에 간다.(행위) 왜냐하면 혜원이는 수영을 하고 싶었고(바람) 그곳에 가면 수영을 할 수 있을 것이라고 생각했기 때문이다.(믿음)

즉, 사람들은 무엇인가 원하는 것을 만족시키기 위하여 행동을 한다.

2. 믿음-바람 추론 구조에서 자폐아동들이 보는 문제는 다음과 같이 세 가지로 요약될 수 있다.
   ① 믿음-바람 추론 구조를 통하여 다른 사람의 행위를 예측하지 못한다.
   ② 다른 사람의 행동을 심리적 상태로 묘사하고 설명하는 부분에서 어려움을 보인다.
   ③ 믿음-바람 심리 구조를 이용하여 다른 사람의 정서적 반응을 예측하는 데 상당한 어려움을 보인다.

출처 ▶ 박현옥(2011)

02 중앙응집 기능의 결함

1. 중앙응집의 개념 10중특, 20유특

① 중앙응집이란 인지 체계가 의미를 갖고 정보를 통합하는 경향성을 말한다. 즉, 세부적인 정보들을 함께 엮어서 전체적인 의미를 이끌어 내는 능력을 의미한다.

② 자폐성장애는 빈약한 중앙응집이라는 인지적 결함으로 전체보다는 특정 부분에 초점을 맞추는 경향이 나타난다.

㉠ 전체를 보기보다는 부분에 집착하고, 즉 나무를 보고 숲을 보지 못하는 것과 같이 정보 투입 및 처리방식이 상향식(bottom-up) 접근 방식을 취한다.

㉡ 정보처리 방식이 상향식이어서 임의로 주변 환경에 의미를 부여함으로 인하여 의미 있는 환경을 받아들이는 데 어려움을 겪는다. 따라서 사소하거나 중요하지 않은 일에 사로잡히게 된다.

중앙응집
인지 체계가 의미를 갖고 정보를 통합하는 경향성이다. 개념적인 응집은 맥락 내에서 의미를 추론하거나 정보를 처리하는 능력을 의미하고, 지각적인 응집은 들어오는 감각 정보를 부분적이 아니라 전체적으로 인식하는 능력을 의미한다(특수교육학 용어사전, 2018).

KORSET 합격 굳히기 중앙응집능력과 장이론

1. 중앙응집능력이란 외부 환경에서 입력된 정보를 의미 있게 연계하고 총체적인 형태로 처리하는 능력을 의미한다.
2. 중앙응집능력은 장의존성 대 장독립성이라는 장이론을 근간으로 한다.
3. 장이론은 인지 처리 양식을 설명하는 학습 이론으로 어떤 학습자의 경우 장의존적인 인지 양식을 선호하고 또 다른 학습자는 장독립적인 인지 양식을 선호한다.
   ① 일반적으로 장의존적인 학습자는 제시된 정보를 통합된 전체로 인식하고 이야기의 흐름과 의미의 요점을 파악하는 능력이 좋은 편이다.
   ② 장독립적인 학습자는 보다 분석적으로 세부적인 부분에 초점을 맞추고 정보를 처리하는데 사회적 맥락이나 주변 요소들을 적극적으로 활용하지 못하는 경향이 있다.
   - 장독립적인 학습자는 중앙응집능력이 비교적 약한 것으로 파악되는데 자폐성장애 학생들은 이러한 특성을 지닌 인지처리자로 이해된다.
4. 자폐성 장애인들은 지엽적이고 세부적인 정보를 보다 잘 처리하고 전체적이고 상황과 관련된 정보를 처리하는 데 어려움을 보이는 독특한 인지 양식을 나타내어 중앙응집능력이 낮은 것으로 알려졌다.

출처 ▶ 방명애 외(2019)

자료

중앙응집 기능 결함 예시

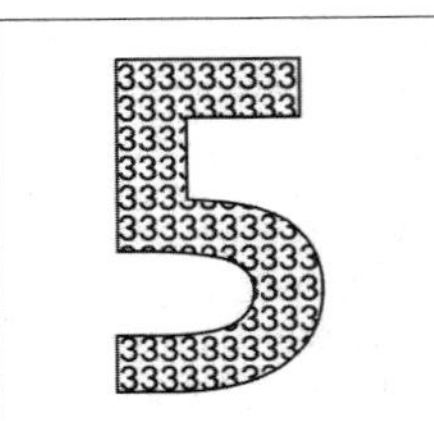

설명 일반아동들은 위의 그림을 보고 '5'라고 말하는 데 반해, 자폐성장애 아동은 중앙응집 기능의 결함으로 숫자 5를 구성하고 있는 부분인 3에 초점을 맞추어 '3'이라고 답했다.

출처 ▶ 2015 유아A-5 기출

2. 중앙응집 기능 결함 관련 특성 10유특, 15유특, 21유특, 22중특, 23초특

① 외부의 여러 복잡한 정보 중에서 필요한 정보를 선택하고 의미 있게 연계하고 사용하는 데 어려움을 보이며, 복잡한 정보를 처리하는 데도 어려움을 나타낸다.

> 예 외부 소음과 교사의 수업 내용 중에서 외부 소음에 집중하는 것이 아니라 교사의 수업 내용에 집중해야 하는 것을 아는 것은 중앙응집능력이 있기 때문이다. 그러나 자폐성장애 학생의 경우 이러한 부분에 어려움을 보인다.

② 학습해야 할 여러 가지 정보와 메시지를 요약하거나 핵심 부분을 선택하고 기억하는 데 어려움을 보인다. 이로 인해 자폐성장애 학생들은 이야기 내용의 특정 부분이나 사소한 내용은 잘 기억하지만, 이야기의 주요 주제나 전체 흐름을 파악하는 데 어려움을 보인다.

③ 여러 가지 외부 정보를 분리된 채로 학습하기 때문에 종합적으로 이해하거나 분석하는 데 어려움을 보인다. 일반학생들의 경우 학습을 할 때 총체적이고 통합적으로 학습하고자 하지만, 자폐성장애 학생의 경우 외부 정보를 분리한 채로 학습하여 정보를 종합하거나 분석하는 데 어려움을 보인다.

3. 교육적 지원 방안

① 세부 중심의 인지처리자 특성을 활용한다: 자폐성장애인들은 약한 중앙 응집력으로 인해 지엽적인 처리과정에서 보다 뛰어난 능력을 발휘할 수 있다는 점을 이용한다.

예 일반인이 쉽게 파악하지 못하는 세부적인 것을 보다 용이하게 파악할 수 있다.

② 자폐성장애 학생들은 사실적 정보에 관련한 지식을 보다 잘 습득하고, 암묵적 기억 과제를 잘 수행하는 경향이 있음을 교육에 활용한다.

03 실행기능의 결함

1. 실행기능의 개념 10중특

① 실행기능이란 부적절한 반응을 통제하고, 주어진 과제의 순서를 계획하고 지속하면서 자신의 수행을 관리할 수 있는 능력을 의미한다.

② 실행기능은 두뇌의 전두엽이 조정하는 것으로 보이는 일련의 기능으로 실행기능의 주요 요소와 역할은 다음과 같다.

㉠ 조직 및 계획 능력

- 실행기능 결함 시 스스로 계획하는 데 어려움이 있다.

㉡ 반응 억제 및 충동 조절

- 실행기능에 이상이 있거나 결여되었을 경우 억제력이 부족하여 하고 싶은 일을 충동적으로 하므로 부적절한 행동을 하게 된다.

㉢ 새로운 전략 사용 및 유연한 사고

- 실행기능의 결함 시 생각과 행동의 융통성이 부족하여 학습한 내용을 일반화하는 데 어려움을 겪으며, 환경을 체계적으로 탐색하지 못하기 때문에 환경 내의 작은 변화에도 적응하지 못한다.

㉣ 작업 기억

㉤ 자기반성 및 자기점검

㉥ 시간 관리 및 우선순위 결정

㉦ 복합적이거나 추상적인 개념의 이해

암묵적 기억

- 과제를 수행하기 위하여 많은 인지적인 노력을 기울이지 않고 이미 오랫동안 반복된 경험의 결과를 자동적으로 수행할 수 있는 능력
- 의도적인 기억의 인출이나 회상을 요하지 않으며, 자연스러운 상황 내에서 무의식적으로 사용되는 기억으로 수행 방법을 회상하려는 경우보다 어려움을 느끼게 되지만 필요한 경우 의식적인 노력 없이 행동하는 기억이다(방명애 외, 2019).
- 절차기억은 일을 수행하는 데 대한 과정이나 방법에 대한 기억이다. 즉 '어떻게'에 대한 기억이다. 예컨대, 신발 끈을 묶는 일, 자동차를 운전하는 일, 라면 끓이는 방법 등을 하는 것은 그것에 대한 절차기억을 갖고 있다는 뜻이다. 절차기억은 자발적으로 노력하지 않아도 저절로 획득되고 사용되므로 암묵기억이라고도 한다. 서술기억과는 대조적으로 비서술기억이기도 하다(김향희, 2015).

동 절차기억, 비서술기억

실행기능

최선의 문제 해결을 위해 어떤 전략을 언제, 어디서, 어떻게 적용할 것인지를 알고 적용하는 기능이다. 심리학자들이나 신경과학자들 사이에서는 인지 조절과 동일한 개념으로 사용되고도 있다. 문제 해결 과정에서는 자신이 현재 어느 위치에 있는지를 알아 적절히 조절하는 자기점검과 자신의 행동을 계획하고 진행하고 평가하는 자기조절(self-regulation) 등이 있다(특수교육학 용어사전, 2018).

Tip

초인지와 실행기능의 개념을 비교하여 명확히 구분 지을 수 있어야 한다.

용어	핵심 개념
초인지	계획, 점검, 평가
실행기능	계획 및 실행, 충동 통제, 행동과 사고의 유연성, 체계적 탐색

자료

자폐성장애와 실행기능

행동 및 사고와 관련하여 실행기능은 인지적 유연성, 계획 및 조직, 행동억제 능력의 세 가지 하위 요인으로 구성된다. 이 중에서 자폐성장애 학생은 인지적 유연성에서 심각한 결함을 보여 다른 다양한 상황적 요구에 맞게 사고과정 및 행동을 변화시키지 못하고 동일한 인지적 틀을 적용하여 동일성에 대한 고집과 문제행동을 보인다 (이성봉 외, 2022).

2. 실행기능 결함 관련 특성 10중특, 13유특, 18중특, 20초특

① 특정 학업 과제 및 일상적인 과제를 조직하고 계획하는 데 어려움을 보인다.

② 자폐성장애 학생들은 반응 억제와 충동 조절에 어려움을 보인다.

③ 인지적 융통성의 어려움으로 인해 새로운 전략을 사용하거나 유연하게 생각하는 데 어려움을 보인다.

④ 체계적으로 환경을 탐색하는 데 문제를 보인다.

⑤ 작업 기억을 사용하는 데 어려움을 보인다. 자폐성장애 학생들은 일시적으로 저장된 정보를 회상하고 조직하는 데 어려움을 보인다.

⑥ 시간 관리나 여러 가지 과제를 수행해야 할 때 우선순위를 결정해야 하는 데서 많은 어려움을 나타낸다.

⑦ 복합적이고 추상적인 개념을 이해하는 데 어려움을 보인다.

실행기능 결함 관련 행동 양상 예시

민호는 다음과 같은 특성을 보인다.
- 물건 사기와 같은 일상생활의 문제를 해결하기 위해 스스로 계획하고 수행하는 데 어려움이 있음
- 점심시간과 같이 일상적으로 반복되던 시간에 작은 변화가 생기면 유연하게 대처하기보다 우는 행동을 보임
- 수업시간 중 과자를 먹고 싶을 때 충동적으로 과자를 요구하거나 자리이탈 행동을 자주 보임

3. 교육적 지원 방안

① 특정한 실행기능 기술을 개발시킨다: 과제를 작은 단계로 나누어 가르쳐 계획하기를 도와주고 점진적으로 복잡한 목표와 순서를 발달시킬 수 있도록 한다.

② 과제 수행을 관리하고 수행할 수 있도록 구체적이고 체계적인 안내를 한다: 수행해야 할 과제를 조직하고 계획하는 방법을 구체적으로 안내해 준다.

③ 외부환경의 구조화를 통하여 스스로 독립적인 실행기능을 발휘할 수 있도록 돕는다: 자폐성장애 학생들은 계획과 조직, 자기조절 능력에서 어려움이 있기 때문에 환경 구성이나 환경 내 인적 구성원이 외적 구조화를 제공하는 방법이다.

④ 실행기능의 목표를 포함시킨 놀이 활동이나 교육 과정 중에 실행기능 향상의 목표를 달성하게 할 수 있다. 예를 들어, 행동 조절이나 구조화 능력, 계획 능력을 향상시킬 수 있도록 규칙이 있는 게임 활동으로 실행기능의 목표를 향상시킬 수 있다.

⑤ 구조화의 정도가 높은 교육환경을 제공한다. 교육환경 내에서 물리적 환경의 구조화, 시간의 구조화, 사회적 환경의 구조화 방법을 실시한다.

물리적 환경의 구조화 방법	안전하고 예측 가능한 환경을 제공한다. 예 학교 지도 및 학급 지도(map) 게시하기, 내 자리에 이름표 붙이기, 교실공간에 영역 표시하고 이름표 붙이기 등
시간의 구조화 방법	학생들에게 예측 가능성을 증가시켜 학교 환경에 대한 적응을 높일 수 있도록 한다. 예 주간 시간표나 일일 시간표 및 일일 활동표, 특별한 행사 알리미, 활동에 걸리는 시간을 알려 주기 위한 스톱워치 사용하기 등
사회적 환경의 구조화 방법	교수·학습 활동 참여에 동기화되도록 학생의 사회적 환경인 교사와 또래가 반응적 지원을 하는 것이다. 예 교사 대 학생 비율이나 교수 집단의 크기 조절하기, 학교생활을 같이하는 짝이나 모둠 친구들 구성하기 등

구조화

구조화는 학생이 교수·학습 활동의 순서와 과제를 예측할 수 있도록 체계적으로 계획하고 구성하는 것이다.

PART 07

Chapter

04 환경 구조화 전략

환경 구조화 전략

방명애 외 (2019)	본문 참조
이승희 (2015)	• 물리적 배치의 구조화 • 시간의 구조화
Heflin et al. (2014)	• 물리적 환경 배열하기 • 시간구조 확립
Pierangelo et al. (2018)	• 물리적 구조화 • 반복적 일과 • 시각적 지원

01 물리적 환경의 구조화

자폐성장애 학생의 학업 및 사회적 참여 촉진을 위한 교수 환경 지원 전략 중 하나는 교실 및 학교 내 물리적 공간을 구조화하여 공간적 지원을 제공하는 것이다. 공간적 지원은 환경의 조직에 관한 구체적인 정보를 제공하기 위해 사용되는 지원으로, 사물의 위치에 관한 정보와 사적인 공간을 포함한다. 또한 학생이 감각적으로 과부하되었을 때 안정을 취할 수 있도록 지원할 수 있고, 다른 사람에 대한 학생 자신의 공간적 관계를 이해할 수 있도록 지원할 수 있다.

1. 물리적 공간의 구조화 18초특

(1) 개념 25초특

① 구조화된 물리적 환경은 자폐성장애 학생에게 교실 내 어느 영역에서 개별 활동, 소집단 활동, 대집단 활동이 이루어지는지에 대한 명확한 정보를 제공하고 영역의 한계를 알게 하는 것이다.

- 물리적 공간을 구조화할 때 교실 내에 특정 활동이 이루어지는 장소에 대한 정보를 제공할 수 있도록 경계를 정하여 표시할 수 있다. 이를 통해 해당 활동을 어디에서 해야 하는지에 대한 정보를 제공해 준다.
  예 색 테이프, 카펫, 색 테이블보 등을 활용하여 경계를 표시할 수 있다.

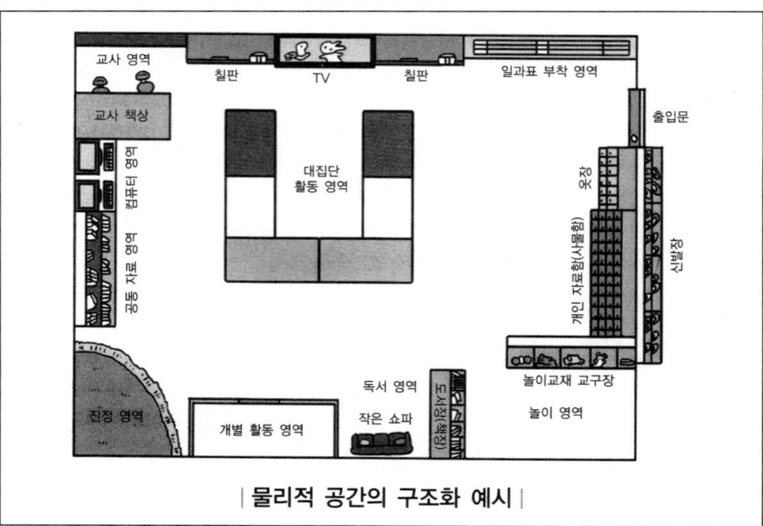

| 물리적 공간의 구조화 예시 |

② 물리적으로 구조화된 공간은 학생에게 다음과 같은 이점을 제공한다.

㉠ 해당 공간에서 무엇을 할지에 대한 분명한 정보를 제공하고, 영역의 한계를 알게 하여 참여를 촉진시킬 수 있다.

- 학생에게 분명한 기대를 제공하고, 상황과 관련된 단서에 집중시키며, 목적에 부합하는 의도된 행동을 증진시킨다.

㉡ 독립적 수행의 증가, 다른 사람을 관찰하는 능력 향상, 사회적 상호작용의 증진, 예측 능력 향상 등과 같은 긍정적 영향을 미친다.

③ 자폐성장애 학생은 구체적이고 예측 가능한 상황에서 편안함과 안정감을 갖는다. 그렇기 때문에 적어도 몇 달 동안은 교실 내 영역 구분을 변경하지 않고 활동이 이루어지는 영역에 대한 지정을 변경하지 않는 것이 좋다. 학생이 일정 기간이 지나 교실 영역의 구조에 편안함을 느끼면 점진적으로 작게 변화를 줄 수 있다.

- 자폐성장애 학생을 위한 교실 공간은 일반적으로 출입문 영역, 일과표 부착 영역, 집단 활동 영역, 개별 활동 영역, 놀이 영역, 자료 영역, 진정 영역(학생들이 안정을 취할 수 있는 곳), 교사 영역으로 구성할 수 있다.

(2) 진정 영역 19초특

자폐성장애 학생들이 안정을 찾을 수 있는 '진정 영역'이 교실 내에 확보되어야 한다.

진정 영역
동 안정 영역, 본거지, 휴양지

① 진정 영역이란 학생이 안정을 취할 수 있는 공간을 의미한다.

㉠ 수업 환경이 학생을 당황하게 만들거나 행동 문제로 학생이 안정을 취할 필요가 있을 때 유용한 공간으로, 학생이 스스로 해당 공간에 가서 이완을 할 수도 있고 교사가 학생에게 해당 공간으로 가도록 안내할 수도 있다.

㉡ 물리적 배치를 통해 환경적 지원을 제공하기 위한 것이다.

② 진정 영역이 과제에 대한 집중을 유지하는 데 필요한 조건을 제공하는 장소가 되기 위해서는 다음과 같은 점에 유의해야 한다.

㉠ 진정 영역은 교사가 학생을 타임아웃을 하거나 벌을 주기 위한 장소가 되어서는 안 된다.

㉡ 진정 영역은 학생이 과제를 회피하기 위한 장소로 이용되어서는 안 된다.

③ 진정 영역에는 학생의 특성에 따라 이완을 촉진시킬 수 있는 물건을 둘 수 있으며, 진정 영역에 있는 동안 학생은 강화를 계속 받을 수 있고 지속적으로 과제를 수행할 수도 있다.

④ 어떤 상황에서 진정 영역을 활용할 수 있으며 진정 영역에서는 어느 정도의 시간 동안에 어떤 행동을 해야 하는지에 관해서도 지도가 이루어져야 한다.

⑤ 진정 영역의 설정 역시 시각적 경계를 명확히 하는 것이 효과적이다.

KORSET 합격 굳히기 진정 영역 활용 사례

김 교사는 학생들을 위한 진정 영역을 교실 내에 구성하기로 한다. 대형 냉장고 박스 2개를 하나의 박스로 만들고 출입문을 만든다. 학생들과 미술시간에 다양한 방법으로 박스를 꾸민다. 완성된 진정 공간 박스를 교실 뒤편 창가 쪽에 놓는다. 진정 공간 안에는 학생이 편하게 앉을 수 있는 빈백의자(작은 스티로폼이 백에 들어 있는 의자)를 설치한다. 또한 작은 테이블을 놓고 그 위에 스위치로 켰다 끌 수 있는 은은한 조명의 스탠드와 진정 시간을 알게 해주는 10분짜리 모래시계를 놓는다. 빈백의자 옆에는 은은한 라벤더 향이 나는 방향제를 놓는다. 또한 학생들이 개별적으로 진정을 위해 활용할 수 있는 활동 재료(예 음악을 들을 수 있는 장치, 색블록 조립 도구, 공룡 책 또는 자동차 책과 같은 특별한 관심 영역 관련 서적 등)들이 들어 있는 상자를 테이블 옆에 놓는다.

김 교사는 학생들에게 진정 영역 행동 절차에 대해 시각적 지원을 활용하여 지도한다. 또한 학생들에게 진정 영역은 10분 이용할 수 있으며, 하루 3번의 기회를 가질 수 있다고 안내한다. 등교 시 김 교사는 학생들에게 학생의 얼굴 사진이 붙어 있는 막대 3개를 제공한다. 이 막대는 학생이 진정 영역을 사용하고자 할 때마다 교사에게 제출하는 것이다. 체계적인 시각 단서 교수를 통해 학생들은 진정 영역을 활용할 수 있다. 학생은 교실 내 불안의 증가로 진정이 필요하다고 느낄 때 교사에게 진정 영역 활용 막대를 제시하고, 교사의 허락을 받아 진정 영역에 들어간다. 진정 공간에 들어간 학생은 먼저 모래시계를 돌려놓고 진정 시간 동안 진정을 위해 할 수 있는 활동 재료인 자동차 책을 꺼내서 읽는다.

출처 ▶ 방명애 외(2018)

2. 공간 내 감각 자극 조절

① 교실 내 물리적 환경을 구조화할 때, 자폐성장애 학생의 자리는 학생의 감각 특성을 고려하여 가능한 한 감각적 방해를 적게 받는 위치에 배치하고 자주 위치를 바꾸어 주기보다는 정해진 자리를 일정 기간 동안 일관되게 유지하는 것이 좋다.

예 소리에 민감한 학생의 자리는 에어컨 또는 선풍기, 교실문, 창문과 다소 거리를 두고 배치하여야 한다. / 촉각이나 후각에 민감함을 보이는 자폐성장애 학생은 교실 벽의 페인트 색과 냄새에 민감할 수 있다.

② 대부분의 자폐성장애 학생은 시각적 학습에 강점을 가지고 있다. 자폐성장애 학생의 다양한 학습 양식에 맞는 환경 지원을 제공하는 것이 바람직하다.

③ 감각 자극에 대해 과잉반응을 보이는 학생에게는 학생의 학습 참여를 위해 교실 환경에서 학생이 과잉반응을 보이는 감각 자극을 줄여 교수 환경을 조절해 줄 수 있다.

④ 감각 자극에 대해 과소반응을 보이는 학생에게는 학생이 수업 중 자극 추구 행동을 하여 수업 방해 또는 과제 비참여를 이끄는 감각체계가 무엇인지 판별하여 수업 전에 이를 충분히 경험할 수 있는 환경을 제공하거나 수업 활동 내에서 자극 추구 행동과 참여 행동이 연계되도록 조성해 줄 수 있다.

02 시간의 구조화

공간적 지원과 더불어 자폐성장애 학생의 학습을 위해 제공되어야 하는 중요한 환경 지원은 시간을 구조화하는 것이다. 청각적 정보에 주의를 두고 이해하는 데 어려움을 갖는 자폐성장애 학생에게 시간 개념이 담긴 청각 정보(예 "5분만 더 하자!", "이거 먼저 하고 그건 나중에 하자!")는 학생의 수행에 더욱 혼란과 결함을 초래할 수 있다.

1. 시간의 구조화 개념 13유특(추시), 14초특

① 시간의 구조화는 활동에 걸리는 시간, 활동의 변화와 순서, 해야 할 활동에 대한 묘사, 시작과 끝에 대한 안내, 활동의 전환 안내 등을 제공한다.

② 시간의 구조화는 활동의 예측 가능성을 높여 학생의 활동 참여를 증가시킬 수 있다.

- 시간이 어떻게 사용되는지에 관한 정보를 제공하는 시간의 구조화는 일과를 예상할 수 있도록 지원해 주고 심리적 불안을 완화하여 학습에 대한 동기와 가능성을 높일 수 있다.

③ 시간의 구조화를 확립하는 대표적인 전략은 시각적 일과표를 활용하는 것이다.

2. 시각적 일과표 15유특, 18초특, 19초특, 21유특, 23초특

① 시각적 일과표는 하루의 한 부분, 하루 전체, 일주일, 한달 또는 일년에 관한 정보를 제공하는 일정에 관한 대표적인 시각적 지원이다.

㉠ 시각적 일과표는 어떠한 활동을 해야 하는지, 그날에 해야 하는 활동의 순서는 어떻게 되는지를 구체적으로 알 수 있도록 조직된 것이다.

㉡ 자폐성장애 학생의 시각적 강점을 활용하는 장점을 가지고 있다.

> **시각적 일과표 작성 예시**
>
> 학생은 하나의 일과를 수행하면 자신의 일과표에 가서 해당 일과를 나타내는 카드를 떼어서 '완료'칸에 넣고 그다음 일과를 확인한 후에 해당 일과를 수행할 수 있다. 이러한 과정을 통해 해당 일의 일과표에 붙은 활동 카드가 모두 '완료'칸에 들어가게 되면 학생은 교실에서 오늘 해야 하는 일과를 모두 수행한 것이 된다.
>
> 출처 ▶ 방명애 외(2019)

② 시각적 일과표는 다음과 같은 이점을 제공한다.

㉠ 시각적 일과표는 활동의 예측 가능성을 높여 학생의 불안감을 감소시키고 학습 참여를 증진시킬 수 있다.

㉡ 시각적 일과표는 학생의 독립성을 향상시키고 교사의 지속적인 감독과 지원에 대한 요구를 줄여 줄 수 있다.

㉢ 시각적 일과표를 통해 학생은 해당 일의 활동을 순서에 맞게 진행할 수 있고 시간 구조와 환경적 배열을 이해할 수 있다.

③ 시각적 일과표에서 제시되는 상징의 유형은 다양하다. 낮은 수준인 몸짓에서부터 실제 크기 사물, 소형 모형 사물, 사진, 컬러 그림, 흑백 선 그림, 단어, 문장이나 구절, 수화 아이콘의 높은 수준까지 시각적 표상의 수준은 다양하다.

- 일과표에 제시되는 시각적 제시 수준은 자폐성장애 학생의 상징 이해 수준에 맞게 적용하는 것이 바람직하다.

④ 시각적 일과표는 제공하고자 하는 범위에 따라 활동 간 일과표와 활동 내 일과표 등 다양하게 구성될 수 있다.

활동 간 일과표
동 일일 일정표

활동 내 일과표
동 작업 일정표, 과제 구성도

활동 간 일과표	하나의 일과 내에 이루어지는 활동의 순서를 제시하는 일과표
활동 내 일과표	활동을 수행하기 위한 단위행동들을 과제분석하여 이를 순서대로 제시한 것

KORSET 합격 굳히기 절차적 지원과 사회적 지원

1. 절차적 지원

① 절차적 지원은 활동 단계 간의 관계 또는 사물과 사람과의 관계를 조직하기 위해 사용하는 지원이다.

② 절차적 지원이 요구되는 대표적인 것이 일과이다. 일과는 활동 내에서 순서를 설명하는 지원이다. 활동 내 일과표가 일과 지원의 한 예가 될 수 있다.

㉠ 자폐성장애 아동의 교수·학습 활동 일과는 특정 과제를 수행하기 위해 요구되는 일련의 단위행동을 포함한다. 또는 한 과제에서 다른 과제로 변환할 때 할 수 있는 간단한 행동이 될 수도 있다.

㉡ 학생이 무엇을 해야 하며 얼마나 해야 하는지를 분명하게 이해할 수 있는 익숙한 활동들로 일과를 구성한다.

③ 일과에는 일관된 시작, 활동 내 사상의 일관된 계열, 일관된 마침이 포함된다.

2. 사회적 지원

① 사회적 지원은 교수·학습 활동 참여에 동기화되도록 학생의 사회적 환경인 교사와 또래가 반응적 지원을 하는 것이다.

② 자폐성장애 아동은 사회적 의사소통의 제한으로 교수·학습 활동에서 적극적으로 사회적 참여를 하는 데 어려움을 보일 수 있다. 이들의 사회적 참여 증진을 위해 반응적인 교사와 또래가 학생의 사회적 지원자가 될 수 있다.

③ 자폐성장애 아동과 상호작용을 할 때 교사는 자폐성장애 아동의 시도에 민감하게 주의하여 이에 반응하여 자폐성장애 아동으로 하여금 교사가 자신의 어떠한 시도에도 반응을 해주는 사람으로 인식하게 하면 효과적으로 사회적 상호작용에 참여할 수 있다.

출처 ▶ 방명애 외(2019)

PART 07

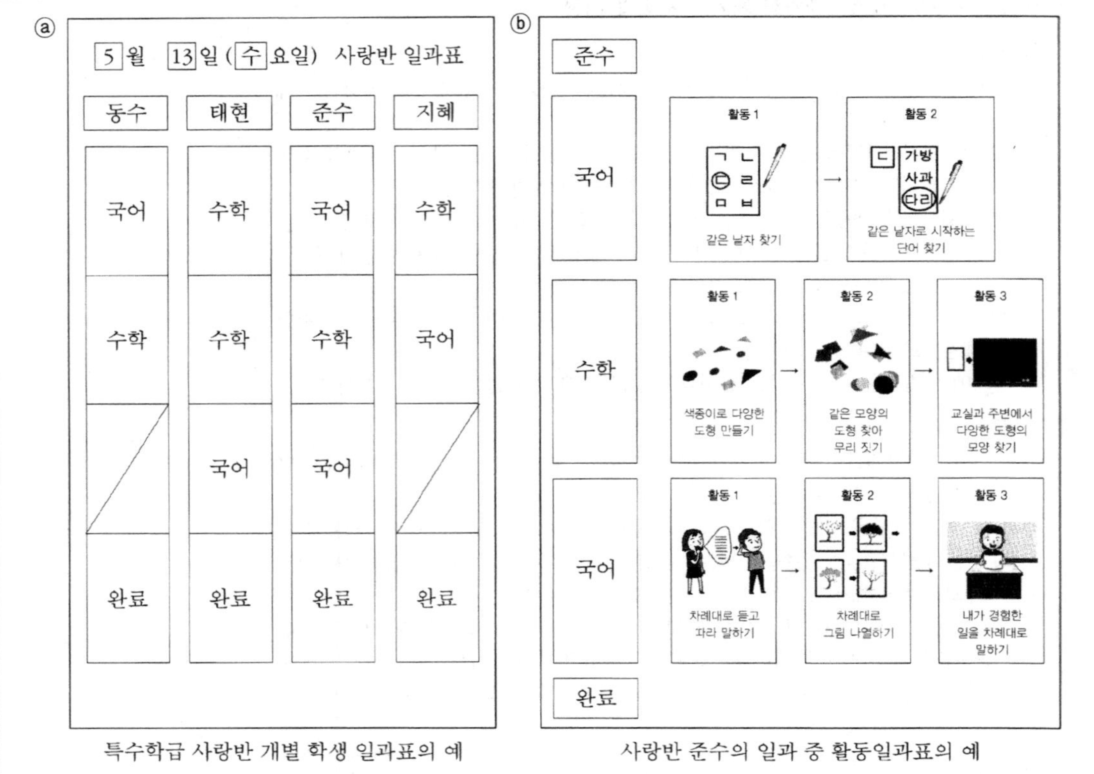

특수학급 사랑반 개별 학생 일과표의 예　　　사랑반 준수의 일과 중 활동일과표의 예

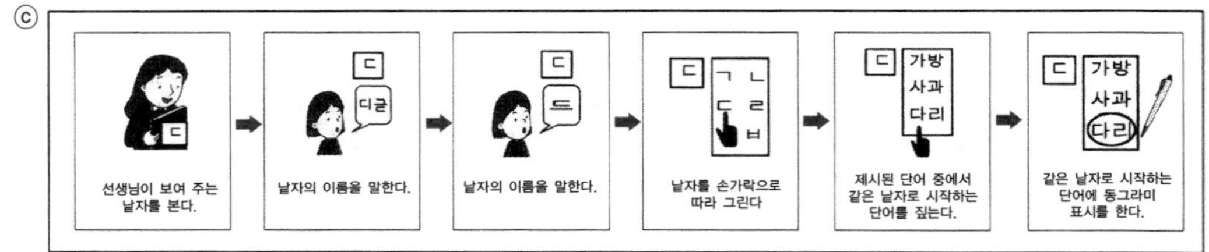

설명 ⓐ는 하나의 일과 내에 이루어지는 활동의 순서를 제시하는 (개별 학생의) 일과표에 해당한다. ⓑ는 국어 수업시간의 도입 – 전개 – 정리 중 전개 단계에서 학생이 수행해야 하는 활동의 순서가 '활동 1 같은 낱자 찾기' → '활동 2 같은 낱자로 시작하는 단어 찾기'임을 보여 주는 것으로 '활동 간 일과표'에 해당한다. ⓒ는 '활동 2 같은 낱자로 시작하는 단어 찾기' 활동을 수행하기 위한 단위행동을 분석하여 이를 순서대로 제시한 것으로 '활동 내 일과표'라고 할 수 있다.

| 아동 개별 시간표(ⓐ), 활동 간 일과표(ⓑ)와 활동 내 일과표(ⓒ) |

출처 ▶ 방명애 외(2019)

Chapter

05 교육적 접근

01 비연속 시행 훈련(DTT)

1. 비연속 시행 훈련의 개념

① 비연속 시행 훈련이란 특정 기술을 가르치기 위해 구조화된 교수환경에서 응용행동분석 원리를 집중적으로 적용하는 것이다. 명칭을 구성하고 있는 개별 용어의 정의는 다음과 같다.

㉠ 시행: 단일 교수단위를 의미하며 변별자극, 학생의 반응, 후속결과의 세 가지 요소로 구성된다.

- 시행은 성인(교사)이 시작하는 경우가 많은데, 보통은 언어적 촉구로 시작한다. 학생이 올바르거나 바람직한 반응을 보이면 그 행동은 보상을 받는다. 그러나 행동이 바람직한 반응이 아니면 오반응 교정 절차가 적용된다.

시행:	변별자극(S^D)	⇨	학생의 반응(R)	⇨	후속결과(S^R)
예:	"이게 뭐지?"	⇨	"과자."	⇨	"우와! 맞았어. 이건 과자야."
	(교사는 과자를 들고 있다.)	⇨	(학생이 반응한다.)	⇨	(교사는 후속결과물인 강화물을 제공한다.)

| 시행의 구성 요소 |

출처 ▶ 이승희(2015)

㉡ 비연속: 시행 간에 짧은 기간이 있음을 의미한다.

② 시행 간 간격을 두고 학생이 반응을 정확하고 능숙하게 할 때까지 시행을 반복한다.

③ 비연속 시행 훈련의 목표는 학생들이 지시하면 반응하지만, 지시하지 않으면 반응하지 않는 자극 의존성을 가르치는 것이다.

④ 비연속 시행 훈련으로 구조화된 환경에서 교사가 중심이 되어 가르친 기술은 일반화를 위하여 좀 더 자연적인 환경으로 확장시킬 필요가 있다.

㉠ 구조화된 환경에서 실시: 비연속 시행 훈련

㉡ 자연적인 환경에서 실시: 중심축 반응 훈련, 우발교수, 공동행동일과 등

비연속 시행 훈련
㊐ 불연속 시행 훈련, 비연속 개별시행 훈련

변별자극
㊐ 식별자극

비연속
㊐ 시행 간 간격

2. 비연속 시행 훈련의 구성 요소 및 절차

(1) 구성 요소 13유특(추시), 22유특

비연속 시행 훈련은 적게는 3단계, 많게는 8단계로 나누지만 모든 비연속 시행 훈련은 동일한 기본 구성 요소, 즉 주의집중, 자극 제시, 학생 반응, 피드백, 시행 간 간격을 포함한다.

① 주의집중

㉠ 매 교수 시행마다 시행의 시작을 위해 학생의 주의를 이끈다.

㉡ 교사는 주의집중을 위해 학생의 이름을 부를 수 있으나 시행마다 학생의 이름을 부르는 것이 학생의 주의를 끄는 데 도움이 되지 않을 수 있다.

㉢ 교수 초기 단계에서는 학생이 좋아하는 사물을 잡아보게 하며 학생과 눈맞춤을 할 수 있다.

② 자극 제시

㉠ 교수 또는 지시를 하는 것으로 학생의 반응에 대한 변별자극을 제시한다.

㉡ 변별자극은 일관되고 명확하며 간결해야 한다.

- 시행 초기에는 보다 빨리 변별자극을 확립하기 위해(즉, 자극통제를 가르치기 위해) 동일한 변별자극을 사용해야 한다.

㉢ 학생이 해야 하는 반응에 대한 구체적이고 간략하고 분명한 지시 또는 질문을 한다.

③ 학생 반응

㉠ 교사의 자극(단서)에 대해 학생이 반응을 한다.

㉡ 학생은 정반응, 오반응, 무반응을 보일 수 있다.

㉢ 학생이 오류 없이 학습을 할 수 있도록 변별자극과 더불어 촉진을 제공할 수 있다.

㉣ 학생이 촉진 없이도 자극이 제시되었을 때 정반응을 할 수 있도록 점진적으로 촉진을 용암시켜야 한다.

④ 피드백

㉠ 학생이 정확한 반응을 하면 교사는 즉시 적절한 강화제를 가지고 강화를 한다.

- 적절한 강화제란 주로 간단한 음식물 강화제와 사회적 강화제를 동시에 제공하는 것을 의미한다.

㉡ 학생이 무반응 또는 오반응을 보일 경우 즉각적으로 교정적 피드백을 제공한다.

㉢ 촉진은 촉진 의존성을 피하기 위해 조심스럽게 사용되어야 한다. 촉진 의존성을 피하기 위해서는 촉진을 동반한 몇 차례의 시행을 한 다음에 강화를 줄이거나 제거한다. 그러나 오류 수정 절차 이후에는 학생에게 강화제를 보여는 주되 주지는 말아야 한다.

- 대부분의 자폐성장애 학생들은 청각 처리과정에 어려움이 있기 때문에, 언어적 촉진은 언어적 정보를 이해하는 데 더 어렵게 하므로 사용하지 않는 것이 좋다.

⑤ 시행 간 간격

㉠ 시행 간 간격은 후속결과가 제공된 후에 다음 회기를 위한 변별자극이 주어지기 전 3~5초 동안의 시간을 말한다.

㉡ 시행 간 간격은 학생에게 회기가 끝나고 다른 회기가 시작된다는 단서가 된다.

㉢ 시행 간 간격은 몇 초간 지속될 수 있지만 학생에 따라 더 길어질 수도 있고, 짧아질 수도 있다. 주의집중 시간이 짧거나 혹은 휴식 후에 다시 참여하는 데 어려움이 있는 학생은 시행 간 간격을 매우 짧게 해야 한다. 짧은 시행 간 간격이 정확한 반응을 증가시키고 과제에 불참하는 행동을 줄여 주기 때문이다.

㉣ 시행 간 간격 동안 교사는 수행 결과를 기록하고 이전 시행에서 사용한 교수 자료를 제거한다.

정반응에 대한 피드백

임용시험에서 정반응에 대한 피드백의 형태는 사회적 강화제를 제공하는 경우(2017 중등B-3 기출), 사회적 강화제와 인위적 강화제를 같이 제공하는 경우(2022 유아A-1 기출)로 일치하지 않는다.

비교

무반응 또는 오반응에 대한 피드백

무반응 혹은 오반응에 대한 피드백 방법에 대해서는 문헌마다 차이를 보인다.

- 2013추시 유아 특수 임용: 오반응 시 교정적 피드백 제공
- 2015 초등 특수 임용: 오반응 시 교정적 피드백 제공
- 김건희 외(2018): 부정확한 반응에는 무시하거나 정정하거나 꾸짖으며, 무반응에는 무시하거나 반응을 촉구한다.
- 방명애 외(2018): 학생이 무반응 또는 오반응을 보이면 즉각적으로 교정적 피드백을 제공한다.
- Heflin et al.(2014): 학생이 틀리게 반응하거나 혹은 전혀 반응하지 않는다면, 교정적 피드백을 제공한 후 뒤이어 강화한다.

비교

시행 간 간격 시간

방명애 등(2019)의 동일 문헌 내에서 시행 간 간격의 시간은 다음과 같이 서로 다르게 제시되어 있다.

- 대체로 0.5초 이내의 매우 짧은 간격
- 대략 3~5초 정도의 간격

ⓜ 자료 수집은 다음과 같은 방법(양식)을 사용할 수 있다.

비연속 개별시행 교수

학생: 홍길동　　　　　　　　　　　　　　　훈련자: 이순신

목표: 색 변별을 할 수 있다.
조건: 홍길동과 마주 앉는다. 그리고 그에게 3개의 선택 중 1개를 준다.
말: "____만져라" (파랑, 빨강, 노랑, 초록을 기입한다.)
기준: 연속 3회기 동안, 단지 말(촉구 없음)로만 지시했을 때 80%의 정확도
강화 계획: (1:1)　1:2　1:3　간헐　기타:

날짜 / 시행	9/7	날짜	9/8	날짜	9/9	날짜	9/10	날짜	9/13
	촉구		촉구		촉구		촉구		촉구
~~10~~	F	10		~~10~~	G	⑩		10	
~~9~~	F	9		~~9~~	G	~~9~~	G	9	
~~8~~	F	~~8~~	P	~~8~~	G	~~8~~	P	8	
~~7~~	F	~~7~~	P	~~7~~	G	⑦		7	
~~6~~	F	~~6~~	P	~~6~~	P	⑥		6	
~~5~~	F	~~5~~	P	~~5~~	G	~~5~~	P	⑤	
~~4~~	F	~~4~~	F	~~4~~	P	[~~4~~]	G	[④]	
~~3~~	F	~~3~~	P	~~3~~	P	③		③	
~~2~~	F	~~2~~	F	~~2~~	P	~~2~~	G	~~2~~	G
~~1~~	F	~~1~~	F	~~1~~	P	~~1~~	G	①	
0%		0%		0%		40%		80%	
>f 촉구: F 100%		>f 촉구: P 63%		>f 촉구: G/P 50%		>f 촉구: G 66%		>f 촉구: G 100%	

촉구　G=몸짓
　　　M=모델
　　　P=부분적인 신체적
　　　F=완전한 신체적

표시: ----- 틀림
○ 맞음
□ 회기 중 모두 맞음
＊촉구를 사용하면, 시행은 틀림으로 표시함

설명 :

| 비연속 시행 훈련 자료 수집 양식의 예 |

출처 ▶ Heflin et al.(2014)

(2) 지도 절차 15초특

비연속 시행 훈련은 '주의집중 → 자극 제시 → 학생 반응 → 피드백 → 시행 간 간격'의 단계로 진행된다. 이와 같은 비연속 시행 훈련의 지도 단계를 예시를 통해 살펴보면 다음과 같다.

단계	교수 · 학습 활동
주의집중	교사는 색 블록 조립하기를 좋아하는 길동이가 해야 할 과제 수만큼의 작은 색 블록이 든 투명 컵을 흔들며 길동이의 이름을 부른다.
자극 제시	교사는 1,000원과 5,000원 지폐를 길동이의 책상 위에 놓는다. 이때 교사는 1,000원 지폐를 길동이 가까이에 놓는다. 교사는 길동이에게 "천 원을 짚어 보세요."라고 말한다.
학생 반응	길동이가 1,000원 지폐를 짚는다.
피드백	교사는 색 블록 한 개를 꺼내, 길동이가 볼 수는 있으나 손이 닿지 않는 책상 위의 일정 위치에 놓는다(오반응 시 교정적 피드백 제공).
시행 간 간격	교사는 책상 위 지폐를 제거하고 길동이의 반응을 기록한다.

출처 ▶ 2015 초등B-4 기출

3. 비연속 시행 훈련의 장단점

(1) 장점

① 시행이 아주 짧기 때문에 학생은 반응을 배우고 연습할 수 있는 많은 기회를 가진다.

- 새로운 행동(또는 기술)의 습득에 유용하다.

② 변별자극을 명확히 정의하고, 다른 모든 산만한 것들을 제거하기 때문에 교수 상황이 분명하다.

③ 중요한 기술을 과제분석으로 나누어 정확한 행동을 미리 결정하고, 즉시 강화한다.

④ 모든 사람에게 똑같은 접근법으로 사용 가능하며, 개별 학생 요구에 맞게 수정도 가능하다.

(2) 단점

① 교사가 엄격하게 통제된 학습 환경을 만들어 지도하기 때문에 비연속 시행 훈련을 통해 획득된 기술이 학습 상황과 유사한 상황에서만 나타나는 일반화의 제한을 가지고 있다.

② 교사 주도적이다.

③ 변별자극이 주어질 때에만 반응하기 때문에 자기주도 능력이 억제된다.

예 학생들이 스스로 장난감을 가지고 놀기보다 교사가 장난감을 가지고 놀라고 말하기를 기다린다.

④ 교사가 학생과 일대일 상황에서 개별적으로 상호작용하고 지속적으로 자극을 제공해야 한다는 점에서 집단 활동 중심의 학교 상황에서는 매우 제한적이다.

KORSET 합격 굳히기 **비연속 시행 훈련의 변형**

비연속 시행 훈련에는 집중 시행, 분산 시행 그리고 집단 시행의 세 가지 유형이 있으며, 각각 장점과 단점을 가지고 있다.

집중 시행	개념	교사는 같은 반응을 끌어내기 위해서 여러 번 같은 변별자극을 연속해서 사용한다. 예 학생에게 계속해서 10번 코를 만지도록 한다. / 시험을 위한 벼락공부
	장점	기술을 빨리 가르치는 데 효과적이다.
	단점	• 정보를 빨리 잃어버리는 경향이 있다. • 연속해서 같은 반응을 여러 번 하라고 요구했을 때, 학생이 성질을 부릴 수 있다.
분산 시행	개념	행동 반응의 파지를 증진시키고 저항을 피하기 위하여, 시행을 집중하는 대신에 날짜를 건너뛰어서 혹은 시행을 훈련 회기 동안 분산시켜 하는 것이다. 예 연속해서 코를 10번 만지라고 하는 대신에, 학생에게 아침에 이를 닦는 동안에 1번, 노래를 부를 때 1번, 줄 서서 기다릴 때 1번 등등, 코를 만지라고 한다.
	장점	집중 시행보다 정보를 유지시키는 데 효과가 있다.
	단점	반응을 학습하는 데 시간이 오래 걸린다.
집단 시행	개념	교사가 한 학생에게 비연속 시행 훈련을 하는 동안 다른 학생이 이를 보고 관찰학습이 일어날 수 있도록 하는 것이다. 예 학생은 동일한 과제를 받고, 교사는 질문을 하고 학생에게 대답하도록 요구한다(관심을 받고, 변별자극을 제시한다). 교사는 정확한 대답을 알고 있다. 교사는 틀린 대답을 수정하고, 다른 학생을 불러 대답하도록 한다(반응과 후속결과를 제공한다). 그러고 나서 다른 학생에게 다음 질문에 대답하도록 요구한다.
	장점	스포트라이트를 공유하는 것이다. 집단 시행은 학생이 다른 사람으로부터 배우는 것을 허용하고, 모델링으로 얻는 이익을 허용한다.
	단점	학생에게 직접 질문하지 않으면 주의를 기울이지 않으며, 일부 학생들은 다른 사람이 하는 것을 이해하지 못해서 모델링으로부터 배우지 못한다는 것이다.

출처 ▶ Heflin et al.(2014). 내용 요약정리

02 중심축 반응 훈련(PRT)

1. 중심축 반응 훈련의 개념 09유특, 11중특, 17유특

① 중심축 반응 훈련은 자폐성장애 학생의 전반적인 사회적 능력을 향상시키는 데 효과가 있는 것으로 밝혀진 증거기반의 자연적 행동 접근이다.

② 중심축 반응 훈련은 자폐성장애 학생에게 반드시 필요한 핵심 영역(중심축)을 중재하고 일반화하는 것을 주요 목표로 한다.

㉠ 학습 상황에서 습득한 중심축 반응을 유사한 다른 상황에서도 보일 수 있도록 일반화를 강조한다.

㉡ 자연스러운 상황에서 사회적 기술을 지도하여 문제행동의 발생을 예방함과 동시에 습득한 기술을 다른 사회적 기술로 확장시켜 학생 스스로 환경적 문제에 대처하도록 한다.

③ 중심축 반응 훈련의 핵심 영역은 훈련으로 향상될 경우 훈련받지 않은 다른 행동에도 변화를 가져올 수 있는 행동으로서 동기 유발, 복합 단서에 반응하기, 자기관리, 자기시도 등이 포함된다.

- 핵심 영역의 지도는 다른 기술들을 배우는 데 도움을 주어 의사소통 능력과 사회적 상호작용을 촉진하는 데 효과적이다.

2. 중심축 반응 훈련의 특징 09유특

① 자연스러운 환경에서 실시된다.

- 자연적 환경에서 발생하는 다양한 학습기회와 사회적 상호작용에 반응하도록 지도한다.

② 학생이 중심이 된다.

③ 후속결과(즉, 강화물)가 과제와 관련된 자연스러운 것이다.

④ 중심축 반응 훈련의 특성을 비연속 시행 훈련과 비교하여 살펴보면 다음과 같다.

구분	비연속 시행 훈련	중심축 반응 훈련
교재	• 치료자가 선택 • 준거에 도달할 때까지 반복 훈련 • 중재 절차의 시작은 자연적 환경에서 기능적인 여부를 고려하지 않고 목표 과제와 관련된 교재 제시	• 아동이 선택 • 매 시도마다 다양하게 제시 • 아동의 일상 환경에서 쉽게 찾을 수 있는 연령에 적합한 교재 사용

중심축 반응 훈련

중심축 반응 훈련 또는 중심 반응 훈련은 자폐성장애 아동의 전반적인 사회적 능력을 향상하는 데 효과적인 자연적 행동 접근이다. 중심축 반응 훈련은 자폐성장애인에게 반드시 필요한 중심 영역을 중재하고 일반화하는 것을 목표로 하는 중재 방법이다. 중심축 반응 훈련에서 주요 중재 목표로 설정되는 주요 중심 반응은 눈맞춤, 시작 행동, 공동 관심, 조망 수용, 도움 요청하기 등이다(특수교육학 용어사전, 2018).

동 중심 반응 훈련

자료

중심축 반응 훈련의 중재 목표

중심축 반응 훈련의 중재 목표는 아동이 자연적인 환경에서 사회적 상호작용과 다양한 학습기회에 반응하도록 하며, 중재 제공자의 지도를 점차적으로 감소시키고자 한다. 따라서 아동이 통합 환경에서 독립적으로 생활하는 데 필요한 사회적 · 교육적 기술을 제공하게 된다(김건희 외, 2019).

핵심 영역

동 중심축, 중심축 반응 훈련 영역, 중심반응

자기시도

동 자기주도, 스스로 시작행동하기, 자발적으로 시작행동하기

상호작용	• 훈련자가 교재를 들고 있음 • 아동에게 반응하도록 요구함 • 교재는 상호작용하는 동안 기능적이지 않음	훈련자와 아동이 교재를 가지고 놀이에 참여함
반응	정반응이나 정반응에 가까운 반응을 강화함	반응하고자 하는 시도는 대부분 강화됨
결과	먹을 수 있는 강화제를 사회적 강화와 함께 제공	자연적 강화를 사회적 강화와 함께 사용

출처 ▶ 방명애 외(2019)

3. 핵심 영역 13초특, 17유특 · 초특, 19중특, 22유특, 23중특, 24유특

중심 반응 행동을 지도하기 위한 핵심 영역은 동기 유발, 복합 단서에 반응하기, 자기관리하기, 자기시도, 공감하기이다. 일반적으로 중심축 반응 훈련의 핵심 영역을 이처럼 다섯 가지로 제시하고 있으나 대부분의 훈련 프로그램에서는 동기 유발, 복합 단서에 반응하기, 자기관리, 자기시도의 네 가지로 제시하고 있다.

① 자폐성장애 학생이 무엇인가를 하고자 하는 동기를 가질 수 있도록 하는 것은 중심축 반응 훈련의 중요 핵심 영역이다.

② 복합 단서에 반응하기란 학생이 이미 습득한 중심 행동을 여러 다양한 속성과 특징을 지닌 복잡한 요구에 반응하도록 하는 것이다.

- 복합 단서에 반응하기가 핵심 영역인 이유는 많은 학습 상황에서 다양한 단서에 반응해야 하는 일이 많기 때문이다.

③ 자기관리를 핵심 영역으로 선정한 이유는 자기관리 기술은 여러 상황 속에서 많은 사람과 다양한 행동을 하도록 일반화를 촉진할 수 있으며, 다른 사람의 도움이나 훈련된 중재자의 도움을 거의 받지 않고도 습득된 행동을 할 수 있기 때문이다.

④ 자기시도를 핵심 영역으로 선정한 이유는 스스로 시작하는 상호작용을 통해 학습이 일어나는 일이 많기 때문이다.

㉠ 자기시도란 사회적 상황에서 상호작용 대상자에게 먼저 말을 걸거나 몸짓으로 의사소통을 시도하는 행동 등이다.

㉡ 다른 사람들에게 질문하는 것을 가르치는 것도 자기시도를 가르치는 것이다.

핵심 영역	중재	예시
동기 유발	학생에게 선택권을 제공한다.	• 학생이 과제의 순서를 선택한다. • 학생이 쓰기 도구들을 선택한다. • 학생이 학급에서 읽을 책을 선택한다.
	과제를 다양하게 하고, 유지 과제를 같이 제시한다.	• 미술시간에 짧은 기간 동안 짧은 읽기 시간을 자주 가져 과제를 다양하게 한다. • 쉬는 시간을 자주 가져 과제의 양을 다양하게 한다. • 학생의 반응과 다음 지시까지의 시간을 줄여 과제의 속도를 수정한다. • 화폐 학습과 같은 새로운 과제와 돈 세기와 같은 이미 학습한 과제를 같이 제시한다.
	시도에 대한 강화를 한다.	• 질문에 대한 모든 응답을 말로 칭찬한다. – 질문에 응답하기 위한 모든 노력에 칭찬하기 – 질문에 응답하기 위한 비언어적 행동에도 긍정적으로 반응하기 – 틀린 반응을 하더라도 학생의 노력에 긍정적으로 반응하기 • 숙제와 다른 과제에 대해 칭찬의 글을 써준다.
	자연스러운 강화를 사용한다.	• 시간 말하기를 배울 때, 학생이 좋아하는 활동의 시간을 배우게 한다. • 화폐를 가르칠 때 학생이 좋아하는 작은 물건을 사게 한다.
복합 단서에 반응하기	자극을 다양화하고 단서를 증가시키며 반응을 격려한다.	• 제한적인 자극이나 관련없는 자극에 반응하는 특성이 있는 학생에게 적용한다. • 자극 다양화 방법: 한 가지 단서에서 시작하여 점차 단서를 증가시키면서 가르친다. **한 가지 단서**: 친구에게 인사하기를 가르칠 경우, '친구'라는 한 가지 속성을 지닌 단서에만 반응할 수 있도록 친구에게 인사하기를 가르친다. **두 가지 단서**: 친구에게 인사하기를 가르칠 경우, 빨간 옷을 입은 친구에게 인사하도록 가르칠 수 있다. 여기서 두 개의 단서는 '친구'와 '빨간 옷'이다.

자료

복합 단서에 반응하기

복합 단서에 대한 아동의 반응성을 다루는 것은 자극과다선택과 관련된 잦은 문제를 감소시키는 데 도움을 준다. 이것은 아동으로 하여금 지시에서 두 개나 그 이상의 요소에 주의를 기울이고 반응하도록 요구하는 것을 포함한다(Prelock, 2023).

		세 가지 단서: '노란 핀을 꽂고 빨간 외투를 입은 친구'에게 인사하기 등과 같이 여러 단서를 제공하여 그에 반응하게 가르친다. 여기서 제시된 단서는 '노란 핀, 빨간 외투, 친구'라는 세 가지 단서이다. • 반응을 격려하는 방법 : 처음에는 교사의 질문에 반응할 때마다 강화를 하다가 점차 세 번 반응할 때마다 강화를 제공하거나 혹은 평균 세 번 반응할 때 강화를 하는 방법 등과 같이 간헐 강화 방법을 사용한다.
자기관리	자신의 행동을 식별하고, 행동이 발생하는 것과 발생하지 않는 것을 기록하는 방법을 학생에게 가르친다.	• 학생이 이야기 시간에 조용히 앉아서 책장이 넘어갈 때 종이에 표시하도록 시킨다. • 교실에서 수학이나 다른 과제를 하는 동안에 과제 행동을 자기평가할 수 있도록 알람시계를 사용하게 한다.
자기시도	질문하는 것을 가르친다.	• 시간과 물건의 위치와 관련된 질문하기와 같은 정보-탐색 시도를 가르친다. • 도움을 요청하는 정보-탐색 시도를 가르친다. 예 길동이가 연필꽂이 만드는 순서를 모를 때 도움을 요청할 수 있도록 가르친다.

출처 ▶ 방명애 외(2019), Heflin et al.(2014). 내용 요약정리

자료

자기관리

자기관리를 촉진하려면 학습자가 스스로 목표기술이 무엇인지 확실히 알아야 하고 다음으로는 목표기술의 발생 여부를 기록하고 모니터링할 수 있어야 한다(방명애 외, 2019).

4. 중심축 반응 훈련의 장단점

장점	• 비연속 시행 훈련 방법들보다 행동을 일반화하는 데 효과적이다. • 다른 중재방법에 비해 비용, 시간, 인력 면에서 효율적이다. • 자연적 환경에서 발생하는 다양한 학습기회와 사회적 상호작용에 반응하도록 하고 다양한 연령과 발달수준의 학생들에게 적절하게 사용될 수 있다.
단점	• 학생은 훈련에 필요한 선수기술들을 가지고 있어야 한다.

출처 ▶ 김건희 외(2019). 내용 요약정리

03 공동행동일과

1. 공동행동일과의 개념

① 공동행동일과란 중도장애 학생들의 언어발달을 지원하기 위하여 개발한 것으로서 응용행동분석에 근거한 전략이다.

- 공동행동일과는 자연적 언어 패러다임의 원리에 기초한다.

② 자연적인 환경에서의 언어 사용 기회 증진을 목표로 한다. 즉, 학생의 의사소통 기능 향상과 의사소통의 상호 호혜성에 초점을 두어 학생이 자연적인 환경에서 언어를 사용할 수 있는 기회를 증진시키고자 하는 것이다.

③ 공동행동일과에서는 학생이 새로운 반응을 습득하고 적절한 시기에 바람직한 반응을 사용하도록 단서들을 제공하는 친숙한 일과들의 일관성에 의존한다. 이 일과들이 일관성을 가지고 자주 반복될 때 사건은 더 의미 있게 되고, 학생은 무엇인가를 통제하고 있다는 느낌을 받게 된다.

공동행동일과
동 공동활동일과, JARs

자연적 언어 패러다임
아동이 언어를 사용할 수 있는 기회를 지원하고 증가시킬 수 있도록 아동의 환경을 구성하는 것

2. 공동행동일과를 실시하기 위한 유의사항

① 일과의 주제를 선정할 때 모든 참여자들에게 의미 있고 친숙한 것인지를 확인한다.

② 다른 사람들과 상호작용 및 의사소통할 수 있는 많은 기회들과 함께 하루 종일 일과를 자주 제시한다.

③ 성과를 구체화한다.

④ 일과가 시작과 끝이 분명한 상태에서 순서를 따르고 있는지 확인한다.

⑤ 일과의 시작과 끝을 나타내는 명확한 신호를 규명한다.

⑥ 즉각적인 숙달을 기대하지 말고 학생들이 자신의 역할을 하도록 돕기 위하여 언어와 일과를 시범 보일 준비를 한다.

⑦ 하루를 기초로 하여 일과를 반복하는 계획을 세우고 점진적으로 변화를 추가한다.

⑧ 학생들이 역할들을 구별할 수 있도록 돕고 성인에 의한 언어적 촉구의 필요성을 줄이기 위하여 일과에 소도구를 포함시킨다.

공동행동일과 예시

교사는 하루 일과를 시작하기 위하여 아동들을 달력 영역으로 부른다. 그들은 몇 개월 동안 달력을 사용해 왔는데 일과는 항상 동일하다. 교사는 준표의 언어발달을 더욱 격려하기 위하여 변형된 공동행동일과를 사용하기로 결정하였다. 교사는 "오늘 아침에는 준표가 선생님이 될 거예요!"라고 말한다.

준표는 급우들 앞에 서서 교사를 바라본다. 교사는 준표를 달력 쪽으로 돌려세우고 준표에게 "(교사 자신이 일과를 시작할 때 항상 사용하는 문장인) '오늘이 며칠인지 봅시다.'라고 말해."라고 한다. 준표는 그 문장을 반복하고 교사가 아주 많이 했던 동작을 흉내내면서 달력 쪽으로 이동한다. 준표가 갑자기 멈추고는 주위를 둘러보기 시작한다. 달력을 가리킬 때 교사가 사용하는 막대기를 준표가 찾고 있다는 것을 아는 교사는 준표에게 혹시 무엇이 필요한지를 묻는다. 준표는 팔을 뻗지만 아무 말도 하지 않는다. 교사는 막대기가 감춰져 있는 뒤쪽으로 팔을 뻗으면서 "막대기가 필요하니? '막대기' 라고 말해 봐."라고 한다. 준표는 "막대기"라고 말하고 막대기를 받는다. 준표는 달력 쪽으로 돌아서서 해당 숫자를 짚어가며 날짜를 세기 시작한다. (교사는 준표가 실제로 얼마나 자신과 비슷한 소리를 내는지에 대해 놀란다!) 준표는 반복해서 그 날의 날짜로 채워져야 할 빈칸을 반복적으로 짚으면서 날짜 세기를 멈춘다. 준표가 달력 옆에 있는 숫자더미를 뒤지기 시작하자 교사는 빈칸에 해당되는 숫자카드를 들어 보이며 "숫자가 필요하니?"라고 묻는다. 준표가 그 카드를 잡으려고 팔을 뻗자 교사는 뭔가를 기대하는 표정으로 준표를 바라보며 카드를 뒤쪽으로 뺀다. 준표가 "숫자."라고 말하자 교사는 그 카드를 준표에게 건넨다. 준표는 카드를 달력에 붙이고는 연도, 계절, 날씨로 진행해 나간다.

교사는 준표가 빠져 있는 부분을 요구하거나 요청해야만 하도록 각각의 일과에서 무엇인가를 의도적으로 방해하여 왔다. 무엇보다도 준표는 달력 일과에서 '교사'의 역할을 아주 잘한다. 심지어 준표는 교사가 했던 것과 동일한 질문들을 급우들에게 하기도 한다. 가장 좋은 것은 준표 자신이 이를 즐기는 것처럼 보이고 많은 언어를 사용하고 있다는 점이다.

출처 ▶ 이승희(2015)

04 그림교환 의사소통 체계

1. 그림교환 의사소통 체계의 개념 10유특, 20유특

① 그림교환 의사소통 체계(PECS)는 표현언어가 부족한 자폐성장애나 다른 장애를 지닌 학생들을 위하여 고안된 보완 의사소통 프로그램이다.

- 그림교환 의사소통 체계는 보완대체 의사소통의 한 방법이지만 학생이 의사소통 대상자에게 접근해야 하고 상호작용을 먼저 시작한다는 점에서 차이가 있다.

② 그림교환 의사소통 체계는 기능적 의사소통 능력 증진을 목표로 한다.

③ 그림교환 의사소통 체계에서 주로 강조하는 교육 내용은 학생이 원하는 것을 '요청하기', '질문에 대답하기', 사회적 상호작용을 위한 '설명하기' 등이다.

㉠ 그림교환 의사소통 체계는 요청하기 기술을 익히는 데 효율적인 방법이다.

㉡ 그림교환 의사소통 체계에서 요청하기를 첫 번째 의사소통 행동으로 가르치는 것은 학생이 의사소통 대상자에게 원하는 물건을 요청하고 의사소통 대상자는 그에 대한 반응으로 원하는 물건을 즉각적으로 제공하여 자연적으로 의사소통 행동이 강화받을 수 있게 되며, 이에 따라 의사소통을 하고자 하는 동기를 촉진할 수 있기 때문이다.

2. 그림교환 의사소통 체계의 특징 11유특

① 행동형성, 차별강화, 자극통제의 전이 등과 같은 행동주의 원리와 방법을 기반으로 하지만 사회적 상황 속에서 의사소통 행동을 가르친다는 점에서 자연적 중재 방법도 활용한다.

② 그림교환 의사소통 체계에서 사용하는 그림카드는 시각적 지원의 한 방법이므로 자폐성장애 학생들의 특성에 적합하다.

③ 그림교환 의사소통 체계는 일상생활 속에서 의사소통 대상자와 의미 있는 상호작용을 촉진한다.

④ 그림교환 의사소통 체계를 적용하는 초기 훈련 단계에서는 복잡한 선수 기술을 필요로 하지 않기 때문에 초기 의사소통 행동을 습득해야 하는 어린 영유아나 능력이 낮은 자폐성장애 학생에게도 적용할 수 있다.

Tip

각 단계별 목표 및 실행 방법에 대해 정확히 숙지해야 한다.

교환 개념 지도 및 교환 훈련 단계
동 교환 개념 훈련 단계

비교

1단계의 목표

방명애 외 (2019)	본문 참조
고은 (2021)	교환개념을 학습하는 것이다.
김영태 (2019)	그림카드 교환의 반복 시도를 통해 자발적으로 그림카드를 활용하여 의사소통할 수 있다는 것이 핵심이지, 여러 카드 중 변별을 요구하는 것은 아니다.

3. 그림교환 의사소통 체계의 적용 절차 09유특, 14중특, 16유특, 19초특, 20유특, 21초특, 23유특

학습자는 여섯 단계에 걸쳐 원하는 항목을 얻기 위해 의사소통 상대방에게 원하는 항목이 그려진 그림 또는 그래픽 상징을 제공하도록 교육된다.

(1) 1단계: 교환 개념 지도 및 교환 훈련

① 1단계의 최종 목표는 학생이 테이블 위에 있는 그림카드를 집어서 훈련자에게 주고 원하는 것을 받는 것이다.

② 훈련은 다음과 같은 과정에 따라 이루어진다.

㉠ 학생이 원하는 것, 즉 학생의 선호도를 파악한다.

- 선호도는 몇 가지 사물을 책상 위에 올려 두고 학생이 먼저 집거나 가지고 노는 것, 빨리 사용하는 것이 무엇인지 관찰하여 파악할 수 있다.
- 선호도를 파악하는 과정에서 유의할 점은 훈련자가 학생에게 원하는 것이 무엇인지 질문(예 "뭘 줄까?", "네가 원하는 것 좀 보여 줘.", "이거 줄까?" 등)하지 않아야 한다. 만일 훈련자가 "뭘 갖고 싶니?"라고 말하면서 의사소통 교환을 시작했다면, 이는 자신이 무엇을 원할 때 누군가 자신에게 물어보도록 기다리는 것만을 가르칠 뿐이기 때문이다.

㉡ 선호하는 것이 무엇인지 확인되면, 훈련자는 학생이 선택한 선호물을 제외한 모든 물건을 치운다.

㉢ 훈련자는 학생이 충분히 볼 수 있는 위치에서 선호물을 보여 준다. 그리고 학생이 선호물을 향해 손을 뻗으려 할 때, 훈련자는 선호물의 그림카드를 학생의 손에 놓는다.

- 그림카드는 선호물을 직관적으로 알아볼 수 있을 만큼 구체적으로 표현된 것을 제공한다.

㉣ 학생이 그림카드를 손에 쥐고 있을 때, 훈련자(또는 보조자)는 학생이 그 그림카드를 훈련자가 내민 손에 놓도록 신체적 촉진을 제공한다.

㉤ 학생이 그림카드를 훈련자에게 주는 순간 훈련자는 학생에게 즉각적으로 미소를 지으며, 학생이 원하는 것을 주면서 "그래, 너는 이거 원했구나? 여기 있어."라고 말한다.

㉥ 훈련자는 그림카드와 학생이 원하는 것을 교환하는 것을 계속하면서 학생이 그림카드를 집는 것에 대하여 제공하였던 신체적 촉진을 점차 줄여 나간다.

㉦ 훈련자는 학생이 그림카드를 집을 때마다 계속 손을 벌려서 학생이 그 손에 그림카드를 놓을 수 있도록 한다.

㉧ 학생이 훈련자가 벌린 손에 그림카드를 집어 놓을 수 있게 되면 훈련자는 손 벌리기 단서를 줄여 간다.

(2) 2단계 : 자발적 교환 훈련

① 2단계의 목표는 학생은 교환을 하려면 의사소통 대상자에게 가까이 가서 그림을 줘야 한다는 것을 배우는 것이다.

② 2단계에서 훈련자는 학생으로부터 조금 더 멀리 떨어진 곳으로 움직이고 의사소통판도 학생으로부터 보다 멀리 놓는다. 학생은 교환을 하려면 의사소통 대상자에게 가까이 가서 그림을 줘야 한다는 것을 배워야 하기 때문이다.

③ 2단계에서는 두 명의 훈련자가 참여하는데 훈련자 1은 학생의 시야에서 조금 멀리 이동하여 학생이 그림을 향해 다가가도록 하고, 훈련자 2는 학생이 훈련자 1의 얼굴이나 어깨를 만지도록 시범을 보이거나 신체적으로 촉진한다.

- 훈련자 2(보조교사)의 신체적 지원은 서서히 줄여 나간다.

④ 자발적 교환 훈련을 위한 구체적인 방법은 다음과 같다.

> - 훈련자가 학생이 원하는 물건을 들고 있고 학생이 가까이 가려 하면 훈련자는 약간 뒤로 물러나서 학생이 훈련자에게 접근하기 위해 일어나도록 한다.
> - 교환이 이루어지면(학생이 그림카드를 주면), 훈련자는 학생에게 원하는 물건(과자 제공)과 사회적 강화("음, 너는 이 과자를 원했구나!")를 제공한다.
> - 이와 같은 훈련을 계속하면서 훈련자는 학생과의 거리를 점차 늘려 간다.
> - 이 단계의 마지막에서 학생은 스스로 자신의 의사소통판으로 가서 의사소통판에 있는 그림카드를 떼어, 훈련자에게로 가서 훈련자의 손에 카드를 놓을 수 있다.

⑤ 2단계를 실행하는 과정에서 유의할 점은 여러 의사소통 대상자(훈련자)에게 훈련을 받도록 하여, 이후 다양한 사람들과 의사소통을 시작할 수 있도록 해야 한다는 것이다.

2단계의 목표

방명애 외 (2019)	본문 참조
고은 (2021)	아동이 일정 거리를 두고 놓여 있는 의사소통판에서 그림카드를 떼어 의사소통 파트너의 손에 주는 것이다.
김영태 (2019)	1단계와 동일한 목표를 가지되, 추가적으로 의사소통 요구하기를 유지하고 그림카드, 의사소통 상대자와의 거리를 점차 늘려가는 것을 목표로 한다.

2단계에 참여하는 인원

1단계와 2단계에 참여하는 인원의 수는 문헌마다 차이를 보인다.

고은 (2021)	• 1단계: 보조자의 도움이 필요할 수 있다. • 2단계: 필요에 따라 보조자의 도움이 필요할 수 있다.
방명애 외 (2019)	• 1단계: 훈련자 / 보조자 • 2단계: 2명의 훈련자가 참여
이승희 (2015)	• 1단계: 2명의 훈련자 • 2단계: 설명 없음
Heflin et al. (2014)	• 초기 단계에서만 두 사람이 필요하다.

PART 07

그림 변별 훈련 단계
동 변별학습 단계

비교
3단계의 목표

방명애 외 (2019)	본문 참조
고은 (2021)	그림카드를 구별하는 변별학습이다.

(3) 3단계: 그림 변별 훈련

① 3단계의 목표는 의사소통판에 있는 두 가지 이상의 그림을 변별하는 것을 습득하도록 하는 것이다.

- 1, 2단계에서 다양한 사물을 한 번에 한 가지 그림카드를 제시하면서 학습했다면 3단계에서는 여러 가지 그림들을 변별하는 연습을 한다.

② 훈련은 다음과 같은 과정에 따라 이루어진다.

㉠ 학생은 교사와 마주 보고 앉고 둘 사이에 의사소통판을 놓는다.

㉡ 교사는 의사소통판에 학생이 선호하는 것과 선호하지 않는 것(혹은 중립적인) 두 개의 그림카드를 붙이고 학생이 잘 볼 수 있도록 놓아둔다.

- 그림카드는 선호도의 차이가 큰 세트부터 먼저 지도한다.
- 그림 변별에 어려움을 겪는 학생은 다음의 방법을 이용한다.

> - 선호하는 그림카드는 눈에 띄게 두고 다른 카드는 그림 없이 검정색으로 색칠한 카드를 놓기
> - 좋아하는 그림카드와 잘 모르는 카드 놓아두기
> - 좋아하는 그림과 좋아하지 않는 그림 놓아두기
> - 점차 선호도가 유사한 두 개의 카드를 제시하여 그중 정확한 카드를 변별하도록 하기

㉢ 학생이 그림카드를 집어서 교사에게 주면 교사는 학생이 원하는 물건과 교환하도록 학생에게 그림카드에 있는 것(예 작은 과자)을 준다.

- 만일 학생이 교사가 들고 있는 물건과 다른 그림의 그림카드를 집으려 하면 "우리는 이것을 가지고 있지 않아요."라고 말하면서 적절한 물건의 그림카드를 집을 수 있도록 촉진한다.

㉣ 선호하는 사물과 그렇지 않은 사물을 변별하는 활동 후, 선호하는 여러 가지 사물들 중에서 변별하는 것을 연습한다.

- 의사소통판에 제시하는 그림카드의 수를 점진적으로 늘려 가고, 요구하는 사물의 수도 늘려 나간다.
- 학생이 원하는 새로운 그림카드를 계속 추가하여 훈련할 수도 있고 그 외에 그림의 크기나 색깔을 달리하여 연습할 수도 있다.

③ 그림 변별 훈련 과정에서 학생에게 촉진이나 도움을 제공하여 그림들 간의 차이를 변별할 수 있도록 지속적으로 연습할 수 있다.

- 기회를 제공하고 연습 회기 중 80% 정도의 정반응을 보일 때까지 계속한다.

④ 3단계에서 주의할 것은 한 가지 그림카드의 위치를 계속 바꿔 주어 학생이 그림카드의 위치를 기억하여 그에 따라 반응하지 않도록 해야 한다.

자료
오반응 수정 절차
오반응 수정은 4단계로 이루어진다. 먼저 의사소통 상대가 올바른 그림을 두드리고, 그다음에 아동이 올바른 그림카드를 가져올 수 있도록 언어적으로(필요하다면 신체적으로) 촉진한다. 그리고 주의를 환기시킨 후(예를 들어 쉽고 간단한 과제 제시), 마지막으로 아동에게 사물을 유도하는 것을 다시 시작한다(김영태, 2019).

(4) 4단계: 문장 만들기 지도(문장으로 표현하는 방법 지도)

① 4단계에서는 학생에게 "나는 ~을/를 원해요."라는 문장을 사용하여 '원하는 것 요청하기'를 가르친다.

② '나는 원해요' 그림카드는 문장 띠에 미리 붙여 놓고, 학생은 자신이 원하는 사물의 그림카드를 붙인 후 그 의사소통 띠를 의사소통 대상자에게 제시하도록 한다. '나는 원해요' 그림카드는 대개 오른쪽 구석의 문장 띠에 고정시킨다. 훈련은 학생이 활용 가능한 전체 단어를 문장 띠에 사용할 수 있을 때까지 계속한다.

- 그림카드를 제시하면서 문장의 내용을 말하도록 한다.
  - 구어가 전혀 발달되지 않았을 경우, 그림카드를 사용하여 문장 띠에 문장을 만들고 그것을 교사에게 제시하도록 한다.

③ 훈련자/교사는 학생의 일상 환경을 구조화하여 하루 일과 전체를 통해 다양한 의사소통 기회 속에서 연습할 수 있을 때까지 계속한다.

(5) 5단계: 질문에 반응하기 훈련

① 5단계의 목표는 학생이 일상생활 중 "뭘 줄까?"라는 질문에 대답하고 스스로 원하거나 필요한 물건과 행동을 요청하게 하는 것이다.

② 훈련은 다음과 같은 과정에 따라 이루어진다.

㉠ 훈련은 원하는 물건과 '나는 이것을 원해요'라는 카드를 의사소통판에 제시하는 것으로 시작한다.

㉡ 교사는 '나는 이것을 원해요'라는 카드를 지적하면서 "뭘 줄까?"라고 질문한다.

㉢ 학생은 자신이 원하는 카드를 들어 문장 띠에 붙여 문장을 완성하여 그림카드와 원하는 물건을 교환하게 된다. 점차 "뭘 줄까?"라는 질문과 '원하는 그림'을 지적하는 시간은 0.5초에서 1초 정도로 짧아진다.

자료

문장 띠

문장 띠는 약 4인치×1.5인치 정도의 크기로 만들어 의사소통 판의 오른쪽 아래 모서리 또는 중앙에 붙인다. 이 문장 띠에 '나는'과 '원해요'라는 2개의 단어를 의미하는 그림카드로 각각 붙이지 않고, '나는 원해요'라는 의미를 포함하는 그림카드를 사용한다(방명애 외, 2019).

비교

6단계의 목표

방명애 외 (2019)	본문 참조
고은 (2021)	사건과 사물에 대해 설명하는 것이다.
김영태 (2019)	6단계의 마지막 목표는 아동이 자발적으로 언급하는 것이다. 아동이 좋아하고 흥미로워하는 활동에 지속적으로 참여하도록 하면서 질문을 점차 줄이며 언급하기를 유도한다.

(6) 6단계 : 질문에 대한 반응으로 설명하기 훈련

① 6단계의 목표는 새로운 의사소통 기능을 가르치는 것이다.

㉠ 명명하기 또는 이름 붙이기, 즉 "무엇을 보고 있니?"라는 새로운 질문과 앞서 습득한 "뭘 줄까?"라는 질문에 적절히 대답하도록 하는 것이다.

㉡ 요구단계에서 벗어나 자신의 의견을 표현하는 내용이 다루어진다. 즉, 응답을 하고 자발적으로 설명할 수 있는 단계이다.

② 6단계는 그다지 원하는 것은 아니지만 이미 요청할 수 있는 물건으로 시작하며 5단계처럼 지연된 촉진을 사용한다.

㉠ 훈련자는 테이블 위에 약간 선호하는 물건을 두고 '나는 이것을 보고 있어요.' 또는 '나는 이것을 원해요.' 그림카드를 올려 두거나 참조 그림과 문장 띠가 있는 의사소통판 위에 이와 유사한 구를 놓아둔다.

㉡ 참조 물건을 집으면 훈련자는 "뭘 보고 있니?"라고 질문하면서 '나는 ~을/를 보고 있어요.' 카드를 지적하게 한다.

- 학생이 이 카드를 바로 지적하지 못한 경우, 이 카드를 문장 띠에 올려놓고 훈련자가 신체적으로 안내하여 학생이 지적하도록 한다.

㉢ 카드를 문장 띠에 올려놓은 후 훈련자는 학생이 문장 띠에 원하는 물건의 그림카드를 올려놓는지 알아보기 위하여 5초 정도 기다린다. 학생이 적절히 반응하면, 훈련자는 "그래, 너는 ~을/를 보았구나."라고 설명하고 학생에게 학생이 본 것과 연관되지 않은 작은 보상물을 준다.

- 학생이 이름을 말한 물건은 보상으로 제공하지 않는데, 그 이유는 그 물건을 요청했다는 사인으로 혼동할지 모르기 때문이다.

㉣ 학생이 "뭘 보고 있니?"라는 질문에 대답할 수 있게 되면 훈련자는 "뭘 보고 있니?"라는 질문과 "뭘 줄까?"라는 질문을 학생에게 섞어서 제시한다.

- 중요한 핵심은 "뭘 줄까?"라는 질문에 답할 경우 원하는 것을 제공하고, "뭘 보고 있니?"라는 질문에 정확히 답할 경우, 명명한 물건이 아닌 보다 효과적인 강화제에 의해 강화받도록 한다(예 토큰과 같은 보상물, 칭찬 등)는 것이다.

③ "뭘 보고 있니?"라는 질문에 따른 반응을 잘 습득하게 될 경우, 점차 물질 강화제는 소거하고 사회적 강화에 반응할 수 있도록 한다. 구체물과 같은 물질 강화를 소거시키는 것은 자발적인 명명하기나 언급하기를 가르칠 때 매우 중요하다.

KORSET 합격 굳히기 그림교환 의사소통 체계의 단계와 목표

그림교환 의사소통 체계(PECS)는 자폐증 또는 다른 발달지체 학생에게 기능적인 의사소통을 가르치기 위한 포괄적인 프로그램이다. 이 프로그램은 델라웨어 자폐증 프로그램에서 Andy Bondy와 Lori Frost에 의해 개발되었다. Bondy 등이 제시한 그림교환 의사소통 체계의 단계와 목표는 다음과 같다.

단계	목표
[1단계] 의사소통하는 방법	학생은 가장 선호하는 물건을 그림 상징과 주고받는 것을 배운다.
[2단계] 거리와 지속성	학생은 좀 떨어진 거리에 있는 의사소통판에서 그림 상징을 떼어 교사의 관심을 얻고, 그림 상징을 주고받는 것을 배운다.
[3단계] 그림 변별	학생은 그림 상징의 모음 중에서 적절한 그림으로 요청하는 것을 배운다.
[4단계] 문장 구조	학생은 여러 단어로 된 문장을 사용하여 물건을 요구하는 것을 배운다(예 "나는 ○○을 원해요.").
[5단계] "무엇을 원하니?"에 반응하기	학생은 "무엇을 원하니?"라는 질문에 반응하여 그림 상징을 주고받는 것을 배운다.
[6단계] 대답하기	학생은 다음 질문에 대답하는 것을 배운다("무엇이 보이니?", "무엇을 가지고 있니?", "무엇이 들리니?", "그건 무엇이니?").

출처 ▶ Barton et al.(2015)

4. 그림교환 의사소통 체계의 장단점

(1) 장점 11유특, 20유특

① 언어적 촉진 없이 자발적인 의사소통을 가르칠 수 있다.

② 구어를 전혀 사용하지 못하거나, 거의 사용하지 않더라도 효과적으로 사용될 수 있다.

- 의사소통 의도 표현력 향상에 효과적이다.

③ 어휘를 향상시켜 준다.

④ 즉각적인 보상을 통해 의사소통 기술을 습득할 수 있다.

(2) 단점

① 초기 훈련 단계에서 2명의 교사가 필요할 수 있다.

② 초기 훈련 단계에서 신체적 촉진이 사용될 수 있다.

자료

PECS의 장점

PECS의 장점은 '주고-받기'의 교환성의 의사소통 개념, 상호작용 촉진 그리고 자발성의 강화에 있다(고은, 2021).

05 기능적 의사소통 훈련

1. 기능적 의사소통 훈련의 개념

① 기능적 의사소통 훈련(FCT)이란 문제행동과 대립되는 바람직한 의사소통 행동을 가르쳐 문제행동의 기능을 대신하도록 하는 전략이다.

㉠ 문제행동과 동일한 기능을 가진 수용 가능한 교체기술을 가르치는 전략이다.

㉡ 대체행동 차별강화 전략으로, 지금까지 부적절한 문제행동을 통하여 얻을 수 있었던 강화자극을 앞으로는 바람직한 의사소통(예 대체언어 행동)으로 얻을 수 있도록 배려하는 전략이다.

㉢ 실생활에서 우선적으로 필요한 것을 중심으로 자연스러운 환경에서 의사소통하는 것을 강조하는 언어 중재이다.

② 기능적 의사소통을 위한 접근법에서는 발달 순서보다는 일상생활을 하는 데 꼭 필요한 의사소통 기술을 먼저 가르친다.

③ 학생에 따라 언어적인 또는 비언어적인 방법으로 의사소통 방법을 지도한다.

㉠ 언어적인 방법은 특별한 문장을 가르치는 것이다.
예 "쉬고 싶어요.", "나에게 말하세요."

㉡ 비언어적인 방법은 수화를 가르치고, 아이콘을 교환하고, 음성 산출 도구의 사용을 포함한다.

2. 기능적 의사소통 훈련의 절차와 방법

① 기능적 의사소통 훈련에서는 대체행동 차별강화를 활용하여 대체행동을 강화한다.

- 기능적 의사소통 훈련은 대체행동 차별강화 전략의 한 변형으로, 지금까지 문제행동이 수행해 온 기능을 바람직한 의사소통 행동이 대신하는 전략이다. 다시 말하면, 문제행동과 기능적으로 동일한 의사소통 행동을 훈련시킴으로써, 지금껏 문제행동을 통하여 얻을 수 있었던 특정 강화자극을 앞으로는 바람직한 의사소통을 통하여 얻을 수 있도록 하는 전략이다.

② 의사소통 훈련에서 많이 사용되는 대체언어 행동은 발성, 신호, 몸짓, 대화보드, 단어카드 또는 그림카드, 전자음성 시스템의 사용 등이다.

자료

기능적 의사소통 훈련

- 기능적 의사소통 훈련은 문제행동의 기능이 무엇인지 분석하여 그 기능에 상응하는 의사소통 체계를 가르치는 것이다(방명애 외, 2019)
- 문제행동에 대한 교체기술을 기능적 의사소통 훈련으로 가르치는 것이다(양명희, 2018).
- 기능적 의사소통 훈련은 긍정적 행동지원 관련 문헌들에서 흔히 소개되고 있고, 따라서 긍정적 행동지원에 근거한 전략으로 기술하는 문헌도 있으나 기능적 의사소통 훈련을 행동수정 기법 중 하나인 대안행동 차별강화의 한 형태로 보는 문헌들도 있다(이승희, 2015).
- 문제행동을 감소시키기 위한 선행요인으로서 대안적인 기능적 의사소통 반응을 가르치기 때문에 대체행동 차별강화를 응용한 개입이라고 할 수 있다(Cooper et al., 2017).
- 대부분의 교체기술 중재는 기능적 의사소통 훈련 또는 FCT로 일컬어지는 방법을 통해서 잘 알려져 있다(Bambara et al., 2017).

동 의사소통 차별강화(DRC)

③ 기능적 의사소통 훈련은 다음과 같이 2단계로 구성된다.

1단계	행동의 기능평가를 통하여 문제행동을 유지시키고 있는 강화자극이 무엇인지 확인한다.
2단계	확인된 강화자극을 사용하여 바람직한 대체행동을 강화하여 가르친다. – 언어 및 대체언어로 자신이 원하는 것을 표현하도록 가르치고, 이러한 의사 전달의 수단을 올바르게 사용할 때마다 문제행동에 수반되어 왔던 특정 강화자극을 제공한다. 예 학생의 자해행동이 '학습 환경으로부터의 도피'에 의하여 강화되어 왔다는 사실이 확인되었다면, 이제부터는 문제행동을 할 때 도피를 허용하지 않는 반면(소거), 간단한 수신호로 자신의 의사를 표현하면 즉시 학습을 중단하고 휴식을 허용하는 차별강화 전략을 철저히 실행한다.

출처 ▶ 홍준표(2017). 내용 요약정리

KORSET 합격 굳히기 기능적 의사소통 훈련과 동기조작

1. 기능적 의사소통 훈련은 비유관강화나 고확률요구연속처럼 기존의 동기설정조작의 강화가치를 약화시켜 문제행동의 발생 동기를 감소하려는 것이 아니라, 오히려 동기설정조작에 민감한 대체행동을 개발하여 문제행동과 경쟁시키고 결국 문제행동의 기능을 대신하도록 하는 것이다.
2. 예컨대, 어려운 과제를 제시할 때마다 자해행동으로 학습 상황으로부터 도피하는 아동의 경우를 생각해 보자.
   ① 비유관강화는 문제행동과 무관하게 도피를 풍족하게 허용함으로써 문제행동(도피행동)의 발생 동기를 약화시키려는 전략이다.
   ② 고확률요구연속은 쉬운 과제를 연속해서 제공함으로써 역시 어려운 문제로부터 도피하려는 동기 자체를 제거하려는 전략이다.
3. 그러나 기능적 의사소통 훈련에서는 먼저, 아동에게 '선생님, 쉬고 싶어요!'라는 언어적 표현을 가르친다. 언어장애를 가진 아동의 경우에는 쉬고 싶다는 의사를 대체언어로 표현하도록 가르친다. 다음으로 아동이 문제행동으로 도피를 시도할 때는 절대로 허용하지 않는 반면(예 소거 전략), 새로 배운 언어 또는 대체언어를 사용하여 도피를 시도하면 적극적으로 허용하는 차별강화 전략을 사용한다.

출처 ▶ 홍준표(2017)

비교

FCT의 실행 단계

홍준표(2017) Cooper et al.(2017)	본문 참조
이승희(2015) Bambara et al.(2017)	1. 문제행동의 기능을 밝히기 위하여 기능평가를 실시한다. 2. 문제행동과 같은 기능을 제공하면서 사회적으로 수용가능한 의사소통 대안행동을 선정한다. 3. 의사소통 대안행동을 가르치되 새로 습득된 행동이 문제행동보다 더 효과적이라는 것을 확실히 해야 한다.
Barton et al.(2015)	1. 문제행동을 정의한다. 2. 기능적 행동평가를 실시한다. 3. 대체 반응을 찾는다. 4. 대체 반응을 가르친다. 5. 대체 반응을 강화한다. / 문제행동을 제거한다.

자료

기능적 의사소통 훈련은 동기설정 조작(EO)을 바꾸기보다는 EO에 민감한 대체행동들을 개발한다. 이는 EO들의 효과를 바꾼다는 점에서 비유관강화와 고확률요구연속 개입과는 상반되는 것이다(Cooper et al., 2017).

3. 기능적 의사소통 훈련 사용 시 고려사항

기능적 의사소통 훈련 사용 시 고려해야 될 사항은 다음과 같다.

고려사항	설명
반응 일치 (행동의 초기 감소를 위함)	• 대체행동이 문제행동의 기능과 일치하는가?
반응 숙달 (초기 감소, 일반화, 유지를 위함)	• 대체행동이 바람직한 결과를 얻는가? • 다음을 고려한다. 반응 효율성: 새로운 행동은 문제행동보다 빠르고(효율성) 쉽게(효과성) 원하는 결과를 얻어야 한다. 반응 수용성: 새로운 행동은 주변 환경 안에서 다른 사람들이 받아들여야 한다. 반응 인식성: 새로운 행동은 친근한 사람이나 생소한 사람들이 쉽게 알아야 한다.
반응 환경	• 대체행동은 다른 환경에서도 문제행동과 동등한 기능으로 작용할 수 있는가? • 이러한 환경에서 학생이 선택할 수 있는 기회가 있는가?
문제행동에 대한 결과	• 반응 결과를 개별적으로 사용하고 있는가? 예 마치 문제행동이 일어나지 않은 것처럼 학생과 함께 과제를 계속한다. • 문제행동이 주변 환경 안에서 기능으로 작용하지 않는가?

출처 ▶ Heflin et al.(2014)

4. 기능적 의사소통 훈련의 장단점

장점	• 의사소통 반응은 중요한 타인으로부터 강화를 받을 수 있게 해주기 때문에 대안적 의사소통 반응의 일반화와 유지를 위한 훌륭한 기회가 된다. • 높은 사회적 타당성을 지닐 수 있다.
단점	• FCT 치료 패키지에는 보통 소거가 포함된다. 이로 인해 원치 않는 효과가 나타날 수 있다. 예 소거폭발, 자발적 회복 등 • 참가자들은 강화를 얻기 위해 부적절할 정도로 높은 비율의 대안적 의사소통 반응을 보일 수 있다. • 보호자들의 입장에서는 불편하고 불가능한 시간에도 강화를 주어야만 하는 상황이 발생할 수 있다. • FCT는 문제행동을 유발하는 환경을 그대로 두기 때문에 전반적인 효과성이 제한될 수 있다.

출처 ▶ Cooper et al.(2017). 내용 요약정리

KORSET 합격 굳히기 기능적 의사소통 훈련의 예

교사는 기능평가를 통해 길동이가 소근육 이용이 지속적으로 요구되는 과제를 피하기 위하여 무는 행동을 하는 것을 알아냈다. 따라서 교사는 길동이가 자기 자신이나 다른 사람들을 무는 위험에 두기보다는 짧은 휴식시간을 요구할 때 그것을 허락하는 교수환경이 더 적절하다고 결정하였다. 또한 교사는 사회적으로 더 수용 가능한 방식으로 활동을 거절하는 방식을 길동이에게 가르치는 것이 장기적으로 그에게 더 유익할 것이라는 것도 알았다. 소근육 과제의 대안과제를 찾고 과제에 길동이의 관심을 반영하는 식으로 선행사건을 수정함으로써 교사는 길동이에게 대안행동을 가르칠 준비를 하였다.

교사는 '휴식시간'이라는 단어가 쓰인 카드를 만들어 길동이 가까이 놓은 다음 길동이가 가장 덜 좋아하는 소근육 과제들 중 하나를 가져왔다. 그 과제를 길동이의 책상 위에 놓기 전에 교사는 길동이가 '휴식시간' 카드를 교사 자신에게 주도록 촉구하였다. 교사는 "휴식시간을 원하니? 좋아!"라고 말하고 그 카드를 길동이의 책상 위에 다시 놓고는 즉시 소근육 과제를 가지고 자리를 떴다. 길동이가 잠깐 만족스럽게 앉아 있게 허락한 다음 교사는 그 과제를 가지고 길동이에게 가까이 가서 다시 '휴식시간' 카드를 교사 자신에게 주도록 길동이를 촉구하면서 같은 방식으로 반응하였다. 두세 번 더 반복하자 길동이는 교사가 가까이 오면 '휴식시간' 카드를 집어 교사에게 건네기 시작하였다. 그리고 무는 행동은 더 이상 나타나지 않았으며 교사는 '휴식시간' 카드가 항상 사용가능하도록 준비되어 있는지만 확인하면 되었다.

교사는 또한 길동이가 선호하지 않는 과제를 완성할 수 있도록 행동을 형성하기 시작하였다. 교사는 길동이가 휴식시간을 요청해서 실제로 휴식시간을 허락받을 때까지의 지연시간을 점진적으로 더 길게 함으로써 그 행동을 형성해 나갔다. 교사는 "휴식시간을 원하니? 좋아~ 먼저 파란색을 집어 올려봐."라는 말로 시작하여 그대로 수행되면 과제를 가지고 자리를 뜨면서 길동이에게 휴식시간을 허락하였다. 점차 교사는 더 많은 수행을 길동이에게 기대하였다. 만약 길동이가 무는 행동을 다시 한다면 교사는 강화물(휴식시간)을 보류하고 길동이가 '휴식시간' 카드를 교사 자신에게 건네도록 촉구하면서 과제를 계속 제시하였다. 교사는 길동이가 대안행동을 보일 때까지 적절한 행동은 차별적으로 강화하고 휴식시간은 보류하였다.

출처 ▶ 이승희(2015)

KORSET 합격 굳히기 촉진적 의사소통

1. 촉진적 의사소통은 의사소통 및 기타 장애를 지닌 사람들이 자신의 능력의 한계라고 인식되는 수준을 훨씬 능가하는 기대하지 못한 의사소통을 할 수 있도록 해주려는 취지의 보완 의사소통 방법이다.
   - 의사소통에 심각한 문제가 있는 개인에게 메시지를 타이핑하는 동안 지원하는 방법이다.

2. 장애가 없는 사람의 손 위에 손을 올려놓는 지원이나 기타 형태의 신체적 지원을 받아 촉진적 의사소통이 끌어낸 생각과 의견을 타자기로 치게 된다.
   - 사람이 타이핑하는 데 신체적, 정서적 지원을 제공하는 것이 포함된다.

3. 촉진적 의사소통은 처음에는 자폐성장애인들에게 획기적인 치료법으로 기대되었다. 그러나 좀 더 상세한 조사과정을 거쳐 촉진적 의사소통은 효율성이 결여된 것으로 입증되었다.

출처 ▶ Pierangelo et al.(2010), Simpson et al.(2007)

> **자료**
> **구조화**
> 구조화는 의미, 개념, 표상, 인지 등의 기능에 중대한 장애가 있는 자폐아동에게 치료교육적 지원을 할 때, 그들이 생활환경이나 학습환경의 의미를 이해하고, 무엇을 해야 하는지를 알기 쉽게 하기 위해 고안한 것이다. 즉, 구조화란 자폐아동에게 주위에서 무엇이 일어나고 있는지, 그리고 그들 한 사람 한 사람이 각자의 기능에 맞춰 무엇을 하면 좋을지 알기 쉽게 제시하는 방법이다(사사키 마사미, 2019).

06 TEACCH

1. 구조화

① 구조화란 학생이 교수·학습 활동의 순서와 과제를 예측할 수 있도록 교수·학습 환경을 체계적으로 계획하고 구성하는 것이다.

㉠ 구조화는 활동이 이루어지는 장소가 어디인지, 사용되는 교재 또는 교수가 무엇인지, 자신의 것은 무엇이고 또래와 함께 공유해야 하는 것은 무엇인지, 해야 하는 행동이 무엇인지, 누구와 함께 해야 하는지, 얼마나 오랫동안 해야 하는지, 언제 끝내는지 등에 대해 예측할 수 있도록 구체적인 정보를 포함하여 체계적으로 교수·학습 환경을 구성하는 것이다.

㉡ 자폐성장애 학생은 잘 구조화된 학습 환경에서 안정감과 편안함을 느끼며 자신의 불안을 조절하여 학습에 더 잘 참여할 수 있게 된다.

② 구조화의 목적은 자폐성장애 학생이 무엇을 해야 하는지를 이해하고 과제를 성공적으로 수행할 수 있도록 돕는 것이다.

2. 구조화된 교수

① 구조화된 교수는 각 개인의 특정 상황에 개별적으로 적용될 수 있는 '자폐성장애 문화'에 대한 이해와 존중을 기반으로 하는 교육, 치료 원칙, 전략으로 새로운 기술을 가르치는 방법이자 자폐성장애 학생이 교육 내용을 이해할 수 있도록 의미 있게 환경을 구성하는 방법이다.

- 구조화된 교수는 자폐성장애 학생의 학습 과제 참여를 동기화하고 증진시켜 새로운 개념 및 기술의 학습을 돕기 위해 자폐성장애 학생의 특성을 활용하는 것이다.

② 구조화된 교수의 목적은 자폐성장애 학생이 무엇을 해야 하는지를 이해하며 성공적으로 과제를 완수할 수 있도록 돕는 것이다.

③ 구조화된 교수는 특정 공간 및 학습 활동과 연계된 물리적 환경 구성, 시각적 일과표의 활용, 자연적인 상황에서 다양한 기능적 기술의 개별화된 학습 기회 제공, 일관되고 체계적인 접근과 같은 특성을 가지고 있다.

④ 구조화된 교수의 효과(장점)는 다음과 같다.

㉠ 상황에 대한 이해를 증가시킨다.

㉡ 혼란과 불안을 감소시킨다.

㉢ 학습에 대한 주의력 및 반응성을 증진시킨다,

㉣ 행동 조절을 가능하게 한다.

ⓜ 전반적인 독립 기능이 향상된다.

- 성인의 촉진 또는 단서 없이 평생에 걸쳐 도울 수 있어 학생의 독립 기능을 크게 증가시킨다.

ⓗ 구조화된 교수를 통한 학습 환경과 활동은 자폐성장애 학생이 자신을 둘러싼 세계에서 의미를 판별하고 이해하는 데 도움을 제공할 수 있다.

3. TEACCH의 개념

① 자폐성장애와 관련 의사소통장애 아동의 중재와 교육(Treatment and Education of Autistic and Related Communication-Handicapped Children, TEACCH)은 자폐성장애 아동의 학습참여를 지원하기 위해 교수환경의 구조화를 체계적으로 적용한 대표적인 사례이다.

② TEACCH의 구조화 유형에는 물리적 구조화, 일과의 구조화, 개별 과제 조직, 구조화된 작업 시스템이 포함된다.

> **Tip**
> 일반적으로 '자폐성장애와 관련 의사소통장애 아동의 중재와 교육'보다는 TEACCH로 제시된다.

4. TEACCH의 구조화 유형 11중특

(1) 물리적 구조화 21중특

① 물리적 구조화는 분명한 특정 경계를 제시하는 것과 같은 예측 가능한 방법으로 학생이 해야 할 활동을 알려 주는 시각 정보를 제공하는 것이다.

② 물리적 구조화는 학생의 주의집중 분산이나 감각 자극의 과부하를 유발할 수 있는 환경적 요소를 줄여 준다.

③ 물리적 구조화는 학생에게 다음과 같은 정보를 제공한다.

- 특정 활동을 어디서 해야 하는가?

(2) 일과의 구조화 21중특

① 일과의 구조화는 하루에 일어나는 일의 계열을 조직하고 의사소통하기 위해 일과를 구조화하는 것이다.

② 교사는 학생에게 다음과 같은 정보를 제공한다.

- 어떤 활동이 어떤 순서로 일어나는가?

③ 일과의 구조화는 주로 시각적 일과표의 개발과 활용을 통해 이루어진다.

㉠ 시각적 일과표는 하루의 한 부분, 하루 전체, 일주일, 한 달 또는 일 년에 관한 정보를 제공하는 일정에 관한 대표적인 시각적 지원 방법이다.

㉡ 시각적 일과표의 가장 중요한 특징은 학생에게 시각적이고 의미 있는 정보를 제공하며 변경 또는 갱신이 용이하다는 것이다.

> **Tip**
> TEACCH의 구조화 유형 중 일과의 구조화와 환경구조화 전략 중 시간의 구조화를 구분지어 사용해야 한다.

> **비교**
> **일과의 구조화가 제공하는 정보**
> 학생은 일과표를 통해 자신이 언제, 무슨 과제 또는 활동을 할 것인지를 알 수 있다. 언제 활동이 일어날 것인지, 어떤 활동을 할 것인지, 다음에 어떤 활동을 할 것인지, 자신이 좋아하는 활동은 언제 일어날 것인지 등에 관한 정보를 제공한다(방명애 외, 2019).

PART 07

ⓒ 시각적 일과표는 다음과 같은 이점이 있다.

- 활동의 예측 가능성을 제공하므로 학생의 불안 감소에 도움이 된다.
  - 예측 가능성은 사람이 자신의 환경을 이해하는 데 도움이 되며, 자폐성장애 학생에게 특별한 문제가 되는 불확실성과 당황으로 인한 불안을 감소시킨다.
- 시각적 일과표는 자폐성장애 학생이 어려워하는 전환 행동을 쉽게 한다. 전환 과정에서 다음에 무엇을 해야 하는지 수시로 확인하면 예상치 못한 당황스러움, 원하지 않는 활동 중단 및 장소 변경으로 인한 스트레스로 발생하는 바람직하지 않은 문제행동을 줄일 수 있도록 돕는다.
- 교사나 부모가 단순히 구두로 다음에 무엇을 할 것인지 알려 주면, 언어가 완전히 이해되지 않거나 흘려버릴 수 있지만, 시각적 의사소통은 보다 이해하기 쉽고, 언제나 확인할 수 있어 정보 확인이 쉽다.
- 학생의 독립성을 향상시키고 교사의 지속적인 감독과 지원에 대한 요구를 줄여 줄 수 있다. 시각적 일과표를 통해 학생은 해당 일의 활동을 순서에 맞게 진행할 수 있기 때문이다.

(3) 개별 과제 조직

① 개별 과제 조직은 학생이 수행할 과제의 자료를 조직하는 것이다.

② 시각적 지원은 조직화된 개별 과제를 지도하는 데 필수 요소이다. 시각적 지원을 통해 학생은 과제 완성 전략을 학습하고 무엇을 성취해야 하는지를 명확하게 학습할 수 있다.

③ 개별 과제 조직은 다음과 같은 정보를 시각적 지원을 활용하여 학생에게 제공해야 한다.

㉠ 어떤 과제를 수행해야 하는가?

㉡ 얼마나 많은 항목을 해야 하는가?

㉢ 최종 결과물은 어떠한 것인가?

㉣ 과제를 완수할 때까지 자신의 수행을 어떻게 점검할 수 있는가?

㉤ 과제의 완성을 어떻게 확인할 수 있는가?

자료

개별 과제 조직

개별 과제 조직이란 과제 하나하나를 어떻게 해야 하는지 알기 쉽게 보여 주는 방법이다. 자폐아동은 시각적 능력이 뛰어난 경우가 많으므로 시각적 단서를 제공하여 아동이 혼자 과제를 자주적으로 수행할 수 있게 하는 것이다. 예를 들면 볼펜 조립 방법, 상품 상자를 접는 법, 세탁물 개는 법, 기계 부품을 조립하는 법 등을 사진, 그림, 문자를 이용해 아동이 이해할 수 있도록 설명한다. 즉, 자폐인을 위한 설명서나 사전 같은 것을 만드는 것이다(사사키 마사미, 2019).

동 과제 구성, 과제 편성

비교

개별 과제 조직이 제공하는 정보

2021 중등A-8 기출	• 무엇을 해야 하는가? • 얼마나 많은 항목을 해야 하는가? • 최종 결과물은 어떠한 것인가?
방명애 외 (2019)	• 학생이 해야 하는 과제가 무엇인가? • 어떻게 과제를 수행해야 하는가? • 얼마 동안 과제를 해야 하는가? • 얼마나 많은 과제를 해야 하는가? • 과제를 완수할 때까지 자신의 수행을 어떻게 점검할 수 있는가? • 과제의 완성을 어떻게 확인할 수 있는가? • 다음에 해야 하는 것은 무엇인가?

(4) 작업 시스템 16초특

① 작업 시스템이란 교사의 직접적인 지도와 감독을 통해 습득된 개별 과제를 연습하거나 숙달하는 시각적으로 조직화된 공간을 의미한다.

② 작업 시스템은 작업 공간에서 학생이 독립적으로 모든 활동을 완수하는 것을 목표로 한다. 따라서 새로운 기술을 가르치는 것보다는 기술의 숙달을 촉진하는 것에 주안점을 두어야 한다.

- 독립적인 과제 수행을 통해 학생이 습득한 기술이 유창하게 숙달될 수 있도록 학습 기회를 제공하는 것이다.

③ 작업 시스템은 과제 또는 활동의 특성에 관계없이 다음과 같은 정보를 제공한다.

㉠ 어떤 작업을 수행해야 하는가? (학생이 해야 하는 작업)

㉡ 얼마나 많은 작업을 완성해야 하는가? (해야 하는 작업의 양)

㉢ 작업은 언제 끝나는가? (작업이 종료되는 시점)

KORSET 합격 굳히기 작업 시스템에 대한 이해

1. TEACCH 프로그램에서는 보통 난이도가 다른 네 종류의 방식(왼쪽에서 오른쪽으로 방식, 색깔 맞추기를 이용한 시스템, 상징기호 시스템, 문자에 의한 시스템)을 사용하는데, 개별 아동의 기능 수준에 맞춘 방식을 응용하여 지도하는 것이 중요하다.
2. 난이도가 가장 낮은 단계의 작업 시스템인 '왼쪽에서 오른쪽으로' 방식에 대해 살펴보면 다음과 같다.
   ① 교재는 미리 학습이나 작업용 책상 위 왼쪽에 준비해 놓고, 책상 위 오른쪽에는 완성물을 넣을 상자를 놓아둔다.
   ② 아동은 왼쪽 상자에 있는 교재나 작업용 부품을 꺼내 책상 가운데서 정해진 과제를 하고 완성물을 오른쪽 상자 안에 넣는다. 어떤 과제를 어느 정도의 분량으로 해야 할지는 왼쪽의 교재나 재료를 보고 가운데의 그림 설명을 보면 이해할 수 있도록 되어 있다.
   ③ 왼쪽 상자가 텅 비고 오른쪽 상자가 완성물로 가득 찼을 때 과제나 작업이 종료되는 것이므로, 시간 개념이 취약해도 자폐성장애 아동의 장기인 시각적 기능으로 이해할 수 있게 한다. 이때 좌우 상자 사이의 중앙에 시각적으로 제공되는, '정해진 과제'에 대한 이해를 돕는 아이디어가 개별 과제 조직(혹은 과제 편성)이라는 구조화 방법이다.
   ④ 과제 학습이나 작업이 끝나면 벨을 울리는 방법 등으로 교사에 알리도록 가르치는 것도 좋다. 또한 작업이 끝나고 아동이 좋아하는 활동이나 간식 시간을 갖게 하면 기대나 즐거움을 체험하게 되어 학습이나 작업 의욕을 강화시킬 수도 있다. 이러한 활동도 적절한 지도 프로그램으로 짜여야 할 것이다.

출처 ▶ 사사키 마사미(2019)

작업 시스템
동 작업 체계, 개별 작업 시스템

비교

작업 시스템이 제공하는 정보

방명애 외 (2019)	본문 참조
김건희 외 (2019)	• 어떤 작업 또는 활동을 해야 하는가? • 특정 작업 기간 동안 얼마나 많은 작업을 해야 하는가? 또는 작업에 걸리는 시간은 얼마인가? • 작업의 진도와 작업이 끝났음을 어떻게 알 수 있는가? • 작업이나 활동이 완료된 후 무엇이 일어나는가?
사사키 마사미 (2019)	• 어떤 활동을 할 것인가? • 어느 정도의 시간 또는 분량의 활동을 할 것인가? • 과제나 활동은 언제 끝나는가? • 끝난 후에는 무엇을 할 것인가? 혹은 해도 좋은가?

PART 07

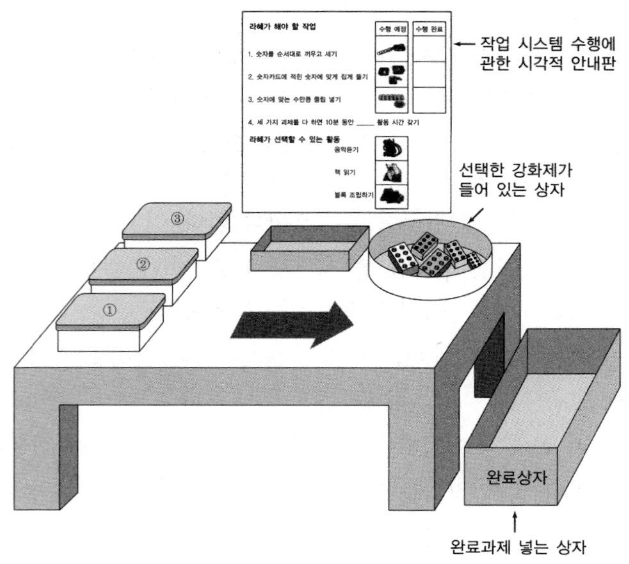

| 작업 시스템 예시 |

출처 ▶ 방명애 외(2019)

07 파워카드 전략

1. 파워카드 전략의 개념 11초특, 15유특, 19초특, 22초특

① 파워카드 전략이란 학생의 특별한 관심을 사회적 상호작용 교수에 포함시키는 시각적 지원 방법이다.

㉠ 자폐성장애 학생의 특별한 관심을 활용해 행동 변화의 동기를 제공하기 위한 시각적 지원 전략이다.

㉡ 학생의 특별한 관심을 긍정적으로 활용한 대표적인 강점 중심의 중재 방법이자 사회적 담화의 한 유형이다.

② 파워카드 전략은 일상적 일과 속에서 필요한 의사소통 능력, 숨겨진 교육과정으로 알려진 사회 인지 능력 등을 포함한 사회적 능력과 같은 이들의 특별한 관심과 강점을 활용하기 때문에 매우 효과적인 방법으로 밝혀지고 있다.

③ 파워카드 전략은 사회적 상황과 일상적 일과의 의미를 알려 주고, 언어의 의미를 알려 주며, 일상적 일과, 기대되는 행동, 다른 사람의 마음이해 방법, 잠재적 교육과정으로 알려진 일상생활 중 해서는 안 되는 일과 해야 할 일 등을 지도할 때 효과적으로 사용할 수 있다.

담화

- 담화란 화자(필자)가 특정한 목적을 가지고 어떤 의도를 청자(독자)에게 전달하고자 표현하는 하나 이상의 발화를 말한다.
- 담화는 여러 개의 문장이 일관된 주제를 이루며 연결되어 있는 구성체로 정의되기도 한다. 담화와 텍스트를 구분하여 담화는 구어를, 텍스트는 문어를 가리키기도 하고, 구어와 문어를 통칭하여 담화라고 하기도 한다.

출처 ▶ 김홍범 외(2021)

2. 파워카드 전략의 요소

파워카드 전략을 이용하기 위해서는 간단한 시나리오와 명함 크기의 파워카드가 필요하다.

(1) 시나리오

① 학생이 영웅시하는 인물이나 특별한 관심사, 그리고 학생이 힘들어하는 행동이나 상황에 관련된 간략한 시나리오를 작성한다.

② 시나리오는 대상 학생의 인지 수준에 맞게 작성되어야 한다.

③ 간략한 시나리오와 더불어 특별한 관심사에 해당하는 그림을 포함할 수 있다.

④ 첫 번째 문단에서 학생이 좋아하는 영웅이나 롤 모델이 등장하여 문제 상황에 대한 해결이나 성공 경험을 제시한다. 두 번째 문단에서는 3~5단계로 나눈 구체적인 행동을 제시하여 새로운 행동을 습득할 수 있도록 한다.

시나리오
동 스크립트

(2) 파워카드

① 이 카드에는 특별한 관심 대상에 대한 작은 그림과 문제행동이나 상황에 대한 해결 방안을 제시한다.

② 파워카드는 학생이 습득한 행동을 일반화하기 위한 방안으로도 활용할 수 있다.

③ 파워카드는 지갑이나 주머니에 넣고 다니거나 책상 위에 두고 볼 수 있도록 한다.

> 파워카드 전략의 예시
>
> **시나리오**
>
> 티라노랑 친구들은 그네 타기를 좋아해요.
> 어떤 때는 티라노가 좋아하는 그네를 친구들이 타고 있어요.
> 그럴 때 티라노는 친구에게 "나도 타고 싶어. 우리 같이 타자."라고 말해요.
> 친구들에게 말하지 않고, 그냥 타면 친구들이 속상해 해요.
> 티라노는 친구들과 차례차례 그네를 탈 수 있어요.
>
> 타고 싶은 그네를 다른 친구가 타고 있을 때:
>
> **① 그네를 타고 있는 친구 옆으로 간다.**
> **② 친구를 보면서 "나도 타고 싶어. 우리 같이 타자."라고 말한다.**
> **③ 친구가 "그래"라고 하면 그네를 탄다.**

자료

파워카드 전략 활용 단계

효과적인 파워카드 전략을 적용하려면 다음의 절차를 고려해야 한다(Gagnon).

1. 문제행동이나 문제 상황 파악하기
2. 아동의 특별한 관심 파악하기
3. 문제행동에 대한 기능 분석 실행하기
4. 파워카드 전략이 효과적인 방법인지 확인하기
5. 기초선 자료 수집하기
6. 파워카드에 들어갈 시나리오와 카드 디자인하기
7. 아동에게 시나리오와 파워카드 소개하기
8. 효과 검증을 위하여 중재 자료 수집하기
9. 중재 결과를 평가하고 필요한 경우 수정하기
10. 파워카드 전략의 사용을 얼마나 오랫동안 사용할 것인지를 결정하기 위하여 아동이 스스로 할 수 있도록 하기
11. 아동의 성과를 기초로 파워카드 전략을 사용하는 동안 시나리오 읽는 것을 점점 줄이기

출처 ▶ 방명애 외(2019)

파워카드

① 그네를 타고 있는 친구 옆으로 간다.
② 친구를 보면서 "나도 타고 싶어. 우리 같이 타자."라고 말한다.
③ 친구가 "그래"라고 하면 그네를 탄다.

3. 파워카드 전략에서 학생이 좋아하는 인물이나 관심사를 이용하는 이유 [23유특]

① 동기부여: 자폐성장애 학생들은 대부분 자신의 관심사에 대하여 말할 때 동기가 높아진다.

② 역할 모델: 학생은 자신의 관심 대상을 역할 모델로 삼고, 그처럼 되고 싶어 하기 때문에 역할 모델의 제안을 쉽게 따른다.

③ 비위협적인 방법: 관심사를 이용하는 것은 학생에게 비위협적이다.

4. 파워카드 전략이 도움이 되는 상황

파워카드 전략을 적절히 활용할 수 있는 상황은 다음과 같다.

① 학생이 일상생활 중의 규칙과 일과를 잘 이해하지 못하는 경우

② 선택하기를 못하는 경우

③ 촉진이 없을 경우에 기억하는 데 어려움이 있는 경우

④ 다른 사람의 관점을 잘 이해하지 못하는 경우

⑤ 일반적인 상황에서는 잘하지만 스트레스 상황하에서는 주어진 일과를 잘 따르지 못하는 경우

⑥ 특정 상황에서 시각적 지원이 있어야만 무엇을 해야 하는지 알고 수행하는 경우

⑦ 일반화에 어려움이 있는 경우

⑧ 동기 유발에 어려움이 있지만 특별한 관심사가 포함될 때에는 동기 유발이 되는 경우

⑨ 성인의 지시 따르기에 어려움이 있는 경우

08 상황이야기

1. 상황이야기의 개념 09중특, 13유특, 18중특, 20유특, 22초특

① 상황이야기는 특정 사회적 상황과 관련된 분명한 사회적 단서와 적절한 반응을 설명해 주는 개별화된 인지적 중재 방법으로 마음이해능력을 촉진시키기 위한 여러 가지 전략들 중 하나이다.

② 상황이야기는 다른 사람의 마음이해능력을 발달시킬 수 있는 중요한 정보를 제공하는데, 주로 다른 사람들이 알고 있는 것과 이들의 생각, 믿음, 그리고 그러한 상황과 관련된 느낌 등을 잘 설명한다.

③ 학생이 해야 할 행동을 기술하는 것이 아니라 사회상황을 이해하는 데 목표를 두고 있으며 다른 사람의 관점을 이해하도록 돕기 위해 작성된다.

- 학생들이 사회적 상황과 상대방의 입장을 이해할 수 있도록 돕는다.

> 상황이야기 예시
>
> **친구와 블록 쌓기 놀이를 해요**
>
> 나는 친구들과 블록 쌓기를 해요.
> 친구들은 블록 쌓기를 좋아하고 나도 블록 쌓기를 좋아해요.
> 나와 영미는 블록으로 집을 만들어요.
> 나는 빨강색을 좋아하지만, 영미는 여러 색을 좋아해요.
> 빨강 블록 집도 예쁘지만 다른 색으로 만들어도 멋있어요.
> 여러 색으로 집을 만들면 더 재밌어요.
>
> 나는 친구들과 여러 색으로 블록 쌓기 놀이를 할 수 있어요.

2. 상황이야기의 특징

상황이야기는 다음과 같은 특징으로 인해 자폐성장애 학생에게 적용하기에 적합한 방법이다.

① 상황이야기는 글자와 그림을 기반으로 하는 시각적 자료이므로 자폐성장애 학생들의 강점인 시각적 능력을 활용할 수 있다는 점에서 긍정적이며 반복적으로 사용할 수 있다.

상황이야기
동 사회상황이야기, 사회적 상황이야기, 사회적 이야기, social stories

비교
상황이야기의 목적

2009 중등1-21	학생들이 해야 할 행동을 기술하기 위하여 쓴 글이 아니다.
김건희 외 (2019)	본문 내용 참조
방명애 외 (2019)	상황이야기는 자폐성장애 학생의 특성을 고려하여 이들이 매일 접하게 되는 비구어적인 사회적 정보를 구체적이고 명시적인 정보로 설명하여 사회적 상황을 예측하게 하고 기대되는 사회적 행동을 할 수 있도록 돕는 것을 목적으로 한다(Gray, 2015).
Heflin et al. (2014)	상황이야기는 학생의 행동을 변화시킬 목적으로 쓰인 것이 아니라 사회적 상황과 다른 사람들의 관점에 대한 이해를 돕기 위해 쓰여진 것이다.

- 상황이야기는 기본적으로 글자라는 시각적 단서를 활용한다. 더불어 이러한 글로 된 이야기에 대한 이해를 도울 수 있도록 각 이야기에 그림이나 사진을 포함시킬 수 있다. 그림과 사진은 읽기 기술이 부족한 학생들에게도 효과적으로 활용될 수 있다. 또한 읽기 능력이 전혀 없는 학생의 경우 그림 자료나 사진 자료만으로 이야기를 구성하여 지도할 수 있다.

② 이야기의 주제는 일상생활 중 개별 학생이 어려움을 겪는 사회적 상황에 관련한 것이므로 사회적 상황에 대한 이해 능력이 향상되고 다른 사람과 적절한 의사소통 방법을 습득하게 된다.

③ 학생이 수행해야 하는 적절한 행동을 구체적이고 간략하게 제시하므로 바람직한 사회적 행동을 수행하는 데 도움을 줄 수 있다.

④ 상황이야기는 다른 사람 및 자신의 생각과 감정을 명시적으로 설명하므로 자폐성장애 학생들이 이해하기 어려운 자신과 다른 사람의 감정을 이해하는 데 도움을 받을 수 있다.

⑤ 학생을 잘 아는 부모와 교사의 직접 관찰에 근거하여 부모와 교사가 직접 작성하므로 매우 실제적이고 개별 학생에게 적합한 내용을 구성하여 즉각적으로 적용할 수 있다.

- 학생과 상황에 대한 개별화된 정보를 수집하고 그에 따른 이야기를 구성하므로 개별 학생에게 적합한 내용과 문장으로 구성할 수 있다.

3. 설명문과 코칭문 18중특, 20유특

Gray(2015)는 상황이야기는 크게 설명문과 코칭문으로 나누어 이야기를 구성하도록 제안하고 있다.

설명문과 서술문

설명문과 조망문, 긍정문을 서술문으로 표현하는 문헌(문소영 외, 2020)도 있다.

(1) 설명문 21초특, 23유특 · 초특, 25중특

사실을 그대로 설명하는 설명문과 다른 사람의 관점에서 설명하는 조망문, 설명한 내용을 강조하는 긍정문으로 구분된다.

유형	내용(기능)	예시
설명문	관찰 가능한 상황적 사실을 설명하는 문장과 사실에 관련한 사회적인 가치나 통념에 관련한 내용을 제시한다.	• 사실 설명: 용돈은 나에게 필요한 것을 살 수 있도록 부모님께서 주시는 돈입니다. • 사회적 가치 및 통념: 용돈을 아끼기 위해 필요한 물건만 구입하는 것은 매우 현명한 일입니다.

조망문	자신 또는 다른 사람의 마음 상태나 생각, 느낌, 믿음, 의견, 동기, 건강 및 다른 사람이 알고 있는 것에 대한 정보 등에 관련한 정보를 제시한다.	• 다른 사람이 알고 있는 것에 대한 정보: 내 친구는 나에게 무엇이 필요한지 알고 있습니다. • 느낌과 생각: 우리 부모님은 내가 맛있는 음식을 골고루 먹을 때 매우 기뻐하십니다.
긍정문	일반적인 사실이나 사회적 규범, 규칙 등과 관련한 내용을 강조하기 위한 문장이다.	• 도서관에서 친구들에게 꼭 해야 할 말이 있을 때는 아주 작은 목소리로 말할 것입니다. 그것은 매우 중요합니다. • 친구의 물건을 사용하고 싶을 때는 친구의 허락을 받은 후 사용할 것입니다. 이것은 매우 중요합니다.

출처 ▶ 방명애 외(2019)

자료

긍정문 예시
- 이것은 좋은 일이에요.
- 이것은 매우 좋은 일이에요.

출처 ▶ 문소영 외(2020)

(2) 코칭문 23유특, 25중특

코칭문은 부드럽게 학생의 행동을 안내하는 문장으로 청자 코칭문, 팀원 코칭문, 자기 코칭문으로 구분된다.

유형	내용(기능)	예시
청자 코칭문	• 이야기를 듣는 학생이 할 수 있는 행동이나 반응을 제안한다. • 기존의 지시문에 해당한다.	쉬는 시간에 나는 그림을 그리거나 책을 읽거나 다른 조용한 활동을 할 수 있습니다.
팀원 코칭문	• 양육자나 교사와 같은 팀 구성원이 학생을 위해 할 수 있는 행동을 제안하거나 떠올리도록 한다. • 기존의 협조문에 해당한다.	우리 엄마는 나에게 수건 접는 방법을 알려 주실 것입니다.
자기 코칭문	• 학생이 부모나 교사와 함께 이야기를 검토하면서 이야기 구성에 참여하는 것이다. • 자기 코칭문은 학생의 주도권을 인정하고 스스로 이야기를 회상하며 다양한 시간과 장소에서 이야기의 내용을 일반화시킬 수 있도록 돕는다. • 기존의 통제문에 해당한다.	선생님이 "눈과 귀를 교실 앞에 두어라."라고 하시면 나는 선생님이 하시는 말씀을 잘 듣고 선생님의 행동을 잘 보라는 뜻으로 이해하고 그것을 지키려고 노력하겠습니다.

출처 ▶ 방명애 외(2019)

자료

청자 코칭문

청자 코칭문은 "나는 ~노력할 수 있다.", "나는 ~할 것이다."와 같이 스스로의 노력을 강조하는 문장이다(김명주, 2020).
동 독자 코칭문

자료

자기 코칭문
- 독자 스스로 정보를 회상하고 적용하기 위해 사용되는 개인적인 전략이다. 이 문장은 독자가 사회적 상황에서 적절하게 감정을 조절하고, 정보를 기억하는 데 유용하다(김명주, 2020).
- 청자가 스스로 할 수 있는 개인 전략을 제안한다(문소영 외, 2020).
- 회상하고 그 내용을 실제로 적용하기 위해서 개인적인 전략을 확인하려고 사용자가 작성한 진술(Prelock, 2023)

KORSET 합격 굳히기 상황이야기 문장 형식(2010) 09중특, 13유특, 15유특, 22중특

1. Gray(2010)가 상황이야기의 문장 형식을 크게 설명문과 코칭문으로 나누어 제시하기 이전까지 적용되었던 문장 형식들로, 설명문, 조망문, 지시문, 확정문, 협조문, 통제문, 부분문장 등 일곱 가지 문장 형식이 있다.

2. 설명문은 반드시 제시되어야 하며 나머지는 선택적이다.

설명문	아동에게 사회 상황에 대한 사실이나 정보를 사실적이고 객관적인 문장으로 자세하게 기술하며, 사회성 이야기에 반드시 필요한 문장으로 가장 자주 사용한다. 예 여름은 덥고 겨울은 춥다. / 우리 교실에는 책상과 의자가 있다.
조망문	사람의 내적 상태, 생각, 감정, 신념, 의견 등을 묘사하며 주관적 문장인 경우가 많다. 예 아픈 친구를 도와주는 것은 좋은 일이다. / 나는 음악시간이 즐겁고 재미있다.
확정문	집단이나 문화 속에서 함께하는 가치관, 믿음, 주요 개념, 규칙, 의견을 표현함으로써 상황을 판단할 수 있도록 도와주고 주변 문장의 의미를 강조한다. 확정문은 주로 설명문, 조망문, 지시문 바로 뒤에 제시된다. 예 안전을 위해 차례대로 그네를 타야 한다. 이것은 매우 중요하다. / 교실에 있는 호랑이와 코끼리는 인형이기 때문에 무섭지 않다.
부분문장	부분문장은 빈칸을 메우는 형식의 문장이다. 문장을 이해하는지 혹은 다음 단계를 추측하도록 안내한다. 설명문, 조망문, 지시문, 확정문은 부분문장으로 쓸 수 있다. 예 안전을 위해 그네를 차례로 타야 한다. 이것은 매우 ______ 하다.
지시문	상황에 맞는 적절한 행동과 반응을 아동 혹은 팀에게 지시할 때 사용한다. 예 선생님을 만나면 "안녕하세요!"라고 인사한다. / 교실에 들어올 때는 문을 닫아야 한다.
협조문	아동을 돕기 위해 다른 사람이 할 수 있는 일과 역할을 알려 주는 문장이다. 예 친구는 미술시간에 준비물을 가져오지 않은 나에게 색종이를 나누어 주었다.
통제문	이야기를 새로 진술하거나 개별적으로 아동에게 필요한 전략을 포함하여 기억하게 함으로써 해당 상황을 통제할 수 있도록 돕는다. 예 동생과 나는 기차를 타고 가면서 동화책을 함께 본다.

출처 ▶ 김건희 외(2018)

자료

상황이야기 문장 형식의 구분(2010)

상황이야기의 문장 형식은 모두 일곱 가지이지만 커다란 범주에서는 설명하는 유형의 문장과 지시하는 유형의 문장으로 구분된다.

- 설명하는 유형의 문장: 설명문, 조망문, 확정문, 부분문장
- 지시하는 유형의 문장: 지시문, 협조문, 통제문

출처 ▶ 박진영(2021)

확정문
동 긍정문

부분문장
동 미완성문

지시문
동 사용자 지시문

협조문
동 팀 지시문

통제문
동 자기 지시문

자료

상황이야기의 일곱 가지 문장 작성 비법

1. 객관적인 사실을 설명하는 설명문
2. 사람들의 내적인 면을 설명하는 조망문
3. 이야기의 내용을 강조하는 긍정문(예 이것을 좋은 일이에요.)
4. 청자의 내용 이해를 점검하고 격려하는 미완성문
5. 청자에게 반응을 제안하는 청자 코칭문
6. 청자와 관련된 팀원의 반응을 제안하는 팀원 코칭문
7. 청자가 스스로 할 수 있는 개인 전략을 제안하는 자기 코칭문

출처 ▶ 문소영 외(2020)

4. 상황이야기의 작성 지침

(1) Gray, 2010 22중특

① 사회상황을 이해하도록 설명하고 정보공유를 위한 하나의 목표를 가진다. 이때 구성되는 이야기는 아동에 대한 존중과 함께 신체적 · 사회적 · 정서적으로 안전한 이야기에 먼저 관심을 갖는다.

② 1인칭 혹은 3인칭의 관점에서 상황, 기술, 개념에 대한 정확한 정보를 수집하여 이야기의 특정 주제를 확인한다.

③ 이야기의 제목을 규정하는 도입, 세부사항을 서술하는 본문, 정보를 다시 강조하고 요약하는 결말 등 세 부분으로 구성된다. 이를 위해 적어도 3개 문장이 요구된다.

④ 이야기는 아동에게 내용을 명확히 전달하고 의미를 강조하는 구성방식을 가진다. 즉, 아동의 연령과 능력을 고려해서 리듬감 있고 반복적인 구절을 이용할 수 있다. 또한 시각적 단서로 구체적 사물, 사진, 그림, 파워포인트 자료, 비디오, 숫자, 도표 등을 사용해서 아동의 관심을 끌고 이해를 향상시킬 수 있다.

⑤ 이야기는 1인칭 혹은 3인칭 관점의 문장으로서 긍정적이고 정확한 어휘를 사용하여 현재뿐 아니라 과거와 미래 시제를 고려해야 한다.

⑥ 이야기를 전개할 때 '육하원칙(누가, 언제, 어디서, 무엇을, 어떻게, 왜)'이 모든 질문에 고려되어야 한다.

⑦ 이야기는 설명문, 조망문, 지시문, 확정문, 협조문, 통제문, 부분문장 등 일곱 가지 문장형식을 가진다. 설명문은 반드시 제시되어야 하며 나머지는 선택적이다.

⑧ 설명문, 조망문, 확정문, 부분문장의 총수를 지시문, 협조문, 통제문의 총수로 나눈 값이 2 또는 그 이상이어야 한다.

- 이 비율은 상황이야기가 "지시하기보다는 묘사해야 한다."는 개념으로부터 도출된 것이다.

⑨ 이야기는 아동의 관심과 흥미를 끌 수 있도록 쓰며, 아동의 경험, 인과관계, 관심사, 선호도 등을 고려하여 내용, 글, 삽화, 형태를 아동의 이야기가 되도록 전개한다.

⑩ 편집과 수행에 대한 지침을 제시한다. 이야기를 명료하게 완성하기 위해 이야기와 삽화를 점검하고 필요시 수정한다. 이야기를 유형별 혹은 연도별로 구분하여 바인더 노트에 정리하여 반복적으로 사용할 수 있고, 업데이트할 수 있다.

자료

문장 비율

문장 비율은 문장의 균형에 대한 점검의 중요성을 가리킨다. 상황이야기 공식은 분자인 설명하는 형식의 문장을 분모인 지시하는 형식의 문장으로 나누는 비율이 2보다 크거나 같아야 하며, 지시하는 문장이 없더라도 분모는 1을 적용한다.

2004년	설명하는 문장이 지시하는 문장보다 적어도 2배 이상이어야 한다.
2010년	모든 상황이야기는 반드시 지시하는 문장보다 설명하는 문장을 더 많이 사용해야 한다.
2015년	모든 상황이야기는 설명하는 문장이 지시하는 문장보다 더 많이 사용되는 공식을 따라야 한다.

출처 ▶ 박진영(2021)

비교

상황이야기에 사용되는 문장 형식의 비율(2010)

Prelock et al. (2023)	본문 참조
김건희 외 (2018)	설명문, 조망문, 확정문, 협조문의 수를 지시문과 통제문의 수로 나눌 때 지수가 2와 같거나 그 이상이 되어야 하며, 지시문을 반드시 사용할 필요는 없다.
문소영 외 (2020)	설명문과 조망문, 긍정문(완성 또는 미완성) 개수의 합인 서술문의 개수가 코칭문 개수의 2배 이상이 되도록 해야 한다.
Heflin et al. (2014)	김건희 등(2018)과 동일

PART 07

(2) Gray, 2015

다음과 같은 이야기 작성 지침에 따라 작성하는 것이 바람직하다.

① 상황이야기에서 묘사하는 사회적 상황, 사회적 단서 그리고 반응은 가능한 한 긍정문으로 구성해야 한다.

② 상황이야기를 구성하는 문장 수준은 개별 학생의 전반적인 인지 능력이나 언어 이해 수준 등에 적합해야 한다. 또한 이미 작성된 이야기를 활용할 경우 학생의 수준에 적절하게 수정하여 사용해야 한다.

③ 상황이야기에서 제시하는 정보는 사회적 상황에서 어떤 일이 일어나고 있는지, 그럴 때 어떤 행동을 해야 하는지, 다른 사람들의 마음은 어떠한지, 그러므로 나는 어떤 행동을 해야 하는지 등과 같은 구체적이고 명시적인 사회적 정보와 학생이 해야 할 구체적인 사회적 행동이다.

④ 이야기의 내용은 학생이 매일 접하는 일상생활과 관련된 내용으로 구성한다.

⑤ 상황이야기는 기본적으로 글자라는 시각적 단서를 활용한다. 더불어 이러한 글로 된 이야기에 대한 이해를 도울 수 있도록 각 이야기에 그림이나 사진을 포함시킬 수 있다. 그림과 사진은 읽기 기술이 부족한 학생들에게도 효과적으로 활용될 수 있다. 또한 읽기 능력이 전혀 없는 학생의 경우 그림 자료나 사진 자료만으로 이야기를 구성하여 지도할 수 있다.

⑥ 상황이야기를 구성하는 문장은 1인칭 또는 3인칭 형태로 서술한다.

⑦ 가능한 한 짧은 이야기로 구성하고 각 페이지에 지나치게 많은 정보가 포함되지 않도록 유념한다.

⑧ 학생의 선호도와 흥미가 이야기에 포함되도록 한다.

5. 상황이야기의 적용 절차

단계	설명
[1단계] 이야기 주제 선정	• 학생이 어려움을 경험하는 상황은 주로 어떤 상황인지를 우선적으로 파악한다. • 구체적으로 상황이야기 주제를 선정하기 위한 정보는 부모와 교사와 같이 학생을 잘 아는 사람에 의해 수집될 수 있다. • 상황이야기는 1인칭이나 3인칭으로 작성하고, 주제를 선정하고 이야기를 작성하며 적용하는 모든 과정은 개별화되어야 한다.
[2단계] 학생과 상황에 관한 개별화된 정보 수집	• 학생이 겪는 어려움은 무엇인지, 어려움의 정도는 어느 정도인지, 어떤 상황에서 가장 많은 어려움이 있는지를 파악하여야 한다. • 이야기 구성 내용과 작성 방법을 파악하기 위하여 학생의 언어 이해 능력은 어느 정도인지, 글을 읽을 수 있는 학생인지, 좋아하는 것은 무엇인지 등과 같은 학생의 특성과 발달에 대한 정보를 파악하여야 한다.
[3단계] 상황이야기 작성	• 상황이야기는 개별적으로 수집된 정보에 근거하여 작성하여야 하며, 대상 학생의 관심을 이야기에 포함시킨다. • 개별 학생을 위한 이야기를 작성할 때 무엇보다 중요한 것은 이야기의 내용이 대상 학생에게 적합해야 하며, 내용이 잘 전달될 수 있도록 작성하는 것이다. • 최근에는 설명문과 코칭문으로 나누어 이야기를 구성하도록 제안되고 있다.
[4단계] 상황이야기 적용	• 개발된 상황이야기를 대상 학생에게 적용하는 과정이다.

09 짧은 만화 대화 25중특

1. 짧은 만화 대화의 개념 11초특, 18중특, 24유특

짧은 만화 대화
동 연재 만화 대화, 토막 만화 대화

① 짧은 만화 대화란 여러 다양한 사회적 상황에서 상호작용 대상자들과 교류하는 중에 발생하는 다양한 정보를 보다 용이하게 이해할 수 있도록 시각적으로 안내하는 사회적 담화 방법의 한 유형이다.

② 학생들이 좋아하는 만화 형식의 시각적 지원을 통해 사회적 상황에서 겪는 어려움을 명시적으로 지원하는 방법이다.

㉠ 사회적 상황에서 다른 사람에 대한 생각과 느낌을 시각적으로 제시하는 방법으로, 간단한 그림을 4~8개 사용하여 사람들이 말하고 행동하고 생각하는 것을 보여 준다.

㉡ 다른 사람의 생각과 마음을 이해하는 데 효과적인 방법이다.

③ 짧은 만화 대화는 자폐성장애 학생에게 어떤 일이 일어날지, 언제 그 일이 시작되고 끝날지, 누가 관여하게 될지, 학생에게 어떤 점을 기대하는지 등과 같은 명확하고 정확한 정보를 제공하여 학생을 지원할 수 있다.

2. 짧은 만화 대화의 적용 방법

① 짧은 만화 대화는 8컷 이하의 매우 짧은 만화 형식을 사용한다.

② 학생과 의사소통 대상자(학생을 잘 알고 신뢰관계가 형성된 전문가 혹은 부모)가 서로 그림을 그리면서 대화 상황을 생각할 수 있도록 돕는다.

③ 짧은 만화 대화는 학생을 잘 알고 신뢰관계가 형성된 부모와 전문가들이 사용할 수 있다.

④ 칠판이나 종이 등과 같이 일상적으로 접하는 도구를 활용하여 그림을 그릴 수 있다.

⑤ 짧은 만화 대화를 하는 동안 정서를 표현하기 위하여 색깔을 활용할 수 있다.

⑥ '대화 상징 사전'과 '사람 상징 사전' 같은 상징을 이용하여 그림을 그리고 이야기를 나눈다.

- 상징 사전은 개인의 필요에 따라 재구성하거나 새롭게 개발할 수 있다.

대화 상징 사전	• 기본적인 대화 개념인 듣기, 방해하기, 조용한 말, 시끄러운 말, 말하기, 생각하기 등으로 구성된 8개의 상징을 포함한다. • 짧은 만화 대화를 시작하는 초기에는 하나 또는 두 개의 대화 상징 사전으로 시작하고, 이 상징에 익숙해지면 점차 다른 상징을 추가한다. 예 대화 상징 사전의 일부 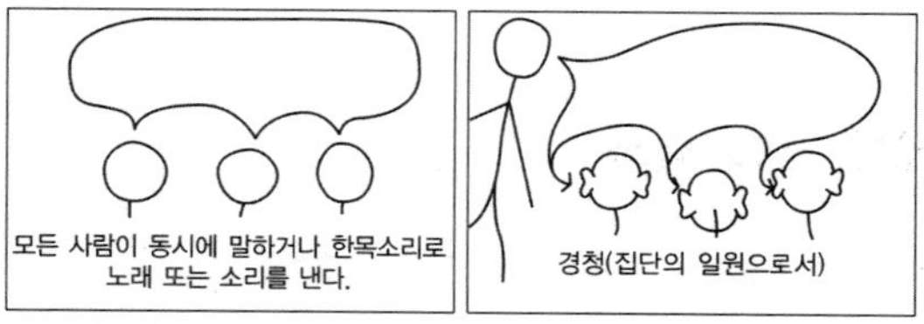 모든 사람이 동시에 말하거나 한목소리로 노래 또는 소리를 낸다. / 경청(집단의 일원으로서)
사람 상징 사전	• 대화를 하는 과정에서 학생들의 사람 상징 사전이 만들어질 수 있다. • 사람 상징은 가능한 한 대화를 방해하지 않을 정도로 단순하고 빨리 그릴 수 있어야 한다.  이동 / 바른자세

3. 짧은 만화 대화의 적용 절차

단계	설명
[1단계] 짧은 만화 대화 소개하기	짧은 만화 대화는 부모와 교사와 같이 학생을 잘 아는 사람이 소개하는 것이 바람직하다.
[2단계] 짧은 만화 상징 사전 소개하기	대화 상징 사전과 사람 상징 사전에 대해 소개한다.
[3단계] 가벼운 잡담으로 대화 시작하기	얼굴을 마주보고 앉는 일반적인 대화와 달리 짧은 만화 대화는 옆에 앉아서 그림을 그리며 대화를 한다.
[4단계] 대화를 하면서 나타난 상황을 그림으로 표현하기	• 가벼운 잡담을 마친 후, 이야기 주제를 소개한다. • 일반적으로 학생이 어려움을 겪는 장소가 짧은 만화 대화의 주제가 될 수 있다. 학생이 가능한 한 빨리 그림을 그리고, 부모/전문가는 질문을 하면서 학생의 그림을 안내하거나(“너는 어디 있니?”) 보다 이해하기 쉽게 명확히 말해 줄 수도 있다(“너를 그려 보렴”, “너 주변에 누가 있었는지 그려 보렴.”).
[5단계] 앞으로 일어날 상황에 대한 그림 그리기	짧은 만화 대화는 자폐성장애 학생에게 어떤 일이 일어날지, 언제 그 일이 시작되고 끝날지, 누가 관여하게 될지, 학생에게 어떤 점을 기대하는지 등과 같은 명확하고 정확한 정보를 제공하여 학생을 지원할 수 있다.

출처 ▶ 방명애 외(2019). 내용 요약정리

4. 짧은 만화 대화의 장점

① 자폐성장애 학생의 강점 영역인 시각적 정보와 학생들이 좋아하는 만화 형식을 이용하여 학생들이 보다 적극적으로 참여할 수 있도록 한다.

② 사회적 상호작용 속에서 발생하는 문제행동과 대화에 대해 자폐성장애 학생에게 만화라는 시각적 단서와 표상을 제공함으로써 서로 주고받는 여러 정보를 이해하는 데 도움을 주게 된다.

5. 짧은 만화 대화의 주의사항

짧은 만화 대화를 활용하여 앞으로의 상황에 대해 이야기를 나누게 될 경우, 몇 가지 주의할 사항은 다음과 같다.

① 자폐성장애 학생은 정보를 글자 그대로 해석하고 행동은 짧은 만화 대화에서 제시한 것과 동일하게 하려는 경향이 있다. 그러므로 변화 가능한 일과를 대화 속에 포함시켜야 한다.

② 앞으로 일어날 일에 대해 설명할 때에는 상황이 바뀔 수도 있다는 것을 같이 알려 주어야 한다. 예를 들어, 20일에 체육대회를 계획하고 있더라도 비가 오는 경우에는 연기될 수도 있다는 것을 알려 주어야 한다.

10 사회적 도해

사회적 도해
동 사회적 분석

1. 사회적 도해의 개념 13유특

① 사회적 도해란 경도장애 학생들로 하여금 자신들의 행동 중에 보인 사회적 실수에 대한 이해를 돕기 위하여 적용하는 전략이다.

㉠ 학생이 실수를 한 후 자신의 잘못을 깨닫게 하는 중재법이다.

- 사회적 도해는 학생들이 사회적 실수를 이해하고 수정하도록 도와주기 위한 사회적 분석법이다.

㉡ 사회적 도해는 학생에게 잘못한 상황을 돌이켜 보도록 함으로써, 자신의 잘못으로 인하여 타인이 마음의 상처를 받을 수 있다는 것을 이해하도록 도와주는 중재법이다.

② 학생과 교사는 실수를 하게 된 주변 환경에 대하여 기술하고, 사회적 실수가 무엇인지 판별하며, 사회적 실수로 인하여 상처받을 수 있는 사람을 찾아보며, 향후 이러한 사회적 실수를 하지 않도록 하기 위한 계획을 함께 수립한다.

2. 사회적 도해의 특징

① 경도장애 학생들로 하여금 자신의 행동 중에 보인 사회적 실수에 대한 이해를 돕기 위하여 적용하는 중재 전략이다.

② 사회적으로 모순되는 행동을 줄이기 위하여 고안된 상황이야기와 달리, 학생들이 사회적으로 실수를 저지른 다음에 시행한다.

③ 이 방법은 회상적 형태를 취하고 있는데, 학생과 교사는 실수를 하게 된 주변 환경을 기술하고, 사회적 실수를 하지 않도록 협력하여 계획하도록 한다.

▶ 사회적 도해 연습지 예시

사회적 도해 연습지

무슨 일이 발생하였는가?

____

____

사회적 실수는 무엇인가?

____

____

사회적 실수로 인하여 누가 상처를 받았는가?

____

____

실수를 고치기 위해서는 어떻게 해야 하는가?

____

____

다음에는 어떻게 해야 하는가?

____

____

3. 사회적 도해의 적용 절차 [20초특]

1단계	실수를 확인하기 (수업 중 자신이 한 실수가 무엇인가?)
2단계	실수로 인하여 손해 본 사람이 누구인지 결정하기 (실수로 인해 상처를 받은 사람은 누구인가?)
3단계	실수를 어떻게 정정할 것인지 결정하기 (문제해결책은 무엇인가?)
4단계	실수가 다시 발생하지 않도록 계획하기

4. 사회적 도해의 장점

① 사회적 행동과 그 행동 결과 사이의 관계를 통하여 원인과 결과의 성립에 대한 도움을 줄 수 있다.

② 사회적 행동에 대한 즉각적인 피드백을 통하여 바람직한 행동을 강화시킬 수 있다.

11 비디오 모델링

① 비디오 모델링은 학생이 수행해야 하는 바람직한 행동을 비디오를 통해 시범을 보이는 기법이다.

② 대상자는 비디오 시범을 보고 난 뒤 비디오에서 제시된 시범행동을 모방한다. 이때 비디오 모델링의 시범자는 또래, 성인, 대상자 자신이 될 수 있다.

③ 비디오 모델링 중 자기 모델링(비디오 자기 모델링)은 대상자 자신이 바람직한 행동을 성공적으로 수행하는 것을 관찰하여 목표행동을 모방하는 것이다. 자기 모델링을 위해서는 대상 학생이 여러 차례 수행한 것을 녹화, 편집하여 과제를 성공적으로 수행하는 것처럼 보이도록 한다.

- 자폐성장애 학생은 과잉 선택적 주의를 하거나 관련 없는 세부적인 것에 주의를 기울일 수 있다. 따라서 가능한 관련 없는 요소를 제외한 비디오 내용을 구상한다면 더 효과적인 중재가 될 수 있을 것이다.

12 학습지원 전략

1. 시각적 지원 20초특

① 교실에서의 시각적 지원의 사용은 자폐성장애 학생에게 학습 관련 정보 접근을 가능하게 해 주고, 명확하고 예측 가능한 기대에 대해 의사소통을 하고, 추상적인 문제를 해결하는 데 도움을 준다.

시각적 일과표
동 시각적 스케줄, 시각적 시간표

② 시각적 지원 방법에는 시각적 일과표, 그래픽 조직자 등이 있다.

㉠ 시각적 일과표는 하루의 각 활동들을 묘사하고, 곧 다음에 일어날 활동에 대해 구체화하며, 언제 그 활동이 끝나는지를 보여 준다.

- 시각적 일과표는 자폐성장애 학생의 수준과 흥미에 따라 사진, 그림, 기호, 글자로 묘사할 수 있으며, 최근에는 스마트폰, 모바일 앱을 활용하여 보다 손쉽게 개인의 스케줄을 시각적으로 관리할 수 있다.
- 시각적 일과표를 이용한 시각적 지원 방법은 활동의 순서와 내용에 대한 예측 가능성을 향상시킬 수 있으므로 자폐성장애 학생의 불안감을 감소시키고, 학습 참여를 증진시킬 수 있다.

㉡ 그래픽 조직자는 텍스트로 이루어진 교과서의 내용을 선, 원 및 상자를 사용하여 원인과 결과, 핵심 의미, 정보에 대한 비교와 대조, 흐름 등을 그래픽으로 제시하는 것으로 교과서의 내용을 한눈에 볼 수 있어 자폐성장애 학생의 교수학습 시 적절하게 사용될 수 있다.

- 그래픽 조직자를 선택할 때는 글의 세부적인 구조를 파악하는 것이 중요하며, 가장 적합한 그래픽 조직자를 선정하기 위해서는 글 속의 개념들의 관계를 잘 파악해야 한다.

KORSET 합격 굳히기 동일 집단에 대한 상이한 접근들

자폐스펙트럼장애의 핵심적 결함과 필요한 중재에 대해 연구자들은 다른 관점들을 갖고 있다. 자폐스펙트럼장애 학생들을 위한 중재접근들은 관계 중심, 기술 중심, 그리고 생리학 중심 접근이라는 3개의 넓은 범주들로 나누어져 있다. 일부 치료와 중재 프로그램들은 각 접근들의 여러 견해들을 결합하여 대부분의 옹호자들은 다양한 접근들로부터 나온 전략들을 통합한다.

1. 기술 중심 접근 11초특

① 기술 중심 접근에서는 자폐스펙트럼장애인들의 장애는 명시적 교수(explicit instruction)를 통해서 최소화할 수 있다고 제안한다. 이 접근에 의하면 학생들은 관계 형성 이전에 상호작용, 의사소통 그리고 참여를 위해 필요한 기술들을 획득해야 한다.

② 효과성을 보여 주는 기술 중심의 접근들은 응용행동분석(ABA)의 원리에 기초한다. ABA의 원리를 사용하는 중재인 DTT와 PRT는 자폐스펙트럼장애 학생들의 긍정적 성과를 촉진하는 과학적 기반의 실제로 간주된다.

- 기능적 의사소통훈련(FCT), 자연언어 패러다임(NLP), 우발교수, 그림교환 의사소통 체계(PECS) 등은 모두 응용행동분석의 원리에 기초를 두고 있다.

2. 관계 중심 접근

① 관계 중심 접근은 다른 사람들에 대한 애착과 관계 형성 발달의 실패를 자폐스펙트럼장애의 핵심적인 장애로 간주한다. 이러한 관계의 부재는 이후에 사회적 의사소통과 흥미의 범위가 결함된 장애의 기초가 된다.

② 관계 중심 접근은 안정적 애착과 관계 형성의 증진에 초점을 둔다.

③ 관계 중심 접근의 옹호자들은 일단 관계가 성립되면 기술들이 발달하고 자폐스펙트럼장애 증상들은 사라진다고 제안한다.

④ 가장 빈번하게 논의되었던 관계 프로그램들은 포옹치료(holding therapy), 온화한 교수(gentle teaching), 자유선택(options) 그리고 발달적 개별 관계 중심 접근(developmental individual relational based approach, 예 마루놀이) 등이 있다.

3. 생리학 중심 접근

① 생리학 중심 접근은 행동과 사회적 관계성의 증진을 위해서 감각과 신경학적 기능의 교정을 촉진한다.

② 이 관점에 의하면 내재성의 생물학적이고 신경학적인 손상들을 교정함으로써 자폐스펙트럼장애의 증후들은 완화될 것이고, 개인은 관계를 발달시키고 기술을 배울 수 있다.

③ 사정 전문가들에는 의사, 영양사, 작업치료사 등이 포함된다. 부모와 교사들은 전문가들에 의해서 개발된 치료계획을 주의 깊게 따라야 한다.

④ 생리학 중심 접근의 예에는 정신약리학적 식품 보조제, 식이제한, 감각통합, 청각치료, 시각치료, 두개해부치료, 음악치료 그리고 승마치료 등이 포함된다.

4. 혼합 접근

① 일부 프로그램들은 다양한 각도에서 성장과 발달을 증진시키는 프로그램을 만들기 위해 관계 중심, 기술 중심, 생리학 중심 접근의 측면들을 혼합한다.

② 공립학교에서 제공되는 프로그램들은 일차적으로는 기술 중심이지만 학생들의 광범위한 요구들을 다루기 위해서 각각 다른 접근들이 갖고 있는 견해들을 혼합한다.

출처 ▶ Heflin et al.(2014)

PART 07

개념확인문제

01

2014 유아A-4

보라는 특수학교 유치부에 다니는 4세의 자폐성장애 여아이다. (가)는 보라의 행동특성이다. 물음에 답하시오.

(가) 보라의 행동특성

- 교실이나 화장실에 있는 ㉠ 전등 스위치만 보면 계속 반복적으로 누른다.
- ㉡ 타인의 말을 반복한다.
- 용변 후 물을 내려야 한다는 것을 모른다.
- 용변 후 손을 제대로 씻지 않고 나온다.
- 배변 실수를 자주 한다.

1) **현행 '「장애인 등에 대한 특수교육법 시행령」 [별표] 특수교육대상자 선정기준(제10조 관련) 6. 자폐성장애를 지닌 특수교육대상자'에 제시된 내용에서 (가)의 ㉠행동이 해당되는 내용을 쓰시오.**

2) **다음은 (가)의 ㉡과 관련하여 교사가 관찰한 내용이다. ①에서 나타난 자폐성장애의 의사소통 특성을 쓰고, 보라의 말이 의도하는 의사소통 기능을 쓰시오.**

> 오전 자유선택활동이 끝나고 정리 정돈하는 시간이 되자 보라는 교사를 화장실 쪽으로 끌면서 ① 며칠 전 들었던 "화장실 갈래?"라는 말을 반복하였다. 교사는 "화장실에 가고 싶어요."라고 말한 후 화장실로 데리고 갔더니 용변을 보았다.

02

2017 중등A-7

다음은 「정신장애의 진단 및 통계 편람 제5판(DSM-5)」의 자폐스펙트럼장애(자폐성장애) 진단 기준과 관련하여 일반교사와 특수교사가 나눈 대화의 일부이다. ㉠에 들어갈 내용을 쓰고, ㉡에 해당하는 예를 1가지 쓰시오.

> 일반교사: 최근에 자폐스펙트럼장애의 진단 기준이 새롭게 제시되었다면서요?
>
> 특수교사: 네. DSM-5에 의하면, 자폐스펙트럼장애의 대표적인 특징에는 2가지가 있습니다. 첫째, 다양한 분야에 걸쳐 사회적 의사소통 및 사회적 상호작용의 지속적인 결함이 현재 또는 과거력상 나타나야 합니다. 둘째, 제한적이고 반복적인 행동, 흥미, 활동이 현재 또는 과거력상 나타나야 합니다.
>
> 일반교사: 네, 그렇군요. 첫 번째 특징인 사회적 의사소통 및 사회적 상호작용의 지속적 결함에는 어떤 것들이 있나요?
>
> 특수교사: 여기에는 3가지 하위 특징이 있습니다. 첫째, (㉠)의 결함을 보입니다. 예를 들어, 사회적 상호작용의 시작 및 반응에서 실패하는 것을 말합니다. 둘째, ㉡ 사회적 상호작용을 위한 비언어적 의사소통 행동의 결함입니다. 셋째, 관계 발전, 유지 및 관계에 대한 이해의 결함을 보입니다. 예를 들면, 상상 놀이를 공유하거나 친구를 사귀는 것이 어렵습니다.
>
> … (하략) …

03

2012 초등1-14

다음은 자폐성장애 학생의 일반적인 특성과 이에 따른 교수 전략을 설명한 것이다. 적절한 교수 전략이 아닌 것은?

	일반적인 특성	교수 전략
①	상동적이고 반복적인 동작을 한다.	의미 없어 보이는 상동행동이라도 행동의 기능이나 원인이 무엇인지 먼저 파악하여 접근한다.
②	시각적인 정보처리에 강점을 보인다.	복잡한 내용을 설명할 때는 마인드맵(mind map)을 활용한다.
③	정해진 순서나 규칙에 집착하거나 변화에 매우 민감하다.	갑작스러운 일에도 잘 적응하도록 자주 예기치 않은 상황을 만들어 준다.
④	사회적 관습이나 규칙에 대해 이해하는 데 어려움을 보인다.	사회적인 상황이나 문제를 설명해 주는 간단한 상황이야기(social stories)를 활용한다.
⑤	제한된 범위의 관심 영역에 지나치게 집중하거나 특별한 흥미를 보이는 행동을 한다.	유아가 보이는 특별한 흥미를 강점으로 이해하고 이를 동기로 활용할 수 있는 교수방법을 찾아본다.

04

2018 초등A-4

(가)는 자폐성장애 학생 지호의 특성이다. 물음에 답하시오.

(가)

- 모방이 가능함
- 낮과 밤을 구분할 수 있음
- 동적 시각 자료에 대한 주의집중이 양호함

4) 지호가 밑줄 친 ⓐ와 같이 오반응을 보이는 이유를 자폐성장애의 결함 특성과 관련하여 쓰시오.

최 교사: (실험실의 조명을 어둡게 한다.) 지호, 민희, 승우 모두 실험 결과를 잘 이해하고 있군요. 이제 지구 자전 놀이로 실험 내용을 정리해 봅시다.
(학생들을 [그림 자료]와 같이 배치한다.)
지호야, 지호가 바라보는 지구는 지금 낮과 밤 중 어느 쪽일까요?

지 호: 낮이요.

최 교사: 잘했어요. 지호야, 그렇다면 민희가 바라보는 지구는 지금 낮과 밤 중 어느 쪽일까요?

지 호: ⓐ <u>낮이요.</u>

[그림 자료]

PART 07

05

2023 유아A-1

(다)는 교사가 제작한 그림책이다. 물음에 답하시오.

(다)

3) 하울린, 바론-코헨과 하드윈(P. Howlin, S. Baron-Cohen & J. Hadwin)의 마음읽기 중재 단계에 근거하여 (다)의 단계에서 교사가 지수에게 지도하고자 하는 정서 이해의 목표를 쓰시오.

06

2015 유아A-5

영수는 ○○유치원 5세 반에 다니고 있다. (가)는 담임교사인 박 교사의 관찰 메모이다. 물음에 답하시오.

(가) 박 교사의 관찰 메모

관찰대상 : 영수	관찰일 : 4월 2일	관찰장면 : 자유선택활동

다른 아이들은 아래 그림을 보고 '5'와 '가방'이라고 말했는데, ㉠ <u>영수는 '3'과 '꽃'이라고 대답했다.</u>

아이들이 퍼즐놀이를 하면서 항상 ㉡ <u>높낮이의 변화 없이 같은 톤으로 말하는 영수를 보고, "선생님, 영수는 말하는 게 똑같아요."</u>라고 했다.

1) 자폐성 유아에게 나타나는 ㉠과 같은 인지적 결함은 무엇인지 쓰시오.

2) ㉡과 관련하여, 다음의 A에 들어갈 알맞은 말을 쓰시오.

> 영수의 특성은 자폐성 장애 유아의 언어적 결함 중 하나로 음운론적 영역 가운데 (A) 사용의 제한을 보인다.

07

2020 초등A-4

(가)는 초등학교 6학년 자폐성장애 학생 민호의 특성이다. 물음에 답하시오.

(가) 민호의 특성

- 물건 사기와 같은 일상생활의 문제를 해결하기 위해 스스로 계획하고 수행하는 데 어려움이 있음 ┐
- 점심시간과 같이 일상적으로 반복되던 시간에 작은 변화가 생기면 유연하게 대처하기보다 우는 행동을 보임 [A]
- 수업시간 중 과자를 먹고 싶을 때 충동적으로 과자를 요구하거나 자리이탈 행동을 자주 보임 ┘
- 다른 사람의 감정과 사고를 파악하는 데 어려움이 있음
- 시각적 자극으로 이루어진 교수 자료에 관심을 보임
- 지폐의 구분과 사용에 어려움이 있음

1) (가)의 [A]와 같은 행동 양상이 나타나는 이유를 자폐성장애의 인지적 특성과 관련지어 쓰시오.

08

2010 중등1-26

다음은 자폐성장애의 특징을 설명한 것이다. (가)와 (나)에 해당하는 특징으로 옳은 것은?

(가) 스스로 계획하는 데 어려움이 있고, 억제력이 부족하여 하고 싶은 일을 충동적으로 하므로 부적절한 행동을 하게 된다. 또한 생각과 행동의 융통성이 부족하여 학습한 내용을 일반화하는 데 어려움이 있다.

(나) 정보처리 방식이 상향식이어서 임의로 주변 환경에 의미를 부여함으로 인하여, 의미 있는 환경을 받아들이는 데 어려움을 겪는다. 따라서 사소하거나 중요하지 않은 일에 사로잡히게 된다.

	(가)	(나)
①	실행기능 결함	중앙응집 결함
②	마음읽기 결함	실행기능 결함
③	중앙응집 결함	감각적 정보처리 결함
④	마음읽기 결함	중앙응집 결함
⑤	실행기능 결함	선택적 주의집중 결함

09

2020 초등B-6

다음은 자폐성장애 학생들이 포함되어 있는 학급의 특수교사가 2015 개정 특수교육 교육과정 중 기본 교육과정 과학과 3~4학년군 '생물과 무생물' 단원의 '새싹 채소가 자라는 모습을 살펴보기' 수업을 준비하며 작성한 수업 설계의 일부이다. 물음에 답하시오.

1. 예상되는 어려움과 대안
   가. 새싹이 자라는 기간이 길기 때문에 이를 살펴보고 이해하는 것이 학생들에게 어려울 수 있음.
   → ㉠ 컴퓨터 보조수업 활용: 실제 활동 전 새싹 채소를 키우는 것과 유사한 상황에서 씨앗 불리기, 씨앗 뿌리기, 물 주기 등 필요한 행동을 선택해 나가며 새싹 키우는 과정을 체험해보게 함.
   나. 학생 간 수행 수준의 차이가 큼.
   → 개별 지도가 필요한 학생의 경우 개인 교수형 컴퓨터 보조수업을 활용함.
2. 새싹 채소 키우기 활동(교과서 ○○쪽)
   물 속에서 씨앗 불리기 → 플라스틱 용기에 넣은 솜이 젖을 정도로 물 뿌리기 → … (중략) … → ㉡ 씨앗의 모양이 어떻게 변해 가는지, 만졌을 때의 느낌은 어떠한지 등을 오감을 통해 살펴보기
3. 과학 수업의 방향 고려
   초등학교 수업은 (㉢) 지식을 중심으로 계획함.
4. 자폐성장애 학생들의 특성 및 지도상의 유의점
   가. 정민이의 경우 ㉣ 촉각자극에 대한 역치가 매우 낮고 감각 등록이 높으므로 물체를 탐색하는 과정에서 이를 고려함.
   나. 경태의 경우 수업 중 규칙을 잘 지키지 않아 친구를 당황하게 하는 경우가 많음.
   → 계속해서 문제가 발생할 경우 아래와 같이 사회적 도해(사회적 분석, social autopsies) 방법으로 자신의 실수를 이해하고 수정하도록 함.

3) ㉣로 인해 나타날 수 있는 반응 특성을 1가지 쓰시오.

10

2019 초등B-6

다음은 교육 봉사를 다녀온 예비 특수교사와 지도 교수의 대화 내용이다. 물음에 답하시오.

예비 특수교사: 교수님, 어제 ○○학교에 교육 봉사를 다녀왔습니다. 교실 환경이 상당히 인상 깊었는데, 가장 특이했던 것은 교실 한쪽에 있던 커다란 플라스틱 이글루였어요. 입구에 '북극곰의 집'이라고 쓰여 있고 흔들의자도 있는 것 같았어요. 마침 1교시 시작할 때였는데 자폐성장애 학생인 민우가 그 안에서 나오는 거예요. 담임 선생님께 여쭤 보니 민우가 자주 이용하는 곳이라고 하시더군요.

지도 교수: 아하! 아마도 (㉠)인가 봐요. 교실 한쪽이나 학교 내 별도 공간에도 둘 수 있는 건데, 물리적 배치를 통해 환경적 지원을 제공하기 위한 거죠. 유의해야 할 점은 타임아웃을 하거나 벌을 주기 위한 공간은 아니라는 겁니다.

… (중략) …

예비 특수교사: 2교시에는 민우가 흥분이 되었는지 몸을 점점 심하게 흔드는 거예요. 그때 담임 선생님께서 손짓과 함께 '민우야, 북극곰!' 하시니까, 갑자기 민우가 목에 걸고 있던 명찰 같은 것을 선생님께 보여 주면서 '민우 북극곰, 민우 북극곰' 그러더라고요. 목에 걸고 있던 거랑 똑같은 것이 민우의 책상과 이글루 안쪽에도 붙어 있었어요.

지도 교수: 그건 자폐성장애 학생에게 주로 사용하는 파워카드 전략입니다. 자폐성장애 학생의 (㉡)을/를 활용해 행동 변화의 동기를 제공하기 위한 시각적 지원 전략의 하나죠. 파워카드에는 그림과 (㉢)이/가 사용됩니다.

예비 특수교사: 중재 전략이 정말 다양하군요.

지도 교수: 중요한 것은 어떤 전략이든 자연스러운 환경에서 적용해야 일반화가 쉽다는 겁니다. 언어중재도 마찬가지예요.

1) ① ㉠에 들어갈 적절한 말을 쓰고, ② 그 기능을 1가지 쓰시오.

2) ㉡과 ㉢에 들어갈 말을 각각 쓰시오.

11

2013추시 유아A-6

다음은 교사 협의회 중 2명의 유아특수교사가 나눈 대화 내용이다. 물음에 답하시오.

> 박 교사: 선생님, 저는 ㉠ <u>요즘 혜수를 위해 학급의 일과를 일정하게 하고 등원 후에는 하루 일과를 그림으로 안내해 줘요. 그리고 활동이 끝나기 5분 전에 종을 쳐서 알려 줘요.</u>
> 김 교사: 그래서인지 혜수가 활동에 잘 참여하는 것 같아요. 그런데 걱정하시던 혜수의 언어 평가 결과는 어때요?
> 박 교사: 다른 부분은 다 좋아졌는데, 말의 높낮이, 강세, 리듬, 속도와 같은 언어의 (　　) 측면에는 전혀 변화가 없어요.
> 김 교사: 그런 부분은 자폐성장애의 특성 중 하나지요.
> 박 교사: 그런데 제가 계획한 대로 교수 활동이나 중재 전략을 정확하고 일관성 있게 적용하고 있는지 객관적으로 점검해 보고 싶은 생각이 들어요.
> 김 교사: 좋은 생각이네요. 교사들도 지속적으로 자신의 교수 실행을 점검할 필요가 있어요. 저는 부모님이나 주변 사람들이 아이들의 변화를 느끼고 있는지, 이런 변화가 생활 속에서 의미 있다고 생각하는지도 알아보고 있어요.
> 박 교사: 맞아요. 그렇게 하면 우리 아이들의 변화를 좀 더 객관적으로 알 수 있겠네요.

1) 다음 문장을 완성하시오.

> ㉠과 같이 일과와 환경에서의 구조화는 (　　) 을(를) 높여 혜수의 활동 참여를 증가시킬 수 있다.

12

2019 초등A-5

다음은 특수학교 5학년 학생을 지도하는 특수교사의 음악수업 성찰 일지이다. 물음에 답하시오.

> 〈수업 성찰 일지〉
>
> (2018년 ○월 ○일)
>
> 11월 학예회에서 우리 반은 기악 연주를 할 예정이다. 어떤 종류의 악기가 좋을까? 바이올린 같은 현악기, 리코더 같은 단선율악기, 피아노와 같은 건반악기로 연주하는 것도 좋겠지만, 우리 반 학생들은 개인차가 너무 커서 그런 여러 가지 가락악기를 모두 사용하기는 어려울 것 같다.
>
> … (생략) …
>
> [A] 발표 준비를 위해서 교과 수업 운영 시간을 조정해야겠다. 음악수업이 한 시간씩 떨어져 있어 아무래도 집중적인 연습이 어려울 것 같다. 두세 시간을 묶는 방식으로 수업시간을 조정해야겠다. 그런데 이미 정해진 일과가 흐트러지면 자폐성장애 학생인 지수가 혼란스러워할 텐데 어떻게 해야 할까?
> 지난번 연수 후 지수를 위한 환경 구조화의 일환으로 제작해 사용하고 있는 (㉣)을/를 적용해 봐야겠다. 벨크로를 이용해 만들었기 때문에 과목카드를 쉽게 붙였다 떼었다 할 수 있다. 그것으로 지수에게 음악 시간과 원래 교과 시간이 바뀌었음을 설명해 주면 금방 이해하고 안정을 찾을 것 같다.
>
> 그리고 구어 사용이 어려운 지수에게 악기 연습 시간에 사용할 수 있는 그림카드를 만들어 주어야겠다. 연주를 시작할 때, 핸드벨 카드를 제시하면 핸드벨을 주는 방식으로 지도해 봐야겠다. 지수는 시각적 학습에 익숙한 편이니, 그림교환 의사소통체계를 활용해 봐야겠다.

3) [A]를 참조하여 ㉣에 들어갈 구조화된 지원 방법을 쓰시오.

PART 07

13

2009 초등1-4

자폐성장애 학생의 사회적 의사소통 지도 방법 중 하나인 중심축 반응 훈련(Privotal Response Training, PRT)에 대한 적절한 진술을 〈보기〉에서 모두 고른 것은?

보기

ㄱ. 특정한 사회적 상황과 그에 대한 적절한 반응을 설명해 주는 이야기를 지도한다.
ㄴ. 자연적 환경에서 발생하는 다양한 학습 기회와 사회적 상호작용에 반응하도록 지도한다.
ㄷ. 학습 상황에서 습득한 중심축 반응을 유사한 다른 상황에서도 보일 수 있도록 일반화를 강조한다.
ㄹ. 동기화, 환경 내의 다양한 단서에 대한 반응, 자기주도, 자기관리 능력의 증진에 초점을 둔다.

① ㄱ, ㄴ
② ㄱ, ㄷ
③ ㄷ, ㄹ
④ ㄱ, ㄴ, ㄷ
⑤ ㄴ, ㄷ, ㄹ

14

2017 초등B-6

(가)는 특수교육 수학교육연구회에서 계획한 2015 개정 특수교육 교육과정 중 기본 교육과정 수학과 1~2학년 '측정' 영역에 해당하는 수업 개요이고, (나)는 자폐성장애 학생에게 (가)를 적용할 때 예측 가능한 학생 반응을 고려하여 구상한 수업 시나리오의 일부이다. 물음에 답하시오.

(나)

〈활동 2〉

교사: (컵 2개를 학생에게 보여 주며) 선생님이 컵에 표시선을 나타낼 거예요. (책상 위에 놓여 있는 빨간색 테이프, 파란색 테이프, 빨간색 사인펜, 파란색 사인펜을 가리키며) ⓒ 테이프 주세요.
학생: (색 테이프 하나를 선생님에게 건네준다.)
교사: (2개의 컵에 색 테이프로 표시선을 만든다.) 이제 표시선까지 물을 채워 봅시다.

… (중략) …

〈활동 3〉

교사: (학생에게 [그림 자료 1]과 [그림 자료 2]를 제시하며) 물의 양이 같은 것은 어느 것인가요?
학생: (머뭇거리며 교사를 쳐다본다.)
교사: (학생에게 [그림 자료 1]과 [그림 자료 2]를 다시 제시하며) 물의 양이 같은 것은 어느 것인가요?

2) 중심축 반응 훈련(PRT)을 통해 '복합단서에 반응하기'를 지도하고자 할 때 ① (나)의 〈활동 2〉에서 교사의 지시문 ⓒ이 적절하지 않은 이유를 쓰고, ② 적절한 지시문의 예 1가지를 쓰시오.

15

2009 초등1-1

〈보기〉는 구어가 전혀 발달되지 않았을 뿐 아니라, 비언어적 의사소통에도 어려움을 보이는 동건이에게 유 교사가 그림교환의사소통체계(Picture Exchange Communication System, PECS)를 지도한 방법의 예시이다. 지도 절차가 순서대로 제시된 것은?

보기

ㄱ. 동건이가 그림카드를 사용하여 문장판에 문장을 만들고 그것을 교사에게 제시하도록 지도하였다.
ㄴ. 동건이가 원하는 그림카드를 교사에게 주면 해당하는 사물을 주어 교환의 개념을 알도록 지도하였다.
ㄷ. 동건이가 선호하는 사물의 그림카드와 선호하지 않는 사물의 그림카드 중 선호하는 것을 식별하도록 지도하였다.
ㄹ. 동건이가 자신의 의사소통판으로 가서 그림카드를 가져와 교사에게 주면 해당하는 사물을 주어 자발적으로 교환하도록 지도하였다.

① ㄴ → ㄷ → ㄱ → ㄹ
② ㄴ → ㄹ → ㄷ → ㄱ
③ ㄷ → ㄴ → ㄹ → ㄱ
④ ㄷ → ㄹ → ㄱ → ㄴ
⑤ ㄹ → ㄴ → ㄷ → ㄱ

16

2014 중등A-15

다음은 특수학교에 재학 중인 자폐성장애 학생 A를 위해 특수교사인 박 교사와 특수교육실무원이 그림교환 의사소통 체계(Picture Exchange Communication System, PECS) 훈련 6단계 중 일부 단계를 실시한 내용이다. 제시된 내용의 바로 다음 단계에서 학생 A가 배우게 되는 과제를 쓰시오.

학생 A와 의사소통 상대자인 박 교사는 서로 마주 보고 앉고, 실무원은 학생 A의 뒤에 앉는다. 실무원은 학생 A가 테이블 위에 놓여 있는 그림 카드를 집어서 박 교사에게 줄 수 있도록 신체적 촉진을 제공한다. 이때 실무원은 언어적 촉진은 제공하지 않는다. 학생 A가 박 교사에게 자신이 좋아하는 야구공이 그려진 그림 카드를 집어 주면, 박 교사는 "야구공을 갖고 싶었구나!"라고 하면서 학생 A에게 즉시 야구공을 준다. 이와 같은 방식으로 학생 A가 하나의 그림 카드로 그 카드에 그려진 실제 물건과의 교환을 독립적으로 하게 되면, 박 교사는 학생 A와의 거리를 점점 넓힌다. 학생 A가 박 교사와 떨어져 있는 상황에서도 하나의 그림 카드를 박 교사에게 자발적으로 갖다 주면, 박 교사는 학생 A에게 그 그림 카드에 그려진 실제 물건을 준다.

17

2015 유아A-1

민수는 5세 고기능 자폐성장애 유아이다. (가)는 김 교사와 민수 어머니의 상담 내용이고, (나)는 민수를 위한 지원 전략이다. 물음에 답하시오.

(가) 김 교사와 민수 어머니의 상담 내용

> 민수 어머니: 선생님, 요즘 민수가 유치원에서 잘 지내는지요?
> 김 교사: 네, 많이 좋아지고 있어요. 그런데 민수가 친구들과 어울릴 때 어려움이 있어요.
> 민수 어머니: 친구들과 잘 지내는 것이 힘든 것 같아요. 그리고 약간 염려스러운 것은 민수가 글자와 공룡만 너무 좋아해요. 매일 티라노 공룡을 들고 다녀요. 다른 어머니들은 민수가 글자를 안다고 부러워하시는데 저는 잘 모르겠어요.
> 김 교사: 네, 공룡을 좋아하지요, 민수는 글자를 좋아할 뿐 아니라 읽기도 잘해요. 저는 친구들과 어울리는 데 어려움이 있는 민수가 친구들과 잘 지낼 수 있도록 돕기 위해 두 가지 지원 전략을 고려하고 있어요.

(나) 지원 전략

〈 ㉠ 〉

스크립트

티라노랑 친구들은 그네 타기를 좋아해요.
어떤 때는 티라노가 좋아하는 그네를 친구들이 타고 있어요.
그럴 때 티라노는 친구에게 "나도 타고 싶어. 우리 같이 타자."라고 말해요.
㉡ <u>친구들에게 말하지 않고, 그냥 타면 친구들이 속상해 해요.</u>
티라노는 친구들과 차례차례 그네를 탈 수 있어요.

타고 싶은 그네를 다른 친구가 타고 있을 때:

① 그네를 타고 있는 친구 옆으로 간다.
② 친구를 보면서 "나도 타고 싶어. 우리 같이 타자."라고 말한다.
③ 친구가 "그래"라고 하면 그네를 탄다.

카드

① 그네를 타고 있는 친구 옆으로 간다.
② 친구를 보면서 "나도 타고 싶어. 우리 같이 타자."라고 말한다.
③ 친구가 "그래"라고 하면 그네를 탄다.

〈상황이야기〉

다른 친구와 장난감 놀이를 해요.

나는 친구들과 장난감 놀이를 해요.
나와 친구들은 장난감을 아주 좋아해요.
어떤 때는 내 친구가 먼저 장난감을 가지고 놀아요.
그럴 때는 친구에게 "이 장난감 같이 가지고 놀아도 돼?"라고 물어보아요.
친구가 "그래"라고 말하면 그때 같이 가지고 놀 수 있어요.
㉢ <u>그래야 내 친구도 기분이 좋아요.</u>

나는 친구에게 "친구야, 이 장난감 같이 가지고 놀아도 돼?"라고 물어볼 수 있어요.

1) ㉠에 들어갈 지원 전략의 명칭을 쓰시오.

3) ㉡과 ㉢ 문장의 공통적 기능을 쓰고, 상황이야기 작성 방법에 근거하여 ㉢에 해당하는 문장 유형을 쓰시오.

18

2020 중등A-5

(가)는 자폐성장애 학생 D의 특성이고, (나)는 행동지원 계획안의 일부이다. 〈작성 방법〉에 따라 서술하시오.

(가) 학생 D의 특성

- 친구의 얼굴 표정이나 눈빛을 보고 감정을 이해하는 데 어려움을 보임
- 친구가 싫어할 수 있는 이야기를 지나치게 솔직하게 말함
- 친구의 관심과는 관계없이 자신이 좋아하는 주제와 관련된 이야기를 계속함

(위 세 항목: ⓐ)

- 가수 E를 매우 좋아하여 가수 E가 출연하는 프로그램은 거의 모두 시청하고 있음

(나) 행동지원 계획안

〈지원 방법: 파워카드 전략〉

○ 개념: 적절한 사회적 상호작용을 교수하기 위해 학생의 특별한 관심과 강점을 포함하는 시각적 지원 방법임

… (중략) …

○ 목표 행동: ⓑ <u>대화할 때 친구의 기분을 고려하여 말하기</u>

○ 구성 요소

1) 간략한 시나리오
   - 시나리오에 학생 D가 영웅시 하는 가수 E의 사진을 포함함
   - 시나리오는 학생 D의 (㉠) 수준을 고려하여 작성함
   - 시나리오 구성
     - 첫 번째 문단: (㉡)
     - 두 번째 문단: 학생 D가 친구의 기분을 고려하여 말할 수 있도록 구체적인 행동을 3~5단계로 나누어 제시함
2) 명함 크기의 파워카드
   - 학생 D의 주머니에 넣고 다니게 하고, 책상 위에도 붙여 두고 보도록 함

작성 방법

- (나)의 괄호 안의 ㉡에 해당하는 내용을 밑줄 친 ⓑ의 목표 행동을 고려하여 1가지 서술할 것

19

2013 유아A-7

수호는 만 5세 고기능 자폐성장애 유아로 유치원 통합학급에 재원 중이다. 다음은 자유놀이 상황에 대한 김 교사의 관찰 및 중재 내용이다. 물음에 답하시오.

수호와 영미는 자유놀이 시간에 블록 쌓기를 하는 중이다. 영미는 다양한 색의 블록을 사용하여 집을 만들려고 하였다. 반면에 수호는 빨강색을 너무 좋아해서 빨강색 블록만을 사용하여 집을 만들려고 하였다. 영미가 다른 색의 블록으로 쌓으려 하면, 수호는 옆에서 블록을 쌓지 못하게 방해하였다. 결국 블록 집은 수호가 좋아하는 빨강색 블록만으로 만들어졌다. 이에 기분이 상한 영미는 수호에게 "이제 너랑 안 놀아!"라고 하며, 다른 친구에게로 갔다.

이것을 옆에서 지켜보던 김 교사는 수호를 위해 그레이 (C. Gray)의 이론을 근거로 아래와 같은 (㉠)을(를) 제작하여 자유놀이 시간이 되기 전에 여러 번 함께 읽었다.

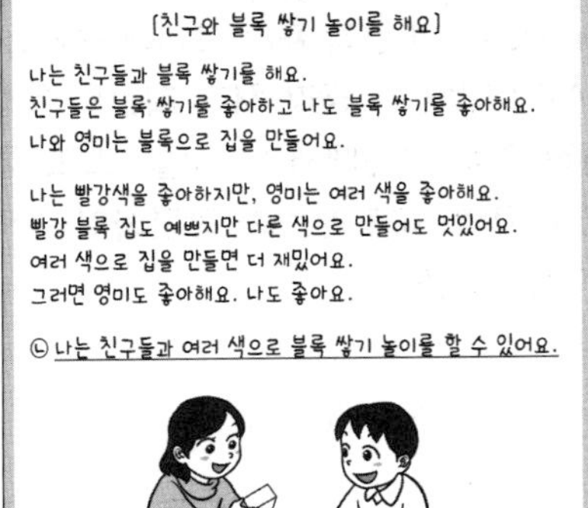

또한, 김 교사는 다양한 놀이 상황에서 수호가 실수를 한 후 자신의 잘못을 깨닫게 하는 중재법을 적용하였다. ㉢ <u>이 중재법</u>은 수호가 잘못한 상황을 돌이켜 보도록 함으로써, 자신의 잘못으로 인해 다른 친구들이 마음의 상처를 받을 수 있다는 것을 이해하도록 도와주는 것이다.

4) ㉢의 중재법이 무엇인지 쓰시오.

PART 07

20

2024 초등B-6

다음은 2015 개정 특수교육 기본 교육과정 미술과 5~6학년군 '눈이 즐거운 평면 표현' 수업 활동에 대한 아이디어 노트의 일부이다. 물음에 답하시오.

(가)

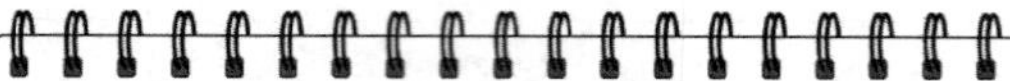

ㅇ자폐성장애 학생 희주의 특성

- 촉감을 느끼기 위해서 책상 모서리를 계속 문지름
- 장난감 자동차 바퀴의 회전하는 모습을 보려고 바퀴를 지속적으로 돌림
- 끈적임을 느끼기 위해 풀의 표면을 손으로 계속 문지름

[A]

ㅇ수업 방향

- ㉠ <u>미술 수업 시간에 물감을 감각적으로 탐색하는 다양한 미술 활동을 지도하고자 함</u>

1) 던(W. Dunn)의 감각 처리 모델에 근거하여 (가)의 [A]에 대해 ① 감각 처리 패턴의 특성을 신경학적 역치 측면에서 1가지를 쓰고, ② 감각 처리 패턴의 지도 전략과 관련하여 ㉠의 목적 1가지를 쓰시오.

모범답안

1	1) 제한적이고 반복적인 관심과 활동 2) 지연반향어, 요구하기
2	㉠ 사회적-정서적 상호성의 결함 ㉡ 구어와 비구어적 의사소통의 서툰 통합, 비정상적인 눈맞춤과 몸짓 언어, 몸짓의 이해와 사용의 결함, 얼굴 표정과 비언어적 의사소통의 전반적 결핍 중 택1
3	③
4	4) 지호에게는 마음이해능력이 결여되어 있어서 민희의 관점에서는 생각하지 못하기 때문이다.
5	3) 상황에 근거한 감정을 이해할 수 있다.
6	1) 중앙응집 기능의 결함 2) 초분절적 요소
7	1) 실행기능의 결함
8	①
9	3) 다음 중 택 1 • 촉각자극에 대해 과잉반응을 보인다. • 촉각자극에 대해 민감하게 반응하거나 회피하려고 한다.
10	1) ① 진정 영역, ② 아동이 안정을 취할 수 있도록 한다. 2) ㉡ 특별한 관심, ㉢ 문제행동이나 상황에 대한 해결 방안
11	1) 예측 가능성
12	3) 시각적 일과표
13	⑤
14	① 식별을 위한 복합단서가 포함되어 있지 않다. ② 빨간색(또는 파란색) 테이프를 주세요.
15	②
16	그림 변별 훈련
17	1) 파워카드 3) 타인의 기분이나 관점을 나타내는 기능, ㉢ 조망문
18	가수 E가 등장하여 친구의 기분을 고려하며 말하는 성공 경험을 제시한다.
19	4) 사회적 도해
20	① 신경학적 역치가 높기 때문에 지속적으로 다양한 감각 자극을 추구하고 있다. ② 감각 자극 추구 기회를 제공함으로써 신경학적 역치를 충족시키기 위한 것이다.

김남진(Kim, Namjin)

약 력

대구대학교 대학원 특수교육학과 석사
대구대학교 대학원 특수교육학과 박사
전) D대학교 연구소 전임연구교수
G대학교 특수보육과 전임강사
K대학교 중등특수교육과 조교수
현) 박문각 임용학원 특수교육 전임강사

주요 저서

- 김남진 KORSET 특수교육(박문각)
- 김남진 KORSET 특수교육 기출분석(박문각)

김남진 KORSET 특수교육 DAUM 카페
http://cafe.daum.net/korset

김남진
KORSET
특수교육 ②

초판인쇄 | 2025. 1. 10. **초판발행** | 2025. 1. 15. **편저자** | 김남진
디자인 | 박문각 디자인팀 **발행인** | 박 용 **발행처** | (주)박문각출판
등록 | 2015년 4월 29일 제2019-000137호
주소 | 06654 서울특별시 서초구 효령로 283 서경 B/D **팩스** | (02)584-2927
전화 | 교재 문의 (02)6466-7202, 동영상 문의 (02)6466-7201

저자와의 협의하에 인지생략

정가 36,000원
ISBN 979-11-7262-412-5 / ISBN 979-11-7262-410-1(세트)